本书受教育部人文社会科学研究规划基金项目（10YJA720034）、
教育部人文社会科学重点研究基地山西大学科学技术哲学研究中心基金资助

科学技术哲学文库 | 丛书主编·郭贵春 殷 杰

易学科学思想
宋代易学六十四卦自然观

◎ 辛 翀 著

科学出版社
北 京

内 容 简 介

我国宋代，易学家们大兴图式之学，纷纷就易的本质内涵和基因质料给以深度掘析，初步形成了以阴阳为核心内容的哲学自然观，并以此为出发点展开了对人文理念的理性构建。

本书秉承宋《易传》之象、象、文言等十翼之精髓，大发易之意蕴，对六十四卦的宇宙观进行了充分阐发，并附有新意。按《序卦传》的卦序程式，首将乾卦给以物之起始定位，然后由有至无，既而有无成屯，渐次展开了阴阳相互作用的力的不同结构的六十四个格局，每一个格局又自成体系，整体构成和展示了一幅螺旋式、循环性推演流变的宇宙发展图式。

本书适合从事易学、哲学及科学思想史研究的相关研究人员阅读。

图书在版编目(CIP)数据

易学科学思想：宋代易学六十四卦自然观／辛翀著．—北京：科学出版社，2012. 6
(科学技术哲学文库)
ISBN 978-7-03-034581-3
Ⅰ.①易…　Ⅱ.①辛…　Ⅲ.①《周易》－研究－中国－宋代　Ⅳ.①B221. 5
中国版本图书馆 CIP 数据核字（2012）第 114457 号

丛书策划：孔国平
责任编辑：郭勇斌　王昌凤／责任校对：张怡君
责任印制：赵　博／封面设计：无极书装

科学出版社 出版
北京东黄城根北街 16 号
邮政编码：100717
http://www.sciencep.com
北京科印技术咨询服务有限公司数码印刷分部印刷
科学出版社发行　各地新华书店经销
*
2012 年 7 月第　一　版　　开本：720 × 1000　1/16
2025 年 5 月第四次印刷　　印张：30　1/2
字数：576 000

定价：78. 00

《科学技术哲学文库》

编 委 会

总　　序

怎样认识、理解和分析当代科学哲学的现状，是我们把握当代科学哲学面临的主要矛盾和问题、推进它在可能发展趋势上获得进步的重大课题，有必要将其澄清。

如何理解当代科学哲学的现状，仁者见仁，智者见智。明尼苏达科学哲学研究中心于2000年出了一部书 *Minnesota Studies in the Philosophy of Science*，书中有作者明确地讲："科学哲学不是当代学术界的领导领域，甚至不是一个在成长的领域。在整体的文化范围内，科学哲学现时甚至不是最宽广地反映科学的令人尊敬的领域。其他科学研究的分支，诸如科学社会学、科学社会史及科学文化的研究等，成了作为人类实践的科学研究中更为有意义的问题、更为广泛地被人们阅读和争论的对象。那么，也许这导源于那种不景气的前景，即某些科学哲学家正在向外探求新的论题、方法、工具和技巧，并且探求那些在哲学中关爱科学的历史人物。"①从这里，我们可以感觉到科学哲学在某种程度上或某种视角上地位的衰落。而且关键的是，科学哲学家们无论是研究历史人物，还是探求现实的科学哲学的出路，都被看做是一种不景气的、无奈的表现。尽管这是一种极端的看法。

那么，为什么会造成这种现象呢？主要的原因就在于，科学哲学在近30年的发展中，失去了能够影响自己同时也能够影响相关研究领域发展的研究范式。因为，一个学科一旦缺少了范式，就缺少了纲领；而没有了范式和纲领，当然也就失去了凝聚自身学科，同时能够带动相关学科发展的能力，所以它的示范作用和地位就必然地要降低。因而，努力地构建一种新的范式去发展科学哲学，在这个范式的基底上去重建科学哲学的大厦，去总结历史和重塑它的未来，就是相当重要的了。

换句话说，当今科学哲学是在总体上处于一种"非突破"的时期，即没有重大的突破性的理论出现。目前我们看到最多的是，欧洲大陆哲学与大西洋哲学之间的相互渗透与融合；自然科学哲学与社会科学哲学之间的彼此借鉴与交融；常规科学的进展与一般哲学解释之间的碰撞与分析。这是科学哲学发展过程中历史地、必然地要出现的一种现象，其原因就在于：第一，从20世纪的后历史主义出现以来，科学哲学在元理论的研究方面没有重大的突破，缺乏创造性的新视

---

① Minnesota Studies in the Philosophy of Science. Volume XVIII. Logical Empiricism in North America. University of Minnesota Press, 2000. 6.

角和新方法。第二，对自然科学哲学问题的研究越来越困难，无论是什么样的知识背景出身的科学哲学家，对新的科学发现和科学理论的解释都存在着把握本质的困难，它所要求的背景训练和知识储备都愈加严苛。第三，纯分析哲学的研究方法确实有它局限的一面，需要从不同的研究领域中汲取和借鉴更多的方法论的视角；但同时也存在着对分析哲学研究方法的忽略的一面，轻视了它所具有的本质的内在功能，需要对分析哲学研究方法在新的层面上进行发扬光大。第四，试图从知识论的角度综合各种流派、各种传统去进行科学哲学的研究，或许是一个有意义的发展趋势，在某种程度上可以避免任一种单纯思维趋势的片面性，但是这确是一条极易走向“泛文化主义”的路子，从而易于将科学哲学引向歧途。第五，由于科学哲学研究范式的淡化及研究纲领的游移，导致了科学哲学主题的边缘化倾向；更为重要的是，人们试图用从各种视角对科学哲学的解读来取代科学哲学自身的研究，或者说把这种解读误认为是对科学哲学的主题研究，从而造成了对科学哲学主题的消解。

然而，无论科学哲学如何发展，它的科学方法论的内核不能变。这就是：第一，科学理性不能被消解，科学哲学应永远高举科学理性的旗帜；第二，自然科学的哲学问题不能被消解，它从来就是科学哲学赖以存在的基础；第三，语言哲学的分析方法及其语境论的基础不能被消解，因为它是统一科学哲学各种流派及其传统方法论的基底；第四，科学的主题不能被消解，不能用社会的、知识论的、心理的东西取代科学的提问方式，否则科学哲学就失去了它自身存在的前提。

在这里，我们必须强调指出的是，不弘扬科学理性就不叫“科学哲学”，既然是“科学哲学”就必须弘扬科学理性。当然，这并不排斥理性与非理性、形式与非形式、规范与非规范研究方法之间的相互渗透、相互融合和统一。我们所要避免的只是“泛文化主义”的暗流，而且无论是相对的还是绝对的“泛文化主义”，都不可能指向科学哲学的“正途”。这就是说，科学哲学的发展不是要不要科学理性的问题，而是如何弘扬科学理性的问题，以什么样的方式加以弘扬的问题。中国当下人文主义的盛行与泛扬，并不证明科学理性的不重要，而是在科学发展的水平上，由社会发展的现实矛盾激发了人们更期望从现实的矛盾中，通过人文主义的解读，去探求新的解释。但反过来讲，越是如此，科学理性的核心价值地位就越显得重要。人文主义的发展，如果没有科学理性作基础，那就会走向它关怀的反面。这种教训在中国的社会发展中是很多的，比如有人在批评马寅初的人口论时，曾以“人是第一可宝贵的”为理由。在这个问题上，人本主义肯定是没错的，但缺乏科学理性的人本主义，就必然地走向它的反面。在这里，我们需要明确的是，科学理性与人文理性是统一的、一致的，是人类认识世界的两个不同的视角，并不存在矛盾。在某种意义上讲，正是人文理性拓展和延伸了科学理性的边界。但是人文理性不等同于人文主义，这正像科学理性不等同于科学主义一样。坚持科学理性反对科学主义，坚持人文理性反对人文主义，应当是当代科学哲学所要坚守的目标。

我们还需要特别注意的是，当前存在的某种科学哲学研究的多元论与20世纪后半叶历史主义的多元论有着根本的区别。历史主义是站在科学理性的立场上，去诉求科学理论进步纲领的多元性；而现今的多元论，是站在文化分析的立场上，去诉求对科学发展的文化解释。这种解释虽然在一定层面上扩张了科学哲学研究的视角和范围，但它却存在着文化主义的倾向，存在着消解科学理性的倾向性。在这里，我们千万不要把科学哲学与技术哲学混为一谈。这二者之间有着重要的区别。因为技术哲学自身本质地赋有着更多的文化特质，这些文化特质决定了它不是以单纯科学理性的要求为基底的。

在世纪之交的后历史主义的环境中，人们在不断地反思20世纪科学哲学的历史和历程。一方面，人们重新解读过去的各种流派和观点，以适应现实的要求；另一方面，试图通过这种重新解读，找出今后科学哲学发展的新的进路，尤其是科学哲学研究的方法论的走向。有的科学哲学家在反思20世纪的逻辑哲学、数学哲学及科学哲学的发展即“广义科学哲学”的发展中提出了存在着五个“引导性的难题”（leading problems）：

第一，什么是逻辑的本质和逻辑真理的本质？

第二，什么是数学的本质？这包括：什么是数学命题的本质、数学猜想的本质和数学证明的本质？

第三，什么是形式体系的本质？什么是形式体系与希尔伯特称之为“理解活动”（the activity of understanding）的东西之间的关联？

第四，什么是语言的本质？这包括：什么是意义、指称和真理的本质？

第五，什么是理解的本质？这包括：什么是感觉、心理状态及心理过程的本质？①

这五个“引导性的难题”概括了整个20世纪科学哲学探索所要求解的对象及21世纪自然要面对的问题，有着十分重要的意义。从另一个更具体的角度来讲，在20世纪科学哲学的发展中，理论模型与实验测量、模型解释与案例说明、科学证明与语言分析等，它们结合在一起作为科学方法论的整体，或者说整体性的科学方法论，整体地推动了科学哲学的发展。所以，从广义的科学哲学来讲，在20世纪的科学哲学发展中，逻辑哲学、数学哲学、语言哲学与科学哲学是联结在一起的。同样，在21世纪的科学哲学进程中，这几个方面也必然会内在地联结在一起，只是各自的研究层面和角度会不同而已。所以，逻辑的方法、数学的方法、语言学的方法都是整个科学哲学研究方法中不可或缺的部分，它们在求解科学哲学的难题中是统一的和一致的。这种统一和一致恰恰是科学理性的统一和一致。必须看到，认知科学的发展正是对这种科学理性的一致性的捍卫，而不

① S. G. Shauker. Philosophy of Science, Logic and Mathematics in 20th Century. London: Routledge, 1996. 7.

是相反。我们可以这样讲，20 世纪对这些问题的认识、理解和探索，是一个从自然到必然的过程；它们之间的融合与相互渗透是一个由不自觉到自觉的过程。而 21 世纪，则是一个“自主”的过程，一个统一的动力学的发展过程。

那么，通过对 20 世纪科学哲学的发展历程的反思，当代科学哲学面向 21 世纪的发展，近期的主要目标是什么呢？最大的“引导性难题”又是什么呢？

第一，重铸科学哲学发展的新的逻辑起点。这个起点要超越逻辑经验主义、历史主义、后历史主义的范式。我们可以肯定地说，一个没有明确逻辑起点的学科肯定是不完备的。

第二，构建科学实在论与反实在论各个流派之间相互对话、交流、渗透与融合的新平台。在这个平台上，彼此可以真正地相互交流和共同促进，从而使它成为科学哲学生长的舞台。

第三，探索各种科学方法论相互借鉴、相互补充、相互交叉的新基底。在这个基底上，获得科学哲学方法论的有效统一，从而锻造出富有生命力的创新理论与发展方向。

第四，坚持科学理性的本质，面对前所未有的消解科学理性的围剿，要持续地弘扬科学理性的精神。这一点，应当是当代科学哲学发展的一个极关键的东西。同时只有在这个基础上，才能去谈科学理性与非理性的统一，去谈科学哲学与科学社会学、科学知识论、科学史学及科学文化哲学等流派或学科之间的关联。否则的话，一个被消解了科学理性的科学哲学还有什么资格去谈论与其他学派或学科之间的关联？

总之，这四个从宏观上提出的“引导性难题”既包容了 20 世纪的五个“引导性难题”，同时也表明了当代科学哲学的发展特征就在于：一方面，科学哲学的进步越来越多元化。现在的科学哲学比之过去任何时候，都有着更多的立场、观点和方法；另一方面，这些多元的立场、观点和方法又在一个新的层面上展开，愈加本质地相互渗透、吸收与融合。所以，多元化和整体性是当代科学哲学发展中一个问题的两个方面。它将在这两个方面的交错和叠加中，寻找自己全新的出路。这就是为什么当代科学哲学拥有它强大生命力的根源。正是在这个意义上，经历了语言学转向、解释学转向和修辞学转向这“三大转向”的科学哲学，而今走向语境论的研究趋向就是一种逻辑的必然，成为了科学哲学研究的必然取向之一。

我们山西大学的科学哲学学科，这些年来就是围绕着这四个面向 21 世纪的“引导性难题”，试图在语境的基底上从科学哲学的元理论、数学哲学、物理哲学、社会科学哲学等各个方面，探索科学哲学发展的路径。我希望我们的研究能对中国科学哲学事业的发展有所贡献！

郭贵春

2007 年 6 月 1 日

序　　言

众所周知，科学技术在我国宋代的发展呈现出大繁荣的鼎盛局面。中国古代四大发明中的指南针、印刷术、火药三项发明和应用产生于宋代，并在人类历史上首次发现了磁偏角，从而在天文仪器的改进与制造上取得了一定的成就，将浑仪、浑象和报时三者巧妙地结合起来，既能演示、观测天象，又能计时，成为世界公认的“天文钟”。这既体现了当时学术界将其研究重心指向宇宙自然之内在规律，表明了其对宇宙自然规律的崇尚和向往，同时也在很大程度上促进了人们对自然界内在运行规律的深入把握和认识。“天人合一”的思维方式又使人们对自然规律的解读转向人事的内化。由天道推人事，再由人事应天道，并将天道之阴阳观体现在地道的刚柔理念之中，通过支撑人类生活的安忍大地而自然地与人文关怀的无尽情结融为一体，从而将贯通天人、穷究天人之际的易学理论体系的自然观思想架构，作为宋代思想文化领域的核心指涉和主线脉络，并将易之功能指标给以高度盘升：“为天地立心，为生民立命，为往圣继绝学，为万世开太平。”正如宋代大易学家程颐所说的那样，“圣人之忧患后世，可谓至矣。去古虽远，遗经尚存。然而前儒失意以传言，后学诵言而忘味。自秦而下，盖无传矣。……流而求源，此传所以作也”（《伊川易传·序》）。程颐所言极是，以两汉易学家为代表的前儒大学传言功切、失意佚本，脱离了易之自然本质，而“伪说滋慢，难可纪矣。互体不足，遂及卦变，变又不足，推致五行”，以至于易卦之微言大义不能为继，使人们对卦爻辞的理解愈觉艰难。而宋代大兴图式之学，企图对自然界的内在规律给以明示和彰显，将思维视角转向探究宇宙本源上来，以言示象，明象达意，进而对宇宙的内在规约和运行规律给以逻辑展示，并顺着这种思维向度，提出了一系列基于阴阳结构体系的诠解模式，将《周易》文本的内涵本质提升到“顺性命之理，通幽明之故，尽事物之情”的高度，进而将其开物成务之道明露透显，“极天地之渊蕴，尽人事之终始”，从自然观这样的本质层面上深入理解和重度掘析易学思想。

选择易学自然观作为研究易学的突破口和契入点，是很有新意和价值的。因为上古之人伏羲氏“仰则观象于天，俯则观法于地，观鸟兽乌文与地之宜”而始作八卦的依据是对宇宙天体的认识和体悟，以周文王姬昌为代表的中古之人被囚羑里演八卦而成六十四卦更是基于天地之道而填辞取象的，当然孔子于下古“韦编三绝”而使《易传》成书开启易学研究先河，也是立象以尽意、设卦以尽情伪，极力书造出与人事有关联的天道来。若没有自然观的背景和铺垫，合乎自然内在法则的名教是不可能被打造出来的，更不可能成为群经之首、大道之源，也不可能使《周易》成为中国文化的源头活水历经几千年而不衰。每一个被后世称为圣人的人，都不是自我标榜和强勉于后人的，而是“与天地合其德，与日月合其明，与四时合其序，与鬼神合其吉凶”的。圣人之所以为圣，就在于其顺天地之道，合日月之明，循四时之序，通幽明之故，就在于其对自然观的深邃把握。易学自然观就其本质而言，是一种哲学的理性思辨和反思，而不是非理性的、僵化的、世俗的意识形态层面的东西，是就阴阳关系的理性框架加以建构的，其核心指涉对象就是人与自然的关系问题。建立在中国传统哲学“天人合一”思维模式框架之下的宋代易学自然观，继承了先秦哲学“自然即合理”的自然观思想精髓，并在此基础上彰明“合理即自然”的易道理念，将魏晋时期的演义精神一气贯通，表现出一定的以义理为核心指涉的特殊本质和特殊功效，立足于象数的基质之上，融合儒、释、道众家之长，通过象数与义理的涵摄互动来畅演易道的本义内容和本质精神，从而在确立理性原则和经验原则的基础上沟通了自然之境理和人性之情理，从天道之阴阳转换为地道之刚柔，又从人事之情伪反馈为天道之自然，体现了从率性自然到自然深情的内在逻辑和无尽情结。

易学自然观的内容是相当广博的，“易之为书也，广大悉备”，包含天文、历法、数学、地理、生命、生态、信息及日常生活等多方面的内容。中国古代天文学是非常先进的，其研究水平和理论高度在世界上都处于领先地位，据此而创设太极图式、河洛图式、六十四卦真图、大衍圆方之原图等许多图式，特别是河洛图式的创制和发现对后世易学理性体系的构建发挥了不可磨灭的作用。我们祖先通过对北斗七星和北极星的空间相对位置关系及运行规律的觉知，创制了河洛图式，到了宋代得以发现并对其展开深入的研究和探讨。河洛图式的问世，意义相当深远，它将天体之运行规律反映在图中，又通过图式使天体运行的平衡守恒原则、循环有序原则、至美至善原则得以彰显，使易学的理性思考成为可能，并最终导致了宋明理学的诞生。早在两汉时期，易学家孟喜、京房、虞翻、荀爽、郑玄等就提出了阴阳二气流通转化的十二辟卦卦气说；到了宋代，这种理念就深入人心，使得卦气理念在宋人解易过程中发挥着支撑作用，使气化论思想得以发扬光大，成为宋代易学自然观贯通六十四卦的主导思想。而卦气的构成恰恰是阴阳二气，从而将卦变之本回归到阴阳二气的相互作用和关系上来，进一步深入到易学的本质层面上去思考卦爻辞所涵具的微言大义，使言、象、意一体而通，“尽意莫若象，尽象莫若言”，“意以象尽，象以言著”，从而展示了生命的本质和特征，渐次提升到生态和谐的自然观境界。

生命的本质、价值取向和意义之所在，长期以来备受人们关注，这在宋代易学自然观中有比较全面而清晰的体现和反映。宋代易学“流而求源”，从自然观这样的本质层面上去架构诠易新模式，彰显“生生之谓易”的义理核心思想，从阴阳二气交变流转的活态运作中将生生不息之道布入六十四卦的格局之内，通过阴阳之间的力的作用关系使生命的繁衍和运动活生生地展示出来。这里要明确一个关键性概念，那就是生命的“虚无”本质。其实懂得了阴阳就明白了阴阳成物的本质内涵。庄子讲“万物负阴而抱阳”，朱熹在此基础上又提出了阴中有阳、阳中有阴的“理一分殊”的哲学命题，指出万物由无而生，又由有而至无。这个“无”，实际上就是虚无，并不是什么也没有的意思。在这个问题上老子在《道德经》中阐述得相当明白，他说：“视之不见，名曰夷；听之不闻，名曰希；搏之不得，名曰微。此三者，不可致诘，故混而为一。其上不皦，其下不昧。绳绳不可名，复归于无物。”由此可见，我们古人所说的“无”，只是微、希、夷，并非真空。而正是这个虚静之物即阴柔之体，根据“阴阳者相求之物也”的生成逻辑，使其内在的阳刚之气得以涵存，再经阳息的过程即可使阳气予以彰明而成物，“以示开物成务之道也”。

象数思维模式构成了易学自然观的体系结构和话语程式，而象数内质的彰示却又是通过言辞而表露的，从而通过象数这样一个语境平台沟通了言意之间的本质联系。程颐在《伊川易传·序》中说：“吉凶消长之理，进退存亡之道，备于辞。推辞考卦，可以知变，象与占在其中矣。”说明言辞对意涵的外在支撑作用不可忽视，并且可以通过言辞的深入解读进而能明示阴阳消长之理和进退存亡之道，“得于辞不达其意者有矣，未有不得于辞而能通其意者也”。那么，言辞的语境空间究竟指向什么呢，这在宋人看来只有“流而求源”，明象达意，深入到宇宙自然之理这样的高度去审视，才是作易圣人的真正意图。也就是说，我们解读卦爻辞，尽管可以是多向度的，但根植性的东西还在自然观的层面上，只有把卦爻辞与自然观相联系，与天体宇宙自然界相接轨，才是最为本质、最为正确的理路向度。比如《乾·初九》云“潜龙勿用”，孔子对其象喻为“阳在下也”，说明了这个爻辞所针对的就是阴阳之间的关系和作用联系，是对阳息过程中起始阶段“刚决柔也”的情态描述和关系反映，循着这样的思路去理解乾卦九二、九三乃至上九爻辞，就自然而然地把阴阳之间的作用关系清晰明白地表达出来，表征出刚阳只有远离阴柔的纠缠，才能生物，才能走向大乾的状态，而这种“刚决柔”的内在规律则是“二女相违，其志不相得”这样的“性同行乖”的自然规律，与西方科学中同性相斥、异性相吸的科学规律在本质上达到了统一，从而使人们在现代生活的话语体系中明白了易的活的精神和灵魂所在，同时也使易学内在思想的神秘面纱通过易学自然观的不断完善而予以揭开，对我们理解《周易》、运用《周易》、把握义理、观其会通、行其典礼，无疑会有极大的帮助。

辛翀正是基于对易学自然观进行深入探究的目的，自2000年考取山西大学科学技术哲学专业硕士研究生起，就将易学自然观和易学科学思想作为自己的研究方向，持之以恒，从不间断。他所撰写的《象数易学的自然观思想》被专家组评为优秀硕士学位论文。之后，他于2004～2007年在山东大学易学与中国古代哲学研究中心攻读博士研究生学位，师从全国著名的易学家刘大钧、林忠军先生进行易学自然观的学习和研究，取得了一系列在国内易学界都有很大影响的科学研究成果，并破格获得了山东大学优秀研究生科研成果奖。博士毕业后，他于2007年7月至2009年7月在山西大学哲学一级学科博士后流动站跟我一起进行博士后期间的科研工作，他将自己的科研课题锁定在宋代易学六十四卦自然观研究层面上，进行深入的研究。宋代易学自然观思想这一研究项目本身是一个非常好的选题，辛翀从易之阴阳本质上观其会通以行其典礼，立基于原典，通过现代生活的话语表达，深刻反思易学自然观思想，从而提出了富有价值和意义的概念和命题，并使六十四卦在阴阳交变的语境平台上逻辑地流转演化，构建了全新的诠易模式。“十年磨一剑”，该书正是其在耐于十年板凳冷的长期研究过程中“如切如磋，如琢如磨”，渐次深入到博士后这样高层次的学术研究水平上，在对其认真撰写的博士后科学研究出站报告进行修改和完善基础上完成的。书中的许多内容曾在略作修改后，被《山西大学报》、《科学技术哲学研究》等期刊发表，受到学界同行专家的充分肯定。该书对宋代易学思想的合理性和哲学自然观思想进行了系统研究，从阐述宋代易学思想形成的时代背景切入，深入探讨了宋代易学六十四卦在阴阳互动作用下的力的结构图式和诠易方式，受到了同行专家学者的充分肯定和认同。该书立论新颖，思路清晰，方法独特，我认为是一部水平较高的学术著作。在我们一起合作研究的过程中，我觉得辛翀对易学自然观的把握有相当的可取之处和值得借鉴的地方。在这里，借此机会，我略述一二，虽不足敷弘易道，庶几有裨于教义，然对于易学自然观及易学科学思想的拓展和架构，虽似涓流而亦能助深于巨壑，亦犹萤磷但能增辉于太阳。

郭贵春

2010年5月13日于书斋

目　　录

卷四

卷五

卷六

卷七

卷八

绪　论

自伏羲始，我们的祖先就对自然界及宇宙天体万物的时空结构和动态运作模式进行了富有根本意蕴的探讨和观察，从中总结经验和规律，最终达到对宇宙一般规律的认识高度。尽管天命神权等宗教世界观的色彩在相当长的时间里浓厚而神秘，但其背后所涵存的自然观思想却彰显了它强劲的生命力。中国先民经过“图腾崇拜”的自然宗教的过渡和“绝地天通”的思想变革之后，将异己的自然力量作为客观而又具有支配地位的存在来对待，渐次认为天地阴阳是世界万事万物的活性成分及支配动因，并在此基础上形成了内容丰富的人文理念，将人的修养和自然的规律融合成一体。

可以肯定地说，人文的东西只有建立在自然观和科学理性的基础之上，才具有强大的生命力和发展后劲。若没有自然观的思想涵蕴支撑，人文的东西就没有说服力，就会像流星一样纵然光亮却瞬息即逝。比如，对于“百善孝为先”的人文情怀的传颂和流行就是这样，它本身就建立在我们祖先对宇宙结构的阴阳定位、五行流变的基础之上。我们借用古人的语言符示系统来诠释这种情怀，不难发现其中的道理和劳劝功效。父母长辈等（长官、领导等后来因其功能而被视为父母）被认为是护身之神，之所以我们的先民以“神”来形容，谁都不会认为这是子孙对其父母给以神灵的夸耀，而是就其功能和效用而言，对我们父辈关怀爱护子孙之事实情状所作的语言表示和符号指代，是一种语言表达方式和方法，并不是通常我们所说的迷信中的神鬼之神。但父母长辈对其子孙给予护身关怀的同时，也具有克压子孙的作用，这就是我们通常所说的“父母克子孙”的易道理念或教育思想。既然有克削之意，作为子孙者就应按父母长辈的要求去行事，尊敬他们，为他们价值的实现而贡献自己的力量，这样就会受到父母长辈的爱护和提携，使自己的发展如愿而顺达。正因为这样人们才自觉地履行孝道，并将其放在首要的地位。试想，若没有“父母克子孙”的易道理念和五行相生相克的自然观思想，就不会使孝道畅通并流行天下，更不会达到恒常而不易的效果。因此孔子在《论语》、《大学》等经典中特别推崇孝道，并认为“孝悌也者，其为仁之本也”（《论语》）。值得指出的是，由于这种自然观思想在流转过程中突出了其应用性，其中所涵存的本质的东西，即哲学自然观的内容渐次丧失，再加上“五四”新文化运动，特别是“文化大革命”的冲击，人们对此意识几近消散，所以出现了不孝现象的盛行和伦理的沦丧。这在某种程度上，也说明了自然观思想在人文理念中的基础地位和核心作用不容动摇。这种现象启发着我们的思维，激发着我们的思想觉悟，它会使我们体悟到传统经典中的自然观之光辉，激励我们自觉地研究和掘析古圣先民的博大情怀和不朽的自然观思想。

我国传统的哲学自然观究其源头还应从天命神权说起，它是对天命神权的一种超越，是我国古圣先民深入自然界内在层次反映和彰示其本质内涵的一种世界观和方法论，也是支配人们日常生活的外部力量在人们头脑中的反映和描述，只是在形式上，不同时代有不同的表述方法而已。在上古时期，伏羲创制八卦，先圣们用结绳来记事，以图像来表意，甚至采取了超人间力量的形式，运用所谓的“鬼神”、“天意”、“灵魂”、“神话”等多种方式来表达自己的思想和对宇宙自然的认识态度。“不过，‘这种超人间的力量’在原始社会只是‘自然力量’的化身，到了奴隶社会却‘获得了社会的属性’，打上了奴隶主贵族阶级意识的烙印，反映我国宗族奴隶社会以天命神权维护宗法统治的思想特点。”① 也就是说，本来客观而自然的东西被人为运作而赋予其社会属性的现象在我国历史上是常有的事，我们不能就此而将我国传统中宝贵的哲学自然观思想否定掉，也不能不分青红皂白地将神话内容和带有迷信色彩的东西给以自然观的定位，这就需要我们认真地鉴别和厘清其界线，从中找到系统性、理论性的内容和规律，提揭其中蕴涵的科学理性的精髓和精华。

《系辞》中有这样一段话深刻地反映了伏羲创制八卦时的知识背景和内在根据：

> 古者包羲氏之王天下也，仰则观象于天，俯则观法于地，观鸟兽乌文与地之宜，近取诸身，远取诸物，于是始作八卦，以通神明之德，以类万物之情。

这段话清楚地说明了八卦的创制过程和内在根据，提揭了八卦是由古圣先民仰观俯测、远物近身的实践并以象数的形式来反映和描述自然规律的，彰明了卦象中关于天、地、人三才并生的自然观内核，明示了伏羲氏作八卦的真实宗旨是客观地反映宇宙自然的运行规律，并以此为基础形成了“通神明”、“类万物”的人文理念和博大情怀，从而也说明了人文理念是有客观的自然观作基础的，不能没有宇宙自然的摹本效应、象征内涵和参照坐标来作支撑，否则就不会启发后人、效法天地，不会指导人们进行主体与环境一体化的有机整合从而生生不已。那么八卦究竟与天、地、人是怎样结合和象征符示的呢？几个简单的八卦符号就能表示天、地、人的关系吗？伏羲氏所作八卦的本然内涵又是什么呢？这些问题都是千百年来人们一直关注但又难于解答的。其实从自然观的维度去审视，不难

① 肖萐父，李锦全. 中国哲学史. 北京：人民出版社，2001. 31.

发现其中的空间结构和动态联系。八卦是三画卦，之所以为三画而不是四画、五画或更多画，其原因就在于此。天、地与万物在空间上的分布是有规律的，不是无序和混乱的，孔子为此而赞之曰："天下有道，丘不与易也。"（《论语》）就规律本身而言它是一个庞大的系统，但就实质而言其涵存着一个最根本的现象或规律，那就是天、地、物三者的空间位置相对稳定。天在上，地在下，物在中。这个规律或现象具有的根本性征，被我们的祖先以图像来象之，那就是三画的八卦。在此基础上，我们的祖先又发现了其中对立辩证的两个方面，天与地本身就构成了对立而又对待的系统结构，天地之间的物质及万物完全是天地相互作用的结果，并随着天地的运行而变化发展着、生息着、演化着。分开来看，天有阴晴昼夜，地有刚柔动静，同时，地上之物也显示着刚柔动静以图存的规律，因此三画卦的动态情状就显露无遗，上画有两个相反的方面，下画也有两个相反的方面，中间也有两个相反的方面，这样就形成了不同形式和状态的八个格局，即八卦。这就是为什么八卦是三画卦的内在根据及本质内涵，也说明这八个卦的卦画形状不是任意的而是专向的，不是胡乱联系的而是有自然规律蕴具其中的。那么，人又是如何由天地之间的物分化出来并作为"三才"之一的呢？《序卦》云："有天地，然后有万物，有万物然后有男女，有男女然后有夫妇，有夫妇然后有父子。"父子代代相传，生生不息，就使其成为万物的精英和代表，体现并展示着物的作用和功能，而一跃成为宇宙自然中能够神明通理之物，通过仁与义的交叉互动，人本身成为宇宙的主宰而与环境不断地发生着能量的流变、交流和作用，最终使人有别于其他物种，人就这样取代了天地之间物的指称而成为"三才"之一了。有了这样的自然观理念，就不难发现和理解六十四卦由八卦相重而来的自然观思想。以往人们都是在数学基础上给以数量层面的分析和解构，当然其中有合理的因素和内容，但笔者认为就自然观语境下的语义分析则更具有根本性。既然三画所符示的八卦，具有对宇宙自然的反映描述功效，那么动态地对其进行展示，就会发现三画所符示的"三才"在阴阳、刚柔两方面的流变应将三画卦配以阴阳之义而以六画卦来展示更具合理性，也出于这种原因，孔子及其弟子在作《系辞》时才道出了"八卦成列，象在其中矣；因而重之，爻在其中矣"的动态模式。这样的解读更通俗易懂，让人们知道并不是我们的祖先五千年前就知道高等数学的排列组合，也不是他们对阴阳给以二进制的转化，而是他们就现象和所观察到或体悟到的宇宙自然规律给以切实描述和提揭。事实上，从《序卦》中的卦序排列看，六十四卦分成由三十二对卦的组合体，而这三十二对卦两两"非覆即反"、对立统一。但这六十四卦的排列顺序是不能通过任何一种数学公式和结构或模式一以贯之的。作为六十四卦卦序流行主线的支撑轴线，不是别的，就是自然观。伏羲氏已经对此作了基础性的定位，明示了卦就是对"三才"

阴阳活态运作体系的展示，就是天地人空间结构和联系作用的形象符示，就是对宇宙运行规律的反映，就是以宇宙自然为基础和内容建立起来的简易模型。只有将自然观理念贯化其中，并将其作为八卦与六十四卦的内在根据，才是易学研究的最为根本的内容。正是在这样的语境中，才产生了“三易说”，即《连山》、《归藏》和《周易》。其中《连山》和《归藏》都已佚失，但20世纪末又新出土了《归藏》，证明了历史上确有《归藏》这本书，至于《连山》是否存在现在还是个谜，但无论如何，在史学上有这样的记载和简单的阐释。唐代的易学家孔颖达在《周易正义》中就写道：“《连山》，如山之出云，连绵不断；《归藏》，万物莫不藏于其中；《周易》，易道周普，无所不备。”不仅对此有所记载，而且彰明了其中共同的内在的基因质料，即自然观，“山”、“万物”、“道”都是宇宙之自然。无论哪一种易，都是基于宇宙自然的现象和规律来建立的，都是将天地与人合为一体的，是“无所不备”的。《庄子》云：“易以道阴阳。”阴阳成易已成为易之本然，而阴阳成道则是易的最高境界。《系辞》云：“一阴一阳之谓道。”这个道就是由阴阳两种质料来构成的，易中就阐扬和反映了天道自然基础上的人文自然观。尽管周易经文中没有哲学意义上的阴阳二字，但是其中蕴涵着阴阳观念。因为无论是八卦，还是六十四卦，其排列都是有序的，按不同的标准有不同的卦序。对于八卦来说，有先天八卦和后天八卦；对于六十四卦来说，有八宫卦序、《说卦传》中的卦序和《序卦》中的卦序等。这些不同的卦序排列，自有不同的思想理念和结构体系，就《周易》经文而言，不同的卦具有不同的卦辞，不同的卦爻具有不同的爻辞，不能错位和乱用，这就是数理的哲学内涵。其中的数是序数而非数量，所显示出的数量又都返归到序数系列，这与西方的数学具有根本上的区别。而数即可有奇偶之分，奇阳偶阴，这样就形成了阴阳的数理哲学内核和卦爻的阴阳之象。象数的基础定位思想和核心作用，就此而铸成。不难看出，《周易》经文中有着浓厚的象数思想。但这种象数思想所要表达的意思是什么呢？至今尚未有研究定论。历代易学家们不断地给以诠解和注疏等，但都未能很好地解决这个问题。不过有一点是肯定的，那就是将易与天道相符示、相比照，通过不同的方法，从不同的角度和不同的层面及不同的视域维度上，去提揭易中的哲学自然观，并以自然观为基础，引申出许多人文的理念和生活的哲理来。由于历史的局限、语境的不断转换和不同时代话语的不同表达方式，客观上需要我们要善于还原语境，善于提揭不同话语系统中的核心主线和本质内涵，善于从人文的理念中掘析出自然观的思想本质来，从而对《周易》经文中古奥晦涩的语言及严密的符号系统给以理性认知和哲学的提升，进而明晰其中所蕴具的义理内涵和科学思想。

但长期以来，对《周易》经文的理解陷入形式化的解读，对其中的阴阳理念和五行思想的合理性内核仅限在点滴或不系统的经验领域和范畴内，没有也不能够给以系统化、有机性的解答和诠释。直到宋代易学家们给以义理层面的分析和诠解，易学才有了一个新的飞跃。为了更清晰地理解和把握宋代易学的自然观，有必要对先秦时期的自然观基础进行纲领性的了解。先秦时期的易道理念无疑是建立在先人的基础之上的，是对先民古圣易理内涵的准确定位后加以发展和引申的。既然古圣贤人就易之内在本质给以天地人合一及阴阳成道、五行流演的思想定位，那么，后学者就应立足于这种背景，对其进行语境分析和解读。这种分析方法是有针对性的，是就阴阳五行及易道内在本质的核心内容给以提揭和彰示，并就自然观主导轴线的流转变化而建构的。这样不免会有人问：象数究竟是怎么一回事？为什么象就能用数来作支撑？我们祖先就这个问题已作了实质性的回答。首先就数而言，《系辞》中已明确作了说明：“天一地二，天三地四，天五地六，天七地八，天九地十。天数五，地数五，五位相得而各有合，天数二十有五，地数三十，凡天地之数五十有五，此所以成变化而行鬼神也。”实际上就表明了10个数及其相应的阴阳之象和相互对待的关系。《尚书·洪范》云：“水曰润下，火曰炎上，木曰曲直，金曰从革，土曰稼穑。”这既是对五行思想的内涵和概念化定位，同时又是对阴阳成道的理性化定义。直到今天，很少有人从自然观的角度去分析和掘析其中蕴涵的科学思想。实际上，从新近出土的楚竹书易简中，可以看到其中涵存的自然观思想。郭店楚墓竹简中有《大一生水》篇：

> 大一生水，水反辅大一，是以成天。天反辅大一，是以成地。天地□□□也，是以成神明。神明复相辅也，是以成阴阳。阴阳复相辅也，是以成四时。四时复相辅也，是以成沧热。沧势复相辅也，是以成湿燥。湿燥复相辅也，是以成岁而止。故岁者，湿燥之所生也。湿燥者，沧热之所生也。沧热者，四时之生也，四时者，阴阳之所生也。阴阳者，神明之所生也。神明者，天地之所生也。天地者，大一之所生也。是故，大一藏于水，行于时，周而又始，以己为万物母，一缺一盈，以己为万物经……

这是一段非常经典的关于易学自然观哲学思想的精辟表述。今人刘大钧先生对此发表了个人看法：“此段文字蕴含了先秦象数古《易》的‘卦气’说内容，只有以象数易学释之，方能得其真旨。”① 刘大钧先生指出“气”在我国阴阳五行思想中具有本质性的作用，通过对“气”的运行和流变，将阴阳五行思想统一起来而形成一个有机的整体。这里的数就是富含哲学理性的序数。“大一生水”中的“大一”就是太一或太极。“今人在讨论《大一生水》的文章中，已经

① 刘大钧．今、帛、竹书《周易》综考．上海：上海古籍出版社，2005. 162.

论证，‘大一’‘太一’‘太乙’‘太始’‘大恒’等虽名称各异而义实相同。《周易集解》引虞翻曰：‘太极，太一也。’《礼记·月令》孔疏亦证‘太极’即‘太一’。”[①] 物极生变，随即生数一，这个一可以用象来表示，乃水性之特征。这样就使得象与数合而为一，以一象水，由水而变。而水本身显示着有无之别——流动或静处的水与水蒸成气的水，显示着可见的与不可见的两种表象，初步使五行与阴阳合成一体，或者说，阴阳与五行构成了物质发展变化的内在基因本质。可见的水遵循着下行的自然规律，而变成蒸气的水就呈现出上行的趋势，并且曲直而上升，这就产生了火性和木性的特征，因此继水之后是火，继火之后是木。水汽上升而膨胀，膨胀而显刚阳决断之功，方显从革之性，故为金。有决断就能有所生，气化流行即可生物，故为土，或即稼穑。这样一来，我们自然而然地发现，五行的变化中有数的先后之序存在，就像《尚书·洪范》中所编排的那样，将五行的顺序定之以水、火、木、金、土，而不是什么别的次序。同时在五行的变化当中也有阴阳、有无、动静现象的往来和曲伸，使得数与象，象与义，数与义三者有机地统一起来，并在根本上提出了“一缺一盈，以纪为万物经”的阴阳成道而一气化之的理论命题。因此，自孔子始，对易的解读就包含哲学层面的阴阳自然观思想。《说卦》云：“立天之道曰阴与阳，立地之道曰柔与刚，立人之道曰仁与义。”其中的阴、柔、仁就属阴的范畴，阳、刚与义就属阳的范畴，只是在不同的语境下有不同的表达方式罢了。孔子及其弟子们对易道理念的阐发，彰显了其中颇具本质性的自然观内核，使得历代易学家们对易的解读无不以《易传》为轴线和基础来阐发自己的见解，并由此提揭《周易》经文中所涵具的科学理性弘张其大义，从而使易学在中国传统文化中长期占据主导地位，而成为中国文化的源头活水。

尽管两汉时期，易学家们热衷于立足阴阳五行之上创制新理论，并企图对《周易》经传给以阐释，他们认为象数为易之基础，对易的流行和变通具有根本性作用，义理是以象数为基础的，若离开象数而谈义理则是舍本而逐末，不得要领。但时至东汉，他们过分重视象数的形式功能，一切都以《说卦》中的象和相应的逸象及五行、互体、卦变等来对卦爻辞所说的内容和大义进行展现，目的是使其说教理论系统化、完整化，并具有权威性和形成标准尺度。结果却事与愿违，导致了今文经的失传。究其原因，当然是多方面的，但最根本的是这样的解经思路必然导致形式掩盖内容、自然规律人为化的伪说的盛行，致使人们看不懂、弄不明白《周易》经传中的合理性思想和其中涵具的内在的逻辑联系。魏王弼对此已有定论，他指出：

---

① 刘大钧．今、帛、竹书《周易》综考．上海：上海古籍出版社，2005. 163.

> 触类可为其象，合义可为其征。义苟在健，何必马乎？类苟在顺，何必牛乎？爻苟合顺，何必坤乃为牛？义苟应健，何必乾乃为马？而或者定马于乾。案文责卦，有马无健，则伪说滋慢，难可纪矣。互体不足，遂及卦变，变又不足，推至五行。一失其源，巧愈弥甚。（王弼《周易略例》）

孔子在《系辞》中已经对易进行了根本性的定位，指出了易就是言象的，“易者，象也；象也者，像也”，“彖者，才也”，“彖者言乎象者也”（《系辞》），认为易的本质就是象，彖辞也是为说明象而作的，整个都是围绕象而展开的。可见，象在易中的本质地位和基础作用不容置疑。但《系辞》中对何为象的问题，不仅提到了《说卦》中的八卦卦象和相关的逸象，而且更重要的是由此而总结出象的特征和根植性的东西：“见乃谓之象，形乃谓之器。”（《系辞下》）以见则为象，以形则为器，见是依赖主体人的，可形则是客观而成器的，成器则有所指，有所指则可以名之而分其类，所以王弼提出了义理层面的“触类”、“合义”、“象征”等自然观语境下的概念和方法论思想。这就使得象数基础的本来意义发生了质的变化，这种变化在内在层面上不赞成推行机械套用八卦卦象的解经方法，而是将形而上的道与形而下的器相结合，通过“见象形器”来阐明阴阳二体之间的相互关系。但是王弼仅留下残存的《周易注》，根本就没来得及展开自己的解经思想就英年早逝了，实为可悲，而将这些工作和研究，历史地推向了宋代，从而使得宋代易学的自然观得以流行，对义理的研究得到了普及，使象数和义理在更高的层面上给以综合和提升，开启了易学大繁荣的新篇章。

宋代易学家们在继承前人易学理论精华的基础上，从易产生的根本内质层面着眼，大兴图式之学，出现了以图解易的新现象，并以此为起点形成了宋代易学的哲学自然观和研易方法论，从根本上开辟了一条具有哲学意义的阴阳解易的新路径。易学发展到宋代，易学家们已经把注意力和重心转移到易的内在核心上，提出了河洛为根的思想和阴阳为本的理念。陈抟及邵康节等认为，《河图》和《洛书》最终导致了易的形成，“《河图》、《洛书》是中国文化的根，是《易经》之父母。可以毫不掩饰地说，中国七千年的文明，都是《河图》、《洛书》内涵的应用和延伸”①。只是河洛中世失传，宋代给以“晦而复明”② 而已，认为先天图中之八卦画其功能性征就是一个符号，象河洛之中的长度不等的黑白圆点组合图的性质一样，而河洛中的黑白圆点是表征数的，黑和白本身又是表征象的，并按“奇白偶黑”的规律显现出来。也就是说，河洛之图实际上就是象数的雏形，

① 陈抟．河洛理数．邵康节述，孙国中校．沈阳：沈阳出版社，1994. 1.

② 丁超五．科学的易．见：严灵峰．无求备斋易经集成．台北：成文出版社，1976（单行本）. 1.

本于数而成于象，使象数成为易形成的基础和流演支撑主线。朱熹在《周易本义》中对河洛作了进一步的说明，指出了河洛对易产生的根植性作用和功能，并成为解易的内在根据。朱熹引证诸家之说云：

孔安国云：河图者，伏羲氏王天下，龙马出河。遂则其文，以画八卦。洛书者，禹治水时，神龟负文而列于背，有数至九，禹遂因而第之，以成九类。刘歆云：伏羲氏继天而王，受河图而画之，八卦是也。禹治洪水，赐洛书，法而陈之，九畴是也。河图洛书，相为经纬，八卦九章，相为表里。关子明云：河图之文，七前六后，八左九右。洛书之文，九前一后，三左七右，四前左二前右，八后左六后右。邵子曰：圆者，星也。历纪之数，其肇于此乎？方者土也，画州井地之法，其仿于此乎？盖圆者，河图之数；方者，洛书之文。故羲文因之而造《易》，禹箕叙之而作《范》也。①

朱熹认为，《河图》与《洛书》是先圣成易之依据，而河洛之中所述及的完全是象与数，而这个象与数又是有对应关系和内在联系的，不是任意编排的；同时，象的本质不仅是由数而为，而且表现为阴阳二体，呈现出在空间分布和流动运作的特点。这进一步告诉人们阴阳五行的自然特征应当成为解易的内在核心和基因要素，只有围绕阴阳而论道，才是正确的解易路径，否则就是无任何说服力和持恒性的，进而将易的自然观内在本质显露无遗。在此基础上，宋代易学家纷纷对易的大义著书陈述，彰显并形成了以阴阳二体为本质内容和指涉对象的宋代易学的哲学自然观体系。

宋代易学一改两汉时解易的路径，在《系辞》、《文言》、《十翼》及老庄玄学、王弼易学等的基础上，大发易韵，崇尚天道，彰明义理，意图还原易的本来面貌。《系辞》云："一阴一阳之谓道。"《庄子》云："易以道阴阳。"《老子》四十二章说："万物负阴而抱阳，冲气以为和。"《庄子·田子方》说："至阴肃肃，至阳赫赫。肃肃出乎天，赫赫发乎地，两物交通成和，而物生焉。"尽管两汉时已对阴阳推崇备至，但由于孟喜、京房等所提出的象数学的大势发展，而离开了《易》之正传，再加上郑玄、荀爽、虞翻等人的推波助澜，象数派易学在当时极为流行。当代著名易学家余敦康先生对此评价道："我们今天来研究这一段历史，如果单从易学本身传承的角度来看，孟喜揭开象数派易学发展的序幕，完全是根据他所编造的一套谎言。很难理解，这套谎言竟然能赢得众多人们的信服，从根本上改变了易学的面貌。"② 易学象数学的出现和流演，不仅其根据受

① 朱熹．周易本义．北京：九州出版社，2004. 353，354.

② 余敦康．汉宋易学解读．北京：华夏出版社，2006. 9.

到质疑，而且使易学的发展走向了阴阳灾异学说畅行的道路，偏离了天道，偏离了易学的根本。这在客观上将易学义理内涵及宇宙自然之理的提揭重任，压在了宋代易学家的身上。宋代易学家在继承前人优秀成果的基础上，将阴阳学说作为易学内在的精髓和核心思想，以阴阳相互作用、相互对待的力的关系作为基轴和主线，将六十四卦所描述的自然观本质内容彰显无遗，从而也完善并架构了阴阳相互对待的结构模型。那么，阴阳观在宋代易学的表现形式和内涵指涉又是什么呢？为了对此有一个比较清楚的理解，本书在宋代易学的基础上，简要阐述阴阳相互作用的关系。

第一，阴阳是相生的。“生生之谓易。”（《系辞》）易之所以有生物之功能，就在于它涵摄阴阳之道，在整体结构上具有生物的意义和价值。这个生，不是我们通常所说的物与物相结合而成的化合物，也不是从自体中再分解出一个新个体，而是催生和促生。这就涉及动力学的概念和内容。早在魏晋时，易学家王弼就在《周易略例》中提到：“阴阳者，相求之物也。”只要有一个阳刚物存在，就自然会对阴柔物产生作用而使其存在于他的周围，同样只要有一个阴柔物存在，就自然会对刚阳物产生力的作用而使其存在于她的周围，这就是所说的生的内在本质。正因为有这样一个规律存在，所以他们相互间可以组成一个有机的系统和体系，并将这个系统的分解和解体视为非善易，即“乾坤毁则无以见易，易不可见，则乾坤或几乎息矣”（《系辞》）。程颐、朱熹、胡瑗、郑刚中、张浚、张载、司马光、苏轼等，都以阴阳之间的相生为支柱，在自然观的基础之上架构了自己的解易体系，使六十四卦所反映的宇宙结构模式动态而和谐。我们在品味宋代易学的义理易韵时，不难发现其中所包含的阴阳相生的动态流变情状。

第二，阴阳是互相变换的。从形式上看，阴阳符号的交互变化，由阴转为阳，由阳转为阴，似乎是在搞一种戏法，这就是象数学最常见的体例和内容，在义理分析过程中同样会看到这样的一幕，但其意义就大不相同了。阴阳是一种属性，既然是以性而分的，所以就应秉持由属性而产生的规律。王弼在《周易略例》中云：“阴阳者相求之物也。性同行乖，情貌相违。”“二女同居，其志不相得。”“形躁好静，质柔爱刚。体与情反，质与愿违。”“合散屈伸与体相乖。”阳刚与阳刚同性而势必产生背离，同样阴柔与阴柔之间必然产生一种相拒斥的力的作用。只有异性之间产生的是吸引力和牵引力。据此可知，尽管同样是阴阳相吸，但若阴柔背离刚阳而动时，就表现出了同性的特征，而被表达为乘刚或刚阳，而不是将其固定不变地一直以同一属性而出现和定位。比如，程颐在解第五十九卦涣初六时说：“六居卦之初，涣之始也。”尽管阴柔主静，但其居初而显阳，既是阳性彰显，就应该动而离散。这种情形在宋代易学中普遍存在，并且它反映了阴阳动态运行的相对关系和运转状态。这与西方文化不同，西方科学中所揭示的正负电荷及阴阳离子，不会因为异性之间的运动而产生变性，电子永远是负电性，质子永远是正电性。但不能据此而说明这种理解哪一个是正确，哪一个是错误，只是一种规定而已，或者视角不同罢了，其本质上是相通的和一致的。

第三，阴阳是相伴随的，是辩证对待的。阴阳在易中是以象的形式出现和存在的，它符示天地万物之情，“八象穷天地之情，六位备刚柔之体”（王弼《周易略例·序》），不仅涵摄天道，而且覆盖地道和人道，不仅指阴阳本身，而且还指涉刚柔、仁义、动静、上下、远近、高低、君子与小人、男女、雌雄等，是一对矛盾的展示方式。世界上的这种矛盾物和矛盾运动的规律是普遍的，若没有上就没有下，只有男人没有女人，则不能持恒；没有刚，柔就失去了存在的理由和评判的标准，等等。在阳之外就是阴，在阴之外就是阳，“万物负阴而抱阳”，阳刚之质构成了物质的内核，而阴柔之体与阳刚之作用则成了生生不息之源。《老子》的“负阴抱阳”论成了宋代易学解易的核心结构和运行模式。正是阴阳的相随和相互作用的推动，才构成了易之生息万物的自然之理。宋代易学家在解易的整个过程中，都是将阴阳的相互作用架构在这样的模型中去把握的，从而使六十四卦一气贯通，前后相衔，逻辑承继，象意互动，并把象数与义理共同置身于自然观的基础之上，达到高度的统一。我们之所以长期以来认为象数与义理是分立和对待的，是因为没有深入地探讨其中的自然观内涵及其基础地位，没有把象数与义理的形式和内容结合成一个整体，在认识上就不免产生这样或那样的偏颇和分歧。但从易学史的角度去考证，不难发现学理本身内在规律的持恒性和连续性，任何一个阶段的易学理论并不是割断前面的历史而空创的，同一时期不同的易学流派在相互对立的同时，还有相互贯通的更为本质性的基因存在。

第四，阴阳是相分而又有机统一的。《系辞》云：“夫乾，其静也专，其动也直，是以大生焉。夫坤，其静也翕，其动也辟，是以广生焉。”乾坤本身就是阴阳的标识，乾为阳，坤为阴，但通过《系辞》中的动静一体来视之，则不难看出乾刚阳中也含静柔之质，坤阴柔中也摄刚阳之性，并不是阴柔物就一定是以阴柔之性状来表示和展现的，刚阳物也不是一定以刚阳之性状来彰显的，而是阴中也有阳，阳中也有阴，阴阳互相涵摄、互动互通。《坤文言》云：“坤至柔而动也刚，至静而德方。”也是着重于阴柔的性状作了动态的描述，指出了阴柔的两面性，上升或推展到人事上，就体现出臣民与小人的划分和区别。易道即为天道，天是健行的，“天行健，君子以自强不息”（《乾象》）。健而呈刚阳之状，但《系辞》又云：“其道甚大，百物不废，惧以终始，其要无咎，此易之道也。”指出了天道之行必须配以忧惧之心，彰显出其涵具阴柔的内在本质。朱熹“理一万殊”学说的提出，使阴阳成道的思想流演成阴阳成物而物含阴阳的宇宙结构模式，提出了阴阳都有动静之性和刚柔之质，刚阳体中有阴柔与其相配，阴柔体中也有刚阳之性使其动行，并在运动中展示其所属性征。这不仅使两汉易学阴阳观得以发展，而且将阴阳的流变活跃起来。程颐通过批判杨朱之学，展示了理为一本的大统一思想。他说："大凡儒者学道，差之毫厘，谬以千里，杨朱本是学义，墨子本是学仁，但所学者稍偏，故其流遂至于无父无君，孟子欲正其本，故推至此。"（《遗书》卷十八）这是说，杨墨所坚持的"学义"、"学仁"没有很好地流行下去，而是发生了偏向，片面地强调分殊而不顾理一，片面地强调阴阳之分之别，而不去架构其有机统一的体系，更不愿去挖析其中涵具的本质道理。儒家的文化价值理想与杨墨不同，"主张在分殊中见出理一，在理一中见出分殊，知其理一，所以为仁，知其分殊，所以为义。分立而推理一，以止私胜之流，这是为仁之方"①，通过对理的"一以贯之"的把握，在卦所展示或符示或表达的时局中，体现出本同用异、一体而流变的动态流转模式来。

第五，阴阳是相交流的。既然阴阳是有机统一的，那么，在统一中就存在交流和会通的情形。《序卦》云："有天地，然后有万物，有万物然后有男女，有男女然后有夫妇，有夫妇然后有父子，有父子然后有君臣，有君臣然后有上下，有上下然后礼仪有所错。"天地即是阴阳，"天尊地卑，乾坤定矣"（《系辞》），对天地的相交流定位，即"天地设位"，通过尊卑之序、乾坤之体，对其阴阳辩证统一的动态结构给以展示。若无地之卑，就没有天之尊，这个尊卑之势的交流动作态势，在乾坤二卦及由此而相交成的六十四卦的不同时局中得以体现。易之六十四卦，正是在阴阳相交流的动态运行中体现出其完美的光环。至于万物，万物本身涵具阴阳，就如同有无动静一样，包含于万物之一身。男女、夫妇、父子、君臣、上下等都属于阴阳的分殊之列，正是由于这个万殊中无不体现出阴阳之性，因此彰显出阴阳为万物之本的核心思想和运动基质。这种思想在宋代易学中表现得相当突出，无论偏重象数的学者，还是偏重义理的大家，都把自己的研究重心归综到阴阳这对宇宙自然的普遍基质上，通过大谈君臣人事之理，来描绘出臣民围绕君王运动、阴柔围绕刚阳运转的结构图式，从而使阴阳相交流成了易所研究的必然指涉对象和内在本质。宋代易学的自然观就是在这样的理念基础上流露出来，并在宋代易学家们的不同的话语表达中达到高度的凝聚和整合，从而形成了集象数义理于一体的宋代易学的理学思想。

以上五个方面，在宋代易学的基础上对阴阳之间的力的作用关系作了简要的分析。当然，阴阳之间的这种关系自然会在宋代易学家对六十四卦及义理内涵的解读中得以彰显，在这里就不再过多地展开阐述。接下来，本书就阴阳动态演化模式的循环性及其随时变易性作一个简要的介绍，以便更明晰地阐述宋代易学自

---

① 余敦康．汉宋易学解读．北京：华夏出版社，2006.416，417.

然观的内在本质。宋代易学关于六十四卦的阴阳动态流转变易情状的解读，为我们勾画了一幅幅连续不断、相互关联、逻辑相衔的阴阳相对运行的图案，这种连续性和一贯性用程颐在《程氏易传》中的话来作形象的表达，就是诸如“屯者物之始生，物始生稚小，蒙昧未发，蒙所以次屯也”，“（需）所以次蒙也”、“（讼）所以次需也”、“（师）所以次讼也”……直至“（未济）所以次既济也”等。同时，这些卦所展示的时局状态，从表面上看，都是阴阳的往来，似乎有相当的卦时局表现出相同的情形来，但其所符的卦爻辞及卦爻象皆不相同，这是为什么呢？为了解答这个问题，还需从易的本质因素，即阴阳成易的角度去加以分析和审视。

早在魏晋时期，王弼、韩康伯等人就对卦爻辞的微言大义的流露和表达给以明确的程式性规定，并提出了扫象穷理的新命题和新理念。魏晋易学家们对圣人之言作了深入的解剖，对《系辞》中所说的“书不尽言，言不尽意”的理念和观点作了详尽的阐释，指出：“夫象者，出意者也，言者，明象者也。尽意莫若象，尽象莫若言。言生于象，故可寻言以观象，象出于意，故可寻象以观意。意以象尽，象以言著。然则言生于象而存象也，所存者非其象也，象生于意而存象焉，所存者非其象也。”（王弼《周易略例》）而圣人作易系辞，是直接指涉对象为象，而不是意，“然则圣人立象以尽意，设卦以尽情伪”（《系辞》）。以象显意，象意流变互通，则成为易之义理表达的正统方式，否则就是易外别传或非正统思想。这里所作的象，并不单纯局限于卦爻之象，还有阴阳之象及事物动态运行之象等，正所谓“见乃谓之象”（《系辞》）。然而如何才能使言通过象来反映出意来，需要一个过程，需要由言而显象，由象而明意，若无这个过程的支撑，则不能表达清宇宙自然之理。圣人系辞而显象，附卦以观变，通过卦象所表达和反映的是情伪之动，并不是卦爻辞的直接指代。这在宋代易学思想中表现得相当突出，而在两汉时期长期将卦爻之象比附卦爻之辞及彖辞，经过魏晋时王弼等人的扫象之说，已作了定论。“案文责卦，有马无乾，则伪说滋慢，难可继矣。互体不足，遂及卦变，变又不足，推至五行。”（王弼《周易略例》）这就是说，魏晋时已对东汉时解经的理路模式进行了彻底的清算和批判，那么卦爻辞所反映的象究竟又指什么呢？宋代易学家在训诂考据的基础上，以构建语境来达到显象的目的，以人事通天道来彰明系统整体运作的思维模式，并不单纯地以《说卦》中的八卦之象来与卦爻辞作一一对应，而是以理为主导，以语境实在论为直接构建的重心指涉，通过对卦爻辞及彖辞的本义内涵的提揭，围绕阴阳相交流运转的情状和境况，彰明了象意涵摄互通的架构体系。其中语境的构建因素和需考究的参与内容是相当庞杂的，并没有一定的规约界定，但这种建构支柱和骨架则是非常明朗的。综合来看，这种语境的形成是在卦变说及旁通说的基础上，以阴阳互动流变为核心，以阴阳系统组成的有机关联、相对运动及能量的转换为内容，着重以提揭阴阳相互作用的动态运行情状为直接目标，彰显了阴阳二体及其所组成的各种成分间连续相衔的64个不同的格局，为宇宙秩序的循环模式的建构提供了自然观方法论的新境界。

朱熹等宋代易学家们完善了卦变说，使宋代易学架构语境的基础立足于卦变说之上，以象数对义理内涵的反映和折射为直接动因，提出了卦之本因于阴阳，十二辟卦直接导致不同卦中阴阳量的不同，并且在宋代其他易学家的解易过程中也有意或无意地、从不同侧面体现了这种精神。卦变说的应用，不仅使六十四卦所反映的阴阳之道有了界限和定位，而且对理解圣人作易时所附之卦爻辞的语境展示提供了相当的支撑和帮助，从而也对阴阳二体在不同时局中动态流变的路径和轨道的提揭起到了很大的作用。至于旁通说在宋代易学解易过程中所起的语境支撑作用，相对于卦变说来说更有相当的意义和价值。我们说宋代易学是在魏晋易学思想的基础上发展而来的，魏晋玄学援老庄入易，崇尚有无论，崇尚天道自然无为之理，将无置于万物之本源，认为无而生有。旁通说就是对某一卦按隐显情状而表达的一种隐性卦象，如屯（䷂）与鼎（䷱）旁通，不同爻位上以阴阳两爻的流变互通来显现，屯初为阳则鼎初为阴，屯二为阴则鼎二为阳，依此类推。在研究某一卦时位上的自然观时，不能脱离或不考虑它的阴阳之流变情状而去解读圣人之意，否则就失去了宋代易学的思想基础和理论渊源。无论是考究卦变说还是旁通说，都要直接针对阴阳二体及其属性而言，通过语境对易韵的展示而彰明其中所涵存的自然观本质内容，从而折射出六十四卦阴阳观之核心思想和在不同格局中阴阳流通互动的动态运作过程。

卷一

第一卦　乾卦的阴阳自然观

宋代易学立足于象数，着眼于义理，秉承《易传》之彖、象、文言等十翼之精髓，大发易之意蕴，充分阐发六十四卦的宇宙观，并附有新意。按《序卦》的卦序程式，“大哉乾元，万物资始，乃统天”（《乾·彖》），而首将乾卦给以物之起始定位，同时乾卦本身又自成体系，并依此为起始和基础，流演出六十四卦的有序结构模型，绘制了一幅螺旋式、循环性推演流变的宇宙发展图式。宋代易学家正是基于这种情状而深度解剖易之奥义的。朱熹云：“伏羲仰观俯察，见阴阳有奇偶之数，故画一奇以象阳，画一偶以象阴。见一阴一阳，有各生一阴一阳之象。”① 将阴阳之象义内蕴于八卦和六十四卦之中，提出了“见一阴一阳，有各生一阴一阳”的哲学命题，展示出了“万物负阴而抱阳”的宇宙图式。由此而论，宇宙发展的演化图式至“未济”状态，而并无终止，只是形成了一个新的起点，这也折射出乾卦之所在状态也是由阴无②之质而来，即由无而来、由阴始发，并不是机械的和孤立的状态，同时也因其至纯而性健，“阳之性健，而其成形之大者为天”③，是要行的。而其行至何方呢？向坤也，所以《序卦》之第二卦即是坤卦，体现出一个由无到有，再由有到无的内在逻辑。但卦序是首乾而并非首坤，是什么原因呢？在宋代人看来，六十四卦是宇宙有形体万物生演变化的 64 个格局或 64 种状态，是以物的有形体存在即可把握体质为前提的，是讲有形体事物因时而变的生生之道。尽管坤状态可以为乾状态的形成提供环境动力因素，但物事的“元、亨、利、贞”过程的流行，很明显是以形体之有及其可把握性为前提条件的，并不是对以虚无为对象的根植性反映。乾之为物，也是有其形成和发展的原因的，并不是一开始就成为大者，而是有一个阳息的过程的，是渐次而成、有终有始的，“云行雨施，品物流行，大明终始，六位时成”（《乾·彖》）。由于阴阳“云雨”之交互作用，由始至终，经过六个阶段而成大乾的状

① 朱熹．周易本义．北京：九州出版社，2004. 2.

② 阴无是一种隐微之物，坤可表阴无而这里不用坤，是因为阴无为坤之体质，而坤卦为阴、柔、地之表象，体用不可因为同源而混淆。卦象可穷天地之情，所以任何具体的形容都不可包揽卦之微言大义。

③ 朱熹．周易本义．北京：九州出版社，2004. 2.

态。可见，即使是无而生有，阴而反阳，这个阴或无也不是纯粹的没有，而是处于混沌状态的虚无，正如《老子》中所讲的那样："道之为物，惟恍惟惚；惚兮恍兮，其中有象；恍兮惚兮，其中有物。"就是说道之虚无并非真无或真空，而是其中有象、有物存在的，正是其中的物之间"其中有精，其中有信"（《老子》）而使万物渐次生成。《老子》中所说的"其中有信"，道明了虚静状态下可生成之物存在着内在的相求或相互作用的力，用一个"信"字给以充分表示和提揭。因此，只能说有无是相通的，阴阳是相求而动的，尽管坤阴之象是可以代表虚无状态的，但不能说六十四卦是讲无的，而是讲有形体事物的发展规律的，是以物质及其运动状态为研究对象和基础的。乾者为大，大就是可观，就是可视可见的，因此不能把坤排放到乾的前面而对阴或无给以对象性的倒置，当然，乾卦之后讲的坤卦所指的也是物质运动变化的一种状态而已，不是讲其虚无不可把握的东西。由此可知，六十四卦所反映或彰显的是物质阴阳属性之间相互作用的力的结构情状，这就给我们提出了一个自然动力学的发展模式：

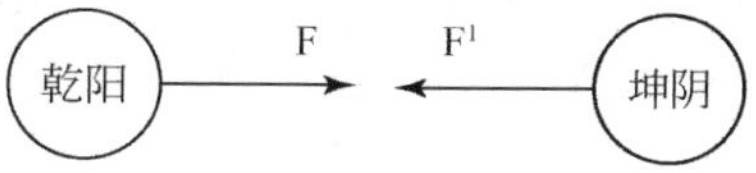

乾之所以能"元"能"大"，是因为其"阳之纯"；之所以能"健之至"，也是因为其"阳之纯"。阳者，有也，阴者，无也；阴盛则阳衰，阴少盛则阳少衰，阴极盛、极多则阳极衰、极少。反之，亦然。故要阳大也，方才能得"元"，才能"乾始能以美丽丽天下"（《乾文言》），即"乾，元、亨、利、贞"。"文王以乾道大，通而至正，故于筮占得此卦，而六爻皆不变者，言其占当得大通，而必利在正固，然后可以保其终也。"① 六十四卦之所以能畅行而不竭，是由于乾能有"元、亨、利、贞"四德，其变化起来能"通而至正"，即使不变而静处，也能"当得大通"。朱熹认为孔子把乾道看成天道的理念是有其深厚的自然观基础作支撑的，天之行健取之于大也，"天尊地卑，乾坤定矣"（《系辞》），乾即天，"尊为阳位，卑为阴位"（王弼《周易注》），从而将乾天之性合而成一。同时他又提出"通而至正"这样一个动态图式，实际上是对"乾元用九，乃见天则"的动象表达。也就是说，乾道变化是有原则的，是乾坤相通才能得正，并把其概之为"天则"，即宇宙规则，从而描拟出阴阳相互作用的动态模式：乾从坤来，卦气源于夬，即实有源于虚无，由于其不断地开展着息阳而拒阴的"刚决柔"的行为而使刚阳之气益显而朗明，直至大阳托出形成乾状之态：

---

① 朱熹. 周易本义. 北京：九州出版社，2004. 2.

乾　　↙坤（䷁）

夬（䷪）↗　　䷀

乾与坤通，由无而生，坤阴乃云险之象，易文言中把乾之象示于龙，通过“潜”、“见”、“行”、“跃”、“飞”、“亢”而明示其“行险”而向前不息之状，“健而无息之谓乾”[①]，易道即是天道，而易道乃以“惧”来模拟，正如《系辞下》所云：“惧以终始，其要无咎，此之谓易之道也。”彰明了易道所反映的宇宙状况，乃实属险象环生之貌，不惧则不足以运行完“元、亨、利、贞”的全过程。原因很简单，乾为六十四卦之首，其本身就明示了一种坎险之象。“大一生水”，坎水作为八卦之最初态，其象一阳夹于二阴之间，喻示阴阳相杂而交错的生成境况，故作仲尼象之曰：“天道不可为首也。”“夫乾，天下之至健也，德行恒易，以知险”（《系辞》）符示着万物生成起始的乾状态，必定要经历一个坎险艰难的困峻过程，必须面对险情而依天道行事，《乾彖》云：“大哉乾元，万物资始，乃统天。”邵雍在《观物篇五十三》云：“所以处理性者，非道而何？是知道为天地之本，天地为万物之本。”[②] 告诉我们要按道而行，只有经历艰辛才能增长才干，才能贞固而不息。六十四卦所代表和符示的物事之格局，归根到底是由乾道即天道流行而来的，只要成就了乾天之德，就能在各个不同的格局和状态中游行无阻，正如胡瑗所说：“乾不息，然后皆得其所成立也。”[③] 那么，这个乾天之德是如何成就的呢？这就得从卦气谈起，乾为四月卦，承接于三月夬卦，故乾源于卦气之夬，自然而然地告诉给我们一个道理：阳气要想流行，必须拒阴柔于远方，方能保全自己。这就为我们提出了一个刚阳决阴柔的成长理念——夬卦之义理。同时，夬卦尽管有“夬者，决也”之意，但其上爻为阴，明示了物之彰显健行的宇宙规律，提出了“亢龙有悔”、“天道不可为首也”的自然法则，这样乾卦语境系统才得以完善。文王以“乾，元、亨、利、贞”来充其卦辞，定其四德，实为最妥不过，其余卦即使有此四德也都有条件来限定，如屯卦卦辞为“元、亨、利、贞，勿有攸往，利建侯”，多了一个“利建侯”的条件。随卦的卦辞为“元亨，利贞，无咎”，多了一个“无咎”的条件，等等。

乾卦的爻象及其所摄之义理，生动地展示出了阴阳动态流变的发展程式：由阴阳之混沌到阴柔与刚阳二体之始分，再到刚阳体与阴柔体及刚阳体内在阴阳二成分的明晰和互动，最终使刚阳体内在地出现了阳息而渐大、阴消而护体的发展

---

① 程颐．伊川易传．第1册第6页．文渊阁四库全书·易说卷．电子版．武汉：武汉大学出版社，2004（以下版本同，不再注）．

② 邵雍．皇极经世书．郑州：中州古籍出版社，2007. 490.

③ 胡瑗．周易口义．第1册第9页．文渊阁四库全书·易说卷．

态势。

初九，潜龙勿用。

继魏晋王弼等扫象穷理、援老庄入易、大兴义理之风之后，宋代易学家对“易以道阴阳”的哲学命题，已有崭新的认识。以朱熹、邵雍、刘牧等象学派为代表的易学家认为，“阳往交易阴，阴来交易阳，两边各各相对”（《语类》卷六五）是外部交易之规律，同时，阴阳二者各自向自己的对立面转化，表现出了“一生两”的规律：一个阳上，又生一个阳、一个阴；在一个阴上，也同样又生一个阴、一个阳。也就是说，阳这个统一体中也包含着阳中含阴的矛盾体，阴这个统一体中也同样包含着阴中含阳的矛盾体；并且阳之退即为阴之生，不是阳退了，而是别有个阴之生。也就是说，阴之消，实为阴之长；阳之息，实为阳之长。邵雍也云：“天生于动者也，地生于静者也。一动一静交，而天地之道尽之矣。动之始则阳生焉，动之极则阴生焉。一阴一阳交，而天之用尽之矣。”[①] 按照当代的说法，这实际上提出了阴阳交感的动力学原理。乾天地坤各有动静，“夫乾，其静也专，其动也直；夫坤，其静也翕，其动也辟”（《系辞》）。同时，乾与坤旁通，乾坤互相涵摄，乾之六阳乃“动之大者，谓之太阳”[②]，而其初动或始生，其此时之状态乃“下也”（《乾文言》），“初阳在下，未可施用”[③]，按如上规则乃应阴之为大者也，即

$$阴 > 阳$$

故曰：“初九、潜龙勿用。”同时龙德而隐者是为阳长矣，龙德而不用是为阳息而不至于受损，其中有一个自然观的动力作用涵存其内。阳刚之体在虚无混沌的状态下明显地处于弱小、“下也”的状态，即处于“元”而“善之长”的状态，“元者始生万物，万物得其生，然后鼓舞而和乐”[④]。只有使刚阳内在的阳性成分不发挥龙德健行的作用，即通过阳息的手段，才能使其自身因阳息而阴显。在“二女同居，其志不相得”（王弼《周易略例》）的阴与阴相排拒的作用下，将外在阴柔体的消阳作用抑制，阻止其前来消阳、灭阳，从而出现因“鼓舞”而“和乐”的局面。我们说刚阳之所以为阳，是因为其活性或具有健行的特性，“乾，健也”（《说卦》）。胡瑗定之为“龙者，有变化之神，阳气之象也”[⑤]。若强势阴柔与弱小刚阳发生相求的作用得以发挥，则阴阳二体之间力的作用必然会将刚阳体牢牢地锁定在固定不变的方向，使其失去活性，即灭阳的情状凸显，那

① 邵雍．皇极经世书．郑州：中州古籍出版社，2007.487.

② 邵雍．皇极经世书．郑州：中州古籍出版社，2007.487.

③ 朱熹．周易本义．北京：九州出版社，2004.4.

④ 胡瑗．周易口义．第1册第11页．文渊阁四库全书·易说卷．

⑤ 胡瑗．周易口义．第1册第12页．文渊阁四库全书·易说卷．

样就不可能有大乾的形成和流行，也不可能有“元、亨、利、贞”四德的形成，也就更不可能有“乃统天”的功效。因此，孔子赞之曰：“有龙德而隐者也。”“遁世无闷，不见是而无闷。”（《乾文言》）胡瑗也有同样的论述：“于此时，小人道盛，若其施用则为小人所害，寡不敌众，弱不胜强，祸患斯及，故戒勿施用。”① 以人事明天道，在天人一体化的内在逻辑导引下，指出时下弱阳成分的适宜作为应是“戒勿施用”。

九二，见龙在田，利见大人。

六十四卦之每卦六爻，可以说是事物发展的六个阶段或过程。承接上面所言的初九状态，刚阳体通过息阳而萌生其阳健之德，同时也使刚阳体的阴柔成分不断地发挥作用，对外来阴柔体产生出愈来愈大的排斥和远离之力，使刚阳性成分渐次显露出来，展示出“见龙在田”的图像。

此时尽管阳处于上扬态势，表现出了刚阳体中刚阳成分的逐步提升。到乾九二时位上，已使刚阳体内在的阴阳成分渐次分离，这就是乾文言所讲的“静”而“专”的道理。乾初九时态下所提出的潜而不用，是为了不使阳气散失，也就是说是一个息阳的过程，这个过程本身就会使阴阳二成分因“专”而分离，从而产生了刚阳体内在阴柔成分对外来阴柔体的相斥之力，正是在这种力的作用下，排拒和阻止了外来阴柔体的消阳情状。尽管其对外排斥力时下表现出的变化还没有达到相当的程度，但这种状态的保持和维持可以成就其大至。“九二虽未得位，而大人之德已著，常人不足以当之。”② 尽管外阴之势相当强劲，但能以初九潜而息阳的状态去运作，并终能于九二时位上由潜变见，虽处没有得位的境地，但也彰明了这种动态运作潜能的巨大，真可谓“大人之德已著”，这是一方面的含义。同时，另一方面也彰明，只有大人才可洞察，只有大阳的出现和助力，才能使外阴之势得以解脱。

乾之所以能为天、为大，原因就在于这种运势的推动和流行。因此孔子赞誉大人说：“夫大人者，与天地合其德，与日月合其明，与四时合其序，与鬼神合其吉凶。”（《乾文言》）大人的品德可谓大矣，他可以洞察几微，彰明大德，故非常人始能及。处于此德之状态，“利见大德之君，以行其道。君亦利见大德之臣，以共成其功。天下利见大德之人，以被其泽”③，从阴阳力量的对比情况，提出当此状态下的行动方略应为“利见大人”。这个“利”字，表明了息阳而阳长的合理性和科学性。通常人们认为息而可灭是天经地义的道理，但息而可生才真正是合乎天道的义理本质内涵。这种本质性的东西，不仅提揭了刚阳体内在阴

① 胡瑗. 周易口义. 第1册第13页. 文渊阁四库全书·易说卷.
② 朱熹. 周易本义. 北京：九州出版社，2004. 4.
③ 程颐. 伊川易传. 第1册第7页. 文渊阁四库全书·易说卷.

阳成分的有机统一性和各自独立的个体性征，而且也说明了义理所要彰明的是内外阴阳之间的力的结构流转变化情形，从人文的角度来折射出其阴阳的自然哲理，也正是因为其有宇宙之自然法则涵存于内，才使其广泛流布于人之生存环境之中。

九三，君子终日乾乾，夕惕若厉，无咎。

“乾乾”乃性体刚健之象，乾就是健行的代名词。乾乾，一方面说明刚阳体本身在时下是不断地息阳和长进，另一方面也明示了刚阳体内在阳阴二成分都处于刚阳之态，刚阳成分的性刚特质不言而喻，阴柔成分时下却不是向刚阳成分靠近，而是进行着背离刚阳成分的夬决过程，这也说明了乾之形成必经夬决而彰明。其中的刚阳成分所进行的息阳而夬决阴柔成分的过程又当然地成为刚阳体本身大成的过程，因为物体本质上是形而下之阴阳所成之器物，器物的阴阳两个组成部分所占据的空间容积恰恰是该物的体质形态。这样，阴柔成分在得到刚阳成分的排斥作用后而与外来阴柔体也产生了抗拒作用，体现出刚性的特征，从而出现了重刚的局面。《乾文言》曰：“重刚而不中”，言明刚阳体内在二成分的长势和聚升情状。所谓的“不中”，是说阳势之长盛已打破阴阳力量之平衡态，因阳息而阳长，阴柔成分围绕刚阳成分运行的向心力增大，从而其运行半径也增大，表现出阴势弱小化的演变态势，即

$$阳\geqslant阴$$

但这种阳阴力量的对比，仅仅是阳势略占上风，故戒之曰：“夕惕若厉。”“厉”是一种和阴柔体接近的拟人化表达或以象喻意的逻辑化意蕴。阴柔通常是表征小人的，“小人多言、多过、多事、多祸”（《帛书易传》），与小人打交道，是非常危险的，尤其是在力量不足的情况下，更是如此。因此，通过这样的话语表达，是为了形象地反映出阴阳力量的当下状态：阳≥阴。“君子言能忧惧如是，则虽处危地而‘无咎’也。”[①] 朱熹用“危地”一词也说明了阳没有胜阴的绝对把握，涵摄着“阳≥阴”结构态势。程颐云：“三虽臣位，已在下体之上，未离于下而尊显者也。”[②] 更是言简而意赅，既为“臣位”那就不强，又为“未离于下”那只能是略强，还没有达到“尊显”的境地，从中体现出宋代易学家对阴阳相对待之势的象思维特征，由通达人的实际体悟来彰显其人文的精神，并负反馈到易学自然观的本质上来。“日夕不懈而兢惕，则虽处危地而无咎。在下之人而君德著，天下将归之，其危惧可知。虽言圣人事，苟不设戒，则何以为教？作

---

① 朱熹．周易本义．北京：九州出版社，2004. 4.

② 程颐．伊川易传．第1册第44页．文渊阁四库全书·易说卷．

易之义也。”[①] 只有日夜不间断地虑事而好谋，才能摒除危险和困惑而无所怨咎或犯咎。其原因是虽在下但有君德，天下将归顺于他。在这样的语境下来言明未来的方向，不亦惧乎！说明阳势还在长扬，当下并非大成，“苟不设戒，则何以为教?”以此来反映出或折射出阳阴之对比还不大明显。君占得此卦，其势不稳固，常有反复之象见，“反复道也”（《乾·象》），实当努力为上。

九四，或跃在渊，无咎。

承接前面三个刚阳长势的动态变化过程，自然而然会使刚阳体的阴柔成分延伸到更远的地方，这是一个空间结构的流转变换。初九时态下是潜而始息的状态，九二时位上则是阴阳始分的状态，就像龙在田地里一样，九三时位上就出现了刚阳上扬的情状，像欲将石头抛在空中而刚离地的情况一样。那么，到九四时位上，阴柔体的运行状态就是虽上而没有达到应有的高度，但已经是飞箭离弓，远离人身，正如《乾文言》中所说的那样：“重刚而不中，上不在天，下不在田，中不在人。”这种情形的出现，究其实质，则是刚阳长盛而导致阴柔成分的运行半径增大的结果。“或”者，惑也，疑也。周易以尚象思维为其思维集群的核心内容，这里以龙示象，以象喻意。“尽意莫若象，尽象莫若言。”（王弼《周易注》）一个“或”字就把刚阳动向之自如和无定向性给以象之而出，并配之以“跃在渊”而提揭了此状态下刚阳的性征：

第一，阳势已有长足的发展。“上不在天，下不在田，中不在人。”这三个“不在”意在提及阳之势大而能或跃而起，即

$$阳 > 阴$$

第二，阳势虽大，而无定向之时。三个“不在”，不就是其无定处的表现吗?“‘渊’者，上空下洞，深昧不测之所。龙之在是，若下于田，‘或跃’而起，则向乎天矣。”（朱熹《周易本义》）朱熹用“渊”、“田”、“人”三个层次定位空间，意在阐明阳之所处状态是刚健而游离状，无定向性，还未壮大。处于此语境中的阳呈现出从无而有、由小到大的发展曲线，即

$$阳 \backsim 大$$

第三，阳之健行需待时也。程颐云：“跃不跃，惟及时以就安耳。圣人之动，无不时也。舜之历试，时也。”[②] 提出了“时”的界域性，认为阳之健行的彰显是要以时而动的，用有行藏，该行则行，需藏则藏，不可背其道而用也。这也是一个自然观的命题，阳与阴之交合与分离是实现阳势行与藏的根本途径，也是必然规律。

---

① 程颐．伊川易传．第1册第44页．文渊阁四库全书·易说卷．

② 程颐．伊川易传．第1册第8页．文渊阁四库全书·易说卷．

阳在此状态下的三个性征，同时反映了阳性走势的亨通之象及利贞之戒。同时也应看到，作为刚阳体重要构成成分的阴柔性成分围绕刚阳成分动行本身，就是和外来阴柔体相冲撞的过程。这个冲撞过程，不仅会使刚阳之气彰明，而且也表现出上下转动的运动情状，“上下无常非为邪也，进退无恒非离群也，君子敬德修业欲及时也，故无咎”（《乾文言》）。之所以有上下和进退之象，原因就在于外来阴柔体具有空间立体化的消阳态势，只有这样上下进退而又有针对性地游走于其间，才能达到及时敬德的功效。

九五，飞龙在天，利见大人。

阳处此爻，意义极大。古人往往用“天”作为大的象征，常说“天那么大”这样的话语，言及大显的情状。《乾文言》中说：“大人造也。”用“大人”来喻涵刚阳气势之长成旺盛之态，“物大而后可观”（《序卦》），“充实之谓美，充实而有光辉谓之大”（《孟子》），充实了就是美，这里的“美”也是一种象意，喻显阳势之优先超越地位。所谓的“光辉”，就是通过运作而发挥作用的意思，即“造”也。其自然力量对比情况为

$$阳>>阴，阳\cong天，阳\cong大$$

在这里，我们说宋人理念之高明，就在于将先圣作易之本质全面地给以展示和言明。朱熹在其所著的《周易本义》中说：“刚健中正，以居尊位，如以圣人之德，居圣人之位，故其象如此。”“中”而言阴阳平衡，“正”而言阳刚而处尊，对阴阳关系的定位极为合理。“飞龙在天”并不是单有阳之行为，而是出现大人之品德，“夫大人者，与天地合其德，与日月合其明，与四时合其序，与鬼神合其吉凶。先天而天弗违，后天而奉天时。天且弗违，而况人乎，而况鬼神乎！”（《乾文言》）提出了大人之所以为大人的自然观思想，应与天地、日月、四时、鬼神合其德，即合乎宇宙自然之规律性，否则就有失大人的确立条件。这也明示了一个道理：阳之大与阴伴行，并非脱离阴之作用。

需要指出的是，九五时态下的刚阳体已处于大显的状态，其内在各成分共同所占有的空间或体质，已达到相当大的程度，即所谓的天的程度（这里以天来比喻大的意思），不可以再有所突破，否则就会使其自身体系受到破坏，内在有机一体化的机体发生崩裂，从而达到“乾坤毁则易有所不见”（《系辞》）的境地。这就在实际上预设了，在阴阳二成分与外来阴柔体的相互关系中，存在着一个空间极限的概念问题，不能突破这个极限，否则就会导致灭失而解体的后果，也就不可能去穷究义理及研究对象的内在规律了。因此只有不突破这个极限，即在这个极限范围内去构架易学阴阳动力体系，才符合宇宙自然的内在之理，才能使易学自然观的演化过程得以逻辑地流行和展示，从而使乾时态下的阴阳动力学结构自然地流转下去。

上九，亢龙有悔。

阳动之极谓阴生，阴阳永远是一个和合的统一体，这是易学自然观的根本观点。以往的易学家对此多以象解而无义释，多囿于象之规则而无自然观的系统思想。易学发展到宋代，亮点频现，意蕴颇丰。“阳极于上，动必有悔”① 对阳动的规律给以定位，“动之大者，谓之太阳；动之始则阳生焉，动之极则阴生焉”②。实则明喻，阳之于阴的对待关系应是“刚健中正”平衡而显尊，当然打破其平衡，自然就失其尊位。阳之刚健及长势不能脱离阴之环境，相反“纯阳不生”会与易之“生生”之道德相悖，故不可取。我们在上面所言的夬卦卦气源时，之所以要用卦气来作为乾卦流演的起始点，其道理就在于此。夬者，决也。阳气之始发，必志于消阴。但真正能决者，其义象夬（䷪），夬卦之卦象上爻为阴，正为阳进提出了宇宙式规约，同时也由人文和自然观的统一性，彰明了阳阴之发展走向：

阳（↘）；阴（↗）

易学家程颐继承和发扬了孔子的易道精神，提出了阳有界而怕过的观点。“九五者，位之极尊正者。得时之极，过此则亢矣。上九至于亢极故有悔也。有过则有悔，唯圣人知进退存亡而无过，则不至于悔也。”③ 正如《乾象》所言：“盈不可久也”，也如《乾文言》所说的那样：“与时偕极”，“穷之灾也”。九五位则为阳之临界，出此界则过，过则有悔，所以阳怕出界而行过。这就是说，阳极大而其活性必大，活性大而其身必动，为什么呢？宋易实际上给我们描绘了一个阴阳动力学的运行模式，阳之所以要动，是因为阴之吸引或牵引。阳动之方向，恰恰是阴柔彰显的地方。阳为有，阴为无，有无相生。万物之动向都自无而生有，又自有而向无，乃自然之法则，非人能违背。宋代周敦颐提出了“无极而太极”的本体论，既是对魏晋玄学本体论的发展，又是从本原问题上来对阴阳相对待的力的作用的阐明。他认为阴阳二气从“一”变化而来，又复归于无极，“把‘无极’和‘太极’两个哲学范畴统一起来，重新对本原的实体进行哲学加工，显示周敦颐合老庄于儒、融合儒道的新动向”④，为宋易对阴阳动力学体系的构建奠定了基础。

乾元用九，天道不可为首也。

周易六十四卦之爻为“圣人有以见天下之动，而观其会通，以行其典礼，系辞焉而明其吉凶，是故谓之爻”（《系辞上》），是对天下之动机而作的描述，也

---

① 朱熹．周易本义．北京：九州出版社，2004. 5.
② 邵雍．皇极经世书．郑州：中州古籍出版社，2007. 487.
③ 程颐．伊川易传．第 1 册第 8 页．文渊阁四库全书 · 易说卷．
④ 肖蓬父，李锦全．中国哲学史．北京：人民出版社，1983. 17.

是言乎变之所为也。“夫爻者何也，言乎变者也。变者何也，情伪之所为也。”①爻义非常关键，对一爻象意的互动涵摄产生相当的作用，并直接决定所符示物事的动变方向。但若两爻或两爻以上爻动，情况就不同了。这一点早在魏晋时期就已解决，“或有遗爻，而举二体者，卦体不由乎爻者矣”②。宋易也承继了王弼的易学思想。朱熹在《考变占第四》中说：“一爻变则以本卦变爻辞占，二爻变则以本卦二变爻辞占，仍以上爻为主。……交爻变则乾坤占二用，余卦占之卦《彖》辞。”朱熹认为，对于一爻变者，定事之机在于该动爻，二、三、四、五爻变者，各有不同之说，对于一卦六爻全变的乾坤乃占二用。这里二用即乾坤两卦所说的“乾元用九”和“坤元用六”，而余卦则用之卦之《彖》辞。其实六十四卦自成体系，规则一以贯之。之所以对乾坤二卦有此特殊的说法，就在于其二用已明晰了之卦之大义。乾六爻全变，乃天行也，“天生于动者也，地生于静者也。一动一静交，而天地之道尽之矣。一阴一阳交，而天之用尽之矣”③。天行乃交地，交地乃阳消，故“天道不可为首也”。为首者为先交先消者也，同时阴阳之交合又为宇宙之必然，故又言“乃见天则”，这个“天则”用朱熹的话说就是，“盖六爻皆变，刚而能柔，吉之道也”。实际上就是“见群龙无首，吉”的方便说法，达到了“刚柔分，动而明”的境界，这是一种典型的自然观思想。阴阳相交，天地交泰，乃天经地义，毋庸多言。这只是从其用而言的，但要保持其刚健之雄风，那就未免有悖于其本性。其性为自然，其用为结果，构成自然的因果律。从人文上说阳健之壮势，是为了其更好地与阴交合；从自然观的原动力来说，阴阳两势之交合构成物事之体，程颐将其阴阳动力作用图式描绘为“无为首则吉，以刚为天下先，凶之道也”④。“无”即坤，即阴，“乾”即物，即有，有无相生，并非害也，而是用也，万物自有而向无，无在大成之先。同时言明，若无无之先存，就会无有之生成，生动地展示出阴为阳提供生成之源，阳之健行又体现并提出了理想目的实现的可能。而“诸卦皆取象为法”⑤，“象”乃“天象”也，易中之天乃宇宙之自然，故人可“法象”也。可见，其自然观更具根本性，人文理念要立基于自然观的基础之上，方可有恒贞之势。

---

① 孔颖达．周易正义．北京：九州出版社，2004. 760.

② 孔颖达．周易正义．北京：九州出版社，2004. 760.

③ 邵雍．皇极经世书．郑州：中州古籍出版社，2007. 487.

④ 程颐．伊川易传．第1册第8页．文渊阁四库全书·易说卷．

⑤ 程颐．伊川易传．第1册第10页．文渊阁四库全书·易说卷．

第二卦　坤卦的阴阳自然观

《周易》六十四卦反映了宇宙生命存在演化的64种格局，局和局之间有一定的关联和内在作用，体现了事物发展的内在逻辑性和连续性。而每一格局所体现的核心内容，则无例外地落在了阴阳之间的关系和动态流变的情状上，并且将阴阳之间的这种关系和情状之内质基因锁定在物质结构的三元要素关系之上。宋代易学家在汲取前儒易学思想的基础上，尤其是立足于魏晋玄学的理路模式和解易方式将其辩证地否定、消融和吸收，铸成了阴阳成物及阴阳互涵的思维理念，认为万物都是阴阳合体而成，其主体刚阳还存在动静曲伸之别，即阳中还有阴阳。这就使得其结构框架包含有刚阳体与阴柔体、刚阳体中的刚阳成分和阴柔成分、阴柔体与刚阳体中阴柔成分之间由三元要素而构成的三种关系。乾之所以能“知大始”，是因为刚阳体中阴柔成分在“刚决柔也”（《夬·象》）[①] 的情态下，渐次拉大与刚阳之间的距离而长大成势。既已成势，就有势本身的运行规律，即由初到上、由潜到亢，一旦亢极就会返坤，坤卦所反映的宇宙格局就是在这种语境下彰明的，从而体现了“知周乎万物而道济天下故不过”（《系辞》）的价值理性和周循模式。在乾卦中所谈的天之行健，也是指向坤之运行，其势必定会自然演进到坤的状态。事物的发展就是这样，由虚无到实有，再由实有到虚无，乾坤二卦只是对这种状态变化的模拟而已，正所谓“天道下济而光明”（《谦·象》）。

朱熹在《周易本义》中说：“‘坤’者，顺也，阴之性也。阴之成形，莫大于地。重之又得坤焉，则是阴之纯，顺之至，故其名与象皆‘不易’也。‘牝马’，顺而健行者。阳先阴后，阳主义，阴主利。”[②] 形象地描绘出了阴坤之性，坤就是具有顺承天这样的特性，天阳先进，坤阴后随，其性趋向“顺之至”。“利西南得朋，东北丧朋”对此解释得非常清楚明白，提出了“朋”的概念。同学为朋，同志为友。朋友是指志向之同类、情趣之一致之意。宋易图式之九宫图，明示了“西南”为坤阴之宫室，“东北”为艮阳之居家。所谓“利西南得朋”，意思是说阴气要会聚，阴性之势要壮大方能凸显承天得朋之功效。若到东北，那就会阴阳相消，而减其势力。言明只有阴聚大，才能承顺而应天，也才能

---

① 根据十二辟卦彰显阴阳二气运行规律可知，四月卦为乾卦，而这个乾卦所体现的阳气运行曲线由夬而来，所以乾卦状态的形成必因夬卦的情形而顺势布道。

② 朱熹．周易本义．北京：九州出版社，2004.7.

顺而健行，故要“安贞”养性才能得“吉”，以安稳而得到恒贞的结果。程颐对此作了如此之诠解：“阴必从阳，离丧其朋类，乃能成化育之功，而有安贞之吉。得其常则安，安于常则贞，是以吉也。”① 阴阳动力作用的自然图式形象地指出，阴只有使其性情凝聚才能更好地顺从阳，因此“离丧其朋类”，没有消减，才能铸就化育成物之功，才能实现“安贞”之吉。一个“安”字，言明阴势要有稳固之躯，“君子不重，则不威”（《论语·为学第一》），同时也指出，阴聚至能“迷”阳的程度，才“后得”，故“先迷后得，主利”（《坤·彖》），从本质层面上指出，随着阴阳二体及阴柔成分受决而行的现实情状的时发，群阴必然会凝聚成势。“阴阳者，相求之物也。”阴阳之势至，必然表现为阴阳交合的情形。能“迷”则阴盛，性显则有情，故而能“得，主利”。

我国古代没有现代科学的现成说法，但如上所说的话语表达，已经立足于阴坤之情势而勾画出一个阴阳动力作用的自然观模式，反映出宇宙的度数和纲纪，即我们通常所说的原理、原则或规律。处坤之情状，就要剥阳而萃阴，坤之本义如是，故“坤厚载物”（《坤·彖》），“地势坤，君子以厚德载物”（《坤·象》）。它强调坤阴之势要通过聚萃而达致敦厚的程度，才能修其身而成其物。

宋代对卦气说大加畅扬和推崇，朱子就十二辟卦对六十四卦给以卦气定，是以阴阳作用的动力学模式的自然观思想作支撑的。就坤卦而言，它从卦气角度讲，源自于剥卦（䷖）。对于剥卦，易学家程颐曰：“剥者，群阴长盛，消剥于阳之时。从小人剥丧于君子，故君子不利有所往，惟当巽言晦迹，随时消息，以免小人之害也。”② 首先提揭了坤格局的形成语境为“群阴长盛”，否则就不能有坤格局的形成。从程颐的人文态度可观其阴阳力量的自然对比情况：阴＞＞阳，才有剥的局面，这实际上是“利西南得朋，东北丧朋”的结果。同时，乾时态下所形成的刚阳之性，促使刚阳体内在阴柔成分同外界阴柔体之间的紧靠和接近，也促进了坤阴态势的形成。当然，因为刚阳成分对众阴的吸引，使得众阴萃聚于刚阳成分的周围，而使得众阴有凝聚的可能，但这个刚阳的本质却是通过乾阳的决阴铸成的，即乾阳的先行，成为坤阴长盛的必要条件。故其阴阳作用的动力结构图式可表示为

坤　↙乾（䷀）

剥（䷖）↗　䷁

① 程颐．伊川易传．第1册第21页．文渊阁四库全书·易说卷．

② 程颐．伊川易传．第2册第62页．文渊阁四库全书·易说卷．

这个动力结构图中的剥、乾两卦，分别从阴阳作用的过程和本质上构成了坤卦格局形成的基质因素。言明坤由乾、剥而来，它根植和立基于乾、剥，同时也指明了事物由乾状态到坤状态发展的必然走势。其每一爻都代表一个发展阶段，六个爻所表示的过程不只构成了一个连续而逻辑的发展过程，而且在一定的自然观基础上提出了具有指导意义的人文理念。

初六，履霜，坚冰至。

既然坤卦卦辞和彖辞已经描绘出一幅乾阳内在阴阳二成分及其与外界阴柔体的结构图式和动态变化情状，表明了阴势积聚到可以“至柔而其动则刚……动刚故应乾不远，德方故生物有常”[①] 的向刚阳亲合的程度，尤其是当阴柔成分已经远离刚阳成分达到不可再前进的地步时，就需要阴柔成分，只有“安贞”才能得“吉”。因为若不得安，则会攻进而不止，走向“乾坤毁则易有所不见”的程度。但同时也要看到，这个“安贞”不是一蹴而就的，必须经过一个回复的过程，坤初六状态就是在这种背景下对其回复过程给以提揭的。从字面意义上看，由“霜”到“冰”，阴气凝聚。“霜者，寒之先也；冰者寒之盛也。”[②] “履霜坚冰，阴始凝也。顺自其道，至坚冰也。”（《坤·象》）透过其字面意义可以发现，“至坚冰”这种状态是一种发展态，是对现状提出的警示，完全可以说成小过不注意，就会聚大成灾。“善不积，不足以成名；恶不积，不足以灭身。小人以小善为无益而弗为也，以小恶为无害而弗去也，故恶积而不可掩，罪大而不可解。”（《坤文言》）《易传》作者以君子之所为作为标准，对小人之事给以鞭挞，从而启迪人们的思想，激发人们的向上热情和志趣。这个热情之志，就是阴柔与刚阳的相向而动。通过人事来符示天道，所要反映和彰显的恰恰是阴阳之间的关系，折射出阴柔成分和外来阴柔体处于凝聚状态，其核心内涵是阴柔之势直接指向刚阳而回缩，从而反射出刚阳体中的阴柔成分与外来阴柔体之间的相斥力已超过了刚阳成分对阴柔成分的夬决能力。

朱子在《周易本义》中说：“此爻阴始生于下，其端甚微，而其势必盛，故其象如‘履冰’，则知‘坚冰’之将‘至’也。”指出了阴之始生的情状。那么这个阴从何而生呢？他明确地给以解读：“夫阴阳者，造化之本，不能相无。而消长有常，亦非人所能损益也。然阳主生、阴主杀，则其类有淑慝之分焉。”[③] 阴之所以始生于阳极，是因为阴阳不能相无，提出了阴阳变易的极限概念：万物不能脱离天地之道，阳极阴始生，阴极阳复始。这个公理性的命题，为其后的六十二卦设定了发展演变的弹性空间。

---

① 程颐．伊川易传．第1册第27页．文渊阁四库全书·易说卷．

② 司马光．温公易说．第1册第17页．文渊阁四库全书·易说卷．

③ 朱熹．周易本义．北京：九州出版社，2004. 8.

六二，直方大，不习无不利。

初六言明阴柔始生，并彰显出其凝聚之势，其结果必然是“直方大”。“直”是指直线概念；“方”是指平面概念；“大”者，空间概念，合而形成“坚冰”之势，故六二和初六是物质变化发展的两个相互关联的逻辑阶段。“不习无不利”是一个象思维的典型案例，表层意义上指不学习即能有所得，这与人只有通过学习才能有所知，形成了鲜明的对照。它是用人们学习之事，来彰明和喻示阴柔所处的状态——阴势盛则阳必来，说明阴柔成分已行进到很远的地步，在不断排斥外来阴柔体的过程中，扩大了刚阳体的空间范围并至最大，若不停止，就会失去刚柔二成分的作用关系，从而反映出阴阳动力活态运作的自然观思想。

朱熹给以拟人化表述：“柔顺正固，坤之‘直’也。赋形有定，坤之‘方’也。德合无疆，坤之‘大’也。”[①] 坤柔之性顺阳而行，正而不曲，是阴阳之间在直线上的互动话语。天圆地方，天形象圆，地势法方，是一种平面图式。我们看到的宋易图式几乎全部是平面图式，但这种平面图式的动态演变，自然会成为空间立体图式，“德合无疆”就是这种语境下的表达和意旨。并且坤阴之德体现出一个“合”的特征，其指涉方向无疑是乾阳，不管阳之于何处，坤阴之正、固、方、大，都会与之相合。阳主动，阴主静，相合之动态流变性必自阳来，并且在阴阳相求的作用下能够成物才是义利之举，故“不习无不利”。这里的“习”字，不是学习的意思，而是践履、潜浸之意，是有指向性的，即直指阴柔体方向而运行。“不习”就是不再向外来阴柔体前行，而是发挥其本性特征，向刚阳方向而内缩。这样就会阴阳交媾，而化生万物，“无不利”也，表明了阴阳二体诸成分之间时下的空间相对运行状态，尤其是指阴柔成分避开与阴柔体的接触，而准备回向刚阳这一边（但仅仅是处于准备和预热的情状）。

六三，含章可贞。或从王事，无成有终。

六二阴势之境况已隐含着乾阳对众阴会聚所起的反应和作用，我们不难理解，若没有阴柔成分的存在，外来阴柔体是无法由近及远，从而也无法扩大刚阳体的空间范围，即无法使刚阳体变大而光明的，故说其“含章”。同时，坤初六对阴阳变易给以天地之极限定位，为六三阴势之状态的表述作了有力的颇具逻辑性的铺垫。阴柔之势回缩，出现了阴柔包刚阳的局面，故也有“含章”之意，并戒之以“可贞”来固化阴势之柔顺、承阳之性。“或从王事，无成有终”一句是描述一种事象，是指迷惑、潜心于王。王者，乾阳之特指；坤者，臣道之专属，进而还讲明了一个道理：服事王侯之臣，尽其力致其身而无所要功，方得有好结果。从字面上讲是说，尽管阴柔成分对壮大阳势有功，但不可贪图一味地进

---

① 朱熹．周易本义．北京：九州出版社，2004. 8.

取，否则就会得无终之果。实际上，作易圣人所要描述的是阴阳相互作用的一种力的结构和关系，表明了阴柔成分回复归阳、动态相求的情势。这种以事喻义的思维方式，在易之卦爻辞中多有表达，我们要透过其表面浅层次的意思，由象及意，来深究其语义基础或立论基石。宋易就是这样，通过阴阳相互对待的特征来提揭其内在的自然观思想。“地道无成而代有终也”更是一语道明地坤之柔顺阴静的功效，在于最终能在大阳的范围内运作而终。

朱熹云：“六阴三阳，内含章美，可贞以守。”① 阴阳处极则变，阴变阳而阳变阴。对于阴柔来说，六为阴极生变之数，时下指三爻之位要生变化，因此用“六阴三阳”来象喻而彰义。朱熹从坤之象变而论，从至于三爻时的象出发，据象而言“六阴三阳”之语，因有三阳故而“章美”，彰显出“可贞”而“以守”阳的方法论思想，阐明了“或从王事，无成有终”的微言大义。“或”而“无成”则有终，以象喻意，采取拟人的手法。阴柔成分非常清楚自己在靠近刚阳成分的同时，会自然地使阴柔体在阴阳相求之力的作用下随之而亲阳，故疑惑。这样就决定了只有不与刚阳成分近靠，才能最终表现出自己与刚阳成分的亲密关系，故“有终”。由此可知，作易圣人以言著象，进而或最终是以象尽意，以此来反映阴阳之间的相互作用和运动情状。对于这种阴阳之间的动力作用关系，司马光很精辟地阐述道：“阳非阴则不成，阴非阳则不生。阴阳之道表里相承，阴胜则消，阳胜则亢。是故乾坤以阴居阳、以阳居阴不皆为咎也。”② 说明这种从王事之类的人文理念是立基于阴阳动力作用自然观思想上的，是具有逻辑联系的。时下阴柔体和阴柔成分的并行亲阳行为，必然会导致“阴胜则消”阳的不利境地。怎么办呢？作易圣人提出了“无成有终”的自然观思想，即阴柔成分不要急于与刚阳的亲就，而应该守紧自己的地盘，以拒斥外来之干扰者。这样就自然地使阴阳合理性运作图式转向六四时态。

六四，括囊。无咎，无誉。

“囊”是指空间，在这里无疑是指由于阴柔成分抗斥阴柔体而所形成的刚阳体的空间，形象地表达为“囊”。“括”者，结也。“括囊”一词，就是要其保持现有的情形，不能让外来之势给以浸染，同时也是象征着保存其本性、不散耗其力量之意，“言结囊口而不出也”③。这样则可“无咎”，当然也没有什么“过实之名”④，仅仅是守位而已。朱熹用“过实”来形容，其意甚切。六三之阴主动地与刚阳成分保持一定的距离而斥拒外来之阴势，时下仅是其能敌而已，并无必

① 朱熹．周易本义．北京：九州出版社，2004. 9.
② 司马光．温公易说．第1册第18页．文渊阁四库全书·易说卷．
③ 朱熹．周易本义．北京：九州出版社，2004. 8.
④ 朱熹．周易本义．北京：九州出版社，2004. 8.

胜之把握，只是对实际之占有的一种控制，并无扩充再增大的迹象，因此说是无过实。六四爻辞所表达的意思，就是要其阴长而不散，以迎接与阳交合的最佳状态，也防止外来阴柔体的侵蚀，故其象言“慎不害也”。司马光分析说：“无咎无誉皆刚柔太过故需畏惧而后免咎。”[①] 这里的“刚”是指刚阳体中的阴柔成分，并非刚阳成分，而这个“柔”确指代外来阴柔体。二阴相斥而互相畏惧，则相视而互不相浸染，就可“免咎”。张载对此阐述得比较直观明白，他说：“曲伸动静，亦各自别。今以刚柔言之，刚何当无静，柔何当无动。坤至柔则动亦刚，静也有动，但举一体则有曲伸动静终始，乾行不妄，则坤顺必时也。”[②] 物体自身本含阴阳，“曲伸动静”之态，就表示出其阴阳性别之分。物体曲则为阴伸则为阳，静则为阴动则为阳，阴阳交替，随时变易，与时消息，故提出了“刚何当无静，柔何当无动”的辩证理念和阴阳涵摄互动的哲学命题。宋代易学家已从易之本质层面上，即阴阳动力作用关联框架下，诠解易卦。无论是朱熹、程颐，还是张载、司马光、胡瑗、苏轼等都从阴阳之性征上对其进行深入解剖，把其易学体系牢固地立足于自然观思想的基石之上，来合理地体悟易学思想的宇宙关怀和人文情结。

张载提出的动静、曲伸、终始是阴阳各自所偕时而应的不同状态，它们是相互联系、有机统一的，该动则动，该静则静，曲伸以成其志，终始乃定其情。否则，就不能善终，其始也不能为善。“同善者有后，不善者无后，理当然。”[③] “后”象指结果，“乾行不妄”[④]，为善是前提。这就要求坤阴当然要不妄而守静为吉，这是该状态下阴之应具之德性，同时也指出顺循这种状态的自然发展走势，必然会朗显出光美溢射之貌。

六五，黄裳，元吉。

阴若能于六四守贞静括，待其自然流演到六五爻状时，情况就至美矣。“黄”者，中道也，“裳”者，衣美也。得中而美，尚可嘉也。此时态下的阴德因为聚中而能有终，孟子云：“充实之谓美，充实而有光彩谓之大。”（《孟子》）六五之功大矣，又阴居尊，与阳合之象，故能“同善”而得其后。“六五以阴居尊，中顺之德，充诸内而见于外，故其象占如此，而其占为大善之吉也。”[⑤] 朱熹对六五所处的状态以“大善”形容，意指阴阳交合之善，折射出其背后的自然观思想。其图式为阴 = 大，反映了阴之当下处于对乾阳牵力之最上好之时。

---

① 司马光．温公易说．第1册第19页．文渊阁四库全书·易说卷．

② 张载．横渠易说．第1册第22页．文渊阁四库全书·易说卷．

③ 张载．横渠易说．第1册第22页．文渊阁四库全书·易说卷．

④ 张载．横渠易说：第1册第22页．文渊阁四库全书·易说卷．

⑤ 朱熹．周易本义．北京：九州出版社，2004.9.

《春秋传》："中不忠，不得其善；下不共，不得其饰。"指出中而当忠，有其志；下而能共，得其饰。若处中而不动以行其性，最下不饰而有其恶，则不可和合以至终善。现在却正是阴大而牵合刚阳，以达"大善"。对此自然观的描述，现代多数人或主流派都没有从根本上指出宋代理学家们的象意和合的自然本质。人们大多认为，此为人文理念，并把人文理念上升为理学之本。正好相反，自然观思想才是本质上的意涵，无论象数还是义理都应从"仰观俯察"中去获得，都应从宇宙自然的背景中去体认，不应过分地以象推象、以象演象，也不应该过分地从义到义，以至于末而又末。理学家程颐说："黄裳既为元吉，居尊则天下大凶可知。"① 从表面上看提出了相反的命题，认为有大凶之象。程颐之所以提出这样的观点，是有其深厚的自然观思想作支撑的。阴当位而居尊，阴阳两势杂而和合，紧固而牢住，活性皆无，必然会由于阴柔成分与刚阳成分的亲比和合而使外来阴柔体因六四时态的"括囊"而远离漂失，所以"大凶"之象明见。"吉凶者，得失之象也。"这里的"吉凶"，并不是民间所说的神鬼之别，而是一种象，以此来说明阴阳作用的关系和所处的疏离散别之状态而已。

同时还应看到，"物相杂故曰文"，"文在中也"，中即为大本也，其本既见，能事将用毕，故说"大凶"。孔子的"地道无成而代有终也"同样指涉。阴柔向刚阳亲比和回缩，至中即成，至中即界，不可由于其运行惯性的存在和妄念而偏离中道，这样会超越中界而有所偏失，出现阴阳异性相斥的局面，故"大凶"。值得注意的是，宋易承接王弼而发，王弼对阴阳位次已有明确的定位："尊为阳位，卑为阴位。阴阳居之，不云得失，阴阳处之，皆云非位。"② 以阴居尊，有何不可。阴居尊就必定凶吗？这一点程氏非常了解，但又于此处言"凶"，并说其为"大凶"，为什么呢？这就是说程氏的解易之根本性的东西并不在于传统的象数和义理，而是其背后具有根植性的自然观思想和阴阳相互之间的关系及运行状态，立基于宇宙之自然之情状。

上六，龙战于野，其血玄黄。

阴阳相交，程度各异。周易六十四卦，卦卦情形各异，三百八十四爻，爻爻有别。坤六五之阴阳交合之势，程颐已明言有"大凶"之潜在因素，从本质上规定或提揭了阴阳二成分之间必定存在着一个极限距离，它们不能近至这个红线之内，否则就会产生阴阳相斥的局面，因此程颐将其定位为"大凶"。一方面，阴居尊在前，牵阳及阳进在后，阴势愈大，与阳交合的程度愈强愈激烈，故其相斥之走势自然彰显，故用"龙战于野"来形容。另一方面，外来阴柔体在坤初至五过程中一直处于攻进态势，而阴柔成分则采取了退守回缩的情态以回应，到

① 程颐．伊川易传．第1册第26页．文渊阁四库全书·易说卷．

② 孔颖达．周易正义．北京：九州出版社．2004．777～778．

坤上六时态下，因刚阳体内在阴阳二成分的近距相斥而不可作进一步的回缩，相反，而表现出一种对外来进犯者的强烈抗拒，而这种抗拒所发生的地方正好是郊“野”之地，所以象喻为“龙战于野”。坤六五阴居中而大，若再向前向上发展，大而过中，大之极则反。“坤至柔而动也刚”极柔而极刚也，必动而败阴德。“龙”乃乾阳的特称，“乾阳不妄”是乾阳之性，“夫乾，其静也专，其动也直”（《系辞》）。乾阳在坤阴大壮之强大牵力吸引下，其动之直可想而知。阴阳相对运动的强劲走势为自然之性，用图式来表示：

〔（极大＝阳）→←阴〕＝直

这样的相向猛冲，用“龙战”于空旷无边郊野之地、以达黄中平和之态来象征，极合其意。

用六，利永贞。

“用六”与“用九”意同志一，都是主变的，这样坤阴变乾阳，犹同乾阳用九变坤阴一样。就象而论，“像者，象也”（《系辞》）。坤之六个爻都处六而不处八，乃至阴之象。“坤至柔而动也刚”已明示了阴至柔至顺之走势必动而变刚。程颐说：“阴道柔而难常，利在常永贞固。”① 阴道从其本性上说柔而难常，且至柔而必变刚，彻底失去其本性，必然背离宇宙之自然法则，凶显无疑。周易中所言之“吉”、“凶”，在宋代已发展为合理与否的代名词。宇宙万物阴阳相涵之理，以公理的形式限定或反映了阴阳变化之走势，不是人为能及的。宋代易学家从人文和自然相结合、相统一的基调来分析其戒语“用六，利永贞”，也是对坤阴的这种极致状态的自然描述。

---

① 程颐. 伊川易传. 第1册第27页. 文渊阁四库全书·易说卷.

第三卦　屯卦的阴阳自然观

纵观《周易》六十四卦，卦与卦之间的联系对宋代易学家来说，可以定位为研易之主线。无论哪一个易学家，都把自己对易之诠解的轴线锁定在《序卦》的卦序上，并一直影响至今。对于屯卦来说，它作为宇宙万物所处的一种格局，是物之始生之象，“有天地然后万物生焉，盈天地之间者，唯万物，故受之以屯。屯者，盈也；屯者，物之始生也”（《序卦》）。把屯卦放在乾坤两卦之后一语道明原因为先有天地后生万物。易学发展至宋代，易学家们已把注意力集中在易之本质，即“易以道阴阳”的层面上来。天地阴阳之本性如何来使易之义含弘光大、光摄宇宙万物呢，这是宋代易学家们的关注重心。

继坤之后，阴阳之动态是什么样子，其实在坤上六情状的解读中，宋代易学家们已作了背景性的介绍。坤上六云：“龙战于野，其血玄黄。”既是对坤六五阴势达于大盛之情状所必然发展的走向给以象示，说明天地阴阳之交合冲撞必于上六阶段；又是对交合及冲撞后出现的局面给以“其血玄黄”的象喻，表明“既敌矣，必皆伤，故其血玄黄”①。程颐将阴这个庞大躯体的伤失分割之自然情状给以形象言明，已暗含了杂物盈于宇宙之象。物是阴阳相交合之果，有阴阳之交合就有物也。故无数之阴与无数之阳的杂居之象充实于天地之间，既为阴阳之交合提供了极大的可能性，同时又对其交合对象的认定产生了一定的困难。屯卦六爻的六个不同的时段，就是对阴阳动力作用活态运作的自然观思想进行人文理念的定位。

根据卦气说，屯卦源自坎。坎者，陷也。朱熹云：“震、坎，皆三画卦之名。震一阳动于二阴之间，故其德为陷、为险，其象为云、为雨、为水……‘屯’也，难也，物始生而未通之意。故其为字，象草穿地，始出而未申也。其卦以震遇坎，乾坤始交而遇险陷，故其名为屯。”② 坎象一阳而处二阴之中，言明陷意及物始生而又未通这样的自然过程。但屯与鼎旁通，物虽始生但通鼎旺之向意明，正是王弼所说的“卦以反对”（王弼《周易注》）之意。同时，屯所处之时态为天地相交、品物始生之际，万物盈天地之间的情状又显鼎旺之象，张载用“往则必失其居也”③ 给以戒示，以证其卦辞“勿用有攸往”之意，故屯之语境

---

① 程颐．伊川易传．第1册第26页．文渊阁四库全书·易说卷．

② 朱熹．周易本义．北京：九州出版社，2004.11.

③ 张载．横渠易说．第1册第23页．文渊阁四库全书·易说卷．

域应以坎、鼎为骨架，在这个框架下构建起阴阳二体及各组成成分之间的作用关系。现将其阴阳作用的动力结构图式表示如下：

屯　　↙鼎（䷱）

䷂

坎（䷜）↗

图中之坎、鼎二卦从屯卦的生成语境和过程的流演程式上进行了定位，使阴阳作用交合所应对的自然状况得以彰明，为我们更好地从屯卦的人文情结中体会其自然观的思想预设了想象的空间。

初九，磐桓，利居贞，利建侯。

“磐桓”是难进之貌，有徘徊不往前行之意，处于坎陷而显受四周之力制约之象。坤上六时态下刚阳体阴阳二成分已接近至临界距离，不能再行回缩，否则就会内在地产生分离和相斥，这就势必会对外来阴柔体产生同样的排斥力而使其不能近靠，但同时刚阳体内在二成分的空间位置和相互关系又决定了刚阳体阳性特征已经彰显，其作为一个整体而对外来阴柔体又产生吸引作用力，使得外来阴柔体的空间位移方向指向刚阳体，改变了乾时态下的阳息局面，转而趋向于“刚柔始交”的状态。而外来阴柔体呈现出空间多向的分布状，因此彼此间又产生了相互谏难而排斥的现象，从而为阴阳相交而成物增加了无限的困难，表现出坎卦卦象所显示的那种险难窘态。朱熹云：“屯难之初，以阳在下，又居动体，而上应阴柔险陷之爻，故有磐桓之象。”① 朱熹将外来阴柔体形容成“阴柔险陷”，实际上是为阐述明白刚阳体周围环境。孔子将此解释为“以贵下贱，大得民也”，实际上也是描述这种象境使其更加逼真。第二卦坤对阴柔之势的阐发，整体上为阳的发展提出了一个窘难的张力体系，至坤上六外来阴柔体已向刚阳体特别是其中的阴柔成分发难而处优势地位。在这种境况下，刚阳体的自然状态是四面受阴的牵引而难以前行，也难以与外来众多阴柔体中任何一方以交合。如下图之状：

－

－　＋　－

－

故用“利居正，利建侯”来形象地表示其壮大后才可前行之意，同时也说明一阳体引得众阴来聚其周围，彰显出“侯王”之象：

阳＜＜阴（众阴柔体围绕刚阳体使其处坎陷之态）

阳远小于阴，且处于坎境、陷于众阴之中，不可偏移，只能处正，才能平衡而达

① 朱熹．周易本义．北京：九州出版社，2004. 12.

平稳。孔子云："静而后能安；安而后能虑，虑而后能得。"（《大学》）万物的演化发展就是按这样的静、安、虑、得的程序来进行的，否则，不静则不能安，不安则不能很好地思虑，不虑则不可得，理之然也。万物处于这样的境况下，正如《屯·象》所言"志行正也"，方为发展之道。程颐云："居屯之世，方屯于下，所宜有助乃居屯济，屯之道也，故取建侯之义谓求辅助也。"① 提出了"有助"来壮阳势之义，以达"屯济"之效，故应建侯而壮其声势。

六二，屯如邅如，乘马斑如，匪寇婚媾。女子贞不字，十年乃字。

这一爻，是通过一种事象来说明阳阴力量的对比情况。这种用物事言义的喻意方法，在《周易》乃至于中国古人的话语表达方面，很有代表性。这表面上是言男女婚嫁的始发过程。男求合女本来常事，但女子用"贞"而不嫁，永远不嫁的说法来拒绝男方的婚配之意，折射出该婚娶意向的男方的实力远不及也，其阳不强，力量不大。而这微弱之吸引力，不是刚阳体自身所造作，而是周围阴柔体之间相斥所为，同时也说明了该刚阳体的发展态势是必须与外来阴柔体相交合的。所谓"匪寇婚媾"，就是说这种阴阳相合具有自然合理性，既是合理的就是必然的，作易圣人用"女子贞不字，十年乃字"来说明这种必然的趋势和当下的行事原则。程颐云："苟合于初所以不字，苟贞固不易至于十年，屯极必通乃获正应而字育矣。"② 言六二之阴对初阳之性势采取"不字"之态度的原因恰恰是"乘刚也"。阴柔以承刚为美为要，表面上卦辞所言及的是女子之间的妒斥，相反其旨意在说明其逼阳和主动地拉引刚阳，呈现出"乘刚"的局面，并用"屯极"的方法来达通获之功效。对此朱熹说："然初非为寇也，乃求与已为婚媾耳。但已守正，故不之许，至于十年，数穷理极，则妄求者去，正应者合，而可许也。"③ 从女子守正定志来求刚阳的角度将屯之物杂而有正应者在的状态清楚明白地反映出来，说明阴阳相杂而不能交合。

六三，即鹿无虞。惟入于林中，君子几不如舍。往吝。

六二状态下的刚阳体发展到六三时段，已使众阴达"妄求者去"的地步，但现用"即鹿无虞"，即打猎无向导和方向这一象征事例来说明其在受众阴环绕的自然境况下所采取的"无虞"而"即鹿"的方法是不可行的。阴阳二体的关系处于松散阶段，对于哪一个阴性物都没有足够的吸引力，这样只能是"惟入于林中"没有响应而戒之以"往吝"。这样下去，阳之体小而其用至极，必至凶险。告诫处于此状态之行事原则应为求助增力为上，不可妄行前往，否则无任何收获。朱熹对此感悟道："阴柔居下，不中不正，上无正应，妄行取困，为逐鹿

① 程颐．伊川易传．第1册第33页．文渊阁四库全书·易说卷．

② 程颐．伊川易传．第1册第34页．文渊阁四库全书·易说卷．

③ 朱熹．周易本义．北京：九州出版社，2004.12.

无虞，陷入林中之象。君子见几，不如舍去。若往逐而不舍，必至羞吝。”[①] 天道上行、地道下行才能上下相交而万物生，若泰卦一样，乾阳虽处下而能上，坤阴虽在上而必下，这样就是阴阳交合之象，而时下众阴围困刚阳体，刚阳体欲上行交阴柔体但遇到了下方阴柔体的牵引阻力而不能通行，朱熹用阴柔居下来言明对阳之向上之势的牵制作用。易的时空结构中阴并不是一定在下的，可以在左，也可以在右，更可以在上，六十四卦中阴的存在空间是全方位的，但朱熹用其阴在下的话语来表达的是制约作用。阴阳之力不平衡即不中也，阳与众阴之力的分散布局不能出现阴阳配合的最佳状态，故曰“不中不正，上无正应”，从而明见“妄行取困，陷入林中”之象。君子应舍此几而养其身，“见几而舍之不从，若往则可吝而困穷也”。[②]

六四，乘马班如，求婚媾，往吉无不利。

我们说“班如”是不进前之状，既然不进，那么“妄求者去”的情状一定会渐次成为定势。从自然观的本质上考究可以知道阴阳成物是前提，而能在刚阳体周围出现众阴柔体的现象背后也一定有相应匹配的刚阳体在对它们起吸引作用，而能和该刚阳体合道并行的阴柔体随着时间和相互间力的变化会展现出来，所以孔子赞之曰：“求而往明也。”既然如此，刚阳体和阴柔体何不前往而行事呢？

程颐说：“六四以柔顺居近君之位，得于上者也，而其才不足以济屯。”[③] 屯之状态是由坤的状态过渡而来的，在对坤上六的情况明了之后，不难发现坤上六有“龙战于野”的表述，也不难想象那时刚柔体中阴柔成分在回缩的时候所遇到的众阴挤压而介入其郊野的情景。在这种语境下，近靠刚阳体的阴柔体实际上进行了一种越界行动，超出了阴阳二体之间的临界线，必然会受到刚阳体中阴柔成分给以的反弹和抗斥，一旦众阴柔体的陷阳局面被打破，就会显示出近君之位且与该刚阳体准备合道而行的阴柔体“其才不足以济屯”的境况来，随之而出现阳升腾而阴柔体反其道而远行的情景。而以卦象言之，阳升阴承，此时用六四阴柔之承阳又不足以达济屯之力来说明处屯之时，阳陷重重，单从阳本身来分析比照，不足以摆脱坎陷之状态，只是因为六三时态下出现了“妄求者去”的态势，自然而又产生了阴柔成分反弹、阴柔体反道的现象，表现出了刚阳体对阴柔体的追求和相应的行动。故孔子述之曰：“求而往，明也。”（《屯·象》）程颐说：“知己不足，求贤自辅而后往，可谓明矣。居得致之地，已不能而遂，至暗

① 朱熹．周易本义．北京：九州出版社，2004. 13.

② 程颐．伊川易传．第1册第35页．文渊阁四库全书·易说卷．

③ 程颐．伊川易传．第1册第35页．文渊阁四库全书·易说卷．

者也。"[①] 程颐所说的"求贤自辅而后往"真切地绘制了一幅阴阳相互作用的往来图式。阴柔体无能而居其位，也无能而自主以后往，只能求助于阴柔成分的辅助力才能实现"后往"之行，从而也彰显出刚阳体的阳势之盛，故屯与鼎旁通情也，鼎者，盛也，非有盛大者以助身不能脱险，己力不足，只好求贤获辅才能后往，这是明明白白的道理，孔子在《易传》中用"明也"二字，已将屯难之时的阴阳动力作用的自然观思想表露无遗。程颐又用"居得致之地，已不能而遂，至暗者也"来说明刚阳成分已处于"得致之地"，即受崇尚的位置，阴柔体没有当位又"不能而遂"，只好"后往"而远离光明之君，此所谓"至暗者也"。此状态下刚阳体中的阴柔成分应"往"即"屈"才能息而日增，屯旁通之鼎正好是屈所要达到的目标。在这种自然观思想的基础之上，程颐对辅阳之力给以错综方理的论述，通过要求居公卿之位的大臣来共"辅阳刚中正之君，济时之屯，则吉而无所不利也"。但这种自然观思想的基础部分还是由刚阳体本身处坎陷的情状所决定的。

九五，屯其膏，小贞吉，大贞凶。

该爻所言之"膏"乃是一种固液两现的状态，是一种流动性很小的、交织网状态。程颐云："五居尊得正，而当屯时，若有刚明之贤为之辅，则能济屯矣。以其无臣也，故屯其膏。"[②] 对刚阳体中的刚阳成分而言，其性刚健颇具君德，众阴围其周身是合情理之举，但六四时位上出现了众阴远离的情状，即出现了"以其无臣也"的状态，这种情况不能恒持下去，否则就会因为其近无阴柔做臣而有外来阴柔小人介入，使自身的有机统一结构受到破坏，故说"小贞吉，大贞凶"。之所以出现这种情况，孔子在其象辞中给出了明确解释，称其为"施未光也"，即九五刚阳的至尊地位是通过排除阴柔体的侵扰而体现的。"九五虽以阳刚中正居尊位，然当屯之时，陷于险中，虽有六二正应，而阴柔才弱，不足以济。"[③] 司马光从本质上给以分析道："屯者何也，草木之始生也，贯地而出何其难也。屯者，结之不解者也，结而不解则乱，乱而不辑则穷。"[④] 屯之时，如草木之始生，要贯地才能出矣，阴阳相互交织形成结，对于这个结首先是要解的，要将外来阴柔体与内在阴柔成分的关系理顺，但同时也要"辑"，即不能一味地给以排斥，只能"小贞"用以保持其各自范围内的活动不突破临界线或临界点，同时也不能过分放手于阴柔成分，使其发挥拒阴之能事，失去与其合道而行的贤臣。

① 程颐．伊川易传．第1册第35页．文渊阁四库全书·易说卷．

② 程颐．伊川易传．第1册第36页．文渊阁四库全书·易说卷．

③ 朱熹．周易本义．北京：九州出版社，2004. 13.

④ 司马光．温公易说．第1册第23页．文渊阁四库全书·易说卷．

上六，乘马班如，泣血涟如，何可久也。

六四、九五两状态已为上六的状态作了铺垫，刚阳体内的阴柔成分在推斥阴柔体的过程按作易圣人的本意则是阴阳相求而到达平衡点的过程，但这个过程又使相互作用的二阴处于离阳远行的状态，这就会使刚阳成分对阴柔成分和阴柔体的吸引力表现得越来越明显，使得阴柔成分前行速度越来越小，呈现出“班如”难进之状，而阴柔体的远离会造成阴阳不交而不能成物，用“泣血涟如”来形容这种尴尬状态是最恰当不过的了。但同时刚阳体对阴柔体的作用并没有解除，在这种阴阳相吸的力的作用下，刚阳体与阴柔体的相互亲合是必然的趋势，其相互分离的局面是不会长久的，因此孔子赞之曰：“何可久也。”朱熹云：“阴柔无应，处屯之终，进无所之，忧惧而已。”[①] 朱熹用阴柔体没有其他刚阳体来响应之象喻示其不能继续反道前行，而应走与刚阳体相交合的自然路径。故戒之为“何可久也”，就像小孩刚出生，无任何能力，只能靠外界辅助，否则其结果可想而知，草木亦然。这就为物质发展的下一个阶段——蒙卦态，作了语境说明。

① 朱熹．周易本义．北京：九州出版社，2004. 13.

第四卦　蒙卦的阴阳自然观

《序卦》云："物生必蒙，故受之以蒙。蒙者，蒙也，物之稚也。"简析处蒙之时况的原因和状态，指出蒙是物之始生之必然，原因是其幼小。在谈屯卦之自然观的语境条件时，已对阳气之长势受困情况给以提揭，得出了阳受众阴之困而非得求助不可贞固的结论。屯难时，阳气在其流行过程中，始终处于力不足矣的状态，尤其是发展到上六时，出现了"泣血涟如"的场景，其结果必然是"何可久也"。

那么，蒙对于开物成务的意义又在哪里呢？孔子讲："自天子以至于庶人，壹是皆以修身为本。"（《大学》）指出了物要壮大的根本落脚点和出发点，并对修身给以本质性的核心因素的定位。人物皆以修身而为其立命之本，审时度势，"与时偕行"（《乾文言》），进德修业，以壮其身。故要学习以吸取外界的精华和养分，从而达到身修而刚阳、充实而光彩。这种人文理念的核心是由阴阳处蒙时的力量对比所决定的，对人而言，以此为方法论思想可以从根本上改变这一对比状况，从源头上找到症结之所在，以发其微言大义。

"蒙，山下有险，险而止，蒙。"（《蒙·彖》）易作者对蒙格局中的阳之处境给以"险而止"的定位，即是阳气既险又自身能量用之至极之境。这里的"止"是一种境界或极限，是一种阳对本身所具有的能力发挥极致的境界，故应蒙而壮阳，长其刚阳之势为上。程颐对此阐发道："蒙者何？百姓蚩蚩，莫知所之；圣人教之以道，然后晓然识其是非，故夫蒙者教人之象也。"[①] 百姓处蒙不知出脱险境之法，圣人可以道理明喻，使其增智多识而修身刚健。但问题的关键不在于受困者本身，而在于能否得到一种获得力量的方法，程颐用"圣人教之以道"而贯之的方法论。何为圣人呢？"圣人，吾不得而见之矣；得见君子者，斯可矣。"（《论语》）在孔子眼里，圣人是一种理想之人，实际中并不存在，但君子有与圣人一样的品质，"与天地合其德，与日月合其明，与四时合其序，与鬼神合其吉凶，先天而天弗违，后天而奉天时"（《乾文言》）。且要逼近圣人这样的至善境界，才是最有意义的事，才是开启民智，使其得益而刚强的最佳方略。而受教育者，即阳气长升者的学习方法，正好是蒙卦之彖语："非我求童蒙，童蒙求我。"朱熹云："童蒙，幼稚而蒙昧。"[②] 这样的人要提高其辨别是非的能力，

---

① 程颐．程氏易传．第1册第24页．文渊阁四库全书·易说卷．

② 朱熹．周易本义．北京：九州出版社，2004. 15.

必须有主动性，绝不能反之而行，否则会经“初筮告”后，一无所获，再而三地教之会更使其杂乱无章，一片迷茫。程颐说：“夫人不求我而强教之则志不应而言不从矣，故君子之教道而弗牵强而弗抑闭而弗达也。”① 从学习方法论而谈充实强健受困者的根本途径，指出“强教之”行不通，而启发思进则可用。

“‘我’，二也；‘童蒙’，幼稚而蒙昧，谓五也。”② 朱熹对“我”和“童蒙”给以时空定位，提出“我”在二爻之位先行对之给以启发，渐次使其达到六五柔顺之德，同时，六五阴柔乘九二阳刚，六五秉持柔顺之德请教于九二之阳，“非天下之至赜其熟能与于此乎”（《系辞》）。蒙卦就是立此语境下，通过六个不同的过程从根本上提出了修身强化其刚阳之势的方法论思想。

朱熹在《卦变图》中说：“凡二阴二阳之卦各十有五，皆自临、遁而来。”③ 认为蒙从临和遁来，这与汉代易学家虞翻所说的蒙自艮来有所不同，更符合卦气说的规律。十二辟卦卦气说中有临遁二卦，而无艮卦，其实艮卦也来自临遁二卦，从本质上说，朱熹的观点更具根植性。同时，蒙又与革旁通，“天地革而四时成，汤武革顺乎天而应乎人”（《革·彖》），指出教蒙之于昧者，如汤武一样，要使其晓得天地之理、阴阳之道，且要有“动天地灭君主而不可危也”（王弼《周易注》）的结果，以达“果行育德”之效。初六言“发”、“利用刑人”、“用脱桎梏”，六三言“见金夫，不有躬”，上九用“击”、“寇”等革故、变革之辞，彰显革除旧敝之义。程颐云：“既以刑禁率之，虽使心未能喻，亦当畏威以从，不敢肆其昏蒙之欲，然后渐能知其善道而革其非心，则可以移风易俗也。”④ 将“革”之意融入去蒙昧而得治化的方法论范畴。旁通之卦反映了其隐显状态，卦以反对，有无相生，虚无即道，从而构成了蒙卦生成语境的框架体系。

故蒙之语境域应以屯卦、临卦、革卦为骨架，现将其阴阳作用的动力结构图式表示如下：

蒙　　↙革（䷰）

屯（䷂）→　䷃

临（䷒）↗

对不同爻位所显现的阶段性自然观思想给以提揭，从中体悟“观变于阴阳而立卦”（《说卦》）的思想内涵。

① 程颐．程氏易传．第1册第24页．文渊阁四库全书·易说卷．

② 朱熹．周易本义．北京：九州出版社，2004.15.

③ 朱熹．周易本义．北京：九州出版社，2004.9.

④ 程颐．伊川易传．第1册第40页．文渊阁四库全书·易说卷．

初六，发蒙，利用刑人，用说桎梏，以往吝。

处蒙之时，必有屯难之处境，说明在获阳刚之气的问题上，挑战是必需的。若无屯难险陷之境，就无学习长阳上进之必要，所谓“人无远虑、必有近忧”就是从物质阳性、刚健长势的角度提出的，这可谓自然之定势。临者，临民也，即临众阴也。其势必具止阳之效，故临大阴而阳必止。艮者，止也。但从根本上是其临大阴之所至，故应从临、屯出发来分析阳之欲生之策，正合“生之谓易”（《帛书易传》）的思想。

《说卦传》言：“易逆数也。”是对上行之逆势的反映，也是说阳要发展和长盛必须要受苦拼搏，不可能一帆风顺。逆行才为正道，才是正确的准则，故“利用刑人”。《蒙·象》云：“利用刑人，以正法也。”提出并回答了长阳上进必先面对现实困难和挑战的首要信条，就是用“革”去其非心，以尚刑强制为要。程颐对此有精深的见解：“发下民之蒙，当明刑禁以示之，使之知畏，然后从而教导之。自古圣王为治，设刑罚以齐其众，明教化以善其俗，刑罚立而后教化行，虽圣人尚德而不尚刑，未尝偏废也。”① 他认为对下发的蒙昧应设刑以待，否则就不能行教导之效。象学家朱熹也这样认为：“以阴居下，蒙之甚也。占者遇此，当发其蒙。然发之之道，当痛惩而暂舍之，以观其后。”② 并提出了应“痛惩”而且力度要大，达“暂舍之”的程度，否则“用说桎梏”其后果必招悔吝之害。其自然观可用图式表示如下：

$阴_1\ -$

$阴_2\ -\qquad 阳_A\ +\quad 阴_B\ -\longrightarrow 阳_A\ +\quad 阴_B\ -$

$阴_3\ -$

$阴_1$、$阴_2$、$阴_3$ 代表众阴，$阴_B$ 代表$阳_A$ 不可缺失之阴，即刚阳体中的阴柔成分，刑所要惩治的正是众阴，结果如何，自然将其推至九二来解决。

九二，包蒙，吉。纳妇吉，子克家。

朱熹说：“九二以阳刚为内卦之主，统治群阴，当‘发蒙’之任者。然所治既广，不可一概取必。”③ 这段以象阐发出的大义，明确地对初六的用刑目的给以阐明，认为刑惩是为统治群阴，但又不可即刻将阴性全部治惩，其结果应合道而行，“一阴一阳谓之道”，如蒙之初六自然观图示那样，其结果应为$阳_A\ +\quad 阴_B\ -$。阴阳相配即成家，“纳妇吉”也，阴阳相合即生子，“子克家”也。此爻对阴阳之力的作用实际上表达得非常清楚：排去众阴之干扰，一阴一阳而合道，正合《蒙

① 程颐．伊川易佳．第1册第40页．文渊阁四库全书．易说卷．

② 朱熹．周易本义．北京：九州出版社，2004. 15.

③ 朱熹．周易本义．北京：九州出版社，2004. 15.

·象》之语："刚柔接也。"

程颐认为，对众阴阻挠施之以刑，应合道而行，必有所包容。"包，舍容也。二居蒙之世，有刚明之才，而与六五之君相应，中德又同，当时之任者也。苟恃其明，专于自任，则其德不弘。故虽妇人之柔暗，尚当纳其所善，则其明广矣。"[①] 挑战是一件好事，无挑战则无动力，阴对阳之作用力效是不相同的，有的为阻力，有的为必要，不可等同看之。处蒙之时，从整体上来说，是阴 > 阳，故要用刑来去之，但要辩证地看待，阳无阴不生，故在用刑之时，还要"包蒙"而"纳妇"，并且有结果，即"子克家"。

六三，勿用取女，见金夫不有躬，无攸利。

宋代易学中涵摄的阴阳动力作用的自然观，是宋易象数学派和义理学派的会通之点。单从人文的角度去审视卦之爻辞，似乎逻辑性不那么紧凑，若从自然观的视域去观察，道理就明现无疑，难怪乎易作者在《说卦传》中说："观变于阴阳而立卦。"自王弼以来，王氏易学的观点一直影响着后世易学的发展，王弼云："自统而观之，物虽众则可以执一御也。"（王弼《周易略例》）众阴在去其功效的刑治上是一样的，即蒙初六之用刑对阳之长势来说都要有所制约，与阳合道之阴也是不可脱节的，在"一阴一阳之谓道"的框架下，该阴应有坤阴柔顺之德，不可能量太大，而使阳处消减之地，故提出"勿用取女"的命题。用"见金夫不有躬"戒之对女德即阴柔之性的规约，对那些"见金夫"而不有其身之女，一样地归综到有阻挠因素的众阴之中，给以刑之，喻示着合道之阴必有柔顺之性。程颐云："女之从人，当由正礼，乃见人之多金，说而从之，不能保有其身者也。无所往而利也。"[②] 同时又指出："其行邪僻不顺，不可取也。"[③] 对合道之同志，应当有"二人同心，其利断金"（《系辞》）之理念，否则，"行不顺矣"（《蒙·象》）。其作用图示为

阳→←阴

阳和阴之所以有同志之称谓，主要是因为同向所指，同心而归，为的是合力无穷，刚强无比，"其利断金"。

六四，困蒙，吝。

六三所言对阴施行治理之结果，实质上是对阳本身力量不足的反映。韩康伯云："无心于存，而皆得其存也；无心于动，而动不息也。"[④] 对于阳处强者之时，不需要什么作用，即可处动而不停的状态，其存在势所必然。若阳处弱小之

① 程颐．程氏易传．第1册第41页．文渊阁四库全书·易说卷．

② 程颐．程氏易传．第1册第42页．文渊阁四库全书·易说卷．

③ 程颐．程氏易佳．第1册第42页．文渊阁四库全书·易说卷．

④ 孔颖达．周易正义．北京：九州出版社，2004. 756.

时，才能表现出非用文武兼治不能得存的象境，可见六三阳与阴所处的状态还是不对等的，所以要回归到理想的合力彰明的程度是困难的。程颐云："四以阴柔而蒙，阇无刚明之亲援，无由自发其蒙，困于昏蒙者也。其可吝甚矣，吝不足也，谓可少也。蒙之时，阳光为发蒙者，四阴柔最远于刚，乃愚。"① 非常精辟地阐述了其自然观的本质思想，认为象已言明的思想乃阴阳之作用的发挥程度。阳刚之气乃发蒙和去昧的进步势力，而此时之阳气本身无自发之能力，且又无刚明之外援，其对立面阴气与之力量相当，综而观之，处于阴困之中，无前行之力，"吝"而"不足也"、"可少也"，故司马光说："六四困蒙吝，孔子说困而不学民斯为下矣。圣人于斯爻也将以戒夫不学者也。"② 以象喻义，通过学习这种事象，来喻示阳受六三所提出的"见金夫不有躬"之女的牵引而产生了不进之象。我们不能就表面意思来解读其大义，不能就学习而论学习，否则就会把易之变易性丢掉，就达不到"观象以斯，义可见矣"③ 的境界。孔子在《系辞》中云："观其彖辞，则思过半矣。"言明若将象和彖合而为一的话，那么彖所反映的内容与象所涵摄的阴阳作用之情状是相互对应的。观其彖辞，则可明白整体语义的一半内容。当然言外之意就是要人们深入到其象中阴阳相互作用的深层次上来反映其动态作用的自然观思想。处于此爻位状态下的阴阳已达到平衡状态，即

$$阳 = 阴$$

因此处于阴阳平衡、作用相当的稳定态，故不进也。以学习为例，就是不学习的状态，实际上反映的是刚阳体中的阴柔成分在刚阳成分对外来阴柔体的吸引作用下，受到了外来阴柔体的挤压而不能前行的情状。

六五，童蒙，吉。

童，《广雅》云："痴也。"朱熹云："童蒙，幼稚而蒙昧，谓五也。"④ 朱熹又云："柔中居尊，下应九二，纯一未发，以听于人，故其象为'童蒙'。"将象学中对发蒙者阳刚之气与阴柔遏阻力量的对比用"以听于人"四个字表露得非常清楚明白——阴阳合力为零，用图表示如下：

$$阴_1\ -$$

$$阴_2\ - \qquad 阳_A\ + \qquad 阴_B\ -$$

$$阴_3\ -$$

$阳_A$ 周围之阴对 $阳_A$ 的作用均等，合力为零，这完全归功于外力刑治和汲取养分

① 程颐．程氏易传．第1册第43页．文渊阁四库全书·易说卷．
② 司马光．温公易说．第1册第26页．文渊阁四库全书·易说卷．
③ 王弼．周易略例．见：孔颖达．周易正义．北京：九州出版社，2004. 759.
④ 朱熹．周易本义．北京：九州出版社，2004. 15.

以修身的作用，即发蒙之阳刚之气，经过初六至六五的曲折发展的过程，已处于“以听于人”的状态，不给以推力让其前行，就不足以发展。程颐云：“童取未发而资于人也。”① 告诉人们处此零作用状态下，必须获得外援，使其“资于人”，且从发展的角度来看，零作用表现为无阻力，故言“吉”也，“吉”就是若能得到资助就能发展之象。同时这也是事物发展必然规律的反映，程颐说：“五以柔顺居君位，下应于二，以柔中之才任刚明之德，足以治天下之蒙。”② 指出事物发展受到的阴阳作用力处于“柔顺”而“居君”的平衡而和谐的状态，“阳不可息也”（《象·明夷》），以此来论发蒙必成。

上九，击蒙，不利为寇，利御寇。

如果说六四是静止态，那么六五就是发展态。虽然两种状态下阴阳力量没有发生根本的变化，但其在整体发展过程中所展示的语境是不同的。六四所处的是平衡力和无外援资助，而六五尽管也是平衡态，但是有得外援之势，即鲁迅先生所说的“不在沉默中爆发，就在沉默中灭亡”。六五并不是发展之终，相反其存在语境为其发展提供了前行不已的空间，“列贵贱者存乎位”（《系辞》），其位处于和谐态，承接六五发蒙之阳气要发展之势，上九必然是给以外力，故曰：“击蒙。”但“击”而不能暴，因为毕竟是外力而使然，不是自身之强悍，相反自身是相当虚弱的。否则就会用其极而走向反面，故易学家程颐说：“九居蒙之终是当蒙极之时，人之愚蒙既极如苗民之不率为寇为乱者，当击伐之。然九居上，刚极而不中，故不利为寇治人之蒙，乃御寇也。”③ 程颐从两个方面来对其阴阳力量对比情况进行分析，一是自身力量的不足，正所谓“刚极而不中”也；二是不切实际的愚昧做法必然会得到“当击伐之”的结果。这如同处于能量态极高的物体，在失衡时必然要摔跤一样。原因很简单，自己力量不足，无法控制局面，这就是辩证法。朱熹说：“以刚居上，治蒙过刚，故为‘击蒙’之象。然取必太过，攻治太深，则必反为之害。惟捍其外诱，以全其真纯，则虽过于严密，乃为得宜。”④ 朱熹这一针对上九爻象的阐发，指出了对于发蒙之刚阳来说存在着治蒙太过的倾向。但若对外部之诱因（外部阴柔之势）提高警戒，以壮阳修身来全其真纯，使自身刚健而中，走向纯精，则可壮志抒怀，并对这种辩证的思维给以“过于严密”的定位，使其当下之状态表露无疑，乃得宜无穷，故言“不利为寇，利御寇”，这样才能通畅而达道，“上下顺也”（《蒙·象》）。

---

① 程颐．程氏易传．第1册第43页．文渊阁四库全书·易说卷．
② 程颐．程氏易传．第1册第43页．文渊阁四库全书·易说卷．
③ 程颐．程氏易传．第1册第44页．文渊阁四库全书·易说卷．
④ 朱熹．周易本义．北京：九州出版社，2004. 16.

卷二

第五卦　需卦的阴阳自然观

宋代易学家程颐、朱熹等人，大发易学自然观之蕴，承接蒙卦上九之说，提出了阳气流行的语境观。朱熹说："以刚居上，治蒙过刚。"① 对蒙之上九的存在状态给以显象，并喻示着发蒙之阳气需要的发展支柱是壮其自身、以逸待劳，不可刚强无制，虚耗其力。在外援支撑的前提下，发展自己是必然之方向，故《序卦》云："物稚不可不养也。"阳气不足而立敌众阴，不但不能体现易之生生之德，而且也不能合天地之德。这就需要一种人文的关怀和人化之能为，否则立足于宇宙自然之动，则不能达至运而不息之势，违天地之生生之大德，不是易之义也，故易作者感而叹之曰："阳不可息也。"（《彖·明夷》）王弼在《周易略例》中也这样说："故处璇机以观大运，天地之动未足怪也。"道明了天地之动之必然及圣人效法之摹本，认为自然的不息之动与易之义是极相吻合的，易强调生而又生，势必会给人们提出世界观和方法论的命题，从而将天地人合而为一，流演出易中所涵摄的"有天道也，有地道也，有人道也"的三才观思想，其本质是给人们指明了发展的方向和前进的道路。处需之时，"需者，需也"（《序卦》）。其象如幼稚之物，必须给以营养，故形象地比喻为"饮食之道也"。

蒙上九阳气之动已是必然之势，言明其自然观思想时下是阳气必然向阴气运作，故其处于前行状态而非静止状态。据卦气和阴阳相涵的理念来分析其语境结构，可用图表示如下：

需　↙晋（䷢）

䷄

大壮（䷡）↗

从图示中可知，需从其本质来源上说，由大壮和晋而来。蒙上九所说的"击蒙"之所指称的自然状态，必是大壮之欲动刚强之态。又之所以要"需也"而养身，是因为需与晋旁通而互动，阴阳而合体，"卦以反对"（王弼《周易略例》）阴阳而相求。为顺其气势，合其义理，故又需回到汲养壮阳之道上来。在这一层面

① 朱熹．周易本义．北京：九州出版社，2004.16.

上，蒙和需是一样的，需要汲取营养和存蓄能量，但又有本质上的差别，蒙是处于众阴围困之时态，被动地曲折运行；需时之势是无所阻而要前行，为了更好地、健康地发展而所作的应对效法之道，“需，待也”。所以卦辞中提出“有孚”，朱熹明言：“信之在中者也。其卦九五以坎体中实，阳刚中正，而居尊位，为有孚得正之象。”① 卦象中明示了阳之发展至九五爻时的未来境况，必为得尊至正，故能“有孚”，有信念和信心。但现在还不能动，因为坎水在前，也就是说，阳弱不胜重任，阳气有待于长盛，方可据“孚”而至尊，非守正贞固不可通达，故曰：“贞吉。”也只有这样，才能实现目的，有利于克服困难、赢得挑战，“利涉大川”。朱熹对此提出了精辟的见解：“正固无所不利，而涉川尤贵于能待，则不欲速而犯难也。”② 只有正固而至诚，才能有所收获，也才能达到孚信而至尊，但要这样办，不能单图速度之快，而应是待而壮大自身，否则会犯难而受挫，处于被动。程颐更是直截了当：“知乾之不无害，知己之足以御之，是以内之而不疑，故曰‘有孚光亨贞吉’。”③ 乾者，阳气也，对壮阳之长势无害而有成，汲阳之精华而充实自己的力量，才是抵御外来阻力的根本因素，故曰“内之”，即吸纳之，这还用得着怀疑吗？张载也有同样的论述：“刚健而不陷而能俟时，故有孚于光亨也。”④ 对发蒙之阳的现状和未来给以刚健而不能陷的结论，指出当下状态下的阳尽管是刚健的，但如想流演下去，必须要等待时机，即自强之后才能达“光亨”之境。

初九，需于郊。利用恒，无咎。

需之意，按程颐和朱熹等宋代易学家的观点，基本上是承继汉人的解释定其为“等待”。从其阴阳作用结构上来看，需之所以处于当下这个时位上，是和其语境有关的，即与和它旁通的晋卦有关，同时也与其卦气来源之大壮卦有关。《序卦》说：“晋者，进也。”给我们展示了一幅进升登阶之象。比如人要升高，必须一个台阶一个台阶地升，其道路上有无尽的困难和险阻。“晋如摧如”、“晋如愁如”、“晋如鼫鼠”等所讲的就是这样一个充满挑战的境象。大壮卦在卦序的位次上与晋卦相连，且是晋卦语境结构的重要组成部分。《杂卦传》云：“大壮则止。”处壮之时，要知其所止，“知止而后能定，定而后能静，静而后能安，安而后能虑，虑而后有所得”（《大学》）。孔子在《大学》中对“止”字给以境界性定位，逻辑地推演到止而后能得益。在这里，那就是止而后能升阶、晋级。这就是需卦所言之“等待”的本然之意。只有脚踏实地地、一步一个脚印地往

---

① 朱熹．周易本义．北京：九州出版社，2004. 17.

② 朱熹．周易本义．北京：九州出版社，2004. 17.

③ 程颐．程氏易传．第1册第44页．文渊阁四库全书·易说卷．

④ 张载．横渠易说．第1册第27页．文渊阁四库全书·易说卷．

前走，才能达到光辉的顶点；尽管要受挫受磨，但只有着眼于高境界的彼岸，才是道学之本，才能取得大的收获。孔子在《大学》中又云：“如切如挫者，道学也。”只有如此，才能“道盛德至善”，才能使“民之不能忘也”。

需之初九所言，正是踏实落脚的第一步。处需之阳，因为其语境之所界，必定是生于与阴交合以展示雄风、扫除障难、凸显生长之力最远的阶段，故用“郊”来象之。所谓“郊”，朱熹云：“旷远之地，未近于险之象也。”① 而初九之阳刚之象，为其应对前进道路上的障难提供了可能性，又从大壮而来。易学家程颐言：“需者，以遇险，故需而后进。初最远于险，故为需于郊。郊，旷远之地也。处于旷远，利在安守其常，则无咎也。”② 揭示了需时语境所凸显的有险而后进的情状，故初九视野下之阳，有困险在前而远不交之意蕴，有处于“郊”而安逸之象境，有远离阴而刚健之情状。

九二，需于沙。小有言，终吉。

程颐在言及初九之义时，云：“阳之为物，刚健上进者也。”③ 对儒家自强不息、积极进取之精神，通过阳物之刚健而上进表现出来，指出刚健之阳本性上进，这其中涵摄了壮阳去阴之意，即走向克服阴柔障险之象境。这就符合逻辑地引出了九二“需于沙”的情状。“沙”有散之象，我们常说，一盘散沙就是这个意思。朱熹说：“‘沙’，则近于险矣。”④ 阳遇阴即发生作用，阳在胜阴之时，也会被阴所消，故遇阴柔则为险，消阳势则为散。但以刚阳之势，行上进之功，在九二初战状态下，其损失实则为小，故用“小有言”来象之。朱熹云：“言语之伤，亦灾害之小者。”⑤ 这是一个比喻，是说损失之小，就像在言语上受到伤害一样，并不是说“小有议论”或“小有骂声”，也不是说阳为使自已变小而弱至受十目所视、十手所指的程度。其自然观思想的结构图可表示如下：

阳（+）>>阴（-）；大阳（+++）⟷小阴（-）

在阳占绝对优势的前提下，阳之大对小阴之制服，是不容怀疑的。程朱等易学家将“沙”之象看成水边之沙，见沙则近水也，很有道理。水为坎，坎为险，沙来则险至矣。“坎为水，水近则有沙。二去险渐近，故为需于沙，渐近于险难，虽未至于患害，已小有言矣。”⑥ 从水为险之象来喻示沙之险象较弱，但要思患而预防之为妙，说得极有道理，提出了建立在自然观基础之上的宇宙关怀和人文情结。

---

① 朱熹．周易本义．北京：九州出版社，2004. 17.
② 程颐．伊川易传．第1册第46页．文渊阁四库全书·易说卷．
③ 程颐．程氏易传．第1册第47页．文渊阁四库全书·易说卷．
④ 朱熹．周易本义．北京：九州出版社，2004. 17.
⑤ 朱熹．周易本义．北京：九州出版社，2004. 17.
⑥ 程颐．氏易传．第1册第47页．文渊阁四库全书·易说卷．

九三，需于泥。致寇至。

阳本为刚健上进者也，其本性之流行必表现为胜阴柔而除障难。从需卦之时所界定的语境域来看，需之大壮的本气涵存于刚健上进之阳气内质中，其脚步不断迈进，从“郊”至“沙”，从远离险至遇小险，到如今已入“泥”了，马上就到了坎险之核心，体现了阴阳动力作用的活态运作过程。在这里，我们一定要将“郊”、“沙”、“泥”等看成虚象，即虚拟之象，它们所反映的是阴阳相交合的动态过程，是由浅入深、由远及近、由缓到烈、由散而合的过程。这种自然观的思想才是阴阳学说之本，否则就会使我们的思想拘泥于卦爻辞的文辞上或字面意义上，不可能达到“言”、“象”、“意”一体化的高度，就会支解《周易》本义，就会失去《周易》“唯变所适”的活的灵魂。

九三之时，阳已入泥而至险阴之边缘，程颐说：“九三进逼于险，当致寇难之至也。三刚而不中，又居健体之上，有进动之象。”① 程颐在对九三境况的分析中用“三刚而不中”来作一象解，将九三阳刚与阴柔的力量对比为阳大于或盛于阴，而此时阴对阳的作用由于距离之渐近而明显增强（并不是阴柔之险自身在不断凝聚力量），需要阳来胜阴的力受到了挑战，须聚而致敌，方可获益，故“致寇至”。《需·象》曰：“自我致寇，谨慎不败也。”对阴柔之作用的到来和挑战，要有自我之整合功效，谨慎对待。由此可知，其内涵的自然观思想是很深的。处九三之时态，应立足于阴阳之对待之势，而“与天地合其德，与日月合其明”（《乾文言》）。从阴阳之本然出发，来提出合天地日月的方法论思想，这种自然观思想，体现了易作者对宇宙自然规律的深悟洞察和宋代易学家的高深的境界情怀。在这里需要指出的是，阴阳二体本来相亲合，但却说其相胜相克制，其相斥力量就来源于刚阳体的阴阳成分对外产生的不同作用上，并不是违背了“阴阳者相求之物也”的自然本性。文中为了方便起见，而简单以强阳制弱阴来代言之。

六四，需于血，出自穴。

九三不仅说明了刚阳之晋象处于不断前行的过程之中，而且已经到了与阴柔直接对待的边缘。经过“郊”、“沙”、“泥”后，必与水相遇，故这一爻时的阴阳交织对待局面不可避免。朱熹云：“‘血’者，杀伤之地。‘穴’者，险陷之所。四交坎体，入乎险矣，故为‘需于血’之象。”非常清晰地表明，阴阳争战局面的形成就在需六四之时，“血”象血也，是对立双方争斗的象征。“触类可为其象，合义可为其征。”② 战必有血伤，阴阳相对冲必有战意，故以血来喻阴阳之对冲，其义明露透显，其阴阳作用的活态动力图式如下：

---

① 程颐．程氏易传．第1册第48页．文渊阁四库全书·易说卷．

② 王弼．周易略例．见：孔颖达．周易正义．北京：九州出版社，2004. 775.

阳（+）→ ←阴（-）

朱熹又说："然柔得其正，需而不进，故又为'出自穴'。"① 对于阴柔之势来说，有不进之象，涵摄着阳必胜阴的意思。亦即阴柔在战而后处于静态，守其居处。程颐对此言明其义："四以阴柔之质处于险，而下当三阳之进，伤于险难者也，故云需于血。既伤于险难，则不能安处，必失其居，故云出自穴。穴，物之所安也。顺以从时，不竞于险难，所以不至于凶也。以柔居阴，非能竞者也。"② 程颐的这一阐述，首先表明上进之刚阳力量之大，有"三阳之进"之象，经过"郊"、"沙"、"泥"后必至于此。其次，对血的出处给以定位，明确解释，出自弱小阴柔自己之穴中。最后，同时也明示了阴阳之对待观为阴对阳以"顺以听也"的态度。这是必然之结果，否则就会违背宇宙自然之规律，这就是其在该爻位时态下的自然观思想。

周易的象思维就是按照阴阳对待状态下各自的力量对比情况，来反映阴阳各自的合时之举，以与天地合德，与四时合序，从而彰显易道之生生之德。切不可认为易就是针对阳刚而言的，而是就阴阳相对待而言的，言明每一时位阴阳各自的流演程式和发展轨迹，以象喻义，各辨六爻之义，明其吉凶之行。这也正是王弼所说的"八象穷天地之情，六位备刚柔之体"之大义。

九五，需于酒食，贞吉。

六四阴阳交会的发展趋势必然是阳胜阴，阴从阳。这正是为九五爻位之时态做好了最好的语境构架。阳刚气十足，阴俯首听从，彰显出一幅和谐的境象，故曰："需于酒食。""酒食"者，一象而已，既是对阳阴交争过程阳之盛势的肯定，也是对九五爻位之时态阴阳和谐情结的一种描述，同时从和谐对待的角度出发，进一步彰明了阴势目前还不足以尽兴地与阳相配，故要"贞"而后才能得吉。正如朱熹所说的那样："'酒食'，宴乐之具，言安以待之。九五阳刚中正，需于善位，故有此象。"③ 一个"善"字，即把上面所说的三个意思全部表露无遗，并把其原因定位在"九五阳刚中正"之上，"以中正也"。九五阳刚要得中，必须有相当之臣来听从，即要有相当数量的阴柔来和之。这就为上六之境象和情状作了逻辑性的铺垫，充分体现了易学象思维的逻辑程序。

上六，入于穴，有不速之客三人来，敬之终吉。

早在魏晋时期，王弼就对象与意的关系作了分析和归综，认为象出于意，由意而生，尽管象对意的表述是最直接的和最有效的，但也仅是工具而已，"得意而忘象"。这并不是说象不重要，也不是说意无根据而可以随意推演，而是说按

① 朱熹．周易本义．北京：九州出版社，2004. 17.

② 程颐．程氏易传．第1册第48页．文渊阁四库全书·易说卷．

③ 朱熹．周易本义．北京：九州出版社，2004. 18.

照易之阴阳之说的内在规律，对易之时位给以解读和考究，才是正确的解易方法。“象生于意而存象也，所存者非其象也。忘象者，乃得意者也。”① 对需而言，从需之前五个爻的时位对阴阳二气之对待情况看，已经形成了阳阴各自的流演图境，上六所说的“入于穴，有不速之客三人来”的情状，是逻辑的必然。这里“三”是多的意思，是对九五中正之刚阳要达善位的逻辑应对。当然，来而不往非礼也，应持“敬之”的态度，最终必定得吉无疑。但程朱等人还是对其卦象给以分析，其原因何在呢？对此问题的回答，更会使阴阳作用的动力结构得以整体的展示。

朱熹针对上六之位而有言：“下应九三，九三与下二阳需极并进，为不速之客之象，有‘敬之’之象。”② 是说处上六之时，阳需处极，阳对阴柔的吸引力或作用力已明现无疑。程颐说：“下之三阳，乾之三阳，非在下之物，需时而进者矣。需既极矣，故皆上进，不速不促，而自来也。上既需得其安，处群刚之来，苟不起忌疾愤竞之心，至诚尽敬以待之。”③ 言明处上六不能从形式上看是阴处极，而是“下之三阳”齐来也，不仅从数量上是三个阳，而且是“乾之三阳”，乾为天乃大阳，是质量上的超越，达至上而“非在下之物”也。很有意思的是，程朱将上六表面上的阴柔特征反其道而用之，示以刚极之意，这种用象方法与汉代的象数学已有根本的不同，不是就象而论象，而是深入意境域来究其意。紧接着提出了“至诚”的概念，“诚者天之道也”（《中庸》），何为道呢？“一阴一阳之谓道”（《系辞》），把话语对象转入刚阳对阴柔的力的作用上来。其图式如下：

阳（大＋）→（吸）→阴（小－）

之所以处极是其位在上六，大阳或处极之阳对周围阴柔之体产生了一定的作用，并与其形成互动的局面，这是其阴阳动力自然观的本质所在。在这种情境下的象境，外来之阴柔必定与之相亲，而入于其室，故也有“不速之客”之称谓。但朱熹从卦象来分析说“九三与下二阳”为“不速之客”是从阳刚上进独霸之势作为源头的情境上说的，阳之所以能处极，是由于九三与下二阳的并进产生的，这与外来之平衡力量的到来并不矛盾。相反，以象喻意，更能从阴阳两方面对之给以更加全面的理解和反映。这种象境的出现非常自然地使阴阳作用的图式结构发生转换，同时对卦序之讼卦的提出提供了形成语境，也形成了以阴阳动力作用为核心内容的自然观视野下的宇宙图式的新格局——讼。

---

① 王弼．周易略例．见：孔颖达．周易正义．北京：九州出版社，2004. 775.

② 朱熹．周易本义．北京：九州出版社，2004. 19.

③ 程颐．程氏易传．第1册第49～50页．文渊阁四库全书·易说卷．

第六卦　讼卦的阴阳自然观

《序卦》云："需者，饮食之道也。饮食必有讼，故受之以讼。"这种把卦序结构顺序的安排作首先之说明的方法，在宋代易学家的解经程式上似乎成了固定的模式。其中的合理性内容，在我们对六十四卦涵摄的自然观思想的解读中会愈加朗显。在需之上六的阴阳作用图式结构中，阳处刚极，"乾之三阳"俱进至上，对外环境中的阴柔之势必定产生强大的作用。故用"不速之客"来对阴阳运作态势给以象喻，以形成讼卦的语境图式。宇宙本来的整体平衡和局部稳定是动态的和相对的，所谓的静止式的平衡方式是暂时的，其安静稳定的局面会由于外部力量的作用失去其功效。这种思维方式接近于生命的进化论和生态平衡论。而易以道阴阳的本质规定性，又为这种理论提供了基因的本质决定性特征。处需极之时，需上六的对外辐射作用，必然会打破周围物体的平衡，而使其内在阴阳作用体系形成强大的张力，甚至于破裂。阴柔所含的众多功能中之平衡功能就成了关键的研究对象和象意指涉。其阴阳作用的结构图式可表示如下：

$$阳_A \rightarrow 阴 \leftarrow 阳_B \quad 阳_A \leftarrow 阴 \rightarrow 阳_B$$

形成了两阳争一阴的局面，故言象为二人争路，互不相让，用"讼"象之。对阴来说其心不一，从于二阳。

易作者用其卦辞给以本质上的分析和说明，"讼有孚窒，惕中吉，终凶。利见大人，不利涉大川"。孚者，信也。同志的同向之心有所动摇，出现了信任危机，戒之以"惕中"则可得吉，不可讼至终也，不可冒大风险，并提出了应对策略是"利见大人"，即增其阳刚之势以顺合天地日月之道为上策。对此卦辞的理解，宋人还是从阴阳作用的自然观上来分析的。朱熹云："'讼'，争辩也。上刚而下坎，乾刚坎险。上刚以制其下，下险以伺其上。又为内险而外健，又为已险而彼健，皆讼之道也。"[①] 来者乾刚，健而外来，来者不善也，正与需上六之刚健之实相承接。而九二阳之处险，"上无应与，又为加忧"[②]，而力不足以应付来者，"讼者求辩其曲直也，故利见于大人，大人则能以其刚明中正决断讼也"[③]。通过能与天地日月四时合道合序之大人的刚明之德来维护其正义，不可

① 朱熹．周易本义．北京：九州出版社，2004. 20.

② 朱熹．周易本义．北京：九州出版社，2004. 20.

③ 程颐．程氏易传．第1册第51页．文渊阁四库全书·易说卷．

直接应对。同时，“讼非和平之事，当择安地而处，不可险于危险”[1]。故应对危险之境况有一个整体的把握和结构分析，其阴阳作用的动力语境图式如下：

讼　↙明夷（䷣）

䷅

遁（䷠）↗

这个阴阳作用的动力图式，成为准确把握讼之应对方略的语境域。遁者，退也，言明讼不可终也，应把握住第一个时位的机会给以快速解决，处中为吉。讼与明夷旁通，夷者，伤也，“伤于外者”，言明讼是出于外来之伤害，所以愤而行讼，同时也说明其力量之弱小之实。综合而提出了处讼之时应审时度势，以平息争辩而行事，故在其爻辞和象辞中多有“不”字出现，所谓“不永所事”、“讼不可长也”、“不克讼，归而逋”、“无成”、“亦不足以敬也”、“不克讼，复即命”等。孔子在《论语》中说：“争讼，吾犹人也，必也使其无讼乎。”对讼之事的危害及结果给予遁退的处理，这不是一种消极的做法，而是以保存实力或握紧拳头来图其更大发展的和谐发展观，同时也提出了处于趋弱而受压情况下的弱小者，不能以讼为其道，最终要通过壮其实力而与其抗衡，体现了易道之整体宇宙关怀的人文情结。

初六，不永所事，小有言，终吉。

讼卦所言之阳，从现时之态乃是强壮。但有需之上六外阴之入室，而显趋弱之状，并出现了二阴争一阳的局面，注定其当下之状态不能持恒。这就是对其阴阳作用的动力体系所展示的自然观思想的基础定位。在此情状下的阳气行进路径不是可选的，而是唯一的，即“不永所事”，不能被外阴所纠缠而变向。程颐认为只有这样行事，才可将灾难控制在最低程度，他说：“‘有言’，灾之小者也。”[2]其结果必定得吉无疑，否则就是不合自然之理，违背阴阳动力作用之规律。

初六之时态，言明了处于争执态的阳气，从其流演路径上看，已经是一个死困之态，即一阳而受二阴之左右牵制。要想使其行动合自然而贞固，必须首先有一定的方法论思想作指导。首要的问题是一个态度问题，即整个讼的过程应是以遁退为主线，以避险为根本，“其上易知，其初难知，本末也”（《系辞》）。同时，它也体现了从整体宇宙关切的视角出发，应做好初始阶段的工作，走好坚实的第一步，提出诸多应对策略，“君子作事谋始”正言其要，且不将事态扩大，不主动发难行险。

---

① 程颐．程氏易传．第1册第51页．文渊阁四库全书·易说卷．

② 程颐．伊川易传．第1册第53页．文渊阁四库全书·易说卷．

九二，不克讼，归而逋。其邑人三百户，无眚。

需之上六所构成的语境因素中，暗含了外阴之所主即为“九二之阳刚”。由于九二之阳刚（阳$_B$）所乘之阴入于别室（参看讼卦阴阳作用的动力结构图式），而与九二之阳刚（阳$_B$）形成了一定的张力，故其方向指涉非常明显，必欲争之以克讼。

初六所提出的应对自然观，是立基于阴柔居下而成险象所折射出的意境使然。在这种方法论的导引下，避其锋芒，隐其阳气刚健之形就成了一个逻辑的步骤和环节。“九二阳刚为险之主，本欲讼者也”①，且又有初六阴柔之相承，象意言明其欲讼之势，故提出了不与之争讼、隐而藏之的策略。若能如此，就可使矛盾的范围缩小，程度降低，对象指涉显明。“九二自外来，以刚处险，为讼之主，乃与五为敌。五以中正处君位，其可敌乎？是为讼而义不克也。若能知其义之不可，退归而逋避，以寡约自处，则得无过眚也。”② 程颐所言确有道理，他对避而不讼的客观基础给以阐明，从讼之所生的语境域分析，认为需之时，“不速之客”并非人为之所能，而是实力之彰显，不可胜也，但外阴之来向，其义不合自然，必致短暂，何必相克讼，“退归而逋避”合义自明，同时外来阴柔前来相合，也是损其刚健之性因，应“寡约”以清明，不可有侵夺之功，则得无过错、无灾害产生。

六三，食旧德贞。厉终吉。或从王事，无成。

这里所言之“旧”，乃是讼之语境域中的需卦状态中的阴柔之势。朱熹云：“六三阴柔，非能讼者。”③ 是说六三之阴柔对刚阳（阳$_A$）的牵引力，足能阻止阳$_A$前行克讼之所为，并与其形成了平衡稳固之势，不可偏离其道，而应守其贞德。朱熹又言：“占者守常而不出，则善也。”④ 六三阴柔应上而对需之上六之空虚之位给以刚健充实之效，从而使阳$_A$回归于本位，虽“厉”而终得吉果。“或从王事”是对阳$_A$与阳$_B$之对争以企图建功之意，给以事象展示，以明其义是不合道的，故戒之以“无成”。就是说，争讼的目的，无非是争王称能而已，但这是一种毫无意义的事，无任何价值，是不符合自然之理的，争讼之事，“不可久也”。“讼能以止为善也。”⑤ 而“止”是一种境界，是对阳$_A$活动范围的一种界限规定或约定，不可出界而违道。果能如此，则可补过而得善。

九四，不克讼，复即命。渝，安贞，吉。

初六、九二、六三三爻对处讼之时所应对策略的自然观思想定位，从根本上

---

① 朱熹．周易本义．北京：九州出版社，2004. 21.
② 程颐．程氏易传．第1册第52页．文渊阁四库全书·易说卷．
③ 朱熹．周易本义．北京：九州出版社，2004. 21.
④ 朱熹．周易本义．北京：九州出版社，2004. 21.
⑤ 程颐．程氏易传．第1册第57页．文渊阁四库全书·易说卷．

对阳$_A$给以了合适的处置和对待，但这并不能就此而平息争讼，因为所争之主体不是阳$_A$而是处于九二位置的阳$_B$，尽管其力量与九五中正之位的阳$_A$不能相敌，但是客观上对阳$_A$也提出了自然观层面上的课题。这就要求阳$_A$对阳$_B$的排斥力要达到一定程度，否则就会失去主动性，而起不到制衡作用，故用“复”而长阳。《象》曰：“不失也。”正是对外来之阴柔没能离开，并因之对两阳相争讼理由定位。如图所示：

阳$_A$←阴←阳$_B$

图中阳$_A$在对外来之阴柔产生吸引力的同时，也对阳$_B$产生了抗拒力。这种抗拒力是相互的，同时也是效果不一的，弱者更加明显会减弱其前行速度，若阳$_A$很大，则能起到阻止阳$_B$争讼的目的。复者，阳之长也。且“比复好先”[①]处复之时态以先为吉，故可首选而占主动，复即是命也，“‘命’，正理也”[②]，不可懈怠。

阳$_A$之阳刚之性的充实和扩充，必然会使其原有的平衡有所偏失，故用“渝”来象之。“渝”者，变也。这其中也隐含了对讼之时态语境下促使格局持恒的象征意义。因为阳$_B$因与其合道之阴柔发生了离心之事、偏离了其原有轨道而产生主动争讼的局面。阳$_A$必须因时以变，文而化之，使其自身阴阳结构得以平衡，则可使阴的动态情状发生变化而达“安贞”的地步。其目的就是要达到拒争、自安、持恒的高度，故曰：“安贞。”只有这样，才能得吉，才能正确地保持稳定的秩序。

九五，讼，元吉。

九四时态下的阳$_A$已成了抗力很大的一方，对外来之阴柔体必然产生更大的吸引力，并使其靠近的程度更大。当然，阳$_A$对阳$_B$的对撞力也会相应地增大。讼事不可避逃之。当务之要，不能再行遁逃之策了；相反，要以力抗力，针锋相对，以讼对讼，方为上策，且可得大吉，故曰：“元吉。”这种以强力推斥的内在动力必然来自刚阳体中的阴柔成分对外来阴柔体的抗拒作用上。

程颐曰：“以中正居尊位，治讼者也。治讼得其中正，所以元吉也。”并说：“大吉而尽善者也。吉大而不尽善者有矣。”[③]程颐的这些话，真可谓切中要害，他从阳$_A$的中正之象中，流射出其充实而有光彩的大义来，并以“治讼者也”来定位。但他同时也提出“尽善”的观点，认为得吉甚至是大吉，并不能说明其结果满意程度，只有尽达善境，才是最终的目的。其中涵摄着处讼时态格局下不

① 王弼．周易略例．见：孔颖达．周易正义．北京：九州出版社，2004. 770.

② 朱熹．周易本义．北京：九州出版社，2004. 21.

③ 程颐．程氏易传．第1册第57页．文渊阁四库全书·易说卷．

稳定趋势的绝对性的一面。故云："吉大而不尽善者有矣。"

上九，或锡之以鞶带，终朝三褫之。

阳势复而长盛的自然处境，必然使外来之阴柔多达而趋极，当然也会使由之而来争讼的外阳形成抗拒的阵营。其结果也必然是两极之对立，而使争斗范围不断扩大，从而导致更大的不安和恐慌，故《象》曰："以讼受服，亦不足敬也。"

朱熹云："以刚居讼极，终讼而能胜之，故有锡命受服之象。然以讼得之，岂能安久？其讼无理，而获取胜，然其所得终必失之。"① 朱熹对处讼之上九时态下阳$_A$的不断扩张和争胜之势，持否定态度，并说是作易之圣人的大义，"圣人这戒之意深矣"②。程伊川进一步分析道："人之肆其刚强，穷极于讼，取祸丧身，固其理也。设或使之善讼能胜，穷极不已，至于受服命之赏，是亦与人仇争所获，其能安保之乎？故终一朝而三见褫夺也。"③ 程颐认为，阳$_A$通过其盛阳而使群阴摄服，不能达到善境，原因很简单，就是因为其与人仇争所获，其已打破了自身的平衡，"其能安保乎？"相反，必有多个仇视之人时时在伺机相夺，而形成争斗之两极，不能安也。这就逻辑地为下一格局——师卦之格局的形成提出了争战的语境观。

---

① 朱熹．周易本义．北京：九州出版社，2004. 22.

② 朱熹．周易本义．北京：九州出版社，2004. 22.

③ 程颐．程氏易传．第1册第57页．文渊阁四库全书·易说卷．

第七卦　师卦的阴阳自然观

承继讼卦的发展走势，立足于杂物撰德的合自然之理的道德理念，在充分明晰讼之时态及合理处置的前提下，刚阳之气应处中得正方能亨通达道，否则就会处危难安。

讼之时态下得中正之位者，由遁逃而避险，转入阳长刚健而反与之讼的状态，其阳息之能力和抗拒外阳之斥力，可谓大矣。这不仅使因外来众阴柔即“不速之客”所产生的“敬畏”意向得以彻底改观，而且使因这些“不速之客”所产生的争讼现象趋向平息。可以说是收获颇丰，大吉而成。但阴阳相互作用的动力系统并没有关闭，而是动态流动、演化无穷的。讼之上九所言之“终朝三篪（夺）之”言明对立的外来之阳的性情指涉非常明显，是要夺其所失，具有极大的挑战性，并由此构成了师卦的语境域结构体系。

师卦彖辞所言之“师者，众也”，就是对师卦语境域结构的介绍和定位，之所以明其为师，首先是以争斗者数量之众大而定其名的，其次也是对因刚阳之气盛而对原有结构的扩大和改变的描绘，从而在新的条件下要达到一种更大的动态平衡，力求其平衡态固化，如下图所示：

$$\begin{array}{c} 阴_2\ - \\ 阴_3\ -\ 阳_A\ +\ 阴_1\ -\quad 阳_B\ + \\ 阴_4\ - \end{array}$$

尽管$阴_1$在讼时态下归属于$阳_B$，但由于$阳_A$之阳气之长势而使其内化为师卦时态下$阳_A$之分子，从而形成了新的统一体，并使其性征处中而得正，中性之于外也无所张力，是故$阳_A$的对外张力体结构随之削弱或减除，达到平息纷争之目的。故师卦之彖辞曰：“师者，众也。师者正也，能以众正可以王也。”明示其行动方向和内在规约，只有以中而又能得正，方为师之道。其自然观思想，就是其显现的象境：“刚中而应，行险而顺。”就如同其动态平衡图中的$阳_A$之象一样，其周围阴柔顺从而安处，虽是险危但方得顺行。这是一幅非常典型的容蓄之象，故曰：“君子以容民蓄众。”

依这样的逻辑推展下去，就会面临这样一个问题：要容民蓄众，必有刚强之人，而这个人的必备条件是什么呢？为了回答这个问题，就必先明晰其阴阳作用的动力语境图式：

师　↙同人（䷌）

䷆

复（䷗）↗

师之本应根植于复与同人之中，师与同人两卦互为旁通，互通互融而成一体，也是“卦以反对”之使然。《系辞》云：“君子之道，或出或处，或默或语。二人同心，其利断金。同心之言，其臭如兰。”言明两体之同向而行，指向同心，其性坚强，锋利无比，可以断金如泥，明喻阳$_A$与讼之时态下的外来众阴（阴$_2$，阴$_3$，阴$_4$，…，阴$_1$）应合同志之道，逻辑地要求阳$_A$要按复卦所明示的道理去行事长阳。“复则不妄矣”，就是诚其意，就是思诚，“复见天地之心也”（《复·彖》）。张载云：“丈人刚过，太公近之。刚正刚中，则是大人。圣人得中道也，太公则必待诛纣时。”① 也就是说，复之目的就在于使己刚强，有且只有这样，才能达容民壮势之境况，因此整体卦义应以长阳壮身和秩序化地容民蓄众以止于贞正为主线，畅扬时行，彰显师之大义。

初六，师出以律，否藏凶。

律者，法令也，“律，法也”②。兴师用兵，律令严明。不以号令来行军，则凶险极至，“否藏，谓不善也”③，故会有过失之处。程颐云：“在邦国兴师而言合义理则是以律法也，谓以禁乱诛暴而动。苟动不以义则虽善亦凶道也。善为克胜，凶为殃民害义。在行师而言律谓号令节制行师之道，以号令节制为本，所以统制于众。不以律则虽善亦凶，虽使胜捷，犹凶道也。”④ 反复强调律令的重要性，提出了使众一致而动的基础条件和先决前提。

师之卦体与同人旁通，明示其由来起于同人。“二人同心，其利断金。同心之言，其臭如兰。”（《系辞》）同心之人是战胜敌人的法宝和最强大的武器。而要达至同人的境界，必须使其阳势上扬，这就要复苏息阳，以复为基点，自然会使原本外来之阴柔，合义于九二之阳。对于这些九二附近的阴柔集团来说，之所以要归附于九二之阳，是因为九二之阳的阳性牵引，是一种外力的作用，故以象之为律令。同时，这也符合阴阳相互作用的活态运作的自然观思想，程颐称其为“节制行师之道”，这个道即阳长而成势，阴随性而附之的自然理念，从众阴之顺承大势中获取力量，以达长阳之效。

也不应单纯地将“师出以律，否藏凶”看成行军打仗，而是反映一种象意，即通过这个“律”，来提揭其象中所含的自然观思想之本义，是长阳牵阴、阴必

① 张载．横渠易说．第1册第30页．文渊阁四库全书·易说卷．

② 朱熹．周易本义．北京：九州出版社，2004. 23.

③ 朱熹．周易本义．北京：九州出版社，2004. 23.

④ 程颐．伊川易传．第1册第60页．文渊阁四库全书·易说卷．

顺承的义理内涵。

九二，在师中，吉无咎。王三锡命。

我们明了了统众之必有律令这个必要条件，仅是对师中之主体给以了首要的规约。但这个规约本身是有条件的，不是说任何外力都可胜此大任。这就要对众之核心支柱给以定位。其实在初六时段对阴阳动力体系的分析中，已明示了九二刚阳的核心地位。程颐说："以爻言之，一阳而为众阴之主，统众之象也。师以一阳而为众阴之主而在下，将帅之象也。"① 只有九二的阳气呈现上扬态势，众阴才能以其为主帅，即听令于九二，故曰："在师中。"这也是一个象意的展示，言明众阴承顺一阳，"承天宠也"，天性之所为也。"吉无咎者，本亦有咎，由吉故得免也。"（王弼《周易略例》）吉者，得也。"吉凶者，得失之象也"（《系辞》），是由于有能获取壮阳之能力，才使得过失，即原来处讼时态下的张力体系消失或减弱。这里要注意的是，古人非常崇尚象思维方式，比如当你的母亲正在地里边劳动时，有人问你母亲在哪里，常回答为"在地里"，而把"在地里干活"中的"干活"两个字省去；对于下岗工人，在家里没事干时，若出现同样的问话，常回答为"在家里"，一样地表达其没有工作。"在师中"，是说在行军打仗之中，故有"承天宠"之象。

"九二一阳为众阴所归，五居君位，是其正应。二乃师之主，专制其事者也。"② 程氏认为，九二之刚阳代五爻之君天而行事，故曰"专制其事者也"，是顺天道而为，与天地合其德也，故能如象辞所言"怀万邦也"。这里的五君位象，其意为天道或天德，即合自然之理，并非真谈其君臣之实，同样是以象喻事，由人事推天道，言明九二阳气之强劲长势。

六三，师或舆尸，凶。

阴阳作用的动力体系，是自然规律的集大成体现。从这个动力体系的视角去审视，九二的刚阳之势并不是穷尽一切的，而是有限的，有容可计的，万不能好大喜功，贪多超容，否则就会违背自然之理而至凶险之地。

尽管在初六和九二两个时态下处尊位的刚阳体对周围众阴柔给以了整合和调节，一种阴柔向刚阳运动而顺承行健之阳的局面已经形成，体现为行师获吉的状态，但其中包含有量的限制和规约。师战之事，本身就是一种"毒天下"之害象，其对象直指失去阴柔而处不平衡状态的外来之众阳，它们相排拒而形成斗战之情状。这种局面不能扩大，"舆尸"者，众主也，众主过大必致迷惑，超过其自身能力之象就出现了，故言必凶。易学家程颐说："不唯其才阴柔，不中正；师旋之事，任当专一。二既以刚中之才为上信倚，必专其事，乃有成功，若或更

① 程颐．伊川易传．第1册第58页．文渊阁四库全书·易说卷．

② 程颐．伊州易佳．第1册第60页，文渊阁四库全书·易说卷．

使众人主之，凶之道也。”① 九二之刚阳由于其长息而暂处的不平衡态，决定了其对外行师作战具有必然的一面，以在新的条件下达至新的平衡，但不是说“唯其才阴柔”，即行事功，否则就不能得中正之效。若为战所迷，“使众人主之”，周围阴柔团体太大，必至阳被阴消之而趋弱，凶险无疑。故象云：“大无功也。”

六四，师左次，无咎。

六三时位上的刚阳之进发，必然使其自身的平衡状态遭到破坏而与自身的平衡因子形成张力，内在地产生乘刚之阴柔，“阴柔不中，而居阴得正”②，自然地反映出六四时位上的内在阴阳平衡的偏失和移位。只有居阴，即消除阴阳之间的张力，使阴柔之众柔顺承刚，显示其同志之心，才能得正而不失。

“左次”，退舍也。单凭阳刚之健行的惯性力来对外征战是不行的，其结果必然是因内在产生的阴阳体之间的张力而退。程颐精辟地分析道：“师之进，以强勇也。四以柔居阴，非能进而克捷者也。知不能进而退，故左次。”③ 道明了六四之时态不足以成为进而克捷者，其中有内在的合宇宙自然本质的自然观思想涵存畅行，其阴阳张力体结构图式如下：

$$阴\longleftrightarrow阳_A\rightarrow\leftarrow阳_B$$

图式中的阳$_A$因为与其合道且具有同志之心的阴柔的空间位置发生了严重的倾斜而使该阴柔之体与阳$_A$相成很大的张力，而强使阳$_A$的方向发生逆转，同时，阳$_A$与阳$_B$之间的排拒斥力也在急速增大，逼使阳$_A$逆向反弹，形成“左次”退舍之象，这是合自然之道的，故得“无咎”之结果。这里“无咎”之象意，明确地折射到阳$_A$惯性张力的不长久性和不合理性，但由于自然之性使然，阳$_A$退逆返舍方成其大义，故其象曰：“未失常也。”

六五，田有禽，利执言，无咎。长子帅师，弟子舆尸，贞凶。

如果我们不了解六四时位上的阴阳张力体的运行轨迹，就很难理解六五之象境，更不能正确地把握六五爻辞中所涵摄的象意之本然指涉。六四时位上的阴阳张力体结构图式所提揭的自然观思想之核心内容，就是受到内外或牵或拒之力的作用，必返其舍，相成新的制衡之力。同时，由于新的制衡之力的形成，外来之刚进之体对内渗透和扩张。这就是自然之象境，同时也是六五时态下的自然观思想的根本所在。

“田”者，为自己的领地或占有地，此时已有必败之敌坐以待毙，故曰“禽”也。由于外来刚阳之惯性运作与六三时位上阳$_A$之过失颇多类似，故应当

① 程颐．伊川易传．第1册第58页．文渊阁四库全书·易说卷．

② 朱熹．周易本义．北京：九州出版社，2004. 24.

③ 程颐．伊川易传．第1册第62页．文渊阁四库全书·易说卷．

机立断，执言而抗之，但不能四面出击，而应专于委任，集中力量方为退敌之上策，所谓的“长子帅师，以中正也。弟子舆尸，使不当也”正言其要。程颐云：“任将授师之道，当以长子帅师。二在下为师之主，长子也。若以弟子众主之，则所为虽正，亦凶也。弟子，凡非长者也。自古任将不专而致覆败者，如晋荀林父必之战，唐郭子仪相州之败是也。”①长子与弟子的区别，是根据其出生或与之相交合的时间的先后而划分的，先生者为长子、为大者，用长子则合师道，用弟子则会出现死象，即“弟子舆尸”。这是对与阳$_A$的合道者的最终定位，应为长子而非弟子。从长子与弟子能为之性征出发，以象喻意，用长子为令说明号令一致以集中力量之必要性和重要性，进一步明示了对外抗衡的自然观思想的结构模式和阴阳动力作用的活态运作模式。

上六，大君有命，小人勿用。

前五爻所处时位上的自然观思想，勾画了一幅阴阳相互对待的抗拒状态下的运行模式，按此方法所展示的必然是一幅扩张获大吉的图景。所谓的吉凶是一种得失之象，大吉者，乃大得也。大得刚阳之气，有益无疑，但同时必然由于阳气的长势，伴随着阴柔以关联方式的递进，这就出现了阳长阴消两种局面同时存在的图境，在此基础上言“大君有命”，就是要通过正功的方式厘清阴阳益害的界线，对有害的、松散的、不利于长阳的阴柔分子合理地给以清除，是强国固邦的不可缺失的大计大策，故言“小人勿用”。

---

① 程颐．伊川易传．第1册第63页．文渊阁四库全书·易说卷．

第八卦　比卦的阴阳自然观

师卦格局下的结构模式，已由需卦的小规模渐至放大。讼时态下的不速之客已由主动争讼的地位，渐至通过师之时态的演变而成为众阳围合一阳的格局。师之上六的自然观思想，明露大君之象，也彰显诸侯之象，如图所示，就是要通过人事上的象来折射阴阳之间的力的作用关系，掘析其涵存的自然观思想本质。

阳$_C$ +

-

阳$_D$ +　- 阳$_A$ + -　阳$_B$ +

-

阳$_E$ +

图所示之阳$_A$非需卦状态下之阳，而是经过需卦时态下的阳长之后的动态的阳，并且是一直处于争讼状态的显性的阳。就像由多个质子所组成的正离子一样，其电性的显示是除去与自身的负电荷相抵消后对外显现出的阳。阳$_B$、阳$_C$、阳$_D$、阳$_E$是阳$_A$经过争讼师战后围聚在阳$_A$周围的处于动态变化且不能与阳$_A$相分离的众阳，并非四个阳，而是多个阳之象征。面对这种格局态势，师卦上六就对活跃的、非紧密联系的、近之消阳而远之无防的外来之阳定其为具有小人性征的阳，而加以“小人勿用”的定位，并进而用“不宁方”加以界定之。

阳$_B$、阳$_C$、阳$_D$、阳$_E$、阳$_A$尽管都是阳，但其位份有别，阳$_A$有君长之道，其余之众阳皆与之亲比而亲辅。就像其卦象所示，只有一君在尊位之阳，而其余之位都为阴柔之势，由于阴阳之位分而产生了相互间的不同作用，这就是“元永贞”之要。但其自然观思想的起初定位还是需卦时态下阴阳相互作用的动力模型所导致的，因此为“原筮”者。“人相亲比，必有其道，苟非其道，则有悔咎，故必推原占决，其可比者而比之。”[①] 程颐所言极是，需之时也，阳长而需打破旧的平衡系统，重新建立新的平衡体系，故有“不速之客”的表征和透显，并经讼斗融合，至于今则不可分也，“比之道由两志相求”[②]。由于阴阳之动力作用的自然观的导引，后来欲与之相亲者，具有很大的活性，“相持则睽”，“相持，相待莫先也。人之相亲固有道，然而欲比之志，不可缓也”。[③] 程颐对于相亲近

① 程颐．伊川易传．第1册第65页．文渊阁四库全书·易说卷．

② 程颐．伊川易传．第1册第66页．文渊阁四库全书·易说卷．

③ 程颐．伊川易传．第1册第65页．文渊阁四库全书·易说卷．

的两阳或多阳，称其为“两志相求”，对于活性很强、能量态很高且靠近自身的阳认为是“相持”。相持者，必相独立，也必相乖逆。如何才能使具有相求之志的众阳亲辅之，如何才能防止具有相持特征的阳远离之？这就需要在阴阳相互作用的动力体系自然本质之上，给以理性的思考和自然观思想的构建，同时也需要对比卦格局的生成语境给以本质的还原，目的在于从其象数结构中提揭涵具其中的微言大义。比卦的阴阳作用的动力生成语境图式如下：

比　↙大有（䷍）
䷇
复（䷗）↗

比与大有旁通而互动，“六爻发挥，旁通情也”，明示其演化方向。何为大有？程颐云：“火之处高，其明及远，万物之众无不照见，为大有之象。”① 可见，大有者，光照万物者也。要想达此目的，必“上下应之”，为大有之义也。这就是比之格局所要折射的目的意义。可要达到这样高的境界，没有一定能量的亲和力是不行的。复者，阳气之长也，万物之复苏而返阳，“复见天地之心也”，物生生之义明露透显。朱熹等认为比卦自复来，不仅从象上给以定位，而且是自然观思想的表征。立基于象上分析，“上坎下坤，以二体言之，水在地上，物之相切比无间，莫如水之在地上，故为比也。又众爻皆阴，独五以阳刚居君位，众所亲附，而上亦亲下，故为比也”②。其卦象喻意极为深刻，水之于地上，润下之功毕尽，亲比之象莫之与比，以众臣亲附刚健之君且君亦爱抚群臣来象之，实为比格局状态下自然观思想的核心内容，同时也道明了比格局下的发展径向，必然是由复而渐至大有，达至“建万国，亲诸侯”之境。

初六，有孚，比之无咎。有孚盈缶，终来有它吉。

比，次师也。从自然演化的前景来看，师卦阴阳位分之争，必然会出现多阳秩序化运作的核心，即多阳围聚于一个相比来说是处尊得中之大阳周围，而这些外围之众阳又是通过其阴性的本质牵引力来与之相亲比的，故其地位处被动而显阴柔之性。其中的自然观思想，在需、讼、师三卦中给以明白的诠解。问题的关键是这个大阳即阳$_{A}$的持恒性能否战胜挑战，而对周围处阴柔地位之众体，提供足够的向心力，故曰以“孚”言之，是其要义。

宋易学家都推崇象数的基础地位，立基于象数而阐发大义。处比之时态下，通过对其阴阳相互作用的动力结构语境图式分析，可以明晰复反刚阳之势的首要地位和重要性之所在。“孚”者，诚信也。“诚者，天之道；思诚，人之道也。”

---

① 程颐．伊川易传．第1册第109页．文渊阁四库全书·易说卷．

② 程颐．伊川易传．第1册第65页．文渊阁四库全书·易说卷．

(《中庸》)诚信既可言道，必究阴阳也，这是一种逻辑的思维方式和理性运作模式。“一阴一阳之谓道”(《系辞》)，阴阳相杂，其道自显，实可杂物而撰德。“阴阳者，相求之物也。阴之所求者，阳也。阳之所求者，阴也。”(王弼《周易略例》)阴阳的相求而动就是阴阳动力结构的核心支柱。故要达诚之止境，必有以孚壮阳之内容，“诚信充实于内，若物之盈满于缶中也。缶，质素之器。言若缶之盈实其中，外不加文饰，则终能来有他吉也。他，非此也，外也。若诚实充于内，物无不信，岂用饰外以求比乎？”① 程颐对于处比之状态的这一精湛的分析，可以说是对比卦自然观思想的一个基础定位。他认为，缶不过是一种质素之器，其用乃容，以装物也。若不以物充之，其有何用！可要充实其内容，只有以诚信为质料，即以求己之阳盛，就会自然地形成众阴承顺之象境，故其结果得吉无疑，众心必归顺之。

六二，比之自内，贞吉。

师之上六时态下的阳$_A$已奠定了其处尊得中的基础，并在比之初六时位上给以演化方向和流转目的的定位，开始迈出了“亲诸侯”的坚实的第一步。但前行流演的路子需要更多向诚的质料和内容，不可能一蹴即成，需要一个由近及远的过程。六二时段所指涉的就是这样的一个内容，程颐云：“二处于内，自内谓由己也。以中正之道应上之求，乃自内也，不自失也。”② 程颐这一简短的语言，道明了一个自然之理，那就是自内求其力，不会有所偏失。所谓的中正之道，就是使外来之它物给以内化为自己体系的一分子。这就是初六时位上所言的诚其内的根本所在。当然，言外之意，对那些不能内化成一体的他物，就不能贪进，否则定会自失其刚阳之性，朗显出其中涵摄的合理的自然观思想。

六三，比之匪人。

比之六二时位上的自然观思想，已清楚明白地言明了阴阳合道之众的内化本质，不能被内化成一体的他物，“匪人”也，即不是自己的人或不是自体成员，就无所谓诚和思诚之说。问题不在于非自体成员的近靠和内化，而在于与诚相合且进而思诚的统一体成员的诚化过程在动态演进中出现的过激和不中。程颐说：“三不中正，而所比皆不中正。四，阴柔而不中；二，存应而比初；皆不中正，匪人也。”③ 程颐的义理之说可谓精矣。他把不同时位上的阴阳相互作用的动力结构模式看得非常清楚，他用处三而不中，说明了诚也要合天道才能得亨，否则就有过而失也。既是不中，那就会偏离其应在的位置，并在惯性力的牵引下，不断地越位而行，形成处于众阴位上的同志之体与处尊位的核心体之间的张力体

① 程颐．伊川易传．第1册第69页．文渊阁四库全书·易说卷．
② 程颐．伊川易传．第1册第69页．文渊阁四库全书·易说卷．
③ 程颐．伊川易传．第1册第69页．文渊阁四库全书·易说卷．

系，由同志而变成夺位之匪人，从而使本来中正之刚阳出离中正之位，打破了这一本来处于平衡状态下的安稳之环境，故其《象》曰："比之匪人，不亦伤乎。"胡瑗也有类似的解释："六三过二，不得中也。以阴居阳，不得正也。夫以不中不正之人当亲比之世，则所行皆非人之常道也。夫以是虽有中正之人，必不相辅。"① 不中者，越位也；不正者，处阳也。越位而处阳，必战而伤，故必然不能相辅，而失去亲比之成立条件。

六四，外比之，贞吉。

自然之美就体现在宇宙自然的逻辑演化和阴阳相互作用的动力体系的活态运作过程之中，这其中涵摄着无尽的诗意和美的情结，蕴涵着贞固不易的自然理性和道德情操。我们在对周易六十四卦的卦与卦之间的自然流变程式及爻与爻之间的自然观思想的掘析过程中，会深刻地体悟到这一点。比卦时态下的这种情怀同样能被观感到，六三时位上的过二不中、以阴居阳的形象展示，已自然地为原本居尊之刚阳因受居阳之阴的排拒而改变了原来的平衡状态，向外转向。其方向的选定是一种自然的选择，而非造作而成，其根据也同样是阴阳相互作用的力的牵引。"睽而知其类，异而知其通。"（王弼《周易略例》）苟识其情，不忧乖远，苟明其趣，不烦强武。阴阳之情，永恒而不衰，涵具着无尽的情怀。

基于六三过二之实，原本之尊阳，即阳$_A$的位置，发生了偏移而不中，与系统外的阴性之体产生了志一向同的吸引作用，欲建立起新的平衡体系，故曰："外比之。"阳$_A$的移动方向与其相吸引的阴柔之体有关，是定向的而非游离态。这个阴柔之体，性显位正，"以柔居柔，外比九五，为得其正，吉之道也"②。这个对外来阴柔给以柔居柔的定位，使其成为阳$_A$的稳定系数和平衡筹码，并对不中之阴柔产生很强的排拒力，而强使其归位以行中道，不但能使体系持恒平稳，而且还将体系的结构发生调整和充实，美哉！故曰："贞吉。"

其《象》曰："以从上也。"言明其产生的象境和原因，以阴之同上欲亲于九五而形成了阴柔失中居阳位的不当之举，同时外来之以柔居柔之势比于九五，可以为用。这简单的四个字，道明了其中的真谛。

同时，外比之阴柔能处于以柔居柔之状态，必有其更贤明的尊阳存在。以此为桥梁而实与之相比，必产生稳定的效果，阐明了亲贤用贤理念的自然观基础。

九五，显比，王用三驱失前禽。邑人不诫，吉。

六四阳$_A$的合理位移，使得出现了从贤而尚能的局面，完善了阴阳作用的结构体系，自然产生了对六三时段阴柔不中情景的改观。一方面，自身得以稳定，从根本上产生了使不中之阴柔归位守正的制约力；另一方面，外比之贤能对不中

---

① 胡瑗．周易口义．第2册第55页．文渊阁四库全书·易说卷．

② 朱熹．周易本义．北京：九州出版社，2004. 27.

之阴柔产生相当大的拒斥力。这样就出现了外比于贤而其君臣位当的局面，故曰："显比。"朱熹云："一阳居尊，刚健中正，卦之群阴，皆来比已，显其比而无私，如天子不合围，开一面之网，来者不拒，去者不追，故为'用三驱失前禽'，而'邑人不诫'之象。"① 朱熹对居尊者的这种刚健之象的发展趋势给以解剖，认为显比于众阴之尊阳，由于外比于贤能而显其无私之象，即"来者不拒，去者不追"。"无私"一词，道明了此时阴阳相互作用的状态是松散性的，对于众阴来说，你可以来，也可以不来，之所以来，是因为阴阳之相求也，之所以不来，"率相比而无应，则各有所存也"（王弼《周易略例》），是因为阳之有亲也，并且对于原本属于自己的分子也可以这样行事，有一种阴阳交合融会的自由活动性征，故阴阳皆显生生之大德。

上六，比之无首，凶。

亲比之众阴，发展至九五时段，已出现了很大的活性，即由于六四时位上的阴柔居柔而承九五之刚以外比于贤，交合体中之众阴与九五之刚阳的亲比性减弱，显现无首之象。显者明也，九五时位上的显比之实，使其相比各方的能量活性必然增大，亲比出现了不稳定的局面，故以无首称之。"六居上，比之终也。首为始也，凡比之道始善矣，终亦善也。有其始而无其终者或有矣，未有无其始而有其终者矣。故比之无首至终则凶也。"② 程颐对其象意给以理性分析，提出了比之道的标准和规定性，认为比之有始有终才合道，否则就凶。六居不中之位，故其活性彰显，相亲比之体情识不定，可以去亲之，也可以不去而远之，有始无终之象也。"吉凶者得失之象也"（《系辞》），对于吉凶之概念，我们不要只是感觉好与不好，这不是自然观的本质规定性。吉凶其本身是一种象，是一种得与失的象征说法，吉者得也，凶者失也。亲比度下降，终无结果，必失无疑，非行事之象也。

---

① 朱熹．周易本义．北京：九州出版社，2004. 27.

② 程颐．伊川易传．第1册第73页．文渊阁四库全书·易说卷．

第九卦　小畜卦的阴阳自然观

比卦的自然观思想明示了阴阳相互转换的动态流转型的语境图式和结构模式，处于刚健中正的阳$_A$在比之九五及上六时位上开始了阴阳性征之转型，由原本刚健之性，因外比于贤能，“显其比而无私”，渐显阴性。相反，与其相亲比之各方因为活性的增大，无所亲比或比之无首，而活动性，即阳性之性征明现无疑，彰显出一幅众阳围聚一阴的局面。“小者，阴也，畜者，止之之义也。”① 言明了卦义之要，正如王弼所言：“阴爻虽贱，而为一卦之主者，处于至少之地也。”（王弼《周易略例》）阴阳相求，自然之理。“静为躁君，安为动主”②，以之为示君正位之象，同时也指涉阴阳动态演化的进化论思想。但小者阴象之所含大义不止于阴柔之性征，而且明示了以阴畜阳、能系不能固的特征。朱熹对此阐述说：“上巽下乾，以阴畜阳。又卦惟六四一阴，上下五阳皆为所畜，故为小畜。又以阴畜阳，能系而不能固，亦为所畜者小之象。内健外巽，二五皆阳，各居一卦之中而用事，有刚而能中、其志得行之象，故其占当得亨通。”③ 从卦象上所涵具的阴阳结构看，巽在上而止于刚健之乾，畜阳之象。且二五阳处中而能用事，志行之象，绘制出一幅阴阳动力作用体系结构图式。只有从卦的由来演化程式上，才能折射出其中的自然观思想，也才能够明白其卦象所含阴阳之象意。这样会使我们对卦象自然结构性征的合理性组成有更充分的了解。

比之象意涵摄的阴阳状态之转换，已出现了相亲比之各体无首比而不交和的情状。“云，阴阳之气，二气交而和则相畜，固而成雨。阳畅而阴和，顺也。不和则不能成雨。”④ 如云之不去雨之未成，自我游离而无定向，“畜未极而施未行”⑤。卦之所以云“西郊”，这也是一种现身说法或隐喻手法，是一种事象，并非西郊之字面之意。其象中所涵具的大义即本义，是指本于阳而处阴位，阴柔转阳困之于内。朱熹云：“‘西郊’，阴方。‘我’者，文王自我也。文王演《易》于羑里，视西周为西方，正小畜之时也。”⑥ 朱子释“西郊”与文王所居之西周作一比照，以事喻义，是为言明其状态之情，是一种形象的表达方法，其大义在

---

① 朱熹．周易本义．北京：九州出版社，2004. 29.

② 肖萐父，李锦全．中国哲学史．下册．北京：人民出版社，2001. 68.

③ 朱熹．周易本义．北京：九州出版社，2004. 29.

④ 程颐．伊川易传．第1册第74页．文渊阁四库全书·易说卷．

⑤ 朱熹．周易本义．北京：九州出版社，2004. 29.

⑥ 朱熹．周易本义．北京：九州出版社，2004. 29.

于阐明其性征的转换与被困之处境，这就是尚象思维的典型案例。

按思维的逻辑演进秩序，不雨之云及君臣之理成为首当关注的对象指涉。云聚而无雨，无行事之用；君困处而臣多志，无贞固之象。这就需要从其阴阳相互作用的动力语境结构中寻求其本质所在。

从上图中可以看出，小畜是本于姤，与豫旁通相感而有情。强化其本而著其用，才能表现出自身的特色和专长，何况是有君德之性征的主体，更应与天地合其德，与日月合其明，与四时合其序也。静安之德，首当效法；和豫之象，大义在中。处小畜之时，本之于静安以图和合，自然成为其自然观思想的本质核心，故其《象》曰："君子以懿文德。"物之相杂故曰文，用文和合之当与不当则吉凶可见矣。

初九，复自道，何其咎，吉。

按宋易的观点分析，小畜本于姤，处于静安之态以显其君德者。小畜自比来，众之所亲比的尊阳，经过比之九五及上六时段的外比九五和"显比"及至"比之无首"之后，以"诚之道"而行事，以无妄之志与处柔之阴柔合道而安行，由原来的阳刚之健性，转而趋成静安之阴柔性征。之所以如此，是因为本为刚健之阳姤遇阴柔性征很强之体而所为，这样要使比状态下的众阴柔活性增强进而转至成活动的阳体，"唯变所适"，共成统一之体，首先要做的就是处尊位之阴柔性征不断得以强化。所谓"复自道"者，即是本为阳健之乾体，为阴所畜而变革其上进之志，转而显进复自道之象，安处贞静而以行尊君之道，故"何其咎"也。程颐说："初九乃由其道而行，无有过咎，故云何其咎，无咎之甚明矣。"① 处尊之君在初九时位上的变动，是本着静安象柔之德，而行事，以使其活跃之臣和豫而快乐，无有过咎，又有谁能咎呢！同时"物无妄然，皆由其理。统之有宗，汇之有元"（王弼《周易略例》）。处比时段之刚阳位尊之体，经过由比之六三阴柔居阳而不中所产生的排拒和挤压，自然地流演到无妄之境，而与处柔之柔合道而行，与天地合其德也，自然之理矣，"何其咎"之，故其象曰："其义吉也。"物之相杂而不乱是有条件的，只有本着修身为本的自然理念，才能团聚大众，进而影响他人，一道并行，初九之义本于斯也。

---

① 程颐．伊川易传．第1册第76页．文渊阁四库全书·易说卷．

九二，牵复，吉。

既然处尊之君，志在修其德而柔其身，那么，其静柔之体本身就是对阳健之臣具有一种吸引力、感召力和牵引力，使群臣围聚在其左右而不失义理。这里边涵存着一种必然的自然理性：尊君复道而静安，其体柔而牵引众阳，自然之理也，充分反映了阴阳相互作用动力体系的主导地位和轴线作用。同时，“二以阳居下体之中，五以阳居上体之中，皆以阳刚居中，为阴所畜，俱欲上复五”①。通过卦爻之象，言明时下阴阳相互关系的图式核心之点，就在于众阳皆畜聚于阴柔，并形成一个逻辑结构的链条，有牵连之象出现。朱熹也有同样的论述：“三阳志同，而九二渐近于阴。以其刚中，故能与初九牵连而复，亦吉道也。”很明显地将“牵”字理解成“牵连”之意，从阴阳相互作用的动力结构中，可以本质地提揭出这些涵具其中的大义。故“牵”字涵存上述两层意思。

九三，舆说辐，夫妻反目。

这里的“说”是“脱”之意。从字面意思来理解，就是指车与轮轴相脱离，分开而不成一体了，也是对使不上力这一事实的形象描述，后又以夫妻反目来象之，更是形象逼真。“舆说辐，夫妻反目”这两句话，是告诉我们一种事象。其象究竟指代什么，其所尽之意又是什么。“尽意莫若象”，这就需从其爻位时态的阴阳相互作用的动力结构中去把握，其中涵摄着对该爻象的逻辑定位。

九二时位上出现的众阳亲比一阴的根源，在于尊君的静安之性；而这个静安处柔的性征，又需追溯到比之六四时位上的外比之居柔之阴。正是这个以柔居柔之阴柔，才使得原本阳刚健行之阳静处而安止，显柔无比，逻辑地导致了与之相亲比之体失去安处之性征，进而变成了密比之众阳。基于此，尊君的阴柔之性就会被与其思诚之阴柔所取代，渐次失去其与之亲比之效。“三以阳爻居不得中而密比于四，阴阳之情相求也。又昵比而不中，谓阴畜制者也，故不能前进，犹车舆说去轮辐，言不能行也。夫妻反目，阴制于阳者也，今反制阳，如夫妻之反目也。”② 程颐对其分析的起点也追溯到比之时态语境下来论证之。居柔之柔反制于阳，而使与其进行无妄之合，达思诚之境，进而与其“昵比而不中”，即使众阳前来亲比，也只是滑而不行，如舆之说辐也。“夫爻者，守其位分之任，应贵贱之序者也。”③ 针对这种情况，为了位分之任得以守正，贵贱之序得以分明，“夫妻反目”之局可以尽情，故其象曰：“不能正室也。”

六四，有孚，血去惕出，无咎。

六四阴爻时位之义可为大矣，它不仅从其爻象上成为众阳之所宗，而且从处

① 程颐．伊川易传．第1册第77页．文渊阁四库全书·易说卷．

② 程颐．伊川易传．第1册第78页．文渊阁四库全书·易说卷．

③ 王弼．周易略例．见：孔颖达．周易正义．北京：九州出版社，2004. 778.

小畜时态下的“密云不雨”象中渐次出现转机。其爻辞已由言而象明，“阴爻虽贱，而为一卦之主者，处于至少之地也”①。众阳与之亲比之方向非常明确，方法也很直接，就是将反制于己的阴柔，即“血”者也除去而使众阳之所亲比而无以阻之，这其中包含着一个重要的联系纽带，即孚诚。“四于畜时处近君之位，畜君者也。若内有孚诚，则五志信之，从其畜也。卦独一阴，畜众阳者也，诸阳之志系乎四。四苟欲以力畜之，则一柔敌众刚，必见伤害；唯尽其孚诚以应之，则可以感之矣。”② 程颐立基于四爻之位分，以其阴柔之性难以畜聚众刚，阴阳之力的作用呈悬殊之状，这就是其所在之自然观的本然之态。面对这种情况，处于这样的时态之下，只有以孚诚之道来畜聚之，否则不能得之，必见伤害。孚者，信也。诚者，道也，自然之理。六四反目以求尊显，若没有众阳之相比辅，增长其力，独不能行也。这其中涵具着丰富的自然观的理念和准则，只有众阳前行进上，才能使牵阳之阴柔发挥阴阳相互作用之力的能效，增加信任度以应之，从而使代表血之阴柔之体远之矣。

九五，有孚挛如，富以其邻。

六四时位上之众阳与通过反目而与其密比之尊君，以孚诚之志来相照应。且只有众阳之势前来相辅，才能增强中正之君排拒比六四状态下阴柔之血，而使其远离。“小畜众阳为阴所畜之时也，五以中正居尊位而有孚信，则其类皆应之矣。故曰‘挛如’谓牵连相从也。”③ 小畜之时与豫旁通，豫乐和义，利物长生，必有诚信在其中矣。立基于孚信而诚之众，就成了其为君之道，故其邻应多者也。同时，以其邻多之势而围其亲比，方能使中正之尊更为巩固，故曰“不独”。其实是不能独，独处则无以达“血去惕出”之效，或者无以保君臣位分之任。宋代易学家们大多以君臣之象喻以阴阳之实，君臣之德明，则阴阳互推之理通。故其象意之流演，对易卦大义的提揭提供和形成了最适宜的自然观方法论的思想体系。

上九，既雨既处，尚德载，妇贞厉，月几望，君子贞凶。

本来小畜之时态是在比卦时态由阴柔不中而处阳之所致。故处小畜之时，所谓众阳之齐集于一阴之周围的语境域，不能忘记比状态的情状，故小畜次比也。“物相比附则为聚，聚，畜也。又相亲比，则志相畜，小畜所以次比也。”④ 小畜是在比状态下的结构调整，或者是在比之基础上，由于阴柔不中而处阳，与处尊之刚阳之间产生了排拒之斥力而外比于居柔之柔，从而有了小畜的这一时段。而

---

① 王弼．周易略例．见：孔颖达．周易正义．北京：九州出版社，2004. 767.

② 程颐．伊川易传．第1册第79页．文渊阁四库全书·易说卷．

③ 程颐．伊川易传．第1册第79页．文渊阁四库全书·易说卷．

④ 程颐．伊川易传．第1册第73页．文渊阁四库全书·易说卷．

现时状态下，这个居柔之柔暂处远离之象，但其与比之尊阳原来的显比之势，不可能立刻全部消除殆尽，怎么办呢？以德化育之，方为其合自然思想之方略，这就是其九五时位上涵存的自然观思想。比时段之阴柔所以能为不中而处阳，原因就是因为其运行动态过程中惯性力的作用而使其越位失位。为了不使比状态下的这种现象再次发生，也为了小畜时态下的众阳之亲比性恒贞不易，相互间的距离和作用力就成为关键的因素，故用“既雨既处”来象之，再恰当不过了。

问题是如何达到“既雨既处”这样的境界，或其立基的自然观思想又是什么，就成了如何“守位分之任”的指涉对象。这就要回到比之状态下，寻求正确的答案。首先是阴位之臣，不能仰仗其阳性之健行，越位而不中，故曰：“妇贞厉。”现时之臣阳方显动健之性，贞其性则会著其动，动不已则位不守，比之六三之状态又复现，故危险大之矣。同时，对于处尊之君德，是以其类而使众阳臣亲比而团聚，但又是以比时之阳刚之势而不得不被动地比于外，故其君子需著其内隐之性，而抑其刚健之本性，否则会从自身的角度或原因来对亲比之众产生强大的牵引作用，使其失守其位而回归到比之六三之情状，故曰：“君子贞凶。”

古人以月代表阴柔之美，又以月盈而表征将亏之征，不能久长矣。坎者，月也，险也。月明而险至，群臣长盛，伤必至矣，故戒之为“月几望”。这三个字辩证地提出了小畜上九时位状态的豫乐和短暂。群臣亲比，美之象也，“充实之谓美”也，但群阴长盛，“以柔巽畜其志也，然不已，则将盛于阳而凶矣。几望将盈之时，若已望，则阳已消矣，尚何戒乎？”① 程颐从阴阳相互作用的动力结构的合理性出发，对阴盛阳消的阴阳动态运作规律给以提揭，从整体宇宙关切的角度，对充实之谓美的辩证自然观加以审视和认定，正确地构建了处小畜之状态下阴阳活态运作的自然观思想，同时也为履卦时态的自然演变，提供和绘制了阴阳相互作用的动力语境构成之自然观思想图式，为正确解读和架构履卦时态下的阴阳作用体系奠定了基础。

① 程颐．伊川易传．第1册第80页．文渊阁四库全书·易说卷．

第十卦　履卦的阴阳自然观

履者，礼也。《序卦》云：“有天地然后有万物，有万物然后有男女，有男女然后有夫妇，有夫妇然后有父子，有父子然后有君臣，有君臣然后有上下，有上下然后礼仪有所错。”天地、万物、男女、夫妇、父子、君臣、上下等都是阴阳之序，即阴阳之间的相互作用力构成了上下礼仪之运行轨迹，提揭并彰示了阴阳相互作用的动力体系是礼之有序的支撑轴线和本质内涵。

小畜时态的阴阳相杂的局面，客观上要求统明其文理之称。“物相杂故曰文”（《系辞》），对于小畜时段的相杂态势尤应作基于自然之理本质上的宇宙关切。小畜之上九据时而发，提出了“既雨既处”的自然观思想，主要是立基于其发展流演过程中出现的“牵连”上进之众阳而发，描绘并反映出众阳的波动性征。小畜次比而有密比之象，又因次比而由外比之所为。发展到小畜时段的众阳，已由于尊君的位移而显示出很高的活性，且“夫物之聚则有大小之别，高下之等，美恶之分，是故物畜然后有礼”①。若不加礼约，其序必乱。我们所说的宇宙的六十四种格局的排序，并不是一种事物或事件的演成必经之程序，而是本着“唯变所适”、“情伪之所为”的易道精神，就一种格局或一种时态的秩序关系给以阴阳定位，继之以宇宙关切和人文关怀，从而达到阴阳的合理之动。但是要止于此境，必须立基于当下状态的阴阳相互作用的动力结构，从中寻求其自然观思想的合理内核。

制器尚象的思维模式，对于我们研究易学来讲尤为重要。宋易学家普遍关注卦象所反映或折射出的思想，认为卦象是合天地人三才之道内在本质的至赜之象，故每谈一卦首从象言。而我们现在首先关心的不是其卦象所隐含之方法论如何，而是这些方法所立基的自然观思想是什么、为什么卦象能如事示之，以及履卦时态的形成又怎样，等等。小畜之时，巽柔畜制众阳，唯以孚诚不能恒以贞之，故必以礼约之，方能上下有序。礼乐之实基于孚诚，节制之用，限其守规而不出界。这样就能使小畜上九之“既雨既处”的局面，转换为和豫而安、繁而不乱的局面。

“虎”者，为可怕之物，以此来象之忧惧，通过“履虎尾不咥人”，来向我们示明一个道理，告诉我们以礼乐制度来规范人们的行动，就没有什么可怕的

---

① 程颐．伊川易传．第1册第81页．文渊阁四库全书·易说卷．

了，故得“亨”而通达。当然，不能望文生义，只存虎之象，而忘象之意，“意以象尽”。象为存意的工具，犹蹄也，荃也。

在弄清了履之自然观思想的地位和功能之后，就亟待对其方法论思想展开研究，这就需要从其阴阳相互作用的动力语境结构中寻求其本质所在。

履　↙谦（䷎）

䷉

姤（䷫）↗

履为一阴五阳之卦，本于姤，应效法阴柔贞善之美德，程颐云：“以柔藉刚，故为履也”①，强调姤卦中之阴柔之性可以藉也，“故易中唯言柔乘刚，不言刚乘柔也。言履藉于刚，乃见卑顺说应之义”②。程颐以此论及柔与刚之位性，对阴柔内涵之用给以充分彰显。履又与谦旁通，情通义同。从卦爻之辞上看，谦卦之爻辞兼为吉象，在六十四卦的众格局中，独一无二。朱熹云：“谦者，有而不居之义。止乎内而顺乎外，谦之意也。”③ 谦谦，君子之德。无论从姤论，还是从谦讲，都是立足于履时态之情状，即当下之阴阳相互作用的动力结构。小畜之情状可以次比而论，众阳活性之强，非比时段能与其相论，但比时态的尊阳处中而志同，小畜时态下的尊君因外比于九五而静安，更合君子之道，可以说与比卦时态相比较而言，小畜具有一定的自然进化论思想。基于此，只有处君之体含具阴柔之质，并充实而致美，才能密比之众阳，必定有序而聚，守位分之任，这就是其自然观思想的核心内涵。

初九，素履，往无咎。

“素”这个字的含义很多，有朴素、平常、贫贱、吃苦耐劳等意，在这里，“素”作贫贱、朴素讲。程颐云：“初处至下，素在下者也。而阳刚之才可以上进，若安其卑下之素而往，则无咎矣。”④ 可见，素者实为平素、贫贱、卑下之意。对于众阳来说，尽管阳之性健可以为用，但用有行藏，并不是非用而无时来对其规约。“吉凶有时，不可犯也。犯时之忌，罪不在大。”⑤ 时间和时态是非常关键的，不能不讲时而乱以行事，“吉凶有时不可犯也。犯时之忌罪不在大”⑥，处履之时，畜聚之核心或主轴当之为柔，“彖者统论一卦之体者也”⑦。履之彖辞重在讲柔，故按“情伪之所为”予以节制，则应卑下而不能过刚，以守其位分

---

① 程颐．伊川易传．第1册第81页．文渊阁四库全书·易说卷．

② 程颐．伊川易传．第1册第81页．文渊阁四库全书·易说卷．

③ 朱熹．周易本义．北京：九州出版社，2004.43.

④ 程颐．伊川易传．第1册第83页．文渊阁四库全书·易说卷．

⑤ 王弼．周易略例．见：孔颖达．周易正义．北京：九州出版社，2004.771.

⑥ 王弼．周易略例．见：孔颖达．周易正义．北京：九州出版社，2004.771.

⑦ 王弼．周易略例．见：孔颖达．周易正义．北京：九州出版社，2004.771.

之任。这其中涵存着敦厚的自然观思想。小畜之时，君德彰显，静安而不躁动，渐至形成密比于众阳且与比时态之所外比之势拉大了距离，增加了与众阳亲和之力，但这个亲和力与比时段相比还有差距，相应地也要求与之亲比的对象不能有很大的活性，这是成为一体化系统体系的必要前提，故对履之初九象之以“素”，象之以“独行愿也”，守其位分，好像是守贞之女子一样，不染污层。

九二，履道坦坦，幽人贞吉。

承继初九之“独行愿”之人，可以说是其道坦坦，因为这样行事既是自然之所需，符合自然观的思想理念，同时又符合履时态下礼辨上下之规约，向人们明示了情伪所为的发展径向，彰显了履礼对秩序节制和规划的功能与作用。程颐说：“履道在于安静。其中恬正，则所履安裕。中若躁动，岂能安其所履？故必幽人，则能坚固而吉。”① 程颐对九二时位上之自然观思想给以情伪合一的定位，提出了安静之情境当需幽静安恬之人，这是一种境界和理念。九二以阳居柔位，又六三乘九二之刚，已经表明对初九之守静处柔形成了很大程度的挑战，故当且仅当情伪之相合成为一体时，才能应对这样的挑战和困难，是故以“贞”来论吉。不能守贞，纵使是幽静之人，履礼之制，也不能达到君臣位正之境界。因为若不得中行，履时阴阳之对待的状况就会因亲和力的下降而自然混乱得不成样子，故其象曰：“中不自乱也。”也道明了不中则不正，自然而然会走向混乱。

六三，眇能视，跛能履。履虎尾，咥人凶。武人为于大君。

履尚阴柔而不妄动，不仅是对亲比之众阳而言的，也是对处柔之君力量不足的表征。力不足者尚以制度行之，节制之效不可轻易弃之。初及二爻时位上的履礼之用可使众阳得以节之而居位守贞，使得静柔之君安裕恬正。但履与谦旁通，履之义与谦之义流变互通，履礼尚上下之序、君臣之位，同时又尚谦卑之德，其指涉对象旨在君王的柔化之德。但六三以阴柔居阳位，欲扬刚阳之势，与履之尚柔大义不合，故谦状态下的自然观思想可与之相资为用，戒之以崇谦卑而抑刚强。

“眇能视”是一种看待事物的方式，睁眼看是明视，眇迷眼睛看是不明视，象征着对事物的态度应具有一定的弹性空间或柔性方式。同样，“跛能履”是象征着一种处理或对待事务的方式，戒之以不要远行而深入，其象曰：“不足以行也。”从客观上讲，静柔之君在履时态下明现出力不足的特征，不能以刚强之态临民，而应有灵活的柔性化的对待众阳臣的方式和方法。“虎尾”其象意非常明显，就是指事物的敏感处。履礼不能涉及其虎尾，即不能越过敏感的地带，而应是以眇迷眼睛和不足行远的方式来临于众阳，才符合其实际之境况，否则就会

① 程颐．伊川易传．第1册第84页．文渊阁四库全书·易说卷．

"咥人凶"，就会出现众阳起来对抗静柔之君的局面，故有"武人为于大君"之象，其象曰："志刚也。"虽阴柔而志刚就会在阴阳相互作用的吸引力的作用下前行越位，打破君臣之位分，出现混乱的局面，失去履以制礼的本义。

九四，履虎尾，愬愬，终吉。

六三志刚而用柔，刚柔相须，相得益彰。之所以用柔化或弹性的方式处理事物，或者处理事务留有余地，是因为其力不足矣，并不是对刚强之志的蒙灭和伤害，相反，是一种合时宜明的自然观思想，最终还是要介入敏感区域或地带，以显君德之用。程颐云："九四阳刚而乾体，虽居四，刚胜者也。在近君多惧之地，无相得之义。"[①] 九四阳刚健行以申志，处柔为吉，志行而法柔性之德，礼制以节之，虽处"近君多惧之地"，而又无相得之义，亦可借鉴六三之法而最终得吉。朱熹云："九四亦以不中不正，履九五之刚，然以刚居柔，故戒惧而得'终吉'。"[②] 朱熹所言之履刚居柔，言明了"愬愬"戒惧之义，这也是立足于自己力之不足的情势下所做的情伪之行。

九五，夬履，贞厉。

履与谦旁通，阴阳相互流变之道明。既然是谦卑为用之本，履礼之时态就不可仗其势而贵其尊，不可显其刚强健性而失礼之谦卑之性。履者，德之基也。王侯之虑，在于育物，德之情也。处履之时，已经基于阴阳相互作用的动力结构体系而形成了节制育化万物的自然观思想，提出了柔化之本性，彰示了静柔恬正为君德之基石，应该广为效法。履之九四时位情状，已经对其自然观思想的流演态势给以提揭，使众阳亲比之功效，明现无疑，理应促成其进一步上扬畅演，不应以其位显而失其谦卑之本性。尽管九五时段的君德流行而礼明守正，处刚决之优势，"夬者，决也"（《序卦》），但还须以履礼谦卑之德大行化育之功，故戒之以"夬履"。胡瑗云："九五以阳居阳，有光明之德而居尊位为临制典礼之主也。夫既有光明之德而又居至尊之位，故能决然定典礼之是非，辨制度之中正，分上下之等夷，齐天下之民志也。夫为礼之道，本以尚谦，在《系辞》曰'谦以制礼'是也。今九五以刚为礼之主，以正道言之则危厉可知也。故曰'夬履，贞厉'，位正当也。"[③] 易学家胡瑗之所言，非常清楚地为我们展示了履时态之自然观思想的核心本质，旁通之卦乃是本卦六爻发挥之阴阳动力结构的彰示和自然本质，是有无相生的阴阳动力作用的根本内容，故言其效法可也。谦与履旁通情合，是自然之义，不可违而反道。刚居中正之正道，会产生危险和灾难，不能以正道自居以失其情，因为履由比经小畜而来，至履时段亲比之于有孚（信），密比之于

① 程颐．伊川易传．第1册第85页．文渊阁四库全书·易说卷．

② 朱熹．周易本义．北京：九州出版社，2004. 33.

③ 胡瑗．周易口义．第3册第16页．文渊阁四库全书·易说卷．

谦卑，当且仅当如此之礼事，才能“定典礼之是非，辨制度之中正，分上下之等夷，齐天下之民志”，万民摄服，群臣拥护。

上九，视履考祥，其旋元吉。

胡瑗云：“视，瞻视也；考，稽考也；祥，祸福之兆也。何为祸福之光，盖凡能履其礼之中正而行者，则获其福庆也，不能由履之中正而行者，则至于祸患也。既居礼法之成，又能视其所行之如何，故周旋反复之间获元大之吉也。”① 在九五至尊之位时，尚须以谦卑为本，以行履礼之道，何况他状呢！履者为德行之基，谦者为制礼之本，既履且谦福庆自明。旋者，周旋反复之意，同时也是阴柔活态运作的典型特征。程颐更进一步强调：“旋谓周旋完备，无不至也。”② 不仅有谦卑之性，还要有礼卑之行，哪还有什么行不通的呢！这是立基于履之上九时位上的阴阳相互作用的动力结构模式提出的情伪之作。

① 胡瑗．周易口义．第3册第17页．文渊阁四库全书．易说卷．
② 程颐．伊川易传．第1册第87页．文渊阁四库全书·易说卷．

第十一卦　泰卦的阴阳自然观

泰之时也，由履而演致，因德而成化，是阴阳相杂而成礼乐节制之结果，是阴阳相互作用的力的功效。履，德之基也，履礼而使相亲比之众阳以忠节事之而能静安恬正，“履而泰然后安”（《序卦》），最后的结果就如泰象所示，“凡人能行其礼典，则必获其安泰，乾本在上，今降而下之。坤本在下，今升而上之。是上下相交，阴阳相会，故谓之泰”①。阴阳相交合乃天地之大义和公理所在，阴阳二气相互作用自天地始，经屯、蒙、需、讼、师、比、小畜而至履，已经发展成为可以杂物撰德、和乐运行的化育局面。阴气本于下而合志，阳气本于上而志行。阴阳相合，二气相感，是合天地之动的自然观思想的内在本质。履为德之基，其原因也在于其时段内以静安阴柔之性，达安恬众阳使其守位分之任之效。并且，和乐交融，“履虎尾而不咥人”，阴阳相向运行的自然图式明露透显，以至于泰之象也。

阴阳相互作用的运行模式，至泰而成形，阴阳所含之大义及所涉对象的关系结构，都可以通过泰而清晰可见。不仅阴阳之本性显现如此，而且阴阳之实体也理蕴而道明，胡瑗云：“君以礼下于臣，臣以忠事于君。君臣道交而相和同，则天下皆获其安泰也。”② 君臣，阴阳也。我们通常之所以这样讲，就是本之于履而泰之上，阴柔静安为君德也，阳刚躁动为臣德也，君若躁动而不安，非合自然之理、易道之义者也。其以宇宙自然观思想为核心的哲学理性就这样以泰之象意之畅演而财成。这样的礼节制度，其作用和功效是可想而知的，正如泰之卦辞所说的那样：“小往大来，吉亨。”所谓往者，就是自内之外；所谓来者，就是自外之内。阳者，大也；阴者，小也。阳在内为阳来，那就是大者来；阴在外就是阴往，小者去也。阴阳符示着不同的万物之象，同一事物的不同时段及不同属性有阴阳定位之说，不尽相同。君为阳，但君的宽容和处事之则就为阴，如履时态下众阳亲比之君。臣为阳，但臣的行事之象就为阳，如履时态下处臣位之众阳。从自然观的视角来审视，其实是一致的，而非矛盾之说。履之处尊位中之君，其形态是变化的，本自前几卦时段所处之格局而来，本亦为阳，但其处比时态而外比于九五，因之而静安恬正，显性为阴。就如同一物，从有无来讲，是有无疑，阳性方显；若处静不动，从动静来论，阴性方生；从隐显来看，若隐而不出，以

---

① 胡瑗．周易口义．第3册第17页．文渊阁四库全书·易说卷．

② 胡瑗．周易口义．第3册第17页．文渊阁四库全书·易说卷．

阴性来定，若显露明示，则阳性十足，这就是自然观的合理性所在。若我们不知其内在基质、思想支柱和精髓之所在，单从阴阳刚柔的变来变去来看，是很难把握阴阳相互作用的力学原理的，故宋易学家每论一卦都以《序卦》所列之卦序而推演，其目的就是将易卦内含的自然观思想的活态运行结构勾画出来，以便我们把握易学的本质内涵。

泰之时，阴阳交变而其道大行。胡瑗云："大为君子也，小为小人也。大者来居于内，是君子进用于朝庭。小者往而处外，是小人退黜于崖野。君子既进，小人既退，则君臣之道交而上下之心和同，成治于天下，而天下之民皆得其吉而亨通也。"① 胡瑗以阴阳来符示小人和君子，是从其功能之效绩来说的，他又说："阳德刚明又主生育，其道至大，故称大。阴为柔弱又为消剥，故称小。"② 阳德是以阳显之而明德也，道大德至盛。阴柔其消剥之性明也，其无功而害至也，故为小。就其功能言，阴者之所符示的是小者，小者所起之作用是消阳，故阴阳相互之作用已由履礼而德化流行。阳德就是明德，阴性就主消阳。这是一个阴阳相互作用结构形态的质的飞跃，从其本质上论，它是以阴阳之功能性征为指涉的自然观思想。

在弄清了泰之自然观思想的内在本质之后，就亟待对如何由履礼之德形成泰之势的方法论思想展开研究，这就需要从其阴阳相互作用的动力语境结构中寻求其本质所在。

泰　　　　↙否（䷋）

䷊

临（䷒）↗

泰立基于履的前提之下，而形成了阴阳的交易变化，为我们折射出阴阳相互转换的语境图式。处履之时，位中得正之至尊的德行广为流行，至履之上九时位，其静柔之化育功能已经朗显而明了，成为其吉凶祸福的决定因素。其显性之大者，是德之明也，故以其功能论，静安恬正之君德，健行而行化育之功，性征显其刚阳，而非显其静安。这就是履状态下的阴阳相互作用的必然结果，同时这也是阴阳交变换位的自然观思想的典型范式。君德之刚阳，必然伴随着履状态下众亲比之小臣由阳刚之健性转换为由君之明德柔化而成的顺君之柔臣，使整个相杂之体的结构，变成了众阴围聚刚阳的态势，其阴阳相互作用的动力结构图式如下：

阴 -

阴 -　阳 +　阴 -

阴 -

① 胡瑗．周易口义．第3册第18页．文渊阁四库全书·易说卷．

② 胡瑗．周易口义．第3册第18页．文渊阁四库全书·易说卷．

泰与否旁通，否之“大往而小来”的特征，正与上图相一致，也明示了泰状态下阴阳作用的结构体系，应以否的状态作为其语境域的重要成分，并规定了其终始之位，由否而立足，也由否而着眼。这本身就是一个自然观的命题。因为其履礼之德行必然要行化育之能事，而由众阴所围，以临其民，展示出完整的临象来，形成泰时态的起初状态，同时泰之安居的结局本然，会形成一个更大的静象，即小者众聚之象，这种静象必成为其发展演化的直接径路。那么，如何处置和调整临近之众阴，同时又如何团聚并化育其众民，就成为泰时态下六爻所守之位分之义了。

初九，拔茅茹，以其彙（hui），征吉。

履礼节度，德行畅扬，功在化育，彰明同志共进之象，实为其自然观思想的明确表征——“履，德之基也”（《系辞下》）。之所以说履为德之基，不仅说明履为德之核心模式，而且也彰明了以履开其初、以德为之本的易道理念。泰之时也，用以聚其力量，形成更大的具有强势吸引力的核心支柱，化育面延伸至更为庞大的横纵向空间，从临民之初转为聚众之否，由小而大，故泰之卦象曰：“后以财成天地之道，辅相天地之宜，以左右民。”

茅者，草也。所拔之草，根毛要随。否则拔而无功，根发芽而重生。茹者，相牵引之貌，拔则牵引。彙，汇也，类之意。这是一种事象，要给我们彰示的是，以同志之类聚形成合力，虽然茅所牵引的根毛阴隐而不显，但是它们往往是力量之源和依靠之本，穷本究源，它们是同类之物、同志之体。因此荼之所茹，实同类也，征之近之则可得吉无疑。这里边已经涵摄着一个自然观的命题，履礼之德行之功，已能将处臣位之众阳辨其上下，“时既泰，则志在上进也”①，而顺承静安之君。德行成其为纽带和桥梁，众阳臣近临明君，渐成为更大的吸引源和更大的化育中心，故小往而阴藏，阳显而变大。阳大而刚健，以形成更大的化育体系，故象曰：“志在外也。”

九二，包荒，用冯河，不遐遗，朋亡，得尚于中行。

泰初九之时，静君安恬，德柔而宽容，化育成物吸引众阳臣与其亲近的态势已突显无疑。这种众阳近比静君的必然结果，就是君安于内而阳臣张示其外，形成一个大的化育中心。但既要有化育之德，又要避其比状态下的外比失中现象的发生，必须有包容宽厚之君德，必须对活跃刚猛等不易于亲比之阳臣给以接纳为其所用。一方面，避其前嫌，无有外比之闪失；另一方面，在体现化育能力的同时，能将活跃之臣之阳性潜力给以包藏利用，增强自身的彰显功能和化育功效，形成更大的化育体系，以畅扬其外行通达之志。

---

① 程颐．伊川易传．第1册第89页．文渊阁四库全书·易说卷．

“用冯河”，就是指能涉险难而刚阳性十足之人，或者不服管教之人，同时也是“刚果足以济深越险”① 之人，也有波涛汹涌难以阻挡之江河的象征意义。这是一种象意，是对活跃张扬并就亲比来说有一定张力之物的象的符示，并不是真言其人其物。而是以“冯河”之“用”来象征地表达和符示君德之厚实，表达为了提高化育系数而必须具有的能力和前提。胡瑗云：“九二以刚明之德居中而上应于六五之君，为六五之所任，是君子见用于时，为兴泰之臣也。然而天下虽泰，其间不无荒秽。而九二既以刚中，则必宽弘光大其心，以包藏其荒垢也，故曰包荒。用冯河者，冯河是暴猛之人也，九二既居重位柄重权为天子之见任，而能远大其器量，虽此冯河暴猛之人亦能用之。”② 胡瑗所言简短，但其意明露透显。君德敦厚，载物育荒，必能宽弘光大。九二之时位上，主旨明确，就是要“兴泰之臣”，为的是使其远征，伸其大志。尽管冯河暴猛之人活跃无比而难以亲比，但可“远大其器量”，志存高远之策自明，故能“得尚于中行”。

九三，无平不陂，无往不复。于食有禄，艰则无咎，勿恤其孚。

“无平不陂”是对平坦无陂度、无险阻境况和道路的一种否定，说明有陂度、有险阻。同样，“无往不复”也是对往去而不复回其所的现象的否定，认为这种现象不存在，往而必回是宇宙之自然，“原始返终，故知死生之说”（《系辞上》）。这说明圣人作易，对天地自然的一种永恒状态应作客观理解。天地换位而交合，只是天地之动态运行中的一种特殊情况，非常态也。泰九三之时位，已到了天地复位之际，故曰：“天地际也。”

初九言“志在外也”，九二言“以光大也”，九三言“天地际也”，彰显出其发展的态势是向否运作的，也就是要使小者或更多的小者前来会聚。这就是九三时位上自然观思想的本质核心所在，同时也使我们对处泰时态下阴阳相互作用的力的语境结构图有更深入的了解。但要在天地换位之际，也就是通向否之际（其图式为阴柔于内，刚阳于外），只有把否的状态做实，君阴于内群臣拥聚，才能实现初九的对外扩张之志和九二的光大之愿。这是自然之大势，必经之过程。

要达到九二光大之宏愿，仅依九二之宽弘之德是不足以对暴猛刚勇之人给以亲比定位的，还要充分认清其活跃之本质为波动性较强，反复性很大，故同样有“无平不陂，无往不复”的险象环存。这要求其为君者必须有忍耐之毅志和决心，故曰“艰则吉”，并给以足以打动其心的好处和待遇，才能达此目的。《系辞上》云：“何以守位曰仁，何以聚人曰财，理财正辞，禁民为非曰义。”“食”和“禄”者，财之象也，利物足以和义也，故曰：“于食有禄，勿恤其孚。”以存其信而著其德，立基天地之否，自然弘张其志。王弼在《周易略例》中云：

① 程颐．伊川易传．第1册第90页．文渊阁四库全书·易说卷．

② 胡瑗．周易口义．第3册第21页．文渊阁四库全书·易说卷．

“一时之制可反为用也，一时之吉可反而凶也。”就是对处天地动态运行以达正位时段之用的一个很好的注解。

六四，翩翩，不富以其邻，不戒以孚。

以履与下、德著化行而经九三时位的天地复位之际，一个新的更具凝聚力和吸引力的核心体系已经形成。这标志着泰初之志可以伸张，一个更大的交合体行将诞生，可以说“后以财成天地之道，辅相天地之宜”的运行结构模式就这样形成了。在这个强势核心体系中，众阳臣的活性及牵引力形成合力，对周围阴阳平衡体的结构产生影响而使其组成成分相对其所守之位分之任发生偏移，进而向这个强势核心体系靠近，与其相邻而互动。这就是六四时位上阴阳相互作用动力结构模式的主体内容，程颐云：“夫人富，而其类从者，变利也。不富而从者，其志同也。”① 志同向心，相求而动者也，同气相求，阴阳相合者也。建立在这样的自然观思想基础之上，顺其势而行，就会提出“不戒以孚”的方法论主题。因为泰初九之外达之志，在六四时段正在变成现实，何戒之有！而应保持孚诚之信，以企与天地合其德也。对于强势核心体系的内核及与该体系相邻的伙伴来说，“皆失实也”。也就是说，各自实际的内在本质都隐藏或显弱，有德之君的宽容转化成其群臣的能事，相邻之物的平衡性偏离或因弱化而虚。也只有这样的情形出现，才会使阴阳相互作用的体系架构向更大的领域延伸。

“翩翩”，程颐解释为“疾飞之貌”，在强势即大势的作用下，相邻之物其性征必显阴柔而处卑内缩，按程颐所云其象为“六四处泰之过中，以阴在上，志在下复，上二阴亦志在趋下”②，形成了与泰卦之卦象极为一致的图式结构，故孔子叹曰：“非天下之至赜其熟能与于此乎。”（《系辞》）宋易学家承继孔子言易以阴阳道事的观点，利用卦象和爻象所展示其阴阳相互作用的动力活态运作模式，力图提揭卦爻所蕴涵的自然观思想，彰显对宇宙的关切情怀。

六五，帝乙归妹，以祉元吉。

六四时态下出现的“翩翩”之“疾飞之貌”，彰明了一个群阴疾向大阳偏移的动态现象。圣人作易用“帝乙归妹”来对这种趋势给以定位，是极其神妙的。帝乙是商朝的一个皇帝，“商之贤王也”③。其妹之显贵不可言说，帝乙之妹都能前来应许，折射出泰之九三时段的天地之际所形成的核心体系之阳性强度之高，令帝妹所折服，正如其象所言“中以行愿也”。这是对六四阴阳相互作用运作体系的进一步阐明，是对阴阳相互对待的自然观模式结构基础地位的一种定式态度。

---

① 程颐．伊川易传．第1册第93页．文渊阁四库全书·易说卷．

② 程颐．伊川易传．第1册第93页．文渊阁四库全书·易说卷．

③ 胡瑗．周易口义．第3册第23页．文渊阁四库全书·易说卷．

程颐云："史谓汤为天乙，厥后有帝祖乙，亦贤王也；后又有帝乙。多士曰：'自成汤至于帝乙，罔不明德恤祀。'称帝乙者，未知谁是。以爻义观之，帝乙，制王姬下嫁之礼法者也。自古帝女，虽皆下嫁，至帝乙然后制为礼法，使降其尊贵，以顺从其夫也。六五以阴柔居九位君位，下应于九二刚明之贤。"① 程颐对帝乙其人，还是未知其谁，但其人是制王姬这样贵女子下嫁之礼法者。用女子下嫁来言阴柔处尊降下或阴柔由所处而向内运行的一种符象，以此象喻意，可表达阴阳相互作用的动态流变过程。宋代易学家大都崇尚象喻表达方式，这既是对我国古代传统象思维的一种继承和传承，也是对宋代科学技术观或自然观思想加以展示的一种普遍流行的一种方法论思想。程颐所言的这些描述性话语，是对六四阴阳相互对待模式动态化的表述和反映。我们立足于阴阳观去把握和理解这样的命题和思想，就会提纲挈领，一线贯通。

上六，城复于隍，勿用师，自邑告命，贞吝。

程颐云："掘隍土积累以成城，如治道积累以成泰。及泰之终将返于否，如城土颓圮，复反于隍也。"② 本来掘隍以成城，隍土由下而上，现复上成城之隍土又复返于下而复原。程颐把之比做或象做泰道通而否势定，即泰之所以要通，最终其目的还是大阳吸引众小柔而成否，这是自然之本，是阴阳相互作用力推动下的必然结果，也是履德之化育能力的不断彰明和扩展。履为德之基，以履礼而行必然德博而化，"大往而小来"。随着阴柔之众的增多和聚拢，大阳与阴柔相合而成平衡之态，从动态的角度来审视，就是"大往而小来"，就是阴柔受到大阳之吸引而下应成否。否泰反其类也，"治道以成泰，泰之终将返于否"。自然之定势，宇宙之本也。

师者，武力动众之象者也。宇宙自然之义明，用师何用？命者，天也，自然之性也。阴阳相互作用的动力存在，是宇宙流变演化的根本所在，只要能"与天地合其德，与日月合其明，与四时合其序，与鬼神合其吉凶"，没有什么雄师能胜之者，何用师行之矣？但处否时，尽管阴阳交合而成大势，但阴阳相交之后的稳定局面，应是宇宙动态流变体系的一个环节，不应以此平衡态成为其终结态，更不应将其天地的位置死定于固定的模式框架之中，这样会形成天地不交的象即死象的观念。"生生之谓易"的易道理念，所崇尚的是生变之性，"唯变所适"，起死回生，是其德义之所在，万不能迷情于天地的复位，而应立足于自然之本质，探寻阴阳生变的自然观思想。故处否时段的自然观思想如何，就成了我们所关注的话题，也是圣人作易所要解决的一个关键问题。这就为否卦的自然观语境模式的构建提出了新的启迪和思路，使我们的思路自然地向提揭否卦的阴阳动力结构迈进。

---

① 程颐．伊川易传．第1册第94页．文渊阁四库全书·易说卷．

② 程颐．伊川易传．第1册第95页．文渊阁四库全书·易说卷．

第十二卦　否卦的阴阳自然观

我们在论证泰时态的阴阳流变自然观思想的时候，就构架了其阴阳相互作用的动力语境图示，并得出了泰状态下阴阳作用的结构体系应以否的状态作为其语境域的重要成分的结论，并规定了其终始之位，由否而立足，也由否而着眼。这是宇宙自然之本，阴阳君臣之道就是致力于大通而立的，又因其能通而被作为立论之前提，从而形成了履礼著成德之基、德行而成凝聚之核、自然通泰而亨达、达至极界而成否的逻辑性运行程式。故程颐云："夫物理往来，通泰之极则必否，否所以次泰也。"① 程颐实际上也把否泰类反的特征定之以反复之道的宇宙运行模式，所以认为否所以次泰，而否本身即是泰之成分，同时也是通向泰的一个环节，这在泰之九三天地复位之际已清晰其用，静安之君只有德行广博，宽容以待，群臣阳健而亲比，形成否象（内阴外阳）之局面，才能使泰之大势最终达至，否则否象不成，冯河之勇涌，泰象就难成了。只有在阴阳相互作用的动力活态运作模式这样的自然观思想基础上，去对泰否卦象进行解读，才能使其观念和人文情怀根固而有生命力，也才是合理的思维运行方式。宋代易学家就是把握住了这一点，才构建了强大的宋明理学的主线内容，他们以宇宙自然为本的自然观思想为我们正确理解和深入研究易学科学思想提供了丰富的思想资料。

天地复位而成天尊地卑之象，本亦自然。但泰之时也，地道下行不已之势，必然与天道的上行本性形成极大的张力。宇宙之自然成分，阴阳也。而阴阳者，相求之物也。"一阴一阳之谓道"，阴阳合而成道。故阴阳反道而行必生张力来止之，渐次形成"天道下济而光明、地道卑而上行"的阴阳相互作用的自然运行状态。阴柔向下、刚阳上升、乾升坤降本然如此，但阴阳成道，情况正好相反，阴卑而上行，阳尊而下行，方显德行之化育功能。"天地交而万物生于中，然后三才备，人为最灵，故为万物之首。凡生天地之中者，皆人道也。天地不交，则成物不生，是无人道，故曰匪人，谓非人道也。"② 程颐认为，立本以行化育之功，方可成为人道，生生之万物。易道生之本性，是要立阴阳刚柔之本而成生万物之功。情伪之动，其意甚明。人之所以要伪作，就是因为要与天地合德，大行生生之大义。而否成闭阻之势，如泰九三之形貌而无泰九三之情势，在经过泰通达之后，安也，即相对静止之态象成，形成天地不交之死象，非人道

---

① 程颐．伊川易传．第1册第96页．文渊阁四库全书·易说卷．

② 程颐．伊川易传．第1册第96页．文渊阁四库全书·易说卷．

也，故曰："否之匪人。"

否之最终之所以为否，是因为否次泰而与泰道同，按履礼著成德之基、德行而成凝聚之核、自然通泰而亨达、达至极界而成否的逻辑性运行程式，必至彖辞所言："天地不交而万物不通也，上下不交而天下无邦也。内阴而外阳，内柔而外刚，内小人而外君子。"在这种境况下，万物要想长生，必要明其"小人道长，君子道消"之实际。天在上，地在下，阴阳之相求而动的自然观思想，决定了小者阴柔长升而为其道，君子阳刚下行而其道消。"否塞之时，君子道消，当观塞之象而以俭损其德，避免祸难，不可荣居禄位。否者小人得志之时，君子居显荣之地，祸患必及身，故以晦处穷约也。"① 在下行之时，也是道消之时，力量的保持和潜藏就成了否卦各爻位时之任，其阴阳相互作用的动力语境图式如下：

泰 → 否← 遁

䷊　䷋　䷠

既然道消已成必然，自然之势无须抗拒，否时态的形成由遁而来，自然就应以遁为本，从中提取处遁之道行而为否时所用，这就是"用有行藏，时有否泰"之大义所在。那么如何去立基于泰之通势并运用遁之所藏？这样，否卦之爻位时态就成了趣时而动的关键话题。

初六，拔茹茅，以其汇。贞吉，亨。

泰安之时，阴阳相互交合而亲比，形成了履礼著德、德行凝聚的阴阳君臣相互作用的运行程式。经过泰时态下的通达运作，强势核心体系提升了其化育功能，而使小者而来聚，阴阳成交合之势。泰之上六的"城复于隍"阴降于内而阳显于外，与泰之九三成否之象相呼应。故否之初六即始发阶段，也应效法天地之道，将上行之乾阳与下行之坤阴相一致而化成物。泰已处安之时态，安静之德行，理应崇尚，因为其本然如此，之所以有泰安通达的情状出现，就是有履礼之德行而化成，并成为其根本的准则。阳健之性要达安而不躁，就必须消其性征，下行而济阴。同时，阴阳者，相求之物也。阴阳相求相交合，是宇宙自然之本质特征，这就是否时态下的自然观思想的核心内容。既然阴阳有相交合的本性，乾阳就不应高高在上以为傲，坤阴也不应该阴静如水专于润下，而应"拔茹茅，以其汇"，找到交汇的途径，这样乾阳的运行之象就是隐退象，即遁象，而坤阴的运行之象就是进升象，即剥象。胡瑗解释为"古今否之初，是小人道长君子不可用之时。既不可用，则必引类而退守，以正道不可求进，然后得其吉，而获亨

① 程颐．伊川易传．第1册第97页．文渊阁四库全书·易说卷．

也。君子之志未当不在志君泽民也”[1]，志君以求静安恬正也，泽民以求阴柔上进也。朱熹也针对其中涵摄的自然观思想说：“三阴在下，当否之时，小人连累而进之象。”[2] 他认为阴柔或小人在否时产生了“连累”之象，并且连累而处进，这个“连累”而进的本质原因就是乾阳的引力牵引。本来这其中涵具的自然观思想比较清楚明白，但经过“否”字的字面意思及小人君子这些概念的影响，就变得不好理解了。其实小人非害，君子非刚。因为时有否泰，用有行藏，非可以阴阳刚柔定也。只是由于乾升坤降之阴阳本质的要求，有且只有感而牵引，才能使其性征明显而成道。单阴单阳之本，只有在阴阳并存的语境下才能显其性。就如同社会一样，只有处高位的尊贵者，为万民谋生存，才显其作用和价值，这里的尊贵者之向上求高是其本，心系万民而济世是其性，本性应是一体的，不可分开，否则就会违背自然规律，也无任何意义和作用。因此，我们不从卦爻之自然观思想这个本质上着眼，单从字面字意或复杂的众象来引伸，不是伪说滋漫，就是案文责卦，渐次会失去《周易》本义之要，扔掉其精髓之气，且能累于后人，有何益乎！

六二，包承，小人吉，大人否亨。

遁为否卦时态阴阳相互作用的动力语境体系的组成成分。否初六时位上所言之阳将处消的情状，在六二时段彰明朗显，这是一个自然的演化过程。而阴柔受连累及阳之牵引而上升，这是一种阴阳自然作用力的功效，“以阴柔小人而言，则方否于下，志所包畜者，在承顺乎上以求济，其否为身之利，小人之吉也。大人当否，则以道自处，岂肯枉已屈道，承顺于上，唯自守其否而已，身之否，乃其道之亨也。正则否矣，小人顺上之心，未尝无也”[3]。阳处泰时，经上六时位的变化已处上而止于上，阴柔之势有顺上之心理当自然，阳受阴承顺而否以自处，乃为阴阳平衡的重心所指，故当亨无疑。单从人文的角度去审视是难于理解的，从自然观的角度看，阳同时也在下行或处于阳消之态，即阳的活性弱化态，并不是阳就消没了，而是遁藏其中，故朱熹立基于此而用君臣之事言阴阳之道曰：“阴柔而中正，小人而能包容、承顺乎君子之象，小人之吉道也。故占者小人如是则吉，大人则当安守其否，而后道亨。盖不可以彼‘包承’于我，而自失其守也。”[4] 宋易学家对阴柔之顺承阳予以吉论，阴包容顺承于阳，而其位正，正则可以升而断之，故“小人”得“吉”。尽管是小人来了但吉也，因为其顺承于我。这就自然地将大人即阳之气势的潜藏之象展示出来，是对阴阳相互对待之

---

① 胡瑗．周易口义．第3册第30页．文渊阁四库全书·易说卷．

② 朱熹．周易本义．北京：九州出版社，2004. 37.

③ 程颐．伊川易传．第1册第98页．文渊阁四库全书·易说卷．

④ 朱熹．周易本义．北京：九州出版社，2004. 38.

理的一种非常辩证的表达方式和对阴阳动态运作之象的一种独特的陈述方式，并自然地可以得出“亨”的结论。这是非常具有逻辑性的思维和演化程式。

六三，包羞。

阴阳相向运动是有界线的，不是运而不已、定向不移的。在一定范围或限度内，阴阳是相向吸引而动的；过了这个界线，就会改变其运行的方向和轨迹。否之六三时位上所展示的自然观思想的核心内容就是致力于反映这样的自然定律，彰示阴阳相互作用的另一个特征：排拒性或斗争性。王弼对阴阳的作用性作了一定意义上的阐述：“阴阳者，相求之物也。率相比而无应，则近而不相得，志各有所存也。有应，则虽远而相得。”① 通常情况下，阴阳的相求而动是很自然的事情，但是各自之志性已定时，虽近而不相得。这其中涵蕴着朱熹“一生两”的矛盾观思想，存在着把阴阳看做两个或一个的区别。其实阳阴是互涵的，任何一物都是阴阳之物，既有阴也有阳，正因为如此，才会产生相杂时的交感互动的局面，这种阴阳相互作用力牵引下的互动，必然会使其各自内在的动力因素发生变化，当阴阳两物相近到一定程度时，阴中之阳就会对所指涉之阳产生极大的抗拒力而使其阴物整体停止前行或逆转或偏向。这就是其自然观的原理所在。

作易之圣人，用“包”来象征其接近阳之态，用“羞”来表征近阳失位或有过之象，就如同女子毫不遮掩地使自己光显透露，实际上著其阳势而消其阴柔之美。阳势升而必排阴，柔美失而必招弃，故戒之以“羞”，并道明其原因为“位不当也”，这是非常精辟的。

九四，有命无咎，畴离祉。

六三爻位上对阴阳相向而动之界定，以“羞”作为界线，提出了阴阳反背的方向偏移问题，同时也指明了阴阳差别性的存在、认同和利用，是“阴阳相求之物”成立的前提条件。阴变阳而动，或阳变阴而行，都对阴阳之相求产生排拒和斥力。因此要使阴阳之相互作用的吸引力贞固且方向不易，就必有六三位时的自然观思想，否则就会有“夫妻反目”之嫌。在这样的自然观基础之上，建构阴阳相互对待的关系框架，就会出现性命之理。孔子云：“天命之谓性。”（《中庸》）把“天命”看成自然之性，文王作易填辞，有其深厚的人文背景，孔子一语道明：“周监于二代，郁郁乎文哉，吾从周。”（《论语》）并提出了“与命与仁”的思想。这并不是天命论或所谓宿命论的观点，而是对自然规律的一种话语表达，我们现在称其为科学、哲学或自然观等，而我们古人没有用这样的话语来相互沟通，而是用“命”也“仁”也等来明示天之道也。程颐云：“四以阳刚健体，居近君之位，是有济否之才，而得高位者也，足以辅上济否，然当君道方否

① 王弼．周易略例．见：孔颖达．周易正义．北京：九州出版社，2004. 780.

之时，处逼近之地，所恶在居功取忌而已。”[①] 程颐一句话用了两个“近”，是对六三阴阳相互对待状态的一种描述，并把这个“近君”看成近天而位高者，并用“居功”而作为其出格的界线，也就是把彰显自己、光照自己、阳化自己作为一种该“羞”之状，明示其界线的不可越位性。他紧接着又有针对性地说道：“若能使动必出于君命，则可以济时之否，其畴类皆附离其福祉。”[②] 他认为，阴柔向上济否之动，应“出于君命”，即按阴阳之性来作为动力驱使者，而不是无原则地乱动或无尽逼近。“畴”者，类也；“离”者，附也。阴阳自然之本性本应所持的原则或准则，是必须遵守而不可逾越的，只有这样才能有同声相应、同气相求、同向而动的局面，故曰：“畴离祉。”象之曰：“志行也。”即同向而动者的一种象意符示。

九五，休否。大人吉。其亡其亡，系于苞桑。

承继九四阴阳相互对待之状态，言明阴柔之小人已趋致居功之地，不可再进矣，否则就会“居功取忌也”。也就是说，阴阳之同志畴类之实已近极限，故戒之以“休”。一方面，阴柔之势停止前行与上进，休也；另一方面，阳遁之体，相应地亦已达临界状态而休也，故曰：“休否。”大人或阳体者，经过对阴柔能量的发挥，要行志而处安以实现平衡中和之理想，所以为吉。小人经过无休止地近阳臣，已明白了之所以为小的道理而处顺天修命之态，阴阳相和谐而位当，故象曰：“位正当也。”孔子在《系辞上》中对该爻所处状态作了一番阐述，他对小人即阴柔之势给予了这样的评价：“力卑而位尊，知小而谋大，力小而任重，鲜不及矣。”这是对能力和能量极限的规约，是对阴柔上进不止这样的过程基于其实际体验而总结得出的道理，这同时也是一种无法再向上发展前行的象意流露，我们同样和其他爻辞卦辞一样地以象而论，掘析其意，不可拘泥于写象之措辞，而是要从中抽象提取出阴阳相互作用的动力结构的合理性思想。

程颐云：“五以阳刚之德，居尊位，故能休息天下之否，大人之吉也。大人当位，能以其道休息天之否，以驯致于泰。犹未离于否也，故有其亡之戒。”程颐对九五时位上阳刚之德的流行给以居尊位之誉，因为阴柔近而承顺阳体，动态运作而呈现泰之象也，但同时也对阳尊之位提出了要求，阴柔不能居功的前提是尊阳之性刚和力强，要守其位分之任，尊阳还必须有一种忧患意识，故《系辞上》云：“安而不忘危，存而不忘亡，治而不忘乱，则身安而国家可保矣。”

上九，倾否，先否后喜。

人们常说“否极泰来”，不无道理。其实在泰之六三时位上的自然观思想的基础就是成否而通泰，但否时态的发展流变走向，可不是泰来，而是喜来。何为

---

① 程颐．伊川易传．第1册第99页．文渊阁四库全书·易说卷．

② 程颐．伊川易传．第1册第100页．文渊阁四库全书·易说卷．

喜呢？孔子云："中，天下之大本也；和，天下之达道也。"（《中庸》）中和平衡为喜。作易之圣人用"先否后喜"而不是"先否后泰"，道理就在于此。在泰之阴阳相互作用的语境因素中，含有否的成分，这些我们在上面解析泰之自然观思想的过程中已经阐明，尽管其象有类似的地方，但否之极所出现的是阴阳中和平衡态，大本达道之象，非泰象，而是上下相同之象。泰者，安也，所谓"泰然处之"就是直言其意。至于按"通"、"亨"讲当然是对的，但不是其内在之本然，"通""亨"乃事物发生发展之必经过程，非泰所独有，六十四卦所符示的宇宙的六十四种格局，多有其辞，并非泰而能通至亨，屯困就不能亨达了吗？因此程颐在论及上九时位的时候提出的"泰极则否，否极则泰"① 把"倾"看成对否象的一种倒置是不合适的，进入了简单的宇宙循环论。而朱熹所言"以阳刚居否极，能倾时之否者也"② 则是对的，因为阳刚之体之刚健之势是对阴柔力不足矣的一种标志，阴柔越位而居功之所以为"羞"，就是这种力量的比较，也之所以谓小人、大人分，就是因为其力量对比不同，若都一样，那阴柔居功又能怎样呢？所谓倾者，就是阳遁之势及阴进之态的一种变化和逆转，并不是天地再来个倒置，而是相近而同，近亲而一体，坤阴顺承乾而行，运不已矣，这才是喜。坤厚载物，德合无疆，乃顺承天，承天而时行，这当然是乾道之所需，喜之所在。

---

① 程颐．伊川易传．第1册第107页．文渊阁四库全书·易说卷．

② 朱熹．周易本义．北京：九州出版社，2004. 38.

卷三

第十三卦　同人卦的阴阳自然观

同人时态之所指，乃否之终倾所致，坤阴顺承天而时行，至否终则同人象现。程颐云："夫天地不交则为否，上下相同则为同人，与否义相反，故次否。又世之方否，必与人同力乃能济，同人所以次否也。"① 否终而阴阳中和，阳由遁而变显乃上下相同所致。否之时也，群阴长盛，消阳之道明。这本身是阴阳相互作用之力的功效，至终否之时，群阴之长势退，上下相同之所为，其理就一个："阴阳者，相求之物也。"之所以群阴上升而进，是因为阴阳之相求；之所以上升至近君之时群阴长势处退止之态，也是因为阴阳之力对其产生了平衡状态的自然表征，可见上下相同都显刚健，而一体前行，这才是坤阴承顺天行的自然观思想的内在本质。既然是上下相同而刚健，"睽而知其类"，内外同体而必乖，故次否之意。程颐用其象来表征阴阳所处的状态，就是要表明其处同人状态下阴阳相互作用的力的结构。我们用图式来说明：

否初之态	否终之态
1 阳$_B$ 阴$_B$→　2 阳$_A$	1 阳$_B$←阴$_B$→　2 阳$_A$

否初时段之阳$_B$、阴$_B$ 是一体而与阳$_A$ 发生关系，但到否终时段阳$_B$、阴$_B$ 内部的阴阳就渐次拉大了距离，其阴阳性征都在与阳$_A$ 发生作用和关系，以至于阳$_B$、阴$_B$、阳$_A$ 三位一体，这样产生了一个阴阳之间力的平衡，而使处下位的阴柔 1 阳$_B$、阴$_B$ 也显阳性与上位的 2 阳$_A$ 所显之性同。在共同所关联的桥梁阴$_B$ 的支撑下而共同前行，方显阴柔顺承阳刚的态势。程颐描绘了上述的这种图式："又卦为一阴，众阳所欲同，亦同人之义也，他卦固有一阴者，在同人之时而二五相应，天火同人，故其义大。"② 程颐据卦象而读同人时态下的阴阳相互作用力之结构，其结构中有一阴而牵连众阳，使众阳合一而同，故云"同人之义也"；并且对这种结构的特殊性作了阐明，认为卦有一阴者，固非同人独有，但时不相同，在同人之时之二五处中，即两阳处中而平和，正所谓天与火都处高而同，

---

① 程颐．伊川易传．第 1 册第 116～117 页，文渊阁四库全书·易说卷．

② 程颐．伊川易传．第 1 册第 117 页．文渊阁四库全书·易说卷．

“故其义大”。朱熹更是直接，他说：“（同人之离），一阴丽于二阳之间，故其德为丽，为文明，其象为火，为日，为电。又卦惟一阴，而五阳同与之，故为同人。”将阴阳在同人状态下的结构表露无遗，将其定性为“一阴丽于二阳之间”。可见，宋代易学家已对“易以道阴阳”的内在本质，把握得相当精致而深入。

同人之时，上下同德而健行，这是最自然不过的现象。但是往哪里行呢？自然之宇宙是不需思维而以自然为其本的，这个自然之驱动力又是什么呢？正如王弼所说的：“阴阳者相求之物也。”同人之上下齐德而显为阳，有之所对为无，为阴，为远，为野。有无相生的观念在魏晋时已为成熟的理论，并成为宋代融儒释道三家为一体的理学体系的基础，在一定程度上对作易圣人所涵摄的自然观思想的提揭，有相当的理论背景可以资用。同人之同德健行，必然受旷远之阴势的牵引，阴阳相生的道理就是如此。阳之周围必有阴存，阴之所存必待于阳。程颐云：“夫同人者，以天下大同之道，则圣贤大公之心也。常人之同者，以其私意所合，乃昵比之情耳。故必于野，谓不以昵近情之所私，而于郊野旷远之地，既不系所私，乃至公大同之道，无远不同也，其亨可知。”① 从上面我们所讲的自然观思想的内在本质上分析，之所以有同人之象，是因为一阴丽于二阳之间，众阳都受一阴之所丽而为，这种丽众之公德，应该效法之，以济同人之时。卦象乃天下之至赜，涵天下之通理，故不系所私而至大同之道的必然指涉，就是于郊野旷远之地，故能得亨。旷远为大阴之象，可以合阴阳自然之理，乃其自然观思想的精神所在。“大川”为险，古时人们条件较差，对于大川大河相当畏惧，其险象顿生。坎者，险也，月也。月乃阴柔之表征，阴阳者，日月之象也，故用月表征阴柔。“利涉大川”“利君子贞”就是对丽众之公德的一种象意表达。

接下来的问题，依然是如何实践和施行这种变通之法，以具体展示同人时态下阴阳动力体系支撑下的自然观思想。这就需要对其阴阳相互作用的动力语境图式作一阐明，其结构图式如下：

同人　↙师（䷆）
䷌
夬（䷪）↗

夬者，决也，就是阳决阴也，由原来的静退而显性健行。同人本于夬，从夬而来，故其志为决其所止而有同志之人相随。这些志趣相同者，苟非只也，而是众也，故与师同义。师与同人旁通，只有以师之所示而行其同人之志，才能成天下大同之道。

---

① 程颐：《伊川易传》，第1册第117页，文渊阁四库全书·易说卷.

初九，同人于门。无咎。

否时态下所关照的阴阳动态相互间力的作用体系，至否之上九时位上已发生了质的变化，由原来群阴扩张之势，蜕变为平衡达止之境。使整个阴阳相互作用的力的体系结构，形成一致之象。正如同人象示的那样，下火炎上而从天，天刚健而时行，上下相同之义明。这种状态的形成，首先由近君之阴柔的“羞”而从“命”开始，然后渐次展开而拓延，由近及远以至郊野。作易圣人所言之“门”，就是这里的近君之阴柔，其情势前已阐明，于此不再重复。这是一种阴阳相互直接作用的结果，是宇宙自然观的典型的结构体系，故曰“天命”而致其性处辟羞之状态。以“羞”和“命”等这样的特殊的阴阳表现形式，阐明了阴阳本然存在的内在的力的作用本质，从而构建完整的自然观思想体系，足见作易圣人思想之深邃，明晰宋易学家对易本的深入把握、洞察和体悟。

程颐曰：“九居同人之初，而无系应，是无偏私，同人之公者也，故为出门。同人出门谓在外，在外则无私昵之偏，其同博而公，如此则无过咎也。”① 程颐提出了“无偏私”这一符示之象（因为彖者言乎象者矣），在同人之初，首先要与门外近临之阴柔达同而致一，这几乎是必然之定势，问题是如何同，或者是以什么样的基础立足于同，“无偏私”正言其要。这个“无偏私”并不是圣人随便想出来的想法，而是立足于近君之阴柔，即门外之近临者与天处于平衡力的作用而不偏不移，故曰：“无偏私。”《系辞上》云：“其上易知，其初难知，本末也。”同人之初为立基之石、体系之魂，其义贯通始终而一线流行。胡瑗云：“广远宽大无所不同是同人之道也，今初九以文明之性，履同人之始，是其用心广大无偏私，出于门则与人同也。”② 胡瑗解释得相当精辟，他把“出于门则与人同”的大同理念看做同人之本，把广大无偏私之用心看成同人之德，把广远宽大无所不同看成同人之道。

六二，同人于宗，吝。

我们对同人于门的大同理念应具有很高的认同度，可以说其对阴阳相互作用的力的结构符合理念的确无可挑剔。但对于近临之外的情况，阴阳之相互作用力的结构不尽相同，所以产生了不同的发展模式。近君之阴柔，众阳为其所丽。而近君之阴柔的进展会影响并决定次于近君之阴柔的行进程度。远近不一样，是其本来面貌。阴阳位置的不同或远近，对于其相互之间的作用情况是不一样的，但“近不必比，远不必乖；苟识其情，不忧乖远，苟明其趣，不烦强武，能悦诸心，能研诸虑”③。这就是其宇宙之本然所在。“宗”者，党也，即有亲疏之分，有所

① 程颐．伊川易传．第1册第109页．文渊阁四库全书·易说卷．

② 胡瑗．周易口义．第3册第37页．文渊阁四库全书·易说卷．

③ 王弼．周易略例．见：孔颖达．周易正义．北京：九州出版社，2004. 782.

偏私。本来这样就是性之所为，但这样又会违背立基于自然本质而进行的大同之道。正确的态度应该以自然本质规律为基础、为起点，着眼于大同之道的实现和实践，而提出或规划出实践进行的径向理路模式。这才是六二爻位时态下的自然观思想的本质主体。故戒之以“同人于宗”而“吝”的理念，畅扬并固持大同无偏私的流演主线。对原来的阴阳相互作用图式给以推演和延伸，形成下图之新图式：

$$3\text{ 阳}_C\leftarrow\text{阴}_C\rightarrow1\text{ 阳}_B\leftarrow\text{阴}_B\rightarrow2\text{ 阳}_A$$

将 2 阳$_A$ 的同人之志传向远方，并由此而形成同人伸志达道的自然观发展结构体系图式。这就为九三时位上的阴阳作用产生的力的架构作了逻辑性的铺垫。

九三，伏戎于莽。升其高陵，三岁不兴。

程颐云：“三以阳居刚而不得中，是刚暴之人也。在同人之时，志在于同。卦惟一阴，诸阳之志皆欲同之，三又与之比；然二以中正之道与五相应，三以刚强居二五之间，欲夺而同之。然理不直，义不胜，故不敢显发，伏藏兵戎于林莽之中，怀恶而内负不直，故又畏惧，时升高陵以顾望，如此至于三岁之久，终不敢兴。”① 戎为兵器，乃显刚强之性，是刚暴之人。莽为茂草之地或能隐藏之地方，显阴性或远之意。程颐以卦象而解经以达意，而我们要从其所达之意中掘析其自然观的思想。这个思路是一贯的。对于程颐所言之指涉对象及其所处的状态，我们可以承继六二时位上的自然观思想来提出其逻辑发展阶段性模式：

$$\text{（外层）}\cdots\cdots3\text{ 阳}_C\leftarrow\text{阴}_C\rightarrow1\text{ 阳}_B\leftarrow\text{阴}_B\rightarrow\ 2\text{ 阳}_A\text{（内层）}$$

在近君之阴柔与尊阳所达之同人之志的前提下，六二时位上所产生的远近有别的党宗之念已经被剔除，并继之以天下大同之志。这个无偏私而大公的同人理念，是建立在阴阳自然状态下可能产生的作用力的基础之上的，并且其是由内及外拓展延伸的。处内层即君位的 2 阳$_A$ 与较外层的 3 阳$_C$ 的力的关系要通过 1 阳$_B$ 与阴$_C$ 作用来传递，依此类推。每一个传递环节都会受到中间环节的作用，若中间环节与近君之有党宗关系，则不能得以达衡志同，也就不能形成一体化的统一性。故程颐提出了“不敢显发，伏藏兵戎于林莽之中”来敌刚的措施保证，以及“升其高陵”的方法论思想，并通过“三岁不兴”来强调对中间环节控制和运用的持恒性和保证度，同时也说明了 2 阳$_A$ 的同人之志已传向了较远的地方。

九四，乘其墉，弗克攻，吉。

按照逻辑的思路来顺延推理可以发现，随着“（外层）……3 阳$_C\leftarrow$阴$_C\rightarrow$1

① 程颐．伊川易传．第 1 册第 105 ~ 106 页．文渊阁四库全书·易说卷．

阳$_B$←阴$_B$→2 阳$_A$（内层）”模式的纵深推进，离 2 阳$_A$ 越远之欲同人者，其与 2 阳$_A$ 作用力越弱，与其同志达道的措施保证度越低，制约系数下降幅度越大。故程颐曰：“四刚而不中正，其志欲同二，亦与五为仇者也。”① 把九五看成逻辑程式中的 2 阳$_A$，四刚而不中正其象如此。刚而有可用的一面，但不中正则就有偏离九五的一面，这就是其自然观思想的指涉对象所在。作易圣人在这样的指涉对象之上提出了“乘其墉，弗克攻”的自然观思想，其象意极其深刻。程颐云：“墉垣所以限隔也。乘其墉，欲攻之，知义不直而不克也。”② 墉垣和高陵有相似之处，但在这里不同，墉垣是限隔以弱化联系，高陵是为隐藏不现。乘有强行的意思，强行推进以增强其联系作用，明显不合自然，其根本的原因是“知义不直”。义者，准则或原理的意思。同人本于夬，君子决小人有道在焉，程颐云：“君子之治小人，以其不善也，必以己之善道胜革之，故圣人诛乱，必先修己。”③ 之所以不能以攻而解决之，就是因为义不直而已不善，强调对边缘地段的同化必须修身以图善，先修己而后进。

九五，同人先号咷而后笑，大师克相遇。

程颐、朱熹、胡瑗等易学家，都提出六二与九五相应而同心，但又苦于被九三、九四两阳所隔而不得其同，从而出现了距离而不显致一，也明示了处远之有同心者所处的状态是偏离同心的轨道的。朱熹云：“五刚中正，二以柔相应于下，同心者也。而为三四所隔，不得其同。然义理相同，物不得而间之。”④ 指出不得同心者，义理相同，本为同心，只因相隔而不得其同。故有苦叹之象，用“号咷”来表征其苦。胡瑗云：“九五与六二之爻，下以文明上以刚健，各恃中正以相应而欲同心同德共治于天下。然物有间于已，而不得相遇者。”有应而无得不相遇，苦不堪言。程颐说得更是明白：“九五同于二而为三四阳所隔，自以义直理胜，故不胜愤抑至于号咷。”道明了号咷之原因是三四隔置其义直之理。同时也说明了这种相隔的暂时性，认为以义直之理，通过“圣人诛乱，必先修己”的修身理念，最终会伸张其义，彰显相应同心之志，故用“大师克相遇”来象之。修己成大势，“大师”之象。既成大势，必胜无疑，故克而相遇，现出“后笑”之象。问题是大师之克、修己之德，如何才能彰明，通过什么途径来实现。这就是阴阳相互作用的动力结构，是九五时位上的自然观思想的核心内容。我们说师战克胜，简单易明，但如何克呢？这就必须回到阴阳相互作用的动力图式中来。“（外层）……3 阳$_C$←阴$_C$→1 阳$_B$←阴$_B$→ 2 阳$_A$（内层）”图式中能量的传

① 程颐．伊川易传．第 1 册第 106 页．文渊阁四库全书·易说卷．

② 程颐．伊川易传．第 1 册第 106 页．文渊阁四库全书·易说卷．

③ 程颐．伊川易传．第 3 册第 98 页．文渊阁四库全书·易说卷．

④ 朱熹．周易本义．北京：九州出版社，2004. 40.

递是一级一级地依次传送的，2 阳$_A$ 的修己之善，会使自己的能力增强，阳刚气旺，吸牵阴$_B$ 而彰显阳$_B$ 与阴$_B$ 的张力，从而使阳$_B$ 的阳气大增，依此类推，实现克胜之目的。故其象曰："以中直也。"一个中而处直的象，就托育出阴阳相对待的力的结构模式，古之聪明睿智神武不杀者夫矣！

上九，同人于郊，无悔。

宋代易学家们对于太远之符示，用阴来表征。自王弼扫象穷理至宋，有无相生之理流行，阴阳释易之势走红。同人之大通之理，告之于天下，以天处高与火炎上而合义。处阴柔而无丽阳之征者，应不予牵强而使附从。程颐云："郊，在外而远之地。求同者心相亲相与，上九居外而无应，终无与同者也。处远而无与，故虽无同，亦无悔。居远莫同，故终无所悔。"① 反复强调了处远必无与的实际，以及上九居外而在同人之时态下，不可能有应与，故提出"居远莫同"的自然观理念。朱熹云："居外无应，物莫与同，然亦可以无悔。"② 话语表达尽管简单，但其表明两个观点：一为居外无应的事实，不可能与其志同；二为既其无应，物莫与同，那其就无害更无敌意也，焉能有悔。尽管可以行为善不止之义，但物不可以穷也。就善而言，孔子在《论语》中写道："圣人吾不得而见之，得见君子者斯可矣；善人吾不得而见之，得见有恒者，斯可矣。"孔子一语道明了为善可贞而至善难见的自然本性，也同时指出了善作为一种理想的原动力，既可借其力，又可明其向，但至善之境是一种极限，故曰："止于至善。"以同人之志而伸其远者，只能无限接近，但不能达到，故其象曰："志未平也。"

① 程颐．伊川易传．第1册第108页．文渊阁四库全书·易说卷．

② 朱熹．周易本义．北京：九州出版社，2004. 40.

第十四卦　大有卦的阴阳自然观

处同人之时，君德已及远，阳气已盛大，上下同心，万物俱归顺，正如同人之象，天与火之性向上而同，逼近至善境界。《序卦》云：“与人同者，物必归焉，故受之以大有。”同人之后，众阳并应，其势盛大，大而有之之象现。程颐云：“夫与人同者，物之所归也，大有所以次同人也。为卦，火在天上。火之处高，其明及远，万物之众，无不照见，为大有之象。”① 以火处高而明其远、万物见，来象征万物之所归。朱熹云：“‘大有’，所有之大也。离居乾上，火在天上，无所不照。”② 与程颐同出一义，从“无所不照”中折射出受关照的万物，也象征了万物所归的气象。

既然万物所归而又仅次同人之态，言喻出众阳谐同而共处之实。这个众阳共处的阴阳自然观语境结构的核心，就是处同人状态下的众阳之阴柔，用阴阳相互作用的可重复的简单图式来表示，就可成下式的结构：

$$（外）\cdots\cdots 1\ 阳_B \leftarrow 阴_B \rightarrow\ \ 2\ 阳_A（内）$$

这个阴阳动力结构体系，像一个重复的链条，每一个链条的结构都相同，如“1 $阳_B \leftarrow 阴_B \rightarrow 2\ 阳_A$”显示出一阴牵附二阳的模式来，当然这仅是个平面上的线型模式，若立体地看就显示出一阴牵附众阳的结构来。程颐也提出了这样的象境：“又一柔居尊，众阳并应，居尊执柔，物之所归也。上下应之为大有之义。”③ 居尊者，阴柔也。从对同人上下一气而化的过程中，也可发现若无阴柔这个能量传递的枢纽系统，就不可能使众阳同志而行。因此真正的中枢神经指挥部，即居尊者是阴柔而非阳刚之气。朱熹也有同样的论述：“六五一阴居尊得中，而五阳应之，故为大有。”朱熹更是描绘出一幅阴阳作用的结构图来，通过卦之共六爻位而唯一六五阴居尊得中而成章，非常形象。这就是宋代易学家们关于大人战胜小人的自然观原理，将善行修身作为其用，而这个善行之领域就是阴柔。因为“善补过矣”，阳符示为有，阴符示为无，补有填无，以达阴阳之平衡。这就是其自然观的思想主线。

恶者，行过而生；善者，补过而成。程颐云：“事成而后有败，败非先成者

---

① 程颐．伊川易传．第1册第109页．文渊阁四库全书·易说卷．

② 朱熹．周易本义．北京：九州出版社，2004，41.

③ 程颐．伊川易传．第1册第109页．文渊阁四库全书·易说卷．

也。兴而后有衰，衰固后于兴也。得而后有失，非得则何以有失也？至于善恶治乱是非，天下之事莫不皆然，必善为先。”提出了“必善为先”的自然观理念。他强调了补过的重要性，而这个过错，是由有而间于无所引起的。众阳为有，对阴之作用随之而生，这个对阴的作用不可太过，不可受性之所趋，天性之命也需向善方为上道，否则就是过错并因此而成恶行。故作易圣人象之曰：“君子以遏恶扬善，顺天休命。”那如何才能达此境界呢？这就要从阴阳相互作用的动力语境结构模式中去寻找方略。

大有　↙　比（䷇）

䷪

夬（䷪）↗

同人状态下的终极目标，是止于至善。但这种至善之境界是难以实现的，这是个客观的事实，问题是难以在同人状态下使求同之心志变通，所以才有大有状态的存在，所以大有次同人也。大有之时，就是要按宇宙自然的本质规律来行事，“知至至之，知终终之”（《系辞上》）。大有时态上的本质要求即自然观的核心内容就是立足自然之本而阻绝过错之行，正所谓“遏恶扬善，顺天休命”。

大有与比旁通其情，效法比而崇柔尚中，以“柔得尊位而大中”“应天而时行”。王弼曰：“处尊以柔，居中以大。”① 阴柔虽贱，而为一卦之主者，处于至少之地也，阴柔寡居而成为众阳之所宗之理。大者之所以为大，是其用中而不舍，“夫古今虽殊，军国异容，中之为用，故未可远也”②。以天下之大，变化之臣，但其以“中”之根本内质不可失也，大者尤应效法此道。这就是说，大有与比旁通的阴阳相互作用体系结构，是有其内在的规定性的，不是简单地由阴转阳或由阳转阴的符号形式。但这种规定性的基础形式并不坚固，因为大有次同人而要转其势，所转之态是基于夬而开其端，故还要经过一个由夬到比的过程，这就为下面六个爻位时态自然观的提揭拉开了序幕。

初九，无交害。匪咎，艰则无咎。

立于同人上九“志未平也”的基础之上，对未平之志的现实处境给以定位，客观上必须依据宇宙自然提供的可能性来正确对待“至善”境界的问题，这是阴阳相互作用的必然指涉。程朱等易学家认为其状态需要转换，方可与天地合德。处同人上九之时位上的刚阳，因为同人之志的力行而居夬决之境，实属悖时之行。对于难以实现的至善之境，盈不可久，过则会有错，合时宜明，当需转换，需柔化刚阳之志，而不能继续交合远地之物来行同志之道。朱熹分析其原

① 李道平．周易集解纂疏．北京：中华书局，1994. 188.

② 王弼．周易略例．见：孔颖达．周易正义．北京：九州出版社，2004. 758.

因，认为："虽当大有之时，然以阳居下，上无系应，而在事初，未涉乎害者也，何咎之有？然亦必艰以处之则无咎。"[①] 同人上九之时态，已经拥有同志者众多，故其卦名为大有。在大有之时，外边逼近作用范围的存在者毕竟很多，但居初欲交合时段，上边又无情势之应，即无阴阳相互作用之力的感应，故不可强意交合，否则违背宇宙自然的内在规律，即阴阳相互作用的动力运作原理，反而成害，故不与之交，戒之为"无交害"。没有害则不会有过咎，是以"匪咎"。然大有初时，要完成对同人状态下夬决之力的变向，无疑是一个很难解决的问题，作易圣人用"艰则无咎"四个字来象之，恰当无比。王弼曰："凡言无咎者本皆有咎者也，防得其当，故得无咎也。"[②] 防而又合适，艰贞则无过之错。但也有其他的解释，程颐云："九居大有之初，未至于盛，处卑无应与，未有骄盈之失，故无交害，未涉于害也。富有本非有咎也，人因富有自为咎耳，若能享富有而知艰处，则自无咎也。处富有而不能思艰兢畏，则骄侈之心生矣，所以有咎也。"[③] 程颐从本性上分析，同人上九之志还未平达，故不可能在以其为框架的大有时段出现盈骄的现象，是以不可能有盈骄之态。一方面尽管不可能盈骄，但富有是自然的事情，又"富有之谓大业"（《系辞上》），有何咎之，故曰"匪咎"；另一方面，富有之时，本是过多、过分之象，过则错矣、失矣，"过犹不及"（《论语》），不值得提倡，故应艰以修德。不管哪种说法，其自然观的核心内容都是一致的，都是基于同人时态的阴阳作用体系结构而提出的转型理念和方法论思想，都是对大有阶段处尊之序的阴柔定位作了本质上的说明和阐释。

九二，大车以载，有攸往，无咎。

程颐、朱熹等易学家都认为，"大车"为强壮能盛载重物之才的象意表达。在初九时段的自然观思想划定了同人的极限，而戒之以"无交"，但对已经处在阴阳相感应力的辐射范围内的同志之才如何处置和定位，就成了九二时位上的自然观思想的指涉内容。作易圣人提出了"大车以载"的命题和方法论思想，宋代易学家们对此态度和看法怎样？程颐据此认为："九以阳刚居二，为六五之君所倚任，刚健则才胜，居柔则谦顺，得中则无过。"[④] 这些既合同志之道又为君所信任具有谦顺美德的刚健之才为"大车"，与其相往来而任事，则"无咎"。朱熹也认为："刚中在下，得应乎上，为大车以载之象。有所往而如是，可'无咎'矣。"同志之刚，不言而喻，但能处下而具柔顺之德以事君，可没有过咎，应该用大车去容之，其象意为越多越好。其阴阳相互作用的力的图式如下：

---

① 朱熹．周易本义．北京：九州出版社，2004. 41.

② 王弼．周易略例．见：孔颖达．周易正义．北京：九州出版社，2004. 782.

③ 程颐．伊川易传．第1册第111页．文渊阁四库全书·易说卷．

④ 程颐．伊川易传．第1册第112页．文渊阁四库全书·易说卷．

（外层）……3 阳$_C$←3 阴$_C$→2 阳$_B$←2 阴$_B$→1 阳$_A$（内层）

除外层之远地外，与内层同志的刚阳皆处柔之作用而合同志之道，既然如此，何不用大车去拉回，以事君呢？这就是其自然观思想的内在支撑点。所以“大车”有两重意思：一为有德之才，二为对有德之才的任用和信任。

九三，公用享于天子，小人弗克。

九二对可用之才，即为君所信任具有谦顺美德的刚健之才，作了容之用之的处理安置。紧接着就是从可用向重用的过渡。这也是事物发展的必然过程。立足于阴阳相互作用的力的结构来审视其关联性征，就会容易理解其中的象意之本。从外到内，由“无交”而至“积中”，到九三时位就必须通享而用了。程颐云：“三居下体之上，在下而居人上，诸侯人君之象也。公侯上承天子，天子居天下之尊，率土之滨，莫非王臣，在下者何敢专其有？凡土地之富，人民之众，皆王者之有也，此理之正也。故三当大有之时，居诸侯之位，有其富盛，必用享通乎天子，谓以其有为天子之有也。”① 三处诸侯人君位上，其权势盛大，是因九二君王之用所至，论其地位虽高，毕竟为臣。君臣上下之位分，即阴阳之关系，实质上是一种力的作用和制约关系。做臣的若无享通天子之德，何能成臣，必是贼也，故臣之于事为君之所行。不可承继履礼而盛大，反倒破坏了履礼之节度。同人之时1 阳$_A$ 通过包容2 阴$_B$ 而德化2 阳$_B$，使其成为同志者，2 阳$_B$ 理当在受作用后成为1 阳$_A$，对外给以彰显其势从而使其自身具有享通之实。大有之时，1 阳$_A$ 柔化之德盛行，防其有过而处中道，功德无量，自然要得享众同志努力的成就。否则就失其节度和自然规约，而不计前德所施之恩惠，乱其位分，失其所任，张扬骄奢，祸害无穷，小人之德，故戒之以“小人弗用”。对于3 阳$_C$4 阳$_C$5 阳$_C$ 等就可依此类推去递次地理解其中的阴阳相互作用的关系，从中可深入体悟其中所涵蕴的自然观的思想本质。九三时位上的自然观思想对阴阳之位者提出了自然规约：处臣之位，理应尽职；处君之位，当需善任。

九四，匪其彭，无咎。

彭，盛貌。程颐、朱熹都有这样的认识。按照逻辑思维的演化次序，作易圣人至九四时，想要告诉我们什么呢？虽然其用词简单，但是若按阴阳相互作用的动力结构去解构其思想，就会感觉到其中涵存的极其深刻的自然观思想的内在灵魂。履礼之德化功能，自履至大有，一路流演，可谓深入其内在层面。大有之时，九三位时上众诸侯对王君之通享之规度，必然形成其盛大之貌，盛大则大有，大有则过盛，过盛则有咎，故“匪其彭”方为九四时位上自然观的主心骨。程颐对此精辟论述：“九四居大有之时，已过中矣，是大有之盛者也。过盛则凶

① 程颐．伊川易传．第1册第113页．文渊阁四库全书·易说卷．

咎所由生也。故处之之道，匪其彭则得无咎，谓能谦损，不处其太盛，故得无咎。”过中不合大有之道，大有其象，一柔处中得尊。它次同人之实，就是不能有太刚强之举，不能通过同人之道来梳理大有之情状。这个尚柔的主线定位，从一开始由同人发生转向时，就已非常明确，故彭其盛大之实，实不合其自然之理，故其象曰：“明辨析也。”

六五，厥孚交如。威如，吉。

程颐对彭之盛貌之象的处置方案持否定的态度，意义十分深远。因为盛大者有过之嫌，过则不善而成恶。并就如何就“匪其彭”而提出了谦损以制之的方法论思想。但如何才能谦损之，这就要依其阴阳相互作用的动力结构的调整来内在地加以解决。程颐提出了中信的解决方案。我国五行学说与阴阳学说一起成为中国文化思维方式的核心支柱。在五行当中，土居中而主信，故中、信常连在一起来使用。五行依据阴阳而立，归根到底是论阴阳相互对待的力的结构。处中则平衡状态呈现，平则可安，“安土敦乎仁故能爱”（《系辞上》），安有土性而得信，信而固仁能成爱，“爱恶相攻吉凶生”（《系辞上》），即言爱能得吉，吉则得而重，重则威而固，故可用如下图式来表示其孚信之威势：

安→土→信→爱→吉→重→威→固

这个逻辑程式，清楚地表明了孚信的价值和意义。

程颐云：“六五当大有之时，居君位，虚中，为孚信之象。人君执柔守中，而以孚信接于下，则下亦尽其信诚以事于上，上下孚信相交也。以柔居尊位，当大有之时，人心安易，若专尚柔顺，则陵慢生矣，故必威如则吉。威如，有威严之谓也。既以柔和孚信接于下，众志说从，又有威严使之有畏，善处有者也，吉可知矣。”[①] 虚中为孚信，程颐一语以概之，其实这个逻辑命题是有一系列如上的中间过程的，其以命题公理化方式表达，是中国哲学和中国文化的典型表达方式。因为我们距古人较远，其言语表达所明示的大义，必须还原为自然观语境下的程式化，才能理解其要，否则我们就不知道其语云何。从“（外层）……3 阳$_C$←3 阴$_C$→2 阳$_B$←2 阴$_B$→1 阳$_A$（内层）”这个大有状态下的阴阳相互作用的动力结构平面图式中，我们不难发现 1 阳$_A$ 之地位及对其他物，如 2 阳$_B$3 阳$_C$ 的作用是通过中间的阴柔空间来传送的，这就是程颐所说的“人君执柔守中，而以孚接于下”的立基于阴阳相互作用的力的动态流变的自然观图式。同时，程颐对“威如”给以中信基础上的定位，表达了自然观内在作用的广博辐射效应。故其象曰：“厥孚交如，信以发志。厥孚威如，易而无备。”程颐将“易而无备”解

① 程颐．伊川易传．第 1 册第 114 页．文渊阁四库全书·易说卷．

释为“平易而无有防备”[①]。

上九，自天佑之，吉无不利。

古人，特别是在宋代，对孔子的“中庸”推信极至，这里是有自然观的思想在起作用的。“中，天下之大本也；和，天下之达道也。”（《中庸》）“中”能为宇宙之大本，“和”能成天下之达道，原因很简单，处中而可左右逢源，“得中而应乎刚是以元亨”（《彖传》）。这个应变能力所依靠的力量就是左右之性或组成成分之性，而这个性是其天性，故能自然而然地依性而自如地给以应对，是以“自天佑之，吉无不利”。之所以天可佑之，朱熹将其归功于“中”，他说：“大有之世，以刚居上，而能下从六五，是能履信思顺而尚贤也。满而不溢。”[②]他认为信而思顺，有尚贤之美德。满而不溢则得中，中则能保其以刚居上而能屈下从六五，故天佑而顺，无所不利。程颐说得更是明白：“上九在卦之终，居无位之地，是大有之极，而不居其有者也。处离之上，明之极也，唯至明所以不居其有，不至于过极也。有极而不处，则无盈满之灾，能顺乎理者也。”[③] 大有之极，本是无位以容，但处离之上，实为明白透显而顺应宇宙自然之理。虽有极但不为极所困，虽至极而不盈满为患。程颐认为是顺自然之理，虽没明言这个自然之理是什么，但处处强调“不过”，则必是“中”的象意表达。

---

① 程颐．伊川易传．第1册第114页．文渊阁四库全书·易说卷．

② 朱熹．周易本义．北京：九州出版社，2004. 42.

③ 程颐．伊川易传．第1册第114页．文渊阁四库全书·易说卷．

第十五卦　谦卦的阴阳自然观

大有时态下演变流转结构的核心轴线，将大有上九时位上的自然观思想明显地定位在“中”这个象意之上。处中则平衡，平衡则平易，故以平易而存，则可使大有之状态得以稳定。要达平易而安位，自然就成了下一步如何行动和运作的主题思路。胡瑗云：“威如之吉，易而无备也者。易，平易也；备，戒备也。既有孚信交于人，又有威德以及于天下，赏一贤而天下之贤知动，罚一罪而天下之罪知惧，有此威德之著，故天下皆平易而无所戒备也。”① 平易而无所戒备，才是“自天佑之，吉无不利”的先决条件。而要平易就必须有孚信和威德，经过上面的详细的阐述，可以知道其中的本质关键之点落在“中”这个象意上。处极而居极，有功而不得，这种局面的创造已来之不易，如何使其得到呵护而固化之，就需具有一种“满而不溢”的品质，只有不溢才能因不过而得中，若有盈象著，必过中而行事，故要谦损以修德，这里有宇宙自然内在的阴阳相互作用的活态动力体系来支撑。

从“（外层）……3 阳$_C$←3 阴$_C$→2 阳$_B$←2 阴$_B$→1 阳$_A$（内层）”这个大有状态下的阴阳相互作用的动力结构平面图式中，我们不难发现它已成为谦时态下的基础支撑轴线。内层即处君位的 1 阳$_A$ 若有溢满盈著的情势出现，其必过中而靠近 2 阴$_B$ 而增加 2 阳$_B$ 与 2 阴$_B$ 的张力，从而推动 3 阳$_C$ 与 3 阴$_C$ 向前，层层扩张而达盈满之境。反之，若 1 阳$_A$ 谦涵不显，甚至有亏损之象现，那么在能量不变的前提下，1 阳$_A$ 的潜在动力会更大，这就是其自然观思想的核心支柱。

《序卦》云：“有大者不可以盈，故受之以谦。”一语道明了大有之后的自然观思想的核心主线为“不可以盈”，非但不能满，而且还得谦损。程颐云：“其有既大，不可至于盈满，必在谦损，故大有之后，受之以谦也。为卦，坤上艮下，地中有山也。地体卑下，山高大之物，而居地之下，谦之象也。以崇高之德，而处卑之下，谦之义也。”② 程颐对于谦存在的客观必然性作了分析和说明，其宇宙整体显现的终极关怀情结，在其字里行间流露殆尽，并指出谦之象现是以其象为“处卑之下”而以其义为“崇高之德”。孔子对此评价很高：“谦也者，至恭以存其位者也。”（《系辞下》）之所以说谦损为美德，是在于谦可存位，满则损位，故提出对谦和之德崇尚之理念，并成为中华民族的传统美德。程颐也这

---

① 胡瑗．周易口义．第 3 册第 46 页．文渊阁四库全书·易说卷．

② 程颐．伊川易传．第 1 册第 115 页．文渊阁四库全书·易说卷．

样认为："谦有亨之道也。有其德而不居，谓之谦。人以谦巽自处，何往而不亨乎？君子志存乎谦巽，达理，故乐天而不竞，内充，故退让而不持，安履乎让，终身不易，自卑而人益尊之，自晦而德益光显，此所谓君子有终也。在小人则有欲必竞，有德必伐，虽使暂慕于谦，亦不能安行而固守，不能有终也。"① 谦不仅可以存位而人尊德显，而且也有持恒的要求涵存其中，只有君子才能终身不易，小人弗是。朱熹也有同样的阐述："谦者，有而不居之义。止乎内而顺乎外，谦之意也。山至高而地至卑，乃屈而止于其下，谦之象也。有终谓先屈而后伸也。"② 那么，君子如何才能做到安行固守，而小人不得其终呢？这还要从谦时态下阴阳相互作用的活态运作动力体系的语境结构上去分析和把握。

谦 ↙履（䷉）

䷎

剥（䷖）↗

《乾文言》云："六爻发挥，旁通情也。"这是对阴阳相互作用的动力体系的一种极其简化的现身说法。阴阳者相求互动，六爻所符示的天地人三才的阴阳二体，若全部通变而情结必然自现，"时乘交龙以御天"，功能达神通之效，故所旁通之卦，乃为见情而流转变通的根据。履与谦旁通互动，言谦必立基于履，而履为德之基，故谈谦必涵存其德。象以存意，意以象尽，故谦象之"坤上艮下，地中有山也。地体卑下，山高大之物，而居地之下"，以明示处谦之时应持有一种自然观的方法论的思想，这种方法论的内在本质就应着眼于"崇高之德，而处卑之下"这样的定位。谦为一阳五阴之卦，本自剥来，自群阴长盛之势，而潜藏刚阳之德，利用阴阳相互之间的力的推动而用阴来藏阳，故谦以对阴柔的利用和阳刚之潜藏来达处中得正之目的，此所谓"用有行藏"之大义的方法论主线。故曰："地中有山，而不云山在地中，言卑下之中蕴其崇高也。"是以其象曰："君子以裒多益寡，称物平施。"同时，剥中群阴对谦来说，也是本然之所为。之所以要谦以养德，是因为客观上还有许多的困难和挑战等待德来化育而解决，谦本自剥来，这些需要面对的现实，是不容回避的。

初六，谦谦君子，用涉大川，吉。

谦自剥来，剥上来之三，三谓君子而向下，正如朱熹所言："乃屈而止于其下。"而这个谦象，正反映了谦初六之时位上的自然境况。谦卑以修德，大德光明而能行化育之功，是谓有未化育者存。同人时态下的同志之道，总有其"志未平也"之时，随即转换至大有以图存而贞固，而要使其贞固之志得以实现，必须

① 程颐．伊川易传．第2册第2页．文渊阁四库全书·易说卷．

② 朱熹．周易本义．北京：九州出版社，2004. 43.

面对使其志未平的客观因素。只有认识到位，才能有崇高之德，也才能自觉地处卑之下。因此要提高对客观现实挑战的认识，用克服困难的行事态度来修德，才是谦时态下的自然观思想的本质内容，故作易圣人戒之以“谦谦君子，用涉大川”来表征其义。胡瑗对此评论道：“夫君子持身卑退恭敬之心发于内，则谦谦之道形于外。故众心皆归而万民皆服。民众既归则虽有大险大难，用是而涉之，无有不济。况于平易常处之时，获其吉也可知矣。”① 谦为使民众皆服，以此来涉大险大难，并且内化为自身之因素，平易常处皆能获吉，故应自觉以自处，正所谓“卑以自牧也”。朱熹进一步说：“以柔处下，谦之至也，君子之行也。以此涉难，何往不济？”② 谦谦，乃谦之至。“柔居下，乃其常也，但见其谦之至，故为谦谦，未见其失也”③，谦损是修德之策，是为更大的获取，焉有失？

六二，鸣谦。贞吉。

君子之谦谦而自处，所产生的光明之德，其感召功效和化育功能是由近及远的。王弼云：“修下而高者降，与彼而取此者服矣。”④ 修德处柔而居下，会使高居者亲近不已，对非作用对象以君子之德而行事，可以使远处不及者信服而前来事从。鸣而听方显其德行光明，就会得到普遍的认同，坚持下去，吉庆有余，故曰：“鸣谦贞吉。”程颐云：“谦德充积于中，故发于外，见于声音颜色，故曰鸣谦。二之谦德，由至诚积于中，所以发于声音，中心所自得也。”⑤ 初六之谦谦之由对剥本质的了解而内心向往，渐次将谦德充积于中，其化育功能自然显现，谦德大至相当，则“发于声音”而可化成力量，使人内心诚服。

九三，劳谦君子有终吉。

由初至二，积德以成化，谦道之行可谓大通。可以用谦德来团聚民众而行化育之事，彰显同人之志。问题是在对德化结果的层面上，如何去处置。孔子在《系辞下》云：“君子劳而不伐，有功而不德，厚之至也，语以其功，下人者也，德言盛，礼言恭。谦也者，至恭以存其位者矣。”九三谦德流行之初，何能言盛德，故应处恭而谦损不已，严格要求自己以此来存其位。当然也说明德博而化的道理，对于欲以德处于优势地位来说，博大之德才显亨达，小恩小惠不足以言德。故程颐解释曰：“三以阳刚之德而居下体，为众阴所宗，履得其位，为下之上，是上为君所任，下为众所从，有功劳而持谦德者也。”⑥ 对居下体的阳刚之德，给以约度，“上为君所任，下为众所从”，同时有功劳而持谦。只有这样的

---

① 胡瑗．周易口义．第3册第49页．文渊阁四库全书·易说卷．

② 朱熹．周易本义．北京：九州出版社，2004. 43.

③ 程颐．伊川易传．第1册第115页．文渊阁四库全书·易说卷．

④ 王弼．周易略例．见：孔颖达．周易正义．北京：九州出版社，2004.

⑤ 程颐．伊川易传．第1册第115页．文渊阁四库全书·易说卷．

⑥ 程颐．伊川易传．第1册第116页．文渊阁四库全书·易说卷．

阳刚之体才能君信民众，故“有终吉”。

以上是从卦象上映射出来的思想理念，但深究其背景内在层次上的基石支柱，其阴阳相互作用的动力结构体系就朗显而清晰。从“（外层）……3 阳$_C$←3 阴$_C$→2 阳$_B$←2 阴$_B$→1 阳$_A$（内层）”这个阴阳相互作用的平面力学图式可以发现，1 阳$_A$ 内聚，则外层松散型的成分就会成为阴柔小人而不顺从于 1 阳$_A$，同时 1 阳$_A$ 内聚所增强的牵引力，会使本应紧密型的成分更加向心而动，故“万民服矣”。

六四，无不利，㧑谦。

程颐云：“有劳而不自矜伐，有功而不自以为德，是其德弘厚之至也。以其德言之，则至盛，以其自处之礼言之，则自恭，此所谓谦也。”[①] 九三之劳谦，是就君子而发，因君子的谦损而使内聚程度加强，万民以服，众心一志，从而凝聚成一个更大的对外引力体系。1 阳$_A$ 对 2 阴$_B$ 的吸引，使 2 阳$_B$ 显强阳性而对 3 阳$_C$ 等依次彰显对外的牵引而成核，进而使体系结构成分扩大，“是其德弘厚之至也”。这种谦损而致大的光明之德，若欲持恒而发展，就必须彰显这种谦损之功德，使其人文化，并向终极人文关怀的境界逼近，“不违则也”，无所不利。故作易圣人告之以“无不利，㧑谦”。胡瑗对阴$_B$ 等的解释话语相当明确：“㧑谓指挥之间，皆谦也。夫大有之时处君臣之间，故圣人戒之言‘匪其彭’，然后得无咎。谦之四亦在君臣之间，乃言无不利㧑谦。”[②] 胡瑗以卦象之君臣位分来提出㧑谦的指涉空间，虽话语系统依传统的方式表达，但其自然观的思想表露得非常清楚明白。可见，宋代易学家人文理念背后的自然观思想是非常深刻的。

六五，不富以其邻，利用侵伐，无不利。

经过上四爻位时态的流转和演化，谦以养德而行化育之能事已成扩张之势。由客观的必需，经㧑谦的人文化转换推广极至。在这种境况下，阴阳相互作用的空间结构会不断地扩大，以至于原来松散而无所归依之心的散乱之体也渐入体系而成为其中的一个分子。相对独立而能与其平列者，渐变成弱势而呈“不富”之情状。面对化育功能悬殊的邻居，使他们得到化育力的作用，从而形成整个体系的成员来行建功业，无所不利。胡瑗云：“当此之时，苟有不庭不规之人，则是不率仁人之教而天共弃之人，乘天下共弃之心而伐之，无所不利。”[③] 故“利用侵伐”的手段合时宜明，自然之理也。程朱将“富”字解释为“财富”，是不合其时下的阴阳相互作用的动力自然观思想。“富者众之所归，唯财为能聚人”[④]

① 程颐．伊川易传．第 2 册第 6～7 页．文渊阁四库全书·易说卷．

② 胡瑗．周易口义．第 3 册第 51 页．文渊阁四库全书·易说卷．

③ 胡瑗．周易口义．第 3 册第 52 页．文渊阁四库全书·易说卷．

④ 林忠军，梁韦弦．程氏易传导读．济南：齐鲁书社，2003. 124.

的思想，源于《系辞上》之“何以聚人曰财”之意。从其实质上来看，“有德此有人，有人此有土，有土此有财”（《系辞上》）。彰明了其系列的逻辑性程序为德→人→土→财。财以聚人的方法，只是其末，不是其本，其本乃为德，德乃为性，性之本为阴阳。故“富”应理解为阴阳层面上的富——阳。“不富”就是阳性不足，实为小者也，理当称臣而顺从具有光明显德之君。

上六，鸣谦。利用行师，征邑国。

程颐对六二爻位时态的分析是：“谦德充积于中，故发于外，见于声音颜色，故曰鸣谦。二之谦德。”转化流变至上六时段，阴阳相互作用的体系已因扩张而庞大。为了不至于流演回转到同人时段的“志未平”状态，必须充分利用谦与同人两个不同时态下的阴阳作用体系，来处理这一复杂的局面。在同人时态下的同志者乃显阳性而扩张，在谦时态下的归顺从君之臣民的向心力是以崇尚柔化之德为驱动力的。面对前来顺从的臣民，必须客观地彰显谦损之德而行化育之能效，故作易圣人再戒之以“鸣谦”以使谦德充积于中。而六五时位上惧怕征伐而前来顺归之臣民，尽管已成其为邑国，但还具有一定的相对独立性和排拒性，而象之曰：“志未得也。”故利用军武之力来征讨使顺从，不失为一个有力方略。胡瑗对此作了颇具自然观思想解释：“上六虽行谦，而声名俱著矣。然而居无位之地，无功实之效。故但可行师征已之邑国，而已是其功，未能及远，不若六五之用侵伐而无所不利也。”① 谦损之德行之功效，六二时段已彰显无疑，再行扬声名之实，已是理之当然。问题是上六先行鸣谦之事，使其声名俱著矣，还是无功实之效。所谓“处无位之地”，是说没有响应而虚设。单靠鸣谦之功已不能及远，利用行师征伐之道实为当下之必然。

---

① 胡瑗．周易口义．第3册第53页．文渊阁四库全书·易说卷．

第十六卦　豫卦的阴阳自然观

宋代易学家注易解说经文，都遵从《序卦》的卦序流程秩序，这其中的道理在前面多有提及。在这里要强调的是，卦与卦分别所表示的宇宙格局，在转换过程中涵存一定的逻辑性和连续性。《序卦》云：“有大而能谦必豫，故受之以豫。”言明了继大有而谦则成豫的流转理念，彰显了豫时态下阴阳相互作用的动力体系格局结构的中心轴线应不脱离大有和谦的结构模型，还应尚柔崇德以行化育之功，并以此作为其自然观思想的核心内容。其自然观的主要指涉对象，就立足于对柔化效能的扩张和应用。柔则能内化为潜能，彰明其光明之大德，著成阳气的长盛之势，达万民服顺的目的。从大有和谦之阴阳相互作用的活态动力平面图式中可以看出，1 阳$_A$ 不行使刚进之功，则能量不耗散，反而潜藏和凝聚形成更大的牵引力，以达万民服顺的功效。谦上六之时位上，这种功效已经朗显。所形成的庞大体系中已包含一定相对独立性和排拒性的臣民，他们惧怕征伐而前来顺归，而这一分子的活跃性和离心力都比较大，正合豫卦卦象所示的那样，九四一阳，上下应之，阳处柔位，虽据臣位而可奋起，如“雷出地奋，震动万物，使尽萌出，万物起而滋植悦”①。故应“建立诸侯分治天下”使其在 1 阳$_A$ 的柔化内聚以弘张处尊的模式下得以层层复制，从而使 2 阳$_A$、3 阳$_A$、4 阳$_A$、5 阳$_A$ 等分子或组成成分都能处中得正，保持了谦时态下格局的优越性而使分子成分的向心力增强，在新的时态下实现新的提升和飞跃，这就是豫卦时态下自然观思想的基质内容。故应顺势而动，建侯而分治，才能使天下悦顺。与此理同，对于那些不顺从的分子，因为 1 阳$_A$ 的柔化内聚之力的牵引而消其活性（每一物都是一个太极运转体系，其中阴阳皆备，若自身处于平衡态，则阴阳平衡而处中。阴性量增，阳性量亦增，故柔化而必然使能量内聚，增其本能以用于发挥），使其安稳。胡瑗云：“出兵行师以讨其叛逆，刑罚清而民服。”② 形象地符示出怎样消讨那些颇具离心力的叛逆者，并以此来提揭其象意内涵，勾画出自然观思想的结构轮廓。可见，圣人将“行师”与“顺”并举，是有其深刻的自然观思想基础的。

正是有这样基于阴阳相互作用的力的活态运作的主轴支撑的自然观思想，我们才能明白程朱在解读经文过程中流射出的义理内涵。朱熹云：“豫，和乐也。人心和乐，以应其上也。九四一阳，上下应之。其志得行，又遇坤震为顺以动，

---

① 胡瑗．周易口义．第 4 册第 12 页．文渊阁四库全书 · 易说卷．

② 胡瑗．周易口义．第 4 册第 12 页．文渊阁四库全书 · 易说卷．

故其卦为豫，而其占利以立君用师。”在柔化深入展开之际，而能使九四一阳之活性得以上下应之而顺性以行，令其志舒和乐，安中得正，使其得以柔化为顺君之臣，何不利之有。同时，安乐得中正者，不会使尊君阳气耗散，保存了其能量，反倒增强了对不得正者的活性制约之力，故言“又遇坤震为顺以动”，使受制约者顺动而从之，天下太平，整个体系达至平衡，万民服矣。程颐云：“九四为动之主，上下群阴所共应也，坤又承之以顺，是以动而上下顺应，故为和豫之义。以二象言之，阳始潜闭于地中，及其动而出地，奋发其声，通畅和豫，故为豫也。”① 谦上六时位上之所以言“利用行师，征邑国”，就是因为有身归顺而心不服者在。所以时转至豫，始潜藏闭于地而不彰显的活跃性和活动性就明露透显，若给其群阴共应以行柔化之功，使其动而露头，则必至其奋发其身，通畅和乐。可见，宋代易学家思想的内在之本，还是建立在自然观思想基础之上的。若无自然观思想的核心定位，首先会违背与天地合其德的原理规约，同时也无深度，以至于对作易圣人思想性的内在本质给以曲解而产生歧义。

那么，君子如何才能做到“顺”和“行师”并举之行，如何践行柔化之功？这还要从豫时态下阴阳相互作用的活态运作动力体系的语境结构上去分析和把握。

豫　↙小畜（䷈）

䷏

复（䷗）↗

豫本于复，从复而来。《序卦》云：“复则不妄也。”不妄者，真诚、专一之象也，象征着对阴阳成道的一种把握和追求，彰显出豫时态下对阴阳相互作用的动力运作流转秩序已有很高程度的要求和时约，不能无视这种格局的内在规定性。《象·复》云：“先王以至日闭关，商旅不行，后不省方。”人们崇尚的先王圣主，都闭而不出以存其气，我们后辈效法者，当如是象以面对客观上的活跃因素，以阴阳成道的自然观来解决当下之难境和险阻，使不顺从的活跃性所产生的不确定性朝定向化转换。另外，豫与小畜旁通互动，“六爻发挥，旁通情也”。从整体观的视域维度，将豫时态下的阴阳作用力的格局结构给以定位，其态如小畜之状。同时，小畜乃密云不雨之象，豫与小畜旁通之象意，就只能是利用阴阳成道的自然观原理，使活跃而不顺从者降低游散性，进而给以分流处置，或柔化成内在的成分，或以行师之功来履征讨处和之事。阴阳五行学说的本质核心是对待而非对立，因为我们传统的思维方式是以整体生成方式为主线的，也就是说所谓的对立者正是生成者，没有对立之克冲刑害，就不可能有五行的循转流变，从

① 程颐．伊川易传．第2册第14～15页．文渊阁四库全书·易说卷．

这个意义上说，征讨行师立基于履礼而着眼和乐，故《象》曰："豫之时义大矣哉。"

初六，鸣豫，凶。

谦上六时位上，之所以用"鸣谦"以使谦德充积于中，一方面是因为谦德的流演顺应自然之理，另一方面是因为，在谦六五时态下，虽行师而有获，但利用军武之力的征讨，使顺从六五时位上惧怕征伐而前来顺归之臣民，尽管已成其为邑国，毕竟还具有一定的相对独立性和排拒性。明言谦上六已"处无位之地"，无有响应而虚设。单靠鸣谦之功已不能及远，利用行师征伐之。所以征战而使屈就，就成了豫卦时况的语境成分。但战只能使身屈从，而未能服人之心，战只能暂时获得，而未能处中持恒，因为"变通莫大乎四时"（《系辞上》），"四时行矣，百物生也"（《象》）。四时之力可变化五行之势，弱而可强，强而可弱，以此变易化生万物。问题的关键是谦时态下的征战行师，也是合时宜明的，但时过而位移，情势大变，如何才能变而不忧惑，杂而不能乱，则是立足于宇宙自然而要提出的自然观思想的必决之难题。

朱熹、程颐等都从可能产生忧惑的语境因素的角度给以介入分析："阴柔小人，上有强援，得时主事，故不胜其豫而以自鸣，凶之道也。"但同时又提出："卦辞为众乐之义，爻辞除九四与卦同外，皆为自乐，所以有吉凶之异。"① 从客观上讲，活跃游散性强显之邑国或臣民，他们力量充足而又有资源，是得其时之说。原来处谦时态下的强者，其势下滑，故有"不胜其豫而自鸣"之象。从所处境况中找出鸣豫的客观必然性。凶者，失也。朱熹认为其中也有道理存在，这个道理的本质就是泄失而成化。程颐云："初六以阴柔居下，四豫之主也，而应之，是不中正之小人处豫，而为上所宠，其志意满极，不胜其豫，至发于声音，轻浅如是，必至于凶也。"② 程颐虽是立基于客观之自然而介入，但他与朱熹不同的是，不是以客观的零散的现象去分析，而是以象喻事，勾画出了一幅阴阳相互作用的力的自然图像。谦时态下的执柔而行事，是德化之自然。豫之主位在四，说明提出和乐之理念的主倡者，与初六阴柔应之，又至一执柔的现象产生，从而在阴柔的关联下，发生位移而失其中正而成小人，凶险之象显。程颐把这个"凶"定性为"凶险"之意，其目的是提出这样一个自然观的架构模式。

《系辞上》云："通变之谓事。"给我们提供了行事的根本原则，只有通而行变之事，才是事之内在要求。我们通常所说的"变通"，就源于此。五行学说的诞生，自禹而流行相继，它的循环动变性是我们古人的思想资料和行动指标。金、木、水、火、土五行之属性的内在矛盾性，彰明了一个自然原理——相克

① 朱熹．周易本义．北京：九州出版社，2004. 45.

② 程颐．伊川易传．第2册第12页．文渊阁四库全书·易说卷．

者，泄强而变生；受生者，生生而得中。例如，金克木，通过泄金生水而使水来生木，木由弱转旺而火相制金以处中。其他可依此类推，都是一样的道理。故作易圣人系辞而名之为“鸣豫，凶”。“凶”者，失也，意思是说，要行豫乐而使其悦，必须泄强势之力，方能成使生之源，自然和乐。其《象》曰：“志穷凶也。”志穷则极数来，极数来则动变生，动变则化成万物，泄而生之以成就和乐之功。当然，失己之事，自然凶险，此实为其大义的一个义理内涵。

六二，介于石，不终日，贞吉。

对提倡和乐的君王来说，是为了处中得正而不执柔不偏位；对活性强的臣民来说，是为了得生而放射出高能量，从而有偏离其规，失其位分，使得君臣不正，行过失之事。“过犹不及”，内质不均，阴阳五行不得其中，故君王以泄失自己而化育别人或臣民，使其消过而补不足，则可得和乐的结果，正如五行自然观所导出的那样，若君为金，臣受君克故为木，君金泄而化水则能生育木，而使臣木受君金之扶助以顺从君金。问题是生化的机理是什么，如何泄强，又如何生育之？这些问题必须得到答案，这就是行动运作和思维演化的逻辑步骤。

孔子云：“知几其神乎？君子上交不谄，下交不渎，其知几乎。几者，动之微，吉之先见者也。”（《系辞》）孔子对这个爻辞及其大义，专门作了如此的论述，提出了“几”的概念。就是说，泄己或化生是有的放矢，并不是说一泄即能化，而是得掌握这个“几”才行。正是在这个理念支配下，才提出了找“几”的办法——“介于石，不终日，终吉”这样的自然观。孔子云：“介如石也，宁用终日，断可识也。君子知柔知刚，知微知彰，万夫之望。”（《系辞》）孔子在此首先对阴阳自然作用的基础性的因素给以合理性定位，同时也以石硬至密而坚但可识其缝介为象，提出了具体的方法论思想，彰明了阴阳成道、微彰方显的自然观理念，告诫人们，只要掌握了阴阳相互作用的动力结构，即可明示生化之机理。这个演化过程就是达中正的过程，故其《象》曰：“以中正也。”

朱熹云：“豫虽主乐，然易以溺人，溺则反而忧矣。卦独此爻，中而得正，是上下皆溺于豫，而独能以中正自守，其介如石也。”① 豫之主乐，“利物足以和义”（《乾文言》），在某种程度上，可使活跃者的活性居高能态，故“溺人”以象之。这样的行事，必遭忧患之苦。若能补过而扶不足，“中而得正”，则虽其介如石，也可识之。也明示了介几之功效，直指中正之位分，只有如此，才能使活跃之臣顺心诚服。程颐亦云：“君子见于几微，故不至于过也。所谓几者，始动之微也，吉凶之端可先见而未著者也。”② 程颐提出了防过的观点，并且认为“几”者乃“始动之微”，即“中正”乃始动之向，彰明了阴阳相互作用的动力

① 朱熹．周易本义．北京：九州出版社，2004. 46.

② 程颐．伊川易传．第2册第13页．文渊阁四库全书·易说卷．

图景和有无相生的宇宙动力渊源。同时以介与石相关联，说明了介儿的坚劲性和持挺性。胡瑗也有同样的论述：“介于石者，言介然如石之坚劲也。六二处豫乐之时，处中履正，是中正知几之君子也。初六有鸣豫之凶，已下交之而无亵渎之心。九四为豫乐之主，有盍簪之朋，已上交之而无谄媚之行，是君子之人介然守其节操坚劲如石。”① 对初六时段的鸣豫之凶，给以明确定位为“已下交之而无亵渎之心”。同时，对九四所指涉的对象即豫乐之主，给以“介然守其节操”的互动定位，彰明了阴阳相互对待的感应效用。

六三，盱豫悔，迟有悔。

“睢盱，小人喜悦佞媚之貌也。若以睢盱而求豫，悔所由生也。”② 我们说补其过而济不足，可使其“介然守其节操”，处中得正，位分可守。但要有度和量的明确界定，以不出其位为生化之标准。对此标准要有敏感性，不可迟钝呆板，否则就会失去阴阳动变之机。六二强调生，六三强调度，只有这样才能中而不偏，正而不倚。

胡瑗云：“以不中不正之质，而上近于九四操权之臣。若睢盱献媚以求悦于四，则必有悔也。若迟缓而不求于四，亦必有悔也。”③ 通过对九四操权之臣的近而不献媚的节度运作，即可无悔而处正。程颐云：“以不中正而处豫，动皆有悔。盱，上视也。上瞻望于四，则以不中正不为四所取，故有悔也。四，豫之主，与之切近，苟迟迟而不前，则见弃绝，亦有悔也。盖处身不正，进退皆有悔吝。”④ 程氏提出的正身后正人的观点，实乃孔子《大学》中所论及的，但这里程氏所提出的正身是为了明示阴阳相互对待、相互感应的原理性命题。对于活性高的行过之人，不能献媚于他，但也不能弃绝于他，这无疑是一个对待的限度规约。

六三之象，孔子定位为“位不当也”。四个字就表明了时下之状态。承继六二时位上的化育演生模式，我们不难发现君子那种见几而终日断的认真态度和恭敬之心，但其所针对的是一个操权之臣，这样就给我们展示了位分倒置的运作之象，故言“位不当也”。正是建立在这样的自然观基础之上，才系辞焉而名之，提出了一个阴阳相互对待的限度规约。

九四，由豫。大有得，勿疑，朋盍簪。

九四爻位时段对豫大义之阐发可谓是画龙点睛。前三爻位上的逻辑演化，使得君子行事的方向明确、态度悦豫、度量适中，从而化育而演成，收获颇丰，君

① 胡瑗．周易口义．第4册第12页．文渊阁四库全书·易说卷．

② 李道平．周易集解纂疏．北京：中华书局，1994. 206.

③ 胡瑗．周易口义．第4册第12页．文渊阁四库全书·易说卷．

④ 程颐．伊川易传．第2册第14页．文渊阁四库全书·易说卷．

臣位当而不失本分。故曰："由豫，大有得也。"同学为朋，同志为友，经过泄己而化生，使得臣民能与其共同进取，无可忧疑。

胡瑗云："此卦上下群爻皆阴柔，而四独以刚阳之德为豫之主，然非至尊之位，乃专权之臣也。权既已专，是以上下皆附从之，必由于已而得豫也。……朋，类也，盍簪，合集也。言四秉悦豫之权，众来附已，然而必藉天下群才共成天下之事业。"① 胡瑗皆以阴阳论六爻，对九四的阴阳特征加以分析，并定之以"专权之臣"。可见，该阳刚之德乃权臣之德，群阴归从乃替己做事，权臣当乃诸侯象，正明示了《象传》所说的"君子以作乐崇德"之义。程颐对此有很高的评价："居上位而至诚求助，理必得之。四以阳刚，迫近君位，而专主乎豫。圣人宜为之戒，而不然者。豫和顺之道也，由和顺之道，不失为臣之正也。如此而专主于豫，乃是任天下之事而致时于豫者也，故戒之以至诚勿疑。"② 居上位之君王，应秉持至诚求助之心，自然有所得而成，并非说臣求君以开恩是一个定势模式，而是互动互依、相机而成的。豫之主和，臣亦正也，并非凌驾于上而方成正道，相反，只有"天道下济而光明"，才能使地道卑而上行，从而君臣齐一，"志大行也"。

六五，贞吉，恒不死。

象征着大阳之君，一路静专求安，而处于地道的臣位之活跃性则经过九四的专权而迫近君位专主豫乐，使得君臣齐一，"志大行也"。豫与小畜旁通互显，流转变化，使小畜成为豫时态下阴阳相互作用的语境基因，从而决定了在豫时态下的活跃之臣无论从数量还是活性上都显上扬曲线。

程颐云："豫之所以为豫者，由九四也。六五阴柔居君位，当豫之时，沈溺于豫，不能自立者也。权之所主，众之所归，皆在于四。四之阳刚得众，非耽惑柔弱之君所能制也，乃柔弱不能自立之君，受制于专权之臣也，居得君位贞也，受制于下有疾苦也。六居尊位，权虽失而位未亡也。"③ 程氏对九四专权之臣的制约力给以肯定，对处尊位之君的疾苦给以认同，从不同侧面，对阴阳相互作用的对待关系给以提揭，这其中涵具着深刻的自然观思想和阴阳相互作用的力的合理布局。

从大有和谦之阴阳相互作用的活态动力平面图式"（外层）……3 阳$_C$←3 阴$_C$→2 阳$_B$←2 阴$_B$→1 阳$_A$（内层）"可以看出，处于外层视域范围的阳臣 4 阳$_A$、5 阳$_A$ 等分子或组成成分，在谦和大有时段的活跃性和离散性是较强的，经过豫时态下的和乐而达近君之态势。但这种化解育成之过程是相当艰难的，因为每一

① 胡瑗．周易口义．第 4 册第 6 页．文渊阁四库全书·易说卷．

② 程颐．伊川易传．第 2 册第 16 页．文渊阁四库全书·易说卷．

③ 程颐．伊川易传．第 2 册第 16 页．文渊阁四库全书·易说卷．

次或每一个分子的近君运作，都要有凶失之举，渐次会形成劳疾、心病或忧患。胡瑗云："疾，谓疾病也。恒，谓绵绵之貌也。六五以柔弱之质居至尊之位而履失其正，又下乘九四阳刚之权臣，是于正道有所疾也。"① 但"惧以终始，其要无咎，此易之道也"（《系辞》）。作易圣人将忧患之疾，看成贯穿终始的必要因素，是应该大加提倡和弘扬的。所谓"贞疾"者，就是"惧以终始"的象意表达，是大易之道的演化态。可见，泄己化育人，是一种德行而非手段或计策。

上六，冥豫，成有渝，无咎。

万事成物的发生、发展，都是有一定的轨迹和内在规律的。六五的贞疾以从道，固可使易道大化流行，但这同时也是对柔弱之君王的很高的要求，君王柔之以时，但弱已成势，不可再行泄己之实，否则会不能贞恒下去的，故提出冥以息之、适可而止的思想观点。这无疑是阴阳相互作用的自然观思想的具体体现和应时表达，故曰："冥豫。"不仅如此，必要时可视身弱程度，本着阴阳平衡之宇宙标准，对过甚之处予以变更，"通变之谓事"（《系辞》），故"成有渝"也可得无咎。胡瑗云："上六居豫之极，悦乐过甚而不知止节，以至智性昏迷冥冥而无所知识，以至于凶咎。大凡礼乐之道必相须而成，然后制节，和平皆得其所也。"② 胡瑗所说的上六居极，不是泛泛而谈，而是从深层次上去把握柔弱之君的悦乐之极，提出了"止节"的观点和"平和皆得其所"的理念，这就是上六时态下的自然观思想的本质成分。其核心内容是阴阳平衡，相须而成，处中防过，通变事成。故适时地给以冥之，适中地给以渝之，则是不犯咎过的自然观命题。程颐对此论及道："圣人发此义，所以劝迁善也，故更不言冥之凶，专言渝之无咎。"③ 程颐所言之对象，颇具变动性和迁善的自然倾向。他对豫之极的自然观思想立基于变之义而论，认为其处极必变，更改其泄而壮其身，他说："人之失，苟能自变，皆可以无咎，故冥豫虽成，能变则善也。"④ 唯变所适，不可求大。

① 胡瑗．周易口义．第4册第7页．文渊阁四库全书·易说卷．
② 胡瑗．周易口义．第4册第7页．文渊阁四库全书·易说卷．
③ 程颐．伊川易传．第2册第17页．文渊阁四库全书·易说卷．
④ 程颐．伊州易佳．第2册第17页．文渊阁四库全书·易说卷．

第十七卦　随卦的阴阳自然观

豫时态下君臣阴阳之对待，显示出了身弱之君至豫上六时段已到处极必变的情状，必须更改其泄生的既成态势而壮其身，由我生之转换成生我之，这样其性质的转向就成了必然。若我为金，原来的运作状态是我泄生水，但若如是之转化，生我者土必克我生之水，形成了对豫状态下悦豫主体成分的排拒而产生张力。这是阴阳乃至于五行生克化变的动力流转模型的内在规约，也是物极成反道走势的宇宙自然法则。豫时态下的君王，为了使谦及大有时段的君臣阴阳各守其位分，而彰显阴柔之势，但时至豫之上六时位的阴阳格局，对于处尊位的君王来说，就因豫极而生悲，身弱而不能再扩大悦豫的成分和程度了，必须给以叫停而言“冥豫”之实，并由我生之转至我对所生之克拒，这样的转换和转向，无疑是随卦时态下的主导思想。中国古代传统思维方式的核心内容是整体生成论。五行之运作流变，依整体格局而生变化，我若克斥我之所生，则生我之势必定酿成，当然生我者的出现及长盛，必然会克斥和抑制我之所生。这种阴阳五行态相互作用力的结构模式，就构成了易学自然观的核心内容，并为随卦自然观的构建铸就了强劲的思维框架和语境基因。

何谓随呢？程颐云：“夫悦豫之道，物所随也，随所以次豫也。”[①] 随与豫有连贯性和相似性涵存其中，豫状态下物因悦乐而随人，随状态下物因志诚而随人，之所以说随次豫，即紧跟于豫后，就是从本质上说随时之悦乐在于志向和志趣，而取决于阴阳相互吸引作用，或是同性相斥拒之力的作用。尽管是有悦豫的成分，但并不是豫时态下的泄身态势的导引，而是君臣位分分明、德行彰显所产生的吸引和向心力的牵动。正如程颐所言：“说而动，动而说，皆随之义。”[②] 这是对君位之尊者的一种高能态要求，只有能具元、亨、利、贞四德之贤，且能有“向晦入宴息”的高超才智（晦暗之时，能安身而养晦，以修身成性），才能达此效果。也就是说，达此效果之人可与天地合其德，与四时合其序。胡瑗也云：“圣贤在上既得天下之悦豫，必皆悦而随之也。然谓之随者，兑下为说，震上为动，是圣贤动顺民心则天下皆悦乐而随之也。元亨利贞者此天地之四德也，凡圣贤之人欲天下之随己，必修天地之四德也。”[③] 故程颐称其为“随之道，可以致

---

① 程颐．伊川易传．第2册第17页．文渊阁四库全书·易说卷．

② 程颐．伊川易传．第2册第17页．文渊阁四库全书·易说卷．

③ 胡瑗．周易口义．第4册第7页．文渊阁四库全书·易说卷．

大亨也”[①]，并说：“君子之道，为众所随，与己随于人，及临事择所随，皆随也。随之道利在于贞正，随得其正，然后能大亨而无咎。失其正则有咎也，岂能亨乎？”[②] 提出了致大亨必得正的自然观命题，从豫这样的大而沉悦以泄身生疾的庞杂体系中，要达大亨之效，不正无以致用，不贞无以成事，不随时而动，不能与于此。这就为随卦六位时成之自然观的形成和建构提出了运作方向和行事规则，且“随时而动，万事皆然，取其最明且近者言之”[③]。对于诚明之人且近而可直者，给以团结和凝聚，以获其力壮其身，如图所示：

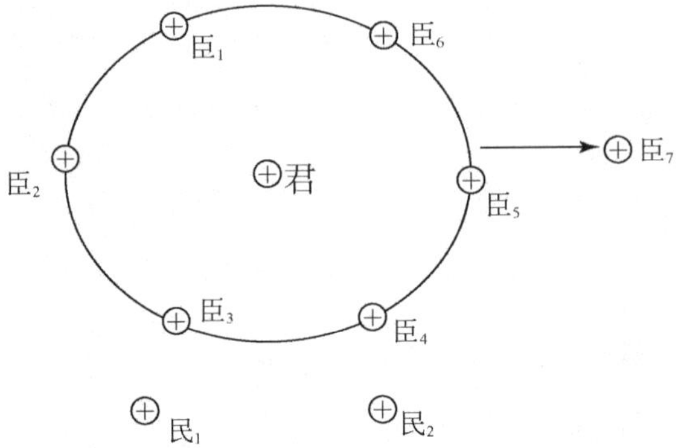

自王弼扫象穷理以来，后学者皆从其理。六十四卦之六爻之象，已成为天地之杂万物的图示表达，“六合辐奏未足多也”。上图所示之臣远非所能画及，只能形象表示而已。身弱之君虽处尊而得正，但其性弱而欲行牵引之功，必选近而最明之人，故以其周围而言之。能量态高的臣民，由于尊君行克之事而自然受张力作用而远离，故其爻辞有“系小子，失丈夫”之话语。

那么，君子如何才能做到“贞正”和“强身”并举之行，如何实现随道之大亨？这还要从随时态下阴阳相互作用的活态运作动力体系的语境结构上去分析和把握。

随从否来，程颐云：“以卦变言之，乾之上来居坤之下，坤之初往居乾之上，阳来下于阴也；以阳下阴，阴必说随，为随之义。”[④] 宋代易学家对卦变的推崇，

---

① 程颐．伊川易传．第2册第18页．文渊阁四库全书·易说卷．

② 程颐．伊川易传．第2册第18页．文渊阁四库全书·易说卷．

③ 程颐．伊川易传．第2册第18页．文渊阁四库全书·易说卷．

④ 程颐．伊川易传．第2册第18页．文渊阁四库全书·易说卷．

可为精细，这其中包含着阴阳相互作用的自然观思想的成分和内容。悦豫之时，强其和乐，渐次庞大，与否状态形成相似的格局（查看否卦自然观章节），程颐明言随卦成象的由来，用卦变言其否态的形成，并定义为随之义，使其发展方向得到一定程度的效法和复制。否后有同人，随后就应有蛊旁通，有同志者出现。《序卦》云："以喜随人者，必有事，故受之以蛊。"喜者，阴阳相合相求也。无事，则何喜，何随？程颐对此事作为随时态下之语境成分，这样分析道："自古治必因乱，乱则开治，理自然也。如卦之才以治蛊，则能致元亨也。蛊之大者，济时之艰难险阻也，故利涉大川。"[①] 豫上六时态呈现的是臣专权而君来随的倒置之象，本身就是一乱，故到随时壮身而显阳出以行治，生已者必克制所生者，其中所涵具的自然观思想不言自明。实际上，程颐所言之"理自然"，就是宇宙自然之法则，就是对自然观思想的话语表达。随与蛊旁通情达，表明了随时态下的壮阳之君，由于身弱而必处正且具化育之大德之外，必须明白其所济时之艰难之险的客观存在性。可见，建立在阴阳相互作用的力的结构的语境框架基础之上，尊君行治世之功，还需有一定的自然秩序和自然观思想作保证。

初九，官有渝，贞吉，出门交有功。

豫上六时位上所出现的"冥豫"之象，已彰明了悦豫处极反其道的发展走势，"大凡人之守节，确然执一而不能通变者，未可以语圣贤之道也"[②]。未可语圣贤之道，则就是非能与天地合其德、与日月合其明、与四时合其序者，故提出冥而当息、豫而行变的自然观命题。一方面，悦豫之主体受克而反其道；另一方面，柔弱之君王泄已生人之能量已近穷极而不得不改变其原来的发展定势。随卦时态之阴阳相互作用的结构图和活态运作动力体系的语境结构图中已明现弱君行事之艰难和权臣的离心倾向，正是在这样的背景下，作易圣人提出"官有渝，贞吉，出门交有功"的行动指南。"官"，主守也，所管之地或范围内的人和事。"渝"，变也。宋易学家们都从阴阳交变的视角维度给以提揭其中涵具的大义。

胡瑗云："官，主守也。渝，变也。大凡人素有所主守，确然持一节不变者，当随之世，则必观时量势而变其前之所守，则其人之可从者，决然往而随之可也。"[③] 程颐也有同样的论述，他说："官，主守也。既有所随，是其所主守有变易也，故曰官有渝贞吉，所随得正则吉也。"[④] 朱熹亦云："初九以阳居下，卦之

---

① 程颐．伊川易传．第2册第25页．文渊阁四库全书·易说卷．

② 胡瑗．周易口义．第4册第12页．文渊阁四库全书·易说卷．

③ 胡瑗．周易口义．第4册第11页．文渊阁四库全书·易说卷．

④ 程颐．伊川易传．第2册第20页．文渊阁四库全书·易说卷．

所以为随者也。既有所随，则有所偏主而变其常矣，惟得其正则吉。”① 无论胡瑗还是程颐、朱熹等，他们都对随时态下的阳君之德给以正面肯定，得正则吉，并且对其所守即阴势群臣，量势观时以行变易，对那些阳性强、能量高者，可以变更其“前之所守”，对那些安于臣道的阴柔性明显者给以使从之的牵引力。朱熹更是明确地指出，初九以阳居下而显君子之性状，阴阳者相求之物也，阴性明现之臣应当自然随之而顺从。阳君本为尊阳而告天下，由豫状态下的柔势情状给以正位而立，这是自然而然的道理。故其《象》曰：“从正吉也。”

作易圣人提出了“出门交有功”的自然观命题，其义甚大。从随卦时态之阴阳相互作用的结构图和活态运作动力体系的语境结构图可以看出，身弱之君欲正其位，必须行其所爱，爱者阴阳之情也。但程颐指出：“人心所从，多所亲爱者也。常人之情，爱之则见其是，恶之则见其非，故妻孥之言虽失而多从，所憎之言虽善为恶也。苟以亲爱而随之，则是私情所与，岂合正理，故出门而交则有功也。”② 程氏之语道出了阴阳相互作用的力的结构的完整体系。阴阳相求而爱之相从，非私爱之专属，当有门外之博爱尚存，君臣位正则可匡之，相爱则同向而动，形成一个庞大体系的核心，这是一个自然之理。同时，根据阴阳相互作用之关联性原则可知，性同行乖，情貌相违。同显阳性可为争权之人，必定相乖相违而行，不可能为君建功，也就不能成为可随之臣，故胡瑗云：“出门矣，则必择其有功者，然后交之，乃可以获安而不失其所。”③ 言明出门即须交功臣，阴阳位正而力量彰显，故有不失其所之效。

六二，系小子，失丈夫。

在明白了初九时位上的自然观思想之后，我们就很容易想到柔弱之君的阴阳流变方向。此时尊君行“从正吉也”之事，其目的就是显其刚阳而著其阳性之用。由于弱而阳势初生，就不可能对权臣彰显其势，只能对小民而具阴阳相求之功，故作易圣人戒之曰：“系小子，失丈夫。”根据阴阳平衡的宇宙自然法则，弱阳系小子就会达到平衡，不可能有过多之牵引力来作用于权臣，故小子可系，但丈夫必失。

胡瑗谓小子是初九，“小子谓初九也，丈夫为九五也。大凡阴柔不能自立，必得刚阳之人以系之则可也。初九非其应，切近之故也”④。初九之所以切近之，是因为阴阳相互之引力作用而近前，九五虽与其有应，但太远而不可先得，说明联引初九会壮其势力，最后可得大贤为臣。从当下之时态着眼，丈夫后得，小子

① 朱熹．周易本义．北京：九州出版社，2004. 48 ~49.
② 程颐．伊川易传．第2册第20页．文渊阁四库全书·易说卷．
③ 胡瑗．周易口义．第4册第11页．文渊阁四库全书·易说卷．
④ 胡瑗．周易口义．第4册第13页．文渊阁四库全书·易说卷．

先得，不可同时皆得。程颐云："人之所随，得正则远邪，从非则失是，无两从之理。二苟系初，则失五矣，弗能兼与也。所以戒人从正当专一也。"[①] 处随之时，初九时段已指明了从正的方向，故必须远邪而不近之。

但程朱都对六二时位之行事方法提出凶吝之说，朱熹云："初阳在下而近，五阳正应而远，二阴柔不能自守，以须正应。故其象如此，凶吝可知。"[②] 提出了凶吝之戒。程颐亦云："二有中正之德，非必至如是也，在随之时，当为之戒也。"[③] 提出了"非必至如是"的论断。程朱在阴阳相互作用的原理基础上来解构卦象之意，本是正确，但这里显出了不连贯的特征来。阴阳相须相求而动，其志无二，但力量的大小是决定阴阳的根据，大者为阳，小者为阴。同时，"位无常分，事无定所，非可以阴阳求也"（王弼《周易略例》），不能说大者就不是邪者，因为"进退无恒非为邪也"（《乾文言》），更不能说君处弱势也一定能制权臣。相反，弱君只有团聚众小子之力才能壮其身而托其势。因此作易圣人没有在六二爻辞中出现"悔"、"吝"、"凶"、"咎"之词。

六三，系丈夫，失小子。随有求得，利居贞。

"中，天下之大本也；和，天下之达道也。处中和天地位也，万物育也。"（《中庸》）中和之所以能成为大本和达道，充分彰明了其广博的化育功能。中和平衡是贵，偏执有过是贱。阴阳平衡可得阳气之大增，因为处平衡态下之阴若大，阳也大；阴若小，阳亦相应地小，否则就不是平衡态。随着六二时位上系小子活动的广泛拓展，弱君得以壮大，方显刚阳之势。阳气凝聚长盛的必然结果，就是对群臣的摄服、制约和牵引，故有"系丈夫"之说。而远处的小子就因君臣之间平衡态的形成而自然减弱了与其所产生的阴阳相互吸引力，必然出现"失小子"的局面。阴阳之平衡是一种动态的过程，平衡之后会内化为一种化育的功能，故其阴阳的动态流转作用会渐次伸向更广阔的空间，由此而"随有求得"。在这样的动态活动中，会自然形成随时态下的组成成分的繁荣，但同时也会形成刚阳之君与"丈夫"、"小子"三者之间的吸引和排拒力，故戒之以"利居贞"。

程颐云："大抵阴柔不能自立，常亲系于所近者。上系于四，故下失于初。"通过爻位的远近关系来表示其阴阳相互作用的程度，并对阴柔之性给以准确定位，认为其不能自立，表现出亲系于所近者的特征。明示了六三时位上的君王对与其相近之大臣的吸引和牵动，而由于小民远离之，在平衡态形成后，必失于初下，其《象》曰："志舍下也。"道明了阴阳相互作用的必然趋势是失于初下远离者。由此可见，宋易学家分析易中所涵存着阴阳相互作用的自然观思想的合理

① 程颐．伊川易传．第2册第21页．文渊阁四库全书·易说卷．
② 朱熹．周易本义．北京：九州出版社，2004. 49.
③ 程颐．伊川易传．第2册第17页．文渊阁四库全书·易说卷．

性。按阴阳相互作用之力的结构成分看，刚阳之君与“丈夫”、“小子”三者之间的吸引和排拒力充满辩证的思想。对此，程朱等人都作了阴阳相互作用的自然观基础上的说明。程颐云：“丈夫九四也，小子初也。四亦无应，无随之者也，近得三之随，必与之亲善。故三之随四，有求必得也。人之随于上，而上与之，是得所求也。又凡所求者可得也。虽然，固不可非理枉道以随于上，苟取爱悦以遂所求。如此经，乃小人邪谄趋利之为也，故云利居贞。”[①] 提出了有“非理枉道以随于上”的可能性而应排拒之。朱熹亦云：“四阳当任而己随之，有求必得，然非正应，故有不正而为邪媚之嫌。”[②] 也同样提出了警防邪谄的戒语。

可见，在阴阳相互作用的力的动态流变过程中去把握圣人之大义，当为解易之本。宋易学家们所作的研究是立基于象数之阴阳基础上的一种分析和义理构建，而我们现在又立基于宋代易学分析其阴阳相互作用的自然观思想，可以更好地提揭易理大义，流射出易卦阴阳的合理性内核。

九四，随有获，贞凶。有孚在道以明，何咎？

处随时态之君，不仅从正而得吉，而且是“有是四德（元亨利贞）皆备而无其咎过”[③] 之人。有此四德则阴阳道通，自然会得中而行内化自身本能的功用，使其德行彰显、阳刚上扬，阴阳成道而互动相求，必至六三所失之小子类同而随，故言“随有获”。其性如此，阴阳之本然，但六三时位之相杂互动情状，已明露出“固不可非理枉道以随于上”的警示，因为阴阳同类相吸相求，同性相乖相违。“远近内处各存其会，避险尚远，趣时近贵”（王弼《周易略例》），随时态下的远近之情在宋代易学家看来是非常重要的。在六二、六三爻位时态下都作了非常详细的解说和分析，故对“随有获”者，不可非理枉道，而应持警戒之心，否则会“贞凶”。但阴阳性征所产生的自然作用力的导引和牵动是不可回避的，也就是说其中有信、其中有志。若其志明信诚，何咎之有，故作易圣人提出“有孚在道以明何咎”的自然观思想。

程颐明确提出“处臣位之极，若于随有获，则虽正亦凶”[④] 的自然观命题，对因随之阳势长盛之态而有获者，戒以臣位之极，凶险必至的定位，可谓精辟极至，又指出：“惟孚诚积于中，动为合于道，以明哲处之，则又何咎？”[⑤] 道明了“孚诚”是阴阳互动价值观的标准，在此基础上，若明哲处之、诚信敦厚，就不

---

① 程颐．伊川易传．第2册第21～22页．文渊阁四库全书·易说卷．

② 朱熹．周易本义．北京：九州出版社，2004. 49.

③ 胡瑗．周易口义．第4册第13页．文渊阁四库全书·易说卷．

④ 程颐．伊川易传．第2册第22页．文渊阁四库全书·易说卷．

⑤ 程颐．伊川易传．第2册第22页．文渊阁四库全书·易说卷．

可能有咎过之处。朱熹更是强调阴阳之互动相求之特征：“九四以刚居上之下，与五同德，故其随而有获。”① 刚柔者，阴阳也。刚居九四，阴阳合德，同时九四、九五同德而相比，诚信必在其中。何咎何过？

“有孚”的具体意思，要由具体情况而定。“其称名也小，其取类也大，其旨远，其辞文，其言曲而中，其事肆而隐，因二以济民，以明失得之报。”（《系辞》）宋易不提《系辞》，而其中涵具着相通的道理，多以君臣示阴阳，提揭大义。比如，这里所言之“有孚”就显出字少类大、旨远辞文、曲不离中、肆而需隐的阴阳二因素蕴涵互动的典型特征来。胡瑗云：“九四虽擅有君之民，侵取君之权，盖是君之泽未下于民而已，又当臣位之极，故天下皆愿归之也。然既在嫌疑之地，则宜如何，故必当推其至诚至信，率天下之民以奉于上，以明非有判逆之恶，则庶可以免其刑戮而逃其悔吝也。”胡瑗将“孚”诚之意事君化，立基于阴阳相互作用力的结构框架，阐明了处臣之道与君王之道的互动关系，将“有孚”的君臣关系维度下的语境因素彰显得明明白白。

九五，孚于嘉，吉。

承继九四之后，给以合逻辑地演化流转，阴阳位正，诚信积中，毕竟达善。“嘉”者，善也，“虚其心尽其诚”② 之意。有初九时位上的转向，有六二时位上的志诚，有六三时位上的亲臣，又有九四时位上的亲民，仁爱有嘉，善长至盛，得吉无疑，“阳刚中正，下应中正，是信于善也”③。

胡瑗云：“以刚阳居至尊以履得其正，处于大中，故天下之人莫不鼓舞而随之。”肯定了刚阳之势已达至尊中正之位，然而，“以信任大才大贤嘉善之人以共成天下之大治则吉”④。“嘉”字戒其虚心至诚以任贤，进而行共治天下之大业。只有如此，才能得吉。莫以盛自居，违背诚道，阴阳反背，则会因刚阳之君与“丈夫”、“小子”三者之间的吸引和排拒力失衡，而使大业功亏一篑。

上六，拘系之，乃从维之。王用享于西山。

九四、九五时位上的孚诚之德的形成，使刚阳之君与“丈夫”“小子”三者之间的吸引和排拒力达至动态流转型情状下的相对平衡态，其纵横交错，杂而不惑，“乃从维之，又从而维系之也”⑤，形成随之固结之势。“随之固结不可解者也”⑥，只有强化孚诚之德，才能使其交错的结点因诚信而贞固不乱。“诚意之

① 朱熹．周易本义．北京：九州出版社，2004. 49.
② 胡瑗．周易口义．第4册第15页．文渊阁四库全书·易说卷．
③ 朱熹．周易本义．北京：九州出版社，2004. 49.
④ 胡瑗．周易口义．第4册第13页．文渊阁四库全书·易说卷．
⑤ 林忠军，梁韦弦．程氏易传导读．济南：齐鲁书社，2003. 134.
⑥ 朱熹．周易本义．北京：九州出版社，2004. 50.

极，可通神明"[①]，故戒之曰："王用享于西山。"当然这句话也是一种象意表达方式，自西周以来，位居西部的岐山，被奉为祭祀礼仪之地。"西山，岐山也。周之王业，盖兴于此。"[②] 文中提出此语，是为了以象喻意，表达神明可得之时位，隐含着提倡诚信治国的人文理念和阴阳相求性征彰显透射的自然观思想。

① 朱熹．周易本义．北京：九州出版社，2004. 50.

② 程颐．伊川易传．第2册第24页．文渊阁四库全书·易说卷．

第十八卦　蛊卦的阴阳自然观

从随卦时态身弱之君欲正其位，必须行其所爱，爱者阴阳之情也，自随九四至上六，阴阳之相互作用力已形成结构性的动态流转情状下的相对平衡态，呈现出由孚信至孚诚递升的上扬曲线。其阴阳相互作用力的动态情状图如下图所示。

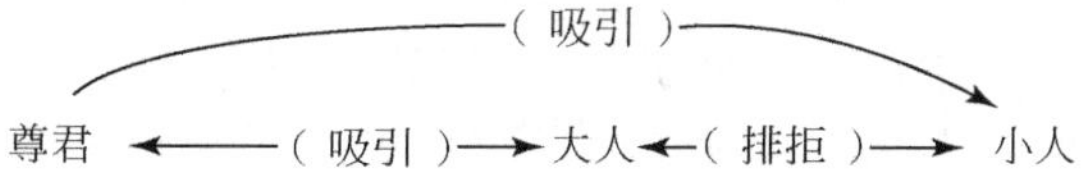

"诚，天之道。"（《中庸》）何谓天之道呢？《说卦》云："立天之道曰阴与阳。"《系辞》云："一阴一阳之谓道。"阴阳相求或同性相斥的作用力构成了天之道的指涉重心和核心内容。随承继豫来，故其群臣相杂，按君臣乐悦至丈夫和小子同亲尊君这样的程式来发展，但随上六阳君与丈夫、小子形成了力的相对平衡，阳君对丈夫吸引的同时，也对小子给以吸引。与此相反的是，丈夫与小子之间因都为臣道、地道、坤道而"性同行乖"，彼此相互排拒而相斥。何为丈夫、小子呢？程颐说："阳之在上者丈夫也，居下者小子也。"① 那么他们皆行臣道，还有什么不同呢？程颐继续解释说："上系于四，故下失于初，舍初从上，得随之宜也，上随则善也。如昏之随明，事之从善，上随也；背是从非，舍明逐暗，下随也。"② 可见得随之宜而从善者，丈夫也；背是舍明、从非逐暗而下随者，小子也。丈夫为贤臣，小子为小人，故丈夫对小子的排拒，就变成大人对小人的鄙弃。现小人由随而存之，正如《序卦》所云："以喜随人者必有事，故必会待时而成害。"这个"时"的问题，就是蛊卦阴阳相互作用力流转变化的原动力，同时也是蛊卦自然观的枢机所在。

作为天之道的"诚"，是对自然观本质概念的象意表达。其实质就是阴阳之间的力的作用。这个作用力的大小，内在地取决于阴阳双方的阴阳属性的强弱，取决于阴阳各方本身所彰显的阴阳性征及其内部对立双方的大小情状。朱熹就阴阳的划分提出了"一生两"的矛盾观，提揭出阴阳本身的内在动力，即从"一个阳"中看出一阳一阴的消长，从"一个阴"中看出一阴一阳的消长，阴阳内部又有阴阳。而阴阳的性征是随时而变的，"先甲三日，后甲三日"、"终则有

---

① 程颐．伊川易传．第2册第21页．文渊阁四库全书·易说卷．

② 程颐．伊川易传．第2册第21页．文渊阁四库全书·易说卷．

始，天行也”等语，都是就随时变异而言的。时间变了，阴阳相对的力量强弱就发生变化。原来的强者，由失时而弱；原来的弱者，因得时而强。这样的动态变化，必然会使原来的平衡态被打破乃至混乱，“乱者有其治者也”（《系辞》），治者如何而生，又如何而治，就成了蛊卦的自然观的主导脉络。

蛊者，坏也，饰也。胡瑗对坏事之应对办法，提出了“必以仁义之道施为而拯治之也”①。就是说行仁义之事，可以治世。而仁义即阴阳，“立天之道曰阴与阳，立地之道曰柔与刚，立人之道曰仁与义”（《说卦》）。卦辞所言之意，乃实对治乱之才给以阴阳通变之定位。胡瑗云：“元者，天地大生之德于人，为仁也；亨者，天地大通之德于人，为礼也。言圣贤当此天下蛊坏之时，思欲拯治之，必有天地大生之德，至仁之道，以拯济之。又当以礼制而拯葺之，以救弱抚衰、兴滞褊弊，使天下之生灵各得其大通也。”② 阐明了“元亨”的品质要素，非此要素不可行治乱之功。这主要是由于“济时之艰难险阻也”③，故曰：“利涉大川。”大川，实大险，除掉险而后国可安。这样就逻辑地提出了具有上述品质之君王，如何去行事，才能合天道，并立基于阴阳相互作用的自然观思想基石之上行治世之功。《彖》曰：“先甲三日，后甲三日。”这就触及了自然观的本质层面，提出了仁善之德的基础性作用。对这句话，尽管不同的人有不同的理解，但其意一也。胡瑗云：“先甲三日后甲三日者，庚甲皆申令之名。凡事以仁恩之五行为木，木主春，春为施生。故为仁恩之令也。先之三日以申渝之，后之三日以丁宁之。”④ 又云：“天有四时之行，春生而秋成。”⑤ 以“甲”来代表或符示春的征徵，经过春夏秋三季而成。之后，还必须经过坤之过渡，从阴极中周而复始地再给以循环，彰显化育生生之仁善品质，才能使乱变治。朱熹是基于时间的定位而言之，他说：“先甲三日，辛也；后甲三日，宁也。前事过中而将坏，则可自新以为后事之端，而不使至于大坏。后事方始而尚新，然更当致其丁宁之意，以监前事之失，而不使至于速坏。”⑥ 朱熹以甲、乙、丙、丁、戊、己、庚、辛、壬、癸十天干的顺序，先于甲者当然是辛，后于甲者，无疑是丁。按五行之规约，辛丁皆为地数，行臣道，且相冲而相克，暗指为臣的贤者或丈夫或大人与小子、小人的对立和冲突。辛为肃杀之意，丁为安宁之意，说明前事将坏必待自新，后事方始应须尚新。无论自新也好，还是尚新也罢，都是立足于善而言的，都需要着眼于仁而定。程颐、张载等也有同样意义的阐述，这里就不一一列举。总之，处

① 胡瑗．周易口义．第4册第17页．文渊阁四库全书·易说卷．

② 胡瑗．周易口义．第4册第17页．文渊阁四库全书·易说卷．

③ 林忠军，梁韦弦．程氏易传导读．济南：齐鲁书社，2003. 135.

④ 胡瑗．周易口义．第4册第17～18页．文渊阁四库全书·易说卷．

⑤ 胡瑗．周易口义．第4册第19页．文渊阁四库全书·易说卷．

⑥ 朱熹．周易本义．北京：九州出版社，2004. 51.

蛊之时，要求君王不仅具有元亨之品质和行险之必要，而且还要行仁求善以化育万民。

既然是立足于阴阳相互作用的自然观原理所定位蛊卦时态下的流转演化，那么就应从其阴阳相互作用的力的结构语境图式来分析和把握其自然观思想，从中找出蛊卦时态下的求善方略。

蛊 ↙随（䷐）
䷑
泰（䷊）→贲（䷕）↗

从卦变而言，蛊从泰来，但朱熹又云："刚上柔下，谓卦变自贲来者。"① 其实贲亦自泰来，而蛊者，坏象，必饰之，故谓自贲而来。阐明了处蛊之时，隐其不善而著其善是转化之根本。蛊又与随旁通，说明其基础立足于随，而又通向随，向往随，还是推崇以诚相待，是以思诚为人之道的典型范例。那么如何来一步步地去向善而达诚的境界，这就是爻位时段自然观思想流演的任务和重心所在。

初六，干父之蛊。有子，考无咎，厉终吉。

作易圣人将该卦所反应时态情状给以"蛊"的定位，是非常准确和到位的，并且有针对性地提出了问题的关键之所在和原因之所成。胡瑗对"蛊"给以描绘道："蛊，坏也，按左传昭公元年云，皿虫为蛊骨之坏飞者也，亦为蛊盖言三虫食一皿，有败坏之象，故云皿蛊为蛊，又言骨之积久腐坏者，则变而为飞虫，亦蛊败之象。"② 并给以定位为"骨之飞者亦为蛊"③。用蛊飞之象言其力量和物质能量的散失，进而使其刚阳之气减弱，甚至消亡。从而言明，所谓的蛊坏，不是笼统的，而是很具体的和颇具有针对性及根植性的。朱熹云："蛊者，前人已坏之绪，故诸爻皆有父母之象。"④ 前人者，长辈及父母也。之所以称其为前，是为更清楚地说明事物的发展规律和演化流行的必然之所指。既然时间可以将物推至弱亡之地，要想重振其势，"子能干之，治而振起也"⑤，故云"有子，考无咎"。程颐更是强调："初六虽居最下，成卦由之，有主之义。居内在下而为主，子干父蛊也。子干父蛊之道，能堪其事则为有子，而其考得无咎。"⑥ 对阳君因时而弱化的自然发展走势及其对策给以准确定位，认为众多矛盾网织交错的症结

① 朱熹．周易本义．北京：九州出版社，2004. 51.
② 胡瑗．周易口义．第4册第16～17页，文渊阁四库全书·易说卷．
③ 同上②排
④ 朱熹．周易本义．北京：九州出版社，2004. 52.
⑤ 同上④排
⑥ 程颐．伊川易传．第2册第28页．文渊阁四库全书·易说卷．

就在于君势的弱化和消亡，若能有承继开拓者，何愁君道不行呢！故云："意承考也。"作易圣人对宇宙自然观思想的提出是以阴阳五行思想的分析为其方法论学说开始介入并展开的，提出了因时而化的核心思想，并指出五行及阴阳的动态流转的原动力来自于四时之行，不同的时间所符示和能量传递的指标系数是不同的，一切都在因时变而呈现发生、发展、壮大、衰亡的过程，不可能一成不变。一切物质内部的对立成分都在不停地产生着力量、能量、数量等方面的曲线变化走势，而这些走势的进一步发展，是与时变密不可分的。这就需要明乎善恶，辨其时位，定其对错，正如孔子所言："祸福将至，善，必先知之；恶，必先知之。"（《中庸》）子为承继和延续前人事业的代表和象征，按阴阳五行的自然观思想，子旺父必衰，当然父衰当应子旺时，作易圣人用"有子"来表示这种变化的继接者和力量的增生者，其良知的流行，不言而喻。同时这对这个增生力量的根植性也提出了一定的要求，指出惕厉前人父辈的负面影响，则可"遏恶扬善"，必能达"顺天休命"之境界。对此程颐感叹道："不然，则为父之累，故必惕厉，则终得吉也。"①

九二，干母之蛊，不可贞。

程颐所说的"为父之累"，不仅言明子所惕厉的根据，而且也说明了父弱而恶显的负面情状。阴阳之间的相互对待互动的结构模式之内在规定性，奠定了阳弱必阴盛之局面的存在基础。阴盛大而阳消弱的结果本身是不善的，"坤道也，妻道也，臣道也。地道无成而代有终也"（《坤文言》）。因此建立在阴阳相互作用的动力结构基础上的诚之者，必须有"既明且哲，以保其身"（《中庸》）的胸怀和方略，否则就不能通会宇宙自然之内在规律的本质内涵。既然母之势盛，就不能逆其气势，同时母之有蛊，决定了必须"以刚承柔而治其坏"②，其结果为"得中道也"，从而达"以刚阳之臣，辅柔弱之君"③ 的大义内涵。其积极作用朗显无疑，故作易圣人戒之曰："干母之蛊，不可贞。"并以此阐明其所涵摄的微言大义。程颐进一步以象喻意，指出："二巽体而处柔，顺义为多，干母之蛊之道也。"明示了"顺义"而承其志，不可坚贞，"夫子之于母，当以柔巽辅导之，使得于义。不顺而致败蛊，则子之罪也。从容将顺，岂无道乎！"④ 并提出了正确的应对策略，"二得中道而不过刚，干母蛊之善者也"⑤。正如张载所言："处中用巽，以刚系柔，干母之蛊，得刚柔之中也。"⑥ 既要利用其平衡性征，又要

① 程颐．伊川易传．第2册第28页．文渊阁四库全书·易说卷．

② 朱熹．周易本义．北京：九州出版社，2004. 52.

③ 程颐．伊川易传．第2册第29页．文渊阁四库全书·易说卷．

④ 程颐．伊川易传．第2册第29页．文渊阁四库全书·易说卷．

⑤ 程颐．伊川易传．第2册第29页．文渊阁四库全书·易说卷．

⑥ 张载．横渠易传．第1册第48页．文渊阁四库全书·易说卷．

防其过刚而坏败，达善存义，分清主次，方可成劝民于事上之功，正所谓“君子之人必上思忠于君，下思利于民”①。

九三，干父之蛊。小有悔，无大咎。

父母乃内在而又天然的生我者，故干父母之蛊，正为言及其修身之道和顺时之变。若不修身壮己、至诚明德，就不能应对时变所产生的失衡挑战，故初六及九二时段上对父母之蛊坏之所在给以清算，以利君臣及民永处良性互动的流转变化之中，从而“知天地之化育”，“与天地参也”（《中庸》）。

但承继九二时位上干母之蛊以明“顺义”，进而能承其志，客观上要求所承之父志合时且正，有且只有这样才能不负母之所顺，也才能使母顺之德得以彰显，弘扬其所含之美，形成父母德化流行的良性状态。尽管九三爻辞也是和初六一样，都提到了“干父之蛊”，但这两个父之蛊的内容是不一样的，初六时位上的干父之蛊，强调了根植性的东西，时变规约要求其君父之状态必须改变，随之而产生了相应的具有客观必然性的干母之蛊坏而顺承之大义。既有顺承之情，当然要有使其顺承的刚阳之德性，故对父之不足、缺失和偏执要给以进一步的清除，在此基础上又提出了“干父之蛊”的戒语，体现了其内容的递升性和阴阳相互作用的自然观思想的合理性。逻辑地对此引伸，要达“克干其事而无所不济”的目的，就必须是“九三以阳居阳有刚明之德履于至正”②。而这样做，势必会使父蛊产生的语境因素受到提揭而与之形成一定的张力。故曰“小有悔”，但顺时而动，“圣人之动无不时也”（王弼《周易略例》），终无大咎，即无什么大的过错。程颐云：“（三）以阳处刚而不中，刚之过也。然而在巽体，虽刚过而不为无顺。顺事亲之本也。又居得正，故无大过。以刚阳之才，克干其事，虽以刚过，而有小小之悔，终无大过咎也。”③ 朱熹更是简单明了，他说：“巽体得正，故无大咎。”④ 朱熹、程颐等对克干之事所产生的相应的负面影响给以正视，既言明其产生的客观必然性和概然走势，又指出巽体有顺事亲的本质一致性，给我们绘制了一幅阴阳相互对待流变运作的作用图式，强化了我们对经文的理解和对其所立倚的自然观思想之本质内涵的深度朗显。

六四，裕父之蛊。往见吝。

“裕”者，宽饶也。承继九三时段状态，已在九三时位上提出了父蛊产生的语境因素问题，九三爻辞中所言“小有悔”，实际上就是对父蛊产生的时空条件等因素的分析和揭露。这势必会对父蛊产生的深层次原因给以正视和掘析。不可

① 胡瑗．周易口义．第4册第21页．文渊阁四库全书·易说卷．
② 胡瑗．周易口义．第4册第21~22页．文渊阁四库全书·易说卷．
③ 程颐．伊川易传．第2册第30页．文渊阁四库全书·易说卷．
④ 朱熹．周易本义．北京：九州出版社，2004. 52.

回避的是，父亲之违时而缺失问题的产生有其深刻的时代特征和烙印，在某种程度上，这不单单是什么纯粹的个人行为，而是历史的局限性和客观的制约性所决定的。因此对于父蛊的认识必须有正确的态度，既要分析其历史的、客观的原因，并给以充分认同，但不能对其自身产生的不合时宜的问题给以包容而屈藏，“来者信也，往者屈也”（《系辞》），否则就会有吝生矣，产生不了积极的作用，“往未得也”。

司马光说：“裕之为言也，饶也，益也。父不义而顺之者是裕之也。”① 朱熹更是从象所显示的必然性上给以戒之，曰：“以阴居阴不能有为，宽裕以治蛊之象也。如是则蛊将日深，故往则见吝。”② 胡瑗也这样强调和诠解，他说：“承蛊败之后而以柔弱之质，将有所往，必见悔吝而无所成也。”③ 可见，对父蛊分析和解剖得越深，问题就自然而然地变得复杂起来。这主要是由历史客观性与人的主观性交织在一起而产生的问题偏移现象所决定的。作易圣人对其分析得以深入和逻辑展开，是通过阴阳相互作用的结构图式进行的，从而使人清楚明白。

在此，笔者认为既然问题或不足或失时宜之事的出现非全在于个人，所以社会历史的局限性也应作为考证的对象。这样“裕”字之通常意义下的“宽裕”之解就不能完全明此爻义了，而更多的是“多”或“众”的意思涵存其中。也就是对父蛊产生的时代背景给以深度彰显，对父辈群团给以扩张性批判，只有这样才能更为深广。但这样做，势必要受到攻击和孤立。因此往而必见吝。胡瑗在对九三时位上“小有悔”的诠解过程中提到了这一情状，他说：“九三全用刚断以干其家事，则必伤于和睦之道，而亲族之间必小有悔恨之者。”④ 已经提到了对父蛊问题解决过程中必对其时之父辈们产生冲击而受到反弹，故“裕”之本义在此应表现出引伸之义而更合道理。

六五，干父之蛊，用誉。

胡瑗云：“誉者，嘉美之称也。”⑤ 易中称美者，乃见于《坤文言》：“阴虽有美含之。”对父蛊一路干来，实际上在六四时段已处于深入解剖状态。在阴阳相互作用的惯性力的支配下，为父志之被承继得更加稳固，自然会进一步向前去掘拓那些不利或不合时宜的可能情状。但这仅仅是一种理想或想象，不可能完善其事，否则就有过行之嫌，故不能刚阳太盛而丧失化育之功。六五“以阴柔之质，当人君之干，而下应于九二”⑥，是对刚阳之势上扬态势的一种平衡。只有用阴

① 司马光．温公易说．第1册第57页．文渊阁四库全书·易说卷．

② 朱熹．周易本义．北京：九州出版社，2004. 52.

③ 胡瑗．周易口义．第4册第22页．文渊阁四库全书·易说卷．

④ 胡瑗．周易口义．第4册第22页．文渊阁四库全书·易说卷．

⑤ 胡瑗．周易口义．第4册第23页．文渊阁四库全书·易说卷．

⑥ 程颐．伊川易传．第2册第31页．文渊阁四库全书·易说卷．

柔之内在所彰显出的美德去行事，才能抑其前行的惯性，而处中得正，“当人君之干”。程颐将阴柔解释为刚阳之臣：“五居尊位，能任刚阳之臣也。夫创业垂统之事，非刚明之才则不能。继世之君，虽柔弱之资，苟能任刚贤，则可以为善继而成令誉也。”① 尽管程颐没有明确以臣美之德应于处尊之君，但他对臣道中所含之美给以本质上定位，是有其阴阳平衡的自然观思想涵存其中的。

上九，不事王侯，高尚其事，志可则也。

六五至尊，阴美涵存，阴阳相合，天地大通，使得君臣融为一体。这个结果的实现或展示，是建立在对父蛊之事的深入剖析的过程之中的，通过对父蛊之坏败之事的剔除发现了君臣的内在矛盾性，故提出了“不事王侯”的志向来，敢于下民而大得民也，更显其所作所为之高尚，其最终也能收到同样的治理天下的效果，其“志”可“则也”。

胡瑗云：“夫事治于始至于终，则其事已成也；大凡人子之始，竭力尽孝以事父而治于家；人臣之始，竭力尽忠以事君而利于民及国家及夫国家既济，功业既成，荣问既极而苟年德衰耗则必有止足之心而不累其位，退休归老不事于王侯，而自崇高尊尚其事也。”② 胡瑗所言，意及阴阳之作用。事已成、孝已尽、忠已显，必至利民、利国、利天下，以至于阴阳相交、天地之化生也，进而彰明其大德。干父之蛊志益显，合时宜明大得民。故上限知足而“不累其位”，则可“聪明睿智，足以有临也”（《中庸》），逻辑地提出临卦时态语境基因的本质内容。

---

① 程颐．伊川易传．第2册第31页．文渊阁四库全书·易说卷．

② 胡瑗．周易口义．第4册第23页．文渊阁四库全书·易说卷．

第十九卦　临卦的阴阳自然观

蛊卦时位上的行事重心在于因时而变、壮大尊君的阳刚之势，其所采用的方法是“干父之蛊”以达修身立命之境，以图清除消阳之渊源，并从中找到时变所引起的阴阳力量对比的枢机之所在，进而发现并正视矛盾产生的根本原因，明示了阴阳天地君臣本身所固有的位分之别，突显时变规约所指涉的主要对象和作用主体。若位分和通，则阴阳之性更明，其交合通变之概率更多，处泰而得安的大治之势必见，故以临而言之，其义大焉。孔子云：“诚者，天之道；诚之者，人之道。”（《中庸》）既然由临必至泰，天道如此，那么，我们就应该知至至之也。其中有其深刻的自然观思想为其奠基。

$$F=\frac{M_{阳}\ M_{阴}}{d}$$

阴阳之相互吸引力的大小与阴阳各自的性显程度 $M_{阳}$、$M_{阴}$ 成正比，与阴阳位分所造成的距离 d 成反比。在阴阳性显程度不变的情况下，尽量地缩小 d 的数值，则可使其吸引力 F 得以增大，从而增加了君臣之间的凝聚力，而消弱那些与其位分不相稳合之臣民的活动性，进而通泰而安，从中也显示出了十二辟卦中由临到泰的客观必然发展走势，不失为一条治乱持危、天地通泰的治国之道。蛊卦上九时位上的“不事王侯，高尚其事”一语，言明了为君者不要以高民之份为要，而要以亲民之力为效，这也正是对为政之尊君提出了推行这条大道的合理性和自然观依据。同时只有这样做，才能使君臣亲近而消弱其由大臣和群臣之远近位分所产生的负面影响，做到臣民与君关系的距离趋同化，用一个图式来表示，即 $d_1 \backeq d_2 \backeq d_3 \backeq d_4 \backeq, \cdots, d_n$。该说从根本上解决了导致蛊时态形成的客观语境因素，而使尊君之功德播扬天下。

但建立在自然观思想基础之上的人文理念和行动方略要与其高度一致或名实相称，以达知至至之的目的，必须采用以理政干事、为民安居为志向的理路模式，否则就不能为道，“道不远人，人之为道而远人，不可为道也”（《中庸》）。因此临民的同时必然是临事，理事而成就之，则民亲，故临次蛊也。正如《序卦》所言：“有事而后可大。”只有在干事的过程中才能使臣民体会其尊君的价值和威信，韩康伯云：“可大之业，由事而生。”① 臣民亲近的程度在实质意义上

① 林忠军，梁韦弦．程氏易传导读．济南：齐鲁书社，2003. 139.

体现出的是为君者的阳刚之性征的强弱程度。这也是阴阳相互作用结构模式中所反映出的自然观思想的核心之所在。

事之终始以诚为志，“诚者，天之道”（《中庸》）。天道自然，造化万物，立基于阴阳之相互对待的关系。胡瑗云：“圣贤之兴立事必自小以至于大。”[①] 既然蛊状态下的路向定位已确立为临民之志，那么，阴阳之间相互作用的强化程度自然提高，由小直至元、亨、利、贞之成事之状，即可为诚道之行。故曰：“元、亨、利、贞。”《系辞》云：“系辞焉而命之，动在其中矣。”就是针对干事之终始而言之，不能善终者，即可延缓，不可强就，否则就不能树立威信和使臣民信服。同时，四时流行之本质主要体现在对阴阳之性征的强度的影响上，“阳虽方长，至于八月，则其道消矣，是有凶也”[②]。这是客观而又自然的宇宙规律，是不以人的意志为转移的。尤其是处盛之时，“大率圣人之戒，必于方盛之时。方盛而虑衰，则可以防其满极，而图其永久。若既衰而后戒，亦无及矣”[③]。盛而后必至衰地则应戒之，否则就不可及、不可救。防其盛大而满极，倒是一种可以借鉴的方法论思想。故孔子警示之：“大亨以正，天之道也。”贞者，正也，至力于大亨而正者，才符合天道，不可过快求满，以防过极。

那么，如何才能实现这一事诚终始而戒满防极的目的呢？这就应从临状态时位上其阴阳相互作用的力的结构语境图式来分析和把握其自然观思想，从中找出在临卦时态下的运作方略。

临　↙遁（䷠）
䷒
复（䷗）↗

临在十二辟卦所符示的位置之序当在复卦之后，言明其来源当继复来，复为阳之始生，当然临即为阳之上扬，按照阴阳整体生成论的观点，既要戒满又要长盛，当需有阴之近就而表明之，阴之愈大，阳就愈大，可达此目的。同时“复小而辨于物”（《系辞》），慎对生物，戒之在小，不可因小而省略，“勿以恶小而不去，勿以善小而不为”（《坤文言》）。且临与遁旁通情也，言明其临事而终将要遇凶。胡瑗云：“至于八月有凶者，八月即周之八月，今之六月，斗见未之时也，二阴生焉。”程颐也云：“阳始生于复，自复至遁凡八月，自建子至建未也，二阴长而阳消矣，故云消不久也。”[④] 即遁之所符示之月，乃与临通情并生，不可不防其灾生。可见，作易圣人之用辞，乃是立基于自然观思想之上的对宇宙自然的反

① 胡瑗．周易口义．第 4 册第 24 页．文渊阁四库全书·易说卷．
② 程颐．伊川易传．第 2 册第 23 页．文渊阁四库全书·易说卷．
③ 程颐．伊川易传．第 2 册第 23 页．文渊阁四库全书·易说卷．
④ 程颐．伊川易传．第 2 册第 34 页．文渊阁四库全书·易说卷．

映，只有明了其内在自然之本质，才能使其微言大义明露透显。

初九，咸临，贞吉。

胡瑗云：“义曰：咸，感也。夫刚者必有至尊之势、至严之威，以临于人。”① 言及阴阳始交于至尊至严之刚阳之君，下民礼贤而“下其身以先于臣民者也”②。其事本身之征象，表明了刚阳之君的诚意内涵。“正其心而诚其意”（《大学》），只有意诚，才能心正，因此正与诚相辅相成，互为因果。有且只有这样，才能完成临卦时态下君臣阴阳之间的距离收缩而使君臣亲近，从而消弱其由大臣和群臣之远近位分所产生的负面影响，做到臣民与君关系的距离趋同化，成为“诚之者”，而迈出天地通泰的关键的第一步，使诚之天之道，转化成诚之者这样的人之道，而突出其自然观的思想核心。故曰：“贞吉。”《易传》云：“君子正以直内，义以方外。”“正”是为了达恭至敬，对自己的一种修身达诚的要求。君臣亲近，关键是君先以仁德而化民。孔子在《大学》中云：“为人君止于仁，为人臣止于敬。”这不仅是说阳君本应所持的品质为仁，而且提出了君仁臣敬的逻辑关系。只有君仁，而后才能使臣敬之。否则就会得到以臣乱君的后果。并且，君在临卦时态下的阳性征状，也决定了其亲民的主动性和本然指涉。由此可见，咸感而临民要有至诚之心、至正之德是有其深厚的自然观思想含存其中的。

程颐云：“阳长之时，感动于阴。四应于初，感之者也。四近君之位。初得正位，与四感应，是以正道为当位所信任，得行其志，获乎上而得行其正道，是以吉也。”临卦时态下的阳君之刚阳之德处于上扬状态和彰显之时，“阴阳者相求之物也”（魏王弼《周易略例》），言明了对阴之所感已成定势。故曰：“感动于阴。”四阴当位而应之，使其“得行其志”，是因阳君之正道所致，故云：“获乎上而得行其正道，是以吉也。”朱熹等人也提出了相应的自然观思想，朱熹云：“卦惟二阳，遍临四阴，故二爻皆有‘咸临’之象，初九刚而得正，故其占为‘贞吉’。”③ 尊君之德，刚显阴感，进而达至遍临群阴而合卦德，是其“刚而得正”，诚道所至。沈该曰：“初处于下，正心诚意以正为感，非有求于所临也，是以吉也。当刚长之时，而以刚感柔，以悦应顺，下其身以先之，非为邪也，志在行其刚德之正也。”④ 指出了尊阳而下柔的自然观思想的核心，定位于“正心诚意以正为感”的理念之中。其目的明确锁定在“下其身以先之”，从而使其志行，彰显其“刚德之正”。

---

① 胡瑗．周易口义．第4册第27页．文渊阁四库全书·易说卷．

② 胡瑗．周易口义．第4册第27页．文渊阁四库全书·易说卷．

③ 朱熹．周易本义．北京：九州出版社，2004. 53.

④ 沈该．易小传．第2册第47页．文渊阁四库全书·易说卷．

九二，咸临吉，无不利。

该爻时位上的阴阳之交感，很显然进一步扩大。其原因正如《易·象》中所说的那样："未顺命也。"孔子在《中庸》中云："天命之谓性。"尊君之阳德，在初九时位上的彰显，仅仅是为其志行作一个必要的自我准备而迈出的关键的第一步，还没有达至阴阳和合、群阴慑服的程度，必须进一步弘张其德，故能得吉而无所不利。"未顺命也"是对九二时位的情状给以像之，面对如此之态势，还需"咸临"而交合，以达中道之境，故曰："吉无不利。"《系辞》云："系辞焉而命之，动在其中矣。"就是对爻辞的实用语境给以定位，认为只有再进一步咸而交感，才能吉无不利。提出了处于"未顺命"情状下的方法论思想。胡瑗云："九二亦以刚明之才居下卦之中，下其身以先于臣民者也。是以天下之人莫不感悦而归之。"① 提出了感悦天下之人的效法模式是"居下卦之中"，从容中道而化民，既如此也，则定能吉而无所不利。朱熹进一步诠解为"刚得中而势上进"②，对刚阳之德的状态和发展态势给以明示，提出刚不仅要得中而且要处于：阳 > 阴。程颐则更为准确精微，他说："二方阳长而渐盛。"③ 用一个"渐"字，就把临状态下的阴阳作用力量的对比程度给以明示，此时的阴阳力量及其作用程度可表示为阳≥阴，意及不失中而又不至于遁。因为临卦之"至于八月有凶"的阴阳相互作用的语境结构要求"诚之者"必须保持对遁态的高度警惕。这种阴阳交变的自然观本质规约，为处临时态下的刚阳之君提供了自然观语境下的应对理念。

六三，甘临，无攸利。既忧之，无咎。

初九阳势长势强劲，而至于九二阳势就变成渐盛之态，虽然阳势总体发展是处于上扬态势，但其进展幅度是负加速态，即其上扬的速度是逐渐变小的，体现了宇宙规律中能量消长的动态性变化，这种变化的规律通过阴乘阳而凸显出来，又通过爻象之位得以彰明。程颐云："竞性既悦，又乘二阳之上，阳方长而上进，故不安而益甘。"④ 对阴势之厚实给以充分肯定，并提出了处不安之境所表现出的益甘之情。但"甘"者，"柔邪佞媚之道也"⑤，非君子之大道，不可固持以通变。"夫以不正之行，佞媚之道，以苟且取誉于民，虽苟得顷刻之悦、一时之誉，然于天下之事，终无所利矣。"⑥

---

① 胡瑗．周易口义．第4册第28页．文渊阁四库全书·易说卷．

② 朱熹．周易本义．北京：九州出版社，2004. 53.

③ 程颐．伊川易传．第2册第35页．文渊阁四库全书·易说卷．

④ 程颐．伊川易传．第2册第36页．文渊阁四库全书·易说卷．

⑤ 胡瑗．周易口义．第4册第29页．文渊阁四库全书·易说卷．

⑥ 胡瑗．周易口义．第4册第29页．文渊阁四库全书·易说卷．

朱熹对其所处之爻象给以象之曰："阴柔不中正，而居下之下。"[①] 阴柔不得中、不得正，而又在下卦之上位，既是乘刚，又是乱象，说明了阴之游离性方显端倪，并以此隐喻出阳君之性征有被消减之隐患，故"忧之"而能得"无咎"。君势虽弱，但君德尚荣，故不可失其位分之德，而以悦益升。相反，应"知危惧而忧之，若能持谦守正，至诚以自处，则无咎也"[②]。通过加强修身之功，而得内聚之力，进而达阴阳通泰之势。

六四，至临，无咎。

程颐曰："临道尚近，故以比为至。"[③] 临卦时态下的统摄重心就在于拉近阳君与众阴之距离，以达亲比之境。易学家程颐对此作如是之论述，实本于自然，而顺应于宇宙演化之逻辑。六三之强身之功，必然对阳势内聚长势给以推动，进而感于众阴，趋于达至的高度，故曰"至临"，以像之。果如此道，何咎之有，故曰"无咎"。

程颐又云："四居正位，而下应于刚阳之初，处近君之位，守正而任贤，以亲临于下。"[④] 从象数的易学本质上对六四时位下的阳君之德给以彰明，以"近君之位"而定其情状，言明阴阳之亲比之势已成。故其《象》曰："位当也。"朱熹更是明确言明："处得其位，下应初九，相临之至。"[⑤] 对修身内聚之功效的必然性作了"相临之至"的高度定位，铸成了临状态下自然观思想的逻辑演展程式，从中也对这种逻辑化的流演起点，即"正己"诚意的修身理念在事态发展的过程中给以本质定位，胡瑗云："上之临下必得其正道，若一失于正而入于邪，则下之从也。影响之效故不可以无正也。"[⑥] 只有以正为基，才能建构起临卦时态下的阴阳亲比之境，故司马光云："六四进升上体至大之境，已得其位，故曰无咎。"[⑦]

六五，知临，大君之宜，吉。

六四时位上自然观思想中所推出的"临道尚近"之理念，其必然结果是要将其根植于自然宇宙观的合理性之内，从而明现其中所涵摄的科学思想的普适性原则。朱熹提出的阴阳观，指出了阴阳存在有分开看和整体看两个视域，当然从整体看，阳君阴臣，天经地义；但若分开看，阴中又有阴阳，当其与尊阳处于相亲比之时态下，其阴性的一面展示给了尊阳，而其另一面无疑是内部阴阳的不平

---

① 朱熹. 周易本义. 北京：九州出版社，2004. 53.
② 程颐. 伊川易传. 第2册第36页. 文渊阁四库全书·易说卷.
③ 程颐. 伊川易传. 第2册第37页. 文渊阁四库全书·易说卷.
④ 程颐. 伊川易传. 第2册第37页. 文渊阁四库全书·易说卷.
⑤ 朱熹. 周易本义. 北京：九州出版社，2004. 54.
⑥ 胡瑗. 周易口义. 第4册第29～30页. 文渊阁四库全书·易说卷.
⑦ 司马光. 温公易说. 第1卷第59页. 文渊阁四库全书·易说卷.

衡或平衡态的偏执而使其对外彰显阳性，使其从客观上将尊阳之阳性性征给以转移或继承，从而代君行事于天下，沈该明确提出了“以柔后刚”自然观命题，并认为这是“驭刚长之臣之术”①。这是一种多么精微之理呀！正是在这种自然观思想的语境下，谈其所言“知临，大君之宜”才能真正体悟到作易圣人的科学认识和至善之境界。朱熹云：“以柔居中，下应九二，不自用而用人，乃知之事。”② 本来刚阳之尊君，在经过与群臣的阴阳作用及其传递以后，变成近乎平衡之态，从而静而成柔势之象，《象》曰：“行中之谓也。”言明了其能量及性征通过传递而折射到群臣之身上，以用人之法而达不自用之柔境。这就是其自然观的核心所在。沈该对此作“知”的评价：“守位以柔，以待刚长而用之，非知孰能之？”③ 故曰：“大君之宜，吉。”

上六，敦临，吉，无咎。

通过六五中行之演化，阳君达至“不自用而用人”之境界，这种境界的进一步推展，必然使其刚阳之得不断地向外蔓延而广涉天下，达至博厚，展示了“大率阴求于阳，又其至顺，尊而应卑，高而从下，尊贤取善”④ 的敦厚情状。故曰“敦临”而“吉”，无所怨咎。但这同时也提出了厚实之于天下的本质原因，在于内聚阳势而修身无穷。否则，“苟不至于德，至道不凝也”（《中庸》）。

但朱熹同时也提出了“处临之终”的命题，临道尚近，临终已敦，必然是敦而不可再有所容，尽管吉而无咎，但也埋下了通向遁隐的危机。因为敦之至，必然是阴之最，阴之最又必然是遁之兆。遁而不已必否，否则不能通达。沈该曰：“八月有凶消不久也，明君子小人各有时也，且言有凶未及凶也，使君子为之防也。临，远也，无有往而不复者，故圣人设豫防之。”⑤ 故《象》曰：“君子以教思无穷，容保民无疆。”

---

① 沈该．易小传．第2册第50页．文渊阁四库全书·易说卷．
② 朱熹．周易本义．北京：九州出版社，2004. 54.
③ 沈该．易小传．第2册第50页．文渊阁四库全书·易说卷．
④ 程颐．伊川易传．第2册第38页．文渊阁四库全书·易说卷．
⑤ 沈该．易小传．第2册第50页．文渊阁四库全书·易说卷．

第二十卦　观卦的阴阳自然观

孔子云："致中和，天地位也，万物育也。"（《中庸》）并认为："中也者，天下之大本也，和也者，天下之达道也。"（《中庸》）对"中"的基础思想给以定位，并认为"中"而达"和"才是天地化育万物的根本准则。对"中"的理解是多方面的，但从根本上讲，正如孔子所言："隐恶扬善，执其两端，用其中于民。"（《中庸》）喻示我们应从阴阳相互对待的视角去审视之、度思之，从中掘析出其中所涵摄的自然观思想，以中国传统文化中特有的整体思维方式来给以本然之还原，这才是我们应持的最为基本的态度。

临状态下的尚近之作，必致感而化之的功效。分而言之，民之得以阳君之感化而成于教；统而言之，阴阳合德而成物于形。"形则著，著则明"（《中庸》）。明则见，大而可见，临之趋大，必致观见之情状。故《序卦》云："临者大也，物大然后可观，故受之以观。"程颐对"观"字作了如下自然观语境下的解读："观视于物则为观，为观于下则为观。如楼观谓之观者，为观于下也。"[①] 临状态下的阴势至临上六已处可观之境，这个"观视于物"正是明示了阴势的基础地位性，故提出了自然观语境下的本质性命题"为观于下则为观"。而这个本质性命题的核心，又立基于为下之情状，以达合自然地理顺其行事之准则的高度，故为"观民设教"。我们逻辑地往下推展，就会发现宋代易学家们的思想认识已经进入了观卦时态下自然观思想的灵魂深处。胡瑗云："有大中大正之德以临于天下，使天下皆有所观法也。"[②] 而这个大中大正之德的评价标准，则是"下之人既观上之道以为法则，而圣人又观天之道以为法则也。神道者阴阳不测之谓也"，明确指出了大中大正之德根植于宇宙天地之道，而宇宙天地之精髓又为阴阳之相互对待，从中也彰明了易之自然观的核心内容的主承轴线应立足于阴阳之流变。这就提出了阴阳流变在临状态下生力源的定位问题。程颐云："居上者，正其表仪，以为下民之观，当庄严如始爨之初，勿使诚意少散，如既荐之后，则天下之人，莫不尽其孚诚，颙然瞻仰之矣。"[③] 从对阳性潜能之势的内聚绩效上反映出阴势群体的基础地位，并提出了修身达诚、为民所观乃为临状态下阴阳对待观的基质因素。居上者，不可居而自傲，相反更要莫退初心，保持临之时态下的达近

---

① 程颐．伊川易传．第2册第39页．文渊阁四库全书·易说卷．

② 胡瑗．周易口义．第4册第37页．文渊阁四库全书·易说卷．

③ 程颐．伊川易传．第2册第40页．文渊阁四库全书·易说卷．

亲比的诚意，修身以壮其阳德，使其中道贞固，“则天下之人，莫不尽其孚诚”[①]。“诚者，天之道。”天地之感则为阴阳之性感，阴阳之相求则成道，“一阴一阳之谓道”（《系辞上》）。故观卦时态下的自然观思想的定位要立足于阳势潜能的拓展和内化。

王弼在《周易略例》中提出了“尽意莫若象”的命题，成为宋代易学家们的解易思想基础。作易圣人所云之“盥而不荐，有孚颙若”之语，表面上看是在大谈宗庙社稷之礼，实际上是提出了一种庄重而又恭敬自省之象，以达“下观而化”之效。“盥者事之始，人心方尽其精诚，严肃之至也。”[②] 庄重及恭敬本身就描绘了阴阳相互作用的一种力的图景，言明阴阳相亲比的限度和源泉，绘制出了“溥博如天，源泉如渊”的生动画面。正如程颐所言：“为观之道，严敬如始盥之时，则下民至诚瞻仰而从化也。不荐，谓不使诚意少散也。”[③] 以象喻意，明示了至诚之道的通达路向。

那么，如何才能通过观民设教以达至诚之境呢？这就应从观状态时位上其阴阳相互作用的力的结构语境图式来分析和把握其自然观思想，从中找出在观卦时态下的运作方略。

观　↙大壮（䷡）

䷓

否（䷋）↗

临卦时态下的近阴亲比之的必然结果尽管是吉而无咎的，至上六时位上已达敦临之势，但也埋下了通向遁隐的危机。因为敦临之至，必然由遁而趋向于否。遁而不已必否，否而不能通达。这里涵摄着阴阳相互作用的自然观结构图式。处临之上六时段，阳君之性征已开始趋向于转换作用方式的状态，这在临上六自然观的提揭中已有涉猎和说明。使阴阳相互作用的图式呈现出内阴而外阳之象，进一步扩大必致遁而达否。建立在否之情状下的阴阳双方，必以观之而进达感之，方能保其亲比之态势，否则就会失去其原来已取得的成就，破坏阴阳相亲比所产生的自然情结的结构体系。同时，阴阳力量的相近和亲比，在临道尚近的核心理念的支配下，使阴阳之间的相亲合逼近至诚之境，故曰：观与大壮旁通情也。正所谓“诚者，天之道也”（《中庸》），达诚当需设教，因为“率性之谓道，修道之谓教”。阴阳皆要率其性而合道，必须设教。“省方，观民也；设教，为民观也。”[④] 阳君思诚而合道，阴臣观圣贤而事君，使天下之民与宇宙天地混然而一致，达致

---

① 程颐．伊川易传．第2册第40页．文渊阁四库全书·易说卷．

② 程颐．伊川易传．第2册第40页．文渊阁四库全书·易说卷．

③ 程颐．伊川易传．第2册第40页．文渊阁四库全书·易说卷．

④ 程颐．伊川易传．第2册第41页．文渊阁四库全书·易说卷．

教化之高度。

初六，童观，小人无咎，君子吝。

阴阳相互间的作用是合诚之所趋的，阴性是一个统称，其中内涵甚广。阴阳相合，有无相生，天之道也。阳君要达诚设教，必须有的放矢，这就要明了阴势群体的性状和自然本性。尽管阴都具有亲合阳性的特征，但其具体的内涵则各有差别。我们不能通称阴性都是一样的，而应该有具体指涉，比如天、地、人之道分别表以阴阳、刚柔、仁义之分一样，不能泛而谈之。又比如，无者为阴，可其所指则无限广大乃至无穷，有无诚意之无，有无心正之无，有无知识之无，有无修身之无，等等。阴也有各种各样的表现形式，有近君之阴，有远君之阴，有位高之大臣，也有位卑之小民，等等。高者近君，卑者远君。远君则不识，不识则无知。作为预设教之明君，要达至诚之境，必以远之小者为作用对象，否则其诚意不会殷实。而阳君的诚意表达方式经过临时态下上六时段的转换，已经表现出众阴齐聚向心的特征。胡瑗云："此卦二阳居上有刚明之德，为天下所观。而天下之人莫不奔走以观其道，而为法则也。"① 形象地表达出了众阴齐聚向心的作用图式。作为君子应合天道，通向至诚向往刚阳之境，方为上道。程颐云："不上，下民也，所见昏浅，不能识君子之道，乃常分也。"② 小人远君而不识，多向波动，实属自然之举，无可怨咎。

作易圣人所言之初六为"童观"，并不是单以小人而论言之，而是说观卦时态下的君阳之德所流行的起始阶段，是其诚意不为众阴所见闻，表述了事物发展规律性所产生的一种概然现象。胡瑗云："今初六以阴柔之质最居其下而远于刚阳，不能上进以求圣贤之道而观之，但冥冥然无所知识，无所闻见，若儿童之所观也。"③ 人的认识总要有个由不知到渐知，再到较知和多知通贯的过程，不可能即刻全能明了其是，故实属常理，天道自然也，不可深咎。同时，小人之道也需清明才能防患于未然，孔子云："祸福将至，善，必先知之；不善必先知之。"（《中庸》）只有掌握最下层之道，才是立教之根本、至善之终旨。君子若不明道就不可为君子了，同时若君至，必产生强力而杀弱其本性，反隐圣君之耳目，不能说是高明之举。只有使小民在尽量减少环境因素作用的前提下，才能彰显其本然之性征，从而也才能"因其材而笃也"（《中庸》）。

六二，窥观，利女贞。

胡瑗云："自外显然而观，则谓之观；自内而观，则谓之窥。"④ 初六时段的

---

① 胡瑗．周易口义．第4册第34页．文渊阁四库全书·易说卷．

② 程颐．伊川易传．第2册第41页．文渊阁四库全书·易说卷．

③ 胡瑗．周易口义．第4册第34页．文渊阁四库全书·易说卷．

④ 胡瑗．周易口义．第4册第34页．文渊阁四库全书·易说卷．

观的视角的转换，由小人在下而观上，转化为阳君德行之渗入，正如孔子所言："不患人之不己知，患不知人也。"（《论语》）只有知人者，才能必定致其知。顺着这样的理路模式，阳君设教所需要的条件还需进一步地酿成，不能停留在现象层面上，而应深入其本质，这就要"窥觇之观"①。程颐云："虽少见而不能甚明也，二既能明见刚阳中正之道，则利如女子之贞。"② 只有静而隐以观之，才能深入其核心和本质，故需有女子一样的忍耐性，"利如女子之贞"，专心一致地给以细察才能明辩之，才能达到"有弗辨，辨之弗明弗措也"（《中庸》）的境界和高度。其《象》言用"亦可丑也"四个字，将这种专一之意志给以明喻，可见作易圣人自然观思想之基础性定位的高明和睿智。

六三，观我生进退。

在知彼之道的前提下，不但阳德流行于下，而且必然产生一种阴阳相亲近的作用力，这种作用力的自然本质，又会促使其阳性受感应之影响，给以自审而著其志。朱熹对此一言以盖之："独观己所行之通塞以为进退，占者宜自审也。"③只有通过自我审视，才能著其志，强其身，同其好恶。胡瑗云："生为风教之所自出也，六三处下卦之上，为众人之长者也。既为众人之长，则风教号令皆自己出。是以六三必以下观于民而察己之道。"④ 可见，初六、六二之时段所应对的主要问题或指涉重心是下观于民，而六三时位上的易道流演之序，当需以修身而充其先。这是宇宙自然之所本然，故其《象》曰："未失道也。"至于进退之象，"进退无恒，非离群也"（《乾文言》），是对阴阳成道而行的一种以象喻意的话语表达。究其原因，胡瑗作了很准确地表述："盖所履非至尊之位。""六三虽非至尊之位，以其风教之，及于下而又能察己，之所出未至者，则进之过中者，则退之。是或进或退皆未失其道也。"⑤

六四，观国之光，利用宾于王。

孔子在中云："文武之政，布在方策。其人存，则其政举；其人亡，则其政息。人道敏政，地道敏树。"（《中庸》）国政之兴衰，是对为政者德性化育之能为的衡量尺度。作易圣人用国政与君来喻示刚阳之德。在初六、六二、六三这三个时段，已经从至诚之道视域界线的阴阳双方给以感观方向的演化运作，可以通过国政的施行而表征君之阳刚德行的化育功效。程颐对此作了相应的论述："不指君之身而云国者，在人君而言，岂止观其行一身乎？当观天下之政化，则人君

---

① 程颐．伊川易传．第2册第42页．文渊阁四库全书·易说卷．

② 程颐．伊川易传．第2册第42页．文渊阁四库全书·易说卷．

③ 朱熹．周易本义．北京：九州出版社，2004.56.

④ 胡瑗．周易口义．第4册第36页．文渊阁四库全书·易说卷．

⑤ 胡瑗．周易口义．第4册第36～37页．文渊阁四库全书·易说卷．

之道德可见矣。”[①] 其象数基础是：“四虽阴柔，而巽体居正，切近于五，观见而能顺从者也。”[②] 阳君之德及其诚意，通过国政之盛德光辉而明露透显。这种自然弘张的方法，立基于象数而提揭出辞意之大义，是宋代易学家们所遵从的、具有普适性的方法，体现了易学思维的科学合理性。

通过国政之光辉而彰明君德，使天下之人所能观视，进而使有贤德之人上辅君王，效其智力。何为宾呢？程颐云：“士之仕进于王朝，则谓之宾。”“圣明在上，则怀抱才德之人，皆愿进于朝廷，辅戴之以康济天下。”[③] 这个宾所指代的，正是怀抱才德之人，同时也体现了人君或欲诚之意者宾礼贤士的态度，从而把能量通过他们而施泽天下。这与临上六时位上所显现出的自然观思想是完全一致的。这样的理路模式，把小人与贤臣一道统摄起来，使天下之人仰观于上而行事之，从而进一步地逼近至诚之境。

九五，观我生，君子无咎。

作易圣人把“观我生”的自然视角说成是“观民也”一下子进行了一百八十度的大转弯，很显然是有逻辑性的，作易圣人对君阳德性的诚意弘张程式非常明确：先观国政，旋见贤才，施及下民。正所谓“观国之光，利用宾于王”之后，必会通过下民的反应来彰显阳君之诚意。诚者，天之道也。而人君之所行为，可以说是诚之者之所使然。宋代易学家们将作易圣人所指涉的自然观思想进一步地发扬和阐发。程颐云：“若天下之俗皆君子矣，则是己之所为政化善也，乃无咎矣；若天下之俗未合君子之道，则是己之所为政治未善，不能免于咎也。”[④] 朱熹云：“观己所行，必其阳刚中正亦如是焉，则得无咎。”[⑤] 胡瑗云：“九五居至尊之位，为天下之所观仰也。风教号令一出于己也。是以下观于民，若民善则知己风教之善也；民恶则知己风教之恶也。”“九五观察于民而修饰于己也。”[⑥] 等等。他们都认为，阴阳之感观而互相可映衬，阴气聚拢，无疑可以肯定阳气刚健；君行于天下而民济之，民之所善恶而君归之。“民之所好好之，民之所恶恶之，则为民之父母。”（《中庸》）群阴承刚的局面就会形成，反之，“好人之所恶，恶人之所好”，则“灾必逮夫身”（《中庸》）。

上九，观其生，君子无咎。

九五亲民、亲臣，即阴阳求合所显现出的君阳之诚意可谓大矣、至矣。但观卦时位上的自然规则，必究与其旁通之情状。观与大壮旁通，大壮则止，“知止

---

① 程颐．伊川易传．第2册第43页．文渊阁四库全书·易说卷．
② 程颐．伊川易传．第2册第43页．文渊阁四库全书·易说卷．
③ 程颐．伊川易传．第2册第43页．文渊阁四库全书·易说卷．
④ 程颐．伊川易传．第2册第44页．文渊阁四库全书·易说卷．
⑤ 朱熹．周易本义．北京：九州出版社，2004. 56.
⑥ 胡瑗．周易口义．第4册第37～38页．文渊阁四库全书·易说卷．

而后能定，定而后能静，静而后能安”（《大学》）。这明示了观时态下的君阳之亲比群阴的界线应该是厘清的，否则就是对观由遁否来的本源性的违背。朱熹云：“其戒辞略与五同，但以‘我’为‘其’，小有主宾之异耳。”[①] 朱熹所言其主宾之异，明示君臣及阴阳相互作用之所止，其自然图式为

阳——d——阴

阴阳相亲比是有程度规定的，也就是说其间距 d 是不能无限缩短的，通常来说是阴阳亲比本于自然，但 d 小到一定程度就会发生阴阳之间的抗拒而形成张力。孔子云：“惟女子与小人为难养也，近之则不孙，远之则怨。”（《论语》）九五时位上的阴阳亲比情态是对临道尚近理念惯性运作的展示，“志未平也”，其结果必然是逼近红线，而不合其位，即失去其位分。观卦其象，以上九失位给以定位之，尤显其象意相一致而颇具合理性的自然观思想的博大和精微。

① 朱熹．周易本义．北京：九州出版社，2004. 56.

第二十一卦　噬嗑卦的阴阳自然观

观上九时位上群阴长盛，而不乏无限亲近阳君者，侵浸于阴阳之间应有的极限距离之内，从而使阳与阴之间产生了抗拒和张力。这种自然观的内在规约，客观上要求尊君只有采取强制之力，才能阻其向红线区域的继续迈进。其原因很明晰，因为君子与小人只有和而不同，才能产生亲感之效，也只有和而不流，才能使君阳之至尊名副其实。孔子云："君子和而不流，强哉矫！中立而不倚，强哉矫！"（《中庸》）能和但不随其所偏流，保持中道而无所倚持，这是君子之本然。而小人呢？孔子云："小人多言、多过、多事、多祸。"（《帛书易传》）使之近则无怨是正确的，与其保持一定的距离，使其不触红线，不使其不逊，也是正确的，这就是作易圣人所表现出的自然辩证法思想的又一特征。但小人之于君子，"不耻不仁，不畏不义，不见利不劝，不威不惩，小惩而大戒，此小人之福也"（《系辞》）。也就是说，小人有其不可变更的缺点和不足。无限地贪取而又不知其行之耻，不学无术而又骄泰蛮横，真可谓"小人乐其乐而利其利也"（《大学》）。且"小人之使于国家，灾害并至，纵有善者，也不可如之何矣"（《大学》）！更重要的是，小人无所畏，孔子云："君子有三畏：畏天命，畏大人，畏圣人之言。"（《论语》）使小人无限地接近，实际上无异于朱熹所云："小有主宾之异耳。"既然小人之行如此，天地之道不能使其观视，当需采取刑狱之法制裁之。

《序卦》所言之"观而后必有所合"，是一种自然观思想的话语表达。感观论是中国古代传统思维方式的重要内容之一，阴阳之所感导致了易卦的无穷流演，可观而明著，必至产生无尽的变化。相感必至相合，"近不必比，远不必乖"（王弼《周易略例》），强调了阴阳相互之间力的作用的广厚性。和合而同，处中而不流不倚，为君子所推崇，同时对贤民也有所礼敬。观时态下的阴阳互动，在临道尚近理念的运作基础上，已使阳君之德遍流下民之中，从而保持了阴阳相互对待的良性环境。但由于阴性特征使然，不乏无限近逼阳君者，实属阻隔阴阳良性对待的大害，"君子周而不比"（《论语》），必得除之以为快也。胡瑗云："若朝廷之上，朋友之中，闺门之内，有一小人间入其间，则为君子良民之害，故必须刑罚之，则君子之道得以行，良民之志得以伸，心气和同，上下协合，所以大道通也。”[1] 胡瑗对噬嗑时态下所涵存的自然观思想的核心基质给以提揭，并据此而提出了易学的象数基础和方法论思想。他说：“此卦自颐而得，颐者上艮下震，二阳居外，四阴居其内，是其所食之道也。今噬嗑即是九四矣，一阳居三阴之中，如刚梗之物在于颐中，必待噬而咬之，然后可得其合。”[2] 以易象来喻意，从而提揭了易象自然观的核心地位。程颐也同样论述道：“圣人以卦之象，推之于天下之事，在口则为有物隔而不得合，在天下则为有强梗或谗邪间隔于其间，故天下之事不得合也，当用刑罚，小则惩戒，大则诛戮以除去之，然后天下之治得成矣。”[3] 同时程颐据此又进一步推论说：“凡天下，至于一国一家，至于万事，所以不和合者，皆由有间也，无间则合矣。”[4] 朱熹、张载、司马光等都有相似的阐述和理解，这里就不再多述。

那么，如何才能采用刑狱惩诛，除去间隔于其间的强梗谗邪，以达阴阳和合之境呢？这就应从噬嗑状态时位上其阴阳相互作用的力的结构语境图式来分析和把握其自然观思想，从中找出在噬嗑格局时态下的运作方略。

噬嗑　↙井（䷯）
䷔
否（䷋）↗

噬嗑与井旁通，而井又从困来，旁通之情要得以流通，是宇宙之自然，也是阴阳相互作用之情状。所谓井道是为不能终困而所为之道，故噬嗑之所用刑，也应效法之，不可滥而用之。所用之法必须为解困而施行。同时，噬嗑又本于否，否五之初即得噬嗑，否则不通也，由群阴长盛而导致，故噬嗑卦象展示了该时态下的自然观和方法论思想，为明君所效法。故作为天下所尊亲之明君，应以明罚敕法为原则，以图通达而恒持。

初九，屦校灭趾，无咎。

从阴阳相互作用的自然观视角去审视治理和清除间隔于其间的强梗谗邪之小人，所措之事宜，在噬嗑卦的象中已彰明其则。噬嗑本于否而旁通井，续观之后，出现了阴势中隔于阴阳之间的强梗谗邪的现象，导致了阴阳之间的相互抗拒而张力大增，从而必将使无限进犯之强梗谗邪渐次停止其前行的惯性，而“不行也”。同时，阴阳相求相向而行，出现停滞的局面，亦为“不行也”。作易圣人用“不行也”给以象之，其自然观思想明现无疑。基于这种所效法的自然之象、自然之法，“尽象莫若言”（魏王弼《周易略例》），作易圣人定之以“屦校灭

---

① 胡瑗．周易口义．第4册第39页．文渊阁四库全书·易说卷．
② 胡瑗．周易口义．第4册第39页．文渊阁四库全书·易说卷．
③ 程颐．伊川易传．第2册第44~46页．文渊阁四库全书·易说卷．
④ 程颐．伊川易传．第2册第46页．文渊阁四库全书·易说卷．

趾”。表层之意为“以木械制其足，没足趾也”①，而作易圣人以象喻意，涵摄互动，不仅彰明了阴阳之间相互作用的自然情形，而且告诫人们的行运规约。《坤文言》云：“善不积，不足以成名；恶不积，不足以灭身。小人以善小为无益而弗为也，恶小为无害而弗去也。恶积而不可掩，罪大而不可解。”刚阳之君处于此情此景，所应采用的果断办法，就是阻止小人之行。这样做的效能，就在于防微而杜渐，防止其恶行产生。

而如何去阻其恶行之发生呢？程颐云：“当用刑之，始罪小而刑轻。人有小过，校而灭其趾，则当惩惧，不敢进于恶矣，故得无咎。”② 提出了刑其小过的处事法则，使其“不敢进于恶矣”，即令人欲进犯之强梗谗邪，在君刑之势的强压下，不欲前行而间人。《系辞》云：“小惩而大诫，此小人之福也。”言明对小人所表现出的小的过错，给以刑咎而使其得诫，是对小人的保护和关怀，否则就会张扬其本性，使“小人之无忌惮矣”（《中庸》）。胡瑗云：“夫圣人之视民也，如父母之于赤子。虽有罪岂忍加之刑戮哉。”③ 将阴阳相互对立之情形转换为阴阳相互对待之情结，体现了易之整体宇宙关怀和终极人文关切的自然观思想。

六二，噬肤灭鼻，无咎。

尽管初九时位上，刚阳之君所采用的使小人住足之策，但小人之福，实属君子之仁爱。而小人往往是“以善小为无益而弗为也，恶小为无害而弗去也”（《坤文言》）。小人之诫，就是近则不逊，无所畏惧，“不畏不义”（《系辞》）。阴的前行受其惯性之力的作用，不会马上停止。“屦校灭趾”之策，也不可能完全适应于一切情况。按照这样的发展态势，小人行事之趋向，必然会步入恶行横流的境地。胡瑗云：“夫初九者，过恶之小人已乘于上，当用刑以惩之。”④ 这个过恶之人，实为刚强，故“乘刚也”。对于其所用之刑，必须使其得以震服。“噬啮人之肌肤，为易入也。灭，没也，深入至没其鼻也。……刑刚强之人，必须深痛，故至灭鼻而无咎也。中正之道，易以服人，与严刑以待刚强，义不相妨。”⑤ 用处中而正可以直的刑罚惩治之，是使这个过恶刚强之小人停止其恶行蔓延的最好办法。

六三，噬腊肉，遇毒，小吝，无咎。

六二时位上的刑以待刚强，必须本持的原则是中正而刑。因为“得中而应乎刚，是以元亨”（《彖·巽》）。为了君志畅行，只有处中得正，才能亨通道达。

① 胡瑗．周易口义．第4册第41页．文渊阁四库全书·易说卷．

② 程颐．伊川易传．第2册第46页．文渊阁四库全书·易说卷．

③ 胡瑗．周易口义．第4册第41页．文渊阁四库全书·易说卷．

④ 胡瑗．周易口义．第4册第42页．文渊阁四库全书·易说卷．

⑤ 程颐．伊川易传．第2册第49页．文渊阁四库全书·易说卷．

但孔子喟然叹曰：“道之不行已久矣。”（《中庸》）更为现实的是，“天下国家可均也，爵禄可辞也，白刃可蹈也，中庸不可能也”（《中庸》）。一时之得当是可能的，但若长久而能行乎中庸，则是不可能的。既然这种偏执会存在，甚至是必然的，那么必定会“噬腊肉”而“遇毒”。程颐云：“三居下之上，用刑者也。六居三，处不当位，自处不得其当而刑于人，则人不服而怨怼悖犯之，反伤于口也。”① 六二时段所论用刑之原则，直接指涉刚强犯过之人要心之诚服，心之不服终究是祸端，故六三时位上的不当处置，必须给以明视，否则会“遇毒”而反伤于己。如何才能使其心服之呢？胡瑗云：“凡用刑之道，有诸己然后求诸人，无诸己则不可责于人也。”② 这就要对观时态下的正心诚意以修身壮阳之则给以进一步发扬和承继，否则就不可能达到中正之境。正如胡瑗进一步所指出的那样：“今六三以不中不正之行而刑人之过，则人无有服从之者。故若噬腊肉之难也。民心既不从，怨怼既已结，非但不能刑人，反招其害也。故噬腊肉遇毒也。”③ 但用刑之策略是正确的，故程颐云：“然当噬嗑之时，大要噬间而嗑之，虽其身处位不当，而强梗难服，至于遇毒，然用刑非为不当也，故虽可吝，而亦小噬而嗑之，非有咎也。”④ 既说明了用刑本身的正确性，又诫之以中正的原则，“于义为无咎也”⑤。

九四，噬乾胏，得金矢。利艰贞，吉。

六三时位上所言之不中不正之刑，有其必然性和客观性。这在六三时位上自然观思想的透析中已彰显明了。其中蕴具着壮阳之势以刑人的哲学意蕴，自身不过硬而正人者，难免偏势而失中不正。从初九至六二、六三，一直到上九，都体现了“利用狱”的刑制之措，也就是说都需要遵从强化阳势其力而制阴动的自然规约，如下图所示：

$$阳_A——d——阴_B$$

若阴$_B$为间入其中的强梗谗邪的小人，阳$_A$为排拒小人的刚阳之君的话（这里阳$_A$专指抗拒阴$_B$的刚阳之气），阳$_A$与阴$_B$之间的斥力或张力是相互的、对等的，只有在阳$_A$ > 阴$_B$的情况下，才能制阴$_B$的靠拢性运作，否则阴$_B$会消阳$_A$阳势而致其伤，甚至出现反制的局面。这言明并喻示着阳君在六三时段上的修身强己的态度和行事方略，故“得金矢”，即找到了可行的办法——直内正己以求中正，胡瑗云：“矢，直也。九四履文明之始，其体刚，刚则果于行事，明则辨于邪正。

① 程颐．伊川易传．第2册第50页．文渊阁四库全书·易说卷．
② 胡瑗．周易口义．第4册第43页．文渊阁四库全书·易说卷．
③ 胡瑗．周易口义．第4册第43页．文渊阁四库全书·易说卷．
④ 程颐．伊川易传．第2册第50页．文渊阁四库全书·易说卷．
⑤ 朱熹．周易本义．北京：九州出版社，2004. 58.

虽非中正，独有刚明。故所行无不得其直。”直者，对内；义者，主外。“君子敬以直内，义以方外。”[①]（《坤文言》）正如朱熹所言：“九四以刚居柔，得用刑之道，故有此象。”[②] 正是立基于这种合自然观思想的运作和笃行，才能面对更为强硬的对手而从容不惧，敢于“噬乾胏”，所谓“乾胏”，程颐解释为“至坚难噬者也”[③]。但为了防止阴柔小人的反伤，也为了保持并形成刚阳之君阳势上扬的态势，必须艰苦磨炼，故曰“利艰贞”则“吉”。程颐对此也给予极高的评价：“九四刚而明体，阳而居柔。刚明则伤于果，故戒以知难；居柔则守不固，故戒以坚贞。”[④] 只有知难而坚贞，才能修身而强体，故他评价道：“在噬嗑，四最为善。”[⑤] 但善行流行，才能终得善果，九四体刚，只能是果于行事，还需践履。孔子云：“君子之道，比如行远以自迩，比如登高必自卑。”（《中庸》）道成而还需践行，达远而自迩，处高而自卑，究其现状，“未光也”。

六五，噬乾肉，得黄金，贞厉无咎。

九四之最善而道行，必能治乱持危。照此下去，困而渐缓，危而不危。“噬乾肉，反易于四之（噬）乾胏者。在上之势，以刑于下，其势易也。”[⑥] 事情总是辩证的，对立之双方，强弱是相为参照物的，阳之强刚，阴必弱小，阴势小人就不敌刚强之阳君，刑罚相对来说容易很多。“黄金者，黄中之色也，金者，刚之物也。夫断天下之狱，必有中正刚明之德可也。”[⑦] 所以只有用刑之道处中正而用之，才能天下流行，否则民不服也。然则民服敬之，当须“临之以庄则敬”（《论语》）。这里的“庄”就是庄重、严肃、严厉的意思，沈该干脆解释为“贞厉，尚刑也”，但同时又指出“人君者以德服人正令也，舍而用刑，正之危也，是以贞厉也”。尚德是人君之本，用刑是不得已之举，故其《象》曰：“君子以明罚敕法。”贞厉以使其恒持敬畏之心，就改调了小人“不畏不义”的致命缺点，而得以教化，方可“无咎”。正如朱子所言：“贞厉乃得无咎。”[⑧]

上九，何校灭耳，凶。

人之耳听必聪，目视必明。小人随声而应，视之情形以动，才是阴阳相互对待之举措。刚阳之君秉持着用刑之道而万民兼服，造成了一种威杀进犯小人的社会环境和禁止不义之举的良好氛围。若小人聪而不明，将善意之语当耳旁风，不

---

① 胡瑗．周易口义．第4册第44页．文渊阁四库全书·易说卷．
② 朱熹．周易本义．北京：九州出版社，2004. 59.
③ 程颐．伊川易传．第2册第51页．文渊阁四库全书·易说卷．
④ 程颐．伊川易传．第2册第51页．文渊阁四库全书·易说卷．
⑤ 程颐．伊川易传．第2册第51页．文渊阁四库全书·易说卷．
⑥ 程颐．伊川易传．第2册第51页．文渊阁四库全书·易说卷．
⑦ 胡瑗．周易口义．第4册第44页．文渊阁四库全书·易说卷．
⑧ 朱熹．周易本义．北京：九州出版社，2004. 59.

明了作恶环境之不存在，而一意孤行，以致恶积而不可掩，罪大而不可解。在这种强大态势下，只要积恶累罪者，诛灭之声不绝于耳。凶者，失也，“吉凶者，得失之象也”(《系辞》)。言明因罪而诛杀之，以失之也。何者，负也，谓在颈上，是一种死象，喻示着罪大恶极者必杀之的客观情状。

同时，阳刚之君在利用刑治之道的前提下，不断扩充其实力，就会失去以德服人之君道。在用刑于强梗谗邪之小人的过程中，实际上已经打破了阴阳两个群团的固有平衡态，而失中偏颇，甚至严重失衡，出现了$阳_A >> 阴_B$的情形，这完全是由刑罚广施过极而造成的，故其本身是不吉善的。作易圣人言之以“何校灭耳，凶”，戒之曰：“君子以明罚敕法。”

第二十二卦　贲卦的阴阳自然观

噬嗑时态下的用刑之道是必要的，同时也应清楚地认识到其过刚则折的危险性。噬嗑上九时位上的自然观思想已经明示了阳$_A$ >> 阴$_B$ 的情形，“过犹不及”，用刑过极必招其患。这就需要尊君在修身方面给以文饰之，《说卦》云：“坤为文。”而坤阴之用可以文饰刚强之君，以达自身阴阳之平衡，消去过盛之阳气，螺旋式地循环到天地君臣位当的阴阳相互对待的平衡态层面上，使上下志同，君臣和合。朱熹的阴阳内外感应的关系学说，正确地解释了这种刚柔并举的认识论和自然观思想。他认为：“一种是把阴与阳分做两个看的外部感应关系，叫做外感。一种是把阴与阳统做一个看的内部感应关系，即从一个阳中看出一阴一阳的消长，从一个阴中看出一阴一阳的消长。”① 即尊君从外感关系体系中，呈现的是阳性；但从内感关系体系中审视其性征，其本身又自成阴阳相互作用的动力体系。所谓修身，主要是寻求和调节其自身内部的平衡，以与外界相适应，“性之德也，合其内外之道也，时措之宜也”（《中庸》）。可见，孔子也有相应的观点和认识，体现了阴阳相互作用的自然观思想的历史地位、发展潜力和承继性特征。程颐对此也从自然观的角度阐述道：“草木品汇皆被其光彩，有贲饰之象，故为贲也。”② 从自然之草木出发，以象喻意，提出了贲之为饰的合理内涵。人之本于天，与草木同理。象意互涵，互演流变，凸显出贲时态下以文饰为核心内容的自然观思想。

胡瑗云：“以柔道文饰刚健之德，夫治国之道，不可专于刚，刚则暴；不可专于柔，柔则懦。刚柔相济然后治道可成矣。何则兵革可以御侮而不可久玩，刑罚所以止奸而不可独用。必有仁义礼乐文章教化以文饰之，则天下大通矣。”③ 坤阴之文专饰刚健之德以为之用，对于刑刚之用，也有“用有行藏”之则，二者是相辅相成的。只刚不柔则暴，“无文不行”④；只柔不刚则懦，“无本不立”⑤；刚柔相济则治成，“则天下大通矣”，并以此作为贲时态下自然观思想的核心轴线。程颐云：“阴阳刚柔相文者，天之文也；止于文明者，人之文也。”

---

① 肖萐父，李锦全．中国哲学史．下册．北京：人民出版社，2001. 77.

② 程颐．伊川易传．第 2 册第 53 页．文渊阁四库全书·易说卷．

③ 胡瑗．周易口义．第 4 册第 44 页．文渊阁四库全书·易说卷．

④ 程颐．伊川易传．第 2 册第 54 页．文渊阁四库全书·易说卷．

⑤ 程颐．伊川易传．第 2 册第 54 页．文渊阁四库全书·易说卷．

并进而提出：“止谓处于文明也。质必有文，自然之理，理必有对待，生生之本也。”① 人文就是止暴鲁粗野之行，而之所以能止者，就在于其文明。其自然观的思想基础就是阴阳之相互对待，正所谓“理必有对待，生生之本也”。程颐还把其理论认识给以提升：“天文，天之理也；人文，人之道也。”② 天文与人文紧密相关，二者的存在是人之所以为人的成性之路向，“观人文以教化天下，天下成其礼俗，乃圣人用贲之道也”③。

刚柔相济以成贲所示之道，客观上提出了一个具有辩证思想的命题：“君子以明庶政，无敢折狱。”何谓庶政，简言之，就是针对庶民百姓而施行的教化之规约，“庶政者，谓国家礼乐教化之道申明兴举之，以文饰天下之治，以其繁而不以俭”④。既要明政以文，同时还须狱刑以治。刚柔兼而用之，铸成了贲时态下的自然观思想的指涉重心。那么，如何才能使刚柔相机而用，以达阴阳和合之境呢？这就应从贲状态阴阳相互作用的力的结构语境图式来分析和把握其自然观思想，从中找出在贲格局时态下的运作方略。

贲　↙困（䷮）

䷕

泰（䷊）↗

贲者，饰也，与困旁通。这里所言之困，是卦名，并非困难、困穷之意，而是涵着天地之大道。《系辞》：“困，穷而通。”“困，德之地也。”言明了由穷极到亨通的宇宙自然规律，立基于德的修养，是贲的本质基因。文饰本于德行之教化，无德而饰，“色庄者乎？”（《论语》）同时，贲从泰来，泰上之二，刚上而文柔，柔来而文刚。既有刚强之用刑，又有文明之德教，“则治国其如示诸掌乎”（《中庸》）！而泰则通而能安，“履而泰然后安，故受之以泰”（《序卦》）。泰本身具有主动性的动因，故处泰安之时，当应“知至至之，知终终之”（《系辞》）。

初九，贲其趾，舍车而徒。

“贲其趾”及“舍车而徒”是据易象而所像之。“趾，足也。初九处贲之初有至明之性体，于阳有至刚之德，是君子之人能以道义贲饰其行。”⑤ 六十四卦每卦之初爻都为物事之起始，用于身体则当象足趾。但宋代易学家们已透过其表象而立意更高，胡瑗就认为贲初“有至明之性体”，有至刚之阳德，何谓之说呢？贲是阴阳从噬嗑状态下自然流转而所成之格局，噬嗑上九时位上的君阳之用

① 程颐．伊川易传．第2册第54页．文渊阁四库全书·易说卷．
② 程颐．伊川易传．第2册第54页．文渊阁四库全书·易说卷．
③ 程颐．伊川易传．第2册第55页．文渊阁四库全书·易说卷．
④ 胡瑗．周易口义．第4册第48页．文渊阁四库全书·易说卷．
⑤ 胡瑗．周易口义．第4册第49页．文渊阁四库全书·易说卷．

刚，已彰显无遗，出现了阴阳关系大为不平衡的状态。故其言贲初九有至刚之阳德和至明之性体，其实是阴阳相互作用的自然观思想的自然表露。因此用“贲其趾”而象之，这是中国传统尚象思维的普适性表述，欲通过“趾”之须“贲”、须饰，来说明刚阳之尊君应止于文明。如何止于文明呢？程颐云：“初比二而应于四，应四正也，与二非正也。九之刚明守义，不近与于二而远应于四，舍易而从难，如舍车而徒行也。”① 程颐同样以卦爻象为基础，阐发反映初九爻位上爻象、爻辞所涵之大义。通过不就近相与于二、而舍近求远相与于四这种现象，反映和折射出君阳内心深处的一种自我克制的修身情结，以求止阳过之情。程颐在阐发思想的过程中，对作易圣人所言之爻辞，也提出了其表达方式的隐喻性命题和类比方法，他所说的“舍易而从难，如舍车而徒行也”就集中地表现了其解易的思维方法和认知态度。

程颐又云：“以车徒为言者，因趾与行为义也。”② 足的自然属性就是要走路的，这就是其用处之所在，若不走路，其义何在？尽管走路不如乘车方便快捷，但能达到笃行的目的，我们平常所说的“一步一个脚印”就是这个意思。孔子云：“有弗行，行之弗笃弗措也。”（《中庸》）笃则实也，实则刚柔兼备、阴阳平和，喻示着文明以止其过刚之行，使其达笃实之境。这就是君子的境界，但这种境界的现世，往往又为世俗所哂之。作易圣人对此明言：“义弗乘也。”不仅说明这种做法的正确性，而且隐含了与世俗观点的不同之所在。程颐分析了这种现象的自然本质，“守节义，君子之贲也。是故君子所贲，世俗所羞，世俗所贵，君子所贱”。孔子也有同样的论述：“君子之道是为人之所不识也。”（《中庸》）“君子之不可及者其惟人之不可见乎。”（《大学》）朱熹更是一针见血：“刚德明体，自贲于下，为舍非道之车，而安于徒步之象。”③ 置身于噬嗑刚刑毕显的情状之下，贲时态下最难推行的是文明以止之道，而其他道路都是可离的，“道者，不可须臾离也；可离，非道也”（《中庸》）。乘非道之车，会与其要义相去甚远，不可去选择。只有从头做起，脚踏实地地前行，才是正道。千里之行，始于足下，戒之以文明之德开启其始，止其源头。

六二，贲其须。

“须”就是“待”的意思，等待什么呢？程颐解释说：“须，随颐而动者也，动止唯系于所附，犹善恶不由于贲也。”④ 贲饰的本质是对物的一种润色。“动止唯系于所附”是贲状态下的行动指南，故其《象》曰：“与上兴也。”初九所言

---

① 程颐．伊川易传．第2册第57页．文渊阁四库全书·易说卷．

② 程颐．伊川易传．第2册第57页．文渊阁四库全书·易说卷．

③ 朱熹．周易本义．北京：九州出版社，2004. 60.

④ 程颐．伊川易传．第2册第58页．文渊阁四库全书·易说卷．

从脚下做起，是笃行的必要条件，但随时而动，更是笃行的根本要求，所以程颐云："二实贲之主也，故主言贲之道。"① 程颐认为，初二为贲卦时态下具有基础性质的一个时位，锁定了贲饰之道的规范和动因，并强调："饰于物者，不能大变其质也，因其质而加饰耳，故取须义。"②

九三，贲如，濡如，永贞吉。

经过初九、六二两个时段对贲饰的态度和行动规约等问题的解决，贲饰之道就可畅扬而流行，使其止于文明，人文大兴，"贲饰之盛，光彩润泽"③。作易圣人以"贲如，濡如"来定其位，颇显恰当，反映了阴阳相互对待的生生之本，体现了易的根本精神，"生生之谓易"（《帛书易传》）的自然观思想明露透显。但生生自身的规律，是呈曲线形展开的，不可能恒常不易，也就是说，阴阳相互对待的格局如同六十四卦不同的表达和体现一样，阴阳对待关系也是有疏密之分的。贲卦象对这种自然情状给以明示，"三与二四非正应，相比而成相贲，故戒以常永贞正"④，准确地反映出贲饰之道畅扬时的客观情状和运行规律，涵摄着自然观思想的博大光辉。但若能处于"永贞"状态，则终不会受其（凌）侮，故其《象》曰："终莫之陵也。"

六四，贲如皤如，白马翰如，匪寇婚媾。

皤是洁白的意思，翰是高飞的意思，如程颐之解释"辞助也"。婚媾，是阴阳会合之意。这样从表面上来理解，就是文饰一新，洁白清明，人马一体，高远会通。但其内摄的阴阳相互对待的哲学内涵和自然观思想，丝毫没有任何表露和展现。宋代易学家对此作出的贡献，堪载史册。九三时位上阴阳相互对待的自然观思想已告诉我们，处其时下之状态，阳君之刚德已止于文明，人文大兴，"贲饰之盛，光彩润泽"。并且其态势的持恒程度，直接关系到其修身的功效，当然也关系到终善与否、受陵侮的情状出现与否及其文明境界的认同与否，喻示着阳君修身力度还需要强化，以达"永贞"。正是这种情势体系的不断拓展，注定了其发展必然会达到高远通达的程度，使其洁白而无所瑕玷，到了无可挑剔的境地。胡瑗对此评论道："六四以阴居阴，履得正位，而行得正道，能以五常之道饰其身而修其行，洁白其志，使君子之德成，而无有玷缺也。"⑤ 这是阴阳相互作用的结果。由九三至六四，体现出了一个逻辑的自然演化程式。用白、皤、白马来示其志之纯，还受九三之戒而存疑惧，以能永保持恒之心，则"其往求之

① 程颐．伊川易传．第2册第58页．文渊阁四库全书·易说卷．
② 程颐．伊川易传．第2册第58页．文渊阁四库全书·易说卷．
③ 程颐．伊川易传．第2册第58页．文渊阁四库全书·易说卷．
④ 程颐．伊川易传．第2册第58页．文渊阁四库全书·易说卷．
⑤ 胡瑗．周易口义．第4册第51页．文渊阁四库全书·易说卷．

心，如飞翰之疾也”①。阴阳和合，不会有所过咎。正如孔子所云：“内省不疚，何忧何惧。”（《论语》）

六五，贲于丘园，束帛戋戋吝，终吉。

子曰：“君子有诸己而后求诸人，无诸己而后非诸人。”（《大学》）反求内省之功，修身以敦厚其德，柔来而文刚，止于文明，则“修下而高者降，与彼而取此者服矣”（王弼《周易略例》）。其外环境自然会得到改善，故有“贲于丘园”之辞。这种文明的阴柔之质，“密比于上九刚阳之贤，阴比于阳，复无所系应”②。文明遍显其身，其欲进犯近逼者，因其“无所系应”而无法伤之，从而减缓了刑刚的作用，德治流行于天下。胡瑗解释“丘园”为敦实之地，象征着贲饰之功已成。帛，为未裁剪之布，主要用于装饰；束，为量词；戋戋，是少、小之意；吝，按胡瑗的解释，为吝啬之意。意思是说尽管很文明，但对其构成基质或因素非常珍惜。言明其文饰恒持之志，其结果必然是“终吉”。孔子云：“致中和，天地位焉，万物育焉。”（《中庸》）阴阳之相互对待的发展趋势，就是彰显阴阳和合的生生之本，故其《象》曰：“六五之吉，有喜也。”

上九，白贲，无咎。

贲饰之道经过一系列的逻辑性演化，已具有化育之功，不仅强化了阳君的刚柔相济之体，而且大化流行于天下，以至于恒持而贞固。白者，素也，即平常。

“自贲趾至此上九，贲道已成，无入而不自得也。”③使贲饰文柔之情状演化成了一定的惯性运行态势，无所咎过之处。并且其化育功能之大，实属博大广厚。胡瑗很形象地说：“君子之人始能治其心、明其性、饰其身，至此可以为仁，可以为义、为利、为智。处于富贵，则富贵得其宜；处于贫贱，贫贱得其道，以至为将、为相、为公卿。”其作用更为可观：“用之天下，则天下治；用之一国，则一国安；施之一家，则一家进退出处皆得其宜。”④故其《象》曰：“大得志也。”

但正如朱熹所言：“贲极反本，复于无色。”⑤贲重则文饰溥博，其本必因文饰阴柔过重而失其所立之基，大有色庄之嫌。而阴阳相对待自然观视角下的亨通之道，在于“有实而加饰，则可以亨矣”。饰须符实，“文犹质也，质犹文也”（《论语》），方显衬托之美，文饰太重，饰则变蚀，阴气过强，“过犹不及”，故其“复于无色”。这就为剥卦自然观的提出，自然地作了合理的铺垫。

---

① 朱熹．周易本义．北京：九州出版社，2004. 61.

② 程颐．伊川易传．第2册第60页．文渊阁四库全书·易说卷．

③ 胡瑗．周易口义．第4册第53页．文渊阁四库全书·易说卷．

④ 胡瑗．周易口义．第4册第53页．文渊阁四库全书·易说卷．

⑤ 朱熹．周易本义．北京：九州出版社，2004. 62.

卷四

第二十三卦　剥卦的阴阳自然观

贲饰之道须与本质相符，文质相当，则可合内外之道。只有自身的阴阳体系得以平衡，且其所处环境中的阴阳体系也得平衡，才能使君德流行畅扬，也才能称得上是文质相当。现贲饰至上九时位上，尽管文饰之道强化了阳君的刚柔相济之体，而且大化流行于天下，以至于恒持而贞固。但其极至时态下的发展态势必然是“贲极反本，复于无色”。文饰太重，饰则变蚀，阴气过强，“过犹不及”，反而成害。其危害之所在，根植于“白贲”，文饰繁流，“束帛戋戋吝”，强化阴柔之用，而忘了其所依托之本。如此者，必然会造成阳君刚阳之势的下滑，不仅打破了噬嗑时段已酿成的“得黄金”、“得金矢”的局面，而且必然会使群阴因失去或减弱与尊阳的相互吸引力，而变得松散而活跃，“柔变刚也”。这种群阴长盛之势，消剥阳气的刚强之性，直至其失位，像剥卦卦象所显示的那样，“山本至高，地本至低，今山反附着于地，是剥落之象也”①。程颐也作了类似的注解：“以二体言之，山附于地，山高起地上，而反附着于地，颓剥之象也。”② 作易圣人将此形容为“山附于地”，是有其丰富的自然观思想涵摄其中的。单从卦象上看，完全可以说“山在地上”，但作易圣人弃之而不用，其根本原因在于以是否符合宇宙自然规律为标准，涵具着丰厚的自然观思想的萌芽。

对于这种阴长阳消大幅凸显的情状，尊阳之刚强难以张扬，单依其阳性之本然属性，本着诚之天道而行，势必会阴消更彻底，阳被颓剥的程度更深一些。故“君子不利有攸往”。而应该知不可有所往，顺时而止。小人阴性过重，“君子以天下之利存于心，小人则不然，其意日以残贼良民、侵消君子为务。今剥之时，君子消剥，小人长盛之际也，君子若复有所往，必见害于小人也”③。宋易多用君、君子、大人与小人、臣、民以及刚健与文明等，喻示着阴阳之间的相互对待关系，合天地人为一体，共同反映易中所涵具的自然观思想。剥时态下的情状，客观上规定了尊阳处于保守不失、辟其阴消的状态。那么，如何才能突破阴消之

① 胡瑗．周易口义．第5册第4页．文渊阁四库全书·易说卷．

② 程颐．伊川易传．第2册第61页．文渊阁四库全书·易说卷．

③ 胡瑗．周易口义．第5册第2页．文渊阁四库全书·易说卷．

势，以求固基强本之实呢？这就应从剥状态阴阳相互作用的力的结构语境图式来分析和把握其自然观思想，从中找出在贲格局时态下的运作方略。

剥 ↙夬（䷪）
䷖
观（䷓）↗

剥卦之《象》曰："山附于地，剥，上以厚下安宅。"提出了突破长盛之阴势的消阳情状所应坚持的指导性应对方略。程颐云："上，谓人君与居人上者，下者，上之本，未有其本固而能剥者也。"① 只要本固，则可待时而行，《书》云："民惟邦本，本固邦宁。"剥与夬旁通。夬者，决也，刚决柔也。如何才能将柔决除而去之，必须戒备以防危，故夬有"孚号有厉"之说，并且以其所不善而治之。程颐云："君子之治小人，以其不善也，必以己之善道胜革之。"② 并且围绕这个主线，提出了"圣人诛乱，必先修己"的治乱理念。只要修己，则本自立。圣人所言"厚下安宅"也摄具着修身立本的大易内涵。同时，剥由八月卦观来，四时行矣，百物生焉。观卦时段自然观语境下的本质性命题是"为观于下则为观"。而这个本质性命题的核心，又立基于为下之情状，以达合自然之理、顺其行事之准则的高度，故为"观民设教"，大行教化之功。阳君思诚而合道，阴臣观圣贤而事君，使天下之民与宇宙天地混然而一致，达致教化之高度。剥中所言"顺而止之，观象也"是据剥卦二体之象而言之，其本源来自于"观民设教"。"观象也"之辞，在其他卦里鲜为出现。

初六，剥床以足，蔑贞凶。

处剥之时，阴柔过盛而消阳势强，由阳君而流行的正道，受到阴柔消阳态势的直接挑战，且直指正道的根本。"床者，人之藉以安身者也，足居床之下，初六最处一卦之下，民之象也。"③ 孔子云："知止而后能定，定而后能安，安而后能静，静而后能虑，虑而后能得。"（《大学》）只有安身才能立命，只有安静才能得以身修，只有修身才能符合剥时态下"圣人诛乱，必先修己"的治乱理念。作易圣人以床而象符安身之住所，那么其支柱性或根植性的东西，无疑就以足而象之。言明要从根本上首先给以修持，并且若"蔑贞"则凶险必成定势。"蔑"，程颐解释为"无"的意思，而朱熹解释为"灭"，等等，不同的易学家有不同的解释。但这都不影响宋易自然观思想的流演和彰示。"蔑贞"就是固持力度的不恒常，作易圣人以"凶"作结论，就是立足于阴阳相互作用的力的语境视角给以定位，指出若根上出了问题，什么都是无用之举，戒之以固持根本的东西，才

① 程颐．伊川易传．第2册第63页．文渊阁四库全书·易说卷．
② 程颐．伊川易传．第2册第63页．文渊阁四库全书·易说卷．
③ 胡瑗．周易口义．第5册第5页．文渊阁四库全书·易说卷．

是最为要紧的步骤。

胡瑗阐发其大义："小人得位乘时籍势，恣其奸恶以剥消于天下，然为剥亦有渐，故自微以至于著，自下以至于上，剥之始先剥于民。夫民者，君所赖为其本也。"[①] 民不可剥而剥君者，消阳的困难就大增，而使君抢先迈出了主动的一步，"以灭下也"。本立而道生，立本则道明。道之已明，就可以消除阻碍君阳正道流行的制约性因素。

六二，剥床以辨，蔑贞凶。

初六时位上阴柔对刚阳的侵蚀，直指其根本。六二时位上的消阳领域，则锁定在君阳正道的流通环节上。程颐云："辨，分隔上下者，床之干也。"[②] 朱熹也持同样的看法。胡瑗解释说："六二居肤足之间，是上下分辨之际也。以人事言之，则是居君民之间，臣之位也。"[③] 孔子所云之"天下国家有九经"中有两经就言此事，一是敬大臣也，二是体群臣也，并指出："官盛任使，所以劝大臣也，忠信重禄，所以礼群臣也。"（《中庸》）这里的"盛"官、"任"而使用之、给以厚禄等，都是仁君品德之所为。之所以群臣激愤，大臣使弦，就在于没有给其足够的信任及相应的利益。《系辞》云："何以守位曰仁，何以聚人曰财，理财正辞、禁民为非曰义。"明君守位靠的就是仁义。仁者，爱人；义者，利物。同时，现实的财利被定位为聚人的重要工具。之所以群臣以下能乱上，是因上君"未有与也"而所导致。"剥床以辨，蔑贞凶"在警示君王：剥消其骨干的主要问题，就在于自身对贤臣的行为上。这些问题若不存在，消阳之势必破。

六三，剥之无咎。

我们说群阴长盛、剥伤君子是恶行，但并不是说对处剥之时的阴柔给以全部否定，而是对使阴阳失衡的那一大部分阴柔小人给以整治或应对。阳君的自身阴阳平衡态还需恒持。这个用于平衡的阴柔性体的存在是无害的，故曰"无咎"。也正是因为这个平衡所用之阴柔的存在，阳君才得以处中正之位，形成平衡之态，使长盛之群阴，无有所感而失去定向运动的亲和力，"失上下也"，反制了群阴的恶奸之行，是故无所咎过之处，体现了阴阳自然观思想的基础性作用，以象喻意，明示了作易圣人象天法地，对阴阳互动的自然规律的深度体悟。

程颐、朱熹、胡瑗、张载等，都从六三爻象的视角层面，提揭其所蕴具的义理内涵的大义，一致认为"三独居刚而应刚，与上下之阴异矣"[④]，即意味着剥卦六三时位上阴柔存在的合理性。所谓"居刚而应刚"一语，提揭了该爻时位

① 胡瑗．周易口义．第5册第5页．文渊阁四库全书·易说卷．
② 程颐．伊川易传．第2册第63页．文渊阁四库全书·易说卷．
③ 胡瑗．周易口义．第5册第6页．文渊阁四库全书·易说卷．
④ 程颐．伊川易传．第2册第64页．文渊阁四库全书·易说卷．

上的剥消指涉，就是阳君本身。群阴攻势侵蚀领域，从阳君本身上做文章；同时，也指出阳君修身之举的正确性。

六四，剥床以肤，凶。

六三时位上程颐、朱熹、张载等易学家所说的“三独居刚而应刚”，实际上是说六三独居刚而应刚，这个六三非常关键。孔子云：“天命之谓性，率性之谓道。”（《中庸》）性者，本性也，是属有的范畴，所能率其有者必自无出。而有无相合必成道。“道也者，不可须臾离也，可离，非道也。”（《中庸》）言明这个无，就是其志或诚意。意诚不可动失，失则属阴，正是阴消之象。诚意恒存，志不可夺。阳君当务之急，就是护其身。若失身，则诚意之载体荡然无存，“切近灾也”。程颐云：“肤，身之外也，将灭其身矣，其凶可知。”① 六三、六四皆为人道，六三言其心志和诚意，六四时位上言之“肤”，体现了作易圣人的逻辑性命题和思维方式。

六五，贯鱼以宫人宠，无不利。

“鱼，阴物也，故以为象。……宫人，宫中之人，妻妾侍使也。以阴言，且取获宠爱之义。”② 从初六至六四，从地道至人道，各个方面、各个环节上，首先明见其被阴柔进犯的领域和指涉对象，然后给以诚之者的运作，使尊君自身的修身程度得以全面展开而壮其身势，以使阴势浸润和侵害不得而至，“五为众阴之长，当率其类，受制于阳，故有此象”③。六五时段已步入天道，天道自然，自然会使阴柔长盛进犯之行得以遏制。孔子云：“有诸己而后有诸人，无诸己而后无诸人。”（《中庸》）身修之至，诸己皆备，“正己而不求于人，则无怨”（《中庸》）。己正人必敬，敬则无不畏。不但制衡了阴柔自身产生的危害，而且“五能使群阴顺序，如贯鱼然，反获宠爱于在上之阳如宫人，则无所不利也”④。其结果，必然是“终无尤也”。

上九，硕果不食，君子得舆，小人剥庐。

程颐云：“剥，颓剥，小人之害也。”⑤ 朱熹云：“阴盛而阳衰，小人壮而君子病。”⑥ 胡瑗云：“（小人）以残贼良民侵蚀君子为务。”⑦ 他们都对剥的内涵要义给以说明和厘清。其共同之处，就是程颐所说的“小人害也”。也就是说剥之时也，是君子遭小人害损之时段，但同时也是君子弊存之所在，故若朱熹所言之

---

① 程颐．伊川易传．第2册第65页．文渊阁四库全书·易说卷．
② 程颐．伊川易传．第2册第65页．文渊阁四库全书·易说卷．
③ 朱熹．周易本义．北京：九州出版社，2004．64．
④ 程颐．伊川易传．第2册第65页．文渊阁四库全书·易说卷．
⑤ 程颐．伊川易传．第2册第66页．文渊阁四库全书·易说卷．
⑥ 朱熹．周易本义．北京：九州出版社，2004．63．
⑦ 胡瑗．周易口义．第5册第2页．文渊阁四库全书·易说卷．

“君子病”的情形。尊君修己而强身，消除其所弊，大无防于明道的推行。宋易学家们所言之上九阴剥阳而阳气几至剥尽之语，是说阴柔小人对尊君的各个领域都已发起了挑战，并不是说消灭了阳体的各个成分。这样上九时段，阴对阳的剥落态势已经穷途而终。对以修身为本的尊君来讲，无异于经过了一场洗礼，得到了身修强壮足以扭抟局面的能力。可以说是成果颇丰，亦为大哉，故曰“硕果。”

所谓的“食”，也是一种象。食，吃也，对六五时位之所得给以耗尽或消耗用掉。而自初六至六五，阴消反给尊君的修身提供了机遇和检验的便利。为其增长了应对变化的能力，怎么能消忘掉呢？故作易圣人拟之以“硕果不食”。这样一来，阴柔消阳侵害的作用就在上九时位上发生质的变化，化害为利，像车舆一样扶持尊君，侵损残害的本性从根本上被制约而沉没，故曰：“小人剥庐，终不可用也。”庐，即住所，意味着小人的安身之地已荡然无存，其本性的发挥，必得以遁逃而隐没。程颐云：“阴道盛极之时，其乱可知。”① 提出了一个自然观的命题。“小人多言、多过、多事、多祸。”（《帛书易传》）“小人不耻不仁，不畏不义，不见利不劝，不威不惩，小惩而大戒。”（《系辞》）言明了小人之能为和所为，这样的态势用至至极，“其乱可知”。乱则无序，无则生有，必有众心思治，载于君子平定之。

① 程颐．伊川易传．第2册第66页．文渊阁四库全书·易说卷．

第二十四卦　复卦的阴阳自然观

剥卦时态的格局，以“不利有攸往”而定调，强化其修身自省之功，“攻其恶，无攻人之恶，非慝与?”（《论语》）以至于“有诸己而后有诸人”（《中庸》）。“正己而不求于人，则无怨。”（《中庸》）这样的增阳强刚的运作态势，不仅使其自身的阴阳体系得以改良，而且使群阴侵损之势走向边缘而达极至乱的程度，无为而成。天道自然无为之法，得以人为主动的彰显，可谓诚之者的义举。从阴阳相互对待的关系中，不难发现这样一个截然不同的变化趋势：阳气自然生发，阴气颓然隐遁。这说是“剥极则复来，阴极则阳生”①的道理，体现了《序卦》“物不可以终尽剥，穷上反下”的自然观思想。

剥上九时位上，言明了群阴至乱之势，当须整治。但阳君之德方显，仅处于修身阶段。其要走的路还很漫长，《大学》云：“古之欲明明德于天下者，先治其国；欲治其国者，必齐其家；欲齐其家者，先修其身。”可见，修身只是平天下的初级阶段，还须齐家，还须治国，方能使天下平。其前行之路漫长而艰难，这种情态构成了复状态语境结构的基质成分。程颐云：“物之始生，其气至微，故多屯艰。阳之始生，其气至微，故多摧残。春阳之发，为阴寒所折，观草木于朝暮，则可见矣。所谓咎，在气则为差忒，在君子则为抑塞不得尽其理。一阳始生，至微，固未能胜群阴而发生万物，必待诸阳之来，然后能成生物之功而无差忒，以朋来而无咎也。”②程颐对复状态下的阳君所面对的困难和处境，给以了深入的剖析和说明，并对其前途的追求注入了积极的意涵，指出了富含自然观方法论的行动准则，故其《象》曰：“先王以至日闭关，商旅不行，后不省方。”作易圣人所言“出入无疾，朋来无咎”，就是对尊阳当下状态的条件假定。疾，快之意。出入，就是生长。处微之时，不可求快，只能求安。当然有朋友兄弟相助，可谓防得其当，不犯于咎。孔子曰：“安而后能虑，虑而后能得。”（《大学》）求安不是贪图享受，而是为了虑得，逻辑性地提出了无疾求安的发展意境，必然导致阳气长盛的局面。孔子所说的“反复其道，七日来复”就是警示君王虑而三思之，反复安行其道上，修炼切磋，阴阳更生之时日自然而生，“天道也”，自然之理。

那么，如何才能形成安而能够虑得的局面，以达阳势长盛之境呢？这就应从

---

① 程颐．伊川易传．第2册第67页．文渊阁四库全书·易说卷．

② 程颐．伊川易传．第2册第68页．文渊阁四库全书·易说卷．

复状态阴阳相互作用的力的结构语境图式来分析和把握其自然观思想，从中找出在复格局时态下的运作方略。

复　↙姤（䷫）

䷗

坤（䷁）↗

程颐云："阳未尝尽也，剥尽于上，则复生于下矣。故十月谓之阴月，恐疑其无阳也。阴亦然，圣人不言耳。阴道盛极之时，其乱可知也。"① 复由剥依序而来，因剥尽则为坤，所以坤则成为复卦之源头。坤又为十月卦，而复为十一月卦，四时所行至于此也。四时行矣，百物生也，构成了义理流演的自然观思想的支柱。《说卦》云："坤为文。"而何为文呢？"物相杂故曰文"，即物之相杂为坤象。杂物多达一定程度，阴道甚极，其密度必然提升，形成一体，故坤与乾互为旁通。坤势随而转阳，《坤文言》："坤至柔而动也刚。"阴柔数量达极至的情况下，必然成刚而动，阳气反生。故可法象之，给以姤遇时态自然观的启迪。"姤，遇也，柔遇刚也。"（《姤·彖》）阴柔本来是消阳之体，但阴阳的本性是相求的，对于一个平衡体来说，看其阳势之强弱，无须看其自身情况，只要通明其所依附之阴势之体即可明晰，因为时下之阳势与阴势近似相等，用图式来表示：阳⩤阴。从阳看阳，从阴看阳，或从阳看阴，都可窥其全貌。同时，由剥时态修身之道可以为复阳提供比较可行的自然观思想和方法论的启发，迎接阴柔之挑战，可达修身壮阳之功效。因此，有必要主动地效法姤道，而积极面对阴柔所提供的机遇性挑战，壮大自身，使阳气长盛。

初九，不远复，无祇悔，元吉。

作易圣人在复卦卦辞的字里行间，已经对处复之时，尊君的行事准则给以定位，立基于剥时态下的修身成果，利用阴势的空前极盛的局面驾驭之，强化修养之功，以使阴柔之势形成与己相亲和的合力，壮大自己，充实自我。故其《象》曰："不远之复，以修身也。"

复，反也。阴阳相互作用的方向，明确地走向亲和。只是亲和的程度不能打破安行虑得的规约，以使其"出入无疾"。"无祇悔"之意，简单地说就是"不至于悔也"②。复时态下自然观思想的主要内容之一就是安行以使虑得，"不远复"可以实现之，符合自然规约的要求，无所悔怨。同时，不远而与阴柔相亲和，是为修身而行，实属必要之举，有何悔何咎？程颐云："学问之道无他也，唯其知不善则速改，以从善而已。"③ 故曰"元吉"。孔子对此在《系辞》中大发

① 程颐．伊川易传．第2册第67～68页．文渊阁四库全书·易说卷．

② 程颐．伊川易传．第2册第71页．文渊阁四库全书·易说卷．

③ 程颐．伊川易传．第2册第71页．文渊阁四库全书·易说卷．

其蕴："天地絪缊，万物化醇；男女媾精，万物化生。"阴阳男女相亲和之以成家道，修身之必然，生活之必需，无可怨咎，反而能壮大其身势，开创生之源泉。若能以仁行之，则可以达善的高度，使其阳气盛大，至善而至美。

六二，休复吉。

何为休呢？程颐曰："复之休美者也。"① 休，即美。"充实之谓美，充实而有光辉谓之大。"（《孟子》）阴阳之相亲和的情状，可使其阳势得以充实达美之境。这可以说是安行而至所得的逻辑结论。顺着这个逻辑的思路，自然会推出礼仁至善、光明其德的君子之大道。程颐云："为复之休美而吉者，以其能下仁也。仁者，天下之公，善之本也。"② 对于仁来说，按《说文》讲是从人从二，阴阳二体之合道即为仁。"天道下济而光明，地道卑而上行。"（《谦·彖》）阴阳合体，天地之交会，尚阳下而阴上。故其《象》曰："以下仁也。"当然，这不合复时态下的准则要求，但是面对将庞大阴势体系整合的困难，对剥上九时位上的硕果都戒以不食，何以求富呢？"富而可求也，虽执鞭之士，吾亦为之。如不可求，从吾所好。"（《论语》）整合阴势大群团，当然是功德卓越，但处复之时的安固准则，很明显是不可能的，故"以下仁也"之势成了必然之所趋。

六三，频复，厉无咎。

六二时位上提出了礼仁在复而反阳的过程中的地位，以此可以充实而至美。而复时态下的根本准则是"出入无疾"，而安行虑得。对于仁者来说，以追求至善为目的，又须打破安固之准则，这是天道自然之规律。"诚者，天之道。"（《中庸》）在阴阳自然相求之力的驱使下，单靠尊君修身一面的努力是不够的，必然会招致众阴的强频感应而动个不停，尊君好静之德受到了挤压而偏离安固的准则，危险而厉。但此情结之出现，实非君德自身之所为，从自然观思想的角度去审视，天性难违，"义无咎也"。程颐云："三以阴躁，处动之极，复之频数而不能固者也。复贵安固，频复频失，不安于复也。复善而屡失，危之道也。"③ 对天道自然而产生的躁阴之极动给以客观的反映，并指出了频复而不合复所应持有的安固之则，在复时态下出现了不安的局面，至使复虽善而屡失至危的境况。告诫尊君应以诚之者的姿态，知至至之，知终终之，以人事而改善和利用天道之规律，做到"为仁由己，而由人乎哉"（《论语》）的至圣境界。复卦六三爻位上，以阴居阳，不中不正，必定会出现复而不固、屡复屡失的局面。这体现了易卦卦象所涵摄的自然观思想的博大内容。

① 程颐．伊川易传．第2册第71页．文渊阁四库全书·易说卷．

② 程颐．伊川易传．第2册第72页．文渊阁四库全书·易说卷．

③ 程颐．伊川易传．第2册第72页．文渊阁四库全书·易说卷．

六四，中行独复。

承继六三时位上所展示彰明的自然观思想，作易圣人有暗示尊君以人事而改善和利用天道之规律，做到“为仁由己，而由人乎哉”（《论语》）的至圣高度。孔子云：“吾非生而知之者，皆好古敏以求之者也。”（《论语》）在孔子眼里，至圣是一种境界或极限，可永远靠近之，尽管永远也达不到，但“力行近乎仁”。之所以易作者有如此之暗示，孔子给出了合理的诠解：“君子之道，譬如登高以自卑，譬如行远以自迩。”（《中庸》）君子无忧无惧，是其内省不疚所奠定的。君子有杀生以成仁的品质，无求名利在其中。复虽以安固为准则，但追求仁的至善境界，已产生了一种自然观语境层面的强大的吸引力，而这种亲和力的产生又成为尊君必须给以正确认知的潜在本能，故“中行独复，以从道也”。这个道是仁道，而非求存图安的生存之道。朱熹曰：“仁人者，正其谊不谋其利，明其道不计其功。”[①] 正言其合理性和崇善性。《系辞》云：“天下何思何虑？天下同归而殊途，一致而百虑。”尽管天下千万道，但求善的境界，是每个道所必然指向的。虽有不合时宜者在，但时至而必行，通达无疑。

六五，敦复，无悔。

六三、六四都言其仁而所显的进取性，六五时位上的自然观思想的重心指涉，仍显示出相当程度的连续性和逻辑推演性。既然频复是天性概然之象，自仁求善为人道所崇尚。那么，仁道畅演的逻辑结论，必然是复归至善之境。以此而展开和拓演，必会“以中顺之德，处君位，能敦笃于复善者也，故无悔”[②]。但程颐同时也指出，复时态下的本然规约以安固为本，故言“虽本善，戒亦在其中矣”。之所以要戒之，是因为易卦所示之自然观，是宇宙天道运行的规律所在，不可违反，若有所偏，只好“中以自考也”。只能依乎中道而自成，非复时态下安行待时所规约。

上六，迷复，凶，有灾眚，用行师，终有大败，以其国君凶，至于十年不克征。

六五时位上求仁自成的情状，大有不可逆转之势。“择善而固执之”的诚之者的意向明露透显，故称“迷复”。动态彰明，安固之则荡然无存，必至凶险，灾害并至。“卦者，时也。爻者，适时而变者也。”（王弼《周易略例》）之所以说复本而能定位，道理很简单，复卦本身就规定了其时变规约和行为准则。不依其行事，就是不合时宜，必至凶险灾害之生发。处此情状下，纵然动用师旅，也无济于事，必至大败。再这样下去，“以其国君凶，至于十年不克征”。原因就在于求仁而至善，却因失时而去其安固之准则，丧失了成君立德的基础，“失君

---

① 朱熹．周易本义．北京：九州出版社，2004. 66.

② 程颐．伊川易传．第2册第73页．文渊阁四库全书·易说卷．

道也”。孔子对仁的解释，从来都颇为个性化。他的弟子颜回、促弓、司马牛、樊迟等不同的人对此有不同的答案。尽管求仁之合理性不可否认，但谁求何仁，则各个不同。君与臣民的亲比，仁之本然。但处君阳方长幼弱之时，不能固安虑得，又有违于复时客观之规约。此时，迷复者所能持有的，就是“内省不疚，何忧何惧”，从而也说明了天道决定人道、人道顺从天道的宇宙自然法则。

第二十五卦　无妄卦的阴阳自然观

复时态下阴阳相互对待的自然发展趋势，决定了仁的潜在力已成为无妄时态下的动因和指涉重心。复状态下，尽管自然地存在着安固以待其时的内在规约，但尊阳的本性又必然地驱使其本然价值的实现，从而打破安固的规则，动而不已，以至于在上六时位上出现了不可逆转的“迷复”情状。尽管天下有万千之万道，但求善的境界，是每条道所必然指向的。虽有不合时宜者在，但时至而必行，通达无疑。

《中庸》云：“国有道，不变塞也，强哉矫！国无道，至死不变，强哉矫！”虽然君德不能畅扬，小人挡道，国家政令不兴，但君子求仁的品质不会发生变化，这也是天然之本，是君子之大德。君子修身以成刚阳之体，就是为了齐家治国平天下，这是君之仁德的运行规律。其规律流行化育之路向，不会因国之有道和无道，而发生改变。在复卦时段所体现出的尊阳亲阴本性，足以看出其“无求生以害仁，有杀身以成仁”的勇威气度。

朱熹云：“无妄，实理自然之谓。”[①] 朱熹认为无妄本身就是诚，就是天道，其所揭示的就是诚道的流行规律。实理者，天道至诚之实。《史记》云：“无妄，即无望，谓无所期望而有得焉者。”无妄者，不带有人欲干扰性因素，发端于自性之所然。《序卦》云：“复则不妄矣。”复则“小而辨于物”，“复，德之本也”（《系辞》），将复时态下所呈现的运行规律看做是自性之命。程颐云：“动以天为无妄，动以人欲则妄矣，无妄之义大矣哉。”[②] 无妄基于天性而动，道法自然为本，是诚所使。孔子所言：“所谓诚其意者，毋自欺也。如恶恶臭，如好好色。”（《大学》）都从不同角度，对无妄的内在本质给以提揭，言明了天道自然的潜在力是无妄时态下的推动源和着力点。所以，“无妄者，至诚也，至诚者天之道也。天之化育万物，生生不穷。各正性命，乃无妄也。人能合无妄之道，则所谓与天地合其德也。无妄有大亨之理，君子行无妄之道，则可以致大亨矣”[③]。程颐对无妄给以至诚的定位，不能有妄念而所往，故“不利有攸往”[④]，其所涵摄的自

---

① 朱熹．周易本义．北京：九州出版社，2004. 66.

② 程颐．伊川易传．第2册第74页．文渊阁四库全书·易说卷．

③ 程颐．伊川易传．第2册第75页．文渊阁四库全书·易说卷．

④ 这里的“不利有攸往”，应理解为人不是因为利之驱使而有所往，并不是说不能所为，否则诚道何行。

然观思想不言而喻，并究其本性而发，认为“各正性命，乃无妄也”。天时尽管有生旺衰弱之别，但诚则无有道无道之异。这是对天道阴阳自然观思想的本质性概括。人道要与天道相合，无有邪心，贞正处中，才能生生不息，故“其匪正有眚”。

无妄即真诚、专一、无杂念。其以仁为本，方向恒常，刚健不息，正而不易。“故其道大亨通而贞正，乃天之命也。”① 刚健是其性，贞正为其本。不贞正，则不诚，妄而不得生矣。无妄时段自然观思想表现得相当明晰，程颐云：“若无妄而不往，何由有匪正乎？无妄者，理之正也。”② 天理定与四时合其序，盛旺之时，养育万物，各得其宜。

那么，如何才能尚仁贞正以达诚至化呢？这就应从无妄状态阴阳相互作用的力的结构语境图式来分析和把握其自然观思想，从中找出在无妄格局时态下的运作方略。

无妄　↙升（䷭）
䷘
遁（䷠）↗

无妄已定位为诚，而本于仁。这样尊阳亲阴的本性，之所以能彰显明现，是因为阴柔势盛之感应。朱熹卦变说所提供的四阳二阴卦来源于遁或大壮的观点是可取的。从天道自然之境况来看，阳亲阴、阴求阳是宇宙的普遍规律。阴势长盛为阳实现天道诚道，提供了阴阳相求、其力彰显的语境因素。这里要指出的是，程颐认为是本于讼而来的说法，还需商確。因为阴阳亲和相求而动，无可非议，没有诉讼成立的任何条件。胡瑗认为是从否来，也还需重新论证。其理由是：“无妄由否卦而来，是乾之一阳自外来而居于内卦之初，是为主于内卦也。”但否则不通矣，而无妄则云“元亨利贞”，所以还是朱子所言为通常的共识。无妄时态下至诚刚健的动态流向，构成了时下尊君的行动方略。同时，无妄与升旁通，其情相系。升专指柔以时升，阴柔进而上也，客观上要求尊阳之势长。同时，其升的本身就是天道诚道流行的表象。修身至诚，当以刚健为本。柔升之象，正能给以反向说明。因为对于一个平衡态来讲，通过看其阴势的状态，即可明了与其相对待的阳势之情状。阴柔长顺，阳势必定方盛。

初九，无妄，往吉。

复时态的格局，以求仁至诚为导向，方显尊君阳刚进取的主动性，而至其上六时位上出现“迷复，凶”的现象。尽管凶失的结果是未至善的，但剥时态下

---

① 程颐．伊川易传．第2册第75页．文渊阁四库全书·易说卷．

② 程颐．伊川易传．第2册第76页．文渊阁四库全书·易说卷．

修身强体的自然本质，客观上决定了这种现象发生具有一定的必然性。原因就在于“诚者，天之道；诚之者，人之道”（《中庸》）的诚性之所然，作为诚之者的君阳其刚健之性得以伸张所至。我们说“阴阳者，相求之物也”（王弼《周易略例》）。这个相求是双向的，可以尊阳主动而求阴，当然也可以感阴而动，使阴受感而亲向近靠。《系辞》曰：“一阴一阳谓之道。”阳为有，阴为无。有之于无可谓狭小，无所帱覆的范畴实为大。并不是阳与任何阴无之柔性都可合道，而是有选择的。“道也者，须臾不可离也，可离非道也。”（《中庸》）只有相合而一刻也不可离的亲近者，才是成道的本质基因和组成成分，其他情形都“可离”而非道。究竟哪些可离，哪些又不可离呢？在阳主动寻求的语境条件下，是很难辨别清楚的，所以应效法升卦时态下的自然观理念去寻其根本。升卦与无妄旁通互感，彰显了处无妄时态下阳阴相互作用的力的流变图式。“柔以时升”的定位，令尊阳效法之而消其自身的主动性和人为性，遵循阴阳相求的规律，会使合道之阴，顺自然之理而亲和之，以达无妄之境，“得志也”。这样的运行方式就会避免出现复时态下的险象，进而得吉，故“无妄，往吉”。

程颐用卦爻的阴阳之象来喻意反映这种自然规律，以明透其自然观思想。他说：“九以阳刚为主于内，无妄之象，以刚实变柔而居内，中诚不妄者也。卦辞言不利有攸往，谓既无妄，不可复有往也，过则妄矣。”① 认为尊君的本然姿态是初九之阳，初既有本质的意蕴，同时也有内在而潜伏的意义。其象由原来的刚健而变成了静柔以待的以感应为主的静象，故称“以刚实变柔”。但其用意不是不动，而是处中以达诚，无有虚妄和造作，以实现“不可复有往”而改变复时态下的进取状态。朱熹对此一言而概之：“以刚在内，诚之主也。”② 言明初九在内而变成静柔之态，其目的直指诚之境界，并未不失其达诚之志。

六二，不耕获，不菑畬，则利有攸往。

我们说初九时位上阴阳相互作用的自然观思想所明示的阳刚诚主，已喻示了阳在内静处待时、以感阴而前来的达诚之路向。之所以能感阴而来，首先是尊阳身强而足以敌阴的客观实际前提已经有之，同时也说明了静处待时只是方法上的改变，本质之性并未偏失。在这种情况下，与其合道之阴柔必然前来而亲合之。作易圣人用“不耕获，不菑畬”来象之，喻示着自然天理所赋予的本然结果得以呈现，“则利有攸往”。合道而行，天理自然，非人为造作，符合无妄时态下自然观的思维理念。

对此，宋代易学家们各有不同形式的论述，从人文关怀和义理的阐发上进行了不同方面的拓展，在天道、人道等不同层面上提揭了天人一体、互动运行的自

---

① 程颐．伊川易传．第2册第77页．文渊阁四库全书·易说卷．

② 朱熹．周易本义．北京：九州出版社，2004. 68.

然观思想。程颐云："凡理之所然者非妄也，人所欲者乃妄也，故以耕获菑畬比之。六二居中得正，又应五之中正，居动体而柔顺，为动能顺乎中正，乃无妄者也，故极言无妄之义。……不耕而获，不菑而畬，谓不首造其事，因事之当然，则是顺理应物，非妄也，获与畬是也。盖耕则必有获，菑则必有畬，是事理之固然，非心意之所造作也。"① 程颐将天人合一，以耕菑为象，说明了六二时位上顺理应物乃属无妄之行，而"非妄也"。朱熹云："柔顺中正，因时顺理，而无私意期望之心，故有'不耕获，不菑畬'之象。言其无所为于前，无所冀于后也。"② 朱熹从人事的角度来解读其大义，实属深刻。司马光云："善为天下者，不求其必然，求其必然乃至于尽丧。无妄者，驱人而内之正也。"③ 此言极为深邃。复时态下之所以有"迷复"而"凶"的局面，原因就在于立基于阴阳相求之必然而主动进取，必至于最后而险至尽丧，"用行师，终有大败。以其国君凶，至于十年不克征"（《复·象》）。

六三，无妄之灾，或系之牛，行人之得，邑人之灾。

六二时位上君阳对于与其前来合道而亲比的阴柔体，"则利有攸往"，但是有个前提条件"未富也"。司马光云："过正之行者，皆内不足而外慕者也。夫内足者，恃内而略外。反之阴之居阴安其分者也，六二是也。而其居阳也，不安其分而外慕者也，六三是也。"④ 六二"未富"以言明阴柔之性显是不足的，使其所行所往合无妄自然之理。再往下发展，由未富必成富态，使其自身阳刚之气不足，故称"内不足"。这种"不求其必然"而静处的局面，自然地会发展为感阴而使众阴前来的态势的形成。"这安其分，外慕其名，自知不足而求群于无妄"⑤。又因为这是非主动性或非人为造作行为，所以此种局面下，阴阳相互作用的图式，就如同作易圣人所说的"或系之牛"。牛为阴柔之性的象征，易卦里所说牛即为坤阴之象。牛来了，将其系住，不可让其肆虐，表明此时态下阴阳相互作用的方式是如此，而非热烈型的状态，方可保无妄之理。因为阳君之所以能由刚阳而静处之，本身就存在着平衡的柔质，即邑人；若外来阴柔之体，即行人肆虐前行，则内外两种阴势必相斥而欲打破原来的平衡态，使其本身固有的柔质远离而显失态，造成灾害。故为"无妄之灾"。这个灾就是针对邑人有失而失去本体的基质成分而所成的自然失衡之灾。其阴阳相互作用的力的图式如下：

$$阴_{邑人}\leftarrow阳\leftarrow阴_{行人}$$

---

① 程颐．伊川易传．第2册第77页．文渊阁四库全书·易说卷．

② 朱熹．周易本义．北京：九州出版社，2004. 69.

③ 司马光．温公易说．第2册第48页．文渊阁四库全书·易说卷．

④ 司马光．温公易说．第2册第48页．文渊阁四库全书·易说卷．

⑤ 苏轼．东坡易传．第2册第49页．文渊阁四库全书·易说卷．

阴$_{行人}$越近，则阴$_{邑人}$越远，这就是六三时位上自然观的核心理念。程颐云："言有得则有失，不足以为得也。行人邑人，但言有得则有失，非以为彼己也。妄得之福，灾亦随之，妄得之得，失亦称之，固不足以为得也。"① 程颐所言的自然观思想准确至极，不但说明了行人邑人的得失动态流转的现象，而且认为"非以为彼己也"，即非人为的喜好，阴就是阴，其本性是一样的。得此失彼有何意义！故失邑人得行人没有必要。但细想，邑人为本，行人为末，本阴之存续利于强身而为修身所得，末之阴柔性征虽与本同而其用不知。所谓合道，是在阳本身的阴阳平衡的前提下的合道，客观上要求"居阳而安其分"，若本已失，不安其分，则道不存。

九四，可贞，无咎。

承继六三时位上所流露出的自然观思想，在安分处正、慕外生灾的关键之处，行仁至诚之人，理所使其处正固持而消灾去疾。故曰"可贞"，方得"无咎"。这是中国古代圣贤之人思维方式的逻辑演化。既然六三戒之以"无妄之灾"的生发，是由于阴阳性感而引起的外阴的拥聚，那么，"贞固守此，则无咎也"②。程颐就易之卦象所反映的表征情况，分析道："居四，无尚刚之志也。可贞与利贞不同。可贞谓其所处可贞固守之，利贞谓利于贞也。"③ 可见，利贞是趋向贞而可得吉，可贞是本身的发展态势大有贞固不可变之定势。朱熹对此给予了"不可以有为"结论性的言辞，实有自然观的思想作支撑。故其《象》曰："可贞无咎，固有之也。"同时这种固守可以使善意得到纯洁，严禁外来恶气的攻身，使把关水平得以提升，这对于前来与其合道的阴柔之体，即贤明之人是考验、挑战和检验。

九五，无妄之疾，勿药有喜。

从发展过程的演化情况看，六三、九四与九五是相扣得非常紧密的。六三时位上出现和发生的外来介入态势所造成的灾患，在九四时位上给以拨乱反正，到九五时位上就可以顺势而医其内在因感应所产生的疾患，故又提出了"无妄之疾"的话题。

药可以调理自体内部阴阳不平衡，以及除去外来之介入而引起的阴阳失调病症。程颐云："人之有疾，则以药石攻去其邪，以养其正。若气体平和，本无疾病而攻治之，则反害其正也。故勿药有喜。有喜谓疾自亡也。"④ 而对于处正守贞之体，具有相对强劲的稳定性，只要不主动打破自身的平衡，就可使外来之阴

① 程颐．伊川易传．第2册第79页．文渊阁四库全书·易说卷．

② 程颐．伊川易传．第2册第80页．文渊阁四库全书·易说卷．

③ 程颐．伊川易传．第2册第80页．文渊阁四库全书·易说卷．

④ 程颐．伊川易传．第2册第80页．文渊阁四库全书·易说卷．

势因无所感而自动退去。其阴阳相互作用的力的图式如下：

$$阴_{邑人}\leftarrow 阳\leftarrow 阴_{行人}$$

$阴_{行人}$在受到阳的亲感力的同时也受到$阴_{邑人}$的排拒力，当这两个力相等时，则阳处于新的平衡态，而$阴_{行人}$因阴阳感应力的平衡而显中性。阳体若稍一失正而有所偏，则平衡随即消失，而可怕的灾患就会得几而附着其上，难解难除。而要想除消灾患，就需自身阴阳平衡结构良性互动，故不可有所侥幸而作一稍微的改动而打破这个结构。“试，暂用也，犹曰少尝之矣。”① 从而体现了宋代易学家自然观思想在解易过程中所处的核心地位。

上九，无妄，行有眚，无攸利。

九五时位上的阴阳相互对待的态势，从表面上看，是严防死守其正而为选择真正贤明之人与其合道作了奠基，预设了合道的前提，但客观上对贤臣的良知流行起到了滞阻作用。这种作用应适可而止，不可一意贯穿始终，否则就会像给孩子洗完澡后在倒水时把孩子也倒掉了一样。故上九无妄之道处极之时，无妄之行的缺点和弊端就渐露清晰。再这样下去，没什么好处可言。故曰：“无妄，行有眚，无攸利。”

程颐用颇具自然观思想的话语这样写道：“上九居卦之终，无妄之极者也。极而复行，过于理也。过于理则妄也。故上九而行，则有过眚，而无所利矣。”② 精妙至极。本来阴阳相亲比是自然之天性、宇宙之真理，君阳的感应力自然地普遍于阴柔各方。这样在外阴聚至一定程度，阴阳平衡态处于动态平衡的情况下，固持的原则或规约就会失去其天然的作用。若诚之者，不明宇宙自然的力的结构布局，势必还持固守之志，则顿生人为之意念，而非自然之理，亦即破坏了无妄本来的准则，由无妄而妄也。

① 程颐．伊川易传．第2册第80页．文渊阁四库全书·易说卷．

② 程颐．伊川易传．第2册第81页．文渊阁四库全书·易说卷．

第二十六卦　大畜卦的阴阳自然观

《序卦》云："有无妄然后可畜，故受之以大畜。"在无妄时态下，刚阳以处静固守而行至诚之功，其上九时位上的自然观思想已明示了外来阴柔体受感应之力已使无妄之行，处极而至于必生妄之势。只能消除妄念而随时而变，使自身体系处于动态平衡之中，才能由此使合道之贤人汇聚周围，达无妄的境界，"国家养贤，贤者得行其道也"①。这种阴阳相互对待的力的自然作用，必然使刚阳的亲和作用彰显而充实。其阴阳相互作用的力的图式如下：

阳←阴

而阴柔体系向刚阳的靠近，其作用力与其间距成反比，间距越小，则相互之间的作用力越大，由于是阴靠近阳，故其力的方向指向阳。阴阳之间的感应作用由此变得愈加强烈。苏轼云："刚健者，乾也；笃实者，艮也；辉光者，二物之相磨而神明见也。以此厉健，以健作止，而德之变不可胜穷也。"② 无妄之极，刚阳之健已达至大，大有厉健之态，这就是其有实而至于"不可胜穷也"。故程颐云："无妄则为有实，故可畜聚，大畜所以次无妄也。"③ 使刚阳的周围贤臣群聚。这不仅说明贤臣群体的亲比情状，更折射出刚阳之强健至大之实，故程颐言其"无妄则有实"。他还进一步明确了这种自然观的理念："在人，为学术道德充积于内，乃所畜之大也。既道德充积于内，宜在上位以享天禄，施为于天下，则不独于一身之吉，天下之吉也。若穷处而自食于家，道之否也，故不家食则吉。"④ 经过了剥、复、无妄等几个阶段的修身强体，刚阳的潜能得以充实，"人之才刚健笃实，则所畜能大，充实而有光辉。畜而不已，则日新其德"⑤，"大德者，必得其位，必得其禄，必得其名，必得其寿"（《中庸》）。胡瑗也有同样的认识："君子之人既能复其性，明其心，不为非妄而从于正道，然后可以大有所畜，止于邪曲之人也。"⑥ 如此之人，只有受禄于天下，不穷处于家，才能实现其自身的价值。这又给大畜时段自然观思想的形成提供了一个"施为于天下"

---

① 程颐．伊川易传．第2册第83页．文渊阁四库全书·易说卷．

② 苏轼．东坡易传．第2册第50页．文渊阁四库全书·易说卷．

③ 程颐．伊川易传．第2册第81页．文渊阁四库全书·易说卷．

④ 程颐．伊川易传．第2册第82页．文渊阁四库全书·易说卷．

⑤ 程颐．伊川易传．第2册第82页．文渊阁四库全书·易说卷．

⑥ 胡瑗．周易口义．第5册第23页．文渊阁四库全书·易说卷．

的支柱性理念。

那么，如何才能使刚健之阳得以光辉于天下呢？这就应从大畜状态阴阳相互作用的力的结构语境图式来分析和把握其自然观思想，从中找出在大畜格局时态下的运作方略。

大畜 ↙萃（䷬）

䷙

大壮（䷡）↗

朱熹认为，四阳二阴卦由大壮或遁来，基于大畜卦的卦体结构，应由大壮来。大畜次无妄而列，无妄之实有刚阳之势而必至大壮之态。《说卦》云“大壮则止”，刚阳达至大之境。这里的“止”是一种境界。其必然的走势是聚畜贤臣，“畜为畜止，又为畜聚，止则聚矣。取天在山中之象，则为蕴畜；取艮之止乾，则为畜止。止而后有积，故止为畜义”①。程颐的这一段表述，明示了大畜的本义和处大畜时态下的行动准则。萃则为聚，故大畜与萃旁通之情成为自然观方法论的主导轴线。朱熹在卦变问题上提出大畜自需而来，打破了其卦变说的一般规律。认为大畜时态下的刚阳之德充积于内，“需者，饮食之道也”，已由修身强体而到治理国家的逻辑演化期，为了更加强调其止于聚畜的动因，提出了大畜来自于需的义理命题。

初九，有厉利已。

无妄上九时位上，阴阳相互作用力的交织错杂，迫使刚阳本性不能再以固持之道而行无妄之实。此时态下的刚阳若守持不动，一定是主观上妄念之所为，只有因时而给以形成动态的平衡，客观上才会使求诚之阴柔贤臣得以合道而理于自然，否则才是真正的不合自然之理，必然产生妄念。也就是说，并不是在什么情况下拒阴近身、固持静守都是好事，它是辩证的，是动态流转的，不是僵化不变的。若视其为与时无关，一成不变，那就是危险的，应旋即停止。故作易圣人戒之以“有厉利已”。这一爻位上的自然观思想，解决了从无妄到大畜不同时态转换层面上的态度问题，并从自身做起，积极地面对且主动地与环境协调和谐相处，不会因原来静止的平衡态被打破而使外来的阴柔形成灾害和祸患。因为诚意的流行是本性之使然，经过了复阳的进取和无妄的守贞固持，至使合道之阴阳必然相会而畜聚合拢，这是宇宙之本然，有什么灾？犯什么咎呢？

程颐云：“有危则宜已，不可犯灾危而行也。”② 分析自身及环境因素，前行的方向决定了其安危与否。有危则止行，再独行于家而无感于外，是自欺欺人，

① 程颐．伊川易传．第2册第81页．文渊阁四库全书·易说卷．

② 程颐．伊川易传．第2册第84页．文渊阁四库全书·易说卷．

妄念之所为，危险即至，“有危则宜已”。胡瑗云：“以君之至尊有天下之势，必不能无邪欲侈纵之心，有邪欲侈纵而不戒之，则必至危厉。”① 胡瑗所言，其自然观思想明现于前，尊君自身体系的阴阳平衡态的存在，没有疑点；同时也指出了尊君之刚阳之性的自然辐射性，会使合道之阴柔近而共生以化育万物。若无心于众，则众必无存，自身平衡所需的阴柔静处之行，不但无功，而且成了祸害，故定其为“邪欲侈纵”。胡瑗又强调道：“是言纵欲之事不可不戒。”② “无欲则刚”（《论语》），何灾之有呢？

九二，舆说辐。

“舆说辐”是对舆与辐的关系作了变更的象征。本来舆与辐相互依托，可以实现其用，而舆与辐的这一脱节，就不能行走了。程颐明确定位其象意为“车舆脱去轮輹，谓不行也”，意即“虽志于进，度其势之不可，则止而不行”。这个“志”所强调的应是尊君自身的平衡态视角下的内在的平衡尽度，即邑人之阴柔态势。原因很简单，之所以说“舆说辐”，是首先肯定其曾为辐承舆，否则就没有“舆说辐”之说。这种现象为什么能发生呢？这就必须回到大畜时态下阴阳相互作用的力的结构图式中去分析。

$$阴_{内}\leftarrow d_1\rightarrow尊阳\leftarrow d_2\rightarrow阴_{外}$$

尊阳有其内在自身的平衡结构，即阴$_{内}$与尊阳的平衡。立基于无妄时态的阴阳体系整体结构，发生了阴$_{外}$与尊阳感应相亲比的力量，这种亲比力与尊阳及阴$_{外}$之间距离成反比。当 d_2 小到一定程度，即外阴与尊阳近到一定距离时，尊阳即可脱其本身的静处之性即失掉阴$_{内}$的负面影响而彰显刚阳之性，使尊阳在阴$_{内}$和阴$_{外}$的反向吸引下欲产生新的平衡态。在无外来干扰的情况下，尊阳自身平衡体系是二维结构的，可以像轮子围绕轴承转动一样地自体动作。但在后者的情况下，尊阳受左右力的牵引，不能行动，故其戒之以“舆说辐”。在这样的自然观思想的基础上，我们再去理解程颐的话语，就极易明白其所喻示的道理。他说：“二虽刚健之体，然其处得中道，故进止无失，虽志于进，度其势之不可，则止而不行。”③ 尊阳刚健之体不可否认，又处内外阴柔至诚相求之中，故“进止无失”。其势乃阴阳相互作用的力的空间分布。这种分布格局，使尊阳刚中而止，不得其行。尽管如此，前后状态都是平衡态，平衡则安，故安而无忧。

九三，良马逐，利艰贞，曰闲舆卫，利有攸往。

九二的止于中道，以在新的语境下达至新的更具稳定性的平衡，是尊阳的动

① 胡瑗．周易口义．第5册第26页．文渊阁四库全书·易说卷．

② 胡瑗．周易口义．第5册第36页．文渊阁四库全书．易说卷．

③ 程颐．伊川易传．第2册第84页．文渊阁四库全书·易说卷．

因。在这种动因的导引下，尊君刚阳之德行的流行处于止于境的状态，尊君刚阳与贤臣柔顺之德相互间的亲和力最大化。作易圣人用“良马逐”而象之。同时也应肯定这种动象具有相当大的惯性，若不以止滞之力给以调节，失中无疑。但这种良性阻止前行的力的使用，本身就是反阳进的本性特征。对尊阳来说，这简直就是耗损，故曰：“利艰贞。”程颐云：“三以刚健之才而在上者与合志而进，其进如良马之驰逐，言其速也。虽其进之势速，不可恃其才之德与上之应而忘备与慎也，故宜艰难其事，而由贞正之道。舆者用行之物，卫者所以自防。”[①] 闲者，常习的意思，常思此道，则可得中而无辟，故曰：“利有攸往。”宋代易学家们对易卦所涵摄的阴阳相互作用的力的运行模式，体悟极其深刻，为了表达不能得中之所失，程颐云：“志既锐于进，虽刚明，有时而失，不得不戒也。”[②] 提出了刚明而“时而失”的辩证理念。我们在生活中也经常会遇到前进受挫的现象，总把其看成是偶然的。其实其中有深刻的自然观思想在起作用。值得指出的是，九三时位上尊君所应进取的位置和由此而产生的损耗是为处中而有应与的必然之举，否则就会出现与柔顺之贤臣的反向流动。故“利有攸往，上合志也”。这体现了阴阳互动而奠定人文理念认知基础的自然观思想。

六四，童牛之牿，元吉。

九三时位上提出的一个“时而失”的前行受挫的戒示，并要求“闲舆卫”，即常习自防慎备之戒，方可“利有攸往”。那么，如何才能达到这一效果呢？“九三刚健之极，而上九之阳亦上进之物，又处畜之极而思变也，与三乃不相畜，而志同相应以进者也。”[③] 程颐运用阴阳爻位刚柔给以分析，提出了处于刚健之极的九三时位上和上九时位上的物进之速，必然志同相应以进，而不相畜，即不相聚，为对分离的结果给以预设，而提出了自防慎备的戒语。但要达到这种要求，符合其志同相合以畜聚的目的，必须从一开始着手，故言“童牛之牿”。程颐云：“初居最下，阳之微者，微而畜之则易制，犹童牛而加牿，大善而吉也。”[④] 程颐用四与初相应与，而初在下为阳之微者，来说明君子做事谋始的人文理念。这种实践的人化自然观，给了我们很多启示，戒以见微知著，“莫见乎隐，莫显乎微”（《中庸》）。果如此，则“四既以大正之道，使其君邪欲不行”[⑤]。不中正则邪，并非害人利己之欲。邪欲不行就是喜，程颐云：“天下之恶，已盛而止之，则上劳于禁制，而下伤于刑诛，故畜止于微小之前，则大善而

---

① 程颐．伊川易传．第2册第85页．文渊阁四库全书·易说卷．

② 程颐．伊川易传．第2册第85页．文渊阁四库全书·易说卷．

③ 程颐．伊川易传．第2册第86页．文渊阁四库全书·易说卷．

④ 程颐．伊川易传．第2册第86页．文渊阁四库全书·易说卷．

⑤ 胡瑗．周易口义．第5册第26页．文渊阁四库全书·易说卷．

吉，不劳而无伤，故可喜也。”[①]

六五，豮豕之牙，吉。

何谓豮呢?《说文》云：“豕，去势曰豮。”又云：“剧，从居从刀。”又云：“司马相如说居，封豕之属。剧者，以刀去豕势也。豮豕刚躁，去势令不害物也。豮豕犹童牛也。”豕，谓刚躁之物，而牙为猛利，剧其牙，就是消其刚阳之盛气，就是使其能量态降低。程颐据六五爻象而大发其蕴：“夫物有总摄，事有机会，圣人操得其要，则视亿兆之心犹一心，道之斯行，止之则战，故不劳而治，其用若豮豕之牙也。”[②] 六四时位上合自然观思想的运作，使得其有良好的始端，从而为迈向大善而得吉创设了条件，并且为得吉提供了自然观思想语境下的方法论思想。按此而自然地演化，自然会使其能量耗散，起到止其所行的作用。孔子云：“著则明，明则动，动则化，化则变。”（《中庸》）刚阳之君欲施天下而辉光，则著而明也，必动而与合道之阴生化流变。这是宇宙自然之规律，若逆其势而阻之，则不得其要，正如程颐所言：“若强制其牙，则用力劳而不能止其躁猛，虽系之维之，不能使之变也。”[③] 相反，使其居而必会去其牙猛利，释放其能量，使其能态变低，自然渐息下来，处中而得志，故“有庆也”。得志了，才值得庆贺。

其实，我们所说的能量态的变低，有其自然观的内在规约所决定。先从大畜时态阴阳相互作用的力的结构图式来分析：

$$\text{阴}_{\text{内}} \leftarrow d_1 \rightarrow \text{尊阳} \leftarrow d_2 \rightarrow \text{阴}_{\text{外}}$$

尊阳之“舆说辐”，是消其阴$_{\text{内}}$而向其阴$_{\text{外}}$，但不管如何消减，对尊阳的吸引力始终存在，只是随着 d_1 的增大、d_2 的减小而影响减弱。阴$_{\text{内}}$这种吸引尊阳之力的存在，使尊阳向外行进的过程始终会受到它的牵制而消耗其能量，必然降其能态。按照这种定势，可以使尊阳不会畜天下之邪恶，至贤臣而正其身。根据宋易学家的普遍分析的指涉对象人事来说，“圣人则知所以止之之道，不尚威刑，而修政教，使之有农桑之业，知廉耻之道，虽赏之不窃矣。故止恶之道，在知其本，得其要而已。不严刑于彼，而修政于此”[④]。对于人事来说，道理也一样。“天下之道，可一言而尽也。”（《中庸》）下民能量大，就活跃，势必就有乱象顿生的可能，若使其居位而行事，无有过剩之力，焉用刑呢?

① 程颐．伊川易传．第2册第86页．文渊阁四库全书·易说卷．

② 程颐．伊川易传．第2册第87页．文渊阁四库全书·易说卷．

③ 程颐．伊川易传．第2册第87页．文渊阁四库全书·易说卷．

④ 程颐．伊川易传．第2册第87～88页．文渊阁四库全书·易说卷．

上九，何天之衢，亨。

六五时位上着力于阴阳的平衡而使阴阳会合后，趋至稳定，以图实现尊阳处中得正的目的。既已中正，阴阳合而成道。内外平衡，阳处中正，则天下无不可以通达。故曰："何天之衢，亨。"胡瑗云："上九其正道已成，而有天衢之亨，言其大正之道大行于天下。"① 道成则可行，极易理解。

程颐更是明确："何以为之天衢？以其无止碍，道路大通行也。"② 大畜时段所形成的这个道，明示了尊君遵循自然之理，已经达至内充实而外柔顺、君以仁臣、臣事君敬、上下志同的旷阔亨通之境界。

① 胡瑗．周易口义．第5册第31页．文渊阁四库全书·易说卷．

② 程颐．伊川易传．第2册第88页．文渊阁四库全书·易说卷．

第二十七卦　颐卦的阴阳自然观

大畜时段尊君的刚阳之性得到了朗显，并且在新的语境条件下，达至新的平衡。问题在于，这个新的平衡态是一个动态的、开放的、非静止不变的有机体系。尊君在复及无妄时态的诚意贞持畅行，吉而有得，贤臣合道，阴柔合体，可谓道路大通，“何天之衢”。但万民待济，畜贤臣的目的就是施为于天下，使天下皆能得吉。用一个阴阳相互作用的力的结构图式来表示，即

$$阴_{内}\leftarrow d_1\rightarrow 尊阳\leftarrow d_2\rightarrow 阴_{贤臣}\leftarrow d_3\rightarrow 阴_{万民}$$

大畜时态下尊阳着力于或重心指涉于诚意颇殷与其合道之阴柔，即贤臣善民。颐时态下所要考虑的，当然是涵具万民的阴阳相互作用的整体系统结构。这个结构的组成成分对尊阳平衡态的形成，都起非常关键的作用。大畜时态下尊君刚阳之德流行到“何天之衢”的境界，是因为其所形成的道具有贞正的特点。所谓正，就是不偏僻，其中涵存着内在的自然观思想的内容。$阴_{内}$在无妄时态下的阴阳平衡态中具有使尊阳静处修身的功效，其主流作用当然是积极的，但在大畜时态下它对尊阳的作用在很大程度上制约了尊阳“施为于天下”之志的畅行，其主流作用是消极的，故常定其为邪欲。当然并不是说其存在的不合理，相反其合自然观的思想是其内在的本质，只是时别而已矣。$阴_{外}$涵括$阴_{贤臣}$和$阴_{万民}$，$阴_{外}$及$阴_{内}$与尊阳的亲比吸引力只有达至平衡，才能使尊君处正，不偏不倚。$阴_{贤臣}$在与尊阳相吸引亲和的同时，其自身的阴阳体系结构也在发生新的变化。其阴性部分因亲感于尊君，而重心指向尊阳；其阳性部分因亲感于万民，而重心指向万民。使自体成为尊君与万民的桥梁和纽带，将尊君“施为于天下之志”得以畅行。

胡瑗云：“颐养也，盖既止畜于邪欲，必正道以养之也，故大畜然后受之以颐。”① 其中所象其实，言明了阴阳体系各成分的存在是有条件的。只有养而得到能量的补充，才能使其性正而自然使所形成的平衡态得以维护。从静态的视角从表面上看，欲正其身，其志欲与敬大臣同样需要；从动态的角度去审视，万民在不断地渐近和畜聚于尊君的周围，尊君通过贤臣善民的桥梁与万民之间的亲和力会越来越大，万民以庞大的阴柔之性体对$阴_{内}$产生强烈的排拒，客观上就要求尊君止畜之邪欲，才合正道。这样又会逻辑地提出这样一个自然观方面的问题：

---

① 胡瑗．周易口义．第5册第31页．文渊阁四库全书·易说卷．

如果无限远离尊君，动态的平衡体系如何来保持？这就要求尊君以“自求口实”的方式，给以调节，维护这个平衡态的动态流动性，从而使越来越多的人欲加入到远离自身的阴势态之列。胡瑗以象喻意，提出了自求口实的客观要求：“颐者，盖二阳居其外，四阴居其内。阳为实，阴为虚，外实内虚。口颔之象，颐养之义也。”① 因为外实而内虚，所以必须补养以充实，否则自身的刚阳之体就因之而虚弱，失去其维持平衡所需要的条件。

那么，这个丰富的养分在哪呢？就在于教化之中，就在于尊重客观的现实当中。胡瑗云：“观颐者，言观他人之所养，能达正道则已，法而效之。若不得其正道，则已革而去之。”② 胡瑗提出以观人之所养而寻求达正道之方法，主张发挥眼光视人察情的功能，根据外界环境的实际，来寻找阴阳平衡所需的应对之策，言明颐状态下平衡系统的各成分，都存在着维持自性的问题，同时也存在着维持且不失其平衡的内在要求。这些问题和内在要求，都不同程度地决定了“己之所养”的核心因素。若己之虚弱，无以强人；若己之强大，权宜在己。故颐状态下所强调的依然是自身；其标准，依然是安而不打破平衡态。

既然养身为大事，那么，如何养身呢？强体有节度，无疑是颐时态下的自然观思想的主导支柱。其《象》曰“君子以慎言语，节饮食”，就是对尊君养身修德的方法论指导。《系辞》曰：“言语乱者以为阶，君不密则失臣，臣不密则失身，几事不密则害成。”言语要密，外泄则能量有失，故要“慎言语”。尽管己之强大，势在主动，但无妄之态所需鉴借的自然观思想，则更为必要，故需要“节饮食”。那么，如何才能达到此效果呢？这就应从颐时态阴阳相互作用的力的结构语境图式来分析和把握其立基于自然观思想基础之上的方法论要旨，从中找出颐格局时态下的运作方略。

颐　↙大过（䷛）

䷚

观（䷓）↗

作易圣人言“观颐”之语，暗示了颐必观之而后行。《观·象》曰：“君子以教思无穷，容保民无疆。”提出了观时态对自然观思想的贡献，提倡行教化之功，以求阴阳平衡态下各成分的性质得以持恒。颐与大过旁通，“大过，颠也”。本末皆弱，亟待组成成分皆得其养，否则就会因消弱其各自的性状而破坏阴阳相互作用的力的平衡态结构。这就需要养贤及万民，需要观而明晰情状，以利有的放矢。

---

① 胡瑗．周易口义．第5册第31页．文渊阁四库全书·易说卷．

② 胡瑗．周易口义．第5册第31页．文渊阁四库全书·易说卷．

初九，舍尔灵龟，观我朵颐，凶。

大畜上九时位上的“何天之衢”，必至因其无所阻碍而趋于前行。这是一种惯性力的作用。通过大畜时态下阴阳相互作用的力的结构图式（阴$_{内}$$\leftarrow d_1\rightarrow$尊阳$\leftarrow d_2\rightarrow$阴$_{贤臣}$$\leftarrow d_3\rightarrow$阴$_{万民}$）可以看出，尊阳刚健之性在消邪亲贤的理念之下，与贤臣善民的亲和力，驱使其相吸引的阴阳双方同一指向运行，并处加速态势。至大畜上九刚阳处上，必至向前以体现“何天之衢”通达之实，而由此引起过极之行。这对于尊阳来说，其能量的消耗已过而受损，同时也不符合阴阳平衡体系的内在规约。自招损失，食其不该所食，耗其不该所耗。对自身能量不加评估而过度消耗，凶险不容置疑。故作易圣人戒之曰：“舍尔灵龟，观我朵颐，凶。”

朱熹曰：“灵龟，不食之物。朵，垂也，欲食之貌。”① 古时用灵龟为占物，决定人的行动。若无灵龟，则行动无向，会呈现出恐慌无力之状，故曰“不食之物”，不可食而去之。朵，又为欲食之貌，是自身本性的自然张扬，是其自身前行不能止惯性力的体现。而这种情状，必然造成尊阳能量的损耗，凶失之象。应持“观我”之心，测我“朵颐”凶失之情，而应时止之。其《象》曰“不足为贵也”，一语明其要害。张扬自己，扩大影响，超越本身之能态，“不足为贵”。何为贵呢？受人重视，群而仰之，则为贵。但这些都不合自己的实际，只能无功而劳。程颐对此言明其本质：“灵龟喻其明智，而可以不求于外也。”② 明智之举，是不要过分任其刚健之性而求外，否则有失其道。但同时程颐对其自然观的基质内容给以阐明：“然以阳居动体，而在颐之时，求颐，人所欲也，上应于四，不能自守，志在上行，说所颐而朵颐者也。”③ 程颐对颐时态下初九时位上的动体之阳的本性给以“求颐”和“人所欲”的定位，揭示其处此时位下所必然体现的“不能自守，志在上行”的客观情状，在很大程度上明示出宋代易学家的自然观解易的基石。

六二，颠颐，拂经，于丘颐，征凶。

作易圣人取此象，喻意可谓真切。“颠颐”表面上说是颠倒了饮食的规律。朱熹强调颐从需来，就是言明人的饮食要合道，否则就“拂经”而违背常理。原因就在于冲向更高张力的地方，即“丘”，导致“征凶”的结局。要理解这个道理，还需要回到自然观的层面才能把握。阴$_{内}$$\leftarrow d_1\rightarrow$尊阳$\leftarrow d_2\rightarrow$阴$_{贤臣}$$\leftarrow d_3\rightarrow$阴$_{万民}$这个阴阳相互作用的力的结构图式，在大畜上九时位上“何天之衢”的情况下，必然形成运行中的尊阳按惯性继续前行发展态势，从而消耗其能量，也同时打破了阴阳体系的平衡，导致“征凶”局面的形成。这个“征凶”，就是内在

① 朱熹．周易本义．北京：九州出版社，2004. 73.

② 程颐．伊川易传．第 2 册第 91 页．文渊阁四库全书·易说卷．

③ 程颐．伊川易传．第 2 册第 91 ~92 页．文渊阁四库全书·易说卷．

的一种抗力。而这种抗力的成因，就是阳与阴接近至极而出现的阴阳反背的情况，故曰："行失类也。"程颐云："颠则拂违经常，不可行也。"① 并分析其原因为："若求养于丘，则往必有凶。丘，在外而高之物，谓上九也。"② 不求于内而专于外，内则不足。以此为据，不求于平稳而专求于高远，何益之有？程颐以无益为万物生存之理所拂之，来说明刚阳行动的有限性。

六三，拂颐，贞凶，十年勿用，无攸利。

六二时位上阴阳因相互作用所产生相向运动而各自运行的惯性力，客观上存在着，并且在惯性力的作用下，双方已越过阴阳之间应保持的距离限度，使能量消耗，成颠颐之状态，而违背常理。在这种惯性力的作用下，尊阳还会进一步地向阴柔靠近，以至使阴阳相吸、相求的局面转化成阴阳相悖的状况，可谓"道大悖也"。这样固持下去，阴阳反背，"贞凶"无疑，从根本上不利于尊阳互动体系平衡态的形成；相反，是极大的失衡，且必定会丧失原来的平衡态而悖道至大凶。

程颐对此评论道："颐之道，唯正则吉。三以阴柔之质，而处不中正，又在动之极，是柔邪不正而动者也。"③ 阴阳平衡态下的路向是稳定的，不平衡时的动向是失正的，即阴阳整体是有所侧重的。对阴阳各方的教化从正，不仅是必要的，而且是诚之者良知的流行和彰显。《中庸》云："祸福将至。善，必先知之；不善，必先知之。"颐时态下六三时位上的自然观思想，告诉我们要明白遵道而行的理念，不可纵其自性的泛滥。这个自性的违规律扩张，就是柔邪不正之举，应以诚之慎之。

六四，颠颐，吉。虎视眈眈，其欲逐逐，无咎。

在大畜六四、六五时段上提出的"童牛之牿"、"豮豕之牙"基础上所提出的止其尊阳大壮情状的运行理念，成为颐卦时态下阴阳相互作用自然观思想体系结构的轴承、支柱。颐初九、六二、六三时位上的自然观思想，均是针对阴阳惯性力的作用效果而形成的。六四时位上的阴阳相互作用情形，正是这种状况的延续和承继。阴阳相向运动至相悖之极至时，处于暂时的静止状态，用"虎视眈眈，其欲逐逐"八个字来形容和象征，是非常贴切的。但这种静而对峙的情状，是暂时的。在阴阳相互作用的力的交织作用下，尊阳的路向会发生一百八十度的大转变，离柔返上，"上施光也"，以企最终返回到阴阳相求之道，故曰"颠颐"终而会"吉"，自然无所悔咎。

六五，拂经居贞吉，不可涉大川。

如果我们理解了六四时位上的自然观思想，就会很容易地理解六五时位上作

---

① 程颐．伊川易传．第 2 册第 92 页．文渊阁四库全书 · 易说卷．
② 程颐．伊川易传．第 2 册第 92 ~ 93 页．文渊阁四库全书 · 易说卷．
③ 程颐．伊川易传．第 2 册第 93 页．文渊阁四库全书 · 易说卷．

易圣人所言“拂经居贞吉”的自然观理念。六五时位上，阴阳的动向依然是阴阳相背，出现尊阳离柔返上的情形，又一次地呈现了与“一阴一阳之谓道”的阴阳相求自然规律相左的现象。这是非常自然顺畅的事情，“顺以从上也”。但其返上以校正过去的错，使其最终重新返回到阴阳相求的正道上为目标，故曰：“居贞吉。”

遵循同样的宇宙自然之理，尊阳返道运行的过程中，还会出现惯性力的影响因素，应该予以正视，故应更加强调自省的修身之功，以达到“不可涉大川”之效。程颐以象解易，指出：“六五颐之时，居君位，然其阴柔之质，才不足以养天下。”① 君阳之刚健之性在六五时位上因其离柔向上，而显“阴柔之质”，又因离柔之象，而显其“才不足以养天下”的少阳之象。这样的情景，“是违拂于经常”。

上九，由颐，厉吉，利涉大川。

至于六五之时，颐状态下尊阳运行的整个过程，都是能量消耗的过程，并且悖道离柔也是能量不足的显现，客观上需要补充能量以强其身、壮其阳、著其刚，故作易圣人言之为“由颐”。就是说，从表象上审视，要通过饮食获得能量，实质上提出了尊阳强体的发展观命题。以象喻意，从中抽象出修身正己才能任事的自然观思想。程颐云：“六五之君，柔顺而从于己，赖己之养，是当天下之任，天下由之以养也。”②“从于己”就是立足于自己的实际而养精壮阳，以利有刚强之实“当天下之任”。只有这样才能委以大任于天，有利于克服种种困难，“身当天下大任，宜竭其才力，济天下之艰危，成天下之治安”③，故其爻辞曰：“利涉大川。”

修身壮阳，其身阳刚而势强，必然会感应于众阴而使其归向之，最终会彰显出众阴前来迎合尊阳的盛况，故作易圣人用“大有庆也”四个字来象之。但这种“大有庆”的现象，不可一味地视之为喜庆或福庆，而应立足于自然观思想上给以深入的哲学思辨，从而明察厘清其内在规约的界线。程颐云：“若上九之当大任如是，能竞畏如是，天下被其德泽，是大有福庆也。”程颐所言富含深刻的哲理，具有显明的辩证理念。能当大任刚阳而处尊得正，无所偏势，泽民于天下，当然是福庆无疑；君怀“竞畏”之心，遵道而顺理，不“过与不及”，当然福庆无比，但若不具备这些条件而无限制地亲近众阴，不可谓福庆之象，而是步入了“大过”的境地。

---

① 程颐．伊川易传．第2册第95页．文渊阁四库全书·易说卷．
② 程颐．伊川易传．第2册第96页．文渊阁四库全书·易说卷．
③ 程颐．伊川易传．第2册第97页．文渊阁四库全书·易说卷．

第二十八卦　大过卦的阴阳自然观

颐时段出现了尊阳自身及与环境的阴阳平衡态能否贞持的问题。自身的阴柔即阴的一面，呈现出远离自己的情形，而阳刚的一面，经过颐上九时的“由颐”而彰显出刚强气盛的形态。从环境整体的阴阳语境因素来讲，同样存在着由拂违反弹到众阴归阳的转换流变情况。这种情况，客观上又形成了阴阳体系各成分要遵道顺理，不能“过与不及”的内在规则。

大过从颐来，“颐”其本质上就是养，“观颐，自求口实”主指尊阳能量得以内化，力图刚强而气盛。大过正是这种壮阳气势的自然转换。朱熹云：“大，阳也。四阳居中过盛，故为大过。上下二阴不胜其重，故有栋桡之象。”① 朱熹对大过的情形作了本质性的描绘，既对大过时态的逻辑出现给以明确定位，同时也对大过时态下的指涉对象用“大过”二字给以概括，提出了刚阳过盛而犹不足、二阴势弱而无以构成制衡之势的尖锐问题。程颐分析道：“凡物养而后能成，成则能动，动则有过，大过所以次颐也。”② 述及了大过的逻辑演化过程：养→成→动→过。孔子云：“其次致曲，曲则能诚，诚则形，形则著，著则明，明则动，动则变，变则化。”（《中庸》）尊阳在颐时态下的曲而至诚以养身的结果，有其必然性和宇宙自然规律的内涵蕴具其中。胡瑗也说：“圣贤之人，仁义道德素有以积习之，而蕴蓄其心，然后扩而充之天下，救天下之衰弊，而过越于常分，此所谓次于颐然谓之大过者也。”③ 仁者则刚，“仁者无敌，王请勿疑”（《孟子》）。义者，利物，物反生之。合宇宙自然之道，“可以与天地参也”（《中庸》）。德可以行化育之功，“小德川流，大德敦化”，“大德者必受命”（《中庸》）。仁义道德是君子强体壮刚阳之武器，只有在日常的积累和研习中去获得，才能充溢于天下，“救天下之衰弊工”。

程颐云：“大过者，阳过也，故为大者过，过之大，与大事过也。圣贤道德功业，大过于人，凡事之大过于常者皆是也。”言明大之象喻示过于常，一方面有超乎一般的能力和能量，另一方面则有可能超于常理。因此程颐又说：“夫圣人尽人道，非过于理也。以其比所常见者大，故谓之大过。”明确地肯定了大过之时的过于常，是尽人道而合理性，即高明配天的象意表达。其自然观思想的结

---

① 朱熹．周易本义．北京：九州出版社，2004. 76.

② 程颐．伊川易传．第2册第97页．文渊阁四库全书·易说卷．

③ 胡瑗．周易口义．第5册第38页．文渊阁四库全书·易说卷．

构图示，不言而喻，那就是与尊阳在大畜及颐状态下相比，首先，大过之时，其充实得更多、更大。其次，内外之阴柔相对柔小，“上下二阴衰，阳盛则阴衰，故谓大者过”。“阳过于中，而上下弱矣，故为栋桡之象。”[①] 无论是过中偏执，还是阳盛阴衰，都在回答和指向着同一个问题：过大是否由大而生过？

为了明晰尊阳刚强之性的运行规范，必须介入其大过时态下阴阳相互作用的力的结构语境图式来分析和把握其立基于自然观思想基础之上的方法论要旨，从中找出在大过格局时态下的运作方略。

大过　↙颐（䷚）
䷛
大壮（䷡）↗

从卦变而言，大过本于大壮。程颐云：“壮为进盛之义。大壮，阳之壮盛也。”[②] 故大壮与大过在尊阳气势的盛大方面是相近的。而大壮则止，那么大过也应有止意，尊阳本已过中偏旺，阳盛阴衰，若一再拉大差距，“过犹不及”，无益于天下，非合宇宙自然之理。同时，大过从颐来，又与颐旁通，阴阳互涵，畅演时行，无颐之道则无大过之情状。处大过之时，效法颐养之道，养身壮体，无疑是时下的一个重要的准则。这样既要养身壮阳，又不可使其过盛，则成为大过时态下的思诫之准则。

初六，藉用白茅，无咎。

阴阳相互对待的力的作用，规定和限制了阳势上扬的内在运行模式。阳与阴相依而存，纯阳不长，纯阴难成，阳之长必伴有阴之生，阴之生同样必有阳之成，这是一种自然规律和宇宙内在的运行逻辑。阴阳互涵，有阴必有阳，阳存必生阴。《老子》：“万物负阴而抱阳。”物即阴阳，《中庸》云：“致中和，天地位也，万物育也。”“中”与“和”就是直指阴阳而言，天地即是阴阳，阴阳成列，则万物顿生。这样推理可知，对于一个统一体或平衡体，阴大阳亦大，阴小阳亦衰。否则，阴阳不对等而一方极盛极衰者，必定是不稳定态，必至消亡。这体现出宇宙自然界万事万物在稳定中求生存、在生存中图发展的自然观思想。正如《系辞》所云：“君子安其身而后动，易其心而后语，定其交而后求。”“安其身”、“易其心”、“定其交”都是强调和指出稳定性是发展的前提条件。

颐时态下的养，必至于阳盛之势，同时言明与其相求之阴柔，势弱而衰下，故曰：“柔在下也。”这个象辞的意思非常形象，阴柔处弱而气势不兴为下。这样势必自然地要求尊阳要重视弱柔的存在和作用，以创造图存发展的必要条件。

---

① 程颐．伊川易传．第2册第98页．文渊阁四库全书·易说卷．

② 程颐．伊川易传．第2册第24页．文渊阁四库全书·易说卷．

故孔子大发感慨曰："'初六，藉用白茅，无咎'何谓也？苟错诸地而可也，藉之用茅，何咎之有？茅之为物也，薄，其用可重矣，慎斯术也，以往无不成也。"（《系辞》）孔子以象喻意，以薄茅之用，喻示阴阳平衡对开物成务的必要性，强调了阳之大必有阴来配敌，否则不能图存，更不能发展，从而勾画了一幅阴阳相互作用的自然语境图式：

$$阴_{内}\leftarrow d_1\rightarrow 尊阳\leftarrow d_2\rightarrow 阴_{外}$$

阴$_{内}$与尊阳所形成的平衡体，是其与尊阳及阴$_{外}$所形成的大的平衡体系的子成分。阴$_{内}$在这个大的平衡体系的空间排布位置，就是"柔在下也"所说的下的部位。通过阴$_{内}$对尊阳的制约和激励，才能使尊阳的内化能量不断增大，从而达到与阴$_{外}$的有力感应。从性征上讲，阳刚之性征是健行而张扬，阴柔的性征则是保守与谨慎。程颐云："初以阴柔巽体而处下，过于畏慎者也。以柔在下，用茅藉物之象。不错诸地，而藉以茅，过于慎也，是以无咎。茅之为物虽薄而用可重者，以用之能成敬慎之道也。"① 程颐所言，切中要害，言明初六所讲的内容，正是尊阳内在的畏慎心态。谨慎畏敬心理和意识就是阴$_{内}$之所指内涵。朱熹更进一步认为，初六时位上用"白茅"，是"物之洁也"。尊阳愈慎愈纯洁，直至其阳气浩然长存。《讼·象》曰："君子以作事谋始。"初六为事之初，当须慎重行事。故胡瑗云："初六居卦之初，谓事之始也。夫为事之始，不可轻易，必须恭慎，然后可以免咎。而况大过之时也。"② 物大然后可动，这就是所谓的大则明、明则动的道理所在。

九二，枯杨生梯，老夫得其女妻，无不利。

我们已经明晰中国古代思维方式中尚象思维的核心地位，言、象、意三位一体，"尽意莫若象，尽象莫若言"（王弼《周易略例》）。意以象尽的道理，已成为中国古代的特殊的表达方法和自然观思想的表现形式。

"枯杨生梯，老夫得其女妻，无不利。"这句话，从表象上看，是说枯朽之杨树竟然生出幼小而旺盛的小梯芽，白发苍苍的老头竟然有能力娶年轻女子为妻而生下漂亮的姑娘。朽木生发幼芽，是身体旺盛的话语表达；老头得少妻生女儿，是身壮有能力的意象展示。朱熹云："夫虽老而得女妻，犹能成生育之功也。"③ 表明了阳刚之性，旺而能生辉的大义内涵。这种义理内涵的基础是自然观思想。承继初六的内慎洁身以壮阳气的自然观理念，必然及至其生成浩然阳气的现实情状。其阴阳相互作用的自然观语境图式可表示如下：

---

① 程颐．伊川易传．第2册第99～100页．文渊阁四库全书·易说卷．

② 胡瑗．周易口义．第5册第40～41页．文渊阁四库全书·易说卷．

③ 朱熹．周易本义．北京：九州出版社，2004. 77.

$$阴_{内}\leftarrow d_1\rightarrow 尊阳\leftarrow d_2\rightarrow 阴_{外}$$

$阴_{内}$所符示的过分谨慎矜持的大义内涵，必定会从积极的方面更加朗显尊阳的刚阳之性征，其与$阴_{外}$因感应而相求之吸引力明显增强，“过以相与也”。这就是《系辞》所言的“一阳二阴者，君子之道也”的现身说法。故作易圣人说：“枯杨生梯，老夫得其女妻，无不利。”但$阴_{内}$的谨慎应予以辩证的态度，并不是说其总具有积极意义，毕竟其阴柔的牵引作用会产生消极的制约功能，使尊阳过分保守而不得弘张其大德。

九三，栋桡，凶。

初六、九二强调谨慎矜持而使刚阳修身而势强，这种强势上扬状态，一方面必致刚阳过极而失中。程颐云：“既过于刚强，则不能与人同，常常之功，尚不能独立，况大过之事乎？九三以大过之阳，复以刚自居而不得中，刚过之胜者也。”① 言明了九三时位上的刚阳已有过中之势，“夫居大过之时，兴大过之功。立大过之事，非刚柔得中，取于人以自辅，则不能也”②。只有以得中之刚柔兴功立事，才能胜大过之任，才能符合大过时态下自然观思想的内在要求。另一方面，初六、九二的谨慎做法，也使尊阳过于矜持而不能使其刚阳之性显扬外露，不能得到与其所处的阴柔环境之间产生更大的吸引力而难济天下，只能保持九二时位上的“过以相与也”的状态，在过分慎畏的前提下去与环境相适应，这种适应是被动的和消极的，是不可能有成的。对此，胡瑗有自己独特的看法：“大过之时，君子有为之际，故若过其分而行，则可以立天下之功，但若守常之人，则未见其能成天下之事也。”③ 对守常之人保守的态度和做法，予以坚决的否定，认为大过时态下的正确态度应是“过其分而行”，不应保守，而应寻求阴阳之间动态的平衡。这也就是大过之时所内在规定的既要养身壮阳又不可使其过盛的思诚准则。

九四，栋隆吉，有它吝。

承继九三时位上的自然观思想，我们完全可以逻辑地发现九四是对九三主动寻求阴阳自身及与环境动态平衡自然观思想理念的肯定和认同。“栋隆”就是说栋梁之木得以隆起而起基础性重要作用了。程颐云：“隆起，起不下桡之义。”④ 不图与初六之阴相应，而是着眼于与外环境阴柔的相济而动，这才能形成动态流动体系，从而形成动态平衡之情状。这种重要作用的形成和发挥，是与九三时位上自然观思想的核心定位分不开的。只有尊阳谨慎内省，才能身强势旺，也只有

① 程颐．伊川易传．第2册第101页．文渊阁四库全书·易说卷．

② 程颐．伊川易传．第2册第101页．文渊阁四库全书·易说卷．

③ 胡瑗．周易口义．第5册第42页．文渊阁四库全书·易说卷．

④ 程颐．伊川易传．第2册第102页．文渊阁四库全书·易说卷．

尊阳刚阳得势，才能赈济万民于天下。故作易圣人拟之以“栋隆吉”来表达和彰显九四时位上自然观思想的核心基质。但尊阳内省之功，在大过之时，应展示其积极的形态，不应有过多保守的东西左右其前进的方向，故曰：“有它吝。”程颐云：“居柔为能用柔相济，既不过刚，则能胜其任，如栋之隆起，是以吉也。若又与初六之阴相应，则过也。既刚柔得宜，而志复应阴，是有它也。有它则有累于刚，虽未至于大害，亦可吝也。”① 程颐对九四时位上自然观思想的概括，极为恰当，提出了既要用柔相济，又要动而刚，不矜持守旧，不为慎畏所丧勇，即“不桡乎下也”。

九五，枯杨生华，老妇得其士夫，无咎，无誉。

初六、九二、九三及九四时位，都在围绕着内外及整体和子系统阴阳平衡这个轴线，来把握其平衡态所固有的内在规定性，阐明阴阳平衡体系的动态性、流变性和生化性。九四时位上的自然观思想的核心内容，已明示了尊阳与环境阴柔之间动态亲和运作态势的形成和演化，自然地产生了逻辑思维形式的连续性运作程式。尊阳在刚健亲比外阴柔过程中，体现自己的化育之功，生生而不息，立大过之事，兴不事之大功，成绝俗之大德。这种倾向，直逼阴阳平衡态极限即，处极位之上六。正是程颐所说的“九五之时，上比过极之阴”② 的情势。“其所相济者，如枯杨之生华。”“何可久也。”③ 又像老妇女生生之气已逼近极衰，而还兴致很高地结交士夫而媾合，“过极之阴，得阳之相济，不为无益也。以士夫而得老妇，虽非罪咎，殊非美也”。“亦可丑也。”④ 故曰：“无咎无誉。”

上六，过涉灭顶，无咎。

从宇宙自然的角度去审视，尊阳的刚强之性是要遵循“阴阳者，相求之物也”的本然规约而运行的。所说极限一说，是宇宙自然规律的一种自然观思想概念。就是说，物质发展到这一点，就会显现出“物极必反”的规律来，并不是说极而不可达的情形。大过上六时位上的尊阳性显趋势，同其他卦上六、上九时位一样，是要触及的，不触及则不可流转变化。这也是对处上位的极而必反规律的阐明和提揭。

九五时位上尊阳亲比阴柔的态势已逼近处极之上六，其阳性征表现得已相当虚弱，相对来说，阴柔之势盛而溺之。在这种情况下，已无尊阳大德的迹象，故其化育功能衰竭而不可用，“过涉灭顶”之象明现于世，但又不可能打破阴阳的平衡势态，故曰：“无咎。”

---

① 程颐．伊川易传．第2册第102页．文渊阁四库全书·易说卷．

② 程颐．伊川易传．第2册第103页．文渊阁四库全书·易说卷．

③ 程颐．伊川易传．第2册第104页．文渊阁四库全书·易说卷．

④ 程颐．伊川易传．第2册第104页．文渊阁四库全书·易说卷．

这里就涉及一个自然观思想的定位问题。为什么既有“过涉灭顶”之象，而在行过趋灭的情况下，还说“无咎”呢？从中也显示了作易圣人的自然观启蒙思想和合理性的思维运作方式。一方面，九五时位上的阳刚之气已直逼阴阳平衡态极限，即处极位之上六，已到其上扬曲线的顶点，其发展必然一定是回落而反弹，外部阴柔与其相亲合的可能性皆无，不会亲比处于懈怠时态下的刚阳。另一方面，刚阳衰竭之身态，其刚阳性征已不彰显，就算是不回落，也如同年迈的老人，无潜力可言，阴柔无以应对，故对时下之衰阳不可咎处，故曰：“无咎。”

第二十九卦　坎卦的阴阳自然观

大过时态的刚阳已经逼近了懈怠回落的逻辑起点，这是宇宙自然的必然走势。沈该认为，路没有走完的时候，险也不可能有克服尽的终点。与阴柔的相交，有险存矣。大过时段所展现出的自然观思想，已对此有明确定位。颐时态下的养育强体之功可以使大过时下的尊阳，朗显出勃勃生气，但单一的壮阳强势以达其目的的思想方法，其有限性在大过时段的阴阳相互对待的关系结构中已有明确的结论，它逃不脱阴阳内外作用的规律，并且必将走向群阴消尽其阳势的地步。只有使其本体外柔内刚，平和成物，才能对外不明现阴阳的任何显性征状，而像流水一样既亲和，又不会被其纠缠。苏轼曰：“万物皆有常形，而惟水不然，因物以为形而已。……今夫水虽无常形，而因物以为形者，可以前定也。”① 苏轼对作易圣人所取水为卦象，颇感兴趣，并对其作了深入的分析，水与物亲而无形，有亲之信而无常形，有形则易被滞阻，能滞阻其健行的就是阴柔小人或阴势群团，水之有信而无所阻挡之势，可以突破阴柔的影响和干扰，其义不能说不大呀！既然存在有信和亲的现象，则必定有阳刚之性在发挥着内在的作用；同时，不受阴柔的干扰和影响，则必定是自身阴阳平和而有机成体；内阳外柔相得益彰，才使其对外阴阳性征处中不显，苏轼云：“所遇有难易，然而未尝不志于行者，是水之心也，物之窒我者有尽，而是心无已，则终必胜之。”② 苏轼把水拟人化，认为其心志永动而不息，以此来表达其对宇宙自然的认知程度，其中涵存着丰富的自然观思想的合理内核。对于一个阴阳综合体，即世上万事万物，若使其阳处内而志诚信实，阴在外而随形所适，则阳刚之气因已与内在之阴柔之气相合而使统一体对外显中性，不会受到任何外界阻扰因素的影响。

程颐云：“阳实在中，为中有孚信。维心亨，维其心诚一，故能亨通。至诚可以通金石，蹈水火。何险难之不可亨也？行有尚，谓以诚一而行，则能出险，有可嘉尚，谓有功也。不行则常在险中。”③ 阳刚充实于内，是心诚所为，必定能通达，因为“至诚可以通金石，蹈水火”。孔子在《中庸》中云：“至诚如神。”什么艰难险阻不可战胜呢？这里的艰险不是指水，如苏轼云：“坎，险也，

---

① 苏轼．东坡易传．第2册第61页．文渊阁四库全书·易说卷．

② 苏轼．东坡易传．第2册第61页．文渊阁四库全书·易说卷．

③ 程颐．伊川易传．第2册第105页．文渊阁四库全书·易说卷．

水之所行也，而非水也。”[①] 水的性征，古人时习之，孟子就对流水的性征给以大嘉赞叹：“水哉！水哉！源泉滚滚，不舍昼夜，盈科而后进，放之四海。”（《孟子·离娄下》）言明了水性之心志诚一不改，则能“盈科而后进”，排除一切险难。若不动，死守旧道，仅有的一点阳刚之气也要用尽于性的张扬上，则是危险的行为，故“不行则常在险中矣”。程颐对刚中之道给以很高评价：“水流而不盈，阳动于险中，而未出于险，乃水性之流行而未盈于坎，既盈则出乎坎矣。维其心可以亨通者，乃以其刚中也。中实为有孚之象。至诚之道，何所不通？以刚中之道而行，则可以济险难而亨通也。”[②] 强调了尊阳处于险中的应对重心，是自心之至诚，使其心志专一而可以亨通。

为了使尊阳在险中能达到刚中而柔外且得中而应物，那就必须介入其坎卦时态下阴阳相互作用的力的结构语境图式来分析和把握其立基于自然观思想基础之上的方法论要旨，从中找出在坎格局时态下的运作方略。

↙离（䷝）

坎

䷜

观（䷓）↗

观卦戒之以“省方观民设教”，明示了以修身达诚、为民所观为主旨的阴阳相互对待的自然观思想。居上者，不可居而自傲，相反，更要莫退初心，行教化民，则天下众体，尽管形态各异，但能与其和谐。保持坎之时态下的达近亲比的诚意，修身以壮其阳德，使其中道贞固，“则天下之人，莫不尽其孚诚”[③]。使君阳在不同的环境中，形无常态，无不适应，“惟无常形，是以忤物而无伤，惟莫之伤也”[④]。做到游刃有余，所向无阻。故曰：“君子以常德行，习教事。”坎与离旁通，“离，丽也。万物莫不皆有所丽矣。在人则为所亲附之人，所由之道，所主之事，皆其所丽也”[⑤]。处坎之时，君阳处内而贤臣与其亲比，君臣礼仪和洽适宜，则柔臣的温柔之阴性就会外显而排拒环境阴柔的近与，从而形成阳君本身阴阳的平衡及对环境阴柔的亲疏程度得中而不辟，既能与所遇之物相接触，又不会在根本上受其影响。如何才能一步步地达到这个效果，这就形成了坎卦六个爻位上自然观思想的逻辑演化过程。

---

① 苏轼．东坡易传．第2册第60页．文渊阁四库全书·易说卷．

② 程颐．伊川易传．第2册第106页．文渊阁四库全书·易说卷．

③ 程颐．伊川易传．第2册第39页．文渊阁四库全书·易说卷．

④ 苏轼．东坡易传．第2册第61页．文渊阁四库全书·易说卷．

⑤ 林忠军，梁韦弦．程氏易传导读．济南：齐鲁书社，2003. 192.

初六，习坎，入于坎窞，凶。

大过上六时位上尊君已达“过涉灭顶凶”的境地，群阴合围，阳气息息。其阴阳相互作用的力的图示如下：

（内）尊君←→慎畏←→臣民（外）

“慎畏”主虑忧，主保守。在尊君阳刚无力与阴柔群团抗衡时，其慎畏之心必在上而优先考虑，并且成为重要的考量指标。慎虑而畏惧是尊君的内在阴性成分，在“过涉灭顶凶”的情况下，这种成分的动态发展无疑呈上扬曲线。只有它的存在和发挥作用，才能对外来的阴柔群团进行抵制，因为阴与阴是相斥的。《系辞》云：“惧以终始，其要无咎，此易之道也。”“夫易之兴于殷之末世、周之盛德也，言文王与纣之事也，故其辞危。”作易圣人以文王与纣之事，说明尊君处于弱势，情况的危险程度要引起高度的重视，“故其辞危”。但往往就在这时，其德乃长盛之际，就此提出了尊君修德以存身的自然观命题。故作易圣人言之为“习坎”，就是说，要经常地重复地反复认识坎时的困难和危险，并深入地了解情况，找出应对策略。程颐云：“初以阴柔居坎险之下，柔弱无援，而处不得当，非能出乎险也，唯益陷于深险耳。”① 初六时位上尊君的状态，是“柔弱无援，而处不得当”，很难出险，在这种情况下，不是后退而怨天尤人，而是积极地深入坎险之中，去了解情况，摸清险情，从容应对。苏轼总结说：“以险为心为大者，惟相与同患其势，有以相待，然后相得而不判。”② 只有心上有险患之虑，并积极地应对，才能相得，才能不怨天尤人，故曰：“入于坎窞。”

坎窞，是道路上的深坑，这种坑既危险，又与道相悖，作易圣人以坎窞来形容君阳的处境，有其深厚的自然观思想涵具摄存。尊君处体系的内层次，而以慎畏之心对外，展现出了一种极力回避之表象，从而使其与外层臣民之间出现了阴与阴相杂的态势，外层臣民的自由度明显提升，活性增大，混乱必至，故言“凶”，其原因就是没有用“一阴一阳之谓道”的阴阳成道的规律，而是利用了阴与阴相远离的理念。这也就是坎从观来必行观民设教的自然观基础。当然也应从另一方面看到，“二女相违，则刚柔有体”，二阴相遇必相违，这在宇宙自然界中从本质上说也是一种规律，也正是王弼在《周易略例》上所说的“用有行藏，时有否泰”的一种现身说法。故曰：“失道凶也。”

九二，坎有险，求小得。

承继初六时位上的自然观思想可以明白，外层阴柔，即臣民所显的阴性作用，必然会对内层尊君的阴柔性态形成挤压，险难忧惧之心更加沉重，故曰：

---

① 程颐．伊川易传．第2册第107页．文渊阁四库全书·易说卷．

② 苏轼．东坡易传．第2册第62页．文渊阁四库全书·易说卷．

"坎有险。"这个险，使内心对危险性的险之认识程度更加强烈。但存有忧患意识，并不是坏事，而是好事。只有"惧以终始"，才能"其要无咎"。忧而惧，是一种慎畏而保守、意欲不失的成分，属阴柔系统的范畴。这种阴柔与君阳的接近，必会产生阴阳相感互动的局面，故作易圣人用"求小得"来象之，非常贴切，其自然观思想的萌芽明显弘张。

程颐云："君子处险难而自能保者，刚中而已。刚则才足自卫，中则动不失宜。"① 这句话，深刻地体现了其自然观的思想内涵。惧畏之心，忧患之虑，必能产生防危之行，而自保其身。也正因为有忧惧感，才使得刚阳积聚其心中，而不偏执、不失宜。

六三，来之坎坎，险且枕，入于坎窞，勿用。

惧畏忧患对自保其身是有益的，但有刚中的条件作为前提，若无刚中在前，慎畏之心只能是使人停滞不前。因此，坎时态下的谨慎态度仅仅是尊君发展的必要条件，而非充要条件，还要保持坎之时态下的达近亲比的诚意，修身以壮其阳德，使其中道贞固。由此可知，时下之尊君的应对理念应该是清楚认识当下之险难困苦的实际情况，既要有忧患意识，又不拘泥于恐慌之中，而是养精以修其德，壮其身而不空泄其阳气，不急于图功效，抱有"终无功也"的态度和勇气，必能突破重重之险阻和苦难。故曰："来之坎坎，险且枕，入于坎窞，勿用。"来者，信也；之者，往也；险，就是险难而有忧患；枕，休息以养身。作易圣人用这样短短几个字，就把六三时位上的阴阳相互作用的自然观思想明白地表达出来，故曰："古之聪明睿智神武不杀者夫。"（《系辞》）

程颐云："六三在坎陷之时，以阴柔而居不中正，其处不善，进退与居，皆不可者也。"② 我们姑且不论程颐就时下情状之分析可以推演出的人文理念是什么，但就六三时位上的阴阳相互作用的关系而论，颇具合理性。君阳性弱而力薄，几乎接近阴柔之性，不可再有其他阴柔前来亲就，而却在六二时位上"求小得"而趋向于失中，以至于到六三时位上自然地出现不中正的情形而处不善的进退两难之境。根本问题在于自身的阳不足，"不患人之不知己，患不能也"（《论语》）。只要自身刚阳盛足，这些问题都会随之消散。

六四，樽酒簋贰，用缶，纳约自牖，终无咎。

六三时位上的自然观思想的核心定位，落在了尊君修身进德的基点上。要修身正心，只要有诚意存摄其中，就可以达到目的，不需要过多的形式和清规戒律。樽、簋、缶等都是祭祀用的器具。贰是副器具，是附带在主祭器上的一种特别的器具，以表示隆重和庄严。处坎之时，困境重重，这些很高雅的东西不可能

---

① 程颐．伊川易传．第2册第108页，文渊阁四库全书·易说卷．

② 程颐．伊川易传．第2册第108页．文渊阁四库全书·易说卷．

具备，但并不能阻止人的诚意的流露和对其产生的向往与追求。简约自处，推心置腹，心意向善，至诚通神，善终而无所怨咎，何须烦琐礼仪。故曰：“樽酒簋贰，用缶，纳约自牖，终无咎。”

程颐云：“夫欲上之笃信，唯当尽其质实而已。多仪而尚饰，莫如燕享之礼，故以燕享喻之，言当不尚浮饰，唯以质实。所用一樽之酒，二簋之食，复以瓦缶为器，质之至也。其质实如此，又须纳约自牖。”① 仪式礼节及过多的点饰，对于一个人诚意的表露，没有什么特别的地方，并不是说讲究得多，就显其心诚，也不是说穷困就不能表达诚意。相反，在困苦的情况之下，更会散发出其诚意的光环。苏轼曰：“用缶，薄礼也。纳约自牖，简陋之至也。”②《系辞》曰：“困，穷而通，困以辨义。”通过困境中的行为和意向，就能显示出人的本然状态，并且对其所内在涵摄的本质性品格给以自然表露。处坎之时，诚意为先，不可拘泥于礼仪形式。简约行事，笃信质实，这正是对尊君刚阳之气的生动写照。故曰：“刚柔济也。”

九五，坎不盈，祗既平，无咎。

水的自然属性是令作易圣人所取法的。“水流而不盈，行险而不失其信”，坎为水，水中之阳尽管处于险中，受二阴围困，但其流动不已，遇险而安行，“放之四海”。能达到这样的境界，是六四时位上“修辞立其诚”之必然趋向。只要诚心专一地行修身教化之事，刚阳的质地必然充实，通达无阻，而又无所咎悔。

这里边涵摄着丰富的自然观思想的内容，九二时位上出现的“求小得”而“未出中也”，体现了一种阴阳相求的本性，经过一个修身诚意的过程，走向充实而光大的彼岸，一旦达到能使原来恐慌和慎畏之心消除的高度，尊君自身阴阳体系达至平衡，就可畅通亨达于天下，故曰：“中未大也。”这可以说是在阴阳相互作用结构基础上的一种超越。

上六，系用徽纆，置于丛棘，三岁不得，凶。

九五时位上尊君的诚意形成了其自身阴阳体系的平衡态，但“中未大也”，处中而未能达到壮大的地步。也就是说其诚意程度还未达到至诚的境界，这对尊君的本性来说是不能停步的，还必定继续充实与提高。一旦突破其自身平衡态，刚阳之气一显露，就会面临外界环境阴柔群团的消阳压力，故曰：“系用徽纆，置于丛棘，三岁不得，凶。”

沈该曰：“上之失道凶，在于极习不已，险极过深，然后刑之，是以系徽纆

---

① 程颐．伊川易传．第2册第109～110页．文渊阁四库全书·易说卷．

② 苏轼．东坡易传．第2册第64页．文渊阁四库全书·易说卷．

棘也。”[①] 沈该认为，习险而行险，本是正确的方法，但不可过深地涉及，否则会受刑制之苦。《说文》曰：“水，准也。准之为言平也，物之取平者，莫如水。”这个平就是尊君自身阴阳系统的平衡。若超越了这个界线，就“习于险则必陷于刑”[②]。故曰：“系用徽纆，置于丛棘，三岁不得，凶。”因此《坎·象》所言的“上六失道凶”是对坎时态下的本然规律的违反，而与初六时态下的“失道凶也”的道并非一回事，而是两个不同语境下的不同的道。

① 沈该. 易小传. 第3册第47页. 文渊阁四库全书·易说卷.
② 沈该. 易小传. 第3册第47页. 文渊阁四库全书·易说卷.

第三十卦　离卦的阴阳自然观

易以道阴阳的理念流演到离时态，其逻辑性已不言而喻。阴阳相互作用的力的结构模式，已成为卦象所蕴涵宇宙规律的核心支柱。通过对卦时态下阴阳相互作用的力的分析，就可以明晰时下的认知状态和行动路向，从而可以解读出作易圣人的自然观思想的精神本质。

阴阳动变而演化，至坎时之格局，已经历了不同结构模式的阴阳对待关系，时下代表阳刚之性的尊君，处于修身意诚的境界之中，其发展变化的路向已不可更改地走向被群阴围合的状态。坎上六时位上的自然观思想的核心内容是习险而达诚、极习而不已。这样的发展态势，必至“系用徽纆，置于丛棘，三岁不得，凶”的境地。这是由自然观思想的内在规约所决定的。之所以凶，是因为尊君的至诚决心必然会跳出坎时态下之内在规定，而打破自身的平衡，亦即失其道而走向凶险。

对待万事万物，都应本着从两个方面看的态度。有得必有失，有失必有得，得失是辩证统一的。吉凶者，得失之象也。吉和凶也不过是得失的一种话语表达而已。所谓凶，并不一定是凶死无疑，相反，可能是一种曲则有诚的行动方式。坎必至离，从自然观的角度去审视，是一种必然。《序卦》云：“坎者，陷也。陷必有所丽，故受之以离，离者，丽也。”中国古代思维方式的核心内容是整体生成论，前边多有涉及。阴极阳生，阳极阴生。四月卦为乾，为老阳，纯粹精也；五月卦随之而成姤，一阴始生。十月卦为坤，为老阴，“坤至柔而动也刚，至静而德方”；十一月卦为复，一阳方生，“复见天地之心也”。五行本来顺位而生，隔位而克，但若一行偏旺，则旺动而生化，却又形成生生之流转程式。因此坎极而险深，置之死地而后生。坎上六险极过深，弱阳微露，旋及受群阴所困，对于这个弱阳体来说，确也受刑，但庞大的阴柔已各成气势，相互间在弱阳势单的情况下，互相克制，形成彼此间的强大张力而使弱阳反处平衡态，这就是极弱体不能用扶而用抑的自然观理论本质。

苏轼也从自然物象的物理属性方面去分析：“火之为物，不能自见。必丽于物，而后有形。故离之象取于火也。”[①] 苏轼明确地提出了阴阳相互作用的互相依托性。以火为喻，火之所以可见，在于作用于他物之上，是因为其他与之作用

---

① 苏轼．东坡易传．第2册第65页．文渊阁四库全书·易说卷．

的物的相互作用来使其得以存在。从中彰显了物与物相互作用的力的平衡模式结构：

阴$_A$

阴$_B$→←　弱阳　→←阴$_C$

阴$_D$

弱阳的存在，使众阴前来近就，又因为其势弱影响极小，而使众阴的互相斥拒力明显提升，形成强大的张力体系，致使阴阳复杂的组合反而变得平稳而有序。故曰："利贞，亨。畜牝牛吉。"牝牛，就是阴柔的代表。在离状态下，弱体之阳处中得正，"柔丽乎中正故亨"，群阴各自相对独行其是，"万物各以其类丽也"①，故作易圣人曰"明两作"。程颐云："若云两明，则是二明，不见继明之义，故云明两，明而重两，谓相继也。"② 程颐所言的"明两"而非"两明"，哲理极其深刻，蕴涵了敦厚的自然观思想内涵。明两是圣人之言，有继明的大义涵具其中，先有弱阳的出现，才能各得其丽，是有先后次序的，并不是先阴阳双方各得其丽，然后出现离时态的格局的。他接着又补充道："大人观离明相继之象，以世继其明德，照临于四方。"③

为了进一步深入了解弱阳体在险中能得中正之位的过程，必须介入其离卦时态下阴阳相互作用的力的结构语境图式来分析和把握其立基于自然观思想基础之上的方法论要旨，从中找出在离格局时态下的运作方略。

↙坎（䷜）

离

䷝

遁（䷠）↗

离与坎旁通，阴阳互通，离又从坎来，若无坎险至极，则不可能有极弱之阳的形成，只有阳势弱至，才能出现离时态的阴阳格局，其意甚明。离为四阳二阴卦，卦变于遁，也正是为了更好地保持这种弱势状态，必须效法遁的自然观思想的语境规则。遁即逃，阳趋隐伏态势，方可贞固持恒。那么如何才能达到这种效果，离卦六爻时位上的自然观为我们展示了一个富有逻辑性的阴阳交变演化程式。

初九，履错然，敬之无咎。

承接坎上六时位的自然观思想，坎上六习险行险，必受刑苦。原因是习险以

---

① 苏轼．东坡易传．第2册第65页．文渊阁四库全书·易说卷．

② 程颐．伊川易传．第2册第115页．文渊阁四库全书·易说卷．

③ 程颐．伊川易传．第2册第115页．文渊阁四库全书·易说卷．

曲而至诚，诚意方兴，则阳气流行，突破自身的阴阳平衡态，而招致外界环境阴柔的围困，使得其自身处于“系用徽纆，置于丛棘，三岁不得，凶”的地步。此时的弱阳体究其势力是不可与众阴相抗衡的，因此应退而避其锋芒，持矜畏的态度方可防其被消。这就是离本于遁的卦变本质。这种态度具有根本性，不能消弱这种内在的精神，否则就会使阴阳相互作用的格局发生破坏和转换，失去阴阳相互作用的平衡性。

胡瑗曰：“错然者，敬之之貌也。言此初九，居离之初，如日之初升未明照于天下。若继嗣之君，于事之初，则当常错然警惧以敬德修业，上副祖宗之托，下慰生民之望，所以得免其咎。”① 胡瑗以象喻事，用将要继位的君王和初升的太阳来符示离状态下的弱阳体，昭示了离状态下的弱阳体应该全面地正视当下之处境，生成敬惧之心，修德以兴其业，自省无悔，使自身的阴柔基因发挥其潜在的功能，则可得无咎，体现出弱阳性的特征来，提揭了处离时态下，应先从自身做起，慎畏敬省，以防患于冒进铤险。程颐更是朗显了其自然观思想：“阳固好动，又居下而离体。阳居下，则欲进。离性炎上，志在上丽，几于躁动。其履错然，谓交错也。虽未进，而迹已运矣。动则失居下之分而有咎也。”② 不仅勾画了处离之时初九时位上弱阳的躁动特征，形象地将其描述为欲进交错之动迹，而且实际上提出了离状态下阴阳相互作用的力的互动模式，戒之弱阳的居下守分的内在规约。故曰：“履错之敬，以辟咎也。”

六二，黄离，元吉。

循着初九时位上的自然观思想，弱阳的躁动欲进之心，受其敬慎畏惧的制约而不犯于咎。伴随而来的情况是众阴近君而相互间张力的不断提升，这就必然产生了阴与阴之间斥力或排拒力的上扬趋势，从而不断地互相克制而趋于平静。阴阳内外间的相互作用力渐达平衡，故曰“黄离”，意味着六二时位上的阴阳各方都能得位，而使阴阳整体系统有机统一、“处中道也”。

程颐云：“二居中得正，丽于中正也。黄，中之色，文之美也。文明中正，美之盛也，故云黄离。”③ 程颐将阴阳体系的结构，定位为“文明中正”，但将君王的处境，定位为“以其得中道也”，并指出“不云正者，离以中为重，所以成文明，由中也，正在其中矣”④。胡瑗则直接以中正来示君王之此时状态：“六二居下卦之中，以阴居阴，既中且正。如日之中，朝庭明盛行政施令为皇极之

---

① 胡瑗．周易口义．第5册第54页．文渊阁四库全书·易说卷．

② 程颐．伊川易传．第2册第115页．文渊阁四库全书·易说卷．

③ 程颐．伊川易传．第2册第116页．文渊阁四库全书·易说卷．

④ 程颐．伊川易传．第2册第116页．文渊阁四库全书·易说卷．

化。"[①] 体现了宋代易学家以整体生成方式为核心的自然观思想。尽管弱阳为君，但已处中，其正涵具、群阴会聚而秩序井然，其阴阳相互作用的力的结构体系决定了君阳虽弱而处中正的状态。

九三，日昃之离，不鼓缶而歌，则大耋之嗟，凶。

离时态下的君王从坎而来，呈弱阳性，初九时位上的自然观思想已经彰明，此时的弱阳体具有与众阴不可相抗衡的客观实际，因此应退而避其锋芒，持矜畏的态度方可防其被消，这样做反而能达至平衡稳定状态。"其初难知，其上易知，本末也。"（《系辞》）初九时位上的自然情状，导致了作易圣人对离本于遁的卦变本质给以核心定位。这种态度具有根本性，不能消弱这种内在的精神，而应贯穿卦爻时位流变之始终。遁逃之法，是由弱阳性不能受生扶的自然观思想所决定的，这样恰恰可以使弱阳性征得以保持，而维护了阴阳有机体系的整体平衡，但其所表现出的现象是"日昃之离"之象。离者，明也，就是光明的意思，昃就是要没落的意思，从表象上看，就是说好像太阳即将落没，而本质上是作易圣人以这种特有的表达方式来象征和喻示刚阳之气的隐退情状，并由此与其根本相一致。"鼓缶而歌"就是常道的意思，作易圣人用敲打缶一类的常用乐器必定会发出声响来喻示常道和常理，但离状态下君王避其锋芒而所持之矜畏的态度和做法，实属阴阳相互对待的处极情况，应按极而必反的自然观理念去对待，才是合理的做法和行事准则，故戒之以"不鼓缶而歌"。果能如此，就会出现"大耋之嗟，凶"的现象。只有嗟忧而主动退隐，使阳刚之气消其锋芒，才能达此目的。并不是说正因为"日昃之离，不鼓缶而歌"的现象出现，才导致了"大耋之嗟，凶"的地步。这里的凶，是失、隐和消的意思，并不是凶险之意。

沈该云："日昃之离，已过中也。不鼓缶而歌，不乐其常也。大耋之嗟，惧将尽也。三已过中，前明将尽，日昃之离也。"[②] 宋代易学家们大都推崇《易传》，流行以《系辞》、《文言》、《十翼》解经。《系辞》云："系辞焉而名之，动在其中矣。"对作易圣人所撰之卦爻辞的功用给以定位，认为其以动易为核心的，无假定命题。因此沈该对"日昃"、"不鼓缶而歌"等作了象意涵摄流变转换的互动，尤其是对"大耋之嗟"给以"惧将尽"的定位，更能反映出宋代易学家们的解易思路。"惧将尽"和"惧极至"是可以用同一个象来表达的，但这里说是"将尽"而未说"极至"，从中烘托出弱阳主动退隐的义理内涵。程颐也有同样方式的论述："以理言之，盛必有衰，始必有终，常道也。人之终尽，达者则知其常理，乐天而已，遇常皆乐，如鼓缶而歌。"[③] 从常道之理的发展规律

① 胡瑗．周易口义．第5册第54～55页．文渊阁四库全书·易说卷．

② 沈该．易小传．第3册第51页．文渊阁四库全书·易说卷．

③ 程颐．伊川易传．第2册第117页．文渊阁四库全书·易说卷．

上言明了“惧将尽”的道理，但程颐并没有彻底坚持这种观点，他认为达者持道而行，不达者则恐恒以常，就把意思变了调：“不达者则恐恒有将尽之悲，乃大耋之嗟，为其凶也。”意味着达者就没有悲凶之状，殊不知“进退无恒非离群也，上下无常非为邪也”（《文言传》）。在离状态下隐遁以固持弱阳的态势，是主动的撤离，而不是消极被动的悲愤。而弱阳体在隐退的过程中，会受到阴阳之间牵制力的阻挠而不能如愿，甚至是一件特别痛苦的事，故用“大耋之嗟，凶”的表象来形容，以此来反映出作易圣人的自然观思想。

九四，突如其来如，焚如，死如，弃如。

九三的“大耋之嗟”很形象地表达了弱阳体以遁退而欲固持其势的处境和艰难，自然而然引出了在遁退过程中的艰辛历程。九四时段就是对大耋过程的自然观思想的描述和模拟。

沈该曰：“突如其来，如刚逼柔也；焚如，五不可陵也；死如，刚强之招也；弃如，众所不与也。当明道始革之际，居继明之始，而以炎上之性，秉九三之刚，上逼柔尊不当其位，无德骤进，突如其来也。”① 这里涵摄着丰富的自然观思想，首先，离状态下的弱阳体只有通过逼其自身的柔势由隐转显，出现阴与阴相斥的局面，才能摆脱外界阴柔群团的牵引，也才能实现遁退的目的；其次，在自身阴阳流转的过程中，随之而来的是众阴对其产生的向外的牵引力如火焰一样地向外四溢；其次，自体阴阳转换进行，而整个阴阳体系又处于暂时的平衡，显出平静之象，故曰“死如”；最后，自体阴阳的转换趋于完成，而弱阳性征达到最大，而自然地使原来周围之众阴失据无应而不与，故曰“弃如”。朱熹很明确地对九四爻辞评价道：“后明将继之时，而九四以刚迫之，故其象如此。”② 认为九四爻辞所言的全都是象，以象喻意，拟写其境，突出了“无所容也”的内在本质。

六五，出涕沱若，戚嗟若，吉。

对于“出涕”和“戚嗟”的意思，程颐解释为“唯其明也，故能畏惧之深，至于出涕；忧虑之深，至于戚嗟。出涕戚嗟，极言其忧惧之深耳，时当然也”③。其中心意思就是用之以表达君王非常的恐惧和忧虑，并认为是“时当然也”。承继九四时位上的“弃如”之实，君王的阳气潜藏而阴柔彰显，致使群阴受其同性之斥力而四散而去，这对君王本身的地位是一个挑战，故有“出涕”和“戚嗟”之语。但这种情形的出现，应是君王在离时态下自九三时段以来所形成的目标体系的重要内容，故曰：“吉。”同时极其忧惧本身就是君王自身阴柔体系的

---

① 沈该．易小传．第3册第51～52页，文渊阁四库全书·易说卷．

② 朱熹．周易本义．北京：九州出版社，2004. 83.

③ 程颐．伊川易传．第2册第118页．文渊阁四库全书·易说卷．

彰显，这种表达在离时态下更具有精确性。因为弱阳受众阴围而牵之，欲从中脱离而当需尽相当的努力，故脱出之象是一种苦象，以“出涕”和“戚嗟”来形容更为恰当。象之曰：“离王公也。”众阴四散，君象不存，故内心之苦，令人可以想象。但“惧以终始，其要无咎，此易之道也”（《系辞》）。阴阳交变，内省不疚，可以内化能量而壮其身，故曰：“出涕沱若，戚嗟若”，而后必定得“吉”。

上九，王用出征，有嘉。折首，获匪其丑，无咎。

六五时位上的自然观思想，给我们提出了阴阳相互作用的自我发展问题及其思路。俗话说：“生于忧患，死于安乐。”只要是忧虑之心长存，自身必定大有发展之势，《大学》中对此专门有论述：“知止而后能定，定而后能静，静而后能安，安而后能虑，虑而后能得。”阴阳相互作用的自然观思想，为人们提供了丰富的知识，指导人们的实际行动，静安思虑，然后必得。

在自身能量得以内化提升之后，自然会产生刚健之性征，而动不已矣，故曰：“王用出征，有嘉。”程颐对此给以深入阐述，彰明了其中蕴具的自然观思想。他说：“九以阳居上，在离之终，刚明之极者也。明则能照，刚则能断。能照足以察邪恶，能断足以行威刑，故王者宜用。”① 六五内化能量的德性，自然会使君王阳刚而光明，“一阴一阳之谓道”（《系辞》），合道之阴为贤明之臣民，不合道之人即远离君王之势，乃邪恶之帮。邪恶远离是能断而行威刑之象，故曰“折首”而“获匪其丑”。邪恶之帮盛大，故用“征”。相应地，“行其征伐，则有嘉美之功也。征伐，用刑之大者”②。去邪恶而亲贤臣，“以正邦也”。

---

① 程颐．伊川易传．第2册第119页．文渊阁四库全书·易说卷．

② 程颐．伊川易传．第2册第119页．文渊阁四库全书·易说卷．

卷五
（下经卦）

第三十一卦　咸卦的阴阳自然观

宋代易学家把《周易》六十四卦分为上下经来分别解读，认为上经是言天道，言阴阳之分别；下经是言人事，言阴阳之交通。二经以阴阳相互作用的宇宙自然观思想、法则和内在规约为基础，一以而贯之，将其统一起来。

下经卦以咸恒为开端，同时也与上经卦的坎离有着内在的联系。郑刚中云："坎离，男女也；咸恒，夫妇也；序卦所谓有男女然后有夫妇也。咸者，夫妇之情；恒者，夫妇之道也。"① 一语道明了阴阳相互作用的方式在上下经卦中的不同之处，指出了上下经的统一性基础，明确地指出下经卦的指涉重心是以阴阳交往、交通为基础的人事关系和人伦情理。杨万里对此评论说："上经首乾坤，乾坤阴阳之变；下经首咸恒，咸恒阴阳之交。不变分不严，不交情不通。"② 从更深一个层次上，对上下经卦的不同作了说明，明确地对咸以论夫妇之交情给以定位。

而人事、人伦又本于宇宙自然的内在规律。张载云："说者多以咸恒配天地，殊不知咸自可配天地，故于序卦独不言咸。咸既可以配天地，则恒亦可以配天地，皆夫妇之道也。"③ 咸卦将阴阳的形式转换为夫妇的关系，究其本质是天地阴阳，论其核心是人伦情理。也就是说咸等所言的人伦情理是与天地阴阳之道相一致的，我们可以通过夫妇之关系、人伦之事理通达天地及阴阳相互作用的自然观思想。同时也应该看到，卦意所流露的夫妇人伦皆是自然观思想的一部分，是阴阳相互作用的力的结构的一种特殊反映，是一种人化的实践的自然观思想。

这种阴阳相互作用的方式是感观。所谓感，就是张载所说的："咸则非事，咸，感也，不可止。以夫妇之道谓之咸，此一事耳。男女相配，故为咸也。感之道不一，或以同而感，圣人感人心以道，此是以同也。或以异而应，男女是也，二女同居，则无感也。或以相悦而感，或以相畏而感。若以爱心而来者，自相

① 郑刚中．周易窥馀．第3册第57页．文渊阁四库全书・易说卷．

② 杨万里．诚斋易传．第5册第2页．文渊阁四库全书・易说卷．

③ 张载．横渠易说．第2册第3页．文渊阁四库全书・易说卷．

亲；若以害心而来者，相见容色自别。还有以事相感。感如影响，无复先后，有动必感，咸，感而应故咸速也。”① 咸并不是一种人为的事物，而是不依人的意志为转移的自然发生的行为，是不可止的，正如苏轼所云：“情者其诚然也，云从龙，风从虎，无故而相从者，岂容有伪哉。”② “如恶恶臭，如好好色。”（《大学》）但感的种类却很多，有以同而感的，有以异而感的，有以相悦而感的，也有以相畏而感的，还有以事来感的，等等，甚至有以害而来的，人事繁杂，其象万千。而咸所言之感是一种以异而应的感，同时也提出了圣人感人心的以同而感的情形，其实质是一样的。程颐云：“夫人中虚则能受，实则不能入矣。虚中者，无我也。”③ 圣人以同而感是一种表面现象，究其内在本质来论，圣人之所以能感于贤民及君子，是因为有圣人之笃实而充实于人心，人心虚空，“咸之为道，以虚受为本，有意于中则滞于方体”④。笃实为有、为阳，虚空为无、为阴，既然咸以虚受为本，则其阴阳相互作用的空间必定拓宽，不能简单以男女夫妇进行锁定，相反，应该扩容。胡瑗云：“义曰夫有天地、万物、男女、夫妇、君臣、上下莫不有感之道，然后得其理，故圣人作易以通神明之德，以类万物之情。分乾坤坎离为上经，取咸恒既济未济为下经，以尽天道人事之理。”⑤ 又云：“咸，感也，天地之大经，夫妇之大伦，故为下经之首也。”将天地阴阳与男女夫妇统一起来。杨万里则更是明确：“天地、君臣、父子、朋友、兄弟、万物皆以情相感而后通，天气先降而后地气升。”⑥ 易所言不只是夫妇男女，而且可通神明之德，可以象征万物之情。因此有人说下经卦专指夫妇一事，是狭隘的、片面的。

杨万里同时指出了情感与自然天地之道的关系，天地二气行动有别，天气先降而地气才能后随，若天气不降，地气也就不能升。“天行健，君子以自强不息；地势坤，君子以厚德载物。”天之性健，不息而动，指向虚无。地之性静，厚德载物，承天时行。阴阳之动就有先后之分、性状之别。程颐云：“男志笃实以下交，女心说而上应，男感之先也。男先以诚感，则女说而应。”⑦ 提示了男女之感向夫妇之情过渡过程中的内在规律和内在逻辑。这种内在规定性决定了夫妇之情必须具备处正的品质。诚是具有明确的方向性的，否则就不会称诚，而是不诚，“不诚无物”（《中庸》），而说所应也是具有方向性的，否则不能称应，而是无应与，则无性显，不符合“阴阳者，相求之物也”的自然规律，故曰：“利

---

① 张载．横渠易说．第2册第3页．文渊阁四库全书·易说卷．
② 苏轼．东坡易传．第3册第2页．文渊阁四库全书·易说卷．
③ 程颐．伊川易传．第3册第5页．文渊阁四库全书·易说卷．
④ 张载．横渠易说．第2册第3页．文渊阁四库全书·易说卷．
⑤ 胡瑗．周易口义．第6册第2页．文渊阁四库全书·易说卷．
⑥ 杨万里．诚斋易传．第5册第2页．文渊阁四库全书·易说卷．
⑦ 程颐．伊川易传．第3册第2～3页．文渊阁四库全书·易说卷．

贞。”这就是由感到情再到贞的逻辑演化过程。其象表现为“取女”，按其程式演化逻辑性推演，则其结果必定得“吉”。故曰：“利贞，取女吉。”

那么，男女之于夫妇的情感变化和升级是怎样的情形，如何才能感而贞正得亨通？这还要从咸时态下阴阳相互作用的活态运作动力体系的语境结构上去分析和把握。

↙损（䷨）

咸

䷞

否（䷋）↗

咸从坎离而来，从其象所喻意来看，是男女亲比之自然生发，从运行程式来看，是由阳体之笃实而产生的“王用出征”之象，从内在本质上看，是阴阳未交而产生的吸引力或牵引力之所为，其卦变意义上，咸本于否，应首先考虑不通的情形，从最根本的环节上着手，所以咸初六为“咸其拇”。同时，咸与损旁通，“损以修德”，“损，先难而后易”（《系辞》），明示了咸时态下会出现艰难的情形，否四之上，“柔上而刚下”，上行为逆行，逆行是能量的消耗过程，对阴柔阴女来说是不情愿的，所以阳男只有以修德而行化育之功，才能成交感之情，否则就不能成咸道。

初六，咸其拇。

离状态下弱阳的遁退和忧虑之心的强化，使得周围众阴受到阴之同性的相斥力而四散离去，得以长存。静安思虑，然后必得，使其自身能量得以内化提升，以至于达到“王用出征”而“有嘉”的态势，不仅排除了阴柔小人的干扰，而且凭其刚阳之性，必然会招致亲比者的出现。“阴阳者相求之物也”（王弼《周易略例》），阴柔之体与其相亲比的可能性如何才能培育成交感之情，这就需要良知的流行，方可获得，其中涵摄着诚意和应与的互动关系。

阳刚之性的弘张，关键的一步是要了解对方的行动轨迹，并以此来判断其喜好和所忌。“咸其拇”的“拇”，是指脚大拇指，象征着足迹的印痕，喻示着阴阳交感的必备条件首先是观其行，只能是“受感而意欲动，感浅而未能有为者”①。这样的情状，就决定了刚阳的近就不能太急、太深，而应该是浅层次的和若即若离的状态。程颐云：“初六在下卦之下，与四相感。以微处初，其感未深，岂能动于人？……人之相感，有浅深轻重之异，识其时势，则所处不失其宜矣。”② 感既未深，那就得了解于人，孔子云：“不患人之不己知，患不知人也。”

① 郑刚中．周易窥馀．第3册第59页．文渊阁四库全书·易说卷．

② 程颐．伊川易传．第3册第5页．文渊阁四库全书·易说卷．

（《中庸》）对这种情状的描绘，郑刚中说得很中肯：“初六居感之始，外欲应四而力不足以进。”① 只能是处于心志存之的状态，相感之力还未达致，故“志在外也”，明确地提出了阴阳相吸之力的概念和作用，强调了情感之引力不断强化的发展态势，彰明了人事人伦之理的自然观基础。

六二，咸其腓，凶，居吉。

“腓”，足肚。足要动，其牵引力发自足肚，作易圣人用足肚来取象，意在说明仅仅观其行动踪迹还不够，而要观察其动因，进一步地了解、明了其动意在何处，才能最终有所获，故曰：“咸其腓。”程颐定之动意为进退之道，颇具自然观思想的哲理内涵。但如何才能清楚明晰其进退之道呢？程颐云：“安其居而不动，以待上之求，则得进退之道而吉也。”② 进退之道是具有根本性的东西，若不明晰，就会躁妄自失，得凶无疑，只有安其身而使对方彰显其性征，才能透过现象揭示其本质。孔子云：“观过，思知仁矣。”（《论语》）通过其频繁地干某一事或进行某一个动作，从中就可以分析出其中的理路径向而又无所咎悔之处，故其《象》曰：“顺不害也。”这种分析方法，就是整体生成论的分析模式，就是自然观的思维方式。戒之以居而不躁动，程颐称之为“守道不先动也”③，用以诠解作易圣人所系之辞：“咸其腓，凶，居吉。”这种不先动，反而造成了对方的相求，从中也展现了阳刚性显的态势。

九三，咸其股，执其随，往吝。

六二时位上彰明了刚阳之性，采取了“守道不先动”的应对办法，程颐对此作了非常明白的富含自然观思想的诠解：“九三以阳居刚，有刚阳之才，而为主于内，居下之上，是宜自得于正道，以感于物，而乃应于上六。”④ 认为此时之刚阳之德已经充实，并有“感于物”的征兆，处内而自得于正道，并且通过股之动而明了其身之动，又通过身之动，而对其发展的曲线给以彰明，故曰：“志在随人，执其下也。”上六在整体发展过程中处于末端和终点，即“下也”，能“应于上六”，则完全有理由说掌握了对方行动的整个发展过程和动行轨迹。而这个行动的内在牵动力，就是根植于阴阳相互之间的作用力，也就是物体内在的潜力。

但作易圣人以股取象，其喻意远不只是为了表明刚阳之性的充实程度，更在于彰明刚阳的行为取向。此时的刚阳不能破居安之界而行乾健之功，因为从主次轻重深浅角度来审视，“股者，在身之下，足之上，不能自由，随身而动者也，

---

① 郑刚中．周易窥馀．第3册第59页．文渊阁四库全书·易说卷．

② 程颐．伊川易传．第3册第5～6页．文渊阁四库全书·易说卷．

③ 程颐．伊川易传．第3册第6页．文渊阁四库全书·易说卷．

④ 程颐．伊川易传．第3册第6页．文渊阁四库全书·易说卷．

言九三不能自主，随物而动，如股然，其所执守者，随于物也”①。就是说，刚阳的感应力还没有波及其身，还没有掌握主动性的一环，“股，身之下，足之上也，为身之下，故上则随身，为足之上，故下则随足。人之有行，所谓股者，上下随而已夫”②。就此而前往，必招大过而悔吝咎处。故曰：“咸其股，执其随，往吝。”

九四，贞吉，悔亡。憧憧往来，朋从尔思。

九三时位上的自然观思想，为我们预设了一个阴阳互动的语境域。初六、六二时位上的刚阳之体，以静制动，明晰了阴柔之体的运行图式，占据了一定的主动权。程颐云：“男先以诚感，则女说而应。”言明了刚阳的先行进取势在必行，行则以诚，诚则涵充贞正之理，“感不以正，则有悔也”③。这个逻辑关系在上面论及咸时态下的自然观思想的过程时已作了一定程度的分析。既能贞正又能主动，其诚意一定流行，何悔何咎，故曰：“悔亡。”

程颐云：“感者，人之动也，故皆就人身取象。九四无所取，直言感之道，不言感其心，感乃心也。四在中而居上，当心之位，故为感之主，而言感之道。”既然于心有所感动，则诚意必充实流行于阴阳之间，彰显出一定的牵引力或吸引力，互相心照不宣，你中有我，我中有你，一气贯通，阴阳相推，“未感害也。”孔子曰：“天下何思何虑？天下殊途而同归，百虑而一致。”（《系辞》）言及阴阳互动，不相离去。诚以一致，归一而道同，故曰：“憧憧往来，朋从尔思。”但这种诚一以贯之的情状，是一种气化的流行，还不是心志的统一，如同太阳和月亮之间诚气方盈，相互牵引而往来不穷，但就是不相交合，不相交融，“未光大也”。之所以气化流行却又不能交融，程颐定之为“有所私系，则害于感通”。“以有系之私心，既主于一隅一事，岂能廓然无所不通乎？”“夫以思虑之私心感物，所感狭矣。”④ 私虑之心对其本身的前行是一种阻力，向心力因之而减弱，不能畅通。在这里还存在一个自然观思想方法论的思维方式问题。在中国古代传统的思维方式中，尚象思维是占核心地位的，“见乃谓之象”（《系辞》），形则可见。我们见到了太阳、月亮“日往则月来，月往则日来”之象，故可取其象而明其意，并不是说我们古人提出了太阳围绕地球转的地心说理论，并不认为地球是不动的中心。相反，我们古贤对地球天体的运行是肯定不疑的，孔子在《坤文言》中云：“坤至柔而动也刚，至静而德方。”坤者，地也，柔也，但其有动，并且至柔而刚强，辩证的哲学理念涵存其中。王弼在《周易略例》中说：“故处

---

① 程颐．伊川易传．第3册第6页．文渊阁四库全书·易说卷．

② 郑刚中．周易窥馀．第3册第60页．文渊阁四库全书·易说卷．

③ 程颐．伊川易传．第3册第7页．文渊阁四库全书·易说卷．

④ 程颐．伊川易传．第3册第7页．文渊阁四库全书·易说卷．

璇机以观大运，天地之动未足怪也。”认为天体和地球都是运动的，这毫无可怪之处。又说：“阴阳者相求之物也。”既然能够相求，必定互动，明示阴阳皆为动物而非静物。中西方文化方式的不同，决定了其思维方式的差异性，这仅仅是方法论的介入角度不同而已，不可因此而否定中国古人的聪明睿智。

九五，咸其脢，无悔。

“脢”就是背上的肉，借以喻示与心相背而不为人所见，即私念，故曰：“志未也。”正因为志未伸张是由于私念，所以只有达到专而不杂，才能使阴阳的交往有所发展。九四时位上的心灵的交往和交流，必然会使阳阴之间的距离拉近，以至于无所私情所维系，故象之曰：“咸其脢。”程颐云：“能背其私心，感非其所见而说者，则得人君感天下之正，而无悔也。”[①] 只要以心换心，诚意流行而无所私心，则能得天下之正，“故贞其意，则穷天下无不感通焉”[②]。要做到真正的感化，必须守贞处正，使诚意畅行，否则就不能感通天下，而一无所得，正如胡瑗所云：“是必推诚信之道，使其仁义教化，藏人于肌肤，沦人之骨髓，然后感悦于心而归之。”[③] 郑刚中云：“脢，背肉也。易传谓与心相背而不相见者也，言能背其私心感非所见也。与心相背则无私无欲，近乎虚中，不知感而自感，兹其所以无悔也。”[④] 无私无欲，则处中而得正。孔子云：“枨也欲，焉用刚。”（《论语》）就是我们通常所说的“无欲则刚”的渊源。之所以能刚，是因为欲中之阴柔内在地消减了自体的刚阳之气，使其柔化而阳衰，不能符合乾阳健行的本质要求，故阴阳之相见而不交。在这样的自然观基础之上，宋代易学家们进行了大量的人文演化，在这里就不再赘述。

上六，咸其辅颊舌。

九五时位上的自然观思想已经是至诚流行而使阴阳交合、通融一体，处中而得正，不可有过或有所偏执。“君子耻其言过其行。”（《论语》）“乱之所生也，则言语以为阶，君不密则失臣，臣不密则失身，几事不密则害成。”（《系辞》）“巧言令色鲜矣仁。”（《论语》）“言发乎身而加乎民，行出乎近而应乎远，言行君子之枢机也，枢机之动，荣辱之主也，言行君子之所以动天地也，岂不慎乎！”（《系辞》）包括作易圣人在内的传统的中国古代贤人，都惜字如金，不轻易说话，君子之言，“驷不及舌”（《论语》）。在人事人伦中，言语是过中失正的罪魁祸首，因此不可乱说、多说。《帛书易传》云：“小人多言、多过、多事、多祸。”把多言看成小人的最典型的特征而加以鄙视，认为多言是祸首，不可不防。

---

① 程颐．伊川易传．第3册第10页．文渊阁四库全书·易说卷．
② 程颐．伊川易传．第3册第10页．文渊阁四库全书·易说卷．
③ 胡瑗．周易口义．第6册第4页．文渊阁四库全书·易说卷．
④ 郑刚中．周易窥馀．第3册第62页．文渊阁四库全书·易说卷．

我们通常所说的“祸从口出”就是源于此理，这也是实践的人化自然观的重要内容。

郑刚中云：“辅者，颊舌所依。颊舌者，言语所出。辅则浅而外见，颊舌则动而有声，以是感人所谓多行口惠而实不至者。”① 郑刚中先生通过辅则浅外见的描述，将言语可以见祸端的内在本质展现无疑。程颐更是直接：“上阴柔而说体，为说之主，又居感之极，是其欲感物之极也，故不能以至诚感物，而发见于口舌之间，小人女子之常态也。岂能动于人乎?”② 对口舌之危害，给以极力贬斥，并把其形容为“小人女子之常态也”。当然这不是对女子的轻视，而是对女子的辩证认识，阴有柔美含之，人皆尚之，但其负面的存在也不能否认，而这一负面的核心，恰恰是口舌之患。程颐又云：“腾扬于口舌，言说岂能感于人乎?”③ 对言说的不实情状予以否定，从中启发人们要树立笃行至诚的理念，听其言而观其行。

① 郑刚中．周易窥馀．第3册第63页．文渊阁四库全书·易说卷．
② 程颐．伊川易传．第3册第10页．文渊阁四库全书·易说卷．
③ 程颐．伊川易传．第3册第11页．文渊阁四库全书·易说卷．

第三十二卦　恒卦的阴阳自然观

咸卦时态下阴阳相互作用的发展演化，将刚柔合体的运行程式给以逻辑的展开，提出了贞正而无私处中的自然观思想和人文理念，警示人们的言行要符合诚道，以至诚感物，而不发见于口舌之间。阴阳在咸九四时位上已因感心而趋向近处，咸九五时位上的自然观思想明示了无私处中、至诚流行的感化状态。这就为阴阳相互作用的自然发展演变转换状态，即恒卦时段的自然观思想作了铺垫。口舌言语实质上是阴阳刚柔趋近和合之惯性力的自然表现和结果，没有这种惯性力，则不合自然规律。只有这种惯性力的彰显，才能达到知人的目的。孔子云："不知言，则无以知人。"(《论语》) 明示了言语的积极的一面，当然之所以要听其言而不是信其言，就是由言语的双向功能所决定的，我们既不能不听其言而成为聋子，也不能过分地以言语反映动态情状，言过其行，损失笃行之实。作易圣人以言语取象，其喻意在于强调处中不偏执，凡是影响阴阳平衡态的做法和行为都是不可取的，并非单指言语。这就从客观上既要肯定过中之后惯性力的存在，而又要求有笃行的持恒性和恒常不变的发展路向来保证诚道的畅演流行，并以这个关键点为中心，提出了一系列的方法论思想。

孔子云："天地之道可一言而定也，其为物不二，其生物不测。"(《中庸》) 为物与生物都乃成物之举，故作易圣人以夫妇取象，意在彰明阴阳之交合的情状具有持恒性，并不是就夫妇论夫妇。"君子之道，造端乎夫妇，及其至者，测乎天地。"(《中庸》)《序卦》云："夫妇之道，不可不久也，故受之以恒，恒者，久也。"阴阳成物，阴阳而处中道，则"致中和，天地位也，万物育也"(《中庸》)，成物在于中和，故物成而可恒。胡瑗云："男下于女故能成夫妇之道，既成则能成家；君下于臣故能成君臣之道，既成则能成国，国家既成不可不久。"① 道成物就，因此只有"亨"，才能"无咎"而无所疚怨。而要达到亨通畅行，必须贞正而无杂念私心，故曰："利贞。"程颐云："恒所以能亨，由贞正也，故云利贞。"② 言明了恒、亨和贞正的逻辑联系，提出了"贞正→亨→恒"的方法论思想。那么如何才能正呢？这无疑是逻辑链条中的关键之所在。程颐云："夫所谓恒，谓可恒久之道，非守一隅而不知变也，故利于有往。唯其有往，故能恒

---

① 胡瑗．周易口义．第6册第9页．文渊阁四库全书·易说卷．

② 程颐．伊川易传．第3册第11页．文渊阁四库全书·易说卷．

也，一定则不能常矣。”[①] 初看起来，程颐所讲有点生硬，既提恒道，为何又讲知变，似乎恒与变不可并立，这是其中所涵具的哲学理性没有被人提揭所致。实际上，程颐这位理学大家的所讲所言都涵摄了丰富的自然观思想。

阴阳相互作用的力的结构模式，决定了阴阳成体的内在规定性。阴阳和合是一种平衡态，单凭阴阳两体的静止吸引作用是不可能达到的。咸九四时位上“憧憧往来，朋从尔思”的自然观思想，告诉我们其中的动行状态是动态的亲合，静态不能实现，如同太阳和月亮这一对阴阳体，相望而相追，亲就不已，正如孔子所言：“日往则月来，月往则日来，日月相推而岁成矣。”（《系辞》）日月是相背的，往来而不穷，直至岁成而只能是相推而行，彰显出了相追动态的恒常本质。故恒之道本于动，动则变，“非守一隅而不知变也”。故作易圣人所系辞“有攸往”是对阴阳相互作用而产生的运作过程的逼真描述。

那么，如何才能做到贞正而不偏执，如何才能保持恒道的内在规定性？这还需从恒时态下阴阳相互作用的活态运作动力体系的语境结构上去分析和把握。

↙益（䷩）

恒

䷟

泰（䷊）↗

恒本于泰，泰是恒的卦变本质。咸卦时局下的阴阳，交合切近而融会畅通，阴阳互动的惯性力在起非常关键的作用，向心而动，欲亲比守恒，故“恒，亨，无咎”。但如何才能达此境界呢？恒与益旁通互动，阴阳互相涵摄，含有潜在的流变能力。“益以兴利”（《系辞》），而恒时态下的利就在于“有攸往”，即动态地运行而“非守一隅而不知变也”，强调了立基于运行不已的目标，贞正而相求，则可久长不息，“久于其道也”。

初六，浚恒，贞凶，无攸利。

所谓“浚”，就是深的意思。这样一分析，“浚恒”，那就是追求贞固不变的欲望很大。咸上六时位上对言语之象所喻示的过中而求合的做法所产生的负面影响予以深刻的解剖，意在直指无私而处中笃诚，不能产生私欲，不能因私欲的阴隐性征而消减其内在的刚阳本性，而应该修身养德使其性征更加明显，则相求而动就无有阻挡，阴阳相合之势必定恒久，何必存于心而私念求之，故“始求深”必“凶”。胡瑗云：“天下之事必皆有渐，在乎积日累久，而后能成其功。”[②] 但咸上六时位上出现的因言语取象之所符示而产生的失中现象，既是一种自然现

① 程颐．伊川易传．第3册第11～12页．文渊阁四库全书·易说卷．

② 胡瑗．周易口义．第6册第13页．文渊阁四库全书·易说卷．

象，又是咸时态的逻辑终点。言语之象所符示的是不能处中而有所偏执的情形。有所偏则不合道，失中则不能保持平衡态而丧失稳定性。程颐通过刚柔之势各自的卦爻位置，深入地对初六时位上的自然观思想给以提取："初居下而四为正应，柔暗之人，能守常而不能度势。四震体而阳性，以刚居高，志上而不下，又为二三所隔，应初之志异乎常矣。而初乃求望之深，是知常而不知变也。"① 通过这样的分析，得出"志既上求之深，是不能恒安其处者也"的结论，提出了恒安其处的稳定性原则和贞固平衡的内在要求。安处，即须合道，平衡，即须求变。道本身是变动不居的，平衡的维持也须动态相应之。而要达动态之平衡，就必须不断地充实自我，彰显其性征，内化其能量，否则是不可能恒常久远的，坚持下去就会得凶无疑，故曰："贞凶，无攸利。"其自然观思想是非常深刻的。

九二，悔亡。

初六时位上自然观思想的核心内容，已对修身善己的恒久功效给以定位。在这种理念的导引下，彰显出"九阳爻，居阴位"的象来，虽有刚阳之德，即"九阳爻"，但还能不断地自我完善，即"居阴位"，哪有不恒之理！程颐云："非常理也，处非其常，本当有悔，而九二以中德而应于五，五复居中，以中而应中，其处与动，皆得中也，是能久于中也。"② 刚阳之势本当从咸时态中走向进取而求的状态，按常理来动，但"处非其常"，没有循常理而行，而是志于修中德以能应君王之才，即"能久中也"，何况安其身合其道呢？故曰："悔亡。"程颐对此有很高的评价："所以得悔亡者，由其能恒久于中也。人能恒久于中，岂止亡其悔，德之善也。"③

九三，不恒其德，或承之羞，贞吝。

在对九二时位上自然观思想的提揭中，已经提到了九二阳爻居阴位是非常理的应对理念，其中涵摄着不能常用的内涵，这是很自然的事情。万事万物都会随量的增长而发生质变，都会使其本性得以表达，也都会因其德而产生化育之功，不可能神秘地丧失其自性。同时，中国传统的思维方式是整体生成方式，阴阳必相求，五行必流转，"小德川流，大德敦化"（《中庸》），尤其是处中道而行更是如此。孔子对此发出过"中道不行也亦久矣"的悲叹，也论及了择乎中庸之道的难度，"天下国家可均也，爵禄可辞也，白刃可蹈也，中庸不可能也"（《中庸》）。因此对中德的固持实属困难。由此可见，易卦恒时局下九三爻位上所表示的自然境观，是多么符合宇宙自然。"三，阳爻，居阳位，处得其位，是其常

---

① 程颐．伊川易传．第3册第14页．文渊阁四库全书·易说卷．

② 程颐．伊川易传．第3册第15页．文渊阁四库全书·易说卷．

③ 程颐．伊川易传．第3册第15页．文渊阁四库全书·易说卷．

处也。”① 阳刚之性必然弘张是客观的现象，通过卦爻给以彰显。但要像夫妇一样久处不变质，还必须以九二时位所提揭出的自然观思想作为准则，否则就不可能贞正恒久。故曰：“不恒其德，或承之羞。”这样下去，必然导致羞惭的结果，“无所容也”。

中德流行是体现化育的功能，刚阳充实而当位的效能是健行向柔的驱动，德大阳必强，但阳刚壮显，未必有大德，孔子云：“君子不仁者有矣夫。”（《论语》）仁者德化而流行，能济天下，而刚阳之势若无德行作支撑则无以配敌，故“无所容也”。其中所涵具的自然观思想之深刻程度可见一斑。

九四，田无禽。

我们明晰九三时位上自然观思想之后，逻辑地对思维的程式加以展开，就不难发现作易圣人对九四爻位的发展态势的定位。程颐的评论由浅入深，易懂明了：“以阳居阴，处非其位，处非其所，虽常何益？人之所为，得其道则久而成功，不得其道则虽久何益？故以田为喻，言九之居四，虽使恒久，如田猎而无禽兽之获，谓徒用力而无功也。”② 刚阳不以德育作支柱，阳壮实而无所容，无所成也。胡瑗云：“夫常久之道必本地中正，今九四以阳居阴，是不正也，位不及中是不中也，不中不正不常之人也，以不常之人而居大臣之位，是无德适位者也。”③ 也提出了处恒的原则和德行流行所发挥的作用。阴阳行生育之能事，“天地絪緼，万物化醇；男女媾精，万物化生”（《系辞》）。阳尽管壮实而无所容，处非其位，违道而行，无有结果。作易圣人取田与禽之象，喻示着“以阳居阴”，到处多方位冲向阴柔而动，张扬膨壮阳刚之势，其势是不可取的，长期下去，尽管能久远也不可能有结果，故言“久非其位，安得禽也”。

六五，恒其德，贞。妇人吉，夫子凶。

九四时位对刚阳不能守持其德的状态给以提揭，指明了无所容的危害性和不可贞性，暗含有恒常其德以守中的意思，所以名之为“恒其德”。并且要固守和正处，不能随时而转向，而应处中而持挺，也不能目标不明，而应坚守正道。静守乃阴柔之性，故曰“妇人吉”，而显示刚阳之性者，即所谓有丈夫气势者，必定会重蹈九四的情状，尤其是身居尊君之位，为害更大，故曰：“夫子凶。”这里的妇人及夫子都是一种合义合类的象，并不是专言妇人或丈夫，而是以其象意来流行于天下，彰显其中涵具的自然观思想。

程颐云：“五应于二，以阴柔而应刚阳，居中而所应又中，阴柔之正也。故

① 程颐．伊川易传．第3册第16页．文渊阁四库全书·易说卷．

② 程颐．伊川易传．第3册第16页．文渊阁四库全书·易说卷．

③ 胡瑗．周易口义．第6册第15页．文渊阁四库全书·易说卷．

恒久其德则为贞也。夫以顺从为恒者，妇人之道，在妇人则为贞，故吉。”[①] 我们说九四戒之以要修德以处安，处安以行事。德充而性显，即“以阴柔应刚阳”，则必有所从，故为“阴柔之正也”；若无德而仅显刚阳，则无所容身，即“夫子凶也”，这种凶是一种违道之凶，程颐称之为“丈夫而以顺从于人为恒，则失其刚阳之正，乃凶也”，就是说丈夫性显而必应有所从才是，不能反而从人以求其恒，凶险定至，故曰：“夫子制义，从妇凶也。”

九四所谓的“无所容也”也是一种象，这种象之所见表现出的是刚阳的卑贱之行，即从人之象。刚阳之性征的本来面貌在其所行之事的表现和运作中走了样，变成了无尊贵可言的神态，实质上是以此来喻示其结局的悲惨，亦即“无所容也”。既然如此，就应还原其本来，这就是六五的处尊之位的正名。尊而显阴柔，改变了九四时位上“不恒其德”的情状，而是“恒其德”，以行化育之功，以德行为行动的支柱，“从一而终”，在此基础上弘张刚阳之本性，使妇从之，而不是反向顺从。在实质意义上，这是提出了一系列的自然观方法论的思想。

上六，振恒，凶。

六五时位上的“以阴柔应刚阳”的自然观思想，其目的是修德处柔以保持内外的平衡态不被破坏，使阴阳相推而产生的向心力维持在同一水平，但修德必行化育之功，刚阳长盛必感阴柔而速动，动之极使阴柔方面向心力的幅度大幅提升，同时对刚阳本身的牵引力也相应增大，而不能守其恒态。

程颐、朱熹、郑刚中、张载等易学家们都认为：“振”就是速动的意思，六居恒之极，在震之终，恒极则不常，震终则动极。其中涵摄的自然观思想，可以对时下的物极必反的宇宙规则给以清晰诠解。阴阳相推而产生的循环运动，之所以达恒的状态，是由于它们的向心力处于同一水平，如同太阳与月亮之周而复始。若阴极而速动，其向心力必然增大，致使刚阳本身受力系统发生变化而失恒，这是很自然的事情。程颐云：“以阴居上，非其安处，又阴柔不能坚固其守，皆不常之义也，故为振恒。”[②] 揭示了阴居上的不安常的动态，指出了时下恒实为振而变之态的自然观思想的内在本质。

---

① 程颐．伊川易传．第3册第17页．文渊阁四库全书·易说卷．

② 程颐．伊川易传．第3册第17页．文渊阁四库全书·易说卷．

第三十三卦　遁卦的阴阳自然观

恒卦格局下的逻辑终点，落在了刚阳性征对阴柔体吸引而产生长势上扬的快速失恒的处境中。阴阳相推的态势，主要表现在阴柔体向心力增大的层面上，客观上反作用于刚阳体，而致其必振恒而不可续存的地步。振者，快速之意也。须及时调整，以使系统阴阳之间相互作用的向心力处于同一水平，张浚云："遁亨，遁而亨也。二阴浸长，不可不遁，先事远否，明哲之为。"① 言明阴柔体长势的可怕和危险，只有采取遁退的办法，才能远否而明哲。为了阴阳系统的平衡态不至于被打破，自然地将阴阳相互作用的力的格局推演到遁卦格局之中。恒上六时位上所提出的应对方法，是"振恒"而"凶"的理念，其中所立足的自然观基础，很值得研究和推崇。

恒上六阴居上的不安于常的动态变化，迫使刚阳作出快速反应，以振恒之势给以调节，否则就不能持续阴阳体系的平衡运作。这是阴阳间力之使然，宇宙客观之现象，非用人为之行不能平衡其力，这也是诚之者的义举和思诚理念所规定的，所以要遁逃以拉大阴阳之间的距离、减弱阴阳之间的吸引作用为准则，必须在刚阳体自身阴阳力量的成分上予以调整，使其阴柔部分得以扶持。因此程颐说："二阴生于下，阴长将盛，阳消而退，小人渐盛，君子退而避之。"② 这个"二阴"是对刚阳体内在阴柔之气提升其势的自然描述，目的是使其自身柔性成分长盛，相应地自身刚阳消弱，其象表现为遁逃状，"君子退而避之"，从而减弱阴阳之间的吸引作用，并使正处于向心力增大的阴柔体因此而发生回归态势，渐次与刚阳体处于同一向心力的水平，在新的语境中产生新的平衡。在这里必须指出的是，我们古人所言之"小人"，与当代用语中的小人，是两个不同的概念，它没有贬义的成分，是力量和能力弱小之辈，并非是害人之人，但会影响人，张浚云："阳大阴小，阴生而二，不戒斯否，若是不特，不利于其身，不利于天下国家矣。故遁小之所利在贞。"③ 小人在特别的情况下是能起到减弱阴阳关系过热的积极作用的，否则就不利于自身及天下国家，所以遁时态取阴柔之小为用，意在处正，用其来作为重要的平衡砝码或杠杆。同时，以"小人"取象，意在区分阴阳、纵论君臣其贤与不肖，而不在于对其品头论足，实属一种泛指概

---

① 张浚．紫岩易传．第3册第15页．文渊阁四库全书·易说卷．

② 程颐．伊川易传．第3册第18页．文渊阁四库全书·易说卷．

③ 张浚．紫岩易传．第3册第14页．文渊阁四库全书·易说卷．

念，故学易者不能不以尚象思维为导引，否则就不可能活态领会《周易》“惟变所适”的精神和意境。

可见，刚阳性征的主动退藏，其动因不是忧惧和恐慌，而是为伸其道以明智抉择，故程颐云：“君子退藏以伸其道，道不屈则为亨，故遁所以有亨也。虽小人道长之时，君子知几退避，固善也。”① 人屈是为了道不屈，自体阴柔的保守作用，警钟长鸣，可使君子明其吉凶之行，“惧以终始，其要无咎”（《系辞》），以至大善其果，故其卦象为“小利贞”，即小而利于贞，对自身阴柔之势的彰显，有利于系统阴阳平衡态的固持。并不是凡是刚阳就必使健行之用，王弼在其所著《周易注》中对此明确定位：“用有行藏，时有否泰。”不可用则不用，时未至则以藏，并不失理性的要求，“时行则行，时止则止，动静不失其时，其道光明”（《彖·艮》）。程颐云：“然事有不齐，与时消息，无必同也。”② 有情况不同、条件差异等多种因素的存在，事情并不总是相似的，不可能没有个性特征。果如此，则宇宙的终点就到了，“乾坤毁，则易有所不见，易不可见，则乾坤几乎息矣”（《系辞》）。乾坤即天地，天地即阴阳。“天下之道可一言以尽也，其为物也不二，其生物也不测。”（《中庸》）物即诚之所为，诚即阴阳之道通，阴阳生物万千而无穷，是无从测度的，这其中的主要原因就是其存在的条件、环境及相关情况不同。正因为如此，“上下无常非为邪也，进退无恒非离群也，君子进德修业欲及时也，故无咎”（《乾文言》）。程颐云：“此言处遁之道，自‘刚当位而应’以下，则论时与卦才，尚有可为之理也。”③ 故作易圣人系其卦象为“刚当位而应，与时行也”。程颐进一步解释说：“虽阴长之时，如卦之才，尚当随时消息，苟可以致其力，无不至诚自尽以扶持其道，未必于遁藏而不为，故曰与时行也。”阴长是为伸道，随时消息也可以致其力，做有为之事，使系统达至动态平衡，故作易圣人曰：“浸而长也。”虽阴柔浸染，但可使道得以长存。

推究起来，刚阳必须处于遁隐之势才能得以伸道，其根本原因，一方面，阴柔小人运行偏向、欲近亲就而失中，致使系统阴阳体运行的向心力偏移而不对等，故要有“远小人”的理念；另一方面，刚阳的内在自组织系统阴阳失衡，刚阳之性张扬，阴柔之势低落，无以对其运行给以有效的制衡，所以对阴柔之体不能一律戒杀，正确的态度是“不恶而严”。就是说，对阴柔要有正确的态度，不要厌烦而生恶，而要辩证地进行评价和利用，就如同君子之道一样，既有行也有藏，天下殊途而致一，对万事万物都应持辩证的态度，坚持“两点论”。郭雍在卦象所映射的自然观思想基础上，通过象意互动的流转变化，动态地提出了其

① 程颐．伊川易传．第3册第19页．文渊阁四库全书·易说卷．

② 程颐．伊川易传．第3册第19页．文渊阁四库全书·易说卷．

③ 程颐．伊川易传．第3册第19页．文渊阁四库全书·易说卷．

中所涵存的核心思想：“古之人有大德而无其时则遁，方二阴浸长进而之否，不利君子之时，进则否，遁则亨也。”①

那么，君子如何才能达到用柔以遁退的目的，如何实现遁而道亨的结果？这还要从遁时态下阴阳相互作用的活态运作动力体系的语境结构上去分析和把握。

↙临（䷒）

遁

䷠

姤（䷫）↗

遁的卦变本质为姤，是十二辟卦的自然过渡，姤是一阴始生，到遁则变为二阴生，体现出阴柔长盛的态势，喻示着处遁之时，阴柔不可无，对阴柔的存在及其作用，应持肯定的态度，不能生恶之心，而是“小”而能“利贞”。同时，遁与临旁通，阴阳流变，是阴阳转换的动力源。临以亲民为象，韩康伯云：“可大之业，由事而生。”② 程颐云：“临者，临事、临民，凡所临皆是。在卦，取自上临下临民之义。”③ 刚阳所临的就是阴柔，最直接的就是自组织系统中的阴柔。由此，遁卦时态下君子所效法的方法论思想就浮现出来，在遁卦六个爻位上彰显流转变通之道。

初六，遁尾厉，勿用有攸往。

恒上六时位上，圣人已戒之以振恒之势来应对阴柔的长势，并由此而消除阴阳相推而产生的向心力的偏离移向问题，时下的情势客观上要求采取遁退的方式方可亨通其道。因此要向后撤退，使阴阳关系产生张力，故言之为“遁尾厉”。程颐通过卦象所涵摄的宇宙自然规律来描述阴阳体系的运行情况，“天下有山，山下起而乃止，天上进而相违，是遁避之象也。君子观其象，以避远乎小人，远小人之道，若以恶声厉色，适足以致其怨忿，唯在乎矜庄威严，使知敬畏，则自然远矣”④。以象喻意，通过勾画君子遁避小人之表象，通过时下语境情形所持的态度，来反映这种客观存在的阴阳张力现象。所谓遁尾，就是要让最后才能跟得上的部分和成分隐藏起来，这样就全部隐藏掉了。而尾是“遁而在后不及者也，是以危也”⑤。因此尾就是隐患的代名词，就是自己身上的不足和弊端，按程颐的用语为“微者”。我们平常所说的“把柄”、“小辫子”就是这个意思，不要让人揪小辫、抓把柄，这就是自然观基础上的人文理念的通俗说法。这些方面

① 郭雍．郭氏传家易说．第3册第87页．文渊阁四库全书·易说卷．
② 程颐．伊川易传．第3册第32页．文渊阁四库全书·易说卷．
③ 程颐．伊川易传．第3册第32～33页．文渊阁四库全书·易说卷．
④ 程颐．伊川易传．第3册第21页．文渊阁四库全书·易说卷．
⑤ 程颐．伊川易传．第3册第21页．文渊阁四库全书·易说卷．

的不足与缺陷、缺失就是自己内在的阴柔之势。之所以提出遁尾，就是要将自己的心志着力于这些部分，不可用之而应藏之，其内在阴阳的运行已处于首位，不能往外而使健行之用。既然如此，“勿用有攸往，不往何灾也”。

正因为如此，程颐提出遁尾有厉、有危险，那么在适当机会下先遁其尾，则不是很好吗？这正是初爻时位上的喻示所在，所以他说：“见几先遁，固为善也；遁而为尾，危之道也。往既有危，不若不往而晦藏，可免于灾，处微故也。古有处微下，隐乱世，而不去者多矣。”① 危之道先应考虑，理所当然；处微之势，不往而晦藏，自然之理。郭雍云：“易道贵早辨而君子欲知几，故自履霜坚冰之后，早辨之道言于初者多矣。”②

六二，执之用黄牛之革，莫之胜说。

初六时位上对刚阳体自身体系内阴阳互相对待的力的结构给以分析得，刚阳自身体系中的阴阳相互亲比、相互依托、相互彰显，刚阳运行的方向已发生转变，但与刚阳相推的系统本身的阴柔之势对其所产生的牵引作用依然存在，并因此而能趋向稳定，故戒之以“执之用黄牛之革”来固其志向，即运行方向，“固志也”。果能如此，则“莫之胜说”。程颐云：“黄，中色；牛，顺物；革，坚固之物。二五以中正顺道相与，其固如执系之以牛革也。莫之胜说，谓其交之固，不可胜言也。”③ 刚阳坚挺地指向其自身的阴柔，而行遁退晦藏之能事，反方向地给系统中与其相推的阴柔之势以张力，以图在新的语境条件下达至新的平衡。这就是“固志”的意境所在。

九三，系遁，有疾厉，畜臣妾吉。

六二时位上所言的自身的阴柔指涉为何呢？在六二自然观的提揭中，已谈到的刚阳体自身存在的不足与缺陷、缺失，就是自己内在的阴柔之势的重要方面。另外，自己的家臣、内妾、子孙也属于这一范畴。修身就是针对前一方面，即自身存在的不足、缺失等来进行充实和完善；齐家就是后一方面的内容了，咸恒谈夫妇之道，而在这个道上必然存在着其他相杂的因素。张浚云：“畜斯顺，顺斯从，盖庶几乎，小人之革心从化也。”④ 畜则是顺与而亲就的意思，刚阳时下的运行方向已指向内部，即自己的非刚阳之层面，而非指向与其相推的系统阴柔方向，彰显出遁退的意向和动向。“盖庶几乎”，孔子云：“几者，动之微，吉之先见者也。君子见几而作，不俟终日。”（《系辞》）这个几，显示出微妙之处，可以得吉而利行，是绝妙的机会和关键点。这样，刚阳的运作导致了阴柔整个体系

① 程颐．伊川易传．第3册第21页．文渊阁四库全书·易说卷．
② 郭雍．郭氏传家易说．第3册第89页．文渊阁四库全书·易说卷．
③ 程颐．伊川易传．第3册第21页．文渊阁四库全书·易说卷．
④ 张浚．紫岩易传．第3册第17页．文渊阁四库全书·易说卷．

的顺从运行和被动局面的形成，刚阳之势反而占据相当的主动。为了强化这种倾向，必须“畜臣妾”，才能得吉。程颐云：“故以畜养臣妾，则得其心为吉也。”这个心就是诚意，就是对刚阳的亲附。因为只有臣妾的存在并彰显其强势牵引力，才使刚阳受内力作用而快速遁藏，这样不仅与外来阴柔的就近速度形成反差，使其无法跟得上，而且对其形成一种严声厉色的神态，这样就能起到遁隐的目的。但“阳志说阴，三与二切比，系乎二者也。遁贵速而远，有所系累，则安能速且远也？害于遁矣，故为有疾也”①。臣妾也是自体之外的阴柔成分，她们在刚阳遁藏之时，可以起到积极作用，可以强化反制阴柔之势的靠近，因为阴与阴是相斥的，但是又系附于刚阳之上，不利于速遁隐藏，“故为有疾也”，即快速遁藏受到了阻力。程颐从自然观的角度分析说：“遁而有系累，必以困惫致危，其有疾，乃惫也，盖力亦不足矣。以此昵爱之心畜养臣妾则吉，岂可以当大事乎？”② 系之必牵累，是阴阳之间牵引力之所为。牵引力使刚阳能量消耗不已，“困惫致危”，直至其能量耗尽为止，是相当可怕的一个环节，如此下去是做不成大事的。

九四，好遁，君子吉，小人否。

既然九三臣妾之阴柔对刚阳的退避会起到相当的危害作用，言明当以“好遁”之以防不测，从而保存了自身的能量。不仅如此，这里的“好”还包括自己的喜好和兴趣，刚阳之君能将这些都纳入克己复礼之范围，何不得吉？相反小人就由此而无所交合处否无疑。朱熹云：“下应初六，而乾体刚健，有所好而能绝之。”③ 承继九三系累而缓动前移的态势，转而变换成乾体刚健之象，喻示着已将九三时段的阻碍因素排除，故“君子吉，小人否”。将这个时局定为“好遁”，可见作易圣人所用词的贴切，也显示出了先圣自然观启蒙思想的闪亮之处。那么这个乾体刚健的自然观思想的核心内容又是什么呢？程颐作了清楚的回答：“君子虽有所爱好，义苟当遁，则去而不疑，所谓克己复礼，以道制欲，是以吉也。”④ 遁时态下之刚阳，以遁隐为上，爱好的事也必须服从客观的自然规律，当成“好遁”之势。这种自然观的内在本质，就在于以自然规律为准则，而形成了遵道而行的演化模式。

九五，嘉遁，贞吉。

刚阳之君王能明了自己的不足和缺失并充实之，能将自己的喜好遁藏之，其目的就是“以正志也”。九五处中得正，彻底摆脱了阴柔的困扰，而使中道流

---

① 林忠军，梁韦弦．程氏易传导读．济南：齐鲁书社，2003. 209.

② 程颐．伊川易传．第3册第22页．文渊阁四库全书·易说卷．

③ 朱熹．周易本义．北京：九州出版社，2004. 91.

④ 程颐．伊川易传．第3册第22页．文渊阁四库全书·易说卷．

行，故为嘉美之称。程颐云：“九五中正，遁之嘉美者也。处得中正之道，时止时行，乃所谓嘉美也，故为贞正而吉。”但“九五非无系应，然与二皆以中正自处，是其心志及乎动止，莫非中正，而无私系之失，所以为嘉也”①，从自然观的角度给以审视，提出了阴阳相互之间相推而皆处中正之道，果能贞恒处正，则吉，故曰：“贞吉。”因此应以正志为嘉美成立的条件，其《象》曰：“嘉遁贞吉，以正志也。”朱熹将当下之阴阳相互对待的格局作了平衡态的勾画：“刚阳中正，下应六二，亦柔顺而中正，遁之嘉美者也。”② 阴阳皆正，即运行平稳，典型的平衡态格局。

上九，肥遁。无不利。

孔子云：“中道不行之久矣夫。”（《中庸》）对古圣贤人的中道给以理想化定位，认为中道是向善的追求，达到难，守持更难，言明其存在的暂时性。九五时位上刚阳以遁藏为法，至于中道，但“莫非中正，而无私系之失”。刚阳在九五时位上也还存在着私系之六二，只是处中得正，无以系失。而这种阴阳相互对待的平衡态的形成，完全是由于刚阳一方的修养所铸成的，其他影响因素皆处于被动状态，随着这种修养的不断拓展，演化的必然趋势就是至善而充实，“大学之道，在明明德，在亲民，在止于至善”（《大学》），相应地就会出现“无所系滞”的境地。程颐云：“遁者，唯飘然远逝，无所系滞之为善。上九乾体刚断，在卦之外矣，又下无所系，是遁之远而无累，可谓宽绰有馀裕也。”③ 朱熹也同样论道：“以刚阳居卦外，下无系应，遁之远而处之裕者也。肥者，宽裕自得之意。”④ 可以说修身养德，宽裕自得，形成进退上下皆自如的局面，“无不利”。受人敬仰，刚决无疑，而“无所疑也”。这从另一个方面辩证地去考证，刚决而无所疑，发展路向自然明了，已处极端的状态，达于此境而应止之，这就为下一个格局——大壮卦时态下阴阳相互作用的自然观的形成和架构，作了客观而又自然的铺垫。

---

① 程颐．伊川易传．第3册第23页．文渊阁四库全书·易说卷．

② 朱熹．周易本义．北京：九州出版社，2004.91.

③ 程颐．伊川易传．第3册第24页．文渊阁四库全书·易说卷．

④ 朱熹．周易本义．北京：九州出版社，2004.91.

第三十四卦　大壮卦的阴阳自然观

《序卦》说："物不可以终遁，故受之以大壮。"看上去很简单，似乎不可理解，先行退逃，而后却又处于阳刚壮大的格局。确实如此，这其中包含着丰富的自然观思想的内容，通过遁退晦藏，起到了远离阴柔的作用和效果。在遁卦时态下，刚阳从自身做起，强化内在修养，先是遁尾而立志，经过固志阶段，上升到不受阴柔之系累，甚至对自己的喜好，也使其有所服从，直至处中得正、远而无累、无所系也。整个过程，刚阳都是立足于自然的客观现实，以一个诚之者的角色来从容应对，使其免受阴柔小人的牵引和系累。但辩证地来看，在刚阳遁退的过程中，侧重于摆脱阴柔的牵引，充实了自我，随之而来的是没能行生化之功。只有天地交，万物方生，阴阳不交化育难成，纯阳不长，纯阴难成。胡瑗云："夫君子将兴天下之利，除天下之害，则必动而有刚明之才可也。若有刚明之才守正静而不动，何所施用哉。"① 刚阳之动必指向阴柔，不指向阴柔而无所交合，则为"守正静而不动"，既然如此，"何所施用哉"，有什么用处呢？易学家杨简也表明态度："壮虽刚而不动，亦无由见其壮，下卦乾刚，上卦震动，天然义见。"② 刚阳壮而充实却不动，对杨简来说，这只是个假设，他马上说："下卦乾刚，上卦震动，天然义见。"卦所反映的自然情况不是如此，而是乾刚健而震动无疑，是一种客观的现象，因此遁上九肥遁之状态下进退上下皆自如而"无不利"的局面，很快就会结束，成为阴阳相互作用新的力的结构状态的逻辑起点。

胡瑗云："大壮者，二月仲春之时，四阳长于内，二阴消于外，君子道长，小人道消也。君子之道既长则能兴天下之治，能除天下之害，生育天下之民，以至其道大行而威壮也。"③ 遁时态下刚阳之身，二阴长于内，是说刚阳回向自省，进而深入地剖析自身的不足和缺失，并给以充实和修养，客观上是对刚阳遁退的一种积极反应。随着修养而充实局面的不断形成，"充实之谓大，充实而有光辉谓之美"（《孟子》），"诚则形，形则著，著则明，明则动，动则变，变则化，惟天下之至诚为能化"（《中庸》）。二阴逐渐被充实的内容所替代，并由此而充实了刚阳体，使其沿着由形到著，由著到明，由明到动、变以至于化的方向发展和流演。阳长而阴消，君子道长，小人而道消，美而生化，"能兴天下之治，能除

---

① 胡瑗．周易口义．第5册第25页．文渊阁四库全书・易说卷．

② 杨简．杨氏易传．第4册第3页．文渊阁四库全书・易说卷．

③ 胡瑗．周易口义．第5册第24页．文渊阁四库全书・易说卷．

天下之害，生育天下之民，以至其道大行而威壮也”，即大壮，“大壮，阳之壮盛也。乾刚而震动，大壮之义也，以乾之至刚而动”①，形成了自然观思想的逻辑演化过程。因此宋代易学家们都非常一致地指向自然观的基础底座而深究义理之内涵。若不从自然观的思想着眼，就根本无法理解他们对阴阳的态度和观点，总认为一时说阴是有用的，一时又提出了否定或反面的意见，难以掌握其精神实质，倘若深入到自然观的高度去品味它，就会窥见其中深刻的哲理内涵。

由此可见，大壮时态刚阳的形成，与遁时态下的自我修省密不可分。而遁之所以要自查内省，又根植于恒状态下的贞正理念，遁言小而利贞，大壮理应以贞正为准则，这是一种逻辑的思维，也是一种含有人文关怀的自然观理念。刚阳为贞正而遁退，当然遁退就不能简单地逃之夭夭，而是应复归到阴阳交合的方向上，不应该停留在肥遁时位上“宽裕自得”的情态之中，而应以“至于克己复礼，则非君子之大壮不可能也”② 的自然观理念，主动返向中道。张浚云：“壮，过中矣，惟贞斯能自反，以守其中，而中和之气常存是以利。大壮为卦，震阳以一动乎外而应乎内，盖自反而守夫中者也。”③ 提出了自反，即复归于阴阳相合的态势中的自然观思想。守中就存正，中内涵摄正，“惟正故大，正则举天下万物莫能加”④。正大则如胡瑗所云：“能兴天下之治，能除天下之害，生育天下之民，以至其道大行而威壮也。”如若不正，“惟不贞则必暴、必折、必拂常、必逆理，而违厥中，何以生，何以治，何以强，兹大壮所以贵于正与方春之中”⑤。刚强充实而不正行其道，必暴厉而混乱。孔子云：“羿善射，奡荡舟，俱不得其死然。”（《论语》）胡瑗云：“君子之道既已威大，则必以正而处之，乃利也。若壮而不正，则阳过于暴，是故壮必正而后可也。”⑥ 暴而显强必折，自古以来，都不推崇，这其中涵存有自然观的思想在起支撑作用。纯阳不生，无以化育。易道，即天道，天地之大德为生，“生生之谓易”，互通流行，不生者无德而亡，自然之规律，所以不管你有多大的本事，暴而刚强无度，必折无疑。同时，刚阳独处也是不可能的，世上无独有偶，君子要适时而动，正邪向来同处共生，不正即邪，辩证统一，杨简云：“君子之道虽长虽盛，苟其行有不正，则小人得以候其隙，执其短，君子反受害。”⑦ 只有生之，才能连续，代代相传，体系庞大，形成了生生不已的局面，使天下繁荣而有序。胡瑗云：“然以天下之广，生灵之

---

① 林忠军，梁韦弦．程氏易传导读．济南：齐鲁书社，2003. 211.

② 林忠军，梁韦弦．程氏易传导读．济南：齐鲁书社，2003. 212.

③ 张浚．紫岩易传．第3册第20页．文渊阁四库全书·易说卷．

④ 杨万里．诚斋易传．第5册第15页．文渊阁四库全书·易说卷．

⑤ 张浚．紫岩易传．第3册第20页．文渊阁四库全书·易说卷．

⑥ 胡瑗．周易口义．第5册第25页．文渊阁四库全书·易说卷．

⑦ 杨简．杨氏易传．第4册第3页．文渊阁四库全书·易说卷．

众，一贤不可独治，故必群贤进于朝庭，则可大行其道。”胡瑗回答了为什么要生的必要性，他以象喻事，以事明理，用治国依众贤的事例将其中的自然观思想彰显出来。其实，这个自然观思想的核心内容，前面大都有涉猎，就是一个能量内化和转换的过程（这里就不再详述）。

那么，君子是如何才能达到处贞正而行刚动之义，如何避免刚过而暴折的结果，还要从大壮时态下阴阳相互作用的活态运作动力体系的语境结构上去分析和把握。

↙观（䷓）

大壮

䷡

泰（䷊）↗

大壮为四阳二阴卦，按卦变思想，本于泰，是十二辟卦中的四月卦，阳气从三月泰卦自然流向四月大壮。泰者，通也，安也，“履而泰然后安”（《序卦》），强调了安稳、平和的核心因素在大壮时段阴阳相互作用中的基础地位。《易传》云：“君子安其身而后动，易其心而后语，定其交而后求，君子修此三者，则备矣。”所谓大壮则止，就是有一定的自然观思想作基础的。安强调和而不暴，对大壮时态下的刚阳盛大情势，戒之以止，是自然观思想的范畴和内容，是宇宙天道所流行的自然规律作用于人的能动反应。可是，要想使盛大之刚阳处安并以贞正的状态应对阴柔的力的作用，还需要一个过程，这就为大壮时态下阴阳相互作用的逻辑性转化提出了要求。其目的和动机，就在于如何贞正而平和，以化成克己复礼之仁德。这就要观民设教，大行教化之事，对刚阳君子来讲就是大行修养自身之能事，使符示刚阳之君王与符示阴柔之臣民得以君臣位正。大壮与观旁通，阴阳流变而互相涵摄。壮而能静观，“人心方尽其精诚，严肃之至。……则下民至诚瞻仰而从化也”①。

初九，壮于趾，征凶有孚。

下经卦将刚柔、阴阳以夫妇之象予以喻示。而夫妇之动又与日月同辉，遵循着“日月相推”的模式运行和亲比，形成了你追我、我追你的循环式运动。咸九四已明确以“憧憧往来，朋从尔思”加以描绘。孔子专门对此作了特别说明：“日往则月来，月往则日来，日月相推而明生矣；寒往则暑来，暑往则寒来，寒暑相推，则岁成矣。”（《系辞》）在这样的模式基础上，遁时态下的刚阳，以隐退晦藏而消弱了阴阳刚柔之间的牵引力，至肥遁阶段使其自身“飘然远逝，无所系滞”，从而阴柔消散而刚阳盛大。大壮之阳必刚健不陷，“震阳以一动乎外而

① 程颐．伊川易传．第3册第39～40页．文渊阁四库全书·易说卷．

应乎内，盖自反而守夫中者也”[①]。在刚柔形成的统一体中，刚阳的飘然远逝，形成了处极而回归之势，只有回归，才能重返中道，这是阴阳所形成的系统整体内在的规则，否则统一体就会破裂，造成“乾坤毁而易有所不见”（《系辞》）的局面，那就不是易之内涵，同时也超越了天地设位、夫妇之道，超越了我们研究的语境范围。顺着这个思路，再考虑到刚阳与阴柔的相对位置，则知刚阳与阴柔因远离而处于孚信穷困的状态，其相互间产生的吸引力降至最低。在这种情况下，而人为主动构建和强行苟合，则前行必凶，这就是孔子所说的“定其交而后求”的自然观内涵。如同为人处世一样，只有相交往，感情至深，才能提出要求，若相离不相熟，或相熟而不相就，交往而不密切，则不能给对方提任何要求，“不交而求，民不与也，莫与之，则伤之者至矣”（《系辞》）。宇宙自然界的道理正是这种社会现象的摹本。阴阳之间的作用力，与其各自性显程度（充实程度）成正比，与它们的距离成反比，距离越大，吸引力越小，理之本然。

趾动符示着脚动，表征刚阳健行之性的自然本质和必然趋势，情理自然。但照如上分析，这种急于前行的状态是不合自然规律的，是与宇宙天道规律相违背的，凶险无疑。程颐首先客观地分析了刚阳的境况：“初，阳刚乾体而处下，壮于进者也。”[②] 说明了刚阳的本性和内在本质，同时作了欲进的处境：“在下而壮，壮于趾也。九在下，用壮而不得其中，夫以刚处壮，虽居上犹不可行，况在下乎？谓以壮往，则得凶可必也。”[③] 表现出了不尊贵之象。张浚云：“壮之道，必须以顺为履，今初九居一卦之下，最处事始，位之卑者也。”[④] 提出了顺行卑柔的安处理念，克服掉自己的暴躁行动，若“不能谦顺而行且躁妄而动，以至陵犯于物，不知其止，以此而往，凶之道也”[⑤]，道明了大壮则止的自然观本质是刚阳体以柔顺成分先动而表示出与阴柔体的亲就意图。

九二，贞吉。

初九时位上刚阳的躁妄而动的暴发性运作，必至陵犯于物而生凶险之果，所以提出了顺行卑柔而安处的自然观理念。初爻为本，以本言之，强调了安稳、平和的核心因素在大壮时段阴阳相互作用中的基础地位，故“以中也”。只有达中才能安稳而亨通。程颐云：“二虽以阳刚当大壮之时，然居柔而处中，是刚柔得中，不过于壮，得贞正而吉也。”[⑥] 强调这个中态是刚阳本身之阳以安柔之势而作用于阴阳系统之中的，“不过于壮”，则正，故“贞吉”。程颐又云：“以阳刚

① 张浚．紫岩易传．第3册第20页．文渊阁四库全书·易说卷．
② 程颐．伊川易传．第3册第26页．文渊阁四库全书·易说卷．
③ 程颐．伊川易传．第3册第26页．文渊阁四库全书·易说卷．
④ 张浚．紫岩易传．第3册第26页．文渊阁四库全书·易说卷．
⑤ 张浚．紫岩易传．第3册第26页．文渊阁四库全书·易说卷．
⑥ 程颐．伊川易传．第3册第26页．文渊阁四库全书·易说卷．

健体当大壮之时，处得中道，无不正也。”① 这里并不是说系统内阴柔与刚阳二者的关系得中，相反，这正是为了它们的不中而行变求中。此时的刚阳所处的情状，胡瑗给以了充分的彰明：“九二以阳居阴能履尚谦顺，而又行不失中，是君子得其为正之道。不自满盈，不自强恃，能全其美如是，故获正中之吉也。”②提出了君子，即刚阳本身的一种修养和克己来复礼的举动。二、五在卦体中为中位，通过刚阳在二爻位的定位，揭示了其中象意互动的内涵大义，体现了“不过于壮”的贞正情状，彰显了卦与爻的自然观本质。当然也并不是说，刚阳处柔顺态都能得中，同样是刚阳处阴位，在四爻位上，就有不正之戒了，也就是说，刚阳之性以柔处之，并不一定就能得正。这就是一个度和节的问题了，不修身至一定程度，不可能达此效果。大壮之所以要止，这个止涵具一定境界的意思，不只是对其刚健之性的牵制，这个自然观思想的支柱性成分，在九二时位上体现得最为完整。

九三，小人用壮，君子用罔，贞厉，羝羊触藩，羸其角。

正因为君子之刚阳加上了修养的成分，自身得中而行正，“躬自厚而薄责于人，则寡怨”（《论语》）。君子厚实而光辉自溢，惠泽于人，当以感动。实际上提升了刚阳的阳性性征，而强化了对阴柔的吸引力，使其因力而感动，动势大壮，故云“小人用壮”，而“君子用罔”所谓罔，就是无，就是蔑视的意思。刚阳修养自身的过程，本来是一种美德，但一味地处在专于内而蔑于外的过程中，就会产生君子刚阳之态盛大之状，“以其至刚，蔑视于事，而无所忌惮也。苟刚之太过，则无和顺之德，多伤莫与，贞固守此，则危道也”③。这就产生了相求之阴阳在运行方向上的悖逆现象，是一种刚阳处极的状态，不合夫妇之道和阴阳之道的相求相向的本质规律，胡瑗云：“凡居壮之时，谦则得其道，今九三处下卦之上，当乾健之极，以阳居阳是强壮不谦之人。”④ 故坚持下去，必有险生，作易圣人名之为“贞厉”。其自然观思想明露透显。为了便于理解，作易圣人形象地予以象征：“羝羊触藩，羸其角。”程颐云：“羊壮于首，羝为喜触，故取为象。”⑤ “喜”为爱好，“藩”为挡于前的藩篱，“羸”为困。综合起来就是说，刚阳克己而修身以利于畅行刚道，但随之而来的是因感应力而产生的阴柔的强烈犯逼，必须通过困消其锋芒加以制之。

---

① 程颐．伊川易传．第3册第26~27页．文渊阁四库全书·易说卷．

② 胡瑗．周易口义．第5册第27页．文渊阁四库全书·易说卷．

③ 程颐．伊川易传．第3册第27页．文渊阁四库全书·易说卷．

④ 胡瑗．周易口义．第5册第27页．文渊阁四库全书·易说卷．

⑤ 程颐．伊川易传．第3册第27页．文渊阁四库全书·易说卷．

九四，贞吉悔亡，藩决不羸，壮于大舆之輹。

九三时位上，对强化修养以使君子具有内刚阳外谦顺的自然观思想，进行了方法论语境下的改造，同时又出于大壮时态下化育功效流行的目的，以及阴柔壮行以求其志的客观实际情况的出现，阴阳相求、相向而动的自然本质必将体现和彰显。在刚阳体吸引阴柔体的同时，阴柔体会受到同样的反作用力而使刚阳体体系中阴阳双方相向而动，这就是九四时位上自然观思想的基质内容。

当位则得正，刚阳的性征得以行生生之功，就会得正，改变了九三时位上的悖逆态势，阴阳交流而动，顺合自然之本性，无所阻挡，得吉无疑，何悔何咎，故曰："贞吉悔亡，藩决不羸。"尽管刚阳在大壮时段下，要以安处为原则，若动而向阴，偏离中位，有刚过之嫌，谦顺以待，何有壮凶之说。胡瑗云："夫处大壮之时，既能守刚明谦顺之德，则众归之而物所不拒，以此而往何不利之有？"① 因此能承大任于身，"壮于大舆之輹"，"刚道行也，处于刚长之首"②。輹，就是车承重的辐，程颐云："车之败，常在折輹，輹壮则车强矣。云壮于輹，谓壮于进也。"③ 喻示着守刚明谦顺品质在大壮时段的作用。

六五，丧羊于易，无悔。

沈该所言极是，九四之刚阳始行刚道，并"处于刚长之首"，对阴阳相推的循环运动，不仅推动其运行，而且增强其循环运动的向心力，使符示阴柔之羊的活性活动空间增大。易，就是大牧场。兑为羊，为阴性，故羊亦为阴性，就是要使阴柔体在广阔无际的疆场上运行，并消耗其能量。朱熹云："卦体似兑有羊象焉，外柔而内刚者也。易，容易之易，言忽然不觉其亡也，或作疆场之场，亦通。"④ 朱熹以卦体象而言之，述及取羊之象的合理性，同时将羊远距离进行的阴阳相推式的运行，看成是"丧"，这样就使九三时位上形成的大壮之阴柔的能量得到发挥，而又不会破坏阴阳相推的平稳格局，故曰："无悔。"显示了从咸到恒到遁再到大壮的逻辑演化发展程式。

程颐云："然大率治壮不可用刚。夫君臣上下不相侔也。苟君之权足以制乎下，则虽有强壮跋扈之人，不足谓之壮也。必人君之势有所不足，然后谓之治壮。故治壮之道，不可以刚也。"⑤ 只有通过消耗其能量的办法，来使其力量不足或至无所张扬之势，才是治刚的办法，因为"位不当也"。这个"位不当"中涵具着自然观思想的丰富内容。刚阳处充实而刚健之态，却能谦顺行事，而处尊

---

① 胡瑗．周易口义．第5册第28页．文渊阁四库全书·易说卷．
② 沈该．易小传．第4册第19页．文渊阁四库全书·易说卷．
③ 程颐．伊川易传．第3册第28页．文渊阁四库全书·易说卷．
④ 朱熹．周易本义．北京：九州出版社，2004. 94.
⑤ 程颐．伊川易传．第3册第29页．文渊阁四库全书·易说卷．

位。阴柔受刚阳之感应力或吸引力的作用而至大壮，并言明九四时位上已处于近君之位，疑于逼尊而生悔，发展到六五时段，“柔驭刚也”[①]，无疑没有摆对自己的位置，所以称之为“位不当也”。

上六，羝羊触藩，不能退，不能遂，无攸利，艰则吉。

这里让我们先看一下程颐对阴阳相推运动模式的描述：“六以阴处震终而当壮极，其过可知。如羝羊之触藩篱，进则碍身，退则妨角，进退皆不可也。”[②] 物极必反，壮极必复归。阴柔（羝羊）因其耗能太多或极多，将其能量运用于六五时位上所经历的广际疆场，这样就足可以使其所壮显的过多的能量得以消散，而返回于低能态的阴阳相推的轨道，如日月之运行一样，相推而运。此时的刚阳进而遂行、退而相向都不行，因为遂则阴阳能量会因相遇亲合而成零状态，从而无活性；退则阴阳相向而行，最终会相遇交合而同样形成零状态，同样无活性。也就是说，不论是遂还是退，都打破了阴阳相推、循环往来的局面，相反，只有阴阳循环而动，才是夫妇般相互对待的流演程式。这样的循环而动，运而不已，恒常不易，本身就是相求而所得，故吉。“艰”也是一种象，程颐说：“柔遇艰难。”[③] 就是说遇柔很难，也是对阴阳的这种循环模式的描绘和提揭。这样“羝羊触藩”就好理解了，刚阳追阴柔，而阴柔不是回应刚阳，却是“触藩”（藩是近似圆形的且阻其出离所限范围的东西）并以此追刚阳，构成了循环相追的运行模式。

---

① 沈该．易小传．第4册第19页．文渊阁四库全书·易说卷．
② 程颐．伊川易传．第3册第30页．文渊阁四库全书·易说卷．
③ 程颐．伊川易传．第3册第30页．文渊阁四库全书·易说卷．

第三十五卦　晋卦的阴阳自然观

刚柔相推而辩证统一的关系，在大壮卦时态下，彰显得淋漓尽致。大壮格局呈现出刚阳用止、阴柔用壮的情形，直接决定了阴柔能量的消耗幅度大增，并渐次转入低能态，而为刚阳所尽见。所以程颐解释晋卦上体之离为大明，而不是大火，也不是电光，这其中所指涉的就是阴阳相互作用的运行动态状况，描绘了阴柔围绕刚阳的近距离循环渐近情状。程颐云："晋为进盛之时，大明在上，而下体顺附，诸侯承王之象也，故为康侯。康侯者，治安之侯也。"[①] 大明则天下可见，万物可遍照，改变了大壮六五时位上阴柔于大易疆场运行时难以控制、难以形成光照惠安的局面，处于安行的状态，故称侯而不称公卿。程颐云："不曰公卿而曰侯，天子治于上者也，诸侯治于下者也，在下而顺附于大明之君，诸侯之象也。"[②] 张浚云："离位乎上，坤位乎下，明以顺，故康，康安之至也。身安、君安、民又安之谓康。侯才健且顺曰蕃庶，言其才之无不宜也。"[③] 侯为阴柔，君为刚阳，阴柔以坤顺之德，竭其才宜，安处之至，导致身、君、臣皆安。在晋时态下，阴柔的躁动荡然无存，而是顺以利君。

正因为侯有治安行事之功用，所以作易圣人以此取象，而象拟阴阳相推的运行模型。从表象上看，锡马众多，即重赐于大臣，并且频繁接触，是谈君臣关系的亲密。实质上，在宋代易学家的眼里，这是作易圣人为了表达意蕴而用以说明大义的象喻表达方式。阴柔围绕刚阳的运行，根本上是刚阳之光明大德流行感应之所为，故曰："君子以自昭明德。"刚阳也在追逐阴柔，只是其性显程度不一样，大者速度低而且涵摄修养之品质（大壮时态下的自然观思想的核心内容），时下之象喻并不是表征对阴柔的冷漠态度，而是所谓的锡马重赐，由此而产生了阴柔的频繁靠近而互显亲密之境象，你与我就，"朋从尔思"，昼夜无阻，形影不离。程颐云："不唯锡与之厚，又见亲礼，昼夜之中，至于三接，言宠遇之至也。晋进盛之时，上明下顺，君臣相得。在上而言，则进于明盛，在臣而言，则进升高显，受其光宠也。"[④] 程颐的论述，明白而直接，刚阳明盛，惠泽天下，光照万物，施恩感化，直指人心，从而产生强大的感染而形成阴阳之间的强大吸

---

① 程颐．伊川易传．第3册第31页．文渊阁四库全书·易说卷．

② 程颐．伊川易传．第3册第32页．文渊阁四库全书·易说卷．

③ 张浚．紫岩易传．第3册第26页．文渊阁四库全书·易说卷．

④ 程颐．伊川易传．第3册第31页．文渊阁四库全书·易说卷．

引力或亲合力；阴柔受感而应，“柔进而上行，”进近刚阳，受其大宠，呈现温顺之情，丰富了“情伪相感”自然观思想的内容并为其提供了史料支撑。

《序卦》云：“晋者，进也。”这个“进”字，并不是前行、前进，而是明照之功效；或感应力，或吸引力在进一步地长盛。程颐云：“晋，进也，明进而盛也。明出于地，益进而盛，故为晋。所以不谓之进者，进为前进，不能包明盛之义。以顺丽于大明，顺德之臣上附于大明之君也。”① 程颐通过解释“晋”之所以为“晋”而不为“进”，彰明了阴阳动态相互作用的结构图式和作用方式。

那么，君子是如何体现明昭之德，在时下阴阳相推的格局中又是如何运作的？这还要从晋时态下阴阳相互作用的活态运作动力体系的语境结构上去分析和把握。

↙需（䷄）

晋

䷢

观（䷓）↗

晋与需旁通，情势流行，“需者，需也，险在前也”（《序卦》）。需为等待的意思，待机而发。险为阴柔所生，综合起来看是刚阳需以先考虑阴柔的运行为出发点，相机行事，这就要观民、观天下。从卦变而言，晋从观来，以观为本，不能不考虑阴柔的情状而妄下结论。这就需要既反身修己，又大观天下，观柔进而明君德，阴阳相与而亲比，正如郑刚中所云：“观六四以柔进而上行，故九五降而逆之，此晋所以为上下相与之卦也。”②

初六，晋如，摧如，贞吉，罔孚，裕无咎。

刚阳处其大明彰显之时，故曰“晋如”，以示其语境的预设条件和发展走势。“摧如”在宋代易学家的解释中，多为“退”的意思。这里仅就易学家郑刚中的分析为例，来说明其中涵摄的自然观思想内核。郑刚中云：“圣人于人之始进，不示之，以退，则天下之务进者伥伥矣。”③ 阴阳本来相求，惟圣人能反之以退，给“天下之务进者”以支撑，并使其随后而步步向前。因为圣人的退是为了与其对阴柔的感应吸引力达至平衡态，以图自身安稳，然后得到“安其身而后动”的效果。大壮上六时位上刚阳的状态用“不能退、不能逆”、“艰则吉”来形容和象喻，实际上提出了阴柔与刚阳相推而所导致的循环运动模式。这个运行模式的形成，本质上还是咸状态下运行方式的发展和提升，亦称螺旋式的运

① 程颐．伊川易传．第3册第32页．文渊阁四库全书·易说卷．

② 郑刚中．周易窥馀．第3册第76页．文渊阁四库全书·易说卷．

③ 郑刚中．周易窥馀．第3册第77页．文渊阁四库全书·易说卷．

动。刚阳以充实之态，彰显刚阳之性，而阴柔由于其“丧羊于易”情势的出现而必处低能状态，被刚阳所亲就，而频繁地出现在刚阳的周围，阴阳之间的相互吸引再加上当下各自所处的运行状况，使得阴阳相推而皆作循环运行，各自以不同的速度（因为性显程度不同，在共同感应而产生的同一大小的力的作用下，运行速度也不同）同向旋转而运动。

这种运行的必然结果，是使阴柔受到刚阳大明之惠泽，阴阳之间感应力处长势状态。随之而来的是感应力反作用于刚阳，像一个杠杆两端的受力一样，处于支点位置的是刚阳体，而处于用力作用的一端是处于运行状态下的阴柔体。阴阳相互之间的作用对于刚阳支点位置来讲，像被用力使其折断一样，自然地产生了向后或向反方向的反作用力，这样对刚阳处晋向前的态势来说，形成了平衡力，从而在运行方式上与阴柔的单一受力状况有所不同，刚阳受平衡力，使其处正，阴柔受单一作用力或向心力而向心运动。故《象》曰：“独行正也。”阴柔单一受力的实际，决定了其对刚阳的顺动之行，故建立在刚阳行正的基础上，一方面说明“贞吉”无疑，另一方面说明处晋之初始，阴柔进入晋状态前的运动方向、运行力度、运作方式还有一定的惯性作用，其本性之能为还不能彰明，即“未受命也”，与进入受力后的状态还有一定的差距，故曰：“罔孚。”程颐云：“罔孚者，在下而始进，岂遽能深见信于上？苟上未见信，则当安中自守，雍容宽裕，无急于求上之信也。”① 以不能相互深信而提出行事的方法论思想。

六二，晋如，愁如，贞吉，受兹介福，于其王母。

“愁”是难进之意，程颐云：“六二在下，上无应源，以中正柔和之德，非强于进者也，故于进为可忧愁，谓其进之难也。”② 六二阴柔体在初六时位上由于其自身的惯性运作，而不同于单纯受刚阳君王吸引所作的稳定运行，“未受命也”。阴柔的状态还是振荡性的。这对刚阳来说，是自身明惠不能充分展示的一种情形，“可忧愁，”显示出“进之难”的表象，郑刚中云：“六二可以进者也，而上无应，是以愁如，其愁也。非为己也。居其位而道不行，德泽不加于民，是吾忧也。”故曰：“愁如。”可进而无应，就是德泽无以加于民，民无以感受其大德而显自主性运作状态。但“虽上无应援，不能自进，然其中正之德，久而必彰，上之人自当求之”③，即无应援无以按君王的感应行事，阴阳相推而产生的循环运行，决定了君王不能自行进合阴柔臣民，但其大壮时段的刚阳大明之德，只要给以持恒之贞，则必然大明于天下，上进欲受德惠之人，自然相求而来，故曰：“贞吉。”贞就是正而固，要达固至的境界，才能给大明于天下以宽裕的时

① 程颐．伊川易传．第3册第33页．文渊阁四库全书·易说卷．

② 程颐．伊川易传．第3册第33页．文渊阁四库全书·易说卷．

③ 程颐．伊川易传．第3册第34页．文渊阁四库全书·易说卷．

间和空间条件，所以作易圣人系其爻辞为“受兹介福，于其王母”。程颐云：“王母，祖母也，谓阴之至尊者。介，大也。”① 君虽有刚阳之德性，而静安不躁动，只有平静而安行，才能贞固持恒。所以以王母而象之，喻示着决不躁动以静安求其前进。这样既有刚阳之明德而又不躁动者为静君，故“以中正也”。

六三，众允，悔亡。

阴柔体在与刚阳之君相推而环行的过程中，尽管其初状态下有振荡的情形，但刚阳体对其产生的感应吸引力，“久而必彰”，阴柔之性显程度处于怅盛状态，且刚阳安稳而不躁，使阴阳相推之力平稳而持恒，阴柔显示出对刚阳的极度亲合，“有顺上向明之志”而“众允从之”②。众为三阴，为多阴，符示阴柔之性的一般情状，反向说明或喻示着刚阳有明德而无躁动的统摄能力和雄厚的力量，故能明德于天下，是晋状态下明盛幅度的提升和发展。

程颐云：“以六居三，不得中正，宜有悔咎，而三在顺体之上，顺之极者也。三阴皆顺上者，是三之顺上，与众同志，众所允从，其悔所以亡也。”③ 程颐以爻位来论证和说明刚阳与阴柔相互作用的力的对待情况，指出阴柔皆顺性而向刚阳，没有疑问，实际上是通过多阴顺阳的象，来符示刚阳明德流行程度和幅度之大，“顺之极者也”。张浚云：“记曰：不信民弗从，则志行夫民从，夫民从而志行，君子躬行之应也。”④ 言之精微，君子刚阳而求诸己，充实而阳性朗显，直指阴柔之性，志行而民从，“众允之志”生，其志向应阳而上，故：“众允之志，上行也。”这样，通过君子或君王来符示刚阳之象的自然观内涵就清晰可见了。

九四，晋如鼫鼠，贞厉。

阴柔体的运行本于刚阳体的明德流行，而自身又是通过其运行彰显刚阳能量的载体，其运行轨迹取决于刚阳所施与。上已提到，晋状态下，宋人将侯符示为阴柔，君符示为刚阳，阴柔以坤顺之德，竭其才宜，安处之至，导致身、君、臣皆安。在晋时态下，若阴柔的躁动荡然无存，那么就会顺以利君。这样，防范阴柔的躁动已成为晋状态下的内在规则。承继六三时位上的自然观思想，阴柔时下之情状是志上行也，其自然观支撑就在于刚阳性征之牵引和刚阳能量的流行。而其所表现出的是沿着圆弧切线方向的离心倾向，反映出阴柔志行而不安的状态，作易圣人用鼫鼠来象之，故定位为“贞厉”。何为鼫鼠呢？张浚云：“夫鼠昼伏夜动，伺隙肆欲。鼫鼠其大者也。”⑤ 大老鼠的贪欲及鬼祟行动，是一种使人不

① 程颐．伊川易传．第3册第34页．文渊阁四库全书·易说卷．

② 程颐．伊川易传．第3册第34页．文渊阁四库全书·易说卷．

③ 程颐．伊川易传．第3册第34页．文渊阁四库全书·易说卷．

④ 张浚．紫岩易传．第3册第28页．文渊阁四库全书·易说卷．

⑤ 张浚．紫岩易传．第3册第28页．文渊阁四库全书·易说卷．

安的描述或象喻，以此来绘制当下刚阳之状，恰当而贴切。程颐也有类似自然观语境下的描述："贪而非据，而存畏忌之心，贞固守此，其危可知。"① 刚阳贪求阴柔体而前就，却又没有拥有之。而阴柔体在离心力的作用下还有外向发展的意向，故刚阳存畏忌之心而不安，何能久长呢？

六五，悔亡，失得勿恤，往吉，无不利。

六五时位上，阴柔处中，其与刚阳产生的亲比吸引力同其运行本身所具有的离心力，处于平衡态势，故其处中。虽然离心会造成外溢的效果，有失去的倾向，故言悔，但中而平衡安稳。得则亲比，失则离心，亲比与离心辩证统一，无失就无得，故自然之所为，无需恐慌，"失得勿恤"，何悔何愁？程颐云："六以柔居尊位，本当有悔，以大明而下皆顺附，故其悔得亡也。下既同德顺附，当推诚委任，尽众人之才，通天下之志，勿复自任其明，恤其失得，如此而往则吉而无不利也。"② 程颐所言的大明，就是刚阳之君对阴柔之贤臣所产生的光照惠泽之所施，即对阴柔贤臣的吸引力。正因为这个吸引力的存在，所以有"皆顺附"的表象，所以没有悔成立的条件，然后君臣相感，"尽众人之才，通天下之志"，上下同心，有何不利的迹象呢？对于失得的自然情形，胡瑗阐述道："今六五既能旌任贤者，贤者皆进而辅之，故其政教无有不举，若万物之中苟有失得，亦不必忧恤之也。夫既是失得皆须忧恤，则是所往无有不吉、不利者也。"最后的结果是："能任贤者，使贤者进辅于己。"③ 众贤皆进，万物而不齐，自然之理，既有不齐之实，失得难免，无须忧惧，进退失得最后的结果是贤者辅佐，众臣亲和，果能如此，大吉喜庆之象成，"无不利"。

上九，晋其角，维用伐邑，厉吉，无咎，贞吝。

阴阳之间力的作用，取决于双方的性显程度，本于双方运行的能量，所以刚阳君王潜在的能量是阴阳相互对待的根植性因素。孔子之所以说"中道不行也久矣夫"，认为"中庸是不可能也"，关键就是客观上能量的动态流变行为所致。刚阳的能量是不可能持恒不变的，这是宇宙之自然。既然刚阳的能量是变动不居的，那么，由此而产生的阴阳之间相互作用的力的结构形态也是动态流演的，甚至会出现力不能支的情形，故曰："厉。"同时，众贤亲上，万物归顺而上行，客观上又预设了刚阳能量的极限形态，即"晋其角"。这个极限的内在要求，就直指刚阳内在的潜能，故曰："维用伐邑。"以此来不断地挖掘自己的潜力，将自己打铸成效忠万物的使者，故曰："厉吉，无咎。"这样做，尽管有利于阴阳运行的平稳和持挺，但物无不用尽之时，能无不耗竭之日，原始必返终，故曰：

---

① 程颐．伊川易传．第3册第35页．文渊阁四库全书·易说卷．

② 程颐．伊川易传．第3册第35～36页．文渊阁四库全书·易说卷．

③ 胡瑗．周易口义．第6册第36页．文渊阁四库全书·易说卷．

“贞吝。”

程颐云：“角，刚而居上之物。上九以刚居卦之极，故取角为象，以阳居上，刚之极也。在晋之上，进之极也。刚极则有强猛之过，进极则有躁急之失。以刚而极于进，失中之甚也。无所用而可，维独用于伐邑，则虽厉而吉，且无咎也，伐四方者，治外也。伐其居邑者，治内也。言伐邑谓内自治也。”① 之所以用角而取象，就是借用其刚而居上的特征，刚而居上则极、则穷、则尽。刚阳用尽，则处晋时态下的动力源就出现了枯竭的情状，正如程颐所说的“强猛之过”、“躁急之失”，过失不可避免，就会“无所用而可”。故必须行内治之功，用伐邑之实，方能治乱持危，虽厉而无咎，虽危而得吉。程颐又云：“极于刚进，虽自治有功，然非中和之德，故于贞正之道为可吝也。不失中正为贞。”② 自治当然能行中正之功，但对自己来说是有过分之象，“非中和之德”，以此来图不失中正的目的，无疑是“可吝的”。朱熹云：“占者得之而以伐其私邑，则虽危而吉且无咎。然以极刚治小邑，虽得其正，亦可吝也。”③ 通过占者的身份来作喻，从表象上来说，其人力已不支，只好求用其私，可以解燃眉之急。但以这样的方式来求其所得，虽得正也是吝危的，用以说明处极之刚其能量存在潜在的危机性。

---

① 程颐．伊川易传．第3册第36页．文渊阁四库全书·易说卷．

② 程颐．伊川易传．第3册第36页．文渊阁四库全书·易说卷．

③ 朱熹．周易本义．北京：九州出版社，2004. 97.

第三十六卦　明夷卦的阴阳自然观

《序卦》云："晋者，进也。进必有所伤，故受之以明夷，夷者，伤也。"明示了晋向明夷状态发展的客观必然性。胡瑗云："晋极必衰。"① 程颐也云："夫进之不已，必有所伤，理自然也，明夷所以次晋也。"② 认为阴阳相互作用的必然结果是由晋而明夷，并称之为"理自然也"，从而提出了必然性的命题，"明夷所以次晋也"。其中所涵具的自然观思想在晋和明夷之间是如何流演的呢？我们在谈及晋卦时局下阴阳相互作用的力的结构问题上，已对阴阳相互作用的相推运作方式给以提揭，提出在晋卦时态下，阴柔围绕刚阳的运行，根本上是刚阳之光明大德流行感应之所为，定之为"君子以自昭明德"，由此而产生了阴柔的频繁靠近而互显亲密之境象，你与我就，昼夜无阻，形影不离。但时至晋上九时位，刚阳之君的能量已到了不进行"维用伐邑"而不可贞固的地步。同时，对自己潜能的挖掘是有限度的，单凭这一点而欲行贞固之志，必然使其能量受损而自身有所伤失，故称"贞吝"，而自然将时局转换为以伤为明显特征的明夷格局。胡瑗通过君臣关系来喻示阴阳之间由晋到明夷的自然过程："君子始进于朝庭之上，佐君泽民，立功立事于天下，然至于荒耄之年，精力倦怠，是宜以功成事立而退。若功成年耄复进而不已，则必有所伤也。"③ 通过君子的进仕行为，来说明刚阳的"与时偕行"（《乾文言》）的品质和作用，本质上是为了阐发刚阳的运行规律，不是就卦本身言君子在其发展拐点的应对策略。即使是有其意内充其中，也是在明夷卦自然观基础之上的引申和扩充，是通过人事的规律来折射阴阳相互对待的力的流变规律和能量转化过程的。

按卦象的分析和象喻符示，明夷卦坤上而离下，是明入地中之象，即黑暗象，正与晋卦大明之象构成截然的反象，程颐云："反晋成明夷，故义与晋正相反。晋者明盛之卦，明君在上，群贤并进之时也。明夷昏暗之卦，暗君在上，明者见伤之时也。日入地中，明伤而昏暗也，故为明夷。"④ 通过卦象来揭示刚阳之君在晋和明夷之间的能量消长情况，指出大明之君已由晋时态的光彩照人，转入明夷时段的昏暗不明阶段，这是宇宙之理，不可强为，"时行则行，时止则止，

---

① 胡瑗．周易口义．第6册第37页．文渊阁四库全书·易说卷．
② 程颐．伊川易传．第3册第37页．文渊阁四库全书·易说卷．
③ 胡瑗．周易口义．第6册第37～38页．文渊阁四库全书·易说卷．
④ 程颐．伊川易传．第3册第37页．文渊阁四库全书·易说卷．

动静不失其时，其道光明”（《艮·彖》）。我们通过对晋卦时局的分析，明晰了阴阳相互作用的动态过程，对刚阳光明大德的流行程式作了比较翔实的自然观语境下的解构和说明，勾画了刚阳能量由盛到衰的变化情状，逻辑地推导出明夷格局出现的客观必然性。

明夷时段下，自然地彰显了“明夷务暗”（《说卦》）的命题，通过上面的分析，初步可以窥管其中的合理性内涵。程颐云：“君子当明夷之时，利在知艰难而不失其贞正也。在昏暗艰苦之时，而能不失其正，所以为明君子也。”① 艰难耗损的情形是客观存在的，“理自然也”，但面对这样的处境，身为人君者，不能乱了分寸，还应秉持晋时态自然观的理念，掘析潜能，处贞固持。一方面，通过藏其锋芒、显暗藏明，以此来消弱阴阳之间的吸引力的程度，使阴柔之臣民的活动性降温，运行速度下降，并由此而在新的语境条件下达到新的平衡。另一方面，由此而引起的阴阳之间吸引力的减弱，必然会造成与刚阳之君相疏远的小人因力不足而自然远去，故程颐云：“内有文明之德，而外能柔顺也。昔者文王如是，故曰文王以之。当纣之昏暗，乃明夷之时，而文王内有文明之德，外柔顺以事纣，蒙犯大难，而内不失其明圣，而外足以远祸患。此文王所用之道也，故曰文王以之。”② 内藏文明之德，就是明言其潜力和潜能的可利用性，同时又逻辑地表达出外柔顺的客观必然性。文明藏而弱显，其自身的柔性成分必然彰明，故能有外柔顺之情状。柔顺显阴性必然会与臣民之阴柔性征构成相互排斥的力的格局，而拒祸患于不临，明君子之道必然通达。

远离祸患而不失其正，即不能破坏阴阳相互对待的统一体的主体框架。中国的古贤至圣在人们的长期实践过程中，对阴阳相互对待关系的认识是极为深刻的。但远在殷周、春秋战国时期，对阴阳相互作用的科学表达用语是相当困乏的，根本没有现在科学语境下的通畅表达，所以象喻表达的象征性方法和尚象思维就成了反映客观规律的通用表达方式，并一直流传至今。我们现在依然常用这种方法，比如形容不要违背法度时，就常听到“不要触及高压线杆”、“不要用鸡蛋和石头撞”等话语和言辞。在中国古代，表达夫妇般阴阳关系的统一体的言辞和话语也很多，除“憧憧往来、朋从尔思”、“君臣亲比”、“夫妇”、“君子小人”等外，还有“文王与纣”、“箕子与纣”等。同时这种关系又是动态变化的，君有刚阳之德，但“用有行藏”之别，“时有否泰”之分；臣属阴柔性征，也有其刚阳躁动之性。阴中有阳，阳中有阴，阴阳相涵，流演无穷。箕子与纣就是很有典型意义的。箕子有光明之德，纣是阴柔佞奸之人，但纣处高位而无道，箕子

① 程颐．伊川易传．第3册第38页．文渊阁四库全书·易说卷．

② 程颐．伊川易传．第3册第38页．文渊阁四库全书·易说卷．

就须既能“晦藏其明”，又能“利于处艰厄而不失其正”①，体现了阴阳统一体中的辩证对待关系。程颐赞之曰：“然箕子能藏晦其明，而自守其正志，箕子所用之道也，故曰箕子以之。”②

对于由晋而明夷的过程，程颐从能量动态流转型的视角审论道：“明所以照，君子无所不照，然用明之过，则伤于察，太察则尽事而无含弘之度。故君子观明入地中之象，于莅众也。不极其明察而用晦，然后能容物和众，众亲而安，是用晦乃所以为明也。若自任其明，无所不察，则己不胜其忿疾，而无宽厚含容之德。”③ 说得非常漂亮和到位。君子于明无所不照，但不能太过，太过则“伤于察”，进而不能有包容的能力，只有用晦明之法，才能使其性显弱化，自体阴柔成显状，而与众阴近乎同类，既显亲又处安，贞正之道得以维持。

那么，君子如何体现晦藏之用，在时下阴阳相推的格局中又如何保持贞正之德？这还要从明夷时态下阴阳相互作用的活态运作动力体系的语境结构上去分析和把握。

↙讼（䷅）

明夷

䷣

临（䷒）↗

明夷与讼旁通，互通流转，预设了明夷时态下的语境前提，提出了出于讼而必相争取的背景基质。通过晋状态上九时位上的自然观思想可以明晰，阴阳双方在运行上出现了“晋其角”的情状。刚阳之君能量急需供给，而阴柔的运行要想维持，又必须恒常给予，这就是一对不可分割的矛盾。正是基于此种境况，才有刚阳之君藏晦的举动。那么，如何才能使其光明之能量合理地“晦其明”呢？这就要从明夷卦的本质上去分析。明夷从卦变本质上说，是本于临。临者，临民也，即莅众。这本身就涵摄了丰富的自然观内容，阴臣围绕阳君的相推循环运行的速度和能量，取决于刚阳之君的大明程度，其幅度的大小直接导致了阴柔向心力的大小，向心力小则近就君阳，向心力大则远离君阳，这里恰当地提出了临众而近就的命题，实际上就是藏晦刚阳之明而弱化其能量的流演，从而使阴柔运行的向心力减小。这就是阴阳相推、相互对待关系在明夷时态下的自然观本质和核心内涵。

① 程颐．伊川易传．第3册第38页．文渊阁四库全书·易说卷．

② 程颐．伊川易传．第3册第38～39页．文渊阁四库全书·易说卷．

③ 程颐．伊川易传：第3册第39页．文渊阁四库全书·易说卷．

初九，明夷于飞，垂其翼；君子于行，三日不食，有攸往，主人有言。

明夷时态下的格局，决定了刚阳只有晦藏，以用晦而明，才能持贞久长而不失阴阳动态流转语境下的平衡。刚阳之大明，在晋上九时位上已处于“维用伐邑”的地步，只有通过这种办法，才能使阴阳循环运行的轨道不变，才能彰显出刚阳的明德、高能和才用，但这需要以损害自己、耗散自身内在潜能为代价，短时间还可以，若欲固持久处，则“贞吝”无疑。承继晋上九时位上的自然观思想，在明夷初九时位上，会逻辑地出现阳明上升之象。这是晋上九时位上刚阳情态的自然变化，是短效行为。为了不至于达到“贞吝”的结局，刚阳之明德必行晦藏之功，从而降低其性显程度，随之而来，阴阳之间的吸引力或牵引力降低，阴柔运行的向心力减弱，渐向低轨道循环运行，呈现出“于飞”但“垂其翼”的表象。正是在这样的语境下，朱熹才提出“飞而垂翼，见伤之象”[①] 的自然观命题。作易圣人多处表征阴阳运作的动态循环性，咸九四有“憧憧往来，朋从尔思”之语，《系辞》中有“日往则月来，月往则日来，日月相推则明生矣”之语，大壮九三、九四、上六有“羝羊触藩”，到了明夷时段又出现了“于飞垂其翼”的话语，直接使人们对夫妇般阴阳关系的运作模式给以循环运行、相推相对待的能量流演的定位，从而方便了解易过程中对自然观思想的表达。

既然阳明见伤而行晦明之实，那么，就有避去之象生；既有避去之行，就有去禄退位之举。故云：“君子于行，三日不食。”程颐云：“大凡小人害君子，害其所以行者。君子于行，三日不食；君子明照，见事之微，虽始有见伤之端，未显也，君子则能见之矣，故行去避之。君子于行，谓去其禄位而退藏也；三日不食，言困穷之极也。”[②] 君子“行去”，避开危险之地，薄其禄、退其位是必然而又很自然的事，所以困穷寡处是意欲之中，故有三日不食之象，“义不食也”，“义当然也”[③]，这个不食是主动意义上的避食，是对“君子则能见之矣”的积极回应，故而“有攸往”。为什么说该举具有主动积极性意义，作易圣人所系辞中的“主人有言”一语道明其本质内核。程颐云：“故明夷之始，其见伤未显而去之，则世俗孰不疑怪？故有所往适，则主人有言也。然君子不以世俗之见怪，而迟疑其行也。若俟众人尽识，则伤已及而不能去矣。”[④] 表明了阳刚主动远离而避去阴柔的明智做法。郑刚中解释说：“三日不食者，言去之速。盖离之性不能缓也，君子岂悻悻然为是哉，亦义所当然尔。”[⑤] 离为火，火之熄以速为性，离

① 朱熹．周易本义．北京：九州出版社，2004. 98.

② 程颐．伊川易传．第 3 册第 39 ~ 40 页，文渊阁四库全书・易说卷．

③ 程颐．伊川易传．第 3 册第 41 页．文渊阁四库全书・易说卷．

④ 程颐．伊川易传．第 3 册第 40 页．文渊阁四库全书・易说卷．

⑤ 郑刚中．周易窥馀．第 3 册第 81 页．文渊阁四库全书・易说卷．

又是去的意思，所以去要速，理本自然。这里郑刚中所言的“三日不食”就有速去而忘食之意，以突出刚阳对伤己环境的积极应对。

六二，明夷，夷于左股，用拯马壮，吉。

从晋开始至明夷，阴阳相互对待的能量的流通和力的作用，追本溯源，根植于刚阳之明照、感应和吸引，阴柔围绕刚阳的运行，其能量来自于刚阳本身，而阴柔自体则成了阴阳体系能量流转速度的试金石和度量尺度。阴柔运行快，则刚阳给予的能量多，其运行速度就大，阴阳之间的距离就大；反之，阴柔运行慢，则刚阳给予的能量就少，其运行速度就小，阴阳之间的距离就小。这里还涉及运行方向问题。自咸状态，孔子就对咸九四爻辞给以解读，将其定性为“日往则月来，月往则日来”的顺时针方向，这是易之本然。易道即天道，与天道相合，顺天而行，是古圣贤人仰观俯察、效法四时而创设易的天人合一思想的自然观本质。至于“易逆数也”（《说卦》）的本质性内容，《说卦》中就有明确规定：“知往者，顺；知来者，逆。”这里的“逆”和顺应天道是一个概念、一回事，没有任何矛盾之处。

所谓在六二时位上还定之为“明夷”，就是说六二时段还处在阴柔体回落的过程之中，还需要刚阳的能量释放，而这个所释放的能量恰恰是刚阳内在的潜能的流失，故有被伤之意，是以称“明夷”。之所以是“夷于左股”，是因为顺时针运行的阴柔体对处安稳状态的刚阳左部产生力的作用，从而导致了刚阳左部的受力而必须由此耗散能量。同时，这也表明了用力部位是左部位之股而非左足，如程颐所云：“足者，所以行也，股在胫足之上，于行之用为不甚切，左又非便用也。夷于左股，谓伤害其行而不甚切也。虽然，亦必自免有道。”[①] 既有损伤之处，同时也不甚切，以此来说明，损伤是为了处贞正而不破坏阴阳的平衡体系，不甚切是“亦必自免有道”。这个道就在于刚明晦藏而不失，造成了对阴柔体吸引力的下降，而降低其能耗幅度，是典型的自然观思想的合理内容。在这种背景下，刚阳的行事可以说是游刃有余、行动自如，故曰：“用拯马壮。”程颐云：“拯用壮健之马，则获免之速而吉也。君子为阴暗所伤，其自处有道，故其伤不甚，自拯有道，故获免之疾。用拯之道不壮，则被伤深矣，故云马壮则吉也。”[②] 程颐语言简单明了，概括出刚阳在晦藏之行中，对阴柔的辩证态度，“顺以则也”，既要作好为其所伤以顺应的准备，同时又要自处有道，以获得免于受大灾的快速反应能力，与朱熹所言极为相似，“伤而未切，救之速则免矣”[③]。

---

① 程颐．伊川易传．第3册第41页．文渊阁四库全书·易说卷．

② 程颐．伊川易传．第3册第41页．文渊阁四库全书·易说卷．

③ 朱熹．周易本义．北京：九州出版社，2004. 99.

九三，明夷于南狩，得其大首，不可疾贞。

对于爻辞的理解，宋代易学家立足于自然观的基础之上给以解读，程颐云："南，在前而明方也；狩，畋而去害之事也。南狩谓前进而除害也。"① 认为刚阳因守贞而流射出的光明和力量，可以致阴柔前行靠阳而明现其身，并使其在运行中所产生的离心力直线走低，以"除害也"而象之。同时，由于阴柔的靠近而使刚阳与阴柔的感应力提升，并以此来作象，喻示着阴柔对刚阳的执著追求，表达了阴柔的心志纯一。郑刚中云："狩，所以去民害也。犹大明升进，破群迷而反之于正也。"② 看来，明而远害，阴柔靠近，如同（犹）大明存在一样的升进不已，诚之至，信之实，行之笃。郑刚中对此评议说："明夷，晋之反也，又将反夷为晋势。"③ 论证了晋状态和明夷状态的本质性联系。程颐云："当克获其大首，大首谓暗之魁首上六也。三与上正相应，谓至明克至暗之象。"④ 程颐寥寥数言，将九三时位上自然观的本质核心彰显得明明白白。当下之胜柔，称之为大首，而这个大的成果，本于三与上所处的正情状相应。也就是说，刚阳欲贞固其志，阴柔至诚而归向，刚阳与阴柔构成正相应的格局，正合其志向，所以称大、称满意。追其内在原因，"谓至明克至暗"之所为。"至明"一词，言明了刚阳与阴柔相推而运作的逻辑演化过程。晋状态下的大明，至其上九时段，出现了"晋其角"的拐点，至明夷九三时位上，终于出现了大胜至暗之阴柔的结果，可喜可庆。但作易圣人提出了戒示，认为此时之刚阳尽管有可喜之收获，但还应秉持"不可疾贞"的态度和行动。为何"不可疾贞"呢？下经自咸以来，阴阳相互对待的方式是夫妇、日月般循环式相推的模式，阴阳统一体的成立条件和前提是阴阳循环运作的持恒与久长，如恒卦自然观语境内在所规定的那样，否则就会丧失易的存在基础，"乾坤毁则易有所不见"（《系辞》），但"易不可见，则乾坤几乎息矣"（《系辞》）。乾坤是不会毁的，所以易是流行不已的，那么夫妇、日月般循环式相推的阴阳相互作用的模式也是宇宙之本然，理之自然。基于这种宇宙自然之理的内在规约，九三时位上阴柔的靠近是会受到限制的，不可快速而近就，因为时下之阴阳相互作用的感应力已呈强势，若快速靠近，就会出现静力滞阻现象，打破其原有的循环态势，丧失了阴阳内在的自我运行规律，不可能长久处之，不利于刚阳运行贞持状态的维继，所以作易圣人用"不可疾贞"是充满了辩证内涵和自然观思想的。

---

① 程颐．伊川易传．第3册第42页．文渊阁四库全书·易说卷．

② 郑刚中．周易窥馀．第3册第83页．文渊阁四库全书·易说卷．

③ 郑刚中．周易窥馀．第3册第83页．文渊阁四库全书·易说卷．

④ 程颐．伊川易传．第3册第42页．文渊阁四库全书·易说卷．

六四，入于左腹，获明夷之心，于出门庭。

阴阳间相互对待的运作方式，道明了宇宙间贞固持恒的存在状态和内在规律，所以作易圣人所言“入于左腹，获明夷之心”言明其获得了宇宙自然之理，故孔子象之以“获心意也”，用“心意”来符示宇宙自然内在之理，进一步提揭了明夷九三时位上自然观思想逻辑演化的核心所在。九三获身，“获其大首”，六四获心，既获心意，彼此互通，情感交融，则心充信实，外行皆顺，故曰：“于出门庭。”程颐云：“既信之于心，而后行之于外也。”① 但在同样状态下，阴阳各示其性，所显之象各不相同，刚阳之君欲守贞正达持恒而损己之能量来维系阴阳的动态平衡，而阴柔之体此时的表象已完全体现出一种索取和依靠别人的能量来维系自身活态运作的过程，阴阳之间本身的损益情状不言自明，所以作易圣人在六四爻辞中又提出了“明夷”一词。程颐云：“六四以阴居阴，而在阴柔之体，处近君之位，是阴邪小人居高位，以柔邪顺于君者也。”② 在宋代易学家的眼里，阴柔所指涉的有贤臣，也有众民，有女人，也有臣妾，当然也有小人和邪恶之人，至于时下所指何物，则是以自然观的语境规约为基础的。这里，程颐明示阴柔为小人，既有连贯性的特征，同时也与作易圣人描绘的阴阳运行图式相一致。在某种意义上，这也是在自然观思想基础之上对人文理念的引伸和发挥，但其中所阐述和勾画的动态情状，又反过来折射出易学自然观思想的精髓和灵魂。

六五，箕子之明夷，利贞。

作易圣人取箕子为象，喻意究竟在哪呢？这就须从九三、六四时位上的自然观思想上去逻辑考证。九三时位上，阴柔无能之态毕露，使刚阳“得其大首”，六四时位上，刚阳获明夷之心，即了解了阴柔的运行规律和行事原则，这样从九三、六四两个时段践履了阴柔身心两个方面的动态情状，达到知己而又知彼的高度。但要使阴阳动态平衡得以维系，刚阳的明德还不能息灭，还需要给重利之阴柔小人以吸引，从而保持阴阳统一体结构的完整性。《系辞》云：“天地之大德曰生，圣人之大宝曰位。何以守位曰仁，何以聚人曰财，理财正辞禁民为非曰义。”圣人效法天地而主生生之德和守位之用，提出以财利为用，体现仁德和义举。这样的施行仁爱而弘义之行，就是明德流行的延续和发展，客观上提揭了明德光辉存在的必要性和不可息灭的自然之理，所以取箕子为象。箕子是商末贤臣、国家之栋梁，有明德而顺从于奸佞小人，为了促使其价值的实现，维护阴阳统一体之完整性，他顺从而固持正道的畅通。程颐、张浚等对此皆有论述，程颐云：“箕子，商之旧臣，而同姓之亲，可谓切近于纣矣。若不自晦其明，被祸可必也，故佯狂为奴，以免于害。虽晦藏其明，而内守其正，所谓内难而能正其

① 程颐．伊川易传．第3册第43页．文渊阁四库全书·易说卷．

② 程颐．伊川易传．第3册第43页．文渊阁四库全书·易说卷．

志，所以谓之仁与明也，若箕子，可谓贞矣。”张浚云：“箕子有君德而在臣位，商所以亡也。圣人谓使如箕子立而获主商祀，周焉得有天下，故以箕子以明德居五位示微意焉。后为武王陈洪范武躬行之，为天下后世利，是为明夷之正。”①通过箕子的明德流行与否，来喻示阴阳统一体的存亡兴衰，又通过箕子明德的彰显，来喻示处明夷之格局下，不可息明德于昏暗之中，而应保留明德的流行渠道，使阴阳在动态流变的环境下得以生生不已。这就是以箕子取象的自然观内核，故曰“利贞”，利于坚持贞固守正之道，不能被阴柔小人的近就而失去阴阳统一体的平衡。

上六，不明晦，初登于天，后入于地。

何谓“不明晦”呢？程颐云：“不明而反昏晦也。”② 处极之时，客观上要求有变通之机。六五时位上“明不可息”之志，在明夷语境下，仅是效法之则而已。但刚阳明德晦藏之势已处于进行之中，并且成为明夷时态下的主导脉络。所谓的系其辞（包括卦爻辞），是言动向而已矣，依自然规律之所为。宇宙自然之理的内在规约决定了刚阳能量的有限性，而不可避免地出现晦明趋息的行进过渡情状。同时，随着刚阳自晦其明程度的不断加深，刚阳之君的静柔性征不断提升，从而使刚阳之性显成分处于阴柔的包围之中，由原来的刚明主宰天下之势，即“照四国也”，变成了环周为阴柔所近就之态。同时，阴与阴的排斥作用又使阴阳整体有机系统中的阴柔体不可能无限地靠近刚阳之体，当然，也决定了刚阳能量的流转处于相对小、低的状态，失去了光照万物的生存语境和离火炎上的自然性征，而“失则也”，故曰：“初登于天，后入于地。”登于天者，主宰天下，入于地者，为阴所困。正因为受阴所困，所以称之为“不明晦”，重申了六五时位上“明不可息”的自然之理，指出刚阳一味退藏其明是有客观限度的，不可以超越这个极限，否则就“失则”而不合宇宙的规律。郑刚中对此阐述得非常清楚：“晦而明者，明在其中。不明晦者，不复有明晦而已，上六是也。处之以明，则为晋之上九登天而照四国，处之以晦则为明夷之上六而入于地。登于天谓乾阳在上下照坤土，入地谓坤土加离日之上也。大抵炎上者谓离之性，今至于晦极失性之则也。”③ 描绘了刚阳君子的处境图画，是晦极失性而处之以晦，并不是讲明德消失而不复存在。明白了这些，再来理解宋代易学家的解易思维，就会通畅一些，同时这也为下一卦家人卦的自然观思想的建立奠定了基础。

---

① 张浚．紫岩易传．第3册第35页．文渊阁四库全书·易说卷．

② 程颐．伊川易传．第3册第45页．文渊阁四库全书·易说卷．

③ 郑刚中．周易窥馀．第3册第85页．文渊阁四库全书·易说卷．

第三十七卦　家人卦的阴阳自然观

明夷上六时位上的自然观思想，为我们勾画了一幅阴阳相推运行的力的作用图式。明夷时段的刚阳，不断推行晦藏其明的行事举措，直至上六时位上达至晦明的程度，使刚阳自体产生了外柔内刚的性征，从而逐渐形成了体系整体的平衡。

在这种平衡体系结构中刚阳之君本身构成了自体阴阳体系，并与明夷时段与其相推的阴柔形成了一个整体结构系统，其中刚阳自体阴阳体系是这个整体结构系统的子系统，并通过阴阳之间的作用力与整体系统的其他成分发生作用，主要包括三大关系：刚阳本身与阴柔臣民的相推关系、刚阳自体系统的阴柔成分与阳性成分的关系及其阴柔成分与阴柔臣民之间的关系。

为了深入理解家人时局的自然观思想，必须先明白中国古人的尚象思维方式和象意互通流变的表达方式。关于这一点，前面多有介绍，但这里还需强调的是，中国古人传统的表达是借象来明意，并不是就字面的意思来纠缠不已，不要将古人的话给以死板和僵化的定位。咸卦时态下、恒卦时态下及其他格局中都有夫妇、男女等，但这绝不是单纯地以一对夫妇或一对男女来一说到底的，更不是专门谈夫妇的生活过程的，而应将其理解为一种象，一种可以反映大义和自然规律的象，所要提取的东西是其中的喻意和象征意，不是直观的表面意思，否则就会使易卦之卦爻辞无任何当代的现实价值可言，也从中看不出圣人之语天下畅扬、历代推崇、千万年流演的内在动力。因此家人卦虽然承继明夷而来，并且一如既往地承习咸恒时态以来的以夫妇般、日月般的运行程式来反映阴阳相互对待的力的作用和能量的流通规律，反映阴阳相推而行的内在本质。果能明其大义，就能达意，并从中折射出其内在的自然观合理内核，就能符合王弼所说的“夫言者出象者也，象者明意者也”（《周易略例》）的高度，从而使易学思想的自然观本质自然地彰明于世。

阴阳相互对待的力和能的作用和转换，是动态流变的，家人卦的时局中同样涵存其意蕴。程颐云：“家人之道，利在女正，女正则家道正矣。夫夫妇妇而家道正，独云利女贞者，夫正者身正也，女正者家正也，女正则男正可知也。”①作易圣人之所以将该卦定之为家人，按朱熹的解释：“家人者，一家之人，卦之

① 程颐．伊川易传．第3册第46页．文渊阁四库全书·易说卷．

九五六二，外内各得其正，故为家人。”[①] 承继明夷而来近靠刚阳体的阴柔运行到此，已成为一家之人，即其阴阳相互作用的情形已与一家之人无异。郭雍云：“一家之治所以治国治天下之本也，而家人之道亦与治国治天下之道皆一也。齐家自夫妇始。”[②] 原因就在于程颐所说的“女正则男正可知也”。追溯到晋时态可知，刚阳的明德是阴阳相推的决定性因素，观阴柔体的变化即知刚阳的能量动态流变情状。明夷时态下也同样是按这种情形来演化的。阴柔运行快速，则其从刚阳中获得的能量就大，反之，亦然。而刚阳的能量流变，又是由刚阳体自己内部阴柔成分的性显程度决定的，其内部阴柔成分的性显程度越高，则刚阳体与前来靠近的阴柔体的距离越适中，故“女正则家道正矣”。由此可见，整个阴阳体系的关键落在了刚阳内在的阴柔成分的性显程度上，故程颐又云：“夫伤困于外，则必反于内，家人所以次明夷也。家人者，家内之道。风生自火，自内而出也，自内而出，由家而及于外之象。”[③] 胡瑗也有同样的阐述：“人之有所伤于外必反于内，以求其安，故家人所以次明夷也。”[④] 正因为外界的作用和与之相互对待关系的演变，刚阳才能自然地走向内在的反省和本能的反应。由外而向内，由表而及里，自然之理。反于内而求诸己，是发展和演化的本质要求，故孔子云：“君子求诸己，小人求诸人。”（《论语》）所以说真正的力量是“自内而出也”，“由家而及于外”，由内及于外。所谓的家就是夫妇及与其相关的父子、兄弟、长幼、伦理和恩义，其核心内容是夫妇。夫妇又是阴阳之符示，所以观夫妇之道，则可明天下之理，“君子之道，造端乎夫妇”（《中庸》）。时下之夫妇之象就是刚阳的阴阳成分，其理致一，所以程颐云：“正家之本，在正其身。正身之道，一言一动，不可易也。”[⑤] 对此，《大学》给以哲理性提升：“欲明明德于天下者，必先治其国；欲治其国者，必先齐其家，欲齐其家者，必先正其身。”又说：“身正则家齐，家齐则国治，国治则天下平。”身、家、国、天下本于一理，相互贯通，一气化之，所以说朱熹所言“家人者，一家之人”的真正内涵和大义，就落在了这个一气化之之理上来，而其中的根本性因素是身，“自天子以至于庶人，亦是皆以修身为本”（《大学》），客观上要求对言行慎用，故其《象》曰：“君子以言有物而行有恒。”也就是说家人时态下提出的自然观理念其重心指涉为对自己的修身要求，以修身为基础、为中心，以求达到应对自然界外来情况的变化，协调好其间的关系，渐至和谐之目的，其中的道理非常明白。

---

① 朱熹．周易本义．北京：九州出版社，2004. 101.

② 郭雍．郭氏传家易说．第3册第107页．文渊阁四库全书·易说卷．

③ 程颐．伊川易传．第3册第45页．文渊阁四库全书·易说卷．

④ 胡瑗．周易口义．第6册第45页．文渊阁四库全书·易说卷．

⑤ 程颐．伊川易传．第3册第47页．文渊阁四库全书·易说卷．

《象》曰："女正位乎内，男正位乎外，男女正，天地之大义也。"这里的正就是不动摇，整个阴阳体系中的阴柔体和阴柔成分，平稳运行而不偏倚就是正。而晋以来的阴柔体一直处于近靠刚阳的运行过程之中，刚阳中的阴柔成分，也是在动态中向平衡方向提升。可以说晋、明夷时局下的阴柔是不平稳的，这就在客观上必然地将平衡态形成的砝码压在了阴柔成分的内在因素上，所以"必反于家"，"必反于内"。只有反于家，从根本上对内在的基质因素处理得当，即正，才能使体系整体达到安稳，这样就通过内正而推动外正，内正由阴柔成分所致，外正就由刚阳体的阳性对阴柔产生的吸引力来决定，故云："父父、子子、兄兄、弟弟、夫夫、妇妇，而家道正，正家而天下可定矣。"在家人时局下君子得正，是自然之理。刚阳体能量的流变演化，逻辑地成为家人格局中阴阳相互作用的决定性因素。阴柔体或阴柔成分都要受其制约，这是客观的，同时也成为晋时段以来的主导轴线。这个刚阳的制约作用，用一个恰当的象来喻示，就是"严君"，故作易圣人云："家人有严君焉，父母之谓也。"胡瑗对此作了比较明白的阐述："夫君总生杀之权，操富贵之柄，四海之内莫不畏惧，群而归之，故谓之君。若父母之尊，则一家之事皆主也。故不可专任其慈无所断制，必又加之以威严，董之以礼节，使一家之内有畏惧之心，如君之尊而又如君之严。"[①] 通过家人中父母之严和尊，来提出畏惧之象，用以断制而彰显其约束力，只有这样才能行正，从而提出了方法论的思想和行事原则，并由此勾画和铸成家人格局中所涵摄的自然观思想的主导支撑。

那么，君子是如何通过正己修身来使能量传递于外，达至化成天下的目的，在时下阴阳相推的格局中又是如何保持贞正之德的呢？这还要从家人时态下阴阳相互作用的活态运作动力体系的语境结构上去分析和把握。

↙解（䷧）

家人

䷤

遁（䷠）↗

家人与解旁通，阴阳在二卦时局中相互之间的情与感是互通的。"解者，缓也。"（《序卦》）缓即缓冲，使阴阳相互之间的力得以调和，这本身就是自然观思想的重要内容。如何才能达到缓和的程度呢？就要效法遁时态下的自然观理念，因为遁在卦变意义上，为家人之本，四阳二阴卦本于遁。关于这一点，不难理解。问题是如何才能由遁隐晦藏达至力量均衡的。这就需要通过家人六爻时位上的连续性过程来实现。

---

① 胡瑗. 周易口义. 第6册第45页. 文渊阁四库全书·易说卷.

初九，闲有家，悔亡。

何为“闲有家”呢？宋代易学家都将其理解为在有家情状下施以法度。程颐云：“初，家道之始也。闲为防闲法度也。治其有家之始，能以法度为之防闲，则不至于悔矣。”① 提出了以法度治家的理念，接着就阐述了理由：“治家者，治乎众人也，苟不闲之以法度，则人情流放，必至于有悔，失长幼之序，乱男女之别，伤恩义，害伦理，无所不至，能以法度闲之于始，则无是矣，故悔亡也。”② 认为法度可以行正，法度可以制序而使悔亡。明夷上六时位上刚阳的“不明晦”状态的出现，顺应了自然法则，使阴阳体系的格局结构发生了变化，刚阳自身的阴柔成分与近就刚阳的阴柔体之间因相互排斥而处于解缓状态，施行的办法是同性相斥的自然规律，即通过同性相斥的客观规律来制约其性态的流行。同时刚阳能量的流畅程度也大为降低，致使阴柔体的活性减弱，不能无节度地靠近刚阳体，出现了节度和限制的表象，这种表象的反映和表达，就表现为程颐所说的“防闲法度”，而这个法度的作用对象又是谁呢？当然是阴柔群团，用家来取象以明大义。对于家来讲，就是主要指涉为妇女和幼弱之子孙。施行法度者，当然地落在了家之父母的身上。按传统的五行思想，父母克子孙，妻财克父母，若父母旺而威严，即出现严君之象，则克己者反受其克，所克者，弱而不兴。作易圣人正是立基于家人时段的自然观思想，而以家里人之象来表达了家人初九时位上施行的节度和制约的大义。之所以刚阳之君要施行节制的行事原则，原因不单是从阴阳之有序而言的，其根本点在于通过阴阳的有序行事，而达到正身、齐家、治国、平天下，进而实现自身价值而大明于天下，亲比而又威慑自体的阴柔成分，使其与外来近就之阴柔保持一定的距离，以此来将其能量和光辉施行于天下，君志未变，其德流行，故曰：“志未变也。”从而使阴柔灭息刚阳的态势得以合理利用，何能有悔呢？故曰：“悔亡。”

六二，无攸遂，在中馈，贞吉。

前面已经谈到了阴柔的活动可以反映出刚阳的能量流畅程度，那么通过观察阴柔的状态，就可以明了刚阳的作为，因为在晋以来的阴阳相互关系中，刚阳的能量是起决定作用的，这就是程颐所说的“取自内而出之象，为家人之义也”的本质内涵。

宋代易学家们大都认为六二时位上所描述和绘制的行事情状是妇人女性，即阴柔位正的状态。程颐云：“二与五正男女之位于内外，为家人之道。明于内而

---

① 程颐．伊川易传．第3册第47页．文渊阁四库全书·易说卷．

② 程颐．伊川易传．第3册第48页．文渊阁四库全书·易说卷．

巽于外，处家之道也。”[①] 郭雍曰：“妇六二所谓妇。”[②] 胡瑗云：“夫女正位乎内者谓六二也。”[③] 张浚云：“家人又有互离体二阴居离中，而四阳悉当其位，曰女正位乎内男正位乎外。”[④] 认为二、四皆为阴位之正，都以阴柔给以象喻表义。郑刚中云：“二为内卦之正，其画阴，女正位乎内者也。”[⑤] 朱熹更是明确：“六二柔顺中正，女之正位乎内者也，故其象占如此。”[⑥] ……这些观点都对六二阴柔的顺德给以表征，故曰“顺以巽也”，言明阴柔之众伏于刚阳之上而巽入又和顺。而这个顺德的产生是基于初九时位刚阳节制基础上的自然演化，六二用妇人取象，以明其理。程颐云：“六二以阴柔之才而居柔，不能治于家者也，故无攸遂，无所为而可也。”[⑦] 以阴柔的不能治家为象，喻示着刚阳持家治众的有效性和可行性。郑刚中对“馈”字的理解颇为流行：“坎水离火巽木，女在中当位，烹饪而主馈事。”[⑧] 指出馈就是烧火做饭，并认为这是女人之职，以此来说明和喻示着阴柔行事的规范和守贞，并不是专指女人只有做饭才是正事，其他就不是正事。这种传统的特殊的尚象、比征表达方式和思维方式需要高度的认识才能明了的，否则就会产生歧义。

九三，家人嗃嗃，悔厉吉；妇人嘻嘻，终吝。

六二时位言明了阴柔以顺处的态势格局，这个顺本身就内在地潜藏着序列之别。何为顺呢？之所以为顺，本身就说明了其行动的附带性特征，是后于别人而又顺从之意，也就是说阴柔是随着刚阳的能量起伏而波动的，而刚阳能量的流演毕竟是一种潜能的消耗和减少，呈现出能量曲线的下滑态势，客观上要求阴柔的顺从性处动态状。而这个波动性其本身又是一个过程，不可能即速而至，达到刚阳之要求，其循环运动还存在一定的惯性特征和惯性力，这是客观实际和规律，不以人的意志为转移，当然也不会因为有顺从刚阳的趋势而马上逆自然之理，只能以渐近和渐次转换的方式适应和顺从，这才是自然之理。但这个渐近转向，本质上是由于刚阳能量的作用产生了力的牵引，故内在地因为刚阳的制约而反其阴柔运行的本来方向，属不自觉的行为范畴，故要“嗃嗃”以符示制约之象，以得其顺从特征的持恒性，故曰：“未失也。”相反地，若反其规律，以“嘻嘻”之象出现，则情况就会大不一样。试问：哪有消耗自己而一无所获，却又快乐的

① 程颐．伊川易传．第3册第46页．文渊阁四库全书·易说卷．

② 郭雍．郭氏传家易说．第3册第108页．文渊阁四库全书·易说卷．

③ 胡瑗．周易口义．第6册第46页．文渊阁四库全书·易说卷．

④ 张浚．紫岩易传．第3册第37页．文渊阁四库全书·易说卷．

⑤ 郑刚中．周易窥馀．第3册第86页．文渊阁四库全书·易说卷．

⑥ 朱熹．周易本义．北京．九州出版社，2004. 100.

⑦ 程颐．伊川易传．第3册第48页．文渊阁四库全书·易说卷．

⑧ 郑刚中．周易窥馀．第3册第88页．文渊阁四库全书·易说卷．

呢？故曰："失家节也。"这就是其自然观思想的内在本质。只有在自然观思想基础之上去分析卦爻辞的内涵大义，才是符合天人合一宇宙规律的正确方法。

朱熹云："以刚居刚而不中，过乎刚者也，故有'嗃嗃'严厉之象。如是则虽有悔厉而吉也。'嘻嘻'者，'嗃嗃'之反，吝之道也。"① 家人状态下从初以来，客观上依自然之理，一直强调严厉之用，而在刚阳能量动态变化当中，立基于阴柔顺从的情况，还要强调严厉行事以制约之，故曰"以刚居刚"，用"嗃嗃"来象之，再恰当不过了，同时也否定了以"嘻嘻"态度来行事。程颐云："九三在内卦之上，主治乎内者也。以阳居刚而不中，虽得正而过乎刚者也。治内过刚，则伤于严急，故家人嗃嗃然。治家过严，不能无伤，故必悔于严厉，骨肉恩胜，严过故悔也。虽悔于严厉，未得宽猛之中，然而家道齐肃，人心祗畏，犹为家之吉也。若妇子嘻嘻，则终至羞吝矣。"② 明示了严的自然本性及由此而产生的结果，虽厉而吉。不然，则有悖于本性和宇宙之大道，吝悔无疑。

六四，富家（贵），大吉。

明晰了初九、六二、九三时位上的自然观思想，按照逻辑的发展演化程式，就不难理解六四时位的自然观本质。以严治家，阴柔又由于其附从的本性，贞固守位以顺德，无不利而大吉之象。"富"就是多的意思，"富家"就是常在家而守位、守贞以顺从。

但这里要指出的是，宋代易学家因为王弼扫象穷理思想的影响，一度以来有疑经改经之风。程颐这位理学大家，就不时透显出这种作风。程颐就试图对六四爻辞作修改，认为"富家大吉"不合情理，而应是"富贵大吉"，同时他又找不到合适的理由，认为由富必至贵、必至高位。他认为："居家之道，能保有其富，则为大吉也。四高位，而独云富者，于家而言高位，家之尊也，能有其富，是能保其家也，吉孰大焉？"四位仍属阴柔之位，仍摆脱不了依附刚阳的情势，臣道、坤道的地位不可能发生根本的变化，故言云"贵"实不能说通。倒是经文的富家，即繁见于家，方显阴柔的自信和自尊，在刚阳能量的支撑下，与君合道而治国平天下。朱熹云："阳主义，阴主利，以阴居阴而在上位，能'富'其'家'者也。"③ 朱熹用"以阴居阴"来说明这个"富"的含义，可见以"富"来喻示着阴柔常在于家而透显顺从刚阳之实。这样刚阳在初九时位上"志未变也"的态势就可流行于天下，进而达到治国平天下的目的。

---

① 朱熹．周易本义．北京：九州出版社，2004. 102.

② 程颐．伊川易传．第3册第49页．文渊阁四库全书·易说卷．

③ 朱熹．周易本义．北京：九州出版社，2004. 102.

九五，王假有家，勿恤吉。

承继六四时位上阴柔的富家而正位守贞之态，自然会使刚阳因受感应力的作用而与阴柔体形成动态平衡体，即阴柔体、刚阳内在的阴柔成分与刚阳性显成分之间达到力的平衡状态。刚阳能量的流演运行变成了刚阳与众阴柔的亲比行为。这样内外阴柔与刚阳形成了三位一体的格局，对于刚阳君子来说，治家和治国都重要，而且具有逻辑连贯性，故曰："交相爱也。"苏轼云："假，至也。王至有家则是家也。大矣，王者，以天下为一家，家人之家近而相凌，天下之家远而相忘，知其患在于相凌也。故推严别远以存相忘之意。"① 苏轼提出了家人之家和天下之家与刚阳君子三者的一体化的关系，在苏轼看来，无论天下之家还是家人之家，都是以阴柔为主要成分的。我们常说的"某女子是某人的家属"，特指女阴，借以象喻臣民和天下。程颐认为："九五男而在外，刚而处阳，居尊而中正，又其应顺正于内，治家之至正至善者也。"② 内外阴柔性显而可用，家国同理，其义流行，对"治家之至正至善"的境界在九五时位给以彰显。孔子在《大学》中提出了修身、齐家、治国以至于平天下的理念，实际上就是将家人之家、天下之家与君子的修身本性三者统一成一个有机的整体，对其中涵存的自然观思想的基础性作用给以明确的定位，彰显了阴阳动态流转型的作用方式在易卦时局语境形成中的支柱性地位。

上九，有孚，威如，终吉。

九五时位上提出了"交相爱也"的自然观理念，其合理性在上九时位上给以彰明。正因为九五刚阳与众阴在能量的流通上达至平衡使用的状态，所以其动态运作过程中的波动幅度呈正比例曲线升降，进而使阴阳整体有机而一体化相衔而动，体现出一种忠信的姿态，故曰："有孚。"程颐云："上，卦之终，家道之成也，故极言治家之本。治家之道，非至诚不能也，故必中有孚信，则能常久，而众人自化为善。故治家以有孚为本。"③ 程颐还是通过以象喻意方式，以诚这个富有自然观内涵的概念来比征阴阳相互间力的作用的贞固持恒性。而这个诚所反映的阴阳相互对待的关系，又体现在信孚的个人意志上，这样就能"中心得也"而长久恒持。

阴阳相推的循环运动，本质上规定了阴阳间的相摩互推具有渐进性，从而使刚阳与阴柔能量流转过程中又出现制约性特征，故曰："威如。"而刚阳内在的阴柔成分在家人时局中具有关键性作用，故曰："威如之吉，反身之谓也。"程颐对此颇有感触地说："爻辞谓治家当有威严，而夫子又复戒云，当先严其身也。

① 苏轼．东坡易传．第3册第23页．文渊阁四库全书·易说卷．

② 程颐．伊川易传．第3册第51页．文渊阁四库全书·易说卷．

③ 程颐．伊川易传．第3册第51页．文渊阁四库全书·易说卷．

威严不先行于己，则人怨而不服，故云威如而吉者，能自反于身也。”① 威而严厉的自然观思想，是家人卦时局下的支柱性内容，家人从初到上都涵存这一核心思想。程颐云：“治家者，在妻孥情爱之间，慈过则无严，恩胜则掩义，故家之患，常在礼法不足而渎慢生也。”② 提出礼法在治家过程中的作用，这本身就是一种自然观思想。不免有人会问：家人六四时位上已出现了“富家”之象，说明阴柔已处顺阳之势，何须再用礼法而制其身呢？阴柔循环式与刚阳相推而动，其在顺阳运行的过程中内在地产生了在行进方向上的惯性力，这样，在刚阳动态转换的过程中，必须给其以牵制力以制约之，方可使阴柔的顺德得以流行，否则就会在惯性力的作用下，离心而去，使阴阳有机体分裂而失去易变的功能。

① 程颐．伊川易传．第3册第52页．文渊阁四库全书·易说卷．

② 程颐．伊川易传．第3册第52页．文渊阁四库全书·易说卷．

第三十八卦　睽卦的阴阳自然观

睽卦卦象中彰显出的哲理内涵非常丰富，上离下兑，其势在中，张浚云："二女同居而志不同行，势则使之也。"① 杨简也云："六五又有柔进而上行之象，上行亦得其势矣。"② 提出了"势"的概念，并以"势"来说明其客观必然性。在家人时态格局中，形成了阴柔体、刚阳自体系统的阴柔成分与阳性成分三者相互作用的力的动态流变情状，并且构成了阴阳有机统一的组织系统。这个整体系统的阴柔体与刚阳自体系统的阴柔成分，是以同性相斥的力的作用而存在的。家人时段着力于向内提高修养境界，提升阴柔成分的比重，加大刚阳正身持家的权重系数，并于家人上九时段出现了孚信笃实、"交相爱也"的亲比态势，至使阴柔体和阴柔成分同刚阳之间的吸引力与阴柔相互间的排斥力达到平衡。但这个平衡态的出现仅仅是阴阳体系动态运作过程的一个环节，随着刚阳"威如"、"反身"的修身正己行为的进一步加深，其内在阴柔成分的比重越显增大，并呈上升态势，这样原来的平衡状态就不复存在，阴柔之间的排斥力因阴柔成分的不断上扬而不断增大，出现了阴与阴排拒反向的运行情势，用离兑二女同居于一家来象之，以此来反映其间的力的变化情形。故曰："睽，火动而上，泽动而下。二女同居，其志不同行。"睽卦是最富有辩证色彩的一个卦，上体为离，下体为兑，离火炎上而上行，泽水润下而下行，上下不交，相斥而行，象之以同性相斥，概之以"睽而知其类，异而知其通"（王弼《周易略例》）。苏轼云："有同而后有睽，同而非其情，睽之所由生也。"③ 阐明了睽生发的条件和原因，认为"性同行乖，情貌相违"（王弼《周易略例》）。同性体相处，若没有情系其间，则必乖违相背而去。程颐亦云："言睽者，本同也，本不同则非睽也。"④ 朱震也有类似的论述："睽本同也，离兑同为女而至于睽者，时也。故睽自家人反明本同也。本不同则无睽，惟本同故有合睽之道。"⑤ 易卦神奥之处就在于内在地反映宇宙自然之理，睽上火下泽，其性同行乖，必定违行而无疑，但本同必有合，定之以睽，明之于睽道，尤为恰当。

---

① 张浚．紫岩易传．第3册第42页．文渊阁四库全书·易说卷．
② 杨简．杨氏易传．第4册第35页．文渊阁四库全书·易说卷．
③ 苏轼．东坡易传．第3册第24页．文渊阁四库全书·易说卷．
④ 程颐．伊川易传．第3册第53页．文渊阁四库全书·易说卷．
⑤ 朱震．汉上易传．第4册第43页．文渊阁四库全书·易说卷．

进一步分析可知，阴柔体的上行，实质上是呈现出一种散离之象，云散日出，刚阳由晦而明，形成了阴柔相斥利于刚阳放明弃晦的态势，苏轼象之曰：“说之丽明，柔之应刚，可谓同矣。”① 正因为阴柔之间相斥而乖，才导致刚阳明德的显露，同时刚阳明德的随之流行，又使得上行的阴柔受其感应力而有相合的趋势。这样看来，客观上已造成了“柔之应刚”的格局，上行之阴柔与刚阳相承而诚意充盈，“可谓同矣”。据此苏轼又云：“是以自其同者言之，二女同居而志不同，故其吉也。”指出这个二阴不同之志的表现和展示，正是刚阳光明大放之始兆，其用甚大，故曰：“睽之时用大矣哉。”程颐云：“五，阴柔，虽应二，而睽之时，相与之道未能深固，故二必遇主于巷，五噬肤则无咎也。天下睽散之时，必君臣刚阳中正，至诚协力，而后能合也。”② 刚阳与阴柔所形成的诚德，自然地使阴阳系统呈现出有机统一的态势，五阴柔在外而上行，虽与九二之君相与所成之道还没有深固，但这个诚意的充盈和流行，必然会使阴阳位正而相合，虽睽而同，为了达到与刚阳同而通的目的，必须有异向或异体之动。杨万里云：“易通则穷，穷则通，睽者人物之散也。散不可聚，睽不可合，凶不可吉，则无为贵易矣，兑之说丽乎离之明，是合睽也，六五进而上行是合睽也，六五得中而应乎九二是合睽也，故曰易穷则通合睽之道。”③ 家人时态的阴阳和通之势，由于刚阳的威如正身之所为，而刚阳的进一步修己正身，必然产生家治之至达而使柔性成分的权重系数上扬，从而必至家道之穷，而内外皆通达，我们平常所说的“走出家门”、“影响深远”就源于此理，从而提出了散为聚、睽为合的睽之道。郭雍云：“自卦论之，初说而终明，其道非睽也。自爻论之，六五上行得中而下应九二之刚，其事非睽也，其为吉也。”④ 言明了体睽而道非睽，性相违而本相同，初始说而终末明，直接指涉阴阳相互对待的变通之道。苏轼形象地概括道：“是以自其同者言之，二女同居而志不同，故其吉也。同而异，宴平仲所谓和也。”⑤ 二女同居一家，相遇而相斥，自然之理。各自伸张不同的志向，“屈信相感而利生矣”（《系辞》），从而自然打破群阴围困刚阳的局面，形成阴阳和谐相处的态势，利于刚阳明德的流行。

明晰了睽时态阴阳相互作用的力的结构之后，就极容易掌握睽格局下的着力点落在何处。很明显，作易圣人系之以“小事吉”，画龙点睛式地提出了一个自然观语境下的肯定命题。刚阳君子的修身之功就在于增加其阴柔成分的权重系

---

① 苏轼．东坡易传．第3册第24页．文渊阁四库全书·易说卷．
② 程颐．伊川易传．第3册第53～54页．文渊阁四库全书·易说卷．
③ 杨万里．诚斋易传．第5册第35页．文渊阁四库全书·易说卷．
④ 郭雍．郭氏传家易说．第3册第113页．文渊阁四库全书·易说卷．
⑤ 苏轼．东坡易传．第3册第24页．文渊阁四库全书·易说卷．

数，由此而养身远祸。随着其阴柔成分的不断提升，渐次增大对符示臣民的阴柔体的排斥力而使其上行并处离散状态，使刚阳放明弃晦的整个过程呈现出用柔潜阳的运作态势，故曰“小事吉”。朱震云：“说则顺民而丽乎明，则择善；柔得中则柔而不过，应乎刚则取刚以济柔，是以小事吉。”① 阴柔与阴柔的相斥作用使“柔得中则柔而不过”，同时众柔由此与刚阳相应而互动关联，并在刚阳的感应力吸引下保持阴阳统一体的结构完整性不被破坏。张浚云：“宣王居睽而吉者也，宣王用柔不可大事，天地睽而其事同也。睽有不睽之道也，睽其事，其志则一，得所一而同之，造化可通，鬼神可格，夷狄可服，禽兽可训。是道圣人始用之于一身，终用之于天下国家，睽中存有不睽者，存其用大矣。”② 张浚以周宣王为例，说明用柔虽事小，但能达到造化的目的，“鬼神可格，夷狄可服，禽兽可训”。肯定小事可用并得吉，负反馈地说明了大事不可为、不可行，原因就在于明德潜藏可以处静而制动。胡瑗云：“夫睽乖之时，上下之情既异，内外之志既乖，天下之人其心皆不同于时，虽有大才大德之人，亦不能大有所为也。今既睽乖，故但小事，则可以得吉也。”③ 睽时格局中的阴柔，从明夷以来一直处于优势发展状态，故朱震云：“不可以作大事何也，以柔进上行而得中位也。”④ 刚阳不可逆时逆理而行，否则就不合宇宙运行的规律，为易之自然观思想所制约。相反，“大人以是能用天地，能用男女，能用万物乖者，复合混而为一，以至天下为一家，中国为一人”⑤。用阴柔之物、天地之理来使千差万别的万物混合而成一体，从中显示出自身的价值和作用，不亦是大事业吗？

那么，君子是如何通过正己修身来使自身的阴柔成分，即涵养度提升，同时又能保持阴阳体系和谐统一、有机关联的呢？刚阳在时下阴阳相推的格局中又是如何作为的呢？这还要从睽时态下阴阳相互作用的活态运作动力体系的语境结构上去分析和把握。

↙蹇（䷦）

睽

䷥

大壮（䷡）↗

睽与蹇旁通，阴阳情势互通，蹇则不通，即阴柔循环而行的进前态势受到抵制，刚阳君子对其内在阴柔成分以“威如”之势，符示臣民的阴柔体也由于性

---

① 朱震．汉上易传．第4册第43页．文渊阁四库全书·易说卷．

② 张浚．紫岩易传．第3册第42页．文渊阁四库全书·易说卷．

③ 胡瑗．周易口义．第7册第3页．文渊阁四库全书·易说卷．

④ 朱震．汉上易传．第4册第43页．文渊阁四库全书·易说卷．

⑤ 朱震．汉上易传．第4册第43页．文渊阁四库全书·易说卷．

征作用而受到同性力量的相当排斥，处于不通状态。大壮则止，止于善境的流行和趋向。正是这种不通和向善的共同作用，形成了睽之道的自然观内涵。

初九，悔亡，丧马，勿逐自复，见恶人，无咎。

家人时态下刚阳之君强化其正己修身之功效，用以提升其自身阴柔成分的比重和权重系数，同时阴柔体在家人上九时位上顺从于刚阳的威如之势，阴柔之性更显强烈，以至于达到孚诚亲比的程度。这个亲比之象，涵具了阴阳双方相向而行的动态暗示，因为孚诚是相互的，阴阳互相求亲比是自然之理。这样在客观上，一方面是刚阳被阴柔之气而晦明更甚，故本应有悔，但另一方面，刚阳体与阴柔体的亲比，使刚阳因修身而产生的处于上扬态势的内在的阴柔成分发挥作用，使阴柔体受到的排斥力逐渐增大，进而缓解了其亲比的程度，并出现上行远离的情状，为刚阳明德的流行创造了条件，故曰："悔亡。"作易圣人将睽之上体离的取象的着力点，很明显地放在了其炎上离体、悖逆上行的视域维度上。胡瑗云："初九居一卦之下，当睽乖之时，上无其应本亦有悔者也，然而九四亦无正应，故与初心志相合，远而相得，其悔所以亡矣。"[①] 言明了上行之阴柔不是因为外有所应而远离刚阳；相反，其与刚阳"心志相合，远而相得"，何悔之有，同时也喻涵着睽时之道用处大。

可见，这个上行之阴柔体与刚阳亲比之性并没有消除和丧失，只是由于刚阳内在的阴柔成分比重的增大而产生的，所以阴阳统一体的结构不会因此而被破坏，故作易圣人以"丧马"来符示阴柔体，以"勿逐自复"来说明其上行而不失其情和诚信，即不失阴阳相亲近的本性和相互间的吸引力，而是因为有阴柔之势间于中而产生了这样的麻烦，故谓："见恶人。"程颐云："恶人，与己乖异者也，见者，与相通也。"[②] 从发展的整体状态来看，这个"恶人"的出现是有益的，可以使刚阳体最终得以放明而藏晦，故曰："无咎。"

睽与蹇旁通，睽蹇状态的阴阳二气流行畅扬。处睽之时，暗含有蹇，即不通的因素存在，这就是作易圣人所说的"恶人"象，但这个"恶人"可以使其得"无咎"的结果，原因就在于阴柔远离而刚阳放明，刚阳明显则感柔越深，阴阳相合之象更加彰明。程颐云："九四在上，亦以刚阳，睽离无与，自然同类相合，夫合则有睽，本异则何睽？唯初与四，虽非应而同德相与，故相遇。"[③] 程颐说得非常到位，自然观思想十分明确，他将睽之上体离的炎上明确地定位为性，是火性之所为，而非其外边另有牵引力的存在，是"亦以刚阳"的态势而上行，其本质上是同类而通的，故云"唯初与四，虽非应而同德相与，故相遇"。并且

① 胡瑗．周易口义．第7册第4页．文渊阁四库全书·易说卷．

② 程颐．伊川易传．第3册第55页．文渊阁四库全书·易说卷．

③ 程颐．伊川易传．第3册第55页．文渊阁四库全书·易说卷．

又说："四既与之合，则能行矣，是勿逐而马复得也。"[①] 用"同类而通"及"逐"等为象，彰明阴阳之间的亲合之力，突出地明现了初九时位上的自然观思想。

九二，遇主于巷，无咎。

巷，就是我们通常所说的狭窄通道，程颐以此来喻示曲道："巷者，委曲之途也。"[②] 行进在这个委曲的道路上，其归宿何在呢？接着他又说："所谓委曲者，以善道宛转将就使合而已，非枉己屈道也。"[③] 明示了阴柔体上行而离阳，即离主而去，必将会受到刚阳之君的感应而被吸引，使其上行离主的道路显示曲委之象，从而方显刚阳存在的价值，阴阳合道，无所怨咎，"未失道也"。为什么这个"主"就指刚阳之君呢？苏轼云："主所主也，有所适必有所主也。九二之进则主五矣。"[④] 九二为刚阳，其放明而感应于五阴。五阴就是上行之阴柔，柔虽上而与刚阳所适且无有其他可适的对象，对这样的情状，程颐又进一步阐述道："而居睽离之时，其交非固，二当委曲求于相遇，觊其得合也，故曰遇主于巷。"[⑤] 阴柔体上行而离，首先说明了阴阳之间的交融性不强，通过阴柔体的上行使刚阳放明彰显，得以强化其感应力，而使阴柔悖性而动的态势走到了狭区小地，必须返而相合。程颐总结道："在睽乖之时，阴阳相应之道衰，而刚柔相戾之意胜，学易者识此，则知变通矣。"[⑥] 朱熹也云："二五阴阳正应，居睽之时，乖戾不合，必委曲相求而得会遇，乃为无咎。"[⑦] 可见，以程颐、朱熹等为代表的宋代易学家们已对睽时态下阴阳相互作用的自然规律有相当程度的掌握，解释了作易圣人"遇主于巷"的自然本质。

六三，见舆曳，其牛掣，其人天且劓，无初有终。

九二时位上彰明了上行之阴柔体与刚阳体在动态运行过程中的相亲合的态势，但也存在初九时段出现的刚阳体中阴柔成分上扬而引起的排斥力的阻隔。在此基础上，我们再来看作易圣人的戒语就不难理解其大意了。

程颐云："车牛，所以行之具也。舆曳牵于后也，牛掣阻于前也。在后者牵曳之而已，当前者进者所以力犯也，故重伤于上，为四所伤也。"[⑧] 程颐认为作易圣人是把当前的状态以车牛之行来作象喻，表面意思是说，牛拉着车要前行，

---

① 程颐．伊川易传．第3册第55页．文渊阁四库全书·易说卷．

② 程颐．伊川易传．第3册第55页．文渊阁四库全书·易说卷．

③ 程颐．伊川易传．第3册第56页．文渊阁四库全书·易说卷．

④ 苏轼．东坡易传．第3册第25页．文渊阁四库全书·易说卷．

⑤ 程颐．伊川易传．第3册第56页．文渊阁四库全书·易说卷．

⑥ 程颐．伊川易传．第3册第56页．文渊阁四库全书·易说卷．

⑦ 朱熹．周易本义．北京：九州出版社，2004. 104.

⑧ 程颐．伊川易传．第3册第57页．文渊阁四库全书·易说卷．

但其后边有牵制者存在，所以牛前行中受到了阻隔和阻碍的力量，故曰“见舆曳，其牛掣”，用以明示其中存在着的一种作用力在作怪，这种作用力就是初九时位上阴柔与阴柔的排斥力，导致了阴柔亲合刚阳而出现的“天且劓”的重伤掣阻局面的形成，明示九二已出现的上行阴柔欲返而与刚阳亲比的不畅通性，彰示出六三时位上的语境结构，通过言明阴柔的运作状态来折射刚阳的处境和对策。牛，按《说卦》中的解释为坤，为阴，为柔。程颐云：“天，髡首也；劓，截鼻也。三从正应而四隔止之，三虽阴柔处刚而志行，故力进以犯之，是以伤也。”① 髡首，就是剃去头发，特指古代的一种刑罚，借刑为象。截鼻也是一种刑罚。三阴柔而欲行诚道以求刚阳，却出现了这种强大的掣阻力而被阻隔之，典型的失位之象或位不当之象，故曰：“位不当也。”但并不会因为位不处正而丧失其性，阴阳相求之性是自然之理，内在之必然。九二时位上上行曲而委，正是由阴阳的性显而产生力的吸引所致，以至于在六三时位上呈现出睽离而突合的情状，故曰：“无初有终。”程颐云：“始为二阳所厄是无初也，后必得合，是有终也。”② 九二之阳，在其自然观视角下，是刚阳中的阴柔成分。之所以说它是刚阳，不仅是因为它属于刚阳的家人，而且它扩张其势，是刚阳的修身正己之所为，是代表刚阳来发挥作用的代言人，所以从实质上来讲，也是刚阳之所为。本来这种所为，最初是出于“威如”而“厉”用以远离其身而得吉的目的，具有放明藏晦的意向，使阴柔体保持一定的平衡状态，但后来最终在阴阳本性的作用下得合，故曰：“无初有终。”这个“终”和“初”的根本原因，孔子解释为“遇刚也”，极富哲学的意蕴，仅三个字就将其时下自然观的本质内涵彰示得明明白白。

九四，睽孤，遇元夫，交孚，厉无咎。

回顾初九、九二、六三这三个时段的自然观思想发现，阴阳相互作用的力的动态情况具有非常强的逻辑关联性。初九提出了同性若无情牵而产生的排斥力和睽背逆向运行情状，九二在初九的基础上，展示了刚阳放明而产生的对阴柔体的感应吸引作用所呈现出的渐长性特征，到六三时位上则出现了阴阳相合的意向，只是苦于中间的阻隔而受伤，表现为上行的委曲路径的形成，那么自然地展示出了九四时位上上行阴柔体处于暂时平衡态的情状。所谓的平衡状，就是阴柔间的排斥力与刚阳对其产生的吸引力达至平衡，若以静止状态来考虑，就是外界对其的作用力处于零状态。其表象就是无人理会，而作易圣人取孤为象，用以说明这种情状，富有自然观的特色和内容，所以将当下之状态定之为“睽孤”，意思是说由睽乖而产生了孤象。尽管不受外力的干扰，但不等于外力就不存在，实际上

① 程颐. 伊川易传. 第3册第57页. 文渊阁四库全书·易说卷.
② 程颐. 伊川易传. 第3册第58页. 文渊阁四库全书·易说卷.

仅仅是其所受外力的合力为零而已，相反，由于刚阳的放明而产生的吸引作用在此时反而最大，故称为“遇元夫”，即与原来所适之夫或刚阳的相亲性强显而言之为遇。其间的孚诚之信，此时以作用力最明显而表现得更为强烈，故曰：“交孚”，即互相交感而信笃。这样，虽然还会因其间的阻隔而有受伤处险的可能，但其阴阳相求之性，即“志”合宇宙自然之理，故虽“厉”而“无咎”，“志行也”。

程颐云：“四与初皆以阳处一卦之下，居相应之位，当睽乖之时，各无应援，自然同德相亲，故会遇也。同德相遇，必须至诚与交孚，各有孚诚也。上下二阳以至诚相合，则何时之不能行，何危之不能济？故虽处危厉而无咎也。”① 四与初居相应之位，本来是存在着内在的联系的，二阳的出现说明阳德流行于相应之位，自然会产生相亲之行，但这个亲比性必须是有条件的，这个条件就是诚孚。要达诚就必须合阴阳之道，“诚者，天之道”（《中庸》），故合道者，“何时之不能行，何危之不能济”？对于程颐所说的诚道阴阳观，胡瑗给以佐辅：“初九以刚明之才处下卦之下而无正应，今九四亦无正应，是其心志相同，体类相契，为配偶也。”② 心志产生于性别，体质取决于情势，心志相通，体质相求，配偶之象，所以九四虽刚阳，但还是描绘着上行阴柔的动态变化情况，只是刚阳所及而喻意其同德必遇之状。初九是刚阳之本，九四是刚阳之用，相应于当位之地。

六五，悔亡。厥宗噬肤，往何咎？

九四时位上，阴柔体的远离而又不失其与刚阳的亲比，表面上看是由于同性相斥，实质上是刚阳的作用导致的。虽远离而更亲合，方显刚阳的这种光辉和感应作用，使刚阳一下子改变了在明夷时段出现的晦明状态，是孔子在九四时位上所定位的“志行也”之势，故曰：“悔亡。”而这种力导致阴柔上行而远离刚阳的行事结果，使刚阳大放光明而促进阴阳相求的力度。在某种意义上，阴柔的远离使阴阳之间的亲合性增强，互相支撑从而促成各自价值的实现，支持得越深入，越能体现出各自的能为和作用，故曰：“厥宗噬肤，往何咎？”“往有庆也。”所谓厥宗，就是同党、同派，噬肤就是亲合程度大。程颐云：“厥宗，其党也，谓九二正应也。噬肤，噬啮其肌肤而深入之也。当睽之时，非入之者深，岂能合也？五虽阴柔之才，二辅以阳刚之道而深入之，则可往而有庆，复何过咎之有？”③ 明示了阴柔才干之用，是“二辅以阳刚之道而深入之”，借以暗示刚阳应往而继续如此行事，以辅阴柔保持上行状态，则己之刚性阳明之德就会畅行于天

---

① 程颐．伊川易传．第3册第58～59页．文渊阁四库全书·易说卷．

② 胡瑗．周易口义．第7册第7页．文渊阁四库全书·易说卷．

③ 程颐．伊川易传．第3册第59页．文渊阁四库全书·易说卷．

下，是往而有庆，非过咎吝道。

上九，睽孤，见豕负涂，载鬼一车，先张之弧，后说之弧。匪寇婚媾，往遇雨则吉。

时至九四、六五时段，阴阳相互作用已形成了一个使刚阳放明的动态运作模式。阴柔体上行且绕刚阳的运行，会使刚阳感应之，从而使得阴阳二体相互间的亲合性征得到彰显，故在六五时位上孔子赞之曰："往有庆也。"既然往而能得庆，则这个模式就会自然地继续推行，使得阴阳之间力和能量的流通情况渐显变化。按照这个运行模式的每一次循环，都会使阴阳之间的距离增大，阴柔体因渐离刚阳而去，其在刚阳放明区域的份额就越小，从而获得的能量和感应力就越小。这样看来，阴柔体的睽离而上行，在使刚阳明德流通的同时，也辩证地出现了感应渐弱的情形，这本身就产生了被疏远的象，故曰"睽孤"，这其中充满了辩证法的哲理内涵。同样是阴柔上行运行，却出现了九四、上九前后两种截然不同的情状，这就是物极必反的道理在睽状态下的具体反映。程颐云："上居卦之终，睽之极也。阳刚居上，刚之极也。在离之上用明之极也。睽极则费戾而难合，刚极则躁暴而不详，明极则过察而多疑。"① 物之极则反其道而行，睽之极则反乖而离本。同样的道理，刚阳之极则弱其身而必泄，明之极则暗阴必生。能量泄而阴柔失，阴阳统一体的有机性征就不复存在，甚至遭到破坏，故疑忧顿生，"见豕负涂，载鬼一车"。这本来就是一种疑象，张浚云："见豕负涂主污也，载鬼一车本无有是事也。"② 这种疑象的产生，恰恰是阴阳相合的基础，如若无疑忧，刚阳会继续将阴柔的上行远离作为实现自身价值的途径，从而破坏阴阳统一体的结构而至"乾坤毁则易有所不见"（《系辞》）的地步。现有疑失之困，所以会止其所为，反道而行。程颐云："物理极而必反，以近明之，如人适东，东极矣，动则西也；如升高，高极矣，动则下也；既极则动而必反也。上之睽乖既极，三之所处者正理。大凡失道既极，则必反正理，故上于三，始疑而终必合矣。先张之弧，始疑恶而欲射之也。三实无恶，故后说弧而弗射，睽极而反，故与三非复为寇雠，乃婚媾也。"③ 程颐提出了"物理"这一概念，当然这与现代科学中的物理是有区别的，是不同的两个概念，但其自然观思想的话语表达已无可置疑，明示了上行升高之阴柔处极而必反的自然之势。由于睽状态的动力源涵存于刚阳之内，阴柔的运行实质上反映的是刚阳的动态，所以言睽上九刚处极，其理互通。时下已到了不能不反的时候了，所以又以阴柔体为象，通过"始疑而终必合"，言明了"后说之弧"的真正原因是"匪寇婚媾"，而"与三非

---

① 程颐．伊川易传．第3册第60页．文渊阁四库全书·易说卷．

② 张浚．紫岩易传．第3册第48页．文渊阁四库全书·易说卷．

③ 程颐．伊川易传．第3册第61页．文渊阁四库全书·易说卷．

复为寇雠”。既非寇合，理应和合，故程颐又云：“雨者，阴阳和也。始睽而能终和，故吉也。所以能和者，使群疑尽亡也。”[①] 最终达到了和合的地步，体现了睽之道的时用之大。

① 程颐．伊川易传．第3册第61～62页．文渊阁四库全书·易说卷．

卷六

第三十九卦　蹇卦的阴阳自然观

蹇时格局立基于睽而成，睽上九时位上的自然观思想明示了阴柔体与刚阳的和合性趋势不可逆转。但这种和合性因为刚阳内在的阴柔成分的强势，受到了一定的阻隔和排拒，并由此而形成了阴柔体与刚阳不同成分之间的相合相克的局面。一方面，阴柔体在睽时态下上行而睽离刚阳，至睽上九时位上已到了极限距离。因为阴阳相互间的作用力与其间距成反比，与其性显强弱程度成正比，所以此时的极限距离及弱极的感应能力决定了阴阳二体之间的吸引力是处于最小状态的。另一方面，刚阳体的阴柔成分或阴性成分的情势一直处于上扬状态，所以对上行阴柔体的排拒作用是明显放大的。由此可知，阴阳二体的和合度已达至最小，明示了其间的亲合处于最困难的时期，故作易圣人定该卦为蹇卦颇有道理，其蹇本身就涵存有自然观的思想。程颐云："睽乖之时，必有蹇难，蹇所以次睽也。蹇，险阻之义，故为蹇难。为卦，坎上艮下。坎，险也，艮，止也，险在前而止不能进也。前有险陷，后有峻阻，故为蹇也。"① 我们说，刚阳的能量是通过阴柔的运行情状得以反映的。睽上九时位上，刚阳之能为已到极限状态，体现在上行阴柔体的运行上。若再这样下去，就将统一体的结构解体，乾坤毁而易不见，属小人之所为，就是程颐所说的"前有险陷"。作为诚之者的君子，是不会如此行事的，但欲改变阴柔体的运行状态，使其和合度增大，又会遇到其内在阴性成分的阻隔，故曰："后有峻阻。"对这种客观的困难情状应持正视的态度，而不能欲将其消除，所以其基本格局是不会改变的，故曰："蹇所以次睽也。"

《序卦》云："睽者乖也，乖必有所难，故受之以蹇，蹇者难也。"言明蹇时段的难是睽乖所致的。上面所说的止隔而险陷是蹇难的主要原因，所以不能强化这样的作用，并设法消弱之。反成顺德而利于阴柔亲比性征的凸显。作易圣人所言"利西南，不利东北"的道理就在于此。作易圣人取"西南"和"东北"两个方位为象，是欲借西南为坤、东北为艮的义理内涵来表明阴阳相互作用的力的结构，当然也同时想说明六十四卦是对宇宙自然观思想的浓缩的体现。理学大家

---

① 程颐. 伊川易传. 第3册第62页. 文渊阁四库全书·易说卷.

程颐云："西南，坤方。坤，地也，体顺而易。东北，艮方。艮，山也，体止而险。"① 以坤的顺德和艮的"止而险"的性征来喻示济蹇难之道。胡瑗云："西南，坤位也。坤者致养之地，广大宽平，生育之所也。东北，艮位也，艮为山，山者险阻不通之地，若圣贤之人出民于险阻，而置之安平，则是治蹇之道也。"② 胡瑗提出了去致养之地、处平安之所，以顺安避险为济蹇之道。

问题在于如何做到"顺而易"，又如何避免险且止之呢？作易圣人随即又提出"利见大人"的方法论命题。程颐云："蹇难之时，必有圣贤之人，则能济天下之难，故利见大人也。济难者必以大正之道，而坚固其守，故贞则吉也。"③ 杨万里云："蹇之时非小难之时，蹇之人非小才小德之所可用。故曰时用大矣哉。"④ 摆在刚阳君子面前的是进退两难的境地，只有具贤能和光大才德之人才能闯过此关，否则就是无路可走。由此分析便知，对于刚阳能量的扩充是关键性的环节。所以孔子戒之曰："君子以反身修德。"程颐云："君子之遇艰阻，必反求诸己而益自修。孟子曰'行有不得者，皆反求诸己'。故遇艰蹇，必自省于身，有失而至之乎？是反身也。有所未善则改之，无歉于心则加勉，乃自修其德也。君子修德以俟时而已。"⑤ 修身以养德，仁行达诚之道，通过学习而扩充自身的能力，汲取丰富的营养和才干，壮其身、养其心、塑其志、定其神，"见险能止，知矣哉"，以达止险而又有顺德的目的，正己而天下平。

为了深入掘析济难之道，更深刻地理解君子正己修身以明德的道理，很有必要从蹇时态阴阳相互作用的活态运作动力体系的语境结构上去分析和把握其涵存的自然观思想。

↙睽（䷥）

蹇

䷦

观（䷓）↗

从卦变角度看，蹇从观来，本于观。因此要效法其设教观民的主动积极方面去寻求济难之法。同时蹇与睽旁通，说明了蹇时态下的格局要立基于睽时态阴阳相互作用的结构为模式，"蹇所以次睽也"。

---

① 程颐．伊川易传．第3册第62页．文渊阁四库全书·易说卷．

② 胡瑗．周易口义．第7册第10页．文渊阁四库全书·易说卷．

③ 程颐．伊川易传．第3册第62页：文渊阁四库全书·易说卷．

④ 杨万里．诚斋易传．第6册第3页．文渊阁四库全书·易说卷．

⑤ 程颐．伊川易传．第3册第64~65页．文渊阁四库全书·易说卷．

初六，往蹇，来誉。

睽上九时位上刚阳处极的状态，通过上行阴柔的睽离，阴阳二体的和合度已达至最小，明示了其间的亲合情状处于最困难的时期。这种困境出现的根本原因在蹇时态自然观的总体分析中已作阐述，提出了阴柔体继续上行的不可能性，即艰难性，故曰："往蹇。""物理极而必反"，"既极则动而必反也"，是时之所趋，宇宙自然之理。既然阴柔体不能再往，而必反于从前，其行事本身就是趋时而动，与自然合拍，故程颐云："上进则为往，不进则为来。止而不进，是有见几知时之美，来则有誉也。"①孔子云："往者，屈也；来者，信也。屈信相感而利生矣。"（《系辞》）往则屈而不现，无有踪影，必须有来者之合才能相感而生生不已。处睽上九时位上的刚阳和阴柔二体，已处极而必须合时宜明，才能畅行生生之德而"见几知时"。这里的"誉"也是一种象，彰示着"见几知时"的价值理念，故曰"宜待也"，就是说"宜见几而止以待时，可行而后行也"②，表明了阴柔体此时的状态处于止的状态，既不能进而又待时而行。这正是一种处极状态的具体展示和情状描述。杨万里对此给以人性化描述："初逢难之始作，不幸也。在下而无位不幸而幸也。往而进则必罹其殃，来而退则犹保其誉，宜静退以待时之平而已。"③表里通达彰显人文的情结，深度掘析方知自然之理。杨万里用"往而进"及"来而退"就把阴阳二体相推而运的状态及力的作用阐述得清楚明白。"在下而无位"又明确地表达了阴柔与刚阳二体之间的感应力最小。他进一步说："然名可得闻，身不可得而见也。"④以此来强化说明阴阳二体相距甚远，感应弱小，无位可言。可见，宋代易学家们并不是对爻位所符示之象给以任意择取，而是立足于自然观思想的基础之上，选取其中最有合理性内涵的物和事来取象，并通过所取之象来表达其中涵摄的自然观思想。这个特点非常明显，贯穿始终。

六二，王臣蹇蹇，匪躬之故。

初六时位上明示了睽时态下上行的阴柔体已止于前行，避于前险，而产生和刚阳相合的态势，只是其亲合度处于最小状态。到六二时段，由其自身的性征所自然而持有的动态流向，应是循着阴阳相合的方向运行和演化，才合其本性。"阴阳者，相求之物也。"（《周易略例》）但客观上受到了来自刚阳阴柔成分的排拒，所以只能是在一个阴阳相互作用的力的平衡点上处中而得正，若继续与阳相向而行是不现实的，故曰："王臣蹇蹇，匪躬之故。"程颐云："二以中正之德，

① 程颐．伊川易传．第3册第65页．文渊阁四库全书·易说卷．

② 程颐．伊川易传．第3册第65页．文渊阁四库全书·易说卷．

③ 杨万里．诚斋易传．第6册第3页．文渊阁四库全书·易说卷．

④ 杨万里．诚斋易传．第6册第3页．文渊阁四库全书·易说卷．

居艮体，止于中正者也，与五相应，是中正之人为中正之君所信任，故谓之王臣。虽上下同德，而五方在大蹇之中，致力于蹇难之时，其艰蹇至甚，故为蹇于蹇也。志在济君于蹇难之中，其蹇蹇者非为身之故也。"[①] 程颐立足于卦象和爻位的相应关系，通过象意互通的流转，阐明了"中正之人"与"中正之君"的信孚实质，表达了其间的吸引力的作用，并把处中正之人定位为王臣，提揭了作易圣人所要明示的自然理念。同时，王臣的"蹇蹇"之大难，就是来源于两个方面：一是阴阳二体吸引力的最小化，二是阴柔与阴柔同性之间的排拒作用而使阴阳二体之间的亲合受到了大难。"蹇蹇"就是大难的意思，以蹇重用，强调其程度之大。但从志义的角度来考究，"虽艰厄于蹇时，然其志在济君难，虽未成功，然终无过尤也。圣人取其志义，而谓其无尤"[②]。杨万里云："蹇蹇者，多难而非一难也，大臣犯天下之多难，而捐躯以求济，何尤之有？"[③] 程颐、杨万里等将"无尤"理解为志济君难其义，若如是，则"终无尤也"。实际上，对阴柔这个王臣来讲，他的忧虑还是客观存在的。之所以还定之为"终无尤也"，是因为无论是作易圣人还是孔子等，他们都是把对自然观的反映来作为最基本的表达规则，在此基础上去折射人文内涵。学易者应了解其自然观和人文理念的内在关系，并给以明晰之，然后透过其人文的情结，提揭其内在的自然观思想。

九三，往蹇来反。

既然六二时位上刚阳君子欲与阴柔体志同而合道，所以就必须正视当下之语境，从自身做起，给以调节，使其相感而各得其位。程颐云："三与上为正应，上阴柔而无位，不足以为援，故上往则蹇也。来，下来也。反，还归也。三为下二阴所喜，故来为反其所也，稍安之地也。"[④] 程颐已将时下之自然观思想分析得非常到位。刚阳所欲行之志，在上六已处极而达极限，致使"上阴柔而无位，不足以为援"。孔子将其明确定位为"反身修德"，返归于从前，"来，下来也。反，还归也"，就是要刚阳修德以合其志，德大则刚明，刚明则众阴所附，故"三为下二阴所喜"，亲比而反还复归。其中存在着刚阳修德壮身的过程和由此而引起的对阴柔体和阴柔成分吸引的过程，这对刚阳本身也是一大喜事，故孔子象之曰："内喜之也。"作易圣人用来与反的动态来取象，其本身就暗含着刚阳修德壮身的过程。

六四，往蹇来连。

内喜而来连，逻辑相衔。内喜一指二阴的喜就而来，二指刚阳的修德之行。

---

① 程颐．伊川易传．第3册第65~66页．文渊阁四库全书·易说卷．

② 程颐．伊川易传．第3册第66页．文渊阁四库全书·易说卷．

③ 杨万里．诚斋易传．第6册第4页．文渊阁四库全书·易说卷．

④ 程颐．伊川易传．第3册第66页．文渊阁四库全书·易说卷．

这两种情形都会产生众阴归附的状态，故曰："来连。"至于"往蹇"这已在诸爻中多有论述，既成共识。杨万里云："初六无位，九三无援，其不可往，固也。"① 对往而遇险的蹇难处境给以自然观语境下的彰示，从刚阳与阴柔正反两方面提揭其中的自然观思想，从而论证了往而必蹇的情形。程颐云："居蹇难之时，同处艰厄者，其志不谋而同也。"② 描述了阴阳二体的同患难之情状。刚阳体通过阴柔体的运作而体现自己的作用，同时也是刚阳体能量的影响已处极至，"同处艰厄者"。当然"其志不谋而同"了。对刚阳来说，"二与初是同类相与者也，是与下同志，众所从附也，故曰来连"③，言明了刚阳内在阴柔成分的存在是刚阳修身之结果，围绕其转动运行的阴柔当然也是其能量所感应而致，不论哪一种情形都是附以刚阳而生的，故"众所从附也"。

二阴复反而归，其象本身就说明了其位当之实。因为若不实，就不会与刚阳在性征方面产生明显的感应。程颐云："当同患之时，相交以实，其合可知，故来而连者，当位以实也。"④ 因同患而必有同心，同心归向，则刚柔合体，"其合可知"。阴阳能合，则不空虚其位，无有不实。

九五，大蹇，朋来。

程颐云："五居君位，而在蹇难之中，是天下之大蹇也。"⑤ 这里的"大蹇"并不是因大则蹇，而是难之大。为什么二阴来连，却反而出现了"大蹇"大难呢？首先，对上行而返下的阴柔体来说，刚阳修德以使其复归的作用，使其无有选择地返下而当位，同时使其下近阴柔成分而受到同性之间的强大的排拒，这种不得安宁的处境是蹇时态下最艰难的时段。其次，从刚阳来讲，修德壮身以欲阳性大显而合前来位当之阴柔，却因自身产生的阴柔成分的阻隔而不能得志，故"大蹇"成势，必定遇难。

孔子曰："同学为朋，同志为友。"（《论语》）共同学以致德成者，就是刚阳的阴柔成分，因为刚阳修德在扩充其阳气的同时，必然地提升其阴柔成分。这个阴柔成分，实质上就是指刚阳的涵养内容，就是强化其静安之态，消除其躁动之象。也就是说，在大难当头之际，还必须用其静柔之性来应对才能得中正。静柔所显示为阴性与前来复归的阴柔体之间的对立，使得刚阳不至于再返回到明夷时态的格局而至"不明晦"的地步，故其《象》曰："以中节也。"尽管如此，也未提及得吉的可能，原因在于"未足以济蹇也"⑥，即未足以使刚阳与阴柔相合

① 杨万里．诚斋易传．第6册第4~5页．文渊阁四库全书·易说卷．
② 程颐．伊川易传．第3册第67页．文渊阁四库全书·易说卷．
③ 程颐．伊川易传．第3册第67页．文渊阁四库全书·易说卷．
④ 程颐．伊川易传．第3册第67页．文渊阁四库全书·易说卷．
⑤ 程颐：伊川易传．第3册第68页．文渊阁四库全书·易说卷．
⑥ 程颐．伊川易传．第3册第68页．文渊阁四库全书·易说卷．

到位，而是阻隔依然存在，用以表明蹇之大。

上六，往蹇，来硕，吉，利见大人。

九五时位上的阻隔之物，本于刚阳，以“朋来”之用，助刚阳之君成就事业。刚阳只有在此基础上加以修德之功，才能起到真正壮身强体之效，否则就会受群阴围困而光明俱息，无价值可言。但若阴柔上而往去不复，这个过程本身就是对刚阳明德的否定。相反，来而下以近就亲比刚阳，反证了刚阳修德的充实和流行，“以从贵也”，故曰：“往蹇，来硕。”在承继九五刚阳修身以明现其德的基础上，继续推行“反身修德”的扩充进程，则刚阳之德必然大成，故孔子曰：“志在内也。”同时阴柔之臣以顺德而亲辅阳君，故曰：“吉，利见大人。”这里的“利见大人”，就是利于大人物的出现，“大人为五，以相比发此义”①。之所以有难甚至是大难，关键就在于无大德于身，无大人物现世。只有大德之才，才能成就如此之事业，才能修成明德并流行于天下。

① 程颐．伊川易传．第3册第69页．文渊阁四库全书·易说卷．

第四十卦　解卦的阴阳自然观

任何事物都是阴柔与刚阳的统一体，即阴阳相合之物：每一个家都是阴柔与刚阳的组合体，即阴阳相互作用所构成的统一体；每一个国家都是君王（刚阳）与臣民（阴柔）组成的大家庭，如此模式推及天下。这样的结构模型，可以用自体与环境的相互关系模式统一架构而成，其组成包括刚阳体自身刚阳成分、自身阴柔成分及阴柔体。其自然观的语境结构就像家人时态下的阴阳相互作用的力的结构模式一样，贯穿始终。

这个结构模式动态演化到蹇时态下，刚阳修身强体而使其自体刚阳份额得以强化，光明之德泽惠天下，与其相推的阴柔体由睽离上行而复反而来，故“利西南”。这种发展态势一直流转到解时态下，表现出一种逻辑的演化过程。同时也使其刚阳体中的阴柔成分得以稳定化，刚柔相济而相得益彰。这个结构本身就限定了前来复反的阴柔体与刚阳体必须保持一定的距离，不可以无限接近。因为刚阳体中阴柔成分的稳定存在态势，决定了这一内在准则的存在，并形成了这一内在的运行规律。

时至解时态，这种运行结构已成定势。复反而与刚阳体亲比的阴柔体，因为受到刚阳体中刚阳成分所致明德的惠泽和吸引而相互亲合的情状彰显无疑，但其受到了一定程度的限制。程颐认为这个限制物就是刚阳体本身的阴柔成分，“夫天下国家，必纪纲法度废乱，而后祸患生。则当修得治道，正纲纪，明法度，进复先代明王之治，是来复也，谓反正理也”①。刚阳之明德以照天下之至善，阴柔之狠态以毒天下之乱恶，正如孔子所云：“隐恶扬善，执其两端，用其中于民。”（《中庸》）这个法治就表现在阴与阴同性排拒的性征上，即阴柔成分对阴柔体的制约上。故孔子叹曰：“其来复吉，乃得中也。”程颐认为这种法治是善治，“姑随时维持而已，故不能成善治，盖不知来复之义也”②，以此来随时维持安稳的局面，不至于使天下被阴佞之小人所祸。故程颐逻辑地提出了：“有攸往夙吉，谓尚有当解之事，则早为之乃吉也。”对孔子所云“有攸往夙吉，往有功也”这句话的内涵作了诠解，内在地流射出自然观的思想和精神。郑刚中对此情形给以辩证的定位：“大凡君子所为，不免于动往者，动也既反蹇为解，则何动之有。然解纷救难之后，虽务静复至于因时振弊，亦岂废而不为，故易既曰无所

---

① 程颐．伊川易传．第3册第71页．文渊阁四库全书·易说卷．

② 程颐．伊川易传．第3册第71页．文渊阁四库全书·易说卷．

往，又曰有攸往，宜速不宜缓。”[①] 就是说，阴柔存在的必然性，决定了早作准备的时效性，若迟而滞后，则失时也，正如孔子所赞：“解之时大矣哉。”无论是作易圣人、孔子，还是程颐等宋代易学家，在其论述中都充满了自然辩证法的内容，具有高度的哲理性。

万事万物的两面性及辩证法则，在宋代易学家的解易过程中，体现得非常明显。宋代易学在义理学的探究上是非常成功的，他们对事物的辩证内容给以充分展示，建立在自然观基础之上，将其中涵摄的人文情结融洽地和合于宇宙关怀之中。在解时态下的彰明和展示，就是其中最重要的一个典型案例。刚阳之明德，人皆称颂，但其另一面则是因为其对阴柔具有吸引力而易受小人的攻击。正如一方面胡瑗讲：“夫圣贤之人解天下之患难，除生民之疢疾，必须发仁义之道，济之宽平之所，使皆随其生成，然后利也。”[②] 故曰：“解，利西南。”这里提到了仁义之道，所谓仁者，爱人；所谓义者，利物，都是给予而奉献，使其生成，人皆向往而称道。另一方面，他又说：“今天下之患难既解，若复有所往，则是烦扰其民，而事愈渎乱，自取其弊败之道。”[③] 这里提到的“烦扰其民”就是刚阳对阴柔能量给予的强化，激起阴柔的活性而生乱不专一，害祸无疑。对于自身阴柔成分的辩证关系也是一样的情形。胡瑗云：“夫天下之难既解，若复有所往，则渎乱已甚之道也。若不往而烦扰其民以守其止静，则得中也。”[④] 对自身的阴柔成分由原来家人状态以来的反于内而强化之，变成“守其止静”而安稳态，体现了其中的辩证态度和自然观思想。当然，对阴柔臣民的顺德和小人之害的两面性，就已成常识性的知识而大白于天下，这里不多述及。

那么，君子是如何通过正己修身来使自身的阴柔成分，即涵养度得以稳固，同时又能保持其明德流行用以解济天下之难的呢？刚阳在时下阴阳相推的格局中又是如何作为的呢？这还要从解时态下阴阳相互作用的活态运作动力体系的语境结构上去分析和把握。

↙家人（䷤）

解

䷧

临（䷒）→升（䷭）↗

从卦变意义上讲，解从临来而本于临。“临者，临民也”，就是亲和臣民，

① 郑刚中．周易窥馀．第3册第94页．文渊阁四库全书·易说卷．

② 胡瑗．周易口义．第7册第16页．文渊阁四库全书·易说卷．

③ 胡瑗．周易口义．第7册第16页．文渊阁四库全书·易说卷．

④ 胡瑗．周易口义．第7册第16页，文渊阁四库全书·易说卷．

其自然观的实质是刚阳能量流射到阴柔体之上，从而生感应之力，吸引其前来互相亲合，喻示着蹇上六时位上刚阳行“反身修德”之功用得以流行。程颐云：“化育之功所以不息者，刚正和顺而已。以此临人、临事、临天下，莫不大亨而得正也。”[①] 提出了刚、正、和顺三个行事准则。要满足这三条要求，就必须返于内而正其家。解与家人旁通，而“家人，内也”（《说卦》)，即从刚阳自身阴阳成分上给以调节使其和合，“过失则赦之可也，罪恶而赦之，则非义也，故宽之而已”[②]。兴法治以除害，赦过失以宽待。朱熹本来主张四阴或二阳卦从临来，但他又说解这个四阴二阳卦从升来，这并不矛盾。宋代易学的象数观是本于宇宙之理，处解之时，是以“利于平易安静，不欲久为烦扰”[③] 为其内在规约和本质原则的。而升既从临来，且“三往居四，入于坤体，二居其所而又得中，故利于西南平易之地。若无所往，则宜来复其所而安静。若有所往，则宜早往早复，不可久烦扰也”[④]。可见，朱熹是在自然观思想基础之上，提出了解从升来的观点。从四阴二阳而来的卦各有十五，朱熹不说从别的卦而来，定说是从升而来，就是取升卦“三往居四入于坤体”之象，来表达解卦涵摄的自然观思想，体现了象意互通的解易原则。

初九（六)，无咎。

承继蹇九五刚阳修身以明现其德的基础，蹇上六继续给以推行“反身修德”的扩充进程，则刚阳之德必然成济天下。不仅由上行而反下的阴柔体前来亲比，而且刚阳自体的阴柔成分也受其性征的作用得以稳固而持恒，刚柔相济。故曰：“无咎。”孔子谓然叹曰：“刚柔之际，义无咎也。”阴阳、刚柔的本性之动，有何咎何吝。义，就是本然情状和内在的规律和原则。本能的展示，个性的张扬，自然之理，无任何咎悔之处。程颐云：“六居解初，患难既解之时，以柔居刚，以阴应阳，柔而能刚之义。”[⑤] 程颐此处不用六而用九，实难以将人文理念厘清，尽管笔者也不同意这种不加解释的改动，但这个改动体现了程颐的自然观思想的基础地位，只是因为没有任何科学合理的解释用语，所以他将六改为九。因为阴阳统一体中存在着三类组成成分：刚阳体自身的阴柔成分；刚阳的性显成分，即自身阳性成分或刚阳成分；与刚阳相推而睽离反下的阴柔体。其中起决定作用的是刚阳体的阳性成分，它是使体系运行的能量源，只有阳性发挥出能量来，才能谈阴柔的动态变化，否则任何内容将无从谈起。尽管刚柔相济是初位必显的特

① 程颐．伊川易传．第2册第34页．文渊阁四库全书·易说卷．
② 程颐．伊川易传．第3册第73页．文渊阁四库全书·易说卷．
③ 朱熹．周易本义．北京：九州出版社，2004. 108.
④ 朱熹．周易本义．北京：九州出版社，2004. 108.
⑤ 程颐．伊川易传．第3册第73页．文渊阁四库全书·易说卷．

征，但是由刚阳明德的流行导致的，故将六改为九是有其自然观思想的合理内涵的。郑刚中的诠释颇有新意：“初虽卑弱，然以柔在下，乃其义也。”① “卑弱”一词，似乎是在言及阴柔群团，但结合蹇解两卦的前后意义来考究，是在言及刚阳从蹇上六的“反身修德”到欲解难之时的处境。这也足以说明宋代易学家改经疑经之风，本于其欲对六十四卦时态下的格局，给以自然之理基础上的解读，不拘泥于传统的解经方式。

九二，田获三狐，得黄矢，贞吉。

首先来看一下爻辞的字面意思，程颐云：“田者，去害之事。狐者，邪媚之兽。三狐指卦之三阴，时之小人也。获谓能变化除去之，如田之获狐也，获之则得中直之道，乃贞正而吉也。黄中色，矢直物，黄矢谓中直也。”② 胡瑗云：“田，猎也。狐者，隐伏多疑之兽也。三者，言其象也。黄，中也；矢，直也。刚直之德行天下而得其吉也。”③ 初六刚柔交合之际，体现了阴阳的相求性，同时还存在着刚阳自身阴柔成分对阴柔体的制约作用和牵制力，即还存在着排斥力的拒近性。一方面，这使得贤臣得以亲比明君，刚阳之君修德以充实而能笃行。修身之事，是基于初六时位上自然观思想而进行的合宇宙自然之理的行事路向，故曰：“贞吉。”另一方面，小人得到威慑而恐惧，故曰：“田获三狐。”贤臣、小人各有其所归，天下安宁，故曰：“得黄矢。”孔子赞曰：“得中道也。”

程颐云：“九二以刚阳得中之才，上应六五之君，用于时者也。天下小人常众，刚明之君在上，则明足以照之，威足以惧之，刚足以断之，故小人不敢用其情，然犹常存警戒，虑其有间而害正也。”④ 通过刚明之君的明照威慑，使小人不敢也不能使其本性之害得以流行。孔子在《帛书易传》中云：“小人多言、多过、多事、多祸。”小人在明照下常存警戒，而不敢乱来，所以君安、民安、天下安。也就是说，刚阳明德流行之际，其自身阴柔成分安稳而不彰显，使其对阴阳相交感的阻隔作用弱化而收敛。故曰：“得中道也。”

六三，负且乘，致寇至，贞吝。

从六三爻象和爻位所符示和比征的情形来看，本应言及小人之行事和运作情状，实际上，是通过言及小人的活动状况折射君子的应对策略和刚阳的运行情状，其中涵存着自然观思想的核心内容。

易为君子谋，不为小人谋。孔子曰：“作易者，其知盗乎？‘负且乘，致寇至。’负也者，小人之事也；乘也者，君子之器也。小人乘君子之器，盗思夺之

① 郑刚中．周易窥馀．第3册第96页．文渊阁四库全书·易说卷．
② 程颐．伊川易传．第3册第74页．文渊阁四库全书·易说卷．
③ 胡瑗．周易口义．第7册第19页．文渊阁四库全书·易说卷．
④ 程颐．伊川易传．第3册第74页．文渊阁四库全书·易说卷．

矣。慢藏悔盗，冶容悔淫。'负且乘，致寇致。'盗之招也。"（《系辞》）当然孔子是注重人文关怀和人文情结的，但从中体现和彰示出的是天人合一的宇宙自然观思想。小人本行"负"事，却处于君子之器上，描述了一幅不合情理的象，喻示着可以讨而伐之，同时暗含着位当而正的必要性。现小人处下卦之上，乘刚而又居上，出现位不当的象。在阴阳相交合的大势前提下，睽状态下的分离状正与时下的情况形成明显的对照，起制约阴柔臣民作用的内在阴柔成分不能继续实行牵制之功，否则就是小人，就是"盗思夺之矣"的对象。它也折射出刚阳明德的上扬态势，只有阳盛才能阴衰，才能使阴柔小人的行动构成"盗之招也"的条件，因为自身阴衰则空虚之势成，小人乘隙而入于其位，是不当位所引起的。但这种情形不能持久下去，因为解之时是以济难而又利于安静平易为原则的，强调平衡和谐为主线，这是解状态下自然观的核心内容。朱熹云："难之既解，利于平易安静，不欲久为烦扰。"① 周易六十四卦，体现了事物循环运动的逻辑演化，是动态的、循环式的，但又是不重复的运动，前面所介绍的卦时格局都为后边的时局提供了丰富的自然观思想内涵，可以借鉴，所以基于前边的格局结构可知，事物的存在必须有平衡的环境和足以平衡的力量，否则就不能平稳地存在，甚至违背易道的内在规律，不符合宇宙之自然。解状态下的格局结构，客观上要求刚阳之君修养之所得的合理性不能改变，其中内化的阴柔成分的作用要稳定地存在，只有这样才能在遇难之时，有制约之力量源泉而不至于复归到混乱的屯卦格局中去。

只因为其居君子之位，而显阴性之势，有制约之能为，就给以"负且乘"的定位，对其作用分析得不全面、不合理，故孔子提出了"亦可丑也"的命题，实际上就是对刚阳长势提出了安稳的要求，只有其内在的阴柔之气或性发挥作用，才能达到这个要求。定其为"盗之招"，仅仅考虑了其中的一面，没有辩证地给以认同，所以孔子叹曰："自我致戎，又谁咎也?"程颐首先客观地给以描述道："处非其据，德不称其器，则寇戎之致。"② 紧接着就提出了自己的观点和理由："乃己招取，将谁咎乎?"③ 物皆阴阳之体，自己刚明之德的形成是和其阴柔之性密不可分的。同时，只有刚柔相济才能相得益彰，所以应该使其安稳而恒存，否则不可能在"有攸往"之时，做出有功之举，故卦辞言："有攸往，夙吉。"彖辞言："往有功也。"

九四，解而拇，朋至斯孚。

立足于卦变思想，解从升来，是阴柔体升而不已对刚阳处近靠不止之势。这

① 朱熹．周易本义．北京：九州出版社，2004. 108.

② 程颐．伊川易传．第 3 册第 75 页．文渊阁四库全书 · 易说卷．

③ 程颐．伊川易传．第 3 册第 75 页．文渊阁四库全书 · 易说卷．

就是对九二时位上弱化制约力量及六三时位上定之“盗之招”给以打击的结果，同时也是刚阳明德流行不已的结果。“拇，在下而微者，谓初也。”① 言明将阴阳平衡的维护力量和因素弱化到至微之地，其中的原因是“解”，即济难而致使这样的结果必至。故曰：“解而拇。”程颐云：“居上位而亲小人，则贤人正士远退矣。”② 万事万物的地位和作用都是在变化的，孔子云：“过犹不及。”（《中庸》）过与不及是一样的情形，对小人的定位也是就其作用而言的，不是固定于某一阴柔因素。当下之近靠刚阳之君的阴柔体就因无制约而趋狂进态势谓小人也。“贤人正士”就是具有制衡能力者，即前面所讲的刚阳自身的阴柔成分，因为刚阳明德的流行而先后于九二、六三一直给以弱化，不能起到其应有的作用，故曰：“未当位也。”同学为朋吗，仁德流行。程颐云：“斥去小人，则君子之党进，而诚相得也。四能解去初六之阴柔，则阳刚君子之朋来至而诚合矣。”③ 这个朋，就是刚阳自身的平衡砝码——内在的阴柔成分，胡瑗云：“六三居四之下，上无正应，而附于四，有足指之象也。九四正应在初是其朋也。”④ 而初的状态是什么呢？“初六居卦之下，当解之初，天下之难尽已解释。”⑤ 初就符示着无难，即排拒力的消息，代之以纲纪和法度，行至六三时位，而这个纲纪和法度也弱化了，此时的平衡砝码已不能起到正常作用，因为其不当位了，于是小人无所制约，客观上呼唤着纲纪和法度的振兴。

九五，君子维有解吉，有孚于小人。

程颐云：“君子所亲比者，必君子也，所解去者，必小人也，故君子维有解则吉。”⑥ 程颐在这里对作易圣人所说的爻辞的意思给以自然观语境下的解读。君子要维系同类，应对君子贤人所亲比，不应对小人所亲比。通过亲与不亲来表达刚阳与阴柔的关系，涵存着对阴柔群团的区别对待问题。阴阳尽管相求而动，但所求的对象是有条件的，以安稳守纪为衡量标准，体现这个标准的就是君子，悖逆这个标准的就是小人。很明显，刚阳自身的阴柔成分，一直在刚阳的发展演化中起着很重要的平衡作用，在睽离阴柔小人，不使其蒙阳太甚方面，已在睽时态下彰显得淋漓尽致。至解时，其对无限接近刚阳君子的行动又起到制约作用，从人文理念的角度体现出法度和纲纪，用以制约和规范阴阳的平衡体系，其符示君子的德行，本应维系。同时，必定产生对阴柔体近君行为的制约，则整个体系就平安稳固，故得吉无疑。正如程颐所云：“小人之党去，则是君子能有解也。

① 程颐．伊川易传．第3册第76页．文渊阁四库全书·易说卷．
② 程颐．伊川易传．第3册第76页．文渊阁四库全书·易说卷．
③ 程颐．伊川易传．第3册第76页．文渊阁四库全书·易说卷．
④ 胡瑗．周易口义．第7册第21页．文渊阁四库全书·易说卷．
⑤ 胡瑗．周易口义．第7册第21页．文渊阁四库全书·易说卷．
⑥ 程颐．伊川易传．第3册第77页．文渊阁四库全书·易说卷．

小人去，则君子自进，正道自行，天下不足治也。”① 对小人之退与君子之进给以辩证统一，彰显出极强的哲理内涵。小人退而远离刚阳之君子，阳德自然而显露。杨万里进一步对刚阳内在的双重功能给以定位：“六五当解之世，为解之君，虽以中和柔顺之资，而有解散患难之功者，维得其解之之要而已。孰为解难之要，维用九二、九四一、二大臣，阳刚之佐以解散小人而已。”② 九二、九四时位上所言及的大臣正是维系法度和纲纪者，即能对阴柔小人起到排拒作用的阴柔成分——刚阳内在的阴柔成分，即“朋”。将其推而广之，就是家之邦小君，就是国之贤大臣。

上六，公用射隼于高墉之上，获之无不利。

通过上面五个阶段自然观思想的提揭，我们可以明确地认识到刚阳内在的阴阳成分所起作用的同等重要性。身之阴阳成分、家之夫妇配偶、国之君子大臣，都会以阴阳或刚柔的情状从正反两个方面来对整个体系的平衡发挥关键性的作用。解难之时，这种情形表现得相当突出。刚阳的阳德明照于天下，是理之自然，但制约阴柔小人的近害也是必备的武器。因此孔子在《系辞》中云：“隼者，禽也；弓矢者，器也；射之者，人也。君子藏器于身，待时而动，何不利之有？动而不括，是以出而有获，语成器而动者也。”只要有利器在手，就可应于万变，无有不利。程颐云：“鸷害之物在墉上，苟无其器，与不待时而发，则安能获之？所以解之道，器也。事之当解与已解之之道至者，时也。如是而动，故无括结，发而无不利矣。”③ 由初时态下的欲解其难以放明而照天下，到上六时位上的光照天下必备其利器，是一个逻辑的过程，最后突出了解道为器、时至而用的自然观理念。故孔子曰：“以解悖也。”朱震云：“上六在上，动不失时，以解悖乱。六三变则悖，解悖，解则天下之难解，无不利者，动而括也。”④ 六三时位上因为刚阳之阳气成势，欲要明照天下，而其自身阴性衰弱，形成真空地段，使小人乘隙而入，悖害天下，若有上六时位的利器在手，则可“解天下之难解”，保持阴阳有机整体的平衡态，不因小人的悖害而使乱祸蔓延。

---

① 程颐．伊川易传．第3册第77页．文渊阁四库全书·易说卷．

② 杨万里．诚斋易传．第6册第10页．文渊阁四库全书·易说卷．

③ 程颐．伊川易传．第3册第78页．文渊阁四库全书·易说卷．

④ 朱震．汉上易传．第4册第59页．文渊阁四库全书·易说卷．

第四十一卦　损卦的阴阳自然观

解卦时态下所强调的重点是“解难”，一方面，要解决阴阳相亲合的畅通性，以消解掉阴阳相和合过程中所存在的阻隔性征；另一方面，要防范阴柔小人的悖害和祸乱，又必须强化自身的防卫体系，以抗拒之。因为小人只有给以制约的力量，才能有顺从之情形，而阴阳的相互吸引和相求是本性之所然，相比之下，必须强化制衡机制是解时态的重点指涉和发展走势。

这样的发展情状，就自然地形成一个阴阳相推、相摩的力的作用模式和格局：阴柔体围绕刚阳体相推而循环运动，刚阳体内在的阴柔成分又围绕着阳性成分转动，阴柔体自身因为与刚阳体的吸引力而自然转换成向心力，并且自然地产生自体旋转的离心力。在阴阳相互作用而相求的基础上，整个体系各成分存在着相互之间的力的作用，从而使整个体系有机统一，达到动态平衡。

损时态的格局正是在解时态格局的基础上提出和形成的。阴阳相感、相吸的情形在解卦时段已处于有制约前提下的和合状态，也就是说这个和合现象的出现是有条件的，内在地存在着阴柔同性之间的排斥力和制约力。用人事取象来表达其意，就是刚阳之君以法度的调节来保持阴阳的和谐协调。这种法度所显现出的内在的阴柔性征的张扬，必然会使阴阳之间的关系疏远，从根本上说是对阴阳相求本性的制约。换句话说，就是阻止了阴阳关系的进一步发展。这种局面的本身就决定了其存在的暂时性特征。孔子云：“天地之道，可一言而尽也。其为物也不二，其生物也不测。”（《中庸》）正言其理。天地阴阳一道而已，其道就在自身，尽管万物有别，但自体所含天地之道的运行，足可以济其自身的发展和流变演化。既然天地一理，欲使阴阳相推之势畅扬不已，就须从体系自身各组成成分之间的力的作用和能量的流通方面去深入考究，方可知道其中的变通之理。

程颐认为法度等文饰，不可没有，也不可太过，他借用孔子的观点分析道：“夫子特释‘曷之用？二簋可用享’，卦辞简直，谓当损去浮饰。曰何所用哉？二簋可以享也。厚本损末之谓也。夫子恐后人不达。遂以为文饰当尽去，故详言之。有本必有末，有实必有文，天下万事，无不然者。无本不立，无文不行。父子主恩，必有严顺之体；君臣主敬，必有承接之仪；礼让存乎内，待威仪而后行；尊卑有其序，非物采则无别；文之与实，相须而不可缺也。”① 浮饰为末，

① 程颐．伊川易传．第3册第81页．文渊阁四库全书·易说卷．

实际内在的“有实”是最本质的东西，“有实”就是阳，无实而虚空就是阴。阴阳相配而相济则为自然之理。这样，程颐就对损卦给以定位：“及夫文之胜，末之流，远本丧实，乃当损之时也。”① 言明了损之时的自然观核心内容就是消弱其文饰，强化其能量的流通幅度。

刚阳自体的阴阳成分之间，本身就是一个平衡体系：$M_{阴}=M_{阳}$，（$M_{阴}$、$M_{阳}$为阴阳各自的性显成分含量）现在要消弱阴性成分，相应地必须消弱其阳性成分，要消弱其阳性成分，就必须使其自体能量与环境流通，其结果是阳升阴降，故曰：“损”，“损刚益柔”，“君子观损之象，以损于己。”② 阳气使围绕刚阳体运行的阴柔体升至高远，而自身的阴柔成分得以下降，刚柔相济，相得益彰。

解者，缓也。程颐云：“纵缓则必有所失，失则损也，损所以继解也。”③ 解之难用以减缓阴柔之接近力度，刚阳能量给以释放而传递给阴柔体，则阴柔体因获得能量而运行加快，其运行轨迹半径增大，实际上解缓了阴性之间的紧张局面。因此解与损是相继的、相承的。程颐认为损下而益上，下象就是内象，上象就是外象，内损就是损刚，损刚就是失其阳能，阳能既失，内在的阴柔成分也随之而降，形成阴阳皆应的态势，“又下兑之成兑，由六三之变也，上艮之成艮，自上九之变也，三本刚而成柔，上本柔而成刚，亦损下益上之义。又下为兑说，三爻皆上应，是说以奉上，亦损下益上之义。取于下以增上之高”④。刚柔皆应，各适其性，言明了损的本来意涵：“取于下以增上之高。”

可是为了增上之高而取于下，其内在的原则是什么呢？取下的哪一部分呢？程颐云：“损，减损也。凡损抑其过，以就义理，皆损之道也。”⑤ 提出了原则性的核心内容，指明了“抑过”的取下原则，涵具着损刚以释放能量并相应地减少阴柔成分份额的大义。随着刚阳内在阴柔成分性显程度的减少，刚阳本身对阴柔体的亲合度增加，强化了与阴柔体的孚信程度，此时的阴柔体尽管也存在离心力，但其围绕刚阳体运行的步伐更加坚定，从而又体现出了阴柔体的孚信诚意，故程颐云：“损之道，必有孚诚，谓至诚顺于理也。损而顺理，则大善而吉；所损无过差，可贞固常行，而利有攸往也。”⑥ 提出了这样做可以使刚阳体与阴柔体之间的孚诚之信得以固化，顺理而行，自然之为。朱熹更是对此强调道：“损下益上，损内益外，剥民奉君之象，所以为损也。损所当损，而有孚信，则其占

① 程颐．伊川易传．第3册第81页．文渊阁四库全书·易说卷．
② 程颐．伊川易传．第3册第79页．文渊阁四库全书·易说卷．
③ 程颐．伊川易传．第3册第79页．文渊阁四库全书·易说卷．
④ 程颐．伊川易传．第3册第79页．文渊阁四库全书·易说卷．
⑤ 程颐．伊川易传．第3册第79页．文渊阁四库全书·易说卷．
⑥ 程颐．伊川易传．第3册第80页．文渊阁四库全书·易说卷．

当有此下四者之应也。言当损时，则至薄无害。”[1] 下、内、民同象，得以损失，为了上和外的高远，从而增其诚信，损基本而为上行。只要是损的格局存在，则“至薄无害”。胡瑗云：“义曰此损卦损下以益上、损民以益君之象也。然上之损下，不可太过，必须合于中正，则民皆勤身竭力，乐输于上。”[2] 提出了损下和内在的基本质料，不可太过，应处中得正为要。胡瑗所云“损民益君”是一种象，并不是说易所为君子之谋的方向有所变化，而是用民与君为象，说明刚阳体内在阴阳成分的得与失必须坚持原则。民无信不立，是孔子所信奉和推崇的治国原理。因此要“有孚”才得“元吉，无咎”，才“利有攸往”。

损下、损内、损民，实质上是对自己基本质料的丧失，心甘吗？因此孔子戒之曰：“君子以惩忿窒欲。”那么，君子是如何通过克己复礼来使自身的成分份额得以减少，同时又能保持其中正地位而不发生改变的呢？刚阳在时下阴阳相推的格局中又是如何作为的呢？这还要从损时态下阴阳相互作用的活态运作动力体系的语境结构上去分析和把握。

↙咸（䷞）

损

䷨

泰（䷊）↗

从卦变思想的视角来考证，三阳三阴从泰来，故损本于泰，也就是说损失下民和内在的基质是为了阴阳通达，气流畅扬。只有损已以释放能量有利于外，才能使自身与环境的交流达到和谐。同时，损与咸旁通，阴阳相互作用的力的结构不能脱离咸的格局，必须有自己的存在条件作为基础极限，否则就有行过的嫌疑。胡瑗云：“上之取于民，必当以信立之限极取之，有时用之以制。取信于民，则民皆信，奉于上则获元大之吉。”[3] 咸之所以能使阴柔体和刚阳体在九四时位上有“憧憧往来，朋从尔思”之势，就是其有能为之功效，否则就不可能有亲合的效果。

初九，已事遄往，无咎，酌损之。

解上六器利而待时，以时为上。这在客观上形成了一种阴阳体系各组成成分之间的紧张状态，不可能长久处之。同时，阴柔体的近就，对刚阳来说已是解状态下的必然结果，也就是说若一味地依靠阴阳相求特征的彰显，是不可能使体系各成分之间达和谐相处得中道的情状出现的。相反，这会使内在的矛盾加剧，甚

---

① 朱熹．周易本义．北京：九州出版社，2004. 110.

② 胡瑗．周易口义．第7册第23页．文渊阁四库全书·易说卷．

③ 胡瑗．周易口义．第7册第23页．文渊阁四库全书·易说卷．

至恶化，所以自然地走向损的时局。就是先行损己以利上，让刚阳的能量得以释放，传给阴柔体，使其因得到能量而提升其运行速度，从而增大其运行轨道的半径，以达到上行的目的。一旦其上行而远离刚阳，即可保持能量的紧缩，使阴柔体既不脱离体系运行，又能使刚阳体本身活动的空间加大，故曰："已事遄往。"遄，就是快速的意思，也就是说给予和收缩紧密相连，达到辩证的统一，方可"无咎"。

这里边存在一个释放能量的量的问题和初速度的定位问题，在加速度基础上的提速，用以增加其初速度的数量值是最好的办法，至于能量释放多少合宜呢？作易圣人用"酌损之"三个字给以定性。其标准就是要达到辩证的统一，既不能过量地损己，又不能轻描淡写，没有效果，这就看具体情况而定了。程颐云："四之阴柔，赖初者也，故听于初；初当酌度其宜，而损己以益之，过与不及，皆不可也。"① 过则损己太重，基础大伤；不及则无有效果，明德不能流行。只有"酌度其宜"，才是最合适的方法。张浚云："救弊欲速，君子之仁速则济，故无咎。酌损为何？天下有中道，量德度时，各称份量，损斯可久矣。"② 提出了损之根本原则为"量德度时"，视情况而定，合志即可，故曰："尚合志也。"

九二，利贞，征凶，弗损益之。

初九时位上提出了"酌损之"的内在规定性和合理性，但要达到其要求是一个时的问题。王弼云："圣人之动，无不时也。"（《周易略例》）阴柔体离刚阳而上行远去，其本身也存在一个量的问题，一方面要能提供能量使其平稳运行，另一方面又要保持整个体系的结构不被影响，所以提出"利贞"的内在尺度。这个内在尺度的运用，可以使刚阳损己之能量达到最低，其基础不至于受到太大的减损，故曰："征凶。"在此基础上，不要再施损道，益之而已。程颐云："不自损其刚中，则能益其上，乃益之也；若失其刚贞，而用柔说，适足以损之而已，非损己而益上也。"③ 程颐所言明晰而可见其理。损而众益，无有遗叹，若一方偏旺而另方衰弱，整个体系结构就会失衡，何益之有？故曰："中以为志也。"朱熹云："九二刚中，志在自守，不肯妄进，故占者利贞而征则凶也。"④ 自守则不过失，妄进则失太过，只有贞固其初所得则不为凶。

六三，三人行则损一人，一人行则得其友。

从字面意思来理解，好像在谈论三个人同行的情况和一个人独行的情状。其实作易圣人还是坚持取象比征的方法，取三人同行而同向行进为象，取一人行则

---

① 程颐．伊川易传．第3册第83页．文渊阁四库全书·易说卷．
② 张浚．紫岩易传．第3册第64页．文渊阁四库全书·易说卷．
③ 程颐．伊川易传．第3册第83页．文渊阁四库全书·易说卷．
④ 朱熹．周易本义．北京：九州出版社，2004. 111.

得其偶为象，喻示出刚阳体、阴柔体及刚阳体内在各成分的运行状态。初九、九二时位上，已言明了三者在统一体中立基于刚阳能量的流转而所作的动态流动格局。阴柔体在获得了刚阳的能量之后，运行半径增大而上离刚阳，增大与刚阳之间的距离，显示出代君行事之象。同时刚阳因能量的损耗而损其基本，到九二时位上已提出了自守不过失、不妄进的原则。这里的自守就是要保持刚阳自身子系统的平衡，那就要损其阴柔成分的份额，使得刚阳内在的阴阳不至于因为能量的流变而失衡，故曰“三人行则损一人”，就是要损自身的阴柔成分，使其安而稳，改变以往的制衡功效，对外不显示制约性，使得内在的组织分子紧缩而显亲密性，从而刚阳体安静而成君道，“主静立人极，只有‘主静’、‘慎动’（《通书·慎动》），才能深入考察‘动而未形有无之间’的‘几’”①。才能使能量的流通稳定而不过，得其几微之妙，君臣位当，自然地出现“一人行则得其友”的局面。苏轼也认为刚阳内在的阴柔成分在时下的间隔作用：“三虽与四相比，然畏惧而应上，非同行者也。”② 这里用“畏惧”二字突出地体现了二阴同性排斥所起的不合时宜的间隔作用，指出了二者非同行之人，必损一人之势已成，没有任何疑问可言。

程颐首先对损的内涵提出了明确的原则：“损者，损有余也；益者，益不足也。”③ 阴柔体的活性不足，在刚阳阴性成分面前，一直处于被制约状态，而刚阳内在的阴柔成分自睽时段以来，长期发挥制约功能，随时变易，时下只有损其份额的幅度为宜了。当然程颐这里的“余”也有间于期间的意思，“若三人行，则疑所与矣，理当损其一人，损其余也”④。程颐以孔子之语来表示其中蕴具的核心大意：“夫子又于系辞尽其义曰：‘天地絪缊，万物化醇；男女构精，万物化生。’易曰‘三人行则损一人，一人行，则得其友’，言致一也。絪缊，交密之状。天地之气相交而密，则生万物之化醇。男女精气交构，则化生万物，唯精醇专一，所以能生也。一阴一阳岂可二也？”⑤ 程颐分析得相当深刻，指出了天地、男女生生不已之功能的同一性，同时天地与男女又不尽相同，天地之化醇，是相交之密切且和谐而恒常；男女之交媾专一而无二，是一体化的，提揭出其中所涵具的自然观内涵。刚阳各成分充其量是一个有机组成而已，合在一起方显其效绩，分开割裂，无异于亡也，本来是一体，何故成二呢？“一阴一阳岂可二也？”

① 肖萐父，李锦全．中国哲学史．下册．北京：人民出版社．2001. 20.
② 苏轼．东坡易传．第3册第84页．文渊阁四库全书·易说卷．
③ 程颐．伊川易传．第3册第84页．文渊阁四库全书·易说卷．
④ 程颐．伊川易传．第3册第84页．文渊阁四库全书·易说卷．
⑤ 程颐．伊川易传．第3册第84～85页．文渊阁四库全书·易说卷．

六四，损其疾，使遄有喜，无咎。

何谓疾呢？宋代易学家们认为是疾病和不善的意思。程颐云："疾谓疾病不善也。"① 胡瑗云："但民有疾则去之，有患则损之。"将"疾"也定位为疾病、灾害和祸患。朱熹也云："以初九之刚阳益己，而损其阴柔之疾，惟速则善。"②言明要将这个症结之患除去而为快，而不是将其解释为速度之大、时间之短。因为除害以快为上，自然之理，"遄"又是快的意思，不用多加赘述，所以指阴柔不善之处。本来作易圣人对"疾"之意没有任何解释，但宋代易学家们就是立足于自然观的层面，并以宇宙自然之理为根本指针，流射出象意互动的丰富内涵。

六三时位上的三人损一、一人得友的阴阳作用之本，就在于阴阳相互作用渠道的畅通，而使天地得位，男女交合，身、家、国一气贯化而成。在这样的背景下，刚阳内在的阴柔成分和其性征彰显成分的一体化过程，就是关键的环节和解决的基点。这个环节过渡得越快捷，六三时位上形成的阴阳动态格局就越明显、越巩固，同时也越有利于整体有机系统各成分的良性运转，故曰："使遄有喜。"其中这里的喜，一方面还涵摄着阴阳交合之本身，故曰："无咎。"另一方面，刚阳在流失能量的过程中还能保持自体的阴阳的平衡，这本身是一种挑战，应对这种局势的反应越快，越说明其刚阳能量的潜力越大，整个组织体系的持恒性就越强、越贞固，故曰："有喜。"张浚从自然观的角度分析道："四德位俱阴又处互坤阴中在损为疾，损贵刚柔得中，而处之刚德足以勉四而纳之中，曰：'损其疾。'"③ 阴阳为自然之本，阴在互坤之体中为阴之过，故为不善，理当损之，其方法是"损贵刚而柔得中"。刚若受损，柔必得中，而其自身的平衡成分随之发生变化。因为起决定作用的不是阴柔群团，而是刚阳的阳气之势。君子修身以壮其势，势成则格局定，无任何可疑之点。若不修身，阳气皆散，就无所谓阳，而是阴性彰显，阴柔同性相斥，则其周围的阴气皆散，体现了阴阳有机体系动态流转型的演化模式的合理性。

六五，或益之，十朋之龟，弗克违，元吉。

六四时位上的自然观思想为六五时段自然观的形成作了铺垫，程颐、张浚等都从损过而益不足的角度给损以原理性的规定，提出了刚阳之能量流转于天下的传递模式。这样刚阳的明德就通过阴柔给以逐级流转，光照天下，使天下之民感而响应。"六五于损时，以中顺居尊位，虚其中以应乎二之刚阳，是人君能虚中自损，以顺从天下之贤也。能如是，天下孰不损己自尽以益之？故或有益之之

① 程颐．伊川易传．第3册第85页．文渊阁四库全书·易说卷．
② 朱熹．周易本义．北京：九州出版社，2004. 111.
③ 张浚．紫岩易传．第3册第65页．文渊阁四库全书·易说卷．

事，则十朋助之矣。”[①] 程颐认为，阴阳是相互对待的，阳之感应力越大，则阴之亲近程度就越大，并且亲合刚阳的群团规模就越大，人心越凝聚，所形成的合力和力量、能量就越大。他说：“众人之公论，必合正理，虽龟策不能违也。如些，可谓大善之吉矣。”[②] 以至于达到大善而获吉。朱熹也对这样行事的自然之理作了深刻的分析：“两龟为朋，十朋之龟，大宝也。或以此益之而不能辞，其吉可知。占者有是德，则获其应也。”[③] 朱熹非常直接地认为，这个吉就是得其应，即臣民的响应，并把这种民意认为是大宝，认为能量的流转能得到民众的响应，这种收获无法形容，故用“十朋之龟弗克违”来象之。

上九，弗损益之，无咎，贞吉，利有攸往，得臣无家。

六五时位上臣民的响应，着力点在刚阳之阳气之势，可是损道畅行到此，刚阳一直是损已以益人，并通过这种方式，使自己的明德流转于天下。在这个过程中，对于刚阳体来说，其恒定地处于能量流通之中。这样做，一方面可以使自体阴柔成分的作用和谐化，另一方面使自身的明德光耀于天下。但辩证地考证，能量不是无限的，损过益不足也是有条件和时间性的，彼时态下处过，但其处极情况下是会发生相反的情况的。在这样处极的态势下，不能再行损道，已是情理之事，宇宙自然之理。程颐云：“九居损之终，损极而当变者也。以刚阳居上，若用刚以损削于下，非为上之道，其咎大矣。若不行其损，变而以刚阳之道益于下，则无咎而得其正，且吉也。如是，则宜有所往，往则有益矣。”[④] 六五已将民心聚，心齐则志一，益刚之时已至，由小家拓展成大家，由国家拓展成为天下，故曰：“得臣无家”，“大得志也”。程颐对这个“无家”以“无有远近内外之限”[⑤] 的定位，实现了刚阳的德行天下的目的和理想。

---

① 程颐．伊川易传．第3册第86页．文渊阁四库全书·易说卷．
② 程颐．伊川易传．第3册第86页．文渊阁四库全书·易说卷．
③ 朱熹．周易本义．北京：九州出版社．2004. 111.
④ 程颐．伊川易传．第3册第87页．文渊阁四库全书·易说卷．
⑤ 程颐．伊川易传．第3册第87页．文渊阁四库全书·易说卷．

第四十二卦　益卦的阴阳自然观

基于自然观思想基础去分析和建构损时态下阴阳相互作用的格局，可以说“大得志也”，即与刚阳相推而循环运行的阴柔体厚实而又与刚阳体相亲比，体现在符示阴阳的君臣中，就是天下的子民心齐而志一同于君王。这给我们留下了很深刻的启示，辩证理念在宇宙自然界的普遍性存在对于宇宙中万事万物都起着恒常的作用。刚阳能量的流散，不仅仅是光照于天下，而且感应于天下，有失必有得，辩证统一，能量损失的过程实际上就是感应外物并给以强化的过程，外物受感应而动，其志亨通而畅行。至损上九时位上，已彰显出阴柔臣民与刚阳之君的亲比和合的情状。程颐云：“盛衰损益如循环，损极必益，理之自然，益所以继损也。”① 明白了阴阳相互作用的力的运行情况，再来分析和考证程颐所说的“自然之理”，就非常明晰可见了。表象是损己，客观上是益己；主观上给以能量的损失，客观上是强化了感应之力，这就是阴阳之间在损时态下的辩证法和自然观的核心内容。张浚云：“损己而民心得，故无往不利也。互坤在中，阳下之为得民心，民心苟得，何为不成，何难不济哉?”② 损己而得民心，进而成就事业，君子为之。损己的私欲，即使自身内在的阴柔成分的贞正性得到巩固，张浚云：“盖君子躬修道德于身，制性情去私欲，凡害身者，悉损之。”③ 这就是要纯洁其自身，以损其内在阴柔成分，使其刚阳明德得随之得到强化。

卦象里取自然之象给以喻示损益两种时态的辩证关系，程颐云：“为卦，巽上震下。雷风二物，相益者也。风烈则雷迅，雷激则风怒，两相助益，所以为益，此以象言之。”④ 雷风是两种自然之存在，其根本成因是阴阳两种势力相互作用，故雷和风又由此而必然地统一起来。处益之时，“阴变而为阳者，益也”⑤。阴爻当变必定成阳，这是阴阳变化的原则，但其自然观的内涵是什么呢?阴旺则动变，变则化，化为刚阳的力量，即损上六时位上所说的“弗损益之”。损己旺他，他反而来生己，实际上是能量的转移，化解成亲比者的力量，通过亲比的阴柔体来实现自己的主张并应对所遇之险难和祸患，故曰：“利有攸往，利

---

① 程颐．伊川易传．第3册第87页．文渊阁四库全书·易说卷．
② 张浚．紫岩易传．第3册第67页．文渊阁四库全书·易说卷．
③ 张浚．紫岩易传．第3册第67页．文渊阁四库全书·易说卷．
④ 程颐．伊川易传．第3册第87～88页．文渊阁四库全书·易说卷．
⑤ 程颐．伊川易传．第3册第88页．文渊阁四库全书·易说卷．

涉大川。”围绕刚阳而动的阴柔体因动象很大，同时又呈现出与刚阳亲比的特征，所以近就刚阳而下，理之必然。阴柔的下行，其向心力必然减小，而接受能量的性能随之降低，故刚阳的能量流散性相应地减小，呈现出损上而益下之情状。但这样一来，体现出的是阴阳的亲合和欢乐，故孔子赞之曰：“损上益下，民说无疆，自上下下，其道大光。”程颐以象给以喻意：“阳下居初，阴上居四，为自上下下之义。”① 处于这样的情形之下，当然是利有所往而处尊位了，故曰：“利有攸往，中正有庆。”正如程颐所说：“五以刚阳中正居尊位，二复以中正应之，是以中正之道益天下，天下受其福庆也。”② 孔子以事为象，认为心志致一，无干事不成之理，所以用“木道乃成”来喻示平定艰危之境的功用。《尚书》曰：“木曰曲直。”就是说伸张志向以行事，即是木象，孔子以木来象之，目的在于以自然观思想的合理内涵来解释作易圣人所言的“利涉大川”之义。程颐云：“益之为道，于平常无事之际，其益犹小，当艰危险难，则所益至大，故利涉大川也。于济艰险，乃益道大行之时也。”③ 当然程颐也提出了自己的看法，认为孔子所说的“木道”，应是“益道”，提出字有错误的说法，但没有被大多数人所接受，比如朱熹就说：“卦之九五、六二，皆得中正，下震上巽，皆木之象，故其占利有所往，而利涉大川也。”④ 认为用“木象”是合适的，震巽皆木。其实，木的本质性含义更有说服力，“曲而直”，正是济难持危的表征。

阴阳成物自然之理，现时下阴阳相亲比和合之势不可阻挡，“日进无疆”，其与刚阳的作用本身就是万物生成的动态形成过程，故孔子曰：“天施地生，其益无方。”“无方”就是不可测度，《中庸》云：“天地之道，可一言而定也。其为物也不二，其生物也不测。”阴阳交合而所成之物是不可类同的，不是一个固定的模式所能言尽的，所以是无方而不可测度的。程颐云：“天道资始，地道生物，天施地生，化育万物，各正性命，其益可谓无方矣。方，所也。有方所，则有限量。无方，谓广大无穷极也。天地之育万物，岂有穷际乎？”⑤ 通过阴阳交合的无方无所，来说明其弹性空间之大，不能简单地理解为无处不生物一个层面的意思。这里还需要解决一个问题：阴近就阳而使阳气尽抵消，不是有害的吗？孔子为此专门提出了一个自然观理念：“凡益之道，与时偕行。”时是易理的内在本质，时即是天时，天变则易变，所以时是非常关键性的根植性因素，“时行则行，时止则止，动静不失其时，其道光明”（《艮·彖》）。光照天下与万物生

① 程颐．伊川易传．第3册第88页．文渊阁四库全书·易说卷．
② 程颐．伊川易传．第3册第88页．文渊阁四库全书·易说卷．
③ 程颐．伊川易传．第3册第88～89页．文渊阁四库全书·易说卷．
④ 朱熹．周易本义．北京：九州出版社，2004.113.
⑤ 程颐．伊川易传．第3册第89页．文渊阁四库全书·易说卷．

成是相辅相成的两个过程，既然是辅成关系，因此互动交替出现是合自然行为的，同时又是不同的两个过程，说明是不同时态的过程，孰彼孰此，具体而定，故曰：“与时偕行。”孔子象之曰：“风雷，益，君子以见善则迁，有过则改。”时不同，善与过也不同。善时至，则速迁之；过时值，则行改亦快。那么如何才能把握住这个度呢？这还要从益时态下阴阳相互作用的活态运作动力体系的语境结构上去分析和把握。

益 ↙恒（䷟）
䷩
否（䷋）↗

从卦变意义上说，益从否来，本于否。否则不通，是说能量的流通处于下滑趋势，也就是说益的六个不同的运行阶段要体现出刚阳能量的流转渐趋紧缩状态，使上得以损，而下得以固，阴柔的循环转动由于能量供给的减少，而向下行，彰显亲比刚阳的态势。但同时也应看到，这个益下的目的是为了既成之格局得以稳固而恒常持挺，即具有恒的品质和特征。这个辩证的关系就通过益卦六个爻位上的动态运作而在益中得以体现和实现。

初九，利用为大作，元吉，无咎。

益时态下，阴柔体前来应就而亲近，使阴阳之性得以流行，阴阳和合，心志致一，力量可聚，故可成大事。程颐云：“初九，震动之主，刚阳之盛也。居益之时，其才足以益物，虽居至下，而上有六四之大臣应于己。四，巽顺之主，上能巽于君，下能顺于贤才也。在下者不能有为，得在上者应从之，则宜以其道辅于上，作大益天下之事，利用为大作也。”① 程颐通过卦爻之象，言明了处益之初，刚阳从损至时下的长盛态势，“其才足以益物”，已改变了损时态的损己之局面。阴柔体下行亲比，与之相应和合，刚阳能量的流散度下降，“虽居至下，而上有六四之大臣应于己”，通过阴柔体的性显而彰明其刚阳的盛大。君臣一体，诚意流行，力量高度凝聚，“益以其道辅于上，作大益天下之事”，故作易圣人曰：“利用为大作。”

但对刚阳盛况的分析，应采取辩证的态度和哲学的思考。刚阳在损时态下长期处于损己的状态，其能量的流失在损上九时段才出现了“弗损益之”的转机，从而步入益的状态。益初九时位，仅仅是损上九时段向益时态的过渡和承接期，其刚阳的盛势，也仅仅是通过阴柔体的亲比和合而产生的凝聚力的增大而已，并非刚阳本身阳性成分份额的绝对增加。这也正是益时段所要解决的核心问题，因为只有益下之势成，才能使上得以巩固，否则就会因基础薄弱而丧失其存在的理

① 程颐．伊川易传．第3册第90页．文渊阁四库全书·易说卷．

由，故孔子叹曰“下不厚事也”，就是说下本不笃实，不敦厚，一切的问题就会由此产生。胡瑗云：“初九以刚阳之力，震动之始，是志于有为而欲兴益于天下者也。然兴益之道必须居位得势，而后行之有余。今初九虽有刚明兴益之心，而位卑势寡，非可致之地。”① 言明了益初九之势单而阳弱的情形，并指出兴益的必备条件是居位而得势。这在客观上就提出了厚下以固本的要求，因此作易圣人所系之“利用为大作”，既是对时下情状的描述和反映，同时也给益阶段刚阳君子发展的进程指明了方向。《系辞》云：“其上易知，其初难知，本末也。”下为本，上为末，孔子云：“物有本末，事有终始，知所先后，则近道矣。”（《中庸》）本固则体系安稳，本弱则会失去平衡，最终至亡而难存，故程颐云：“居下而得上之用，以行其志，必须所为大善而吉，则无过咎。不能元吉，则不唯在己有咎，乃累乎上，为上之咎也。在至下而当大任，小善不足以称也，故必元吉，然后得无咎。”② 提出了“大善”的要求和规约，阳为大，善为仁之长，故既要刚阳本身之势壮，而且其内在的阴柔成分也要有行善之功，只有这样才能既保持了睽、蹇、解、损等时态格局下得以承继的阴阳相互依存、相互制衡之良性态势，又能使刚阳自身子系统的平衡状态不被打破，从而使阴阳组成的整个体系平稳运行、生生不已、流演无穷。可见，刚阳必须做到大善，才能当此群阴归顺、一气化成的大任，否则是会有过咎的。并不是一说“无咎”就可免咎，王弼在《周易略例》中专门强调了这个专项内容。“吉无咎者，本亦有咎，由吉故得免矣。”（王弼《周易略例》）刚阳自身不足，是有咎的根本原因，但若修身正己，德充阳壮，则可得元大之吉，哪有过咎呢？

六二，或益之，十朋之龟弗克违，永贞吉，王用享于帝，吉。

初九强调了厚下之义，言明了益时态下刚阳能量的相对不足已成为所要指涉的重中之重，急需首先给以解决。程颐云：“六二处中正而体柔顺，有虚中之象。人处中正之道，虚其中以求益，而能顺从天下，孰不愿告而益之？”③ 初九时位上阴柔的近靠，应辩证地给以分析和考究。一方面，阴柔近靠而运行半径减小，需要刚阳所提供的能量值减少，对刚阳能量的蓄聚有益；另一方面，阴柔的近靠会使刚阳之性得以减弱，即刚阳的健行之本质受到相应的挑战。这两个方面的作用都应给以权衡度量，不可偏执于一个方面。这就需要刚阳虚其中而充分彰显自身内在阴柔成分的作用，减缓下行阴柔体的近就之势，“虚其中以求益”，方能得益而且顺从天下。若满而盈，其中全是刚阳之物，不给阴柔成分以空间（损以来对刚阳内在的阴柔成分一直处于安稳保守甚至是弱化的状态），则阴柔成分的

① 胡瑗．周易口义．第7册第33页．文渊阁四库全书·易说卷．
② 程颐．伊川易传．第3册第90页．文渊阁四库全书·易说卷．
③ 程颐．伊川易传．第3册第91页．文渊阁四库全书·易说卷．

消弱之势就不能得到抑制。时变至当下益时态，情况就有所不同了，内在阴柔成分的作用最终以本质性的因素重新发挥作用，达到“虚其中以求益”的重要地位。

这其中起支撑作用的是自然观思想，阴柔同性相斥的原理使得虚中而能益阳，故程颐云：“夫满则不受，虚则来物，理自然也。”① 综上所述，无论是环境的阴柔体还是其内在的阴柔成分，都为刚阳的阳气之势的蓄聚从不同的角度来起作用，可谓“十朋”之象，正如胡瑗所云：“六二以柔顺之德，履得中正，居受益之地，上应于九五刚明之君，而已能尽人臣之节以事之，无有偏党奸邪之行，无敝塞贤者之心，是以天下明智之人各欲厌其谋虑而来益于己。”② 对刚阳君子内在的阴阳成分给以中正的定位，不偏不倚，天下之人皆从。程颐感叹道：“故或有可益之事，则众朋而益之。十者，众辞。众人所是理之自当也。”③ 合理而有孚信、有诚意才能得到朋友的支持和认同，作易圣人用龟来取象，为的是表明其中所涵具的不可否定的宇宙自然之理。古时用龟来占未来，人们共所推崇，至于是否可靠，不得而知，但其活动本身确是古时候的一种信念。作易圣人并不是宣传这种信念，而是以“之龟”的作用和社会影响来取象，以喻示对自然规律的解读和合理性的流射。众人所称道，民心与天地通，何用龟占和预测呢？故曰：“十朋之龟弗克违。”

程颐云：“永贞吉，就六二之才而言。二，中正虚中，能得众人之益者也，然而质本阴柔，故戒在常永贞固，则吉也。求益之道，非永贞则安能守也？”④ 刚阳中正而中又虚，内外阴柔之势都可益之，“能得众人之益者也”。既然如此，常持此道，则可得吉。胡瑗云：“夫以天下之人乐告以善道，而已又能以中庸和柔顺之德听信之，弗有违戾也。”⑤ 逻辑地推演出“永贞吉”是对众阴柔性征的固化和强调，提出对阴阳体系平衡态的维持要虚其中而用。“王用享于帝立庙”，就像天子君王利用社稷和祭祀一样，产生一种信仰的力量，“洋洋乎如在其上，如在其左右”（《中庸》），并以此达到治国的效果，以此来符示虚受之象。这也并不是作易圣人用庙和祭祀活动来作为六二时段的应对策略，而是同其他文辞一样，是描述着一种象，用这种所绘制的象来符示和提揭一种大义，以此彰明阴柔“永贞”而得吉之作用，就像鬼神思想和信念一样长期环绕在人们的思想中，而不易改变。古时人们的鬼神信仰及图腾崇拜思想占统治地位，所以不易变更其统

① 程颐．伊川易传．第3册第91页．文渊阁四库全书·易说卷．
② 胡瑗．周易口义．第7册第34页．文渊阁四库全书·易说卷．
③ 程颐．伊川易传．第3册第91页．文渊阁四库全书·易说卷．
④ 程颐．伊川易传．第3册第91页．文渊阁四库全书·易说卷．
⑤ 胡瑗．周易口义．第7册第34页．文渊阁四库全书·易说卷．

一意志的作用，作易圣人以此取象能更好更准确地表达出六二时位上强调阴柔地位和作用的自然观思想，以及彰明益刚阳而利用外来之势的本质动因，即“自外来也”。杨简云：“得中正之道者，必大得人心，大得天地鬼神之心，天地神人同此一中正也，宜其同归也已。”① 人心为民心、为阴柔体，鬼神之心为阴、为天地神秘之规律。这里的鬼神并不是迷信范畴内的鬼神，而是神秘、神奇之意蕴的表达方式，意指阴势之内在精神。故用享帝立庙来喻示通达精神世界的主体构架和核心内容。

六三，益之，用凶事无咎，有孚，中行，公告用圭。

逻辑地审视系统整体阴阳各成分的动态变化及其发展走势，不难发现其间张力的产生。下行阴柔体与刚阳亲比的发展态势，必然会与刚阳体内在的阴柔成分趋于接近。六二虚中之状态已为这一过渡过程作了铺垫，同性相斥必产生张力，故孔子曰：“益用凶事，固有之也。”就是说，益至于六三时段，刚阳固有的内在本质成分中就存在着排斥阴柔体的因素，但这并不影响刚阳性征的彰显和作用的发挥。阴阳相吸的诚孚之信，还是自然存在而且在合理地运行着，且更能使体系平衡态不受动摇，处中而必备。故曰：“有孚，中行。”圭者，通信之物。“公告用圭”又是一种象，它喻示和彰显着阴阳相吸的诚意和通达的表征，故程颐云：“有诚孚而得中道，则能使上信之，是犹告公上用圭玉也。”② 进一步对“中行”给以定位和确立。

凶事，谓患难非常之事，就是指对刚阳无限接近的阴柔体来说，不能超越一定的度量，否则就是有行过之嫌，实为刚阳的患难所在，为了不至于产生这种不善之结果，必须有非常的应对办法，就是凶事的本来意涵。程颐云：“下专自任，上必忌疾，虽当凶难，以义在可为，然必有其孚诚，而所为合于中道，则诚意通于上，而上信与之矣。”③ 内在阴柔成分的抗击并由此而形成的张力，是阴阳相求本性所没有的，故用“下专自任”来表示这种阴柔同性近处所产生的张力，当然“上必忌疾”了，但其“义在可为”，这是内在的必然，因为阴阳成物而本质地涵具这两种成分和两种作用，“固有之也”，自然之理，非人为所能铲除，故不能以此为由而失去阴阳相求的本性和孚诚之信。相反，这种力量的存在是使阴阳各得其位、各存其正的“中行”平衡力量，不能缺失，应辩证地看待。

程颐云：“三质虽本阴，然其居刚，乃自处以刚也。应刚乃志在乎刚也。居动之极，刚果于行也。以此行益。非刚果而何？易以所胜为义，故不论其本质

---

① 杨简．杨氏易传．第3册第48页．文渊阁四库全书·易说卷．

② 程颐．伊川易传．第3册第92页．文渊阁四库全书·易说卷．

③ 程颐．伊川易传．第3册第93页．文渊阁四库全书·易说卷．

也。"① 程颐分析得颇为深刻，以卦爻之象，据三爻之位，论证了刚阳内在的动力成因，认为三爻阴柔处之，但是刚阳之位，言明是刚阳内在的阴柔成分时下对外产生张力而显刚强之性，其机理是"应刚而志在乎刚也"。阴柔本来与刚阳两种成分相得益彰，构成了子系统的平衡成分，是相互彰明的，但当外来之阴柔接近刚阳体时，应刚而发，"志在乎刚也"。随即张力产生，"以此行益，非刚果而何"？不刚不足以应刚，因志刚而显刚，虽为阴柔性物，但显刚阳之志，从而体现了阴阳相互对待、流转变化的自然观演化理念。

六四，中行，公告从，利用为依迁国。

我们要把卦爻中所涵具的自然观思想提揭出来，就必须对阴阳有机体系结构模式给以转换流变的思维和理念。卦和爻是通过象来表达意的，客观上规定了其语言和文辞的特殊性，要从这种特殊性中提取出一般的规律来，就必须善于及时地对表达象的彖辞和诠解语言给以架构阴阳相互对待的结构模型，否则就是就象论象，无有收获，"尽意莫若象，尽象莫若言。言生乎象，故可寻言以观象，象出乎意，故可寻象以观意"（王弼《周易略例》），要求学易者通过语用的流行达到把握语境的程度。益六四时位上自然观的流演，就是一个对此情状给以高度体现和展示的典型案例，这里仅以程颐的解读为例，加以案例分析。

程颐云："四当益时，处近君之位，居得其正，以柔巽辅上，而下顺应于初之刚阳，如是可以益于上也。"② 先不要急于理解他说的内在核心思想是什么，而是先看一下前几爻位上自然观的内容和所指情况，即可明了其中的本质精神。初九时，阴柔体前来应就而亲近，使阴阳之性得以流行，阴阳和合，心志致一，力量可聚，故可成大事，"利用为大作"，但同时提出了若不厚下就会临事而危的警告；六二时位上，出现了阴柔近就而减小消耗、众心致一的局面，"或益之，十朋之龟弗克违"，无论是外来阴柔，还是内在自身的阴柔成分都有利于益阳之势的拓展和扩大；六三时就提出了这种动态发展必然产生的内在张力的形成，"固有之也"。时下已逻辑地推至于六四阶段，下行亲比刚阳的阴柔体，孚诚于刚阳，已处相临的状态。程颐以卦象言其中的道理，从卦本身来看，四为臣位，五为君位，四与五紧临而接，又得正位，柔顺于君；从阴阳相互作用的力的结构来看，外来阴柔体接近刚阳体，"四当益时，处近君之位"，且这种情状的形成是自然运行的结果，故"又得正位"，其运行速度愈见缓慢，顺德明示，故"柔顺于君"。这同时提出了下应初刚的动态情状，初九为刚而在下，六三时位上已提揭了这种刚强之势本于刚阳体内在的阴柔成分所产生的张力，是一种力的表现和反映。其直接来自于同性的相斥，当然本质上还是刚阳本身。这样就

① 程颐．伊川易传．第3册第93页．文渊阁四库全书·易说卷．

② 程颐．伊川易传．第3册第93~94页．文渊阁四库全书·易说卷．

绘制了一幅益时态下刚阳之势的图案，故“如是可以益于上也”。这个“上”还是卦象的九五，实际所反映的是阴阳相互作用的主体因素——刚阳体的阳性之气势。

明白了这种提揭方式，再来分析作易圣人的言辞，就容易得多了。六三时位上阴阳各成分之间的平衡态结构已处于互动形成之中，此时的阴柔体受刚阳内在固有的阴柔成分的排拒，只能接近中而不能得中，所以谓“中行”而不言“得中”。这可以说是“非躬之故”，因此有诚孚而行向于中道，故曰：“告公从。”所谓“利用为依迁国”就是依附于刚阳体，又顺从于刚阳内在的阴柔成分。程颐解释是：“迁国为依，依附于上也。迁国，顺下而动也。”① 这里依附于上，就是按卦象爻位而依附于刚阳九五，突出的是刚阳，爻位仅仅是一种表达手法和工具，“下”就是刚阳内在的阴柔成分，按人文、人事来取象的话，就是国君的贤民和邑人。之所以这样做，就是为了益阳之走旺而不息，故孔子赞曰：“告公从，以益志也。”

九五，有孚惠心，勿问，元吉，有孚惠我德。

六四时位上明示了阴柔体的近倾而指向中道，但却又没能得中，同时也明晰了其中的原因，“以益志也”。为达益志的目的，就必须从两个方面着力：一是要使前来近就的阴柔体尽量地靠近刚阳体，使刚阳能量流散性降低；二是要提升刚阳内在的阴柔成分含量，使其刚阳体这个子系统的平衡潜力提升，即阴柔成分在与刚阳成分含量相等的前提下，阴柔成分越多，则刚阳之阳性成分也越多，表现在人事上就是忧患意识越强，则越能少犯过咎，自己越刚阳，同时也能充分发挥阴性之间同处而产生的积极制衡作用。而要达到这样的效果，必须在阴阳各构成要素之间充有孚诚之意和惠益天下之心。没有诚信在中，积极的制衡作用也会变成专制野蛮的行动，阴阳的相求之势，也变成了疏远孤独之象，故曰：“有孚惠心，勿问，元吉。”众阴围绕刚阳而益于刚阳，方显君王之势，程颐云：“以阳实在中，有孚之象也。以九五之德、之才、之位，而中心至诚，在惠益于物，其至善大吉，不问可知，故云勿问元吉。”② 阳刚为实，时下处于中道，阴阳时值平衡状态，信孚充盈其中，这个中位明德是通过卦九五的德、才、位来展示的，又以此来彰示刚阳明照天下的情状及其在整个体系中的核心地位，故定之“有孚”。这种诚信是本于刚阳的，是以言之为“惠我德”。胡瑗云：“九五以刚明果断之德，处至尊之位，下应六二贤明之臣，是能以由衷之信，兴利于民也。”③ 胡瑗通过卦象爻位的象作符示，指出了刚阳体的两大特征：刚明和果断。

---

① 程颐．伊川易传．第3册第94页．文渊阁四库全书·易说卷．

② 程颐．伊川易传．第3册第94～95页．文渊阁四库全书·易说卷．

③ 胡瑗．周易口义．第7册第37页．文渊阁四库全书·易说卷．

刚明能照天下，可使天广得恩惠，果断则可使不善者受到制约，不能任其性使，并且说这样做可以使贤明之臣产生孚信之诚，故能得其志行。程颐云：“人君至诚，益于天下，天下之人，无不至诚爱戴，以君之德泽为恩惠也。”① 前来亲比近就的阴柔体的运行能量来源于刚阳体，而刚阳内在的阴柔成分也是出于阳性的性征而助阳行事，故本于刚阳之德泽的众阴柔是因受到恩惠而爱戴之。

孔子在《系辞》中云：“乾道成男，坤道成女；乾知大始，坤作成物；乾以易知，坤以简能；易则易知，简则易从；易知则有亲，易从则有功；有亲则可久，有功则可大；可久则贤人之德，可大则贤人之业。”只有乾阳的知、始、亲、久之德的流行，才能得到坤阴成物、简能、易从、可大之业的实现。也就是说，刚阳的亲合主动性，是阴柔助其成大业的必要条件。只有得到贤人、臣民的辅佐，才能得到君位的稳固。也只有贤人、臣民的支撑，才能成就大业，大展宏图，故曰：“惠我德，大得志也。”正如程颐所云：“天下至诚怀吾德以为惠，是其道大行，人君之志得矣。”②

上九，莫益之，或击之，立心勿恒，凶。

益前五个时位上阴阳体系各构成要素的动态变化，已使刚阳的能量流通得以壮志抒怀，但同时客观上也对刚阳体提出了必须具备贞恒品质的要求，这实际上就是需要刚阳能量的持恒供给和补充，否则就会因能量的弱化而产生阴阳体系整个平衡态的解体，故作易圣人戒之曰：“莫益之，或击之。”因为益时态以益下，即强铸基础为准则，单靠阴柔体运行半径的减小是不行的，会产生身不安而朋远离的肢解状态，所以还应从内在的本质上去养身修德，故孔子在《系辞》中云：“益，德之裕也。”不修身无以养德，无大德不足以固益之格局。故作易圣人曰：“立心勿恒，凶。”

孔子在《系辞》中专门就该爻辞作了分析：“君子安其身而后动，易其心而后语，定其交而后求，君子修此三者，则备矣。危以动，则民不与矣；惧以语，则民不应也；不交而求，则民不与也，莫之与，则伤之者至矣。”欲安其身就要蓄聚能量，修身养德，方可身安而畅行。修身而养心，孚诚在中，无有惧畏之处，才能得到臣民的响应。只有心志坚强而持恒，才能达到这个效果。

程颐以卦象言之，认为：“以刚处益之极，求益之甚者也，所应者阴，非取善自益者也。”③ 刚阳体能量的流通和散失是动态而不已的，处极而无位有损刚阳的本性，物极必反，事与愿违，处极而无益于己。本来是随着阴柔体的靠近而能量散失得越小，是益己之所为，但阴柔同性之间接近时又内在产生了排拒性，

① 程颐．伊川易传．第3册第95页．文渊阁四库全书·易说卷．

② 程颐．伊川易传．第3册第95页．文渊阁四库全书·易说卷．

③ 程颐．伊川易传．第3册第95页．文渊阁四库全书·易说卷．

这样就会使阴柔体在接受能量降低、感应力下降的情状下必须艰难地行进于刚阳的周围，展示出一种不愉乐的形容来，表现出刚阳存心专利的象来。而阴柔体的运作基于刚阳感应之所为，“非取善自益者”，又表现出一种“莫肯益之，而有击而夺之者矣”[①] 的象。故这样下去，阴阳整个系统的构成要素之间就产生了越来越大的张力，当需加强心志上修养存德的功夫，“九以刚而求益之极，众人所共恶，故无益之者，而或攻击之矣”[②]。杨万里云：“以善益己，己益而不损；以利益己，人损而己不益。”“利之所在可均而不可偏，上九不均之以益人，而偏之以益己，而争之者至矣。”[③] 众人之恶己，攻讦不断，阴势的侵扰之态长盛，结果可想而知。

① 程颐．伊川易传．第3册第96页．文渊阁四库全书·易说卷．
② 程颐．伊川易传．第3册第96页．文渊阁四库全书·易说卷．
③ 杨万里．诚斋易传．第4册第2页．文渊阁四库全书·易说卷．

第四十三卦　夬卦的阴阳自然观

《序卦》云："益而不已必决，故受之以夬，夬者，决也。"程颐又在此基础上论述说："益之极，必决而后止，理无常益，益而不已，已乃决也，夬所以次益也。"[①] 提出了夬次益的命题，认为夬的时局状态是益的格局的逻辑演化，因此不能割断益的格局来就夬而论夬。郑刚中云："夬，决也。决者，去之易而用力之果也。"[②] 决就是已、停止，决去之容易，用力很有效。同时，"已乃决也"，即止于益，益受阻之意，也就是阻止阴柔体近靠刚阳体的运行，从而使刚阳体因外来之走势而将益道推至极限。这样，刚阳能耗的降低就走到了极限，标志着刚阳能量获益于外来之势态的消弱和停止，暗含着不行壮己强身的功效是不能得到能量的补充的。这客观上产生了两个过程：一是刚阳内在的阴性成分发挥作用来阻外来阴柔体近靠刚阳体本身，二是刚阳修己养德以壮身。这两个过程是相互关联、互动相涵的。只有修德壮身，才能立基于自身阴阳子系统的平衡态，彰显阴性成分的含量并增加其能量和活性，这样，阻外来侵扰的作用才能得力有效。同时，"健而说，夬而和"，不能割断与外来阴柔体的关联，"理虽易去而为之不可忽"[③]，继续给以提供能量，并力使其在消耗最小能量的范围内围绕刚阳体运行。否则就会使阴阳整体系统结构遭到破坏，非善易也。苏轼云："阳盈则忧溢，溢则忧覆，故利有攸往，往则有所施用，所以求不盈也。"[④] 苏轼简短几句话，就提揭了刚阳体能量的流通对系统整体及自身的存在起到恒持的作用，所以"利有攸往"，以达永不盈满，无所过咎。故作易圣人戒之曰："告自邑，不利即戎，利有攸往。"

夬，刚决之义，言明了刚阳体对近靠的阴柔体的阻决，使其不得前行。苏轼云："邑者，民之所在也。与小人处必先附其民，彼无民将无以立，戎上六也。"[⑤] 很形象地将刚阳体应对外来小人，即阴柔体的自然观思想表达出来，指出了刚阳体内在阳性成分必须与内在的阴柔成分相得益彰，才能达到以邑之民克制外来之小人的效果，并指出上六就符示着戎，直接把卦象给以自然化，活生生

---

① 程颐．伊川易传．第3册第97页．文渊阁四库全书·易说卷．

② 郑刚中．周易窥馀．第4册第17页．文渊阁四库全书·易说卷．

③ 郑刚中．周易窥馀．第4册第17页．文渊阁四库全书·易说卷．

④ 苏轼．东坡易传．第4册第2页．文渊阁四库全书·易说卷。

⑤ 苏轼．东坡易传．第4册第3页．文渊阁四库全书·易说卷．

地反映出刚阳体的子系统结构是由阳性和阴性成分所合成的。程颐云："以爻言之，五阳在下，长而将极，一阴在上，消而将尽，众阳上进，决去一阴，所以为夬也。夬者，刚决之义。"① 本来阴阳是相求的，而此时则是"众阳上进，决去一阴"。这就是程颐立基于自然观的根本，而对益格局上九时位阴阳各因素之间力的作用给以反映。他并不是千篇一律地对阴阳相求关系给以翻版和复制，而是提出了新的观点，但若将其置于自然观思想上去探究，通过对益上九时位上阴阳相互作用的力的结构模式进行分析，就不难对其本义给以合理的解释和理解。这个刚决柔的过程是刚阳体修身壮体的过程，在其内在刚阳性成分增长的同时，其阴柔成分也随之增长，刚阳性成分处于内在核心地位，而阴柔成分围绕其转动，同时也对欲侵入近逼者给以制约和抗击，从而在客观上体现出刚决柔的现象来，其实质还是以阴阳相互作用的自然之理来运行的。故整体运行出现了一种情状："众阳进而决去一阴，君子道长，小人消衰，将尽之之时也。"②

程颐以情理析事理，认为就情理而言，阴柔体的运行能量的供给是来源于刚阳的明德流行，其所获得的多与少不应该表现出不愉乐的形容来，这就需要以公理来论处，故作易圣人所言之为"扬于王庭"。孔子言之理由的基点，应在于"柔乘五刚"，柔乘刚不合礼仪之则，由此以明知善恶是非。这是一种情理上所行得通的道理。以情理来喻示事理，实际上基于事理而表述情理。刚阳内在的阴柔成分的作用就是忧患而戒备，自然地对外来阴柔体产生一种排斥力，宇宙之自然，理之当然，这无可非议。故程颐云："今既小人衰微，君子道盛，当显行之一公朝，使人明知善恶，故云扬于王庭。君子之道虽长盛，而不敢忘戒备，故至诚以命众，使知尚有危道，虽以此之甚盛，决彼之甚衰，若易而无备，则有不虞之悔，是尚有危理，必有戒惧之心，则无患也。圣人设戒之意深矣。"③ 告诫刚阳体要刚柔兼备，不可偏废。但同时又提出了行戒之度，"不利及戎"，否则"所尚乃穷也"，不可太过，过则会使弱化的阴柔体改变运行轨道，致使整个体系结构解体，也致使诚意的流行出现中断，非善易也。程颐就此提出了自然观的思想观点："君子治小人，以其不善也，必以己之善道胜革之，故圣人诛乱，必先修己。"④ 正因为小人无限地近靠刚阳，彰明其不逊之态，君子就必然内在产生出一种刚柔相济的应对办法，用与阳之相平衡的阴性因素去革除其过势，修德而至善，道善则有力，小人必治。故曰："利有攸往"，"刚长乃终也"。

综上所述，夬之时局下，所要强化的是刚阳自身的修德正己的能力，提升内

① 程颐．伊川易传．第3册第97页．文渊阁四库全书·易说卷．
② 程颐．伊川易传．第3册第97页．文渊阁四库全书·易说卷．
③ 程颐．伊川易传．第3册第97页．文渊阁四库全书·易说卷．
④ 程颐．伊川易传．第3册第98页．文渊阁四库全书·易说卷．

在阴柔成分的抗击能力，如同君王给自己的贤臣以供养一样，故曰：“君子以施禄及下，居德则忌。”那么如何立足于当前行修德施下之能为以“告自邑”？如何才能把握住这个度，以行“不利及戎”之事呢？这还要从夬时态下阴阳相互作用的活态运作动力体系的语境结构上去分析和把握。

夬 ↙遁（䷠）
䷪
大壮（䷡）↗

夬从卦变意义上讲，从大壮来，本于大壮，大壮则止，即刚阳能量受益的程度已达该止的地步，再不能希望通过外来的力量来强固自己的基础了，明示了刚阳后续的发展进程要依靠自身的内在修养来作为能量补给的支柱性源泉。同时，在方法上要清楚地看到是刚决柔，不能彰显刚阳内在的阳性势力，相反要使其刚阳之气遁藏起来，通过刚阳体内在阴柔成分的作用来达到刚决柔的目的，否则就不会推动这一动态格局的变动转换，就不会体现易之生生之德。

初九，壮于前趾，往不胜，为咎。

益上九时位上阴阳整个系统的阴柔体近就刚阳之势已到极限，不能再前行，否则就会挤压刚阳体子系统中的阴柔成分而形成越来越大的张力，然而由于阴柔体的近靠而使刚阳体阳性成分显著提升，在阴阳相求作用力的驱使下，若不及时给以调节，就会使刚阳体子系统结构遭到破坏，进而使整体系统各成分自身的循环运动自然终止，从而造成整个体系结构的毁灭而非善易之所为。故在刚阳体阳性成分不断增长的同时，要充分考虑其阴柔成分的抗挤压能力，即当出现“壮于前趾”的情形时，要以内在阴柔成分的充分展示为自然准则。作易圣人以邑人象征刚阳体内在的阴柔成分，形象地表征其不可变更性，即阴阳平衡体系的动态稳定性。正如前面所提到的那样，苏轼对此明确地认识到：“邑者，民之所在也。与小人处必先附其民，彼无民将无以立。”只有以民来对付小人，即以刚阳内在的阴柔成分来制约外来阴柔体的无限前行，故曰：“往不胜，为咎。”不能起到制约的效果就有咎了。

同时，也不能躁动而行，还应考虑阴柔体能量的不断供给，否则阴柔体就会出现离散现象，丧失结构的稳定性，故不宜刚阳太过，应溢出一部分能量保持阴柔体的存在。程颐云：“九，居初而壮于进，躁于动者也，故有不胜之戒。阴虽将尽，而己之躁动，自宜有不胜之咎，不计彼也。”[①] 指出了躁动而不能为善易，不应胜之而使之消亡，但又强调其内在起制约功能的因素要起到足够的抗衡作用，以行决之功。程颐又云：“人之决于行也，行而宜，则其决为是，往而不宜，

① 程颐．伊川易传．第3册第100页．文渊阁四库全书·易说卷．

则决之过也，故往而不胜则为咎也。”[①] 这又是在辩证地强调刚阳内在的阴柔成分的功能，但究其本质是在反映刚阳体功效的演化情状。刚阳君子修德的过程就是提高忍耐力的过程和增加内涵吸引力的过程，即使其内在各要素成比例地同步提升，从而起到以刚决柔的效果。否则，“理不能胜而且往，其咎可知”[②]，内在阴柔成分不足，则不能制约，内在阳性成分过躁，则因过而犯咎。张浚所言极是：“在夬之初，厥德未孚，而果于有行，其理必不能胜。是以君子务强其德，德积类合天下莫屈，夬孰御哉？初以阳在卦下，德不上应，若从君子之后可也，往奚益乎哉？呜呼！事君量德尽义而已，逆理躁进，动必招悔。”[③] 提出了强德修身以尽义的阴阳各成分的兼容并举性。所谓义，就是利物，“利物足以和义”（《乾文言》），既要给予阴柔体以能量的提供以防其过，又要对刚阳内在阴柔成分以扶持来“合天下莫屈”，夬而不可御。

九二，惕号，莫夜有戎，勿恤。

夬初九时位上逻辑地提出了刚阳阳性性征的加强和益下固基态势的张扬，自然地引伸出阴柔体受刚阳强势吸引而产生的进犯其机体的可能性，并反复强调其抗干扰能力必须得以强化的行动准则，“往不胜，为咎”，言明夬初始阶段抗制力的弱化情状，孔子更是强调：“不胜而往，咎也。”故很逻辑地提出“惕号”之戒，是合理的，也是及时的。“惕号”一词，张浚解释为“惕号，君子之恭也。先事戒备也”[④]。夬卦时局中提出了因“戎”而应防范的概念，就是要用自身的力量，即充分发挥邑人这个刚阳体内在的阴柔成分的作用来克制小人，这就是因“戎”而用的具体体现。作易圣人用“莫夜有戎”来形容处安求稳的原则。夜深入眠酣睡之时，只要警惕，即使有危险也可能“勿恤”，不必担心忧虑。

对此，程颐提出了自然观方法论的思想：“阳长将极之时，而二处中居柔，不为过刚，能知戒备，处夬之至善也。内怀兢惕，而外严诫号，虽莫夜有兵，亦可勿恤也。”[⑤] 初九有“往不胜”之嫌，理当防患，阳长将极，不可过刚，同时阴柔体也不可再行向前，只有内阳生惕、外阴设诫、内外皆动、君民一心，才能“虽莫夜有兵，亦可勿恤也”。

九三，壮于頄，有凶。君子夬夬，独行遇雨，若濡有愠，无咎。

九二时位上通过“戎”来说明近靠刚阳体的阴柔体，在惯性力和向心力的作用下，已与刚阳体内在子系统中的阴柔成分产生了相当的张力而交接抗制。这

① 程颐．伊川易传．第3册第100页．文渊阁四库全书·易说卷．
② 程颐．伊川易传．第3册第100页．文渊阁四库全书·易说卷．
③ 张浚．紫岩易传．第4册第5页．文渊阁四库全书·易说卷．
④ 张浚．紫岩易传．第4册第5页．文渊阁四库全书·易说卷．
⑤ 程颐．伊川易传．第3册第100～101页．文渊阁四库全书·易说卷．

是一个逻辑的自然过程，时下象是有短兵相战的情状，故云：“壮于頄。”程颐云：“三居下体之上，又处健体之极，刚果于决者也。”① 说明了刚阳体时下对外所显示出的极度排拒作用。可见作易圣人用“壮于頄”这个象是为了表达和喻示其不和而怒视并出现了凶象、险象，但还未使系统的有机结构受到破坏的情状，表明了时下阴阳体的运动状态。刚阳体内在的阴柔成分围绕阳性成分的运动，保证了对外来阴柔体的排拒，是君子之所为、德性的流行所致。这样既可以不改变原来体系的整体结构，也可使阴柔小人得以制服，故曰：“君子夬夬。”同时也可以阴阳交合，并可保证外来阴柔体的唯一亲己而又无异心的状态，故曰：“独行遇雨。”但这种交合状态是有限定的，不能太近，故小人怨之而濡污君子并显愠恶之色，故曰：“若濡有愠。”作易圣人以此来喻示阴柔体与刚阳体的相对距离具有明确的定位性，不可随意越位，故曰：“无咎。”程颐云：“三与上六为正应，方群阴共决一阴之时，已若以私应之，故不与众同而独行，则与上六阴阳和合，故云遇雨。易中言雨者，皆谓阴阳和也。君子道长，决去小人之时，而已独与之和，其非可知。唯君子处斯时，则能夬夬，果决其断也。虽其私与，当远绝之，若见濡污，有愠恶之色，如此则无过咎也。”② 程颐通过私应而和合，来明示阴阳体的近靠情状，又通过“远绝之”和“果决其断”来说明其虽近靠而有距离。胡瑗引用《论语》的话语来表达这种状态：“众贤方共决上六之一小人，而三独应之，而其志和合，故曰独行遇雨。夫小人之性，近之则不逊，远之则怨，今夬之时，君子得志而反为小人之所污辱，是独遇雨而濡润其身且有愠怒也。”③ 通过对阴柔之性征的描绘，反映出阴柔体与刚阳体之间是既相近又相斥的。正如朱熹所言：“若能果决其决，不系私爱，则虽合于上六，如独行遇雨，至于若濡而为君子所愠，然终必能决去小人而无所咎也。”④

九四，臀无肤，其行次且，牵羊悔亡，闻言不信。

初九、九二、九三这三个爻位上的自然观思想的核心都在强化对阴柔体的排拒和推斥，同时阴柔体本身在围绕刚阳体循环运动的过程中内在地存在着离心力的作用，综合起来看是离心倾向。在九三时位上这种倾向已明现无疑，出现了阴柔体生怨的情状，暗示了这种趋势的形成和阴柔体的运作路向。同时刚阳体内在的阴柔成分权重系数的不断增大，也使得刚阳性征的流演出现了困难。

程颐云：“臀无肤，居不安也。行次且，进不前也。次且，进难之状。九四

① 程颐．伊川易传．第3册第101页．文渊阁四库全书·易说卷．
② 程颐．伊川易传．第3册第101～102页．文渊阁四库全书·易说卷．
③ 胡瑗．周易口义．第7册第43～44页．文渊阁四库全书·易说卷．
④ 朱熹．周易本义．北京：九州出版社，2004．116．

以阳居阴，刚决不足，欲行则居柔失其刚壮，不能强进，故其行次且也。”[①] 阴阳相和合于一体则安，正所谓阴阳中和之态。阴柔体欲去而失衡，故不安。郑刚中对此种情状用阴阳相互作用的动力思想分析道：“九四爻为阳而其居则阴也，谓之阴而其性刚阳也，若是者能果于夬乎？当夬而不果于夬，故以坐则不安，以行则不进。”[②] 就是说其刚阳之性受其内在阴柔之性的遮掩，不能充分表露，致使刚阳因其内在阴柔之势，而不能对阴柔体产生充足的能量供给和吸引，故曰：“刚决不足。”只有将其牵引不离去，才能使整个体系保持动态的平衡，故作易圣人用“牵羊”来作喻，描绘出了一幅统一体完整性的图案，只有这样才能“悔亡”。程颐用“群行”来表达这种统一体的情状：“羊者群行之物，牵者挽拽之义，言若能自强，而牵挽以群行，则可以亡其悔。”[③] 用羊这个群行动物来作喻，说明这种统一体不能解体。但刚阳内在阴柔成分的性征决定了其对外来阴柔体排斥的不可逆性，孔子称之“聪不明也”，形象地说明了阴阳的相对位置和关系，言明了只有修己强身，壮其阳德，才能达“牵羊”之效。因为夬从大壮来，大壮阳势大进，时下可应当效法。

九五，苋陆夬夬，中行无咎。

九四时位上立足于阴阳相互作用的态势而提出了刚阳修身显阳以达“牵羊”之目的。这样势必会出现一种就刚阳体本身结构产生的刚阳成分情系阴柔成分及阴柔体的中和状态。作易圣人用“苋陆”这种植物取象，就是为说明这一情状。苋陆这种草，叶柔根坚，但脆而易折，不牢固。程颐云：“苋陆，今所谓马齿苋也，曝之难乾，感阴气之多者也，而脆易折。五若如苋陆，虽感于阴而决断之易，则于中行无过咎矣。”[④] 苋陆根坚则刚强，叶弱则所附易制，其性感阴多，则可保持阴柔体的存在而不离去，同时又“虽感于阴而决断之易”。故可得中行而无咎。

但孔子云：“中未光也。”是说虽处中道而未光大充实，言明了刚阳体显刚阳之性的不可贞性。原因在于刚阳体“五心有所比，以义之不可而决之，虽行于外，不失中正之义，可以无咎，然于中道，未得为光大也”[⑤]。义之所趋使刚阳体不能脱离阴柔体而独存，但小人不去，其道何光呢？其实，孔子想通过这种人文的理念来说明阴阳之间相互作用的状态，并不是就人文而人文，而是以人文去折射出其中蕴涵的自然观思想。郑刚中对此就表达得非常清楚：“夫五阳并进同

① 程颐．伊川易传．第3册第102页．文渊阁四库全书·易说卷．
② 郑刚中．周易窥馀．第4册第21页．文渊阁四库全书·易说卷．
③ 程颐．伊川易传．第3册第102~103页．文渊阁四库全书·易说卷．
④ 程颐．伊川易传．第3册第103页．文渊阁四库全书·易说卷．
⑤ 程颐．伊川易传．第3册第104页．文渊阁四库全书·易说卷．

力为夬，而夬夬之戒独见于三五者，盖三与六应，五与六比，当夬阴之时，二爻容有牵私爱溺近习之心，故虽以九五之尊得中行之道，而象犹以为未光也。”①认为阴阳之性感之力产生了圣人的这种描述，并据此而提揭人文的自然观内涵，明确将解易的路径指向阴阳的相互对待层面上。

上六，无号，终有凶。

九五时位上刚阳体仅凭其本性之阳气的性征，已不足以维持与阴柔体的互动，而使阴柔体呈现出离心运作的态势。程颐云：“阳长将极，阴消将尽，独一阴处穷极之地，是众君子得时，决去危极之小人也，其势必须消尽，故云无用号咷畏惧，（但）终必有凶也。”② 从客观上明现出阴柔体离心力上扬的曲线轨迹，指出了阴柔体离势之时正是刚阳体能量长极之期，阴柔体消阳之势也随之落到最低，“阴消将尽，独一阴处穷极之地”。处极则变，变则使原来的统一体系结构受到挑战，整体平衡旋即解体，后果必凶。善易只要流行，宇宙自然只要存在，这种局面就不会长久，故曰：“终不可长也。”原因很简单，阴阳成道，缺一不可，决阴于体系之外，这本身就是短命的表现。阴阳当位之体可以独立存在，且合道而行；缺失其一者不合自然之理，其结果可想而知。程颐云：“决去小人之道岂必尽诛之乎？使之变革，乃小人之道亡也，道亡乃其凶也。”③ 小人应当决而消之，使其顺从归附，但不可“尽诛之”，使其道亡，君子之量何存？胡瑗云：“上六以阴柔小人之质当夬决之时，居众贤之上而贪其荣宠。”④ 君子容人之度量不能尽情，行小人之事，有变质之嫌。之所以这样讲，是因为阴之不存，则道之荡消，同归于尽，乾坤毁灭，悖于自然，善易否塞。杨万里云：“夬之上六见圣人之仁心如天之大也，何也？不惟庆君子而深所以吊小人也。何为吊小人也？小人亦受中，于天与我同类者也，持不能克其利心，以复其良心耳。”⑤ 杨万里简短的评价，不仅说明了小人可决而不能决尽，同时也暗含了君子刚阳之能量的流通具有必然性，若一味地对阴柔决而又决，不符合君子，即刚阳之性的本然，同时也为下一个时局的推出作了逻辑性铺垫。

---

① 郑刚中．周易窥馀．第4册第23页．文渊阁四库全书·易说卷．
② 程颐．伊川易传．第3册第104页．文渊阁四库全书·易说卷．
③ 程颐．伊川易传．第3册第105页．文渊阁四库全书·易说卷．
④ 胡瑗．周易口义．第7册第45页．文渊阁四库全书·易说卷．
⑤ 杨万里．诚斋易传．第6册第31页．文渊阁四库全书·易说卷．

第四十四卦　姤卦的阴阳自然观

王弼云："承乘顺逆之理，应变情伪之端，用有行藏，辞有险易。"[①] 顺应宇宙自然的发展趋势，人为地纠正对不适宜的偏执，应对之而演成"情伪之端"，并对其自身组成成分的权重系数给以调节，该行则行，该藏则藏，使其符合宇宙自然之道。夬上六时位上对阴阳相互作用的力的结构给以解构，认为刚阳之君子应有包容之量，不可一味地决除小人，使其出离至外，不可使阴阳统一体的有机性遭到破坏，故应给予阴柔体以存在的理由。《序卦》云："夬决也，决必有遇，故受之以姤，姤遇也。"程颐则从根本上予以解释："决，判也，物之决判，则有遇合，本合则何遇？姤所以次夬也。"[②] 阴阳之性是相求而动者也，顺性而行，可以自天佑之，吉无不利。孔子云："天之所助者，顺也；人之所助者，信也；履信思乎顺，又以尚贤也。"（《系辞》）不使阴柔体离去的举动是贤者之所为，合天理自然，故阴柔体生机尚存，归结于阳之处极。杨万里云："阴阳之相为消长，如循环然。剥者，阳之消，然剥极为复，不旋踵而一阳生；夬者阴之消，夬极为姤，不旋踵而一阴生，当一阴之生也，圣人已为君子而忧，随曰'女壮'。"[③] 阴阳消息，力量相抵，自然之理，呈现出循环的特征，阳被阴消则阳生，阳息不止则阴生，物不可穷也，处极则变。夬阳息至极，阴生必然成势，以"女壮"来象之，其意甚恰。但应提出警示，不可因时下阴柔体之性显而使自身的阳势消弱，其方法就是"勿用取女"。这表面上是说可以使其存在，但不可娶之为妻，实质是喻示着要始终与阴柔体保持一定的距离，既不使其不逊，又不使其怨，这就是中道的具体体现，同时也是程颐所说的"次夬也"的核心内涵。姤时态下的自然观也应本着夬时局的内在精神，去经营和运作阴阳之间的关系，不可远离这一主题。

刚柔体中阴柔成分是刚阳体这一子系统的内在因素，受刚阳体的情状作用而发生变化。时下正处阳极而违道之时，阴柔体的存在合时宜明，故应推行阳气之流通性能，藏晦阴性张扬之势。这个看上去似人文理念的含义，其实涵存着自然观的思想和宇宙的本然指涉。自益时局流演至此，是由于阴柔体的无限近靠刚阳体而产生了夬的局面，但一旦阴柔体退至一定的距离，"阴阳者相求之物也"的

---

① 王弼．周易略例．见：孔颖达．周易正义．北京：九州出版社，2004. 752.

② 程颐．伊川易传．第3册第105页．文渊阁四库全书·易说卷．

③ 杨万里．诚斋易传．第6册第32页．文渊阁四库全书·易说卷．

性显特征马上彰显而明现，这时的阴阳之性显而亲比性必然占据主导地位，其中阴柔体的被亲比程度会渐次提升，像一个小姑娘由童稚而渐美，招人喜爱，有柔始与阳相遇之感，故程颐云：“一阴始生，自是而长，渐以盛大，是女之将长壮也。”[①] 言明女之成熟而被青睐之象，但刚阳体本身已成系统，刚柔皆备，再行阴道，则阴气过盛，身弱不支，“阴长阳消，女壮则男弱，故戒勿用取如是之女”[②]。而正确的关系结构应是“天地相遇，品物咸章”，其核心价值则为“刚遇中正，天下大行”。通过阴柔体在刚阳体周围的顺从运作，而显示四方的归依，“风行天下，无所不周，为君后者，观其周遍之象，以施其命令，周诰四方也”[③]。其彰显的自然观内涵就定位于阴柔体对刚阳体的顺从和归依，同时保持阴阳二体之间的明确距离。

综上所述，姤之格局阴阳相互作用的力的结构和能量的流变情况是承继夬之时局而作的延续和补充，所要强调的是对阴柔体的警戒性及和谐性，如何才能把握住这个度呢？这还要从姤时态下阴阳相互作用的活态运作动力体系的语境结构上去分析和把握。

姤 ↙复（䷗）
䷫
乾（䷀）↗

姤从卦变意义上讲从乾来，又与复旁通，正是由于刚阳体阳息至极而产生了阴柔之前来亲就，是“阳长将极，阴消将尽”的结果。但姤与复旁通而情合，阴阳流转而互通，复之象曰：“君子以是日闭关，商旅不行，后不省方。”用以保持其阳气的不消之势。因此姤卦时局下的刚阳君子所持的态度应是聚阳而阻阴，不使阴势横行。

初六，系于金柅，贞吉；有攸往，见凶，羸豕孚踯躅。

夬上六时位上阴柔体在自身循环运行离心力的作用及刚阳体内在阴柔成分的抗拒下，克服刚阳体阳性成分的吸引而外移的趋向已成定势，但这种情状所表现出的状态是阴柔体自身的尊贵状态，即阴阳相互吸引是在一定距离范围内的规律，不容改变。阴柔体自益以来一直超越这个距离，所以才表现为受抗制，一旦走出这个距离范围，就会改变这种情状，而与刚阳体这个子系统整体产生吸引作用。可见，自夬上六发生变化至姤格局之初，这种阴阳之间所产生的吸引力已明露透显，使阴柔体的离心运动变为围绕刚阳体运行的向心力处于最大化的运动，故作易圣人以“系于金柅”而象之，保持了阴阳系统整体的稳定性，故曰：“贞

① 程颐．伊川易传．第 3 册第 105 页．文渊阁四库全书·易说卷．
② 程颐．伊川易传．第 3 册第 105 页．文渊阁四库全书·易说卷．
③ 程颐．伊川易传．第 3 册第 107 页．文渊阁四库全书·易说卷．

吉”。在这种情况下，不能因为阴阳吸引力的最大状态而再重新拉回到越位的从前。一方面，那样势必会受到众阳之所决，故曰“有攸往，见凶”；另一方面，阴消阳之势最大化，阴阳之相吸会导致阳健之性弱小化，是以消阳，故曰“羸豕孚踯躅”。

程颐云：“姤，阴始生而将长之卦。一阴生，则长而渐盛，阴长则阳消，小人道长也。”① 程颐首先将该卦定性为阴长之卦，从而提出了阳应防消的命题。对于初阴之势，则将其定性为“一阴生，则长而渐盛，阴长则阳消，小人道长也”。这是对阴阳相互作用的力的状态和阴阳之间的相对位置给以象之，绘制了一幅阴阳相互作用的生动画面。程颐将“系于金柅”之语解释为“止之以金柅，而又系之，止之固也”②，认为止其前行且又系之而不失，并达固持的状态。“固止使不得进，则阳刚贞正之道吉也。”③ 提出了人文的内涵，明示了阴柔体对刚阳体消阳之势的严重后果，故不可攸往而生凶，“阴虽甚微，不可忽也。羸弱之豕，虽未能强猛，然中心常在乎消阳也”④。这句话表明了阴阳相互作用和运作的复杂状态。尽管阴柔体和刚阳体的吸引形成强化之势，但由于其在夬上六时态下外移惯性的存在，又使其运行状态呈现相吸不明显的弱小情状，故称谓“羸弱之豕”，表现为“阴始生而渐进”的状态。孔子对阴柔体的这种进的状态，赞之曰：“柔道牵也。”意思是说，进是必然的，有道在中，“阴阳者相求之物也”（王弼《周易略例》）。宋代易学家大都认为金柅乃坚刚之物，可以止之，也大都认为是九二爻，即内卦之中且与阴柔体相近临者，那就是刚阳体的阴柔成分，九为刚，二为阴，九二者即刚中阴。这个阴柔成分主要表现在心志上，常在中心，它不仅可以壮阳，而且可以制衡阴柔体。胡瑗云：“金柅制车之行动之器，谓九二也。初六居姤之始，以一阴而上承于五阳，是刚壮不正之女也。然上有九二最近于己，九二有坚刚之德，能制物之动。”⑤ 描述了阴阳的作用、相互间的互动情状及相对位置。苏轼云：“刚而能止物者谓之金柅九二时也。初六之势足以兼获五阳，然其始遇而合者，九二也。”⑥ 对阴柔体进获五阳之势给以提揭，明示了九二的功效和能为，彰明了抗拒阴柔体前行的力量就在于刚阳体内部。

九二，包有鱼，无咎，不利宾。

苏轼云：“鱼者初六也，包者鱼之不能脱也。宾者九四也，姤者主求民之时，

---

① 程颐．伊川易传．第 3 册第 108 页．文渊阁四库全书 · 易说卷．
② 程颐．伊川易传．第 3 册第 108 页．文渊阁四库全书 · 易说卷．
③ 程颐．伊川易传．第 3 册第 108 页．文渊阁四库全书 · 易说卷．
④ 程颐．伊川易传．第 3 册第 108 页．文渊阁四库全书 · 易说卷．
⑤ 胡瑗．周易口义．第 7 册第 49 页．文渊阁四库全书 · 易说卷．
⑥ 苏轼．东坡易传．第 4 册第 7 页．文渊阁四库全书 · 易说卷．

非民求主之时也。故近而先者得之，远而后者不得之。”① 一语道破了刚阳体内在的结构组成，认为这个初六之阴性物是内在而不可没有的，正是这个阴柔成分使得刚阳体所遇之阴柔体不能近靠之，这样才能免遭阴之所消，不至于使刚阳之气失散。程颐云：“姤，遇也。二与初密比，相遇者也。在他卦则初正应于四，在姤则以遇为重。相遇之道主于专一。二之刚中，遇固以诚。鱼，阴物之美者。阳之于阴，其所悦美，故取鱼象。”② 可见，这条鱼是美鱼，是有用的东西，其用可制宾，即可制外来之客。孔子赞之曰“义不及宾也”，即其性征的内在规定性决定了“二女同居，其志不相得”的结局和发展走势。在了解了前几卦格局状态下阴阳相互作用的力的关系之后，再来审视这种局面是非常容易明白其中的大义的。

初六时位上言明了阴柔体的运行状态和发展走向，提出了阴始生而获五阳的消长之势，逻辑地提出包之美鱼以制宾的命题，足见作易圣人的连贯性思维方式，彰明了经文之卦爻辞的合理性内核。

九三，臀无肤，其行次且，厉无大咎。

程颐云：“二与初既相遇，三说初而密比于二，非所安也，又为二所忌恶，其居不安，若臀之无肤也。”③ 程颐说得极其明了，认为九二时位上明示了美鱼之于整个系统的作用的重要性，且二与初密比，对宾不利，外来之阴柔体尽管有近靠刚阳体的强大作用力，但由于刚阳体内在所密比之阴柔成分的作用而显不安状，同时阴柔体是消阳之物，为二所忌，它的近靠无疑对刚阳体也产生了不安的因素，故概之以“臀无肤”来形容其状。我们进行逻辑分析可知，对阳来讲，阴柔体在阴阳相求规定的范围内处于最近距离，产生的相互作用力也当然是最大的，故对阳的健体活性来说是一种束缚，故“其行次且”，同时对阴柔体来说，其进前的行动受刚阳内在阴柔成分的制约，不能靠前，其行受阻，故曰：“其行次且。”程颐对这种处境下的状态给以描述：“处既不安，则当去之，而居姤之时，志求乎遇，一阴在下，是所欲也，故处虽不安，而其行则又次且也。然三刚正而处巽，有不终迷之义。”④ 用人文的语言来表达，就是不友好的象生，按孔子的赞戒之语则为：“行未牵也。”故曰：“厉。”但这又是维护阴阳有机系统的结构不被破坏，故曰：“无大咎。”

九四，包无鱼，起凶。

上面已谈到鱼为阴为美，同时具备两个条件，缺一不可，这就是辩证法和自

---

① 苏轼．东坡易传．第4册第7页．文渊阁四库全书·易说卷．

② 程颐．伊川易传．第3册第108～109页．文渊阁四库全书·易说卷．

③ 程颐．伊川易传．第3册第109页．文渊阁四库全书·易说卷．

④ 程颐．伊川易传．第3册第109页．文渊阁四库全书·易说卷．

然哲学的精髓。九三时位上之所以强调刚阳内在的阴柔成分为鱼，也是因为其所起的作用对阴阳整个平衡系统的维护和贡献。但九三时位上阴柔成分随着其作用的不断强化，刚阳体本身作为大系统下的子系统所显示的阳性性征相应地减弱，致使整个系统存在解体的压力和危险，使围绕刚阳体运转的阴柔体因阴阳之间的吸引力消弱而远离刚阳体，孔子为此作象解曰“远民也”，故该阴柔成分会失去其美的一面，是以“包无鱼”来象之，当然生凶无疑，故曰“起凶”。杨万里云：“无德以得民，无位而临民，而又远民，宜吾民之归九二而去我也。君而无民，无民而举事，安得不凶。”① 阴阳之德不显为无德，刚阳体远离阴柔体为远民，而此时的情状应效法九二时位上阴阳的互动关系，不宜强化其中的任何一方，否则就会出现“君而无民，无民而举事，安得不凶”的尴尬局面。苏轼更是直接，他说：“既已失民，起而争之则凶。”②

程颐对这种情状进行分析和说明，对阴阳整体系统的作用力结构和相对空间位置给以理性分析：“包者，所裹畜也。鱼，所美也。四与初为正应，当相遇者也，而初已遇于二矣，失其所遇，犹包之无鱼。”③ 言明当相遇而不能遇的情状，并指出其中的原委正是“初已遇于二矣”，使其“失其所遇”，故失去美的审视基础而“犹包之无鱼”。他接着说：“亡其所有也。”④ 所言非常到位，彰明了系统整体的消亡危险。然后程颐解析了其中涵存的内在本质：“四当姤遇之时，居上位而失其下，下之离，由已之失德也。四之失者，不中正也。以不中正而失其民，所以凶也。”⑤ 姤，柔遇刚也，言明柔与刚之相遇在四位上出现了转折，其本质原因在于“失其德也”，即刚阳体不显阳性，阴柔体也随之导致其阴性不能彰显，其德既无，何遇之有？故“亡其所有也”。这就是九四时位上的自然观思想的核心支柱。

九五，以杞包瓜，含章，有陨自天。

九四时位上刚阳体这个子系统自身的失衡，会使其本身的性显程度出现反弹，致使阴阳整体混乱、结构动荡。但刚阳体的性征是其自然本性，其内在阴柔成分不管如何强化，都不会改变这一特征，故称“含章”，孔子赞之为“中正也”，即刚阳体始终都有与阴柔体相遇的本性和趋向，自然会出现阴柔体的向心运作情状，故云：“有陨自天。”程颐形象地分析道：“九五，下亦无应，非有遇也，然得遇之道，故终必有遇。夫上下之相遇，由相求也。”⑥ 用《系辞》中的

---

① 杨万里．诚斋易传．第6册第36页．文渊阁四库全书·易说卷．
② 苏轼．东坡易传．第4册第8页．文渊阁四库全书·易说卷．
③ 程颐．伊川易传．第3册第110页．文渊阁四库全书·易说卷．
④ 程颐．伊川易传．第3册第110页．文渊阁四库全书·易说卷．
⑤ 程颐．伊川易传．第3册第110页．文渊阁四库全书·易说卷．
⑥ 程颐．伊川易传．第3册第111页．文渊阁四库全书·易说卷．

话来表述就是“自天佑之，吉无不利”。这个天是天然之天，阴阳本性的吸引和互动，促成了阴阳二体的自然相向而动的必然，“阴阳者相求之物也”（王弼《周易略例》）。程颐又将这个“天”看成道之本然，姤遇之道不可能再行分崩离析之走势，作易圣人用“以杞包瓜”这个自然现象来作喻，形象生动，描绘逼真。胡瑗云：“己有刚明之材，居至尊之位，为姤之主，下无贤明之辅，是以终日之间焦心劳思，以求天下之贤。”① 胡瑗通过人文的理念，以拟人化的手法将阴阳之间的相互作用关系给以彰显，明示了刚阳体的阳性本质，但同时也指出了阴柔体的远离处境，以“焦心劳思，以求天下之贤”来阐述其机，流射出阴阳相求而动的必然走势，正如孔子所云：“志不舍命也。”命者，性也，“天命之谓性”（《中庸》），其性如此，是宇宙自然之理。

杞，高木而叶大，其所生之瓜位高而就下，时至则落，涵存着“以至高而求至下”的发展态势，“犹以杞叶而包瓜，能自降屈如此，又其内涵中正之德，充实章美，人君如是，则无有不遇所求者也”②。苏轼认为：“金柅也，包也，杞也。”③ 将杞与金柅相联系，言明了阴柔体外移而去的止阻性蕴涵有天然的成分。折射出阴阳不仅各自具有阴阳两个方面，而且阴阳各自还存在相对独立的性征，彼此彰显相互吸引的本质特性。

上九，姤其角，吝，无咎。

胡瑗云：“角者物之最上穷极之处也，按此上九居一卦之极，在无位之地。”④ 从阴柔体与刚阳体的相对位置来看，经过九四“包无鱼”的斥拒，阴阳二体之间的距离已被拉至边缘，故此时阴阳二体相吸引的状态用“姤其角”来象之。胡瑗分析指出：“当姤之时，上无所遇，下无所应，如至于角，穷尽无所容也。”又说：“吝无咎者以其居穷极无位之地，上无所容，是自取鄙吝，又何咎于人哉?”⑤ 指出其中的原因就在于出现了刚阳体自身所产生的对阴柔体“无所容”的情形，因此阴阳二体关系边缘化。苏轼云：“以角为姤，物之不乐遇也，小人虽不能合，而君子亦无自入焉。”⑥ 言明了阴柔体因距刚阳体的距离边缘化而相互之间的作用变弱，故用“不乐遇”而象之，同时也明示了刚阳体也处于无应之状态。综上六个爻位上的自然观思想可以明见姤次夬的演化过程，在姤时局中，也始终体现的是刚阳体内在阴柔成分对外来近靠的阴柔体的排拒和抵制，因此从结构和相互关系的角度看，程颐所说的姤次夬的命题是建立在阴阳相

① 胡瑗．周易口义．第7册第52页．文渊阁四库全书·易说卷．
② 程颐．伊川易传．第3册第112页．文渊阁四库全书·易说卷．
③ 苏轼．东坡易传．第4册第8页．文渊阁四库全书·易说卷．
④ 胡瑗．周易口义．第7册第53页．文渊阁四库全书·易说卷．
⑤ 胡瑗．周易口义．第7册第53页．文渊阁四库全书·易说卷．
⑥ 苏轼．东坡易传．第4册第9页．文渊阁四库全书·易说卷．

互作用的自然观上的宇宙自然规律。这个规律本身告诉我们一个信号，刚阳体与阴柔体的距离不可拉得太大，它是有极限的，超过了这个极限，就会使阴阳统一体发生解体，非善易也。但同时对这一现状的改变，也不是一步就能转过来的，必须经过一个渐进的过程和萃聚的过程，这为萃卦时局自然观思想的彰明自然地作了过渡和铺垫。

在这里需要指出的是时下阴阳相互作用的能量流变情况如何。刚阳体通过其阴柔成分对阴柔体给以疏远，但同时也要为阴柔体的运转提供能量，否则就不会使统一体达到完整状态。程颐云："至刚而在最上者……上九高亢而刚极，人谁与之？以此求遇，固可吝也。"[①] 言明此时的平衡状态出现了大的落差，刚阳体能量处于"至刚"的最大状态，而阴柔体所获能量处于极弱状态，从而产生了与刚阳体求遇的"固可吝"情状。

---

① 程颐．伊川易传．第3册第112页．文渊阁四库全书·易说卷．

第四十五卦　萃卦的阴阳自然观

姤时局下的阴阳相互作用的状态，体现为阴柔体与刚阳体相互作用的最接近距离下的相遇态。至姤上九时位上，阴柔体已处“姤其角”的位置，即从姤初六至上九的整个过程，是推斥阴柔体近距离接触刚阳体的过程，体现了“勿用取女”的方法论思想。顺着这个思路，逻辑地给以审视可以发现，这种趋势的必然性结果是阴阳的相互吸引力（阳→阴）的聚升。因为姤上九时位上刚阳体处于至刚状态，而阴柔体处于至静状态，即刚阳能量权重系数大，而与其相对的阴柔体的能量就弱小得多，“少者多之所贵也，寡者众之所宗也。阳苟一也，五阴何得不同而归之；阴苟只也，五阳何得不同而从之。阴爻虽贱而为一卦之主者，处于至少之地也”（王弼《周易略例》）。古人常说，物以稀为贵。现在从能量的角度去分析其众寡和多少，用以明示其流通的方向，则更具合理性，从中也体现出了刚阳体对阴柔体吸引亲比的主动性，改变了姤时态下“勿用取女”的面貌，而转变成了刚阳求遇阴柔的局面（阳→阴）。尽管如此，姤与萃都是柔遇刚，都是刚在遇柔时要有防范之心，以防其消阳之势流行，故程颐、朱熹、胡瑗等都认为是萃次姤，但其情况是不同的，主要体现在谁是主动的、谁是被动的方面。

阴阳本来相求而动，性之本然，没有先后，但时下阴柔体运行至角边位置，随时有脱离而判道的危险，即阴柔体离心力的偏大造成了其对刚阳体的吸引力表现不是很明显，并不是改变了阴阳相求而动的根本规则。故刚阳体必须给以主动性，作易圣人用“王假有庙”、“利见大人”、“用大牲”、“利贞”等语言来喻示刚阳聚众阴的决心和诚意，彰显其主动性，同时也指出，若不行如此之大的动作，不可能使众前来，为了聚众亲阴柔，必须有至诚之意、大德之才和笃实之行；否则，又会返回到姤时态的格局情状，聚而杂乱，繁而惑众。这实际上是强调刚阳体的化育功能，即德才之大要达到一定的程度，既要使阴柔体前来萃聚，又要刚阳体内在的阴柔成分对其不予干涉。只有刚阳体传给阴柔体足够的能量，阴柔体围绕其转动的半径才能达到一定的数量，才能使体系的结构成分杂而不乱，这在客观上就要求刚阳体的能量要足够。若用君王来符示刚阳体的话，君王就必须要有大德之才。胡瑗云：“使天下之人当此萃聚之时，皆知尊事其祖先也。……小民蚩蚩不能自立，是必得大有才德之人，以仁义之道生成之。”① 强

① 胡瑗．周易口义．第8册第3页．文渊阁四库全书·易说卷．

调了刚阳体所应具备的条件和要求，也明示了阴柔体能量的虚弱，同时又强调“顺天命”的方法论观点，程颐云：“盖随时之宜，顺理而行，故彖云顺天命也。”① 孔子云：“天命之谓性。”（《中庸》）就是指刚阳体的阳性彰显程度是根本的，其所涵存的能量是决定性的，要依据自身的情况而定其体系的结构状态及阴阳之间的运作情状。

萃卦时局下，强调的一个非常核心的自然观理念就是“利贞”，即利于正道。胡瑗云：“君之所以得民，民之所以从君，必须利在于正道。苟居上者，不以正道而治之，则民始虽众多而聚，终亦离判。”② 正者，不偏不倚。就是说，阴阳相求而动是有条件的，不是无条件、无限度的。在阴阳相接的一定距离范围内，这种相吸引的关系是成立的，这个一定距离实际上就是极限距离，突破了这个零界线，就成了排拒和抗斥；若远离这个极限数量至一定限度，其间所产生的吸引力因太弱小而趋近于零，也是不能表现为相求的。

综上所述，萃格局下，阴阳相互作用的力的结构和能量的流变情况与姤格局的情状是既有联系又有区别的，是对刚阳体本身有相当的要求的，不仅对其性显程度的彰明情状提出评价，而且对其所作用的对象，即阴柔体抱有贞正和主动性，同时还要有高度的警戒性，不至于使阴柔体在与刚阳体互动的过程中起到消阳的作用。如何才能把握住这个度呢？这还要从萃时态下阴阳相互作用的活态运作动力体系的语境结构上去分析和把握。

萃　↙大畜（䷙）
䷬
观（䷓）↗

这个阴阳相互作用的力的语境结构，从内涵本质上绘制了萃时态下刚阳体的运行轨迹。萃与大畜旁通互动，大畜格局正是萃时态的内在本质，大畜“天而在于山中，所畜至大之象。凡所畜聚，皆是专言其大者。既道德充积于内，宜在上位以享天禄，施为于天下，则不独于一身之吉，天下之吉也”③，明示了刚阳体能量的流通性。与前面所论各卦时态下阴阳相互作用的运行结构相似，阴柔体的动行所需能量必须由刚阳体来提供，使其充积于内的道德得以流行，“施为于天下”。同时，二阳四阴卦由观来，萃卦从卦变意义上说是本于观卦。“君子以省方观民设教”的理念，为萃时态下阴阳互动的运作过程提供了方法论的命题和思路，明示了对阴柔体不同运行阶段应采取的不同应对办法和行事原则。

---

① 程颐．伊川易传．第3册第114页．文渊阁四库全书·易说卷．
② 胡瑗．周易口义．第8册第3页．文渊阁四库全书·易说卷．
③ 程颐．伊川易传．第3册第116页．文渊阁四库全书·易说卷．

初六，有孚不终，乃乱乃萃，若号，一握为笑，勿恤往，无咎。

姤上九时位上指出了阴阳二体距离之远，已达边缘化的程度，故此时阴阳二体相吸引的状态用“姤其角”来象之。姤者，阴阳相遇之意也，但在角边之地，已逼近临界状态。在这种情况下，阴阳二体的关系呈现出杂乱之象，阴柔体离心力占有相当的优势，按程颐的话分析就是“柔无守正之节”①。孔子赞之为“心志乱也”，但其苦于没有外援，“其心志为同类所惑乱，故乃萃于群阴也”。“当萃时，三阴聚处”②，与刚阳体的相求倾向依然存在。而刚阳体表现出极大的求合济遇的愿望，以至于达到可吝的程度。正如程颐在释姤上九爻辞时所云：“至刚而在最上者……上九高亢而刚极，人谁与之？以此求遇，固可吝也。”③ 程颐所言之大义，不仅意指刚阳处极的动态情状，而且彰明了阴阳二体诚意不盈而不能完全合拍的景况，故作易圣人系之为“有孚不终”，即既有相求的一面，也有离心而动的一面，是宇宙自然之理。但对于阴柔体来讲，其运行的能量来源于刚阳体，因此从根本上还是受制于刚阳体，若脱离刚阳体而外移，则没有足够的能量而为之，故只能是处于离而不破、遇而不合的状态，作易圣人以“乃乱乃萃”来形容，再恰当不过了。

但对于刚阳体的阳性成分来说，由于刚阳体内在的阴柔成分的正应身份不容改变，所以朱熹形象地说：“若呼号正应，则众以为笑。”④ 朱熹借用这种男女之间的关系，来说明刚阳之性显且作用于阴柔体的必要条件是不能让刚阳体的阴柔成分发挥明显的作用，故曰：“若号，一握为笑。”如果阴柔成分作用明显则与刚阳成分对外辐射的能量有相当的抵消，而消减其作用力的能为，不能显示萃时态下的济遇理念。但客观情况并不是这样，姤上九时刚阳的性显已处极至，主动求阴之势明现，阴阳相济而遇的大势已定，无所阻挡，故作易圣人用“勿恤往”来形容，性之使然，无所怨咎。

之所以为萃，是因为上下皆有围聚其旁之势，即刚阳体的阴柔成分和阴柔体都有与刚阳成分在萃聚的倾向，胡瑗云：“然且当萃聚之世，是上下皆相求萃聚之世，初虽心志惑乱，终得萃。”⑤ 并且将阴柔体看成小人，他的向心运行必然会干扰刚阳体这个子系统内在阴阳的平衡。

六二，引吉，无咎，孚乃利用禴。

初六描绘了阴阳二体之间的相对运行状态，指出了刚阳体的刚阳成分对阴柔

① 程颐．伊川易传．第3册第116页．文渊阁四库全书·易说卷．
② 程颐．伊川易传．第3册第116页．文渊阁四库全书·易说卷．
③ 程颐．伊川易传．第3册第112页．文渊阁四库全书·易说卷．
④ 朱熹．周易本义．北京：九州出版社，2004. 123.
⑤ 胡瑗．周易口义．第8册第7页．文渊阁四库全书·易说卷．

体的“勿恤往”的态势。程颐云：“引者相牵也，人之交，相求则合，相恃则离。二与五为正应，当萃者也，而相远，又在群阴之间，必相牵引，则得其萃矣。”① 程颐所言“引者”是必相牵引而萃，而不是阴阳之间的简单吸引，并且指明了刚阳体阳性成分的作用对象，应该是众阴，而不是单纯的一个阴柔成分或阴柔体，即刚阳体的刚阳性或阳性成分要使刚阳体的阴柔成分和阴柔体兼容并蓄，不能丢弃其中的任何一个，才会使阴阳整体平衡态得以维系，故得吉无疑，作易圣人以“引吉”来作象，喻意极为深刻。朱熹亦云：“二应五而杂于二阴之间，必牵引以萃，乃吉而无咎。”② 六二处中得正，六者，阴也，即经过刚阳对众阴的平衡运作，使众阴得中而和合，故曰：“无咎。”程颐云：“群阴比处，乃其类聚。二，阴柔之才，以其有中正之德，可觊其未至于变耳。”③ 之所以能类聚，是因为阴阳相合之理，群阴都来亲合刚阳，自然围绕刚阳而成聚蓄之势。这种倾向是阴阳孚信之所为，性之必然，理之根本，故无须过多地给以装饰和加工，故曰：“孚乃利用禴。”

胡瑗云：“凡所进用，必须有道，待上之聘求，然后往则得书，进身之道也。”④ 胡瑗提出了其中所涵具的道的概念，“一阴一阳之谓道”（《系辞》），又用君臣给以象之，符示着阴阳之相互对待的情状，指出了合道则所求皆遂，无须过多地讲究形式之用。孔子赞之为“中未变也”。王弼注之曰：“中之为用，未可变也。”⑤ 直指阴阳相求而互相对待关系的普遍性特征，并把阴阳关系看成解易的根本途径。

六三，萃如嗟如，无攸利，往无咎，小吝。

六二时位上言明了阴柔体及刚阳体内在的阴阳各成分所达至的状态为平衡态，可以说阴柔体以阴居阴而位当得中，但处萃聚之时，阴阳之性的相求而动又使得阴柔体在阴阳相互吸引力的作用下而近靠刚阳体，产生了越位而行的情状，故孔子言之为“上巽也”，巽者，入的意思，即入而逼近阴阳之间的临界距离，必然会因“二女同居，其志不相得”的同性相斥原理的支配作用，受到刚阳体内在阴柔成分的排斥而处欲聚不能至达的境地，故曰：“嗟如”，即嗟恨之象明现，再如此下去，有何利呢？必然受阻而无疑。但阴阳相求而动为理之本然，无有怨咎，故曰：“往无咎。”吝者，吝道也，即所往之道阻隔彰明，不易通顺。这样虽无大咎，但也不能通畅达道，故曰：“小吝。”

---

① 程颐．伊川易传．第3册第116页．文渊阁四库全书·易说卷．

② 朱熹．周易本义．北京：九州出版社，2004. 123.

③ 程颐．伊川易传．第3册第117页．文渊阁四库全书·易说卷．

④ 胡瑗．周易口义．第8册第7~8页．文渊阁四库全书·易说卷．

⑤ 孔颖达．周易正义．北京：九州出版社．2004. 758.

胡瑗、程颐、朱熹等对这种情状的解读，将阴阳之间的空间结构及力的作用状况说明得相当到位。胡瑗云："六三以阴居阳位，不正也。居下卦之上不中也，以不中不正之身居萃聚之世，上无其应而欲亲比于四，然四本与初为正应，是以不纳于己，既不见纳是以嗟。咨愿望复，何所利哉?"① 胡瑗用卦爻之位象言明阴阳二体之间力的作用和空间的相对位置，并指出阴柔体运行的轨迹已出中位，当然不正。阴柔体之所以不会被刚阳体接纳，是因为刚阳体这个子系统含有阴柔成分，这两个阴性物应保持一定的空间距离，在不突破这个一定的距离的情况下，是可以构成系统一体化运作的。可萃聚之时，又强调其不可近靠，不被纳接而必生嗟恨。但这是由客观自然的情况所决定的，故"往无咎"，不会产生大的怨咎，只是明示其不能再这样近轨道运行了。初是最内层，即内在的具有根植性的东西、成分或因素，胡瑗用"四本与初为正应"明白无误地指出了刚阳体内在所存摄的成分内涵。程颐、朱熹分析得更是简练。程颐云："三，阴柔不中正之人也，求萃于人而人莫与求。四则非其正应，又非其类，是以不正为四所弃也。"② 朱熹云："六三阴柔，不中不正，上无应与，欲求萃，于近而不得，故嗟如而无所利。"③ 杨万里、郑刚中等人更是深入到其阴阳相互作用的几微之处进行掘析，从中厘清了阴柔体的运行状貌。杨万里云："六，阴柔也。三，不中不正也。挟阴柔不中正之资其谁纳我？故进而求聚于九四之君子，则四非其类而不答，退而求聚于六二之大臣，则二非其应而不与。"④ 描绘了阴柔体的动貌和情状，实际上就是一种对欲进而不能进、欲前而又无法行的状态的话语表达，并不是卦象里的这个具体君子和小人，而是描述阴阳相互作用的这种现象和运作过程。郑刚中也有相似的论述："六三当萃聚之时，际乎上下体之间，可谓萃如矣。然欲与四聚，则四与初应，欲与二聚，然二与五应，进退无一利，是以嗟如。"⑤ 提出了阴柔体进不能进、退又不可能的两难处境，彰显了六三时位上自然观思想的内在本质。

九四，大吉，无咎。

经过初六、六二、六三这三个阶段，一方面，阴阳二体已形成了萃聚之势；另一方面，六三时位上刚阳体内在阴柔成分的作用，又使得刚阳体行藏之用流射出阴性的内敛效应，即刚阳居阴位。程颐云："四当萃之时，上比九五之君，得君臣之聚也。得上下之聚，可谓善矣。"⑥ 九，即阳刚，其周围以君臣象之，是

① 胡瑗．周易口义．第8册第8～9页．文渊阁四库全书·易说卷．
② 程颐．伊川易传．第3册第118页．文渊阁四库全书·易说卷．
③ 朱熹．周易本义．北京：九州出版社，2004．123．
④ 杨万里．诚斋易传．第6册第41页．文渊阁四库全书·易说卷．
⑤ 郑刚中．周易窥馀．第4册第36页．文渊阁四库全书·易说卷．
⑥ 程颐．伊川易传．第3册第119页．文渊阁四库全书·易说卷．

为了说明其所聚之势已达善境。可紧接着程颐又说："然四以阳居阴，非正也，虽得上下之聚，必得大吉然后为无咎也。大为周遍之义，无所不周，然后为大，无所不正则为大吉，大吉则无咎也。夫上下之聚，固有不由正道而得者。"[①] 很显然，程颐所说的"四以阳居阴"是对刚阳体所处状态的反映和对外关系的定位，也是对刚阳体自然情状的描述。刚阳体内阳外阴，使得阴柔体与刚阳体中阳性成分的自然相求性大打折扣，若刚在外而柔在内，阴阳各要素的位置分布就得当而合道，问题的关键就在于客观情况并非如此，所以程颐概之为"固有不由正道而得者"这样的结论，而且他进一步用社会学的语言进行表述："非理枉道而得君者，自古多矣；非理枉道而得民者，盖亦有焉；如齐之陈桓，鲁之季氏是也。然得为大吉乎？得为无咎乎？故九四必能大吉然后为无咎也。"[②] 在社会上不合道理而得君得民的情况很多，屡见不鲜，其原因也很明白，孔子定之为"位不当也"。这个位不当的定位，一语道破了其内在的本质，就在于阴阳各要素空间位置的不同。

九五，萃有位，无咎，匪孚，元永贞，悔亡。

孔子针对九四时位上的自然情状，明示了位之重要及位所具有的决定性的内涵和自然观思想，逻辑地将九五时位上萃的情况给以"萃有位"的表述，以明示萃时态下要想保持平衡态所必须具备的条件和阴阳相互对待应持的自然规则，足见作易圣人纲纪线条的自然性特征。时至九五，萃聚之态已达平衡态，故曰："萃有位。"通过对九四时位上自然观思想的阐扬，可以知道九五时位上之所以能有位，原因就在于其内在的自然规约，是自然而然的事情，本性之所为，无所咎悔，故作易圣人用"无咎"、"悔亡"等来彰明其态，并指出其中的原因并非孚信，而是由空间结构的本来状况规约的，但这并没有什么不好之处，相反它可以达"元永贞"的境界。

郑刚中云："位者，人君之大宝也。无位固不足以聚人，既得其位，则以忘位以聚天下。"[③] 郑刚中以人伦君臣之交融和合原理来形象地对刚阳体所处状态作了一个人性化的反映和折射。九五刚阳成分已达聚众之志，但因没有过多的空间而使阴柔体不能前来交合，正如孔子所赞之语："志未光也。"在这种情况下，刚阳体应体现出子系统的整体性特征，对外彰显阳性而忘掉其性显成分，即刚阳成分的环境性因素，体现出阳光之辉亮的一面，从而也佐证了"萃有位"的自然观理念中所涵具的主观性色彩。

但这样一来，就有用形式来掩盖事实和本来面貌之嫌，故程颐云："王者之

---

① 程颐．伊川易传．第3册第119页．文渊阁四库全书·易说卷．

② 程颐．伊川易传．第3册第119页．文渊阁四库全书·易说卷．

③ 郑刚中．周易窥馀．第4册第37页．文渊阁四库全书·易说卷．

志，必欲诚信著于天下，有感必通，含生之类，莫不怀归，若尚有匪孚，是其志之未光大也。”① 提出了诚信必涵摄于其中的戒语，从自然观的角度描述了阴阳统一体中各成分和要素的作用及结构。

上六，赍咨涕洟，无咎。

九五时位上刚阳体阳性成分所符示的君王“既得其位，则以忘位以聚天下”，以人君为人所求的习常礼仪之变更，来彰明刚阳体对阴柔体的主动亲比和吸引情形。这一切所为都具有人为造作的主观性特征，是“得其位”而主动或主观上“忘位”而“以聚天下的人化运作”，反证了客观上刚阳体内在阴柔成分对外来阴柔体的排拒作用的强劲势头的实在性情形。既然相互排斥，诚信之理念就不会充实，对刚阳之君来说，是“其志之未光大也”，言明了刚阳亲阴柔的困难处境；对于阴柔体来讲，是因得不到对方的诚意而悲伤怨恨，其结果是阴阳二体各不能至善，故曰：“赍咨涕洟。”究其实质，还是位效应之所为而至，程颐云：“六，说之主，阴柔小人，说高位而处之，天下孰肯与也？求萃而人莫之与，其穷至于赍咨而涕洟也。赍咨，咨嗟也。”② 阴柔体离阳而去，趋向高位而处之，是背刚阳而远离之象，是阴阳二体相互对待、共同作用的结果，造成了统一体平衡态的流转而呈“未安”之象，故孔子戒之以“未安上也”，描述了阴柔体的动态变化趋向，是直指上、高、远位而行，强显活跃性和不安性。胡瑗云：“未安上也者，言上六所以赍咨涕洟者，以不得其所、不安其居者也。”③ 既然与阳而阳不应，活跃性顿显，不安之貌随现。这种发展态势，必然会使阴柔体上行而呈升高的走势。这样自然而然会使阴阳相互作用的力的结构和格局流转而发展到升卦的结构和格局之中。

---

① 程颐．伊川易传．第3册第119页．文渊阁四库全书·易说卷．

② 程颐．伊川易传．第3册第121页．文渊阁四库全书·易说卷．

③ 胡瑗．周易口义．第8册第11页．文渊阁四库全书·易说卷．

第四十六卦　升卦的阴阳自然观

萃时态下阴柔体的嗟恨和怨悔，根植于其无位之情和诚信之亏，之所以萃九五以“萃有位”而主动求之，更说明了这种诚信的严重缺失。在这种情况下，阴柔体彰显活性而呈不安状，理之自然，性之本然。《序卦》云：“萃而聚也，聚而上者谓之升，故受之以升。”萃，即聚众，众阴亲比于刚阳而成聚势，刚阳之性只有大而明者，才能胜此重负，担此大任。萃上六时位上就明显地彰示了“上六所以赍咨涕洟者，以不得其所、不安其居者也”。上六既有不安状，升而至高、至远的运作趋势必然成为其发展的唯一径向。对待这种情形下的阴柔体别无选择，只能通过修德壮身、增强刚阳之性来维持。因为阴柔体的远行必须有足够的能量来维持其运转，所以反过来又通过修德壮身而充实自己。这种修德壮身的过程实际上就是聚能的过程，也就是使自己“积小以高大”的过程。由此可知，“聚而上者”是对阴阳二体而言的，是整体推进的过程。孔子之所以赞之为“柔以时升”，并不是阴柔体一方的升进之象，而是把阴柔体的升进作为前提，以此来促进刚阳之性同步增长，故孔子言其象曰：“君子以顺德，积不以高大。”而这种刚阳性显的增势又必须以修德的方式来完成，所以程颐云：“因为善不积不足以成名。学业之充实，道德之崇高，皆由积累而至。积小所以成高大，升之义也。”① 提出了积累而成长势的自然观理念，明示了一种事物发展的客观演化过程。胡瑗亦云：“物之众萃自少而聚之于多，自下而至于高，以升于上，故以此升以次于萃也。”② 对此程颐、张载、朱熹、杨万里等一致认为升次于萃，进一步体现了萃的理念，说明刚阳君子对阴柔体吸引的彰明呈上扬态势，而这个上扬态势正是刚阳之性能明显萃聚之势。胡瑗对于如何来形成刚阳性能扩张之势提出了方法论的命题：“圣贤之人升于上位必然有元大始生，以生成天下之民，物又有大亨之德，以通济天下之事，然后得尽所以升上之道也。”③ 强调了修德的功夫和作用，明示了在阴柔体上升的同时，内在地规定了刚阳的修德之行。程颐云：“木生地中，长而益高，为升之象也。……木生地中，长而上升，为升之象。”④ 木之于地必升，不仅是对木之发展的描述，而且是对地之能量的折射，

① 程颐．伊川易传．第3册第123页．文渊阁四库全书·易说卷．

② 胡瑗．周易口义．第8册第11页．文渊阁四库全书·易说卷．

③ 胡瑗．周易口义．第8册第11页．文渊阁四库全书·易说卷．

④ 程颐．伊川易传．第3册第121～122页．文渊阁四库全书·易说卷．

只有二者合体方成长势，若地之贫乏，则木之不长，同样木之旺衰，也可反证地之肥瘠。以往学者都将宋代易学家们的解易理念给以片面化或简单化地说明，显然是不对的和不完整的。

同时，宋代易学家们对阴阳二体升时态下的格局结构给以很认真的分析和说明，程颐云："以二体言，柔升谓坤上行也。巽既体卑而就下，坤乃顺时而上升以时也，谓时当升也。柔既上而成升，则下巽而上顺，以巽顺之道升。"[①] 程颐分析得非常到位，通过简单的一段话，描绘了阴阳二体所组成的系统整体结构，指出了整个系统各成分间的相互关系和运作规则。他首先指出"以二体言"，不能单看一方面，而应全方位地来理解；然后，对升的态势作了自然观的定位，指出结构体系中涵存着两个阴柔性的要素，一为巽，二为坤，即一个向下的，一个向上的。刚阳体阴柔成分在刚阳性显吸引力的作用下紧靠刚阳成分而呈伏状，"巽，伏也"（《说卦》），而巽伏以入内的运动本身又会使刚阳体内在阴柔成分因子运行能量的降低，从而使刚阳能量在总量不变的情况下提供给阴柔体，这就需要一个修身的过程。而坤阴上升，并且认为是"以时也"，即由萃格局时态下而逻辑运作至此时态下的时升，说明了阴柔体的上升之象和态势，并且二阴是相辅相成的，"以巽顺之道升"。只有巽阴之存在，才使得刚阳得其中而巽阴推其行，而且是阴阳合体而成道，指明了其统一性和整体性，也描绘了上升之阴是合其类而行，其上行的目的不是与另外的刚阳相合，而是聚而成更大的阴势以增强其对刚阳的牵引作用。这样就如孔子在对其所作的彖辞中所说的那样："巽而顺，刚中而应，是以大亨。"阴阳二体及系统各成分的运行是指向"中道"而已。这里孔子所言之"大亨"用词极为准确，不容怀疑，但宋代易学家有改经疑经之风，如程颐就认为这里孔子用"大亨"是把"元亨"误作而成，笔者在此有不同的看法。亨者，通也。"一阖一辟谓之变，往来不穷谓之通。"（《系辞》）变通之理念是易学和易道的核心内涵和主导支撑，阖辟就是阴阳的往来，不能往而不来，来而不往，那样就会乾坤毁而不可见易，故在阴柔体欲往之时，来的大势是宇宙自然之原则，是自然观的核心内容和内在规约。可这个欲来之势是有条件的，只有刚阳性显而大聚，才能使阴柔体因吸引而往来，同时阴柔体在统一体不破，乾坤不毁的情况下，刚阳能量达到足够程度，才能不断地为其提供运行的保证。另外，之所以将阴柔体的远高上升之行给以坤顺的符示，是因为坤为太阴，阴性强显，为阴阳之间引力系数的增大提供了保证。所以无论从阴阳二体哪一方面讲，"大"而方能"亨"的自然准则都是成立的，而元仅是善之长态，还没能达通之势，显然不可将其轻易改动。

---

① 程颐．伊川易传．第3册第122页．文渊阁四库全书·易说卷．

我们既然说刚阳所符示之君王的修德强身在升时态下是一种自然观语境下的人文理念，那么这种修德的功夫强化的动机何在呢？作易圣人言之曰：“元亨，勿恤，南征吉。”以求阴柔体的往来为善，故曰：“元亨。”用“南征”这样一个动态词来表达意思，实际上是描绘了一幅动态图景，指出了阴柔体要远离而刚阳体欲牵引的追逐之象和前行之象。孔子象之以“志行也”，说明了刚阳君子只要修德强体，一定会伸张其大志，而这个大志就是用阴柔体的上升来表征的。程颐云：“南征，谓前进也。前进则遂其升，而得行其志。”① 也是对阴阳二体运行状态的描述，反映了升时态下一卦之体和六爻之义的结构图式。尤其是“勿恤”二字，说明阴柔体在刚阳之君王修德光大以后，“不忧其不遂也。遂其升，则己之福庆，而福庆及物也”②。阴阳相求而动的机理内在地决定了随着刚阳明德的流行，阴柔体的运行必然围绕刚阳而动，彰明了自然观原理的客观必然性。

综上所述，升之格局下，阴阳相互作用的力的结构和能量的流变情况是承继萃之时局而作的延续和发展，所要强调的指涉对象并不仅仅是阴柔体的高远之上升现象，而更重要的是对刚阳体内在阳性成分的提升，以及内在阴柔成分能量和作用的调节，是体现阴阳二体整体互动的情状，如何才能使这个系统中阴阳二体、系统整体结构因子、内在组成各成分间有机地进行调整和互动，还要从升时态下阴阳相互作用的活态运作动力体系的语境结构上去分析和把握。

升　↙无妄（䷘）
䷭
临（䷒）↗

升时态下主要是针对阴柔体的上行而作出了一系列的反应，升与无妄旁通互动，动态流转，无妄之义很大程度上彰明了升时的行进路径。王弼在《周易略例》中明确指出：“物无妄然，皆有其理。”说明了诚意流行的重要决定性作用，无妄即诚，不诚无物，所以在升时局下君子的行动准则体现出无妄、忠诚、专一的意志来。同时，从卦变角度看，二阳四阴卦由临来，临三之初即得升卦。临者，临民也，就是要有主动性，要积极地对阴柔体给以作用，从而体现君子的光明之德，在升六爻，即六个发展过程中彰显这种结构所展示的方法论思想和内容。

初六，允升，大吉。

程颐云：“初以柔居巽体之下，又巽之主，上承于九二之刚，巽之至者也。二以刚中之德，上应于君，当升之任者也。允者，信从也。”③ 从升卦格局的分

---

① 程颐．伊川易传．第3册第123页．文渊阁四库全书·易说卷．

② 林忠军，梁韦弦．程氏易传导读．济南：齐鲁书社，2003. 273.

③ 程颐．伊川易传．第3册第123页．文渊阁四库全书·易说卷．

析中可以知道，两个阴性物的互动可以成升之势，一个为刚阳体内在的阴柔成分的内敛，一个为阴柔体的外向运行。现时的阴柔物为初六，“居巽体之下，又巽之主”，是伏入于刚阳之上的那个阴柔物，即内在阴柔成分。初六时位上主要是体现出刚阳体内在阴柔成分对其内在刚阳成分的内在亲和作用，使得阴柔成分能态降低，而相对增其刚阳的能量，或者使刚阳能量相对供给减小，以这部分能量来提供给阴柔体的上行运作，从而保证阴柔体在更高远的位上运行平稳。这里就折射出刚阳体这个子系统内部的结构调整问题，作易圣人象之曰“允升”，其意甚切，允就是信从，是因为信实而伏之入之以从阳，而使刚阳阳性大增而显现光明之德，故曰：“大吉。”孔子赞之曰：“上合志也。”实际上是说与上行之物合志合德，和融为一。程颐此时提出了有刚中之德的九二来，用九二与初六的关系结构，反映出刚阳是“当升之任者也”，是阴柔体能量的供给者和保证主体。“君子之人既得升进，则其道得以行，其志得以伸，其泽可以福于生灵，其功业可以被于天下，故吉之大者也。”[①] 胡瑗将刚阳之君子能量作为的提升看成升的本然内容，表象上的升进是阴柔体，而其内在的作用力量来自于刚阳君子，道行志伸、泽福生灵、功被天下，归根到底是君子之所为，这是中国哲学思想中的整体生成理念的又一体现，也是易道自然观思想的重要内容和核心支柱。

九二，孚乃利用禴，无咎。

刚阳经过初六时段的能量流变，通达于阴柔体，然而阴柔体在获得能量之后处上行态势，从刚柔二体的运作表象来审视，是相离之象明现，故程颐云：“夫以刚而事柔，以阳而从阴，虽有时而然，非顺道也。以暗而临明，以刚而事弱，若黾勉于事势，非诚服也。上下之交不以诚，其可以久乎？其可以有为乎？二虽刚阳，事上者也，当内存至诚，不假文饰于外，诚积于中，则自不事外饰，故曰利用禴。”[②] 时下是阴柔体外上而离远之象，刚阳以能量而供之，是“以刚而事柔”、“以阳而从阴”的态势，程颐认为是“非顺道”。程颐所讲，其目的在于分析和解构阴阳二体之间的关系和流变情况，同时提出方法论的指导，指出诚意在阴阳相互作用的时下态势下所起的突出作用，若有“孚”而诚，则可以不用形式来装饰和点缀，当然若无诚意流行其中，则不可避免咎悔之吝，所以强调了刚阳君子的孚诚理念在升时态下的重要地位。孔子在作传时，领悟了其中的真谛，指出其中涵摄的大义，象之曰：“有喜也。”明示了在阴柔体无有他意的基础上，有足够的能量保证以彰显其围绕刚阳体运作的态势，完全可以折射出刚阳的大志而得喜无疑。程颐云：“二能以孚诚事上，则不唯为臣之道无咎而已，可以行刚

---

① 胡瑗．周易口义．第 8 册第 14 页．文渊阁四库全书·易说卷．

② 程颐．伊川易传．第 3 册第 124 页．文渊阁四库全书·易说卷．

中之道，泽及天下，是有喜也。”① 尽管九二以刚居柔来应六五之君，正如初六所说的内敛其阴柔成分为阴柔体提供条件和保证，是诚之所为，“所行之道，所为之事，无不合于中”②，君子以此可以道行志伸、泽福生灵、功被天下，有喜之象。

九三，升虚邑。

在九二时位上，阴柔体在刚阳能量的供给下给以运作和转动，完全走向了以刚阳为中心的轨道，完全摆脱了刚阳体内在阴柔成分的制约而无所阻隔，也就是从阴柔体的运行态势中，折射和反映出刚阳之君子志伸而畅行，无所抵御，故程颐云：“三以阳刚之才，正而且巽，上皆顺之，复有援应，以是而升，如入无人之邑，孰御哉?”③ 程颐首先肯定九三所彰显的是刚阳之才德，但刚阳之能为是以阴柔体的运作和所为来表达和反映的，所以曰为“正而且巽”。正就是直，巽就是伏，结合而言之为虽伏而不动，但可直表其用。阴柔体“上皆顺之”，使刚阳君子能得“援应”，从而说明刚阳之能为通过阴柔体的自如运行而得以体现。

同时，因为外无刚阳之他体，阴柔体的上行是以类而聚，所以不会担心阴柔体外上之高处会产生别的结构的重新组合体，故孔子赞之曰：“无所疑也。”从而也说明了刚阳之志得以彰明，九二时位上“有喜”之状在九三时位上得到了承继和延伸。程颐对此简单明了地给以概括：“入无人之邑，其进无疑阻也。”④ 苏轼云：“九三以阳用阳其升也，果矣；六四以阴居阴其避之也，番矣。”⑤ 苏轼所言“以阳用阳”，就是对刚阳能量的发挥和彰显而言的。这种能量的彰显必然会使其能为有所升明，必然会使围绕自身运转的阴柔体活动的半径增大，以明示其价值，方显升之象。同时其动态走势的符示爻象，即六四爻从另一方面给以辅成说明，“以阴居阴而避之”而不阻拦，言明其阴性度不断地提升，也明示了其阴柔性征的升级之象，所以对此格局苏轼直言：“以至强克至弱，其为祸福未可知也，存乎其人而已。”⑥ 对于刚阳直进无阻之势，祸福各半，未可知晓，其中决定的因素取决于情伪之动，是人之所为而致，体现了其中所涵具的人化的自然观思想。

六四，王用亨于岐山，吉，无咎。

九三时位上言明了刚阳之志伸，得以上扬，“阳实阴虚，而坤有国邑之象。

① 程颐．伊川易传．第3册第124～125页．文渊阁四库全书·易说卷．
② 胡瑗．周易口义．第8册第14页．文渊阁四库全书·易说卷．
③ 程颐．伊川易传．第3册第125页．文渊阁四库全书·易说卷．
④ 程颐．伊川易传．第3册第125页．文渊阁四库全书·易说卷．
⑤ 苏轼．东坡易传．第4册第14页．文渊阁四库全书·易说卷．
⑥ 苏轼．东坡易传．第4册第14页．文渊阁四库全书·易说卷．

九三以阳刚当升时，而进临于坤”①。刚阳之君子得势而行走于自邑之间，无所疑虑，升而不已。

这种升而不已之势的前提就是刚阳内在阴柔成分运行轨道半径的缩小，只有这样才能使刚阳有足够的能量来支持阴柔体上升而彰显刚阳的明德。这里涵具着能量守恒的宇宙规则：阴阳整体系统的平衡态决定了刚阳的能量与阴柔群团能量是等量的，刚阳体内在阴柔成分运行能量的降低就会增强阴柔体能量的数值，同样阴柔体能量的长势，必然伴随着刚阳体内在阴柔成分能量的降低，这是相辅相成的，正如朱熹所云：“随之固结而不可解者也。诚意之极，可通神明。”② 这是朱熹在解读随卦上六爻辞时的一段话，他认为用之来喻示升六四时位的自然观思想甚为恰当，言明和提揭了阴阳结构体系整体性运作的动态情状，指出了诚意的流行必然会使阴性因素发生变化。也就是说，在刚阳能为升显之时，其阴柔成分的能量相应地随其变化而在不断地持续下降，故程颐云：“四柔顺之才，上顺君之升，下顺下之进，已则止其所焉，以阴居柔，阴而在下，止其所也。”③ 近君，即近刚阳，所指必定为阴柔成分，其近就而亲比，是“顺君之升”之所为，同时使自己“止其所焉”。作易圣人以“王用亨于岐山”来象之“文王之居岐山之下，上顺天子，而欲致之有道，下顺天下之贤，而使之升进，已则柔顺谦恭，不出其位，至德如此，周之王业，用是而亨也”④。表象上的不彰显，反而会使王业大兴，故曰：“吉，无咎。”

六五，贞吉，升阶。

六五为阴柔之本，沿着六四时位上的发展走势，“下有刚中之应，故能居尊位而吉”⑤。下者，内也，言明了其与刚阳的位置关系。这个阴柔成分的内聚而萃，使得刚阳及围绕刚阳体运行的阴柔体之能为不断彰显，故曰：“升阶。”同时，阴柔体的离己运作，使自己安于其处，故孔子赞之曰：“大得志也。”因此对于阴柔成分的亲阳近靠行为提出了必须贞固的要求，“若不能贞固，则信贤不笃，任贤不终，安能吉也？”⑥

苏轼所言颇为形象：“升之阶也，阶者有可升之道也。我唯为阶，故人升之，我不为阶而人何至升哉！”⑦ 明确地指出了刚阳体内在阴柔成分在刚阳性显能为的展示中起到了阶梯所起的使人上升的作用。苏轼以土木作喻：“木之升也，克

① 朱熹．周易本义．北京：九州出版社，2004. 126.
② 朱熹．周易本义．北京：九州出版社，2004. 50.
③ 程颐．伊川易传．第3册第125页．文渊阁四库全书·易说卷．
④ 程颐．伊川易传．第3册第125页．文渊阁四库全书·易说卷．
⑤ 程颐．伊川易传．第3册第126页．文渊阁四库全书·易说卷．
⑥ 程颐．伊川易传．第3册第126页．文渊阁四库全书·易说卷．
⑦ 苏轼．东坡易传．第4册第15页．文渊阁四库全书·易说卷．

土而后能升，而土以木升为功，未有木生而土不愿者也。”[①] 从正面回答了刚阳体这个子系统阴阳成分的本质联系，指出了修养以强身的辩证原则。

上六，冥升，利于不息之贞。

刚阳能为的基础是阴柔体上升运行，其能量的流转依赖于阴柔体的消阳能力。上六处升之极致地步，阴柔体的消阳能力已到极限，“消不富也”，同时也说明刚阳能为的极限也已逼至，故曰：“冥升。”若再行升进之行，会因没有足够的能量供给而发生系统整体结构的破坏，那就会成为不明智之举。故程颐云：“六以阴居升之极，昏冥于升，知进而不知止者也，其为不明甚矣。”[②] 不可进升则应止行，“时行则行，时止则止”（《象·艮》），止于其所止，以达“不息之贞”，则是刚阳能为展示的最佳状态。胡瑗云：“夫升进之道至于五位，大中之极也。惟圣贤之人则不为情所牵，不为情所诱，进退存亡，皆得其正。可以进则进，可以退则退，可以止则止。”[③] 升进五位，以达“大得志也”的增界，不可再进，否则就会出中而偏执，能量无法流通。

---

① 苏轼．东坡易传．第4册第15页．文渊阁四库全书·易说卷．

② 程颐．伊川易传．第3册第127页．文渊阁四库全书·易说卷．

③ 胡瑗．周易口义．第8册第17页．文渊阁四库全书·易说卷．

卷七

第四十七卦　困卦的阴阳自然观

升时态下阴阳相互作用及其各自运行的状态，在上六时位上已出中而偏执。胡瑗云：“今（升）此上六，其性冥冥然无所知，但知进而不知退，知存而不知亡，升而不已，过于至尊之位，失其大中之道而至于亢极。”[①] 胡瑗用人文理念来提揭阴阳二体之间的相互关系，以“冥冥然无所知”来象喻刚阳对阴柔体前行以体现其能为的支撑和强进之势，其内在的能力已逼至极限，达升九五时位已处临界状态，这样下去只会使刚阳受困于能量不足的境地。《序卦》云：“升而不已必困，故受之以困。”程颐对刚阳能量的消耗状态作了一番描述：“升者自下而上，以力进也。”[②] 明确地提出了“力”的概念，其升主要体现在能为和作用的升级和提升上，具体表现为阴柔体在获得刚阳所提供的能量之后，不断地扩大自己运行的半径和范围，同时其运行的速度显著提升，消耗的能量也呈正比例增长，同时，刚阳内在的阴柔成分因其不可无限近靠刚阳，致使其能量的流变出现滞阻现象，使得刚阳在能量的流通上出现了紧张的局面，故刚阳处困穷之态。程颐云：“九二陷于二阴之中，皆阴柔掩于阳刚，所以为困也。”[③] 正是对刚阳这种处境的真实写照。可见，孔子用“刚掩”来形容阴阳二体的关系，意思是说刚阳完全被阴柔所掩盖，其阳性的彰明度处于极弱状态。

但升上六时位上，阴柔体在不能获得升进能量的同时，会贞固持恒地围绕刚阳而转动，阴阳相和合的局面不会发生改变，故曰“亨”而且“贞”。但这种状况本身在客观上是有内在规定性的，即二阴在升上六时位上已要求刚阳应保持一定的能量供给，阴柔体自身已处于高能耗态，其离心力之大，非小德而所能承载，故欲达贞固状态，必须有大人的胸怀和能力，故曰：“大人吉”，即大人方可有此大德和能为，因吉而可免于咎。胡瑗云：“夫君子之人，以仁义道德充积

---

① 胡瑗．周易口义．第8册第17页．文渊阁四库全书·易说卷．

② 程颐．伊川易传．第4册第2页．文渊阁四库全书·易说卷．

③ 程颐．伊川易传．第4册第2页．文渊阁四库全书·易说卷．

于中，不为穷达富贵患难以动其心，是身虽处困而其道自得，以亨通。”[①] 仁义道德是就人性而言的，胡瑗以此来说明道通穷处而能自得之大人可得亨通。若非大人、大德者，在困之时，是不会侥幸而获得外来之力来相助的，是不可能使这种局面得以维持的，所以作易圣人用“有言不信”四个字来明示这种只有大人才能承此大局的内在根据。胡瑗对此论述得相当充分：“夫圣贤之人，居得其位，行得其道，不令而民自信，不言而民自从，其势固然也。至于穷困之时，不得其位，不能行其道，虽有言可为天下法，而终不见信于人，亦势然也。是君子当穷困之时，岂能以言语而见于小人哉！”[②] 言明了穷困之时的变通之规约，只能是凭借内在的能力而不能见信于小人。故孔子戒之曰：“君子以致命遂志。”所谓命即性，是人内在的本性和潜能。当困之时，只能内在地掘析自己的潜能，才能使大志而遂成，否则是行不通的。程颐云：“君子当穷困之时，既尽其防虑之道，而不得免，则命也，当推致其命，以遂其志。”[③] 是对刚阳升进之不再可能的内在原因的分析，认为是命也，即其自身内在性能所致，但阴阳之相合，其志所为，应“致其命”而“遂其志”。

由此可知，困之格局下，阴阳相互作用的力的结构和能量的流变情况是承继升上六时位而给以逻辑的延伸和发展的，是对刚阳处境被阴柔所困的情状的反映，是对阴柔体上行趋势应采取扼制的一个时局。如何通过对这个系统中阴阳二体、系统整体结构因子、内在组成各成分进行有机调整和互动，从而促使阴柔体既与刚阳相和合而能使刚阳跳出这种被动的局面？这还要从困时态下阴阳相互作用的活态运作动力体系的语境结构上去分析和把握。

困　↙贲（䷕）

䷮

否（䷋）↗

否则意味着阴阳能量不能流通，故为不通的意思。而从卦变意义上讲，三阴三阳卦自否来，故困本于否，是由于阴阳不通而产生困的局面。否时态下强调“君子以俭德辟难”，故在困时态下的六个时位上，作易圣人多用“酒食”、“朱绂”、“赤绂”等来遂欲而施惠，以“利用享祀”至诚而通神明。同时，困又与贲旁通互动，情势所牵，要用文饰来应对困境。只有这样才能使困难的局面得以解除，从而达亨而贞持。

初六，臀困于株木，入于幽谷，三岁不觌。

困时态所描绘和反映的情状是阴柔体突破中线中正的位置而在惯性力的作用

① 胡瑗．周易口义．第 8 册第 18 页．文渊阁四库全书·易说卷．

② 胡瑗．周易口义．第 8 册第 19 页．文渊阁四库全书·易说卷．

③ 程颐．伊川易传．第 4 册第 4 页．文渊阁四库全书·易说卷．

下继续上行，刚阳体内在阴柔成分也已逼近与刚阳接触的极限距离而处于消耗能量的最低状态，因而产生了刚阳能为之不足、困乏不已的局面。

困初六时位上，程颐将之定位为不能自济，即阴柔体继续上行所需的多余能量完全是其自身的惯性之能为，“入于幽谷”，无所援助，“方益入于困，无自出之势”，故曰：“入于幽谷，三岁不觌。”孔子戒之曰：“入于幽谷，幽不明也。”所谓不明就是没有光明之德化因素，即没有刚阳予以能量补给。这种表述正是对当代所常用的物理学概念——惯性这个物理现象的话语表达，是有其内在根据的。程颐云：“六以阴柔处于至卑，又居坎险之下，在困不能自济者也。”① 宋代易学家以理为据为标准，不拘泥于阴阳之位的框架束缚，也不是一概而论，而是究其阴阳相互作用的结构模式来以象喻意，以彰显大义。程颐对困初六定之以“至卑”，明示了刚阳能为的低下情状，本是明德流行、健行不已，而此时态下却因能为不足而卑极之至。尽管“初与四为正应，（但）九四以阳而居阴为不正，失刚而不中，又方困于阴掩，是恶能济人之困?”② 刚阳体内在阴柔成分，按“性同行乖”的原理，虽阴柔而实显刚阳之性征，有乖离刚阳成分的迹象。尽管是在刚阳体内，但因为对阳的需要而居阴，“失刚而不中”。表象上“失”是丢弃刚阳成分，实际上是对阴柔成分乖离刚阳成分的话语表达和真实写照。所以刚阳就“困于阴掩”而不能通过其阴柔成分的低耗能态来济困了，即不能受到阴柔成分的庇护了，“犹株木之下，不能荫覆于物”。“谓无所庇而不得安其居。”③

苏轼以刚阳时下之状态而论，指出：“初六之掩九二，必将待于六三，六三固以初为臀也，臀得其所据，而后其身能有所为。今六三之所据者，蒺藜也。则臀已困于株木，身且废矣。株木也，蒺藜也，皆非臀之所据。”④ 从卦象而论，九二在初六、六三之间，若二阴安稳，则刚阳可安而不困，今初为臀而困于株木，三所据者为蒺藜，何以安呢？苏轼以象来喻意，朗显了与刚阳所互动的阴柔成分与阴柔体相背离的不合作状态。

九二，困于酒食，朱绂方来，利用亨祀，征凶，无咎。

承接初六时位的自然观思想，程颐在论证九二的自然观理念时讲道：“酒食，人所欲而所以施惠也。二以刚中之才，而处困之时，君子安其所遇，虽穷厄险难，无所动其心，不恤其为困也。所困者，唯困于所欲耳。”⑤ 作易圣人以酒食

---

① 程颐．伊川易传．第4册第4页．文渊阁四库全书·易说卷．
② 程颐．伊川易传．第4册第4页．文渊阁四库全书·易说卷．
③ 程颐．伊川易传．第4册第4页．文渊阁四库全书·易说卷．
④ 苏轼．东坡易传．第4册第17页．文渊阁四库全书·易说卷．
⑤ 程颐．伊川易传．第4册第5页．文渊阁四库全书·易说卷．

来说明刚阳欲进、欲显其能为的意向是其处困的直接原因。阴柔体上行也好，下行也好，最终是由刚阳的能量供给来决定的，刚阳之所以为阴柔体的上行提供方便，还是起因于刚阳价值和性能的彰显，是欲望所致。若刚阳所符示的君子“安其所遇”，“无所动其心”，即使是“穷厄险难”，“不恤其为困也”。可以说，这种困境是基于其“所欲耳”。若能如此，“大人君子怀其道而困于下，必得有道之君求而用之，然后能施其所蕴”[①]。刚阳能安处，无有所欲，就像大人和君子的行事一样，连君王都会前来施蕴，何况臣民乎！阴柔体最终是会合道而行，故孔子赞之曰“中有庆也”，即“虽使时未亨通，守其中德，亦君子之道，亨乃有庆也”[②]。为此，程颐又云：“二以刚中之德困于下，上有九五刚中之君，道同德合，必来相求，故云朱绂方来。朱绂，王者之服，蔽膝也。”[③]刚中之德，大人之才，为君所求，受贤拥护。以刚中之德却处困境，虽九五之君也会来求，何忧何惧？

诚者，天之道，而道又是一阴一阳之和合所致。孔子曰：“诚者，不勉而中，不思而得，从容中道，圣人也。”（《中庸》）初爻时位上就刚阳的安处而作了解困之说明，现在就解困之志来加以分析，就是要诚。阴阳相求，诚之本然，理之当然。尽管阴柔体还在上行而离道，但刚阳诚之性必然会使其前来合道，故曰：“利用亨祀，征凶。”之所以要亨祀，就是为了以至诚通神明，使阴柔体返回道中。尽管其有“不勉而中，不思而得，从容中道”的自然运作本质，可谓神奇，但情况和发展态势，非常明了和确定，无所咎悔。苏轼一句话就说明了其情伪：“困之世，利以柔用刚。”[④]虽具刚阳之德，但不能彰显刚阳之性，静处安稳以藏用而文柔，则据“阴阳者相求之物”的自然本性，阴柔体一定会因性之相吸而求阳返道。

六三，困于石，据于蒺藜，入于其宫，不见其妻，凶。

《坤文言》云：“坤至柔而动也刚。”是说坤虽柔但其至柔而动则可刚，明白无疑地表达了对阴柔而言，其自身又有刚柔之分，并不是处其本性而无变化。朱熹的阴阳观中就强调了从一个看和两个看的区别。时下阴柔体离道而上行，是“居阳用刚也，不善处困之甚者也”[⑤]。在程颐看来，阴柔体上行出中而远离刚阳是一种用刚的迹象，“三以刚险而上进，则二阳在上，力不能胜，坚不可犯，益自困耳，困于石也”[⑥]。这里程颐用上卦兑中的二阳来象之，以

---

① 程颐．伊川易传．第4册第5页．文渊阁四库全书·易说卷．

② 程颐．伊川易传．第4册第6页：文渊阁四库全书·易说卷．

③ 程颐．伊川易传．第4册第6页．文渊阁四库全书·易说卷．

④ 苏轼．东坡易传．第4册第17页．文渊阁四库全书·易说卷．

⑤ 程颐．伊川易传．第4册第6页．文渊阁四库全书·易说卷．

⑥ 程颐．伊川易传．第4册第6页．文渊阁四库全书·易说卷．

表达其上行受阻之意。孔子对此言之为“乘刚也”，明显地是指六三乘九二，不是乘上边二阳，但程颐用兑中二阳来象，很显然其所表达的是阴阳二体在特定空间位置上的相互作用关系，足见宋代易学家是以自然观为基础和解易标准的。

作易圣人用石和蒺藜来象喻其行居之不安和艰难，并且说以其刚阳之行而欲求之上六之妻，而不可得、难以见。六三本为阴柔性而上六亦为阴柔，为何程颐等将其解释为妻呢？原因就在于六三的用刚之行，相应地，其所向求物，就是具有阴柔性征之物，即上六。苏轼云：“六三阴也而居于阳，自以为阳，而求配于上六，不祥也。”① 客观上，阴柔体从一开始就“入于幽谷”，渐次进入了进退皆难的境地，故曰：“凶。”孔子将这个“凶”解释得非常极至，认为是“不祥也”，是死期将至。“非所困而困者，名必辱；非所居而居者，身必危。既辱且危，死期将至，入于其宫，其妻焉可见乎。”（《系辞》）

九四，来徐徐，困于金车，吝，有终。

处困之时，刚阳体内在阴柔成分也已逼近与刚阳接触的极限距离而处于消耗能量的最低状态，因而产生了刚阳能为之不足、困乏不已的局面，不足以济困。刚阳体本来是一个阴阳和合的子系统，但因其内在阴柔成分的近靠已逼至极限，导致了其能量供给不足，而近乎临界状态，同时又无力来摆脱局面，作易圣人以“困于金车”象喻之。在这种情况下，刚阳体这个子系统的阴阳各成分的关系也显困乏态，故有“来徐徐”之象。如此下去，必生吝，但“初四正应，终必相从也”②，得终而无疑。

孔子对此解释曰：“来徐徐，志在下也。”从阴阳整体系统各组成成分的空间运行状态而言，孔子也在言及刚阳体内在阴柔成分的动态情状，刚阳在内、在中、在下，处下众阴所掩之状，而阴柔成分则在刚阳体之上，欲下者必为刚阳内在的阴柔成分，故曰：“志在下也。”程颐云：“四欲从初而阻于二，故其来迟疑而徐徐。”③ 尽管其因为阴柔体的运行对整体系统产生变化的原因而自身还没有当位以正，但她与刚阳的天然联系，即正应关系不可更改，故曰：“虽不当位，有与也。”苏轼也从象中来提揭九四时位上所指涉的对象为阴柔成分：“初六我之配，二之所恶也。二刚而在下，载己者也，故为金车，欲下从初六而困于二。”④ 初六与九四为正应，相配成合，但“二之所恶也”，因为二有积恶而生困难。这个恶就来自于阴柔体的无知上行而为。从表象上来审视，阴柔体上行而产

---

① 苏轼．东坡易传．第4册第18页．文渊阁四库全书·易说卷．

② 程颐．伊川易传．第4册第8页．文渊阁四库全书·易说卷．

③ 程颐．伊川易传．第4册第8页．文渊阁四库全书·易说卷．

④ 苏轼．东坡易传．第4册第19页．文渊阁四库全书·易说卷．

生了刚阳体内在各成分的收缩，就像人坐在车上而互相扶持的样子，何况是摔不坏的金车呢！

九五，劓刖，困于赤绂，乃徐有说，利用祭祀。

九四时位上，刚阳已出现了能量不足以供给平衡态之所需的局面，而阴柔尽管有欲下之势，但处高能耗之境必然因其所处状态为耗散刚阳能量的状态而对刚阳有损伤之迹象，使刚阳之本末受损，故曰："劓刖。"胡瑗云："劓者，割鼻之刑也；刖者，断足之行也。"[①] 程颐、朱熹、郑刚中、苏轼等都有同样的论述，之所以如此，是因为都以劓刖这种遭遇和罪苦来象喻刚阳的损伤之重。既然如此，就应以不足之能为来行合情理之事功，不能按常规之礼节来处置非常情况下的事宜，故孔子云："志未得也。"胡瑗又云："赤绂者，诸侯之服也。诸侯来朝，用此赤绂也。此五所以言劓刖困于赤绂者，言五居困之时，众所不附，为困之主、困之极者也。夫居困之时，众所不附，当宽其慈惠，反以刚强之道、刑罚之威，以服其人，使民畏而从之，欲天下诸侯皆从于已，然后以威力服之，非心服也。"[②] 处困之时，尽管位居刚尊，但力有所不足，不能按常理来处置阴阳之间的相互关系。胡瑗以人事之理来解读时下阴阳二体之间的相互关系，其中涵存着极深的自然观思想理念。刚阳之能量不足以为阴柔体的上行状态提供保证，那么阴柔体势必就会产生对刚阳的挑战和伤害，发生波动而偏离轨道，彰显出不服从之象，故曰："困于赤绂。"但从发展态势上来审视，阴柔体无其他相从者，其必然的走势是回归于刚阳，故曰："以中直也。"只是在上行与下行交换之际，运行速度变缓而已。从本质上说，阴阳之相求，理之自然，宇宙之理，诚意在中，势之所趋，故曰："乃徐有说，利用祭祀。"既要有耐心，静等其转换，同时又要诚意笃实，彰显刚阳之气，这才是刚阳时下的合自然观思想之合理性行为。果如此道，则刚阳虽静处而无为，但阴柔体不求而自来，故曰："受福也。"

上六，困于葛藟，于臲卼，曰动悔有悔，征吉。

九五时位上强调了阴柔体有下行之欲，原因就在于其上已近极而艰难，但其方向的转换还存在结构体各成分关系调和的问题，所以有不安之状，故曰："困于葛藟，于臲卼。"程颐云："葛藟，缠束之物；臲卼，危动之状。"[③] 所谓缠束，就是有刚阳的牵引作用，是一种自然观的表述，胡瑗云："葛藟者，蔓生之藤。"就是说阴柔体时下不可改变刚阳对他的牵动和引力作用；危动，就是不安、倒置之象。但只要阴柔体处于动态，就需要能量，逻辑地对九五时位上刚阳受损情形

---

① 胡瑗．周易口义．第8册第25页．文渊阁四库全书·易说卷．
② 胡瑗．周易口义．第8册第25～26页．文渊阁四库全书·易说卷．
③ 程颐．伊川易传．第4册第10页．文渊阁四库全书·易说卷．

进行刺激和延伸，故曰：“动悔有悔。”程颐云：“如是动皆得悔，当变前之所为，有悔也；能悔，则往而得吉也。”[1] 尽管有变前行的作为和态势，但其有悔之实不可变，毕竟是动而消耗能量的过程。可是，悔前行而变前行，终有吉象出现，无不利，故孔子曰：“动悔有悔，吉行也。”

① 程颐．伊川易传．第 4 册第 10 页．文渊阁四库全书·易说卷．

第四十八卦　井卦的阴阳自然观

困时态下的阴阳系统结构，发展到困上六时位上，已出现了转机，形成了上极至穷而返下的局面，是一种“往来”转换、方向反置调整之象，就如同抛物线上极点前后的过渡情形一样。阴柔体上行不能而欲返下的运作进程，就像井与邑的关系一样，阴柔体处于动态行进之状，处于动变不居之态，故用民众聚住之邑来形容其状态，喻意明了而清晰，同时，阴柔体对刚阳的依赖和附从又是不可更改的客观情状，故以井来象之更为恰当。之所以阴柔体行离散之行而不能终达，原因就在于其具有与刚阳的不可分割性，孔子诠解为“乃以刚中也”，即刚阳处于对阴柔体的牵引作用中，所以作易圣人用“改邑不改井”来戒之，说明和规劝君子之动向，指出了动态行进不可能改变对能量提供源的依托。而处极范围之内的状态是一种运行处于相对静止的状态或接近这种状态，故作易圣人曰：“无丧无得。”言明了其在此状态下的能量流转情状，并通过“往来井井”来涵摄其下一步的演化方向，必然呈现出往而止、来而亲的近就之态。由此可见，阴柔体所处的状态是往来之过渡态，即“几”。孔子在《系辞》中云：“几者，动之微，吉之先见者也。”这样一来，阴柔体这种运动方式的转换，会使刚阳之所困发生根本的变化。但井状态下所描述的是“亦未繘井，羸其瓶”的情形，即仅仅是见几之吉而已，并未至吉状，而是处于吉与未吉之间，“未有功也”，就如同物体下滑到低谷的情形一样，故曰“凶”象无疑，“是以凶也”，即对于符示君子的刚阳来说，此时的情状是阴阳不能交合的最冷的时局，是阴阳不能合而成道的一种情形。

宋代易学家正是基于这种客观情形的考虑而彰明其易理的。程颐通过对《序卦》中所云的“困乎上者必反下，故受之以井”的解读来说明其内涵之大义。胡瑗云：“邑者，都邑人民之所聚居也；井者，是居其地而不可迁改也。”① 很明显，以邑来符示阴柔臣民的流动性，以井来符示其对能量物质的不可分离性。胡瑗又将其邑井之象与君子之体相比符，认为：“夫邑之民犹君子之身，井之义犹君子之德。君子之身可贵可贱、可富可贫、可生可杀，君子之道则不可为富贵贫贱生死所加损。”② 所以不管君子身处何境，其道不可变，必返于道，即走向阴阳相求之轨道上来。程颐云：“承上‘升而不已必困’为言，谓上升不已而困，

---

① 胡瑗．周易口义．第8册第28页．文渊阁四库全书·易说卷．

② 胡瑗．周易口义．第8册第28页．文渊阁四库全书·易说卷．

则必反于下也。物之下者莫如井，井所以次困也。”① 所谓的“物之下者”本有许多物象存在于世，而程颐说“莫如井”，即只有取井象最为合适，原因就在于井之水可以生物，而且这种生物的特征具有稳定性，“井之为物，常而不可改也。邑可改而之他，井不可迁也，无丧无得，其德也常”②，可以“往来井井”而不断，以此来喻示天道阴阳体系中阴阳二体的不可分割性和相互依存性：纯阳不生，纯阴难成。朱熹明示：“井以刚阳为泉，上出为功。”③ 言明了刚阳能量及对阴柔体的吸引力之牵引作用是阴柔体往来不穷的动力源，也说明了阴柔体上行欲离开的行动终不能成化育之功，故其势难成“则必返于下也”。但返下仅仅为态势而言，并未到行下之状态，故程颐云：“井以济用为功，几至而未及用，亦与未下繘井同也。君子之道，贵乎有成，所以五谷不熟，不如荑稗；掘井九仞而不及泉，犹为弃井。有济物之用，而未及物，犹无用也。”④ 但虽有不及之象，也比上行不已而无有能量之补给强，故程颐云：“羸败其瓶而失之，其用丧矣，是以凶也。羸，毁败也。”⑤ 言明了阴柔体上行已达极限，不可言上，但又处欲下不能之态，这就是一幅典型的曲线顶点之像。所以孔子象之曰：“君子以劳民劝相。”即劝助君子之行，以图阴阳之相合。

由此可知，井之格局下，阴阳相互作用的力的结构和能量的流变情况是承继困上六时位而给以逻辑的延伸和发展的，是对阴柔体上行欲止以处下行之势态下情境的描述和反映。如何通过对这个系统中阴阳二体、系统整体结构因子、内在组成各成分进行有机调整和互动，以达“劳民劝相”之功，从而促使阴柔体既与刚阳相和合，而又能使阴柔体从容应对这种枢机之微、吉之先见之态，用以顺利完成这种方向反置的过渡局面？这还要从井时态下阴阳相互作用的活态运作动力体系的语境结构上去分析和把握。

井 ↙噬嗑（䷔）
䷯
否（䷋）↗

井与噬嗑旁通互动，由阴阳流变转换而成为互相依托的显藏之体，涵摄互动，通达而往来。孔子在噬嗑中象之曰：“利用狱。”明白无误地表达了噬嗑状态下的行事原则，以强行介入的态势来阻止阴柔体上行而离道。但同时也应看到，井状态下的阴阳二体是处于分离的最大化情状的，故其本质结构模式体现出

① 程颐．伊川易传．第4册第11页．文渊阁四库全书·易说卷．
② 程颐．伊川易传．第4册第11页．文渊阁四库全书·易说卷．
③ 朱熹．周易本义．北京：九州出版社，2004. 132.
④ 程颐．伊川易传．第4册第12页．文渊阁四库全书·易说卷．
⑤ 程颐．伊川易传．第4册第12页．文渊阁四库全书·易说卷．

了阴阳否塞不通的特征。在这种情况下，如何来体现“劳民劝相”之人文关怀情结，就应从井卦六爻所处的不同时位上所涵摄的自然观思想层面上去把握和运作。

初六，井泥不食，旧井无禽。

困上六所表达和反映的是阴柔体上行出现了波动状态，从而因其逼近极限而使刚阳处不安之状，同时也说明了阴阳二体不交而远离至最大程度，作易圣人用“旧井无禽”来象之，其喻意极为深刻，意思是说按原来的行事原则，就无生息可言，故曰：“无禽。”其原因从表象上来讲，就在于井水不现而呈泥沙状，其自然观的核心指涉却反映出刚阳这个泉源不能再继续发挥源泉的作用了，阴柔体的上行所需之能量也不能再得以供给，从根本上出现了问题。程颐云：“六以阴柔居下，上无应援，无上水之象。不能济物，乃井之不可食也。井之不可食，以泥污也。在井之下，有泥之象。”① 阴柔体上行至极而失去了刚阳对之能量的充足供给，所以程颐说“上无应援”，并象之曰：“无上水之象。”胡瑗认为作易圣人以“禽”来象喻阴阳二体的不交合的否塞之象：“禽者，至贱之物也。久废滓秽沈滞，虽至贱之禽犹不可向之，则人不食可知矣。”② 物由低级到高级、由低需能者到高耗能者、由小人到君子、由低位到高位，这是宇宙自然之理，但作易圣人以至贱之物来描绘阴阳不交而不生之情势，用以说明阴阳二体的分离状态和空间位置结构。

孔子云：“井泥不食，下也；旧井无禽，时舍也。”更为明晰地说明了阴阳二体的相对空间位置和作用情况。以“不食”来比喻阴柔体下行之欲望，是因为其上行已无能量补给，必然出现反向运作之态，已到了阴阳不交的地步了，故曰“旧井”而“无禽”，无有生息可言之时，舍则不生之意。

九二，井谷射鲋，瓮敝漏。

关于初六之“无禽”，上面所论及的内容已相当清楚明白，已彰明了阴阳相去之远而无有交合、不能生物的情状。其内在的原因是什么呢？这就是九二时位上所要解决的内容。由此可见，作易圣人所言之爻辞前后是有一定的逻辑关系的，其中或涵存着运动前后状态的连续性，或包含着思维程式的连续性，或体现着解决问题方法论上的递进性，总之，它描述的是阴阳二体及其所构成的系统整体各成分和要素的运行状态和相互关系。

井水清澈，无有养分可汲，且向下流动而不上既于物，孔子象之曰：“无与也。”就是说，符示泉水的刚阳，对阴柔体能量的提供断了线，这说明尽管阴柔体处极地而显不安状，但其借助着自身运行所产生的离心力和惯性力的作用继续

① 程颐．伊川易传．第4册第13页．文渊阁四库全书·易说卷．

② 胡瑗．周易口义．第8册第28～29页．文渊阁四库全书·易说卷．

有上行之动向。孔子就以“无与也”来对其运行的状态给以象之，以表达阴阳二体时下的关系和空间结构，以及相互作用的力的变化情况。

胡瑗云：“谷者，溪谷也；鲋即鲋鱼也，积秽之所生；瓮者，停水之器。凡井之道，所以汲取以既于物。”① 初六所言阴阳不能交合而至于无禽、无低贱之物，但并不否认还有秽物之生，故胡瑗用“鲋鱼也积秽之所生”来反向说明阴阳不交态势的进一步扩张。对此，胡瑗很形象地以易象来喻示大义，指出：“今九二处下卦之中，上无其应，下比于初，犹溪谷之水，下注射于积秽之物，又如瓮之敝败，其水下漏。是皆言之功不能上济于物也。”② 水下处而符示刚阳，若能济物，则所济之物必在上行，故阴阳二体的空间位置由此可以明晰可见。时下从卦象、爻象而言，“上无其应，下比于初”，上不能济物，因为物已不是其所应，即该物已向外而脱出，言明了阴柔体已脱出轨道而行。程颐云：“二虽刚阳之才而居下，上无应而比于初，不上而下之象也。井之道，上行者也；涧谷之水，则旁出而就下。二居井而就下，失井之道，乃井而如谷也。”③ 明确指出了失道而行的行事情状，明示刚阳及阴柔体脱节离道的局面已经形成，暗含阴柔体已处于相对自由的运行状态。但要指出的是，这并不是乾坤毁的情形或阴阳系统有机体的破裂，而只是离心力相对较大的缘故，而刚阳对阴柔体的吸引作用依然存在。

九三，井渫不食，为我心恻，可用汲，王明并受其福。

基于九二时位的自然观思想，我们不难理解作易圣人的九三爻辞。九二时段，已出现了“井谷射鲋”的局面，即“水至清则无鱼”的局面，那么，时下阴柔体的无助境况就明露透显，但九三以刚居刚，刚阳势显，其象喻之意为用以对阴柔体给予感而动之。同时，阴柔体上行受阻，虽行自由之行而又无所依傍，阴阳相求之义更显强烈，故阴阳二体都有相亲比之义，所以作易圣人用“为我心恻”来象之，其意可谓深远。既然如此，则势必会出现“可用汲”的相交合的局面，表现出了开明君主对背离自已的臣民所具有的那种宽容之象，并最终争取了人心而万民所归，何不为福呢？在中国古代将子孙视为福，万民即为君王的子民，故曰：“王明并受其福。”可见卦爻之辞实质上就是彰显和符示着阴阳之间相互关系、相互作用的力的图境。

程颐云：“三以阳刚居得其正，是有济用之才者也。阳之性上，又志应上六，处刚而过中，汲汲于上进，乃有才用而切于施为；未得其用，则如井之渫治清

① 胡瑗．周易口义．第8册第31页．文渊阁四库全书·易说卷．

② 胡瑗．周易口义．第8册第31页．文渊阁四库全书·易说卷．

③ 程颐．伊川易传．第4册第14页．文渊阁四库全书·易说卷．

洁，而不见食，为心之恻怛也。”[①] 刚阳对阴柔体的吸引和感应，是自然之理，尽管阴柔体离阳而上行运转，甚至出现了背离的情形，但这种感应之力是永远也不会消除的，程颐形象地用“阳之性上”来表明这种“济用之才”能。所以，产生了相应的“恻怛”之象和“汲汲”之象，进一步又彰显出了“明王用人，岂求备也”、“王明则受福矣”[②] 之象。

六四，井甃无咎。

承继九三时位上刚阳上性之趋向明显，尽管其“才不足以广施利物，亦可自守者也”[③]，但会促使阴柔体脱离之势产生必然回缩而亲阳之势，这就需要阴柔体予以一个调整其运行状态的过程。作易圣人以“井甃”来象之，意谓阴柔体运行轨道必行修复治理的发展趋势，孔子赞之曰：“修井也。”果若此，则无所咎悔，否则就会不合宇宙天道之规律。

九五，井洌，寒泉食。

我们先看一下宋代易学家对该爻辞字面意义的解释。程颐云：“洌，谓甘洁也。井泉以寒为美。甘洁之寒泉，可为人食也。”[④] 言明了九五时态下，阴阳有交合而行的倾向性。胡瑗云：“洌者，清洁之貌。按此一爻，以阳居阳，处得其正，以刚居中，清洁其行，是犹井之有寒泉，清洁不挠，为时人所汲而食之。”[⑤] 苏轼云：“此其正与九三一也，所以食者，中也。”[⑥] 以客观情况而言，阴柔体应停止上行的滑动而与刚阳交合相向而行，从而得可食之物以合道而行。沈该云：“井洌寒泉食，养不穷也。井之治莫美于泉之寒，而洌又其甚矣者也。”[⑦] 也指出了刚阳对阴柔体能量之供给的不可穷竭性，以及阴阳关系的不可分割性，故曰：“养不穷也。”其他易学家也有同样的认识，在此就不多述。

六四时位上阴柔体回向返道的运作，使阴阳二体的相求而动更趋明朗化。但此时的状态也仅是趋向而已，并未成阴阳交合之实，所以程颐云：“然而不言吉者，井以上出为成功，未至于上，未及用也，故至上而后言元吉。”[⑧] 彰明了阴阳二体现处的状态，并不是交合态，而是阴阳交合的萌芽态。

上六，井收勿幕，有孚元吉。

井状态时局下的阴柔体是处于运行过极点而又趋下行的态势，至上六时位

---

① 程颐．伊川易传．第4册第15页．文渊阁四库全书·易说卷．
② 程颐．伊川易传．第4册第15页．文渊阁四库全书·易说卷．
③ 程颐．伊川易传．第4册第16页．文渊阁四库全书·易说卷．
④ 程颐．伊川易传．第4册第17页．文渊阁四库全书·易说卷．
⑤ 胡瑗．周易口义．第8册第33页．文渊阁四库全书·易说卷．
⑥ 苏轼．东坡易传．第4册第23页．文渊阁四库全书·易说卷．
⑦ 沈该．易小传．第5册第35页．文渊阁四库全书·易说卷．
⑧ 程颐．伊川易传．第4册第17页．文渊阁四库全书·易说卷．

上，阴柔体与刚阳交合之势萌动，用井象来喻，那就是井道已成，完全可以上水而汲取了。之所以说是“勿幕”，就是说如同从井中打水一样，需要水泉之济，不可失去这样的行事环节，故曰：“井收勿幕。”收就是汲取的意思，幕就是蔽覆的意思，从井里汲水要畅行无阻才可。因为水之甘甜，所以可用以象喻阴阳二体相求之情，符示阴阳相互作用的力的运行状况，故曰“有孚”而能得大吉，程颐云：“取而不蔽，其利无穷，井之施广矣，大矣。有孚、有常而不变也。博施而有常，大善之吉也。”① 古者以阴阳交合为吉，以阴蔽蒙刚阳为凶，而时下正是阴阳二体交合之际，故曰：“元吉。”孔子赞之为“大成也”，明确地说明经过井时局的流转演化，阴柔体又返回到阴阳相合的轨道上来。朱熹对此分析道：“有孚谓其出有源而不穷也。井以上出为功，而饮口不掩。”② 认为泉源符示着刚阳，刚阳在阴柔体上行以至于返回的整个过程中，刚阳一直没有停止对其作用和能量的供给，只是由于其上行运转的速度需要更多的能量，不可能无限制地给以提供，所以才出现了阴柔体回返向阳的局面，其运行的原动力就在于刚阳，故有“有源而不穷”之称及“上出为功”的象喻称谓。

其他卦的上爻时位上，都言极变，唯井与鼎二卦不言极变，而言成功，赞其吉善。就井而言，其时局所处状态本是运行之极，所以其上六时位上必然是转向吉善，终至大成。

---

① 程颐．伊川易传．第4册第17页．文渊阁四库全书·易说卷．

② 朱熹．周易本义．北京：九州出版社，2004. 133.

第四十九卦　革卦的阴阳自然观

井上六时位上，言明井道有成，汲水而上水可行了，符示着刚阳与阴柔体的相求之道已经通达，可以改变原来相背离的局面而转换为相向互动吸引的态势。这样对于阴柔体来说，就要改变原来的运行方向，在纵向层面上的方向发生逆转，形成相息而生、相求而动的关系，因其前后方向的截然相反，所以用“革”而象之，再恰当不过了，孔子用“二女同居，其志不相得”来说明阴柔体运行至极点后阴气一片，必然会改变原来的方向，在同性的环境当中，其理不言而自明。革就是变，就是变革，程颐云：“水火相息为革，革，变也。君子观变革之象，推日月星辰之迁易，以治历数，明四时之序也。夫变易之道，事之至大，理之至明，迹之至著，莫如四时。”① 朱熹进行分析并简单阐述：“兑泽在上，离火在下，火燃则水干，水决则火灭。”② “水火相息”，就是水和火处在水上火下的情状下，相互灭息，言喻阴阳二体相互作用之理。阴柔体与刚阳的亲就，会自然使其围绕刚阳转动的速度渐缓，并且同时出现了刚阳能量供给幅度下降的情形，是一种典型的相息之象。下行为水象，正所谓“水曰润下”之意。井泉之水符示刚阳，在不断地上行而作用于阴柔体，其实质是刚阳能量及对阴柔体力的作用呈现出上行相与的态势，也正所谓“火曰炎上”之意。孔子用“水火相息”来作喻，形象地表征了刚阳与阴柔体的往来情状和作用过程。孔子用四时的变化来作符示诠解革之象，言明了宇宙天道的自然规律和运行准则，从而指出阴阳二体时下的运行，如同四时一样变化明朗而涵摄着规律性，又如同“水火相息”一样，体现着涵存其中的规律性。

既然阴柔体返下的运作不可避免，那么，从井至革两个时局来看，只有井道已成而上行停止的时候，才能返道而行，故作易圣人用“已日乃孚”来形容，极其精确。已，停止之意，即上行停止了。这个停止不是持续性、永久性的，而是即可产生与刚阳的相亲比、相求就的运行状态。信孚充实其中，阴阳相求之性朗显而上扬，所以孔子赞之曰：“革而信之，大亨以正。”既然这样，阴阳相求之作用，就会由微至著、由小到大，故作易圣人曰：“元亨，利贞，悔亡。”元亨、利、贞四德，是阴阳相交合的四个不同的时段和过程，明示其通达之象，但“悔亡”二字所言有其内在的规约，孔子作传而诠解曰：“文明以说，大亨以正，

---

① 程颐．伊川易传．第4册第20页．文渊阁四库全书·易说卷．

② 朱熹．周易本义．北京：九州出版社，2004．134．

革而当，其悔乃亡。”也就是说，阴阳二体的交合而动，无可非议，而交合不当，则必有悔。程颐云：“天下大事，（若）革之不得其道，则反致弊害，故革有悔之道。惟革之至当，则新旧之悔皆亡也。”① 因为阴阳二体的运行和相互作用，已有行过有悔的经历，不可重犯，应保持中正而不过，则无所咎悔。张浚云：“孚而后革，圣人不轻为也。元亨利贞，乾德也。”② 就是说，阴柔体处革时态下的运行是一种健行，但要小心为上，不可轻为，否则就会行过之悔咎。

由此可知，革卦时局下，阴阳相互作用的力的结构和能量的流变情况是承继井上六时位而给予逻辑延伸和发展的，是对阴柔体由止于前行而正欲下行之势态情境的描述和反映。如何通过对这个系统中阴阳二体、系统整体结构因子、内在组成各成分间有机地进行调整和互动，以“治历明时”，健行而亲就刚阳，以顺利进行这种方向反置的运行而又不会受到悔咎之嫌？这还要从革时态下阴阳相互作用的活态运作动力体系的语境结构上去分析和把握。

革 ↙蒙（䷃）

䷰

遁（䷠）↗

革时态下，阴阳相求而动，会使阴柔体因具有乾德而健行不已，故作易圣人戒之以“悔亡”。若要不至于有悔出现，就必须行教育之功。革与蒙旁通互动，涵摄流变，具有本质上的互动性。《蒙·象》曰：“君子以果行育德。”提出了德化之功的重要性。同时，也应看到，阴阳二体是相息而动，“水火相息”，不能刚强不已，越位受过，所以应从其卦变意义上来效法遁的时局态势。从卦变而论，四阳二阴卦本于遁，遁者，退也，刚阳能量的供给量在收缩，同时阴柔体的能态也渐降，同处退的状态，不可在革六爻时位上弱化了这种运行过程中内在的规定性。所以既要促使阴阳相求，又要防止阴柔体越位而行，这就是革时态下自然观的核心。

初九，巩用黄牛之革。

前面已论及，井状态时局下的阴柔体是处于运行过极点而又趋下行的态势。至上六时位上，阴柔体与刚阳交合之势蒙动，但其纵向行进幅度极小，出现了谨慎而又欲安之象，故作易圣人象之曰：“巩用黄牛之革。”程颐对此句的意思作了分析和说明，他说：“巩，局束也。革，所以包束。黄，中色。牛，顺物。巩用黄牛之革，谓以中顺之道自固，不妄动也。不云吉凶何也？曰：妄动则有凶咎，以中顺自固，则不革而已，安得便有吉凶乎？”③ 程颐以革初九时态下阴阳

① 程颐．伊川易传．第4册第19页．文渊阁四库全书·易说卷．

② 张浚．紫岩易传．第4册第39页．文渊阁四库全书·易说卷．

③ 程颐．伊川易传．第4册第21页．文渊阁四库全书·易说卷．

相互作用的关系情状为基础，强调了时下阴柔体的运行处于相对静止状态，“不革而已”，图安之象。

苏轼云：“以卦言之，离革兑者也；以爻言之，阳革阴者也。六爻皆以阳革阴。故初九、九三、九四、九五四者所以革人，六二、上六者人革之。”① 九者阳性，六者阴性，居刚位而行革人，居阴位者被人革，体现了革时之位的重要性。从卦本身看，炎上之火欲息水，但符示水体的阴柔体，处安之趋势时下朗显，不可言革，时还未至。所以孔子曰：“天地革而四时成，汤武革命，顺乎天而应乎人。”就是说，四时季节之自然变化是行革命大事的本质因素，若其实行非自然的行动，就会四时交错而失时见凶，正因为如此，商汤、武王行革命、立基业，以天道自然的规律作指导和行事原则，才获得成功，这明示了自然观思想的指导地位，从而也说明了宋代易学家自然观思想的本质源头还应追溯到周文王和孔子，其在本质上是对先圣之学的传继和发展。

可见，阴柔体运行方向的反置流转和变革，本质原因还是由于刚阳对其产生的吸引作用，使其上行的惯性运作不可能持续而有如此之行。所以言革者，特指火与阳；被革者，专指阴与泽，描绘了一幅刚阳主动而旺行的演化图案，但又考虑到天道自然的运行本质，故孔子戒之曰：“不可以有为也。”程颐对此自然观思想给以人文的诠解，他说：“变革，事之大也，必有位、有其才，审虑而慎动，而后可以无悔。九，以时则初也，动于事初，则无审慎之意，而有躁易之象；以位则下也，无时无援而动于下，则有僭妄之咎，而无体势之重；以才则离体而阳也，离性上而刚体健，皆速于动也。其才如此，有为则凶咎至矣，盖刚不中而体躁，所不足者中与顺也，当以中顺自固而无妄动则可也。”② 言明了刚阳有动躁之嫌，而当须律己不可有为。值得指出的是，从表面看，程颐这里所讲的离为阳，与《说卦》中离为中女不符，同时九虽处阳而九四与其同革，但程颐又说其“无时无援”，看上去也不合情理，为什么程颐有如此的观点呢？笔者认为并非程颐不得其要，而是他以阴阳二体相互作用的力的结构为基准，不拘泥于形式上的束缚，而以离火行健的刚阳特征来取象说明其理，以阴柔体运行的本然状态来从阴阳二体内在的作用上去加以分析和说明，正体现了其自然观的思想定位。由此不难发现，阴阳二体相互作用的运行本质是宋代易学家解易的根据。

六二，已日乃革之，征吉，无咎。

承继初九之理，自然而又逻辑地提出“已日乃革之”的命题，是极易让人理解的。既然刚阳躁动不得，那只有等到阴柔体安处不得之时，再行革命之举。动态随时，静态有时，不可能一成不变，孔子曰：“四时行矣，百物生矣。”

① 苏轼．东坡易传．第4册第24页．文渊阁四库全书·易说卷．

② 程颐．伊川易传．第4册第20页．文渊阁四库全书·易说卷．

(《中庸》）初九时位上阴柔体仅是处于动态运行基础上相对静止的状态，时变则势变，阴阳相求的趋动力对阴柔体的作用必然会使其趋向相求而动的轨道上来，故言“已日乃革”是自然观的根本表征。程颐云：“以六居二，柔顺而得中正，又文明之主，上有刚阳之君，同德相应。”① 程颐以爻处之阴位为据，认为其时已顺阳而得中正，并认为此时阴柔体的趋阳态势是自然之理，故言之为“文明之主”，与刚阳“同德相应”。但其毕竟是处阴之地，“以二体柔而处当位，体柔则其进缓，当位则其处固”②，故有失革之最佳时机，所以作易圣人提出“征吉”，即只有积极地“征”而后才能得“吉”，也说明了其时下有咎悔之嫌，因为阴柔之位有固持之意，会失时的，所以戒之以行征伐之功，方得“无咎”而补过，孔子赞之曰：“行有嘉也”，就是说，行动起来则有嘉庆之喜。

九三，征凶，贞厉，革言三就，有孚。

从形式上看，由九二至九三，先谈“征吉”后又谈“征凶”，似乎是有不相合拍的地方。究其实质，二者则完全一致。王弼在《周易略例》中云：“夫象者何言？统论一卦之体，明其所由之主者也。”我们在谈及革卦易理的时候，孔子就提出了“水火相息”的客观内容，认为阴阳二体的相向亲就，其结果是相息的，即刚阳在此过程之中，因阴柔体的下行而会对其能量的提供量减弱，从而改变困以来高能耗的状态，同时，阴柔体由于其靠近刚阳而运行，其围绕刚阳运转的速度会降低，从而其能态降低，并由此而产生息下之象。若不顾相息的卦体特征，一味地征而又征，则必然返回到困以前的状态，而重新恢复到困的局面，阴阳不交合，体系不稳定，故作易圣人曰：“征凶，贞厉。”必须“审察当革之言，至于三而皆合，则可信也。言重慎之至能如是，则必得至当，乃有孚也”③。故曰：“革言三就，有孚。”程颐接着又赞之曰：“如是而行，乃顺理时行，非己之私意所欲为也，必得其宜矣。”④ 明确加以自然观定位，指出这样的三就之行，是“顺理时行，非己之私意所欲为也”。苏轼对其中所涵具的自然观思想之核心理念加以提揭，他说：“九三有应于上，故其常欲征也。六二之所以不得去者，以我乘之也。舍之而征则二去矣，二苟去之，则我与初九无所施其革，二阳相灼而丧其所附，则穷之道也。”⑤ 苏轼认为，刚阳体内在本是一个体系，其中的刚阳本有所附，其性显阴为六二。尽管从刚阳之性上来讲是“常欲征也”，但不能失其所附，其本已有阴，“以我乘之也”，不可失去它。若失之，则其性显刚即

① 程颐．伊川易传．第4册第21页．文渊阁四库全书·易说卷．
② 程颐．伊川易传．第4册第21页．文渊阁四库全书·易说卷．
③ 程颐．伊川易传．第4册第22页．文渊阁四库全书·易说卷．
④ 程颐．伊川易传．第4册第22页．文渊阁四库全书·易说卷．
⑤ 苏轼．东坡易传．第4册第25～26页．文渊阁四库全书·易说卷．

健而排拒同性者，阴阳相合之势就会由此而失去，达至穷极的地步，必凶无疑。故苏轼从阴阳二体相互作用的力的结构上去内在把握其机理，透显了阴阳自然观的内在本质。

九四，悔亡，有孚，改命吉。

九三时位上谈及刚阳之所为应保持一个原则，即征而不失刚阳体自身的阴阳平衡，但同时也应把持革之最佳时机而不能错过，否则有悔而无疑。九虽刚阳而处于四阴之位，本亦有悔，但九三时位上自然观的核心内容中已规定了“革言三就”的原则，所以处阴而行革，无所悔咎之处。这其中就突出了行革事项的重要性。胡瑗云：“九四居非其正，本有悔者也，然以阳居阴，非居刚亢，而又在上卦之下，当悦顺之体，下承于火，火性炎上而九四能承其炎，而变改前政之非，故得悔亡也。”① 强调了居阴而不亢，“下承于火”，而“能承其炎”，并且使阴阳交合的局面得以善化，不会出现前面时局中存在的穷极之态，从而使阴柔体一改井状态下的运行方向，在阴阳二体孚诚彰显的情况下，改变自己的行事径向，“既事当而弊革，行之以诚，故有孚则改命吉”②，不惧怕九三时位上三就之作所带来的谨慎态度，只要使阴阳二体本性相求之情状得以展现即孚诚之志显露彰明，则可使阴柔体发生方向上的改变，即其“改命”之为随即形成，得吉之势不容置疑，故作易圣人曰：“有孚，改命吉。”胡瑗对此改命之行作了仁爱而又能防暴的定位，从阴阳整体系统结构的角度来分析刚阳的所为，“夫九四既非其正，然则水火之际，居变革之间，能承此命，以仁改暴，以治易乱，尽其至诚之心，以改革其前非，是以获吉也”③。刚阳体自身作为整体系统的子系统，就刚阳而言已有所附，故其与阴柔体之亲合“既非其正”。然而对阴柔体的亲就，实属其本性使然，是仁德的彰显，对于其子系统内在的阴柔成分及整体系统的阴柔体二者的平衡和谐的行事运作，实属改暴之举。只有改暴而使整体系统达到动态平衡，才使刚阳的全方位功用得以实现，也才能体现出其自身的存在价值，所以必须“尽其至诚之心，以改革其前非”，才是刚阳真正的吉。由此可见，刚阳所调节和欲实现的是君子之道，“二阴一阳，君子之道也”（《系辞》），同时也说明了九三与九四是存续相衔、连贯一气的，具有逻辑性的演化程式。

九五，大人虎变，未占有孚。

九四时位上从本质上规定了行革之事及刚阳应该具有的品质：仁德流行、以治改暴。这实际上要求刚阳具有大人的素质和德行。苏轼认为六二、上六是言被革者，九二、九三、九四、九五是言革命者。六二时位上被革者已达“已日乃革

① 胡瑗．周易口义．第8册第40页．文渊阁四库全书·易说卷．

② 程颐．伊川易传．第4册第23页．文渊阁四库全书·易说卷．

③ 胡瑗．周易口义．第8册第40页．文渊阁四库全书·易说卷．

之”的境地，经过九二、九三、九四的演化和提升，刚阳在九五时位上处尊而得正，具有大人的品格和化育功能，有能力使系统整体结构中各成分各得其所，繁而不乱，杂而不惑，已到了推行革命的成熟阶段，故作易圣人曰：“大人虎变。”即马上实行革命行动，使阴阳孚诚笃信，和谐而一体，有机而统一，上下齐心，“未占有孚”，从而导致革命的成功。故孔子赞之曰：“文，炳也。”就是说，“物相杂故曰文”（《系辞》），物相杂而不乱，阴阳整体结构良性运行，以达至善之境。

程颐对此分析得相当深刻：“九五以刚阳之才，中正之德，居尊位，大人也。以大人之道，革天下之事，无不当也，无不时也；所过变化，事理炳著，如虎之文采，故云虎变。”① 程颐认为，作易圣人以虎象之物相杂而有文采，虽繁不乱，虽杂不惑，能革天下之事而没有不当和失时之悔，体现了革时态下阴阳系统整体结构组成成分位当而和谐。

上六，君子豹变，小人革面，征凶，居贞吉。

明晰了九五时位上的自然观之后，就不难对上六时态下系统各有机成分的运行状态加以定位了。九五时位上，系统各有机成分已达杂而不乱的状态，大人居尊位而显明德，众心归顺，无有不从。在这种情况下，“君子从化迁善，成文彬蔚，章见于外也”②。君子向善之本性的趋动，使其主动随大人而行，并且彰明其君子之能为。“小人，昏愚难迁者，虽未能心化，亦革其面以从上之教令也。”③ 虽小人愚钝，内心未明其理，也“从上之教令”。其本质原因还应归综于刚阳所符示的大人的品德。孔子曰：“小德川流，大德敦化。”（《中庸》）大人之大德，可以使臣民得以化育，所以从大人之势不可逆转，但上六处极之时，君子、小人一齐前来，其象不可无条件地言吉，必须是有前提的。阴阳交合本是善易之所为，但阴柔其心未化而盲从，势必会产生息阳过重的可能，所以要以时间来分辨其孚诚之信，能坚持归从的除了君子以外，还有涵具孚诚之信的臣民，否则就是愚顽不化的小人，对此不可强行征伐以归从，故曰：“居贞吉。”

---

① 程颐．伊川易传．第4册第24页．文渊阁四库全书·易说卷．

② 程颐．伊川易传．第4册第25页．文渊阁四库全书·易说卷．

③ 程颐．伊川易传．第4册第25页．文渊阁四库全书·易说卷．

第五十卦　鼎卦的阴阳自然观

革卦时局下的阴阳二体及由它们组成的系统整体的各构成成分之间，经过了一系列的演化流变，至革上六时位上已形成了众阴受刚阳感化的态势，以至于君子、小人同来亲比，或心诚意笃，或性征相随，都显示了刚阳革故取新的运作径向，所以鼎从义理上讲是继革而来的，具有一定的逻辑连续性。但问题就在于，君子与小人同来亲比刚阳所产生的作用不尽相同，君子当然是益用无穷，而小人因其心境未化，必然会使刚阳之势受消而损，所以对于不同的情形应采取不同的应对策略，这就需要鼎新法令，以达到去民弊乱的效果。阴阳整体系统中的各成分之间的作用，在鼎时局以前各时态格局中都在不断地进行调整，原因就在于不同时局中的阴阳之间力的作用存在着形成张力的紧张状态的失衡倾向，必须有制约这种倾向的力量和作用来规范，否则就会再度成为不稳定的潜在因素。

鼎卦卦名就是由于上述原因的存在而得名，胡瑗云："鼎者，铸金所为，而有法象者也。以木巽火，烹饪者。此因二体以解鼎卦之象。"[①] 程颐对此也有相似的论述，他说："取其象者有二：以全体言之，则下植为足，中实为腹，受物在中之象，对峙之上者耳也，横亘乎上者铉也，鼎之象也；以上下二体言之，则中虚在上，下有足以承之，亦鼎之象也。取其义，则木从火也，巽入也，顺从之义，以木从火，为燃之象。"[②] 朱熹亦云："鼎，烹饪之器。又以巽木入离火而致烹饪，鼎之用也。"[③] 宋代易学家大多以鼎器法象来解其卦名，以厚重之器、规整之法来行其事，则能烹生为熟，以明顺从之大义。宋代易学家认为，只有用法制约行、鼎新法令，才能去民弊乱、大化顺从，也才能"亨上帝"、"养圣贤"。程颐云："鼎之为用，所以革物也，变腥而为熟，易坚而为柔。水火不可同处也，能使相合为用而不相害，是能革物也，鼎所以次革也。"[④] 程颐认为鼎实际上就是一种革故之行动，但这种革故行为应遵守"亨上帝"、"养圣贤"的原则。作易圣人以"上帝"取象，是以"上帝"这种宇宙自然规律的符示物或符号，来说明革故之行应反映宇宙的客观规律，而不是指具有人格神的西方文化中人们所信仰的上帝，更不是宣传人们通常所说的迷信活动。恰恰相反，宋代易学家认为

---

① 胡瑗．周易口义．第8册第43页．文渊阁四库全书·易说卷．

② 程颐．伊川易传．第4册第26～27页．文渊阁四库全书·易说卷．

③ 朱熹．周易本义．北京：九州出版社，2004. 136.

④ 程颐．伊川易传．第4册第26页．文渊阁四库全书·易说卷．

这是一种仅次于革命行动的实践，具有一定的约束力和制约作用，同时也指出了这样行事的目的是“养圣贤”以大化天下。程颐认为：“制器取于象也，象存乎卦，而卦不必先器。烹饪可以成物，形制如是则可用，此非人为，自然也。”①又说：“鼎之为器，法卦之象也。有象而后有器，卦复用器而为义也。鼎，大器也，重宝也，故其制作型模，法象尤严。鼎之名正也，古人训方，方实正也。以形言，则耳对植于上，足分峙于下，周圆内外，高卑厚薄，莫不有法而至正，至正而后成安重之象。”② 程颐对制器这种事务，认为其必须应依象而成，而象又在卦中，以此来说明卦理对制器事宜的原则性约束，这种原则是自然的，不是人为的；是客观的，不是主观臆断的，是一种客观规律，人为不能破坏，同时也是人们行事过程中应持有的“法象尤严”的本质规约。正如程颐所说，“莫不有法而至正”，“至正而后成安重之象”③。胡瑗云：“大亨者，以天下之大、四海之广，非一圣一贤之所能致，又非一耳一目之所能察，故圣人分其爵禄，大其优宠，以广求天下之圣贤，使皆得己之养，为养之大，莫大于此。”④ 以鼎作象，取其烹养之效用，明示了刚阳能量的供给，是众阴柔得以运行的源泉，但同时也指明了致大道而亨通之理不在于一圣一贤之功，而是“广求天下之圣贤”，广养天下之才以成其大业。这就需要遵循自然规律、重视人文关怀，以使其皆得己养而顺从自己。

如何才能达到圣贤皆至、广大明德的效果呢？孔子曰：“君子以正位凝命。”程颐解释道：“以明居尊，而得中道，应乎刚，能用刚阳之道也。取其端正之象，则以正其位，谓正其所居之位。君子所处必正，其小至于席不正不坐，毋跛毋倚。取其安重之象，则凝其命令，安重其命令也。”⑤ 就是要求刚阳所符示的君子持明理而居尊位，明理就是要公正而不倚，并安重静处，“夫乾，其静也专，动也直”（《系辞》）。身虽处尊位，但静德流行，使令于民，则能行治于天下。就阴阳整体系统而言，刚阳静处而居尊位。刚阳体这个子系统内在的阴柔成分及与刚阳相亲比的阴柔体都要彰显亲阳性征，无所排拒，各自行于中道而无越位的迹象，这就能达到“安重静处”的效果。

由此可知，鼎卦时局下，阴阳相互作用的力的结构和能量的流变情况是承继革上六时位而逻辑地延伸和发展的。如何通过对这个系统中阴阳二体、系统整体结构因子、内在组成各成分间有机地进行调整和互动，以“正位”而“凝命”，

① 程颐．伊川易传．第4册第27页．文渊阁四库全书·易说卷．

② 程颐．伊川易传．第4册第28页．文渊阁四库全书·易说卷．

③ 程颐．伊川易传．第4册第28页．文渊阁四库全书·易说卷．

④ 胡瑗．周易口义．第8册第43～44页．文渊阁四库全书·易说卷．

⑤ 程颐．伊川易传．第4册第29页．文渊阁四库全书·易说卷．

处中不相排拒？这还要从鼎时态下阴阳相互作用的活态运作动力体系的语境结构上去分析和把握。

鼎　↙屯（䷂）
䷱
大壮（䷡）↗

由上可知，鼎时态下系统整体各成分的力的作用结构，从其象来审视，是万物蒙发、生旺之象。鼎与屯旁通，阴阳流变互通，只有物相杂而凝聚，才能有鼎盛的局面，同时，也只有阳势长盛，才能使众阴归顺。从卦变意义上讲，四阳二阴卦自大壮来，所以鼎自大壮来而本于大壮。《说卦》云："大壮，则止。"言明了鼎时态下刚阳所应持有的态度是静专以施行法令，以"正位凝命"之势而达至圣贤相得、君臣相会的境地，从而法制齐明，得其尽善尽美。

初六，鼎颠趾，利出否，得妾以其子，无咎。

阴阳整体系统中的阴柔体至革之后已与刚阳体这个子系统中的刚阳形成相交合亲比之势，但刚阳体自身已是一个子系统，即包含刚阳和阴柔两种成分，内在存在阴阳配敌的关系。若以家而象之，则是丈夫、妻子俱全，家道已成。而时下又与前来亲比的阴柔体相近就，所以用妾来象之，又以与妾有子产生而明示其亲比程度之大。其性如此，无有所咎。子就是阴阳相结合的产物，阴阳合道即是子象形成，所以阴阳相交即为子。"鼎颠趾，利出否"就是表示从鼎器中倒出污秽的东西。究其自然观的内容来讲，阴阳二体所形成的阴阳体系要想成道，二体缺一不可。革前几个时局下，阴柔体都是处于离刚阳而去的运行态势，阴阳不能合道而偕行。其本质原因就在于刚阳体这个子系统中阴柔成分受"性同行乖，情貌相违"的自然观原理的作用，也就是说是因为阴柔成分因与阴柔体同性而产生了相斥的作用所致。这对于阴阳相合而成道的自然观而言，无疑是污秽的东西，应将其作用革除和消减，因此，宋代易学家认为的鼎次于革的命题具有逻辑的合理性。

胡瑗云："夫阳以生物为实，阴以剥物为虚。鼎之为器，上虚下实者也。初六以阴柔之质，而处一卦之下，是鼎器反上实而下虚也，既上实而下虚，遂至鼎颠趾也。"① 胡瑗实际上描述了一幅阴阳相互作用的力的结构情况图案，阳与阴合道而成物，故曰："阳以生物为实。"阴对于阴这样的同性来说，是相斥的，是使其相离而加大其间的空间幅度的，所以说"阴以剥为虚"。鼎初始时态下，客观上讲，对于刚阳与阴柔成分及阴柔体相对空间位置而言，是"上虚下实者也"，出现明显的不平衡情状，其发展的趋势必然是"鼎器反上实下虚也"。这

① 胡瑗．周易口义．第8册第45页．文渊阁四库全书·易说卷．

就需要消减阴柔成分对阴柔体的排拒作用，从而使阴柔体在回落的过程中无所阻碍，所以孔子赞之曰："未悖也。"从而推动了阴阳各组成成分的整体平衡状态的形成，所以作易圣人象之以"得妾以其子，无咎"。而孔子象之以"从贵也"。程颐对其中所涵摄的自然观阐述得更为清楚，他说："六在鼎下，趾之象也，上应于四，趾而向上，颠之象也。鼎覆则趾颠，趾颠则覆其实矣，非顺道也。然有当颠之时，谓倾出败恶以致洁取新，则可也。"① 从表象上看，是以鼎象器，颠倒出与其相配之实；从其喻意上却明示了刚阳体对其内在的阴柔成分的作用给予消减，这样做虽不合情理，但为了阴阳整体系统的平衡，将阴柔成分的排阴性征看做是造成阴阳二体长期不能合道而行的"败恶"而"致洁取新"。

六十四卦六爻所表达的阴阳相互作用的情形是不相同的，孔子曰："其上难知，其初易知，本末也。"（《系辞》）六画卦的初爻，表达了一卦的最根本的内容，规定了阴阳相互作用的流转主线和运作轨道，所以在初位上或初始阶段上，本质地提出了阴阳二体及各成分流变转换的方向和自然法则。

九二，鼎有实，我仇有疾，不我能即，吉。

承继初六时位上的自然观理念，随着阴柔体与刚阳相亲比态势的进一步扩张，其吸引力会不断地随着相互间距离的缩短而显强劲，故云："鼎有实。"但这样就与革时态下"水火相息"的理念相悖，而鼎又是次革而又行革之事的，所以不能坐视这种行为的蔓延。从客观上分析，刚阳体内在的阴柔成分是与其刚阳成分相合配的不能分离的一对统一体，当阴柔体近就刚阳至一定距离时，就势必会受到刚阳体内在阴柔成分的排拒，故曰："我仇有疾。"尽管为了阴阳整体系统平衡而稳固，刚阳要消减其作用，但阴柔成分内在的"性同行乖"之自然本质是永恒的，达到一定距离时，这种排斥力就自然产生，所以"我仇有疾"而使刚阳最终不可能与阴柔体的体质相接触，故作易圣人象之曰："不我能即。"从而使阴阳整体系统达到动态平衡，所以言吉。

胡瑗将卦爻象自然化，他说："九二以刚阳之实处鼎之中，是鼎有实，物之象也。"② 九为刚阳，二为阴为虚。胡瑗对此象解释为"物之象也"，是诚意流行的结果，也是阴阳合体的结果，以此来说明阴柔体前来亲比刚阳而合道成物。接着胡瑗又云："夫鼎之实，必有齐量，不可以盈溢，若遇其盈溢，则有覆束之凶。"③ 胡瑗用鼎实不能盈溢的自然规律来象喻来物之势不可太大，否则就有"覆束之凶"，就会有倒置之象呈现，所以孔子戒之曰："慎所之也。"若不盈溢，平衡而稳固，"终无尤也"。程颐对此给予自然观的论述："二，刚阳有济用之

① 程颐．伊川易传．第4册第29页．文渊阁四库全书·易说卷．

② 胡瑗．周易口义．第8册第46页．文渊阁四库全书·易说卷．

③ 胡瑗．周易口义．第8册第46页．文渊阁四库全书·易说卷．

才，与五相应，上从六五之君，则得正而其道可亨。然与初密比，阴从阳者也。九二居中而应中，不至失正，己虽自守，彼必相求，故戒能远之，使不来即我，则吉也。”[①] 刚阳虽有济用的才干，但居二阴而欲得正，必须达到其对二阴用力的平衡，必须使前来近就的阴柔体“能远之，使不来即我”，方为吉象。客观上也正合此理，“己虽自守，彼必相求”，这是宇宙自然而然的道理、阴阳本性的自然流露，人应效法之。

九三，鼎耳革，其行塞，雉膏不食，方雨，亏悔终吉。

九二时位上，其自然观思想的核心内容中不仅强调了鼎之为器必须有实而来物，而且也强调了所充实的东西“不可以盈溢”，这其中就有一个度量平衡的问题，以及“性同行乖”、“二女同居，其志不相得”的规律运用问题。其中也谈到了刚阳体内在阴柔成分的作用总体处于消减态势，但并不能抹杀其性征本身，在九二时位上已表现出了其不使来物盈溢的作用和本质属性，并使这种作用和性征有扩大的趋势，这也是客观而又自然的事情。因为阴阳相求的本性是永恒的，外来阴柔体与刚阳的亲比之行在没有受到中间阻止力量的情况下完全可以畅行而通达，直逼阴柔成分，并对其提出越来越大的挑战，所以本能的反弹和性征的张扬是在所难免的。

胡瑗对此分析道：“九三以阳居阳自实也，居下卦之上，有耳之象也。夫鼎之耳虚，之所以容弦也。今革易其常道，以实其耳，不能容弦也。”[②] 胡瑗提出了一种“无”或“空”而可用的象，通过爻象来喻大义，指出了九三以阳居阳是对刚阳体自己占有空间而排拒他物前来的一种喻意表达。之所以说耳象本虚而充实，就是指不能容弦，更不能举鼎以行其用，是无所用益的做法，故作易圣人逼真地描述为“其行塞”，即阴阳二体相向交感的行动受挫而不通畅。这种别扭的局面和使其变通的方法，作易圣人形象地描述为“雉膏不食，方雨，亏悔终吉”。程颐对此解释道：“其行塞，不能亨也。不合于君，则不得其任，无以施其用……君子蕴其德，久而必彰，守其道，其终必亨。五有聪明之象，而三终上进之物，阴阳交畅则雨，五与三方将和合。”[③] 意思是说即使是雉膏这样的好东西，也须近前才能实现其价值，体尝其美味，阴阳既不能相得，阴柔成分的作用怎么能无过错呢？而就客观情况来分析，阴柔成分的作用是不可能在欲与刚阳亲比的阴柔体加速下行的前提下而充分发挥的。因为自九二以来，阴柔体一直中道而行，并无越位之嫌，正如程颐所云：“三以阳居巽之上，刚而能巽，其才足济

① 程颐．伊川易传．第4册第30～31页．文渊阁四库全书·易说卷．
② 胡瑗．周易口义．第8册第47页．文渊阁四库全书·易说卷．
③ 程颐．伊川易传．第4册第31页．文渊阁四库全书·易说卷．

务，然与五非应而不同。五，中而非正。三，正而非中。”① 时下所论特指三、五；三在内，五在外；三刚阳居之喻示阴柔成分的调济功能的彰显，所以说是“正而非中”，五时下的运行依乎中道，无有过咎的地方，但明显向刚阳偏移而来，所以说“中而非正”。阴柔体处中而欲得其正，何错之有呢？所以用此作象，来喻示着阴阳相交合的大势不可阻挡。胡瑗云：“夫雨者，阴阳相和而然也。若能改革前非，去其刚亢，上以交于君，下以来于贤，则得亏损其悔而终获其吉矣。”② 阴阳相交，天地相合，自然宇宙之常理，若能如此而效法天道，其悔必亏而损，吉庆必然而至。

九四，鼎折足，覆公悚，其形渥，凶。

我们在孔子所作的《系辞》对该爻辞的诠解之意的基础上，来理解九四时位上的自然观，不难发现其中所涵摄的人文关怀理念和能量流变以达动态平衡状态的自然观思想。孔子在《系辞》中云：“德薄而位尊，知小而谋大，力小而任重，鲜不及矣。”意思是说，处尊位而无大德，智谋小而欲大业，能力浅薄而欲胜大任，其结果就可想而知了。九三时位上阴柔体的近亲而靠拢，使得刚阳内在组成成分必须作出相应的处置，否则就不合卦体所符示的阴阳整体系统的平衡准则。首先肯定阴柔成分的作用是不能再张扬其能为了，那么刚阳就应作出相应的调整。将阴柔体因低能耗运行所节省的能量用于自身的修身资本，而不是外显而发挥其作用，这样就符合鼎次于革的逻辑关系和内在规约。革时态下强调“水火相息”，即在阴阳二体亲比的过程中要做到各自能态下降或潜藏的效果，以修德静养以待行大事，所以鼎有养大贤的意涵。

程颐云：“四，大臣之位，任天下之事者也。天下之事，岂一人所能独任？必当求天下之贤智，与之协力。得其人，则天下之治，可不劳而致也；用非其人，则败国家之事，贻天下之患。”③ 程颐所强调的也正是从一个侧面来提出警示，认为不要以为个人能力的无限发挥就可使天下太平，只有静养修身，以成大德，得以有化育之大功时，才能昭告天下，得万民顺从，众贤齐致，方可胜其大任。也强调刚阳所符示之君子，应审时度势，提升修养境界，才能养济万民。

六五，鼎黄耳，金弦，利贞。

既然六四时位上提出了修养身心以聚能量的自然观思想，顺着这种思路和径向发展下去，无疑会使刚阳得以颐养而壮大。就如同千斤之鼎，若给以青铜灌注其耳，再用坚固的弦轴支撑，即可易于举起，以此来象喻其能力的敦厚情状。所以作易圣人象之曰：“鼎黄耳，金弦。”用来说明这种阴阳相互作用的力的状态

① 程颐．伊川易传．第4册第31～32页．文渊阁四库全书·易说卷．

② 胡瑗．周易口义．第8册第47页．文渊阁四库全书·易说卷．

③ 程颐．伊川易传．第4册第33页．文渊阁四库全书·易说卷．

和能量流变的态势。既然如此，若能贞固而恒持其德，必定会得大善之吉，所以言之为“利贞”。

孔子对此爻位上的自然观思想赞之曰：“中以为实也。”孔子认为刚阳聚能而养身，是使阴阳系统结构各成分的能态下降从而达到刚阳对众阴柔作用力的结构达到平衡和稳定状态的必然前提，所以处中而行具有平衡作用和功能，故象之曰：“中以为实也。”

为了清楚地说明这种力和能量的流变情况，程颐通过卦象和爻象所符示的实象诠解道：“五在鼎上，耳之象也。鼎之举措在耳，为鼎之主也。五有中德，故云黄耳。铉者加耳者也。二应于五，来从于耳者，铉也。二有刚中之德，阳体刚中色黄。”① 并分析道：“六五居中应中，不至于失正，而质本阴柔，故戒之以贞固于中也。”② 也是以举鼎来象能量的凝聚，指出了其中刚阳主体的应对办法，认为只有“居中处中”，以阴柔为本，不以彰显其健行之能而为本，那么，就能达到以修身而治国、平天下之目的。所以要贞持固守，潜藏能量，而不使之外溢，这样就会使阴柔体因部分能量回归于刚阳而能态下降，更好地便于处中而行。胡瑗云：“黄者，中之象；金者，至刚之物；铉所以贯鼎耳而举之，谓九二也。言六五以阴柔之质，居大中之位，能谦虚以下接于九二之刚，犹鼎虚其耳，以待其铉而举。”③ 胡瑗说得更为明白，他认为作易圣人所言“黄”者，是出于自然观思想的考虑，是为了强调阴阳相互之间的作用力达至平衡态而不至于失衡。在这里，胡瑗明确地指出“中之象”，就是以黄来示中，以九二之九所符示的刚阳来示支撑主轴和主要依靠力量，以中来表达力的平衡思想。虚中能容物，刚至举鼎易，则天下国家大事能达善境，其中所涵摄的自然观思想非常明了。尽管宋代易学家的易学思想以人文话语形式表达居多，但其中所涵存的自然观思想明露透显。在这里仅以郑刚中的思想为例来说明。郑刚中云：“六五鼎耳之位，离本乾也。以坤来居中，变而为离，故六五谓之黄耳。人君以中德虚心纳下而笃实，君子以有为之才巽入之，于是相契而有为，守以贞固则无不利矣。”④ 郑刚中以象明大义，认为离本为乾，是有道理的。因为《说卦》中就说得非常明了，“乾二索而得女，故为中女”。这里之二，含有坤的成分和性征，是坤居乾二，所以有中道涵存。人君是主宰天下之人，其欲行其事，必有大才方可，而时下的才能主要是以“有为之才巽入之”的方法来获得，是必须“相契而有为”且“以中德虚心纳下而笃实”才能行得通。所谓虚心，是强调自己所显之性为阴柔

① 程颐．伊川易传．第4册第34页．文渊阁四库全书·易说卷．

② 程颐．伊川易传．第4册第34页．文渊阁四库全书·易说卷．

③ 胡瑗．周易口义．第8册第48页．文渊阁四库全书·易说卷．

④ 郑刚中．周易窥馀．第5册第13页．文渊阁四库全书·易说卷．

而虚，那么纳下就是利用阴柔体所符示的臣民的能量来壮大自身，所以提出了“守”的方法论命题，用以强调其所处的状态和自然观思想。可见，人文关怀是以自然观的内涵为支柱的，否则就不可能说得通，也就不可能合宇宙自然之理。

上九，鼎玉铉，大吉，无不利。

上面几个爻位上的自然观，足以为我们勾画一幅鼎时态下运行及阴阳力作用、能量流变的过程图案。从过程上讲，鼎就是要烹饪以养人、养贤，前几个阶段都是修路成道，只有在上九最后时位上才能结出丰硕的成果来。从象的流变过程来说，“井与鼎以上出为用，处终鼎功之成也。在上，铉之象，刚而温者，玉也”①。刚而变柔、变熟才能为人所用，故用玉象之，由此可导出上九时位上自然观的内涵本质来，刚阳在六五时位上已成就系统各成分的平衡状态，刚阳聚能而潜藏其用已成定势，刚而变温是既成之势，按此行事，各成分都能低能态运行而不出中位，“刚柔接也”，所以作易圣人象之曰：“大吉，无不利。”

郑刚中对此作了比较明白的自然观诠解，他说：“上九以玉铉鼎，则刚而不变，人臣自振之道也。玉，阳精之纯，上九乾阳纯极之象，温润见于外，则有节之义也。”② 郑刚中从阴阳两方面来分析：一方面，对于阴柔体及刚阳体内的阴柔成分来说，以温玉般的态势来运行，则虽刚而不变其运行状态，能贞固守持这种局面，故曰：“人臣自振之道也。”另一方面，对于刚阳来讲，虽为阳精纯极，“纯粹精也”（《乾文言》），内部已充积了相当的能量，但“温润见于外”，对外不彰显和扩张刚阳之性，刚不会打破六五时位上形成的平衡状态，就不会失中，相反这样会更好地实现六五时位上所强调的“利贞”的处中之志，所以“大吉，无不利”。

---

① 程颐．伊川易传．第4册第34页．文渊阁四库全书·易说卷．

② 郑刚中．周易窥馀．第5册第13~14页．文渊阁四库全书·易说卷．

第五十一卦　震卦的阴阳自然观

继鼎之后言震雷，即继刚阳精至纯极而彰明于外，是宇宙自然之理和事物自然发展之势。鼎上九时位上已明示了刚阳充积能量而达至精纯的地步，但“温润见于外”，对外不显刚阳扩张之性，目的是使阴阳系统各成分的平衡态不被打破，从而有“大吉，无不利”的结果。

但要看到刚阳充积能量的方式是通过阴柔体下行近靠刚阳而使自身处于低能态情况下从而没有耗散掉的那部分能量，是由自身能量转化方式的改变而积聚的，不是经过修身而强体的，故孔子提出了“修省”以成德的方法论命题。在这里，既要看到刚阳能量积聚所产生的“大吉无不利”的效果，同时也应看到若在鼎格局状态下通过修身养贤的方式提升自身修养境界来储备能量，则更为主动和有效。从这个意义上来讲，震与鼎的情状是一样的，都提供了养贤成大业的运作模式和成德之道。胡瑗云：“鼎者，国家之重器；震者，长子之象。言正嫡之子可继先祖之业，奉宗庙之祭，能主国家之重器也，此震所以次于鼎也。”①以鼎象征着主政国家的重器，则修身强体、养贤成德就能成就主政国家之人，所以从根本上讲言鼎与震是一样的。孔子曰：“为政以德，譬如北辰居其所而众星共之。”（《论语》）鼎为大器，则震而成大德实为大气。胡瑗对此提出了气化论的观点，他说：“震为雷，雷者，盛阳之气，居于地下而出于地上。”② 认为震所符示的就是一种盛阳之气，它由地而贯上，亨通无阻。程颐则以象解之，他说：“震之为卦，一阳生于二阴之下，动而上者也。震动也，不曰动者，震有动而奋发震惊之义。”③ 尽管都是动，但动与震动就不同了，强调了震动的幅度之大，能量之充分，力量之巨大，从而强调了震时态下修身强体、养贤成德的自然观思想。无论是作易圣人、孔夫子，还是宋代易学家们，他们都是秉承这一思想而发的。作易圣人言之曰：“震惊百里。”孔子象之曰：“惊远而惧迩也。”程颐解释说：“言其威远大也。”④ 胡瑗更为直接：“有威德而及于人，则远者无不警恐，近者无不戒惧，是以民心莫不趋向而乐从之。”⑤ 等等。

---

① 胡瑗．周易口义．第9册第2页．文渊阁四库全书·易说卷．

② 胡瑗．周易口义．第9册第2页．文渊阁四库全书·易说卷．

③ 程颐．伊川易传．第4册第35页．文渊阁四库全书·易说卷．

④ 程颐．伊川易传．第4册第37页．文渊阁四库全书·易说卷．

⑤ 胡瑗．周易口义．第9册第2页．文渊阁四库全书·易说卷．

既然鼎时态下提出和构架了一个“大吉无不利”的结构模式，理应当给予修正而成善易，流变下去，所以就应该下大力气强体而修身，以成大德，以为天下臣民众生。只有恐惧于自身弱小，才能有修身强体的主动性和笃实之行；也只有德性流行，才能致亨而天下平，所以程颐曰：“震为动，为恐惧，为有主。震而奋发，动而进，惧而修，有主而保大，皆可以致亨……君子畏天之威，则修正其身，思省其过，咎而改之。”①《系辞》云：“惧以终始，其要无咎，此易之道也。”只有惧怕闪失和错误，才能真正做到不失误，“知耻近乎勇”（《中庸》），省恶方能善，所以恐惧是修身的前提条件。胡瑗也有同样的论述：“以自修省，则不临于祸害。”② 大德既成，也要有恐惧的理念。因为动而能量必失，身体必弱，刚阳必泄，若没有“保大”之“主”，即主动性和能动性，则无以大亨。故作易圣人以“震来虩虩”来取象，喻示“顾虑不安之貌”③。孔子也象之曰：“恐致福也。”也只有这样，才能占据主动权，才能“有主”，也才能“保其安裕，故笑言哑哑。哑哑，笑言和适之貌”④。

由此可知，震卦时局下，阴阳相互作用的力的结构和能量的流变情况是承继鼎而来，由鼎上六时位而加以逻辑地延伸和发展的。如何通过对这个系统中阴阳二体、系统整体结构因子、内在组成各成分间有机地进行调整和互动，以充实刚阳的能量，提升刚阳的化育功能？这还要从震时态下阴阳相互作用的活态运作动力体系的语境结构上去分析和把握。

震　↙巽（䷸）

䷲

临（䷒）↗

震与巽旁通，阴阳互通而互相涵摄，《说卦》云：“巽，入也。”巽，潜伏而藏，以行休养生息之功效。《象》曰：“重巽以申命。”就是要从其本性的层面去调整和发展，以彰明其本性的本质功用。所以孔子象之曰：“君子以恐惧修省。”之所以要入而伏藏，不过分地流失能量，就是因为阴阳整体系统中平衡的内在规定和要求，只有这样才能“后有则也”，才能“恐致福也”。但同时也要看到，从卦变意义上说，震从临来而本于临。朱熹说，二阳四阴卦，从临来。所以刚阳在修身养德的前提下，要动而彰显其性，使众阴归从，天下震奋。胡瑗曰：“震雷不动，则万物不通；圣人不动，则天下不亨。震雷之来，能战栗恐惧，以自修

① 程颐．伊川易传．第4册第36页．文渊阁四库全书·易说卷．
② 胡瑗．周易口义．第9册第3页．文渊阁四库全书·易说卷．
③ 程颐．伊川易传．第4册第36页．文渊阁四库全书·易说卷．
④ 程颐．伊川易传．第4册第36页．文渊阁四库全书·易说卷．

省，则不陷于祸害，而终致福庆之事。”[①] 恐惧是行动的前提和内在要求，不能因恐而不动，否则就“万物不通”，“天下不亨”，而是既要恐惧“以自修省”，同时也要震奋而大行，动以临众。所以这种辩证的思想要贯穿于震卦六个不同的时段，达到修省自处，充德成道，以济万民而时行。

初九，震来虩虩，后笑言哑哑，吉。

我们已在鼎上九时位的自然观的阐述中，提到了鼎时态下格局的“大吉无不利”的良性结构，认识到只有充实刚阳的能量，使其修身养德以行道，才能最终震奋于天下，使万民归从。这种充实之功，是建立在刚阳对前景的客观困难的充分认识基础上的，只有明白大德的流行在“有主”的情况下才能“利贞”的自然观理念后，才可使自己所行之道得以亨通。故作易圣人象之曰：“震来虩虩，后笑言哑哑。”

程颐云：“成震之主，致震者也。知震之来，当震之始，若能以恐惧而周旋顾虑，虩虩然不敢宁止，则终必保其安吉，故后笑言哑哑也。”[②] 程颐提到了震初始时的首要行动是要穷究顾虑，是要找不足和需要完善之处，并予以充实完善达致德厚实以壮身的地步，只有这样才能使其身安而由此得吉，所以有“笑言哑哑”之说。若不能如此，则其德必不笃实，而不能担当临民济众的大任。同时，阴柔体自外而来，根据阴阳相消的原理，其有消刚阳之势，不可不防，胡瑗对此评论道：“来者，自外之辞，夫刚威之行所以警惧奸伪，惩戒邪恶。刚威自外而来，本非己所招致，然己不能无恐惧之心。既能虩虩然恐惧，则其身益修，而其行益明，不敢为妄，则祸患必不能及于己，而终获笑言之吉矣。”[③] 胡瑗对震初始状态下的自然观思想阐示得非常清楚。自井而鼎，刚阳对阴柔体的作用渐次使阴柔体由背离刚阳而转向亲比近靠刚阳，这种转变的根本动力就来源于刚阳对阴柔体的吸引本性，所以胡瑗分析说：“刚威自外而来，本非己所招致。”之所以要刚威以待，就在于阴柔体的消阳本性的存在和彰显。所以胡瑗说震时态提出威慑之力是基于“警惧奸伪，惩戒邪恶”而言，要求刚阳做到阴阳整体运行秩序的维护，既要顺势于阴柔体的亲比行为，又要防戒其消阳之势的扩张和无节度的浸染。所以孔子赞之曰：“后有则也。”强调了原则和规约在刚阳性显流行过程中的作用和地位。

六二，震来厉，亿丧贝，跻于九陵，勿逐，七日得。

初九以恐惧而修德，德充而身强，阳性必彰，这是自然而然的事情。刚阳之性显必然招致阴柔体亲比行动的加剧，这里的“来”就是指阴柔体自外而来的

---

① 胡瑗．周易口义．第9册第4页．文渊阁四库全书·易说卷．

② 程颐．伊川易传．第4册第38页．文渊阁四库全书·易说卷．

③ 胡瑗．周易口义．第9册第5页．文渊阁四库全书·易说卷．

行动之猛，这其中涵摄着阴阳相互作用、相互吸引之力加大后的运行态势和自然规律，所以自外而来之猛烈，很有一种消尽刚阳之情状，因此，作易圣人戒之曰：“亿丧贝。”何为“亿丧贝”呢？“亿，度也；贝，所有之资也。”① 这里的“亿”与疑同意，就是怀疑、猜度的意思。贝，本来是资本、钱财之意，但程颐在这里解释为“所有之资”，认为是刚阳内在的根本性的东西，足见其中的自然观思想。刚阳的能量和能为，就是为济民众的、亲阴而济阴柔的，但其若所有的家底都倾倒干净，就是一种极其凶险之象，所以程颐用“所有之资”来形容事态的严重性。怎么办呢？程颐云：“以震来之厉，度不能当，而必丧其所有，则升至高以避之也。九言其重。冈陵之重，高之至也。”② 阴柔体受刚阳感应而亲就的行动加速进行，凶猛不可挡，只有远避其锋芒，才能消此大难。这实际上是说不可能的事，阴阳相感而行，是一种纵向上的相向而动，怎么能远而避之呢？彰显出一种受挤压的表象，孔子象之曰：“乘刚也。”所以作易圣人随之而言：“勿逐。”就是说既然不可能逃避而远离，就应面对现实采取近而不接触的办法，不能即物，不要与其相撞，这就好办多了。因为刚阳体内在阴柔成分的存在，是对外来阴柔体的一种自然排拒，在这种力量存在的前提下，阴柔体是不会直接触及刚阳成分因子的，并且随着阴柔体运行规律的进一步流行，其威猛之势自然会消减，甚至停止，所以作易圣人曰：“七日得。”程颐对此分析得相当到位，他说：“卦位有六，七乃更始，事既终，时既易也。不失其守，虽一时不能御其来，然时过事已，则复其常，故云七日得。”③ 这里的“七日”是欲表达事情过程的循环起点和循环终点，也是一种象意互涵的隐喻表达方式，并不是具体的数字意义。胡瑗以象喻事，明象以为法，他说：“六二以阴柔之质，居下卦之中，是履得其正，行得其中，是既有中正柔顺之德，是不为非妄也。”④ 爻象就明示了其中的方法论思想，告诫人们时下应当是以阴柔对阴柔，并且用阴柔之性而不是显刚阳之德，这样就可“履得其正，行得其中”，同时也明白作易圣人并非任人逃避现实，而是通过爻象明示了一个处中得正的自然观方法论的本质内涵。

六三，震苏苏，震行无眚。

六二时位上的避阴事宜本身是一种过程，“七日得”也喻示了阴柔体对刚阳的挤压和“乘刚”事态是一个阶段性的事情，不是一下就可以略过，而是要有一段时间的经历和过程。如果说六二是为逃避阴柔体的直接冲撞的话，六三就是承受阴柔体的冲撞过程。在这个过程中，刚阳由于阴柔体的消阳行动，其神气呈

① 程颐．伊川易传．第4册第38页．文渊阁四库全书·易说卷．

② 程颐．伊川易传．第4册第38~39页．文渊阁四库全书·易说卷．

③ 程颐．伊川易传．第4册第39页．文渊阁四库全书·易说卷．

④ 胡瑗．周易口义．第9册第5页．文渊阁四库全书·易说卷．

现出缓散自失的状态，程颐对此分析道："苏苏，神气缓散自失之状。三以阴居阳，不正。处不正于平时，且不能安，况处震乎？故其震惧而苏苏然。若因震惧而能行，去不正而就正，则可以无过。"① 刚阳对阴柔体的冲撞之势深感震惧，就会产生避而不与之接触的办法和行事原则。震时态下，阳气要运行于上，这是一种趋势，这种态势的发展必然会使阴柔体获得能量而上行，不穷究其亲比之性，从而也呈现出"神气缓散自失之状"，孔子象之曰"位不当也"，就是明白地描绘出阴柔体在受刚阳能量感应的同时，应彰显出一种高能态运行的走势来，不能一味地纵向挺进，而应是一种平衡运行态，若承继六二时位的乘刚之行不改变，就不会使自身安稳，而是违反了自身的运行准则和内在规约，所以一味地乘刚，"位不当也"。

胡瑗认为此爻位上主要强调刚阳非自招奸恶的客观实际，是阴柔体的运行违背了其自身的内在准则，他说："六三以阴居阳，履非其正，而为高亢者也。既履非其正而又高亢，则是邪恶之人也，其威慑之来乃己所招。"② 也就是说阴柔体前来履非其正，自然而然由己之行运而受到威慑之力的阻挡，不能继续前行，问题就在于，这种威制力量来源于何方呢？威制力量就来源于自身。阴柔体因阴阳相求之性显而近比刚阳，说明刚阳修德壮体对于阴柔体的吸引得以强化，向心力明显增强，客观上要求其横纵向运行同时行进，即既有向心方向的运行，又有围绕刚阳的运转，这两方面要一致同体，不可偏执于一方，否则其所行就在邪道之上，而非正道流通。

九四，震遂泥。

六三时位上明示了阴柔体受隔阻而上行的动态走势，这样就呈现出阴阳不交合的情状，故曰："震遂泥。"胡瑗云："泥者，泥滞不通之辞也。居人上者，必当有刚威之德，又有至正之道，以安于下，则下之人相率而从之。"③ 说明时下阴阳的交感已不通畅，即阴阳相求而相向之动受到阻隔，这也正显示了刚阳为行正道而对阴柔体产生的威慑作用和效果，也逻辑地要求这种威慑效果得以下人从之。但阴柔体所符示的下人与刚阳的交感而行受到阻隔，所以下人并未安宁于现状，并未"相率而从之"，所以孔子叹之曰："未光也。"尽管刚阳之威震慑了阴柔体的行动，但并没有使其因此而相随顺从，更没有加深交感的程度，没有使阴阳相交合的道路得以亨通，与震卦时局下的目标体系不相吻合，所以孔子用"未光也"来形容，彰明了阴阳二体的运行状态和时下的相互作用关系。程颐以象喻事，承继六三避触之势，提出了刚阳时下的滞阻处境，他说："九四居震动之时，

---

① 程颐．伊川易传．第4册第39页．文渊阁四库全书·易说卷．

② 胡瑗．周易口义．第9册第6页．文渊阁四库全书·易说卷．

③ 胡瑗．周易口义．第9册第7页．文渊阁四库全书·易说卷．

不中不正，处柔失刚健之道，居四无中正之德，陷溺于重阴之间，不能自震奋者也，故云遂泥。”[①] 程颐通过刚阳受重阴作用而产生的不可自拔状，以“不中不正”、“处柔失刚健之道”来形容，更合自然之情理，描绘了阴阳二体的优劣地位，指出了刚阳时下无力行震亨之功的境况。

六五，震往来厉，亿无丧有事。

阴柔体在挤压刚阳的同时，自己也受到反弹而不至于越位而行，但对于阴柔体而言，往而上、来而下，皆不宜失中道。“亿无丧”就是猜度自己行进的状态，既不能上动居极而行，也不能下动而一味受到刚阳的反弹，只有处中而不乱动，才能持中德而亨通持恒。由此可知，时下对阴柔体的要求是上不得而又下不得，所以其行动无疑是危险和有困难的，因此，孔子象之以“危行也”。不过，在刚阳修德壮体的前提下，阴阳相求的吸引力有增大的趋势，不可能上动居极；同时又由于刚阳在九四时位上的反弹效应，不可能下动而犯刚。程颐云：“若以刚阳有助为动之主，则能亨矣。往来皆危，时则甚难，但期于不失中，则可自守。”[②] 程颐提出了刚阳对阴柔体运行的作用是使其不失中的助运之力，这种扶助之力就表现在对阴柔体反弹和吸引的辩证关系上。孔子为之所作的象辞“大无丧也”的“大”就指刚阳的扶助和作用，可以使其不失中德。

上六，震索索，视矍矍，征凶。震不于其躬，于其邻，无咎，婚媾有言。

作易圣人用如此长的句子来反映阴阳二体及阴阳整体系统各成分的运行状况，目的也是为了突出介绍其间的力的作用和能量的流变关系。作为宋代易学、理学代表人物的程颐，对此作了深入的分析。他先解说字面意义，然后阐明其涵存的微言大义。他说：“索索，消索不存之状，谓其志气如是。六以阴柔居震动之极，其惊惧之甚，志气殚索也。矍矍，不安定貌。志气索索，则视瞻徊徨。不于其躬，谓未及身也。邻者，近于身者也。能震惧于未及身之前，则不至于极矣，故得无咎。婚媾，所亲也，谓同动者。有言，有怨咎之言也。”[③] 阴柔体随着刚阳威慑作用和修德壮体态势的不断上扬，自然地会上动而至极，所以有不安惊恐之状，但同时刚阳体内在的阴柔成分也随着刚阳性显程度的不断强化而与阴柔体同行而近靠，从而彰显出“性同行乖”的排斥效应，所以“有言”，“有怨咎之言”。这种怨咎根源于“婚媾”，是由于刚阳对其所亲比而产生的自然行为，是一种自然观的展示，同时也说明了刚阳能量在流通，且流通畅行。

---

① 程颐．伊川易传．第4册第40页．文渊阁四库全书·易说卷．

② 程颐．伊川易传．第4册第41页．文渊阁四库全书·易说卷．

③ 程颐．伊川易传．第4册第42页．文渊阁四库全书·易说卷．

第五十二卦　艮卦的阴阳自然观

震时态下的刚阳，经过修身之功而至上六时位上已经因谨惧阴柔体的消阳之势而产生了强大的反弹之力，同时刚阳体内在阴柔成分的上行也使阴柔体处于对刚阳无威胁的状态，从而达到刚阳与众阴柔的平衡对待。但随着刚阳对众阴柔的威慑作用不断扩大，阴柔体渐次逼近平衡圈极限。一方面，刚阳的能量流行得以最大化；另一方面，阴柔体有改变阴阳所成之道而违行的趋势大增，所以要止其所行，正如《序卦》云："物不可以终动，止之，故受之以艮。艮者，止也。"程颐认为艮时态下所提出了止意，实际上是震时态情状的延续，是对刚阳自身能量的保持及惧怕阴柔体消阳的运行态势。而此时态下的阴柔体不会因止之所为而不运行，相反"动静相因，动则有静，静则有动"[①]，阴柔体在达止大之境时，还要围绕刚阳不停地运转，只是在纵向上因获得能量而离心力增大，运行半径增大而已。那么，既然艮为止，为什么不直接定之以止呢？程颐作了精辟的分析，他说："艮者止也。不曰止者，艮山之象，有安重坚实之意，非止义可尽也。乾坤之交，三索而成艮，一阳居二阴之上。阳动而上进之物，既至于上则止矣。"[②]胡瑗云："夫艮者，山之象。山为地之镇安，止而不动，故为止之象。"[③] 描绘了刚阳借用能量来推动阴柔体上行至上，因"阳动而上进"，"既至于上则止"的境界，是阴柔体已经上至平衡态的上界边缘，已在最大程度上不显示消阳之所为，正合刚阳谨惧之心，而"安重"厚实，坚固而不可拔，其自身围绕刚阳转运的运行平稳而无所约制，使阴阳整体系统各成分得以达到一个新的平衡境界。所以孔子喟然叹曰："时行则行，时止则止，动静不失其时，其道光明。"孔子提出了行止有时不可过的命题，认为震时态下使刚阳有壮德之行是为了阻止阴柔体消阳而使自己具有相当的反弹之力。至阴柔体行运至上，各有秩序，则阴阳系统平稳而道行，这样的阴阳之道才是光明而有持恒性的。胡瑗云："人之动静各有其时，若动而不已，必有悔吝生。"[④] 动止得当方得无咎，若动而不能停止，必至极端而产生过咎。

《老子》云："万物负阴而抱阳。"明示了物之组成的宇宙结构模式，老子认

---

① 程颐．伊川易传．第4册第43页．文渊阁四库全书·易说卷．

② 程颐．伊川易传．第4册第43页．文渊阁四库全书·易说卷．

③ 胡瑗．周易口义．第9册第9页．文渊阁四库全书·易说卷．

④ 胡瑗．周易口义．第9册第9页．文渊阁四库全书·易说卷．

为万物都是由阴阳相合而成，阳在内而阴在外，只有内阳而外阴，内刚而外柔，才能通泰而安稳，正如泰卦之象，泰外卦为三阴，内卦为三阳，又称“三阳开泰”，通达无比。外即为背，内即为胸。刚阳体之内为刚阳成分，其外为阴柔成分，而阴柔体就止于其背之上，使阴阳相合于前胸的局面不得而存，故曰：“艮其背，不获其身。”通过这种象境的描述，其目的是表达阴阳二体的空间位置和相互作用的情况及发展流变的态势。阴阳相合在家常见，但作易圣人用“行其庭不见其人”来作象，是为了表达阴阳二体在空间位置上的间距较大，而使阴柔体不便于消阳，既合艮次震的逻辑联系，又表明了阴阳相交合的特殊性，是一种距离美，依孔子之象语即为“上下敌应，不相与也”，即是说阴柔体尽管与刚阳不相接触，但其相互心照不宣，般配而相亲就，并不是因为进家后发现没人而臆断歧义，故称“无咎”。程颐云：“人之所以不能安其止者，动于欲也。欲牵于前面而求其止，不可得也。故艮之道，当艮其背。所见者在前，而背乃背之，是所不见也。止于所不见，则无欲以乱其心，而止乃安。”① 程颐提出了“欲”的概念即阴阳相求之性，时下之欲在艮状态下的作用是显极弱性的。而有欲即扩张阴阳相求之性就会产生不能止的情状，所以要使“所见者”不得见，就得“背乃背之”。程颐通过艮卦之象，作了如此喻示，是提出了基于艮时态下阴阳相互作用及关系的自然观基础上的法象之大义，是对刚阳与众阴柔关系的一种定位：刚阳体内在阴柔成分上行而遮阻阴柔体，阴柔体在获得刚阳能量的基础上安稳地围绕刚阳而转动。

由此可知，艮卦是继震卦时局之后的具有逻辑关系的又一个时局，是立足于系统整体的稳定平衡及防止众阴消阳而产生的一个新的格局。阴阳相互作用的力的结构和能量的流变情况是承继震时局下刚阳对阴柔体进逼所产生的反弹的延续，由震上六时位而加以逻辑地延伸和发展的。如何通过对这个系统中阴阳二体、系统整体结构因子、内在组成各成分间有机地进行调整和互动，实现这种止境？这还要从艮时态下阴阳相互作用的活态运作动力体系的语境结构上去分析和把握。

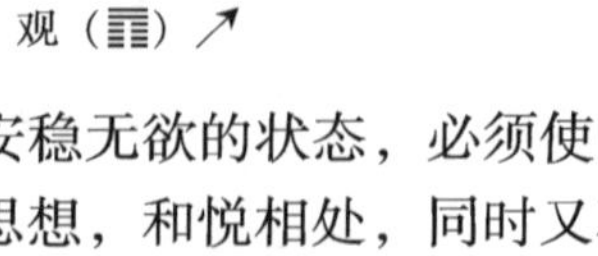

可见，要达到止境和安稳无欲的状态，必须使阴阳体系各成分合道而行，围绕阴阳成道的核心自然观思想，和悦相处，同时又不失调节的功能，即可实现这种目的。艮与兑旁通互动，阴阳互相流变相通，以兑悦为基础，构建阴阳和悦无

① 程颐．伊川易传．第4册第43页．文渊阁四库全书·易说卷．

欲的结构模式是必不可少的。同时从卦变层面而言，艮卦为四阴二阳卦，自观而来，又本于观。观象曰："君子以省方观民设教。"这就是要强化修道的功能，以不出其位为准则，以不互相错位为范式，使众阴安稳于各自的运行状态之中。孔子在《中庸》云："率性之谓道，修道之谓教。"也是从修道的角度和层面来审视成道的内在规约。

初六，艮其趾，无咎，利永贞。

艮者止也，这是其象意，究其涵存的大义而言，程颐云："艮止者，安止之义，止其所也。"① 就是使阴柔体止其所应止的地方，即阴柔体既与刚阳相亲比又无杂欲潜存。要想达到这样的境界，无疑必须从刚阳体内在各成分做起。艮初六时位上，提出了"艮其趾"的命题，意味着要想做到安止，使动态得以相对静处，就应先从脚下开始。初上之爻各言本末之意，物之动中有因，如人之动于脚一样，若脚不动，则身不行，自然之理，所以不难理解圣人作象之辞。程颐云："六在最下，趾之象。趾，动之先也。艮其趾，止于动之初也。事止于初，未至失正，故无咎也。以柔处下，当趾之时也。"② 足动先行在趾，意味着要从根本上治理，而时下"以柔处下"，柔就明示其静意，不可行动了，所以定之为"当趾之时也"。

震上六时位上已经言及阴柔体在获得能量而又受到刚阳反弹的情形，这种情状会使阴柔体返回到鼎时态"刚柔节也"的理想位置上去，但同时也有因向上运行不止而离开这一理想位置的情形发生。所以当阴柔体运行至与刚阳体各成分作用相当的时候，就应停止其纵向的运作，这就是艮时态所要解决的问题。程颐云："位者，所处之分也。万事各有其所，得其所则止而安。若当行而止，当速而久，或过或不及，皆出其位也，况逾分非据乎?"③ 程颐所言极是，不出位就是要在其上下运行的极限态之间，不能过，也不能不及，在过与不及之间才是其所安之地。胡瑗通过趾象的运行规律来分析这种转换时态下的自然观规律，他说："夫足之趾，本亦能动有其时，时止则止，时行则行，运静不失其正，所以得其无咎。"④ 就是说对于足趾而言，之所以取其为象，就在于它所符示的特征很符合时态转换情况下的情形，它不能终动，有行有止，理之当然。该动则动，该止则止，是有一个标准存在的，这就是"正"。正就是不偏执、不过与不及。时下当阴处其位，阴柔符示静态，就明现止意。坤卦卦辞就有"永贞吉"的意涵，所以贞固而持恒，处静才安而不乱。因此，作易圣人说"艮其趾"而"利

① 程颐．伊川易传．第4册第43页．文渊阁四库全书·易说卷．
② 程颐．伊川易传．第4册第45页．文渊阁四库全书·易说卷．
③ 程颐．伊川易传．第4册第45页．文渊阁四库全书·易说卷．
④ 胡瑗．周易口义．第9册第12页．文渊阁四库全书·易说卷．

永贞”，则得“无咎”，是很有自然观的思想内涵的。

六二，艮其腓，不拯其随，其心不快。

初六提出理想的目标，并提出足趾若止即可定夺的易理内涵，但足之动不取决于足本身，而是通过腓取决于股，至于趾就更没有主动权了。震时态下强调的是刚阳因谨慎畏惧而行修德壮身之功，力使阴柔体不能行消阳之实。在这种情态下，刚阳对阴柔体的反弹在客观上是上扬和扩张的，不可能自身产生停止行进的理念，这也正是艮之为止而在时下出现的客观原因和自然规律。之所以提出从足趾行止的理念，就是为了强调阴柔体在纵向上行动不已的现实状况。由此可想而知，尽管阴柔体在六二时段已进入处中得正的位置，但是太不稳固了。程颐云：“六二居中得正，得止之道者也。”① 明示了时下的位置即是理想的位置，不可离开而上下波动，是行至于“止之道者也”的地步了。而客观的行运态势却是不停止地在运行着，“三居下之上，成止之主，主乎止者也，乃刚而失中，不得止之宜”②。这种情形该如何表达呢？王弼云：“尽意莫若象。”（王弼《周易略例》）对于如何表达这种不能停止而又无可奈何的意涵之象，作易圣人定之为“腓”，腓就是足上方而股下方的那一部分，这一部分是联系足与股的纽带，足之行要在股的控制之下，通过腓来完成，趾又是足的最下部分。由此分析可知，腓尽管可以起到制运和行动的作用，但其作用不是根本的，是要由股来决定的。用腓取象，可以反映时下这种欲稳固于理想位置又不能安的现状。因此，作易圣人用“艮其腓”、“不拯其随”、“其心不快”三句话来表达这种情状和各自的作用效果，言明腓不能自拯以止之，而是“不拯之而唯随者”③。

九三，艮其限，列其夤，厉薰心。

六二时位上已明确了一个阴阳二体的运行态势，认为刚阳有次震之情，有畏惧阴柔体消阳之心，在此基础上，对阴柔体的反弹没有停止之意，所以六二时的理想态是不会安稳的。作易圣人借人体之象，提出了制止股动的办法，以此来喻示使行进停止的策略，就是要断绝其联系，若停止刚阳对阴柔体能量的供给，即可使阴柔体不出中道，保持鼎上九时态的“刚柔接也”的理想状态。出于这样的用意而借象表达其情，就取“限”、“夤”为象。

苏轼曰：“三不艮于股而艮于限，亦取诸动者矣。限者，上下之际，所以抑制之节也。夤者，自上而属于下者也。艮于下之极则于自上而下者绝矣。上下绝，心之忧也。”④ 杨万里亦云：“盖三居物，我之交内外之际，而九三以阳居

① 程颐．伊川易传．第4册第46页．文渊阁四库全书·易说卷．

② 程颐．伊川易传．第4册第46页．文渊阁四库全书·易说卷．

③ 程颐．伊川易传．第4册第47页．文渊阁四库全书·易说卷．

④ 苏轼．东坡易传．第4册第37页．文渊阁四库全书·易说卷．

阳，刚而进、躁而动者也。”① 九三为动之主，若其能止，则可以实现艮止的目的。但九三以阳居阳，动而不已，不能将止的原因放在股上，而应使上下关联的东西得以断绝，方可得止之功效。但这样就会使客观上的动态得以改变，而产生阴阳不交合的情形，违背了已形成的鼎道时就铸塑的通达的理想环境，故曰：“厉薰心。”使本来相亲合的局面不能维持，用以说明时下阴阳相互作用的关系必须进行一次大的改动造作，才能使安止之道得以形成。程颐亦云：“限，分隔也，谓上下之际。三以刚居刚而不中，为成艮之主，决止之极也。故为艮其限，是确乎止而不复能进退者也。”② 九三使止境不能形成，为“决止之极也”。在这种情况下，只有将上下之界限分开而隔断，使阴阳二体的交流渠道不通才能安止其行。由此带来的问题是阴阳的不交，以心之不快来说明和喻示这一情状，恰当而明晰。但真正所要描述的是阴阳时下的运行结构模式和状态，而不是文辞的表面意思。

六四，艮其身，无咎。

既然九三时位上提出了断绝上下之际的自然观方法论。按此理事，必能行安止之道，故程颐云：“四，大臣之位，止天下之当止者也。以阴柔而不遇刚阳之君，故不能止物，唯自止其身，则可无咎。所以能无咎者，以止于正也。”③ 阴柔体在得不到刚阳能量作用之后前行的步子必定当止，故曰：“艮其身。”尽管出现了“阴柔而不遇刚阳之君”的情形，但阴柔体其身不行于前，就会止于其所，不会越位而出界，所以作易圣人以“无咎”而赞之，孔子赞之曰：“止诸躬也。”

六五，艮其辅，言有序，悔亡。

六四时位上，明示了阴柔体“止于诸躬”的现实状况，但止于身不行于界，为中正之行，若因阴阳二体能量的供给断隔而必定会使阴柔体，一方面运转速度减弱而下行；另一方面又会在刚阳性求的作用下而就下。这样的结果，必然使阴柔体有近靠其运行轨道的下界极限，而受到刚阳体内在阴柔成分的排拒，直至失中，这就存在一个秩序和主次问题。作易圣人提出了“辅”和“序”是很有道理的，是立足于宇宙运行秩序基础上的自然观理念。张浚云：“辅车之辅，人主安危荣辱之机。在言一失其序，左右者得以窥伺而虑间疑隙所生也。”④ 张浚认为辅之能发决定人之荣辱，对于刚阳之君不可失内在之序，对于阴柔之臣不能不以序来规范其行。程颐云：“五，君位，艮之主也，主天下之止者也，而阴柔之

① 杨万里．诚斋易传．第7册第39页．文渊阁四库全书·易说卷．

② 程颐．伊川易传．第4册第47页．文渊阁四库全书·易说卷．

③ 程颐．伊川易传．第4册第48页．文渊阁四库全书·易说卷．

④ 张浚．紫岩易传．第4册第61页．文渊阁四库全书·易说卷．

才，不足以当此义，故止以在上取辅义言之。”① 程颐以象喻事，说明了时下因君臣阻隔、阴阳不通而使刚阳没有胜任君主之能为，致使阴柔体不能像刚阳体中的阴柔成分那样得到刚阳成分的亲比，只能是处于次位而已，也从中说明了刚阳的修养和德行之大，不为邪恶所左右。其实质是维护了阴阳系统整体的结构秩序，当正则正，当辅则辅，“艮其辅，谓止于中也”②。只有正辅分明，才是中正之序。程颐云：“辅，言之所由出也。艮于辅，则不妄出而有序也。”③ 从表面上看，“辅”仅是个出言的器官，但艮止这种器官，就明示了其真正要表达的不是这种现象，而是说其地位的次序和主次情况。无妄为诚，惧言是强调其中的秩序，以明“君子思不出其位”的自然观理念。作易圣人通过“辅”与“言”这两种象的内在规约来喻示阴柔体应保持与刚阳的距离，不能越过其内在阴柔成分的位置，孔子所言其象为“以中正也”，提揭了时下阴柔体的运行处中而得正的状态。若仅以爻象而论，六五以阴居阳为不正，但考虑阴阳相互作用在时下的关系，就是处中而得正，正者不越位，中者不偏离，同时从中也看到了爻象并未由固定的框架模式来规定，而是唯变所适，以宇宙自然的运行规律为依托。

上九，敦艮吉。

阴阳二体相互作用到目前为止，阴柔体经过六五时位的“艮其辅”而“言有序”，使其当位得正而处中，既不上行越位，也不下行犯界，自然出现了艮止安行的良好局面。

胡瑗云：“艮者，山之象，为地之镇，有博厚之德。上九处艮止极有敦厚之道而自止，使邪欲不能汩，利害不能侵，死生富贵不能易，如此可以获其吉。”④ 刚阳既有镇地之能为，又有广博载物之德性，既能对阴柔体以性显而牵引，同时又能使阴柔体不来侵犯，邪欲、利害、死生、富贵等不能对其产生影响，占有绝对的主动权和支配地位，所以可称为“敦艮”，从而使阴柔体在刚柔之节的理想框架内运行，当然是一种吉喜之象。程颐云：“天下之事，唯终守之为难。上之吉，以其能厚于终也。”⑤ 六十四卦上爻位为处极生变之位，通常大多会出现与前面事态相反的情形，正所谓“物极必反”。而艮上九时位上以使阴柔体处中而当位得正，无越位之嫌，可谓终吉无比之象。张浚深入自然观层面加以分析道：“因性之止而加止也，厚之至也。利物之德兴矣，其存心厚，其行事亦厚。”⑥ 本来刚阳呈现阳性而行健求阴，但次震之势使其慎防阴柔体前来消阳进犯，而产生

---

① 程颐．伊川易传．第4册第48页．文渊阁四库全书·易说卷．
② 程颐．伊川易传．第4册第48页．文渊阁四库全书·易说卷．
③ 程颐．伊川易传．第4册第48页．文渊阁四库全书·易说卷．
④ 胡瑗．周易口义．第9册第15页．文渊阁四库全书·易说卷．
⑤ 程颐．伊川易传．第4册第49页．文渊阁四库全书·易说卷．
⑥ 张浚．紫岩易传．第4册第62页．文渊阁四库全书·易说卷．

了“性之止”象，而“加止”以自止，是法坤德之行，故曰：“厚之至也。”坤厚载物，使万物复生，行地之德，乃利物之行，所以提出了由内到外的厚德流行之势，象之以“存心厚”与“行事厚”，以彰明刚阳与阴柔体之间的作用弱化的情状，反而称吉，时止之所为。

第五十三卦　渐卦的阴阳自然观

艮状态下所行的止道，是立足于使阴柔体当位而得正、处中以不越位的理念而运作的，是对震时态下防阴消阳、恐惧修省自然观的延续和强化，也是刚阳修德壮身以亨行天下的必要步骤。艮上九时位上，刚阳以“敦艮”之势，在防阴进犯方面，形成了一定的格局和规约理念，为其进一步畅扬时行奠定了基础。我们说艮上九时位上的“敦艮”，并不是说它稳固而不变，而是说其修身之功已达到“邪欲不能汩，利害不能侵，死生富贵不能易”的境界和高度。在这种情形下，阴阳相交是宇宙天地之道、自然之理，只有天地相交，才能品物咸亨，也只有阴阳相交合，才是生物之道，也才是善易之本。所以《序卦》云：“艮者止也，物不可以终止，故受之以渐，渐者进也。”刚阳既有大德充实于内，必然成流行之势，阴柔体与刚阳性显的彰明，必然相求而动、相向而行。尽管刚阳在艮时态下行安止之道，但其修身养德以充实其身，必然对阴柔体产生了更大的吸引力而使其近靠，相对来说，刚阳自身也在靠近阴柔体。所以程颐云：“止必有进，屈伸消息之理也。止之所生亦进也，所反亦进也，渐所以次艮也。进以序为渐，今人以缓进为渐进，以序不越次，所以缓也。”① 程颐对相对运动的理念作了辩证的分析，认为进是相对的，尽管刚阳不前求于阴柔体，显示止而不进之象，但阴柔体在刚阳不断加强的力的吸引下近靠刚阳，负反馈地说明了刚阳前进的状态在艮止时态下是存在的，只是强调的重点在于使阴柔体保持在“刚柔，节也”的理想位置上当位处中、不犯位越界而已。艮时态下明示的是阴阳二体的相对运行位置和作用及规则内涵，而渐时态下正是在这一框架内进行的“以序不越次”的缓进情状。这种缓行而进，是被严格地控制在“序”的程式之中的，呈现的是阴阳相求而动但不能亨通之象，也就是说渐时态并不显通达之义。苏轼云：“此文转以次相释也。渐之中有进者，则女归之吉也。而利于正，正者孰谓？谓得位而有功正邦者也。其得位者何也？刚中者也。由此观之女，则二与四所归则五也。”② 苏轼认为渐承继艮来，既安止则其位必有次序之别，就如同座次有序一样，其标准和规则是以正邦即君臣、阴阳各得其位为基准的。但同时指出这种各组成成分的得位情况以刚阳为中心，“刚中者也”，也就是说刚阳与刚阳内在的阴柔成分及阴柔体之间的作用达至平衡，以二、四之女归九五之刚阳为象以明

---

① 程颐．伊川易传．第4册第49页．文渊阁四库全书·易说卷．

② 苏轼．东坡易传．第4册第38页．文渊阁四库全书·易说卷．

示其义，勾画出了刚阳与众阴柔之间的力的空间结构图式，同时也明晰了渐之次是在艮之安止的基础上提出的，是对艮止格局的延续。程颐也有相似的论述，他通过卦象和爻象所符示之男女象来作喻，明确了渐时态承继艮格局而定次序，他说："乾坤之变为巽艮，巽艮重而为渐。在渐体而言，中二爻交也。由二爻之交，然后男女各得正位。初终二爻，虽不当位，亦阳上阴下，得尊卑之正。男女各得其正，亦得位也。天下之事，进必以渐者，莫如女归。臣之进于朝，人之进于事，固当有序，不以其序，则陵节犯义，凶咎随之。"① 程颐对当位和得位及其作用加以区别，当位是阴阳处阴阳位，而得位是强调关系正而无有不当，"有涉不正之疑而为之戒者，有其事必贞乃得其宜者，有言所以利者以其有贞也"②。程颐等认为，男上女下，尊卑分明，就是得位而得当，不能以当位与否来框死，应以自然准则为依据，不能以解卦的条文为准绳，以此来强调自然观在解易过程中的主导地位、核心作用和内在准则，程颐的观点实际上是对王弼扫象穷理的进一步拓展和延伸，强化象的存意功能，弱化针对象本身的牵强关系的建构。

刚阳在艮时态对震恐于阴柔消阳的导引作用下，修身充德于内，必然流行而对阴柔体产生吸引牵返的作用。只是这种作用是在防阴消阳的背景下产生的，力使阴柔体的运行控制在一定的位置之上而不能越位，以得位而已，"进得位"，"进以正"，仅有交合之趋势而并未有交合通达之象即"止而巽"而已，从而使阴阳各得正位，形成有功之势、正邦之效。孔子赞之曰："君子以居贤德善俗。"用以强调刚柔之位当对阴阳系统整体平衡态的作用。

由此可知，渐卦时局下，阴阳相互作用的力的结构和能量的流变情况是承继震艮而来，对于震惧恐慌于消阳态势的发展流变产生了得位的自然观理念。如何通过对这个系统中阴阳二体、系统整体结构因子、内在组成各成分间有机地进行调整和互动，以使阴阳二体守持艮时态下形成的位次序列而各得其位、守其贞？这还要从渐时态下阴阳相互作用的活态运作动力体系的语境结构上去分析和把握。

渐 ↙归妹（䷵）
䷴
否（䷋）↗

程颐认为渐为乾坤之变而来，即是否卦互体所成。朱熹认为三阳三阴卦自否来，而本于否，从根本上规定了渐卦时态下阴阳不能至通达之境的状况，阳在上阴在下而位当，但其气势流行方向是阳气上升、阴气下降，不能亨通，只能按序

① 程颐．伊川易传．第4册第50页．文渊阁四库全书·易说卷．
② 程颐．伊川易传．第4册第50页．文渊阁四库全书·易说卷．

而收成，“以正邦也”。程颐云：“渐之义宜能亨而不云亨者，盖亨者通达之义，非渐进之义也。”[①] 同时也应看到，渐与归妹旁通，阴阳互相涵摄，表明了这种不通达之情来源于归妹，根植于刚阳体内在的阴柔成分所起的作用，彰显了渐的语境规约应是有归妹的因素在影响着刚柔之节。其进态之所以呈现出缓慢状态，就在于这种不通达的本质因素的制约和同性因素的排拒。

初六，鸿渐于干，小子厉，有言无咎。

刚阳体作为阴阳二体整体系统结构中的子系统，其内在阴柔成分与刚阳性显因子及整体系统中的阴柔体之间的相互作用，经过艮时局的流变，至艮上九时位上已达“敦艮吉”的安止境地，各成分都已安位而行，围绕刚阳而产生的相互间作用力已达平衡，且都处于安止其位的状态。但在刚阳壮身充德而产生的愈来愈大的吸引力的牵引下，阴柔体在不断地与其相求而动，尽管有“刚柔接也”的界线限定，其近靠而动的情状是不会改变的。本来艮止于安态，已达至理想的位置，应该以保持为上，但这种相求而动的内在源头最终是会将其推至失衡的边缘。怎么办呢？这就要求我们效法艮道，处艮而至渐，以阻其行，定其位分，区之以别，所以苏轼云：“此文转以次相释也。”用次序来规范秩序，提揭了时下的自然观之核心内容，不应顺其所行，而是往则有功，来则犯制，各安其位才是渐时局的灵魂。

作易圣人为了系辞言动之则，取鸿为象来说明这种意境。那么鸿是一种什么特性的动物呢？苏轼解释道：“鸿，阳鸟而水居，在水则以得陆为安，在陆则以得水为乐者也。”[②] 鸿雁其性刚阳，喜好在水里的陆地上栖息，安于陆地而乐于水生。刚阳则动，动则虽满足了其乐欲但出离了其安居之地，以此来说明若采取动势，是不好的，这样会因为一时之欲而至危地。同时，通过鸿鸟呈阳性这一现象，意在说明“性同行乖”原理下的阴柔体应改变原来的行进方向，而向刚阳吸引的反方向运作，才能承继艮时态的安止之道以提出渐时态的新境界，彰明了渐卦时态下的人文关怀情结和宇宙关切理念。由此可见，以鸿雁为象可以明示阴阳二体时下的对待状态，可以形象地反映阴阳相互作用的力的结构图景模式。程颐进一步解释道：“鸿之为物，至有时而群有序，不失其时序乃为渐也。”[③] 尽管鸿鸟刚阳之性显，但其群处而有序不乱，不会因为自己好动而犯约受制。时下就应效法这一象所涵摄之大义来作为刚柔二体的运作准则。干，就是指水边，即临界点或临界线。刚阳对阴柔体的吸引作用会使刚柔二体间的距离缩短而接近相排斥的界线，所以称为“鸿渐于干”。本来这是刚柔二体共同作用的结果，但这样

① 程颐．伊川易传．第4册第51页．文渊阁四库全书·易说卷．
② 苏轼．东坡易传．第4册第39页．文渊阁四库全书·易说卷．
③ 程颐．伊川易传．第4册第52页．文渊阁四库全书·易说卷．

下去，阴柔体就会逐界，甚至出界，作易圣人用“小子”来符示阴柔体，明确指出了这样做的危险性，故曰“小子厉”、“有言”，即阴柔体会因渐进而破坏了其所安止的局面，同时也会引起刚阳体内在阴柔成分的抗拒和警告，故“厉”而“有言”。但这种情形是客观和自然的事情，阴阳相求而动自然之理，无所咎悔之处，实为“无咎”。程颐云：“行而以时，乃所谓渐。渐进不失，渐得其宜矣。六居初，至下也；阴之才，至弱也；而上无应援，以此而进，常情之所忧也，君子则深识远照，知义理之所安，时事之所宜，处之不疑。”① 刚柔相求、阴阳相吸本可进而前行，若“行而以时”，“渐进不失”，非常适宜，但若不识其义理内涵，非渐进而速进，不以时而定夺，必凶厉有危，告诫人们尽管有求而动合乎情理，但要安其居而防其过，不躁动而妄行，这样就会承接艮时态下的“敦艮”局面，安止而无忧。

六二，鸿渐于磐，饮食衎衎，吉。

初六所谓的“干”，明示了阴柔体与刚阳体已相就而近靠，彰明了刚阳对阴柔体的吸引而相求、相向而渐进已成定势，但刚阳对阴柔体的吸引是通过刚阳体整体来表现的，刚阳体本身就是一个系统，属于阴阳二体构成的大系统的子系统，其内在阴柔成分是不能使同性物恒持固守的，所以阴柔体向刚阳的近靠，形式上表现为向刚阳体的刚柔二成分的近就，刚阳性显成分即所说的刚阳是对阴柔体表现为吸引的，而另一个成分即阴柔成分却表现出相当的敌意，所以苏轼云：“六二渐之在水者也，近则遇三，远则遇五，无适而不得其欲，故择其尤可恃者从之。二之从三也，虽近而难信；其从五也，虽远而可恃。”② 所谓在水者，即阴柔体像水一样地流动着、前行着，但首遇的是难信者，不能守恃，只有后来的那个是可恃的，尽管其前行欲从的都属刚阳范畴，但性征不同，不能躁动而盲从。告诫人们时下不宜行动，而是安于其所居，乐于其所亲，则可得吉，故曰：“鸿渐于磐，饮食衎衎，吉。”磐，就是安稳的意思，意指安于所居，且因有刚阳在吸牵自己而快乐，不要轻易地前行而盲从，更不能有躁动之嫌。这样做是基于自然观理念之所为，是因有实实在在的吸引而欲亲合之势存在，不是空卷雷风，不是望梅止渴，程颐对此阐述道：“夫子恐后人之未喻，又释之云：‘中正君子，遇中正之主，渐进于上，将行其道以及天下。所谓饮食衎衎，谓其得志和乐，不谓空饱食而已。素，空也。’”③ 阴柔体的渐行已说明了其“遇中正之主”，而刚阳的能为也呈渐行之态，虽行远但至上，其符示着广大的天下和无数的子民顺从于君，得天下之象大成。

---

① 程颐．伊川易传．第4册第53页．文渊阁四库全书·易说卷．

② 苏轼．东坡易传．第4册第39页．文渊阁四库全书·易说卷．

③ 程颐．伊川易传．第4册第54页．文渊阁四库全书·易说卷．

九三，鸿渐于陆，夫征不复，妇孕不育，凶，利御寇。

明晰了初六与六二时位上自然观思想后，不难想到阴阳二体的关系时下正处于相亲而不比、但又无妄而安的境地。作易圣人用“鸿渐于陆”来象征着平安而稳定，但对阴柔体来说，与其相亲的刚阳，因其内在阴柔成分的阻隔而不能相比，虽阴阳相合而不能成德，实际上就是阴阳不交之态明现，所以称凶。程颐云：“三在下卦之上，进至于陆也。阳，上进者也。居渐之时，志将渐进，而上无应援，当守正以俟时，安处平地，则得渐之道。”① 程颐以实象来解此爻象之意，认为下卦三爻分别代表和符示着干、磐和陆，以水为险，则离水越远就越安全，所以他说“三在下卦之上”，已“进至于陆也”，即已到了安全的地方，不会有什么凶险发生。他用“志将渐进，而上无应援”来表达阴阳不交合的现实情状，是对作易圣人所说的“夫征不复，妇孕不育”，给予现身说法，其所提揭的义理内涵，就是对阴阳二体不相交合之境遇的形象写照。郑刚中亦云：“《尔雅》：‘高平为陆’，始见于干，进而之磐、之陆，进而渐高得位之象。”② 指出了这样避险处安的逻辑过程，直指得位而中的境地。郑刚中又云：“贪进苟合，则行藏失据，邪正错杂则不能成实德也。何则阴阳相好也，阴阳皆正则各从其应，阴阳偏立无偶而相近比，此乱之所由也。”③ 阴柔体与刚阳的亲比之行形成了“邪正错杂”的局面，注定是“不能成实德”的，在这种情形下，客观上要求阴柔体既不能因为有“离群之丑”之嫌，而私欲膨胀以“失其道”，也不能固持安稳而不求于阳，孔子认为正确的态度是“顺相保也”，阴阳各得其正则各得其位，就会得渐道之理，即只有顺从客观的情势，得以处中而当位，才能御止其恶。这里的御寇，就是御止其恶的意思。

六四，鸿渐于木，或得其桷，无咎。

渐自初六以来，首先通过对问题的提出和对危厉情势的触及，将解决问题的思路引申出来。渐次由干而之磐、之陆，使阴阳二体各自都在当位而处中的轨道上运行，不触撞红线。对这种立足于自然观基础上的人文关怀理念进一步推展，自然会顺延至六四时位上的“渐于木”和“得其桷”。苏轼云：“鸿渐于木，木生于陆而非鸿之所安也。鸿之为物也，足不能握其渐于木而无咎，盖得其大而有容如桷者焉。”④ 又对桷加以解释：“（桷者）九五之谓也，或者幸而得之之辞也。”⑤ 鸿鸟显阳性且生于陆、近于水，却不能生存于树木之上，即使高而上木，

① 程颐．伊川易传．第4册第54页．文渊阁四库全书·易说卷．

② 郑刚中．周易窥馀．第5册第32页．文渊阁四库全书·易说卷．

③ 郑刚中．周易窥馀．第5册第32页．文渊阁四库全书·易说卷．

④ 苏轼．东坡易传．第4册第40页．文渊阁四库全书·易说卷．

⑤ 苏轼．东坡易传．第4册第40～41页．文渊阁四库全书·易说卷．

也是因树上有平大的保护叶存在或者是一种幸免于难，否则是生活不下去的，正如朱熹所云："鸿不木栖，桷，平柯也，或得平柯，则可以安矣。"① 以此来作喻，说明避险尚远的规则也是有条件的，不是越远越好，而是有距离极限的。如果说鸿渐于干而遭险是触及红线，那么，鸿渐于木而高远，同样是触及红线。

程颐对此涵具的自然观思想表达得比较明白，他说："当渐之时，四以阴柔进据刚阳之上，阳刚而上进，岂能安处阴柔之下？故四之处非安地，如鸿之进于木也。木渐高矣，而有不安之象。鸿趾连，不能握枝，故不木栖。桷，横平之柯。唯平柯之上，乃能安处。谓四之处本危，或能自得安宁之道，则无咎也。"② 程颐认为，阴柔体性本阴弱而履刚阳之道（同性相斥，与刚阳体背行的选择，就是通向无，就是刚阳之道），不可太过，不可远离刚阳而处高远之地，否则就会加大阴阳二体之间的张力，随着这种张力的不断提升，危厉聚起。"四之处本危"，四所符示的阴柔体本来就应向阳而动，却反行背阳而履刚阳之道，只有在远近、高下适中的范围内活动和运行才可得安宁，这就是程颐所说的"或能自得安宁之道"。

九五，鸿渐于陵，妇三岁不孕，终莫之胜，吉。

六四明白地提出了阴柔体只有"得其桷"，才能免于咎，并且也指出了其行本危的客观实际，同时也提出了"自得安宁之道则无咎"的方法论命题。而要把这个方法论思想立足于自然观的基础之上，就逻辑而又自然地将一个很重要的安止之地进入其所考虑的视野，这就是陵。何谓陵呢？苏轼云："陵者，陆之又高者也。进而之陵，动乎无嫌。"③ 陆为鸿之所安栖之地，陵又是在陆的基础上强化其安全系数。朱熹云："陵，高阜也。"④ 程颐亦云："陵，高阜也。鸿之所止，最高处也，象君之位。"⑤ 鸿栖于陵，则可处高而无忧。因为陵虽高而平稳，这就如同尽管有力的作用而永使外力达至平衡一样，不管刚阳对阴柔体如何地吸引和牵拉，都不起任何作用。对刚阳来说，"终莫之胜"，而对于阴阳二体的关系而言，阴阳不陵之所阻、所影响而不能亲合，故曰："妇三岁不孕。"但能使阴柔体达安止之地，所以孔子赞之曰："得所愿也。"

上九，鸿渐于陆，其羽可用为仪，吉。

我们说阴阳关系是双向的，阳对阴的吸引也同时表现在阴对阳的相求，只要阴阳之间的力存在着，它们就会发生作用和关系，就会相求而动，这是宇宙内在

① 朱熹．周易本义．北京：九州出版社，2004. 146.
② 程颐．伊川易传．第4册第55页．文渊阁四库全书·易说卷．
③ 苏轼．东坡易传．第4册第41页．文渊阁四库全书·易说卷．
④ 朱熹．周易本义．北京：九州出版社，2004. 146.
⑤ 程颐．伊川易传．第4册第56页．文渊阁四库全书·易说卷．

的本质规律。九四时位上已彰明了阴柔体的渐陵情状，但刚阳在作用力的支配下，在阴柔体安止的形势下，必然会向阴柔体近靠，不可能无动于衷。这无疑会改变刚阳震以来的防消态势而主动接近于阴柔体，故曰："鸿渐于陆。"作易圣人以雄性振翼弄羽来吸引雌性的性状特征而作象，就是为了表征刚阳的主动亲阴情状，故曰："其羽可以为仪。"但这种打破原有格局模式的做法，尽管在上九处极阶段是自然的事，但其毕竟有悖于君臣之礼仪，故孔子曰："不可乱也。"孔子所言之"不可乱"，在这里我们绝对不能单纯从人文的角度去把握，而是应站在自然观科学理念的高度去认同它，因为孔子为了方便后人对作易圣人所说的话语里反映的自然情态有一个明了的理解和把握，才作如是象喻。他所言的乱象，实际上告诉人们刚阳在亲向于阴柔体这样一个事实，而并无对刚柔之间进行重轻尊卑之分。同时，渐时态所提揭的自然观理念，很明显地将重心转向方法论的领域，而实际的情形与此大不一样，若乾坤倒置，则又会违反自然规律，正是在这样的背景下提出了"不可乱也"的人文理念。

程颐云："安定胡公以陆为逵。逵，云路也，谓虚空之中。《尔雅》：九达谓之逵。逵，通达无阻蔽之义也。上九在至高之位，又益上进，是出乎位之外。在他时则为过矣，于渐之是地，居巽之极，必有其序，如鸿之离所止，而飞于云空，在人则超逸乎常事之外者也。"① 程颐结合作易圣人所作的"其羽可用为仪"的刚阳主动求阴柔之特征，提出了将"陆"解释为"逵"的思路，其目的就是要人们明白刚阳在阴柔体安止的情况下，"离所止，而飞于云空"，并认为这是"超逸乎常事之外者"的事情，使人们从象中明白阴阳时下的对待关系和阴阳整体系统的空间结构。

① 程颐．伊川易传．第4册第57页．文渊阁四库全书·易说卷．

第五十四卦　归妹卦的阴阳自然观

先人将归妹卦所反映的时态格局，放在了渐之后，这集中反证了渐时态阴阳相互对待关系的随时变异性。渐时态下阴阳相互之间的自然观核心内容，其本质层面的意涵是阴柔体逐渐靠近刚阳而行亲比之实。但这样发展下去，就会失去艮上九时位的理想状态而使阴柔体自身处于违背其运行轨道的情形，所以就通过渐六爻不同时位的人文改良而使其不至于陷入被动的局面。这实际上是建立在自然观基础上的能动性理念在现实生活中的流行和运用，体现了其中所涵具的实践的人化自然观思想的核心支柱。然而，至渐上九时位上，按此行事原则，已不能继续使阴阳相互作用的自然状态发生变更，已到了孔子所言的“不可乱也”的地步，这就是《序卦》所说的“进必有所归”的必然结果。这就促使大德君子必须正视阴阳关系的现实，正确分析其中的相互关系和力的作用，从刚阳体本身的子系统内部寻找维持阴阳整体系统平衡的动力所在，改变渐时态强调对阴柔体运行状态调节的局面，转而为调节刚阳体内在的动态机制，使刚阳与众阴柔之间的平衡态不被破坏。这就客观上需要刚阳体内在的阴柔成分回缩，给阴柔体近靠刚阳的不可逆局势有一个更为宽松的弹性空间，进而出现了众阴皆有亲阳的态势，因此可根据其动态取象定之为归妹。所谓归妹，就是一种社会现象。在古时候，有娥皇、女英亲姐妹同嫁于舜的历史故事，反映了上古时代婚姻制度中对姐嫁夫而妹跟随同嫁的认同性和合理性。对此胡瑗进行历史的分析，他说：“所谓归妹者，谓侄娣从女兄而适于人，故谓之归妹。夫之不孝，无后为大，其诸侯守宗庙社稷之大，其事尤重。故圣人制礼，使一娶九女，广其继嗣，生生不绝，永可以守宗庙社稷之祀而不废也。故娶一而二往从之，为左右媵，各有侄娣同姓者九人，必须同姓，亲亲相睦，绝争妒之心。”① 可见，归妹而从夫，九女嫁一人，在我国古代为了“生生不绝”而为，与易道“生生之谓易”的理念相一致，所以作易圣人借用此归妹之事来符示时下阴阳相互对待之意，目的就在于反映和体现刚阳所面临的二阴（泛指众阴）亲比而消阳的态势和情状。

程颐云：“进则必有所至，故渐有归义，归妹所以继渐也。归妹者，女之归也。”② 我们知道，渐就是进的意思，同时渐又次艮而有安止的自然观理念，而这种安止的局面必定会达至一定程度而表现出有限性，故程颐称其为“进则必有

---

① 胡瑗．周易口义．第9册第24~25页．文渊阁四库全书·易说卷．

② 程颐．伊川易传．第4册第57页．文渊阁四库全书·易说卷．

所至”。一旦到了止至的地步，就不能再行使阴柔体处安止不消阳的时候了，所以其必然的走势是要归向而亲近刚阳，从而使刚阳受阴消的局面形成。通过阳之受消而弱化刚阳之势，相对而言，阴柔体有变长之象，虽归妹而与渐同，故程颐称之为“归妹所以继渐也”，强调了其中的相对性关系。《系辞》云：“见乃谓之象。”从视觉效果上来区分象与非象，以甄别象的变化。对于阴柔体而言，这种视觉效果是与刚阳距离的远近而成反比例变化，与刚阳体内质的大小呈正比例变化。同一刚阳以渐时态为参照系，若刚阳受阴柔之消，尽管众阴靠近了刚阳，但其与渐时态下象之所呈现的效果是一样的，所以程颐所说的归妹次渐有一定的自然观思想作基础。不过细微之处可以明现程颐所认为渐与归妹二卦的关系，不像以前各卦所说的后一卦次于前一卦那样，程颐此处用了“继”这个词，这其中包含着过程连续性的逻辑演化内容。一方面，阴柔体在刚阳性显吸引力的作用下，必然地亲近刚阳而造成对刚阳体内在阴柔成分的挤压，迫使阴柔成分内缩而呈现出二阴同向亲比刚阳的态势；另一方面，在渐时态已行调节完结的阴柔体，至渐上九时位上已会使刚阳离位而腾空的境地，到了君臣、刚柔、阴阳性征发生变化而违背宇宙自然之理的局势，仲尼急告之以诫，提出了“不可乱也”的警告，明示了阴柔体必然向刚阳而动的不可逆转性。程颐以女嫁男这个天经地义之象来阐明这种不可逆转性，他说：“一阴一阳之谓道。阴阳交感，男女配合，天地之常理也。归妹，女归于男也，故云天地之大义也。男在女上，阴从阳动，故为女归之象。”① 阴阳成道，否则非道。阴阳相交感，男女相合而婚配，这都是宇宙自然之理，故称为“天经地义”。既然为天地之道，阴阳之关系由渐时态转入归妹时局就是自然的事情了。

程颐对归妹时态下自然观的机理给予翔实的分析和说明，“妹，少女之称。为卦，震上兑下，以少女从长男也。男动而女说，又以说而动，皆男说女，女从男之义”②，明确地指出，归妹时态下，继渐时态对阴柔体调节完成之后，刚阳应主动对众阴有秩序地亲比从而使其整体系统在动态中保持平衡态不变，否则就会因渐之上九而走向混乱，强调了刚阳的主动性和必受阴消的发展走势。程颐为进一步明确其间的关系，首先指出：“归妹，女之嫁，归也，男上女下，女从男也，而有说少之义。”③ 而后又云：“人之所说者少女，故云妹，为女归之象。又有长男说少女之义，故为归妹也。”④ 尽管男主动而求婚，但女人嫁时所带的妹妹，因年少而更对求婚之男感兴趣。作易圣人同样不是专门讨论女人如何嫁男

① 程颐．伊川易传．第4册第59页．文渊阁四库全书·易说卷．
② 程颐．伊川易传．第4册第57页．文渊阁四库全书·易说卷．
③ 程颐．伊川易传．第4册第58页．文渊阁四库全书·易说卷．
④ 程颐．伊川易传．第4册第58页．文渊阁四库全书·易说卷．

人，而是以此为象，喻示着刚阳对其原配即阴柔成分的亲热程度远不如对阴柔体那样热烈，从而进一步描绘了阴柔体继渐之后必然大步跃前亲比刚阳的现实情状，这样就可以展开我们的阐述了。既然刚阳呈现主动的亲阴性征，那么，阴柔必然呈现消阳的本质之功。同时，刚阳符示君王，阴柔符示臣民，位分错乱而君臣无序。因为刚阳主动求阴柔，喻示着臣民不服而远人不来，隐藏着刚阳德之不实、臣民不肯相从的微言大义。故作易圣人云："归妹，征凶，无攸利。"孔子象之曰："柔乘刚也。"即阴柔逆而不来待刚阳而求。程颐解释曰："以说而动，动而不当，故凶。不当，位不当也。征凶，动则凶也。"① 言简意赅，了了数字就提揭了其中所涵具的自然观思想之核心内容。朱熹亦云："兑以少女而从长男，而其情又为以说而动，皆非正也，故卦为归妹。而卦之诸爻，自二至五，皆不得正。三五又皆以柔乘刚，故其占征凶而无所利也。"② 以悦而不得其正，以失位而处被动，这对于刚阳来说是极大地不合礼仪之约。孔子曰："大德不逾闲。"（《论语》）刚，大也；阳，大也，不能对自然规则不予理睬，否则就不称其为大。孔子作象而言："君子以永终知敝。"明确地指出这样的行事，会有敝患存在。男女交合，生息嗣续，泄身弱体，敝患难除。程颐慎言之曰："又夫妇之道，当常永有终，必知其有敝坏之理而戒慎之。"③ 既然敝坏涵具其中，就要警惕以防之，从而提出了夫妇知永终方吉，失正而行喜少女之悦则坏。所以观归妹之大义，就在于当思永终之戒。

可见，归妹卦时局下，阴阳相互作用的力的结构和能量的流变情况是对渐时局下阴阳二体关系的发展。如何通过对这个系统中阴阳二体、系统整体结构因子、内在组成各成分间有机地进行调整和互动，以使阴阳二体守持在动态中平衡？这还要从归妹时态下阴阳相互作用的活态运作动力体系的语境结构上去分析和把握。

归妹　↙渐（䷴）
䷵
泰（䷊）↗

承继渐时态下阴柔体的渐近亲阳的运行状态，刚阳又主动亲比众阴，出现了阴柔成分达"永终"，阴柔体生敝坏的情形。如何才能使刚阳当思永终之戒，又如何使阴阳各构成因素在动态中达至平稳地运行，这就有待于效法渐时态下的安止之道了。渐与归妹旁通互动，阴阳互相涵摄流变，这在方法论意义上可以互相借鉴。渐时孔子象之曰："君子以居贤德善俗。"就从一个侧面规定了居贤达善

① 程颐．伊川易传．第4册第59页．文渊阁四库全书·易说卷．
② 朱熹．周易本义．北京：九州出版社，2004. 148.
③ 程颐．伊川易传．第4册第60页．文渊阁四库全书·易说卷．

的行事原则，不可打乱既有的运行程式而我行我素。同时，从卦变意义上讲，三阳三阴卦从泰来，而本于泰。这就意味着归妹六爻时位上的自然观理路应本着阴阳通达安行的精神和内在规约去处理阴阳之间的关系，在通泰的基础上，理顺刚阳与众阴柔的结构关系。

初九，归妹以娣，跛能履，征吉。

渐上九时位上，刚阳对阴柔体振羽而亲昵，主动相求，表现出了其不顾阴柔成分的制约作用而欲亲比前来近靠的阴柔体。渐时态下，阴柔体客观上是渐近刚阳的，只是因为其为了保持自艮以来所居当位的处境不被改变，而进行了一系列对渐时态不同时位的调节和情伪之动而已。但艮上九时位上，刚柔位分之任即行瓦解，孔子以“不可乱也”的诫语提出了警告，实质上是要人们效法天道，面对严峻的挑战而给予正确地应对，通过刚阳对二阴的主动吸引，使她们同动来与之相亲，从而保持了秩序和运行的规律不受到冲击，所以作易圣人提出了“归妹以娣”的自然观命题，孔子赞之曰：“归妹以娣，以恒也。”强调了这样做的好处是可以使系统平衡，固持守贞，恒常不变。这样即使是刚阳与阴柔体相亲的路径不畅通，也不至于陷入混乱的泥潭里，打破原有的平衡体系，达至乾坤毁的地步，故曰：“跛能履。”在这种情况下，刚阳尽管有君子之德，但为了消除渐时态下系统各成分之间的张力，必须发挥刚阳主动亲比的能动作用，才能达到如上效果，故曰：“征吉。”

胡瑗云：“女子少者曰娣，初九处一卦之始，最近卑下之地，是姪娣从于女兄，以适于人而能自处卑下，尽其卑顺之道，以承其上而得姪娣之道，故曰归妹以娣也。跛者，足之偏也，犹姪娣者非其正配，然而从女兄以适于人能尽其道，以配君子而广其孕嗣以成其家。”① 胡瑗通过古时男婚女嫁的民俗规约，提揭了归妹初九时态下刚阳主动亲比二阴的合理性内涵，明确指出刚阳与阴柔体的交合，虽有“足之偏”之嫌，但不失阴阳之道。所以说这样的“征”而合，必然是符合宇宙自然之理的正确路径。沈该云：“归妹以娣，说处下也。跛能履，柔顺刚也。征吉，相承广生育也。妹，少女也。娣，从也。古者一娶九女同姓娣媵，理之常也。”② 也就是说少女娣从之辈，虽位卑而能顺承刚阳，不会使以刚阳为中心的秩序环境受到挑战。朱熹对时下娣的作用给予自然观的表述：“初九居下而无正应，故为娣之象。然阳刚在女子为贤正之德，但为娣之贱，仅能承助其君而已。”③ 言明了阴柔体承继渐时态下的渐近于刚阳的亲阳行为合乎自然之理，但其能自处卑下不越位，虽有贤正之德而不失礼仪，以使刚阳为中心的整个

① 胡瑗. 周易口义. 第9册第27页. 文渊阁四库全书·易说卷.

② 沈该. 易小传. 第5册第69页. 文渊阁四库全书·易说卷.

③ 朱熹. 周易本义. 北京：九州出版社，2004. 148.

阴阳系统保持平稳，故曰："能承助其君而已。"

九二，眇能视，利幽人之贞。

沈该对建立在初九时位上的自然观思想加以逻辑地展开论述，从而提出了九二时位上自然观的核心内容。他说："眇能视，刚承柔也。幽人之贞，戒守常也。才虽刚也，而居柔体，虽阳也而承阴，内有应制于柔，不足以为明也。"① 沈该从描述阴阳系统结构出发，绘制了系统中阴阳之间力的作用图景。他指出，刚阳已有原配即"内有应"，但又说其居柔体即与原配发生相斥的作用，同时这个"内有应"的原配对近靠刚阳的阴柔体产生强烈的制约作用，所以称之为"内有应而制于柔"，这就是一阳与二阴的作用关系。胡瑗亦云："眇者，目之偏也。九二以阳居阴，履非其正，亦犹姪娣从于女兄，非正室之象也。"② 面对这种境况，刚阳应采取回避的应对方略，否则就会导致"不足以明"的结果。也就是说，其所视只是眇而已，达不到明的程度，由此不难推出其间关系具有不稳定性，所以作易圣人象之以"利幽人之贞"的定位，以此来说明不可常守此道，因此，沈该提出"戒守常"的理念。程颐在对初九爻位自然观的阐发中就提出："归妹之义，以说而动，非夫妇常之道。"③ 暗示了九二时位上刚阳本已达中，但不当位，应谨慎对待，不可长期固持与阴柔体的失正关系。

刚阳只有与其原配即刚阳体内在的阴柔成分得以"守常"之道，才能符合宇宙的自然规律，而要达到这样的效果，必须与外来亲近的阴柔体保持幽暗而不持恒的关系，否则就会眇而承柔，有失刚柔之节。程颐云："守其幽贞，未失夫妇常正之道也。"④ 只有持有常幽的思想，才能正偏分明，同时又不失夫妇常正之道，所以孔子象之曰："利幽人之贞，未变常也。"构建了这种情形下的阴阳关系结构模式。

六三，归妹以须，反归以娣。

初九、九二这两个爻位上实际上是就同一现象而作的两种不同的对待态度。苏轼解此二爻时一改过去分解各爻的范例，合在一起以象解之，揭示了其中阴阳关系中为了使阴阳系统整体结构不受冲击的关系图式。在此基础上，承继渐时态下阴柔体亲就刚阳的实际情况，来具体分析和评价它们之间关系的吉凶得失。

程颐云："三居下之上，本非贱者，以失德而无正应，故为欲有归而未得其归。须，待也。待者，未有所适也。六居三，不当位，德不正也。"⑤ 阴柔体与

---

① 沈该．易小传．第5册第69～70页．文渊阁四库全书·易说卷．
② 胡瑗．周易口义．第9册第28页．文渊阁四库全书·易说卷．
③ 程颐．伊川易传．第4册第62页．文渊阁四库全书·易说卷．
④ 程颐．伊川易传．第4册第62页．文渊阁四库全书·易说卷．
⑤ 程颐．伊川易传．第4册第62页．文渊阁四库全书·易说卷．

刚阳体内在的阴柔成分对刚阳体中的刚阳成分来说，其相对位置和空间秩序是相当关键和重要的，若改变了或欲更换其位置，则会使整个体系发生解体，所以二阴的当位是必需的。阴柔成分应于阴柔体和刚阳之间，而阴柔体不能直接与刚阳接触，刚阳对二阴的吸引和关联应持有连续性和秩序性。现三爻之位在下卦之上，符示着阴柔体在刚阳体之上，“本非贱者”，但其承继初九和九二时位上的渐近刚阳的行动已失去了其柔静守贞之德，以图达有正应相配的不合实际的目的，正如程颐所说：“上无应，无受之者也。无所适故须也。”① 阴柔体只能在刚阳所在的刚阳体外活动，不可能“反归以娣”，以使姐娣与夫君关系发生错位和倒置。这样只能是说其有归意而无有实现这一理想目的的可能性。所以作易圣人叹之曰：“归妹以须。”阴柔体想有正应相配敌的图谋，只能出现等待、轮不上的表象，没有闪现出可能的迹象。孔子赞之曰：“未当也。”是说这样的想法和做法是不恰当的和不现实的。可见，作易圣人和孔子所说的卦爻辞、卦爻象，其根本用意就在于反映和建构宇宙的秩序原则，描绘阴阳系统结构中力的作用和能量流转的规律，并不是仅仅针对生活中的现象给以记事和简评，而是以言尽象，以象尽意，提揭宇宙中最基本元素之间的内在联系。

九四，归妹愆期，迟归有时。

从表面上看，该爻之辞所言及的是有归夫君之心的妹娣，无有归嫁之象，而是出现了待时而嫁的表象，既无正应之夫，又无出嫁的行头。所谓的迟，就是表明其高贵而待合适之夫前来迎娶。“有时”一词，道出了有刚阳前来相求之意，否则就不可能有时可等。总之，九四爻辞所表达的意思就是刚阳对阴柔体吸引而相求，而阴柔体静处而待时，说明了六三时位上阴柔体的亲就刚阳是会受到刚阳体内在阴柔成分的斥拒和抵制的，从而表现出其所受力的平衡状态，既围绕刚阳而运转，有归妹之意，同时又在纵向上没有前进的迹象；既受到刚阳的吸引而存在向心力，同时又表现出与其抗衡的离心力，并且这是自归妹初九以来出现的首次明显的离心现象，故孔子象之曰：“有待而行也。”反映了阴柔体受到阴柔成分抗拒的有限性和非根本性。程颐云：“所以愆期者，由已不由彼。贤女，人所愿娶，所以愆期，乃其志欲有所待，待得佳配而后行也。”② 时下出现的阴阳各成分的运行状态是：刚阳吸引阴柔体而不使其脱离出去，阴柔体受到阴柔成分的斥力而暂时表现出不亲近刚阳的贤女之德。苏轼云：“九四，六五之娣也。以为权在己，故愆期不行，以要其君。君独待之，有时焉而后归。”③ 程颐、苏轼、胡瑗等人都认为刚阳对女子来说为正德，时下刚阳处九而显为姐之象，而实际上

① 程颐．伊川易传．第4册第62页．文渊阁四库全书·易说卷．

② 程颐．伊川易传．第4册第63页．文渊阁四库全书·易说卷．

③ 苏轼．东坡易传．第4册第44页．文渊阁四库全书·易说卷．

是六五之娣，也就是说娣的身份此状态下出现了与姐抗衡的情形，提揭了时下阴柔成分对阴柔体不合时宜情形的反击现象。若姐是姐，妹是妹，则位分明确，可以相从而拥有一个丈夫，反之则只有待更好之君郎来迎娶娣妹了，由此折射出阴阳系统各构成因素之间的力的关系和结构模式。

六五，帝乙归妹，其君之袂，不如其娣之袂良。月几望，吉。

九四时位上的自然观思想中，已勾画出了阴柔体受阴柔成分排拒后的离心于刚阳的倾向和以待良君的表象，同时也折射出“迟归有时”所符示的是归向于刚阳的发展趋势。六五时位所符示的是阴柔体在承继九四之后而必然达致阴近于盈满的程度之时。阴柔之性征朗显到一定限度之后，其与刚阳的吸引力度必然会增大至近极的地步，即不会因刚阳体内在存在阴柔成分而退却，阴阳二体相吸引和相求之势一定会成为主要的动态走向，这种走势是内在的而非外在装饰点缀，所以作易圣人用“其君之袂，不如其娣之袂良”来象喻其义。可以说，六五时位就是九四所言的“迟归有时”的到来之时，故曰：“月几望。”

程颐云：“六五居尊位，妹之贵高者也。下应于二，为下嫁之象。易中阴尊而谦降者，则曰：‘帝乙归妹。’泰六五是也。贵女之归，唯谦降以从礼，乃尊高之德也，不事容饰以说于人也。”① 阴柔体时下的位置就是贵高之位，其所行就是“谦降以从礼”的行为，是一种性征的彰显，而不是人为的造作。苏轼云：“归妹未有如六五之贵者也，故曰：‘帝乙归妹。’以帝乙之妹而履得其中，则其袂之良否，不足以为损益。”② 从刚阳对阴柔体的吸引和亲求的强烈程度上去把握阴柔体时下的归君之态。所以作易圣人象之以“月几望”三个字，是对阴柔体在六五时位上的向阳而动的趋势的一种极其形象的描述。

上六，女承筐无实，士刲羊无血，无攸利。

六五时位上之所以用尊贵来形容阴柔体，目的在于彰明刚阳对其吸引和追求的幅度和程度之大，已到了阴柔体返归刚阳的时候了。但无论如何，阴柔体的妹娣的身份是不会改变的，也就是说其与刚阳及阴柔成分的空间位置是不可质换的。在这种情况下，阴柔体与刚阳的相向而动、相求而遇是不会有什么结果的，所以“无攸利”。

程颐对此现象用生活中的祭祀活动加以形容，他说：“妇者，所以承先祖，奉祭祀。不能奉祭祀，则不可以为妇矣。筐篚之实，妇职所供也。”③ 作为人妻主正室者，在祭祀活动中要用筐篚来盛供奉祖先的物品。只有正妻才有这个资格，其他人是不行的。程颐以此种解释来说明作易圣人所说的这种情形其目的在

---

① 程颐．伊川易传．第4册第64页．文渊阁四库全书·易说卷．

② 苏轼．东坡易传．第4册第44页．文渊阁四库全书·易说卷．

③ 程颐．伊川易传．第4册第64～65页．文渊阁四库全书·易说卷．

于表明阴柔体不会因为六五时的高贵之德而改变其妹娣之位，这对于刚阳和阴柔体来说都是没有什么利益和结果的。苏轼用自然观的思想加以合理性定位：“天地之情，正大而已。大者不正，非其至情。其终必有名存实亡之祸。”① 尽管阴阳二体相吸而动，妹娣本身就不正，即反映了刚阳体内在阴柔成分的正室之位不可动摇，内在潜存，这对于阴柔体来说是不能改变的，注定其不正的地位。既然如此，“非其至情”，那就只能是徒有虚名而已，“承虚筐也”，戒示人们若处此状态下不可轻动。

① 苏轼．东坡易传．第 4 册第 45 页．文渊阁四库全书 · 易说卷．

卷八

第五十五卦　丰卦的阴阳自然观

归妹之时，众阴长盛。至归妹上六时位上，阴柔体的尊贵之显已不能持恒，虽处贵而必降其身份以从人，虽处尊而必下就以从夫，致使刚阳面临众阴之亲近而有消阳之危。丰卦时态正是这样的处境，问题就在于面对如是情状该采取何等关怀和处置，是任其消而已，还是防其进以消呢？尽管丰时态下，阴柔体顺承归妹上六而明其不正之处境，已有不可轻动的戒示，但阴阳相求的客观性自然地彰显出二体相吸而动的态势。

既然阴柔体前来亲就是必然的，那么刚阳就应有充分的能量和充实的体态，否则就会承当不起众阴的消阳攻势。程颐对此情状给出了前提性和基础性定位，他说："极天下之光大者，唯王者能至之。假，至也。天位之尊，四海之富，群生之众，王道之大，极丰之道，其唯王者乎！"① 阴柔体所符示的众阴既然前来行消阳之功和亲阳之实，那么刚阳所符示的君子就应有光大天下的能力，只有君王才能有如此才能和功力，因为君王是大德的象征，具有行政的基础。孔子曰："为政以德，譬如北辰居其所而众星共之。"（《论语》）大德川流，化育万物。对于刚阳而言，其与众阴和万民相亲比而和合，则是大德的具体表现，与归妹时态下阴柔体亲合刚阳的情形相类似。而丰继归妹而来，是对归妹上六时位自然观思想的继承和延续。客观上要求刚阳所符示的不是一般的君子，而是具有相当能量和拥有可以敦化之德的君王。胡瑗云："有仁义之道，苟不得其时，不得其位，则无兴天下之势，无居天下之资。是则虽有仁义之道，安能有所为哉！故圣人必假。"② 可见，仅仅仁义君子是行不通的，唯有圣者、王者方可承此大任，"王者有四海之广，兆民之众，极天下之大也"③。所以作易圣人拟之曰："亨，王假之。"就是说，只有具有大德的君王，才能亨通而盛大。但程颐紧接着就开始转向，他说："丰之时，人民之繁庶，事物之殷盛，治之岂易周？为可忧虑。"④ 认

---

① 程颐．伊川易传．第4册第66页．文渊阁四库全书・易说卷．

② 胡瑗．周易口义．第9册第32页．文渊阁四库全书・易说卷．

③ 程颐．伊川易传．第4册第66页．文渊阁四库全书・易说卷．

④ 程颐．伊川易传．第4册第66页．文渊阁四库全书・易说卷．

为处丰之时，阴柔体所符示的众阴长势很猛，尽管阴阳交而道通，但欲达平治，实为艰难，岂能无忧！只有像作易圣人所说的那样，“宜日中”，“宜日中之盛明普照，无所不及”①，然后才能达到“勿忧”的效果。可是细想一下，日照当空是一个很短的期间，可以说是一瞬即逝，孔子叹之曰：“日中则昃，月盈则食，天地盈虚，与时消息，而况人乎？而况鬼神乎？”（《丰·彖》）太阳一到中空，就标志着其已处昃斜的状态了；月亮一到中空，就标志着其已处亏缺的地步了，它们处中空的时间可以说是一个点，能长久吗！所以程颐以此言明尽管有君临其中之象，有道路畅通之象，也难免会有不周的地方，实际上强调的是其中含有忧虑之处，所以程颐云：“既言丰盛之至，复言其难常，以为诫也……于丰盛之时而为此诫，欲其守中，不至过盛。处丰之道，岂易也哉？”② 提出了只有通过守中戒过，才能抑盛而恒常。作易圣人之所以说“勿忧”，是因为他预设了一个前提条件——“宜日中”。若不是日照当空，则忧惧之心必存。如何才能达到守中戒过的效果呢？孔子以象喻事，提出了“君子以折狱致刑”的易道理念。胡瑗云：“雷电者皆阴阳二气相击而成也。夫雷电皆至于天下，使天下万物莫不兴起而成丰大，是丰之象也。君子之人观此象而折断其狱讼，致用其刑罚，然必法此雷电者。盖狱讼之情，巧伪万状，若有威无明，则伤于暴；有明无威，则伤于懦，故必明与威皆用之。”③ 胡瑗此处采用的分析方法就是立足于自然观基础上的科学的解构方法，他科学地阐明了雷电的产生是基于阴阳二气团的冲撞而成。在此语境下，他合理地诠解了孔子所提出的利用狱讼和刑罚的必要性，明示了刚阳既要明照天下、惠及众阴，正视且面对阴柔体的近靠亲昵之行，又要发挥刚阳体内在阴柔成分的制衡作用来冲击前来冒犯者，合理地使用明威并举的平衡原则，提揭涵存在丰时态下的自然观思想的核心内容。程颐以卦象中涵存的自然观理念来加以分析：“雷电皆至，明震并行也。二体相合，故云皆至。明动相资，成丰之象。离，明也，照察之象。震，动也，威断之象。噬嗑言先王饬法，丰言君子折狱。以明在上而丽于威震，王者之事，故为制刑立法。以明在下而丽于威震，君子之用，故为折狱致刑。”④ 丰以震离而合成，震时态下强调恐惧而修省，采用威断以制柔；离者为火，火照则明。二体相合，欲明于天下，则刚阳体内在的阴柔成分就须上行而远离刚阳，这样就必然会对阴柔体起到制约作用而产生威摄效果。

由此可知，丰卦时局下，阴阳相互作用的力的结构和能量的流变情况是承继

① 程颐．伊川易传．第4册第66页．文渊阁四库全书·易说卷．
② 程颐．伊川易传．第4册第67页．文渊阁四库全书·易说卷．
③ 胡瑗．周易口义．第9册第34页．文渊阁四库全书·易说卷．
④ 程颐．伊川易传．第4册第67页．文渊阁四库全书·易说卷．

归妹而来，面对阴消而致，是由归妹上六时位上自然观思想推而以逻辑地延伸和发展而来的。如何通过对这个系统中阴阳二体、系统整体结构因子、内在组成各成分间有机地进行调整和互动，以充实刚阳的能量，提升刚阳的化育功能？这还要从丰时态下阴阳相互作用的活态运作动力体系的语境结构上去分析和把握。

丰　↙涣（䷺）
䷶
泰（䷊）↗

处丰之时，阴阳相互作用在客观上规定了刚阳必须给众阴柔以能量，以使其上行而不接近刚阳。丰与涣旁通，涣者，离也；离者，火也。火曰火上，一方面，说明刚阳能量提供给众阴，使其在高能态上运行，即行炎上之势；另一方面，刚阳体内在阴柔成分的上扬，会对阴柔体产生越来越大的排拒力而冲击阴柔体与其一同上行。这就是处丰时态下对涣时局的效法和借鉴。同时，三阳三阴卦自泰来，所以丰卦在卦变意义上本于泰，即阴阳在亨通达道的前提下，利用畅行无阻之道而为我所用，勾画出其中蕴存的人化自然观的发展理路。

初九，遇其配主，虽旬无咎，往有尚。

归妹上六时位的阴阳动态流转情况，决定了阴柔体所符示的众阴柔前来亲阳的运行方向已确定明朗化。这样，其前行的结果必然是要和刚阳体中的阴柔成分发生冲突，被迫迎接相反、相斥的力量。配主，按程颐的解释：“四为配主，已所配也。”[①] 配主本身与刚阳成分合成一个不可分割的细胞基质，在外来阴柔体欲与其刚阳亲合的压力下，“配虽匹称，然就之者也……天下之相应者，常非均敌。如阴之应阳，柔之从刚，下之附上，敌则安肯相从？唯丰之初四，其用则相资，其应则相成，故虽均是阳刚，相从而无过咎也……同舟则胡越一心，共难则仇怨协力，事势使然也”[②]。程颐实际上对刚阳体的刚阳成分与其内在的阴柔成分及阴柔体当下的关系作了很明确的力的结构解读。阴阳相求这一规律特征，对时下相配的一对阴阳来说，打破了“常非均敌”的相求而动的通常表现，原因很简单，就在于外来一个与之争夺配偶的劲敌，首先要作出反映的就是阴柔成分对这一劲敌的拒斥作用，即在阴柔成分和阴柔体之间产生了相当的斥力或排拒力，使之不能靠前，这也达到了刚阳体免除消阳的危险之目的，减轻了刚阳所要承载的压力，达到共渡难关、同舟一心的效果。阴柔成分所起的直接作用本来是带有消极意义的，是要阻止刚阳成分刚健前行而使其达到平衡稳定的力量，其所符示的诸如忧患意识、不冒进等内容，但其另一方面又具有排斥同性、“性同行

① 程颐．伊川易传．第4册第68页．文渊阁四库全书·易说卷．
② 程颐．伊川易传．第4册第68页．文渊阁四库全书·易说卷．

违”的自然观本质，对此苏轼云：“凡人智生于忧患而愚生于安佚，丰之患常在于暗。故爻皆以明暗为吉凶也。”① 通过人文理念的阐释，使阴阳相互作用的自然观内涵彰显明朗，也告诉我们一个解易的思维方式，要求我们必须学会从人文中把握自然之规律，从而找出其中起奠基作用的自然观思想的核心内涵。朱熹更是明确：“配主谓四。旬，均也，谓皆阳也。当丰之时，明动相资，故初九之遇九四，虽皆阳刚，而其占如此也。”② 阴柔成分是刚阳体内的构成要素和基因质料，从本质上说与刚阳成分同属刚阳体的组成部分，应表现出同样的对外态度和作用来。当然，时下刚阳成分是避免阴柔体的消阳之行，阴柔成分理当同舟一心，力挡外来阴柔体的亲就前行之势。这样，外来阴柔体与阴柔成分的相遇，必定会消弱外来阴柔体的力量和前行态势而无过咎之处。所以作易圣人赞之曰：“遇其配主，虽旬无咎。”这里的“旬”就是均的意思，就是说阴柔成分也好，外来阴柔体也罢，都一样是阴性，即同一性征，都应对刚阳成分产生消阳的态势，但客观上是阴阳作用的力的结构，造成了这样的局面，就刚阳成分和阴柔成分二者来说，其相吸的本性是不会变的，而阴柔体在亲就刚阳的时候，因为其中间存在了一个阴柔成分而必然地要与其发生相斥的关系，这就是此时态下阴阳相互作用的自然观的内在本质所在。孔子一言以蔽之：“虽旬无咎，过旬灾也。”指出了若阴性物全部倒向刚阳，则就过了，后果必然是消阳而终。程颐进一步阐述道：阴柔成分“若怀先己之私，有加上之意，则患当至矣，故曰过旬灾也。均而先己，是过旬也。一求胜，则不能同矣”③。既然如此，就应离开刚阳而转向对阴柔体前来之势给以抵制，故曰：“往有尚。”

六二，丰其蔀，日中见斗，往得疑疾，有孚发若，吉。

为了更好地理解六二时位上的自然观核心思想，我们有必要先对作易圣人所填之爻辞，建立在宋代易学的层面上，作一个字面意义的反映。所谓“蔀”，就是“周匝之义，用障蔽之物掩晦于明者也”④。就是说，用不透明的、具有遮掩功效的物体，环周包盖明亮的东西，就是蔀。其目的就是要使所包的东西不被人发现，从而不会失去。苏轼进而解释：“蔀，覆也，蔽之全者也。见斗，暗之甚也。”⑤ 强调了蔀不是一般的覆盖，而是将其全部包遮，不留空隙，使欲得者没有可能的机会，故作“蔽之全者也”。并且作易圣人对这种全方位、无空隙的包遮，用“日中见斗”来形容，以说明其包遮程度之高，已达最佳水平，使处来

---

① 苏轼．东坡易传．第5册第3页．文渊阁四库全书·易说卷．
② 朱熹．周易本义．北京：九州出版社，2004. 151～152.
③ 程颐．伊川易传．第4册第69页．文渊阁四库全书·易说卷．
④ 程颐．伊川易传．第4册第69页．文渊阁四库全书·易说卷．
⑤ 苏轼．东坡易传．第5册第4页．文渊阁四库全书·易说卷．

者，无懈可击，无缝可钻。苏轼云："夫蔽全则患蔽也，深暗甚则求明也力。"①从表面上来理解，遮蔽得全，就不会有患险当头，阴柔性征浓厚就会使亲阳力加强，这是自然而然的道理。程颐云："斗属阴而主运乎象，五以阴柔而当君位，日中盛明之时，乃见斗，犹丰大之时，乃遇柔弱之主。斗以昏见，言见斗，则是明丧而暗矣。"② 程颐明确地指出，圣人言斗，是为了以象喻事，故称"主运乎象"，同时也指出了尽管刚阳体阳刚之性十足，但刚阳体中刚性和阴柔的组成成分是有机一体化的，不能因为是刚阳体或刚阳性征很强而丧失能变的功能，反而当其阴柔成分围绕刚性成分高速运转后，会出现无明之象即"明丧而暗矣"，这里"丧"就是失去的意思、不显的意思，并不是没有能为，而是对外张示出一幅"柔弱之主"的象，使外来阴柔体在"性同行秉"的自然之理的支配下，减缓甚至是反向运动，以达到其不可能消阳的目的。苏轼对此明确地阐述道："六五之暗，不发则已，发则明矣。"③ 苏轼通过这样简短的表达，道出了这种暗的出现是由于刚阳体自觉之所为，对刚阳体来说，具有绝对的主动权。以六五君位，说明其王的本质和能为，彰示出具有主动权的象，发与不发各会出现一种运行之情形。当下状态下，为了使阴柔体不致产生消阳的境况，是对阳彻底遮蔽而不发。所以作易圣人逻辑地描绘了阴柔体的运行状态："往得疑疾。"就是说，在刚阳体发挥其阴柔成分性征的前提下，外来阴柔体若前而往之，不仅有疑惑，而且行不通。之所以疑惑，是因为阴阳本来相交而又相亲，可不知阳中还有阴，故得疑而不解；之所以行不通，是因为阴阳不交则不通，若能相交就能通，不通则病，疾就是病。这其中已包含了自然观的思想，涵存着阴阳结构动态运行的、阴阳相互作用的力的自然法则。但刚阳体毕竟是阳性物，之所以会产生上述情形，关键还在于内在结构的可调节性。刚阳体中的阳性成分对与其相邻的任何阴柔基质，都会产生吸引力，只是空间位置不同，力的大小随之而有差异罢了，所以为"有孚"。同时这个"有孚"还反映了阴柔体围绕刚阳体转动的能量是从刚阳体对其产生的作用中获得的，客观上是相关联的，所以呈现出"有孚"之象。另外，这也说明了刚阳体与阴柔体二者之间具有诚的本质存在。阴柔体若能将这个诚的客观性给以彰显和持恒，则可得吉。"吉凶者，得失之象也。"（《系辞》）吉凶的本来意思就是得失，吉就是得的意思，凶就是失的意思，并无通常人们俗称的迷信色彩，而是一种具有科学性的自然之理或自然规律的象义表达。程颐云："苟诚意能动，则虽昏蒙可开也，虽柔弱可辅也，虽不正可正也。"④ 清楚明

---

① 苏轼．东坡易传．第5册第4页．文渊阁四库全书·易说卷．

② 程颐．伊川易传．第4册第69~70页．文渊阁四库全书·易说卷．

③ 苏轼．东坡易传．第5册第4页．文渊阁四库全书·易说卷．

④ 程颐．伊川易传．第4册第70页．文渊阁四库全书·易说卷．

白地将其中蕴具的自然观思想表达无遗。这个关于诚意的表达，正和孔子的“信以发志”表达的意思相同。

九三，丰其沛，日中见沫，折其右肱，无咎。

苏轼云：“沫，小明也，明暗杂者也。用人则不能，自用则不足。”① 这里苏轼以“小明”来象其形容，小者即是微极的意思，他以象喻事，用斗和沫来说明对阳性成分的遮蔽程度在逐渐加深，天上的星斗从亮度来说要比远离我们的星辰明亮，若连斗都见不着，只能见沫，则其现象本身就告诉我们其暗愈甚，按程颐的解释：“沛字，古本有作旆字者。王弼以为幡幔，则是旆也。幡幔，围蔽于内者。丰其沛，其暗更甚于蔀也。”② 朱熹亦云：“沛，一作旆，谓幡幔也，其蔽甚于蔀矣。沫，小星也。”③ 他们以同样的象意表达，反映出刚阳体中阳性成分受到遮蔽保护程度之强烈，外来阴柔体根本无法靠近刚阳体，更不可能亲近刚阳体中的阳性成分。胡瑗云：“沛者，系于旗竿旌，旗之垂也，所以掩蔽光明之物。沫者，星之微小也。居丰之时不能光明盛大其道，是所丰者唯掩蔽光明之物也。”④ 说明处丰之时，阴阳交流之道不能通达，并不在于刚阳本身的性征和功能，而是由掩蔽之物造成的。苏轼云：“用人则不能，自用则不足，故不可以大事也。君子不畏其蔽，而畏其杂，以为无时而可发也。为之用乎则不可，不畏其用乎则不敢，故折其右肱，以示必不可用而后免也。”⑤ 在刚阳性征极度深藏的情况下，对于阴柔体的亲阳行为来说，无疑会产生“不能”的效果，而刚阳性成分也不能亲向阴柔体，也同样出现了“不能”的结果，但又在客观上不能独自行动，所以象之为“自用则不足”。这就在宇宙自然法则的层面上，描绘和反映出阴阳间时下的作用情状。《系辞》云“通变之谓事”，是说使阴阳交流互通才是做事的根本，当下阴阳相交合的程度如此之小，可想其事不可能大，即阴阳交通的程度不大，而且这种情状处于不断强化的过程之中。苏轼认为，“折其右肱”所描述和绘制的图景，正是一幅阴阳交流几近阻绝的象。程颐更明白地阐述道：“右肱，人之所用，乃折矣，其无能为可知。”⑥ 阐明了其象中涵具的本质大义，提出了刚阳体“无能为”的现实状况，所以孔子象之曰：“终不可用也。”可见，作易圣人以象喻意，通过“斗”、“沫”、“折其右肱”等语辞，意在反映阴阳之间的空间结构和相互作用的力的关系。既然刚阳体中彰显的是其阴柔成分，以致阴柔体的消阳行为不能实施，那么，对于刚阳体本身来说，无所怨咎和

---

① 苏轼．东坡易传．第5册第4页．文渊阁四库全书·易说卷．

② 程颐．伊川易传．第4册第70页．文渊阁四库全书·易说卷．

③ 朱熹．周易本义．北京：九州出版社，2004. 151～152.

④ 胡瑗．周易口义．第9册第37页．文渊阁四库全书·易说卷．

⑤ 苏轼．东坡易传．第5册第4页．文渊阁四库全书·易说卷．

⑥ 程颐．伊川易传．第4册第71页．文渊阁四库全书·易说卷．

悔过之处，所以系之以“无咎”来定论。

九四，丰其蔀，日中见斗，遇其夷主，吉。

我们还强调庄子的“易以道阴阳”这句话的自然观核心思想，六十四卦从本质上说，就是谈阴阳二体的相互作用和力的结构关系。尽管刚阳体其内部存在阴柔成分，但不能因此而使其发挥至变性的程度。绝不能因为刚阳体中阴柔成分的存在，而否定其根本的东西。陈瓘云：“丰，大实也，得其所归，明动合矣。”① 说明处丰之时，刚阳之德敦厚，阳性地位明显，只是在刚阳体为了避免消去其优势，才强调发挥其内在阴柔成分的对外制约作用，同时也说明阴阳二体的相亲近是必然的，对这种态势的过分阻挡是不当的。胡瑗对此评论道：“四虽居阴暗之位，然本有刚明之质，而又应在初九。初亦有刚明之质，德与己同。”② 这里的“刚明之质”对刚阳体来说不难被理解，但对于阴柔体来说，似乎难解。实际上，在刚阳体蔽阳的同时，阴柔体处于阴势长盛的发展态势，“坤至柔而动也刚”（《系辞》）。在坤阴长盛到一定程度，不可避免地会产生刚健而动的情状。也正因为这种规律的存在，才有了物极必反的自然法则。处丰之时，自初九至六二、九三，几乎都在利用阴阳相互关系的自然之理而建立不可消阳的结构模式，即前三个阶段的自然观主导思想是阻止阴柔体的消阳行为发生。但宇宙自然的运行规律和自然法则，已本质地蕴涵着处极必变的内在机制。刚阳体中阴柔成分制约作用的发挥，在九三时态下，已达到即使在日照当空之时的光明都能被掩蔽的程度，可以说其已处于行事之极至的状态，这样下去，必然会使阴阳二体分离，非善易之举。所以胡瑗云：“九四有刚阳之德，居阴柔之位，是当丰盛之时而反居暗昧之地，故亦曰丰其蔀也。”③ 此时作易圣人所说的“丰其蔀”，孔子对此作了准确的定位，那就是“位不当也”，即刚阳体中的阴柔成分作用的发挥，会使刚阳体自生自灭，独处其身，不可能与阴柔体形成二体交合的合道之物，而是处于自我欣赏的境地，“日中见斗，幽不明也”，不合宇宙之大道，更不合自然之理。所以说阴柔成分已处于不当的位置，应及时地予以调整。程颐非常贴切地阐述道：“幽暗不能光明，君阴柔而臣不中正故也。”就是说，刚阳处于不能发挥本性的状态，以致使刚阳体呈现阴柔性征，会使处阴柔体偏移本位而不得中正。那就会阴阳二体反向远行，出离中道，毁灭乾坤。既然如此，就应加以变通，使刚阳体光明重现，所以作易圣人以“遇其夷主”来象之。程颐对“夷主”的象意作了明确的具有自然观意义上的解释，他说：“夷主，其等夷也，相应故为之

---

① 陈瓘．了斋易说．第78页．文渊阁四库全书·易说卷．

② 胡瑗．周易口义．第9册第38页．文渊阁四库全书·易说卷．

③ 胡瑗．周易口义．第9册第38页．文渊阁四库全书·易说卷．

主。初四皆阳而居初，是其同德，又居相应之地，故为夷主。”① 一个“等”字，言明了相互作用的二体的地位是相等的，即是相配的，并且是同德相应的，所以又是相求的。程颐云：“刚柔相遇，吉之行也。下就于初，故云行；下求则为吉也。”② 是以孔子赞之曰：“吉行也。”

六五，来章有庆誉，吉。

承继六五时位上的自然观，我们不难发现，无论从刚阳体本性的彰显上来看，还是从阴柔体性显程度的强化角度来论，都必然地会使阴阳二体走向交会和流通，达到通变的结果。《坤文言》云：“阴虽有美含之，或从王事，未敢成也。”阴柔之美展示之时，就是被刚阳体亲就之时，所以作易圣人云：“来章有庆誉，吉。”苏轼云：“六五以阴居阳，有章者也。而能来，六二之明。借明于人而誉归于己。”③ 阴柔而能彰示出美丽之象，必“从王事”而得以有用，此言刚阳体在阴柔体的静电吸引得以强化后，阴阳二体的必然发展走向和趋势。陈瓘在对丰卦的解读中云：“尚大也，内也；而假有家，离也。而假有庙，王假之，一也。尚大也，故来章，内外一也。”④ 陈瓘不仅提揭了阴阳二体诸成分的相对位置，指出刚阳成分就是处内，阴柔成分就是在外，“负阴而抱阳”，所以才有“来章”，而且也符合坤阴之道的内在规约，“或从王事，未敢成也”。阴柔体不能因为有章美的机会，就与刚阳体合成不变之物，而是假借其体而显其用，所以说是“假有家”或“假有庙”。既然是假借，那必定要有离开的姿态，即“未敢成也”。若成，反而不美，不但阳会消，而且阴也会消。

“吉”和“凶”本来就是对得失的一种状态描述词，就是对阴阳相交而互得互获的一种情状的反映，不带有什么吉凶祸福的色彩。丰六五时态下，作易圣人所说的这个吉，是有吉祥的意味。孔子也赞之曰：“有庆也。”但究其本质层面的义理而言，这还是一种对于或基于时下语境——象的表述。丰大之时，刚阳强悍，君位尊显，群臣前来相贺。其深层次的支撑基质是丰六五时态下的自然观思想，阴阳相吸而动，阴柔体指向明确，刚阳体的刚阳性征彰明，是阴阳二体运行至此的必然结果。

上六，丰其屋，蔀其家，窥其户，阒其无人，三岁不觌，凶。

六五时位上刚阳体之本质特征明露透显，必然地产生两个结果：一是刚阳体中的阴柔成分之制约作用处于下行的趋势，会使阴柔体因失去制约而将其行进运动轨迹主要体现在纵向方面，进而突出地表现出亲阳的状态，而这又在客观上使

① 程颐．伊川易传．第4册第72页．文渊阁四库全书·易说卷．

② 程颐．伊川易传．第4册第72页．文渊阁四库全书·易说卷．

③ 苏轼．东坡易传．第5册第5页．文渊阁四库全书·易说卷．

④ 陈瓘．了斋易说．第78页．文渊阁四库全书·易说卷．

刚阳体的阳性成分得以消弱，其活性得以收缩；二是阴柔体在丰初至九四的柔化运作、不能得刚阳的境况，客观上对于自身来说，是阴气集结而敦厚的过程，按阴阳相求的原理，这样会使阴阳二体相吸引的基质增大，其间的吸引力得以强化，从而达到静极而动、至柔而刚的效果。程颐云："六以阴柔之质，而居丰之极，其满假躁动甚矣。"[①] 程颐简单明了地提揭了这其中包含的阴阳二体间时下的力学原理。由此可知，以上所说的这两个结果，都对刚阳体的阳性本质给以弱化和消解，进而使其失中而不得正。

阴阳二体的相对运动，不仅有纵向上的、阴柔体亲近刚阳体的运动，而且有横向上的旋转运动，即阴柔体在阴阳二体间吸引力或向心力的作用下，围绕刚阳体的周旋运动。阴阳二体间的吸引力越大，则阴柔体围绕刚阳体的旋转速度越快，同时其间的距离也越大。对于阴柔体而言，其本性为阴，以静缓、柔弱为美、为性、为本，不易以刚健来定性，所以时下的合适选择，不能以近靠刚阳体为佳，而应远离刚阳，同时行动又要柔缓，才符合宇宙自然之理。程颐对此情况的分析，可以说彰明了其中的自然观思想，他说："处丰大之时，宜乎谦屈，而处极高；致丰大之功，在乎刚健，而体阴柔；当丰大之任，在乎得时，而不当位。而上六者，处无一当，其凶可知。"[②] 程颐首先用了三个排比句，表述了丰时态下的自然观思想，据此又紧接着提出了上六时态下阴阳二体的处境之凶这样的结果，是可想而知的。在宋代易学家看来，得时则吉，天道时行，纵得时而不当位也无凶灾。阴阳二体相吸而欲当位相求，是凶不可免的，而要避凶，就需"谦屈"、"而处极高"，同时阴阳二体都要降温，纵"刚健，而体阴柔"，阐明了若处高而彼此远离的自然观。这样一来，无论对哪一方，都会缓和而行，同时也不失亲感之情。所以作易圣人言："丰其屋，蔀其家，窥其户，阒其无人，三岁不觌，凶。"程颐对这句话作了自然观层面的解释，他说："丰其屋，处太高也。蔀其家，居不明也。以阴柔居丰大，而在无位之地，乃高亢昏暗，自绝于人，人谁与之？故窥其户，阒其无人也。至于三岁之久而不知变，其凶宜矣。"[③] 程颐以象解意，继承和反映了作易圣人的思维方式，言明了阴阳二体的相对位置应该是"处太高也"，即阴阳二体应是处于相远离的境况，这个相远离的实现，要通过阴柔体的不接近为路径，故言："丰其屋。"孔子对此言之甚切，他说："丰其屋，天际翔也。"以"天际"来喻示阴柔体的远离情态。而对于刚阳体来说，应"蔀其家"而不彰显即"不明也"。只有不明、不刚，才能从本性、本质层面上达到相离的目的。当然这并不是说刚阳体的能量和本性要被消灭和抹杀，而是像

① 程颐．伊川易传．第4册第73页．文渊阁四库全书·易说卷．
② 程颐．伊川易传．第4册第74页．文渊阁四库全书·易说卷．
③ 程颐．伊川易传．第4册第74页．文渊阁四库全书·易说卷．

孔子所说的"自藏也"，还是自己发挥阴柔成分作用的结果。同时他也强调，不要把当位与不当位作为行动的指针，而应以时来发，不求位正，以至于无有见闻，久而不变，这样才能将丰大之时的这种消阳行为阻止。阴阳相交通的路径得以拉大，靠得是什么呢？从根本上来说还是发挥排拒的力量和作用，客观上是不能得到阴柔体的相亲近，所以称之为"凶"。这个"凶"，并不能仅仅理解为凶险，而是还有失去和远离、不能得到的意思。苏轼大嘉赞叹这种自然观的方法论理念，他说："上六翔于天际，自以为明之至也。"① 一句话道明了作易圣人言辞中所涵摄的深刻的哲学思想，苏轼认为这样的行事运作，必然会有合宇宙自然之理的行动结果，不仅不是字面意义上所说的"凶"而有险，反而是"明之至也"。当然丰上六时位阴阳二体相互作用的情形是与险象同时存在的，比如苏轼就有这样的分析："莫为之用，岂真无人哉，畏我而自藏也，三岁不觌，自以为明者，穷矣，故凶。"② 刚阳体在丰大之时，本是刚阳盛大，但因怕其有所消，所以"畏我而自藏也"。但是，这种本来之丰盛而人为地加以修饰的做法，不可太过，否则会因盛大而极至。

① 苏轼．东坡易传．第5册第5页．文渊阁四库全书·易说卷．

② 苏轼．东坡易传．第5册第5页．文渊阁四库全书·易说卷．

第五十六卦　旅卦的阴阳自然观

丰卦时态下阴阳二体相互作用的格局，清楚地描绘了一个刚阳盛大情况下如何使刚阳体避免阴消的动态运作模式，同时也呈现出一个辩证统一的过程。刚阳体处丰时能量之大、阳性之盛，按照“同气相求”和“阴阳相求”的自然观原理的本质要求，不可避免地要散发能量于阴柔体，并使阴柔体由外而亲向于己。刚阳体阳息、止阴的过程，又不可避免地使阴柔体的阴性基质得以强化，进而使阴阳二体的作用力增强，促使阴阳二体相互近靠，在客观上又起到消阳的作用。也就是说，处丰大之时，阴阳二体的吸引力无论如何都处于强化的走势，尤其是发展到丰九三时段以后，阴阳二体的吸引力已到了明显增强的阶段，至丰上六时位上，阴柔体亲近刚阳体的运行态势走向极至，刚阳体被迫消阳的局面已成定势，所以作易圣人在丰上六爻辞中用“凶”来形容当下的处境。朱熹对这种情况的评述非常直接，他认为当下之刚阳体中的刚阳性成分，在客观上处于不能止其所止、居其所居的地步。他说：“旅，羁旅也。山止于下，火炎于上，为去其所止而不处之象。”[①] 朱熹以象喻事，以山作为止象，以火作为阴阳二体相亲近的象，说明时下的境况和阴阳二体的作用情状，同时以山作止阴之象，以火在山上作止阴的助力之象，又提出了改变这种状态的方法论命题。

胡瑗云：“凡人居于丰大之时，恃其盛大，多过于中道而不知守常，以盈满自取倾覆丧亡之事，致其身穷困反，居于外，故旅。”[②] 丰大之时，阴阳二体都呈现出各自基质盛大的状态，在其相互吸引力的作用下，失中成为自然之事，表现出像人一样的恃大而不知守常之象。孔子在《彖·丰》中曰：“柔得中乎外而顺乎刚，止而丽乎明，是以小亨旅贞吉也。”孔子认为旅卦之象，言明或彰明了摆脱这种困境的辩证法思想，提出了柔在外而得中则可，不能越过中线而引起阴阳二体组成的系统结构的内在张力。为了达到这样的目的，必须“止而丽乎明”，即阻止阴柔体越过临界点而失中不正，从而使刚阳体不被其所消。所以要使阴阳的交流程度降低，使其仅能有一点微小的流通，并保持这种状态到一定程度，则可得吉。程颐亦云：“六上居五，柔得中乎外也。丽乎上下之刚，顺乎刚也。”[③] 程颐认为，只有阴柔体在外得中而能顺且恒，才可以使刚阳体的相对组

---

① 朱熹．周易本义．北京：九州出版社，2004. 154.

② 胡瑗．周易口义．第9册第40页．文渊阁四库全书·易说卷．

③ 程颐．伊川易传．第4册第75页．文渊阁四库全书·易说卷．

成成分即刚阳体内在的刚阳成分和阴柔成分都能发挥作用，与居外的阴柔体达到动态平衡。程颐所说的“顺乎刚”，实际上就是指阴柔体处外而得中，既要符合刚阳体阴柔成分的制约影响，又要不失刚阳成分的吸引作用，在相反的两个力的作用下，达至平衡，体现其处中得正的最佳状态。同时，只有阴柔体居外而能处中得正，又顺合刚阳体内在系统各组成的本质联系，在力的作用结构上达至平衡，才能使刚阳体丽象出现，明而不晦。

胡瑗以人文解易理，他说：“按《杂卦》云：‘亲寡旅也。’言人自居于家、居于国，则亲党助己者众。故其道得以大行，其志得以大通，今居旅寄身于他国，亲戚辅己者少，其道不得以大行，其志不得以大通。故曰小亨。”[①] 胡瑗以事比符易理，以君王和众臣符示阴阳。若居于国，阴阳相求而众臣辅君；若居于外，亲党信徒定不多见。刚阳体中的刚阳成分只有不当位，才能避免阴柔体的亲近，阳消现象也才能不至于太过。胡瑗以道不得大行、志不得大通来说明阴阳之交通程度不大。一方面，胡瑗并不是说处旅卦状态下，专以言人事之情形。相反，他所要表达的中心内容和目的是以人事来反映其中的自然道理，提揭其中的自然观核心内涵和颇具科学性的思想本质。另一方面，他也提出了以亲和为本的自然观思想，改变丰时态下利用充分发挥阴柔体制约作用的做法，因为丰时态下的“丰其蔀”、“丰其沛”等方法都不足以阻止阴柔体亲合的步伐，而是将刚阳体推向失居、失所的地步。所以孔子以象明大义，提出“明慎用刑”而“不留狱”的自然观理念，指出不能用制约的手段，而是“明不可恃，观火行不处之象，则不留狱”[②]。火行即为上行，而乾道乃上行。因此，这里所说的火行，就是指刚阳体在强大的阴阳吸引力的作用下要离开其所居而健行其身。

自咸以来，“憧憧往来，朋从尔思”，阴阳二体的运动发生了横纵向的运行，不仅有纵向的相亲近靠，而且也有横向上阴柔体及阴柔成分围绕刚阳的旋转运动。处丰之时，由于进行了一系列防止阴柔体消阳的方法而使阴阳二体各自内在的本质基因得以强化而成丰盛之态，客观上使刚阳体在这种吸引力的作用下发生位移，并形成圆周状环绕运动。刚阳体从此不能发挥其内在阴柔成分的制约作用，即不能通过“用刑”和“留狱”的方法来强行阻止阴柔体的亲合，而是像旅时态下的情形那样，形成互追、互逐的运行状态。这样一来，阴阳二体的运行路径，就像阴柔体和刚阳体形成了以两体连线为直径的圆周运动一样。就像太阳、月亮和地球之间的关系，从表象上说，太阳和月亮互相追逐，但从实质上来说，其各自能量都来源于太阳。我们的祖先，以此现象来进行象意互动，所要表达和描绘的是横纵向叠加的螺旋式流演的运行曲线。而其实质则是立体化的运行

---

① 胡瑗．周易口义．第9册第40页．文渊阁四库全书·易说卷．
② 程颐．伊川易传．第4册第76页．文渊阁四库全书·易说卷．

复合和叠加。

由此可知，旅卦时局下，阴阳相互作用的力的结构和能量的流变情况是承继丰格局而来，面对阴消而致，阴阳二体都处丰大的境况，丰上六时位上，已明确指出了刚阳体“丰其屋，蔀其家，窥其户，阒其无人，三岁不觌”的移居迁所而远离阴柔体近亲合体的行动路向。那么，如何通过对这个系统中阴阳二体、系统整体结构因子、内在组成各成分间有机地进行调整和互动，以达到远离阴消的结局？这还要从旅时态下阴阳相互作用的活态运作动力体系的语境结构上去分析和把握。

旅 ↙节（䷻）
䷷

否（䷋）↗

从卦变意义上讲，旅为三阳三阴卦，从否来而本于否。也就是说，之所以要旅而移居，是因为要逃避阴柔体的亲近，即不与阴柔体相交。否是天地不交，是阴阳二体盛大后的一个格局，旅时态下就是基于这种本质要求而进行了一系列的过程演化。同时，由于阴阳二体的运行是以它们相互作用的力为向心力的，是顺逆结合相追而动的其速度和空间距离应是决定其是否能达否状态的关键所在，所以要有节度，要按照螺旋运动的内在原则而运行，不可有相悖的现象出现。这就在客观上要求刚阳体在行事过程中，必须正视所遇到的挑战和困难，并形成克服困难和迎接挑战的自然观思想。

初六，旅琐琐，斯其所取灾。

丰上六时位上所展示出来的阴阳二体的相互作用图式，是一幅阴阳二体在循环轨道上的相追逐型的运动。这是由阴阳二体处丰格局下都已盛大的客观情形所决定的。刚阳体在丰时态下所形成的强大阴阳吸引力的作用下，发生运动。客观上这个吸引力已成为一种向心力，使其被迫作圆周运动，所显示出来的象境，就是刚阳体追逐阴柔体而动，体现出了刚阳体时下卑弱、处贱的地位。实际上，这种描述方式的运用，为的是通过人文层面的表述，来反映刚阳体的运行状态。胡瑗云：“夫羁旅之道，虽尚柔顺，然亦不可过。”① 客观地描述了刚阳体在向心力作用下所作的圆周运动，在初启阶段呈现出“尚柔顺”的特点，正因为有这个特点，才能在阴阳相推作用力的带动下，循环式运行。但同时也应看到，这个时段下刚阳体之动还表现出另一个特点，那就是“然亦不可过”。就是说刚阳体离开其原来所居而动有个变化的过程，不可能一下子就横跨天空，而是像作易圣人

① 胡瑗．周易口义．第9册第42页．文渊阁四库全书·易说卷．

所说的那样，处于“旅琐琐”的状态。胡瑗解释说：“琐琐者，细碎、烦屑之谓也。”① 程颐也有同样的认识：“琐琐，猥细之状。当旅困之时，才质如是，上虽有援，无能为也。”② 程颐以爻位之象，彰明自然之理，认为时下刚阳体虽有阴柔体的循环推动，其力为向心力，但因为其“才质如是”，而只能处于细微之动。

问题的关键是，既然刚阳体处旅时态下提倡尚柔的理念，那为什么不静静地迎合阴柔体在丰状态下亲阳的行动呢？单从人文的角度来理解，无疑是不行的，会产生自相矛盾的说法。只有建立在自然观的基础上去把握和定位，才能从根本上掌握作易圣人的本来意蕴。刚阳体受阴柔体这个旋转物的作用，其作用力的方向和其运动的方向是呈垂直分布的，不是相重叠的，所以他要离开原来所居的住所，顺着运行轨迹的切线方向移动，但同时在其移动的过程中会不断地受到阴柔体的作用，所以其运行的每一个点的组合，就构成了运行的轨道即圆周运动。若承继丰时态下阴柔体纵向亲近刚阳的直线运动，则会像孔子所说的那样：“志穷灾也。”就会产生处否而不通的结果，阴阳的交流变成终结，易的生生之德，就不可能流转下去，不符合宇宙的生物实际，即是违背自然而为的错误行动，这本身就是灾险之象，所以作易圣人拟之曰：“斯其所取灾。”而灾难的产生，根源就在于其行动不符合自然规律。所以作易圣人取象填辞，是为了告诉后学者，爻辞里所表达的内容正是自然观思想的内在核心本质，是对阴阳作用力支配下圆周循环运动状态的反映和折射。同时，孔子所说的“志穷”一词，也表达了一种象，这种象本质上就是反映刚阳体对阴柔体的追逐而阴柔体反而不应的情境。按胡瑗的解释：“既失其居，托迹于他国而为琐屑之行，如此则人皆贱之，众皆弃之。”③ 这里的“人皆贱之”和“人皆弃之”都是一种象，就是众阴远离和逃避见到刚阳体的意思，以此来提揭并描绘刚阳体的运行方向和运行轨道。

六二，旅即次，怀其资，得童仆，贞。

初六从阴阳二体作用而产生的运动轨迹上作了一个平面式的勾画，但这个平面作用力图式，仅仅反映了阴阳二体相对运动的一个侧面，并不能反映其全貌。阴阳二体在丰时盛大的结果，一方面，表现出刚阳体这个子系统受到强大的吸引力而开始旋转式运行；另一方面也说明了阴柔体在吸引力作用下，会不断加大其运行的向心圆周半径，继续围绕刚阳体旋转，在阴阳二体构成的这个大系统中刚阳体这个子系统，依然是处于中心位置，只不过这个中心位置，由原来的一个点变成了一个面，如下图所示。

---

① 胡瑗．周易口义．第9册第42页．文渊阁四库全书·易说卷．
② 程颐．伊川易传．第4册第76页．文渊阁四库全书·易说卷．
③ 胡瑗．周易口义．第9册第42页．文渊阁四库全书·易说卷．

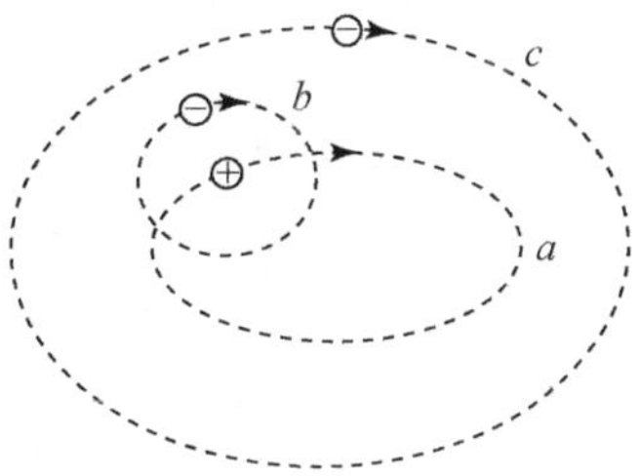

A 轨道就是刚阳体刚阳成分时下的运行轨迹，尽管刚阳体依然在阴阳整体系统占据中心位置，但这个中心已不是一个点的运行情况了，而是渐次形成一个面。由图可知，旅状态下，刚阳体的运行是在一个固定的范围内运转，这个固定的处所，就像其舍宅那样。“次”就是舍宅的意思。“资”就是能量和财富的意思，是说其有足够的能量，即能够提供足够大的向心力以维持阴柔体围绕其本身作旋转运动，这实际上是对丰时态的一个承继，所以程颐认为旅次于丰，即旅是建立在丰的基础上的。并且，阴柔体和刚阳体内的阴柔成分都在不同的层次和方面表现出顺从其运行的倾向，以“童”来符示阴柔成分，“仆”来符示阴柔体，故作易圣人曰：“怀其资，得童仆贞。”程颐云：“次舍，旅所安也。财货，旅所资也。童仆，旅所赖也。得就次舍，怀畜其资财，又得童仆之贞良，旅之善也。柔弱在下者，童也；强壮在外者，仆也。二柔顺中正，故得内外之心。”① 程颐以爻象之所符示，加以象意互动，认为对于刚阳体中的刚阳之性显成分而言，当下这样的运行，不仅使两个阴柔性物处中得正，而且都围绕自己而动，“得内外之心”，可以恒贞长处。所以孔子赞之曰：“终无尤也。”

九三，旅焚其次，丧其童仆贞，厉。

旅六二时位上刚阳的旋转运动，使柔顺的德性成为动行的一个特点。不仅刚阳体子系统中的各成分在阴阳间产生的强大的向心力的相互作用下，形成了你追我逐的局面，而且刚阳与阴柔二体也同样形成了这样的情形。胡瑗云：“居旅之时，必尚柔顺之道。”② 提出旅时态下应以尚柔思想为自然之理，程颐也论述道：“处旅之人，以柔顺谦下为先。”而这种柔顺之道，又必然使二阴因沿习丰大时态下向心力的增大而占据更大的空间，即其运行半径不断有增大的趋势。程颐云：“三刚而不中，又居下体之上，与艮之上，有自高之象。在旅而过刚自高，致困灾之道也。自高则不顺于上，故上不与而焚其次，失所安也。”③ 丰时态下阴阳二体相对运动而产生了彼此都盛盈的客观情况，必然使阳而由高到低，产生过刚之象，阴而由外向内，产生过高之象，进而相向运行并产生了旅时态初六、六二的情形，至九三时位上显露得更加明显，从而体现出刚阳成分运行轨迹处于变动不居的状态，同时又很自然地在阴阳间作用力的驱使下二阴也因有远离刚阳成分的走向而称“丧”，所以孔子赞之曰：“其义丧也。”所谓的“义”，就是宇

① 程颐．伊川易传．第4册第77页．文渊阁四库全书·易说卷．
② 胡瑗．周易口义．第9册第44页．文渊阁四库全书·易说卷．
③ 程颐．伊川易传．第4册第77页．文渊阁四库全书·易说卷．

宙自然的一种原理性、规则性的东西。孔子对此给出自然观的定位，足见其中所内蕴的理性思想颇具科学性和合理性。

九四，旅于处，得其资斧，我心不快。

在明白了旅九三时位上的自然观之后，就会很自然地对九四爻辞所表达的思想加以明了。旅九三时态下阴阳整个系统中各成分都在顺势而动，虽变动不居，但也渐成定势。这样必然会使刚阳体固定在自已的运行轨道上作自我运动，同时他的这种运动又是有顺从阴柔之势的意蕴，所以孔子曰："未得位也。"时下，二阴柔却在远离他的位置上与他心照不宣。尽管刚阳有阴柔性东西与其相配，但因远离而不能相亲合，所以作易圣人以象喻意，用"得其资斧，我心不快"来喻显其中的道理。当然用"心不快"来喻示的易理内涵，不仅如此，而且还表明了刚阳位置变动不居的情状，是为了进一步将阴阳二体的相对运动情形加以提揭而已。

六五，射雉，一矢亡，终以誉命。

从作易圣人所作爻辞的本来意思这个角度来考究，须要后学者给以正确的分析和定位才能得出合理的结论。雉者为一种鸟，本来在天上飞行自由自在，不属于我，但若在我的攻击下丧命，则必然地归获于我。作易圣人以此作象来喻示阴柔体在强大向心力的作用下，其运转半径的增大，会使其远离刚阳且有自由运动的迹象。而时下阴柔体所作的运动从根本上说是向心运动或运转，所以是不会脱离阴阳相互作用的统一体系的，虽然有些远但毕竟属于刚阳作用的范围之内。作易圣人以"一矢亡，终以誉命"来形容阴柔体的归属及其与刚阳的关系，明确地表示出从"誉"的层面上来说，她还是归属于刚阳。所谓"命"，孔子在《论语》中这样讲："莫之为而为者，天也；莫之致而致者，命也。"说明阴柔体在运行表象上是离刚阳而去，实质上是命的作用即性的作用，而离不开刚阳，还要继续围绕刚阳作旋转运动。孔子赞之曰："上逮也。"意思是说，阴柔体还是围绕刚阳来动行，只是偏上、偏远一些而已。

程颐云："六五有文明柔顺之德，处得中道，而上下与之，处旅之至善者也。人之处旅，能合文明之道，可谓善矣。羁旅之人，动而或失，则困辱随之；动而无失，然后为善。"① 尽管刚阳运行是随阴柔体的牵动而呈顺从之势，但阴阳相合而得中处之，二阴响应，所以虽远而有应，虽不相亲近，但却"能合文明之道"，也能体现阴阳相求的本性来。胡瑗云："此一矢，以阴柔之质居上卦之中，有大中之道、巽顺之德，而居于羁旅，所谓柔得中乎外而顺乎刚者也。"② 言明了阴柔体虽远而在外，却能处中得正，与刚阳相应，阴阳相求的本性不言自明。

① 程颐．伊川易传．第4册第79页．文渊阁四库全书·易说卷．

② 胡瑗．周易口义．第9册第45页．文渊阁四库全书·易说卷．

苏轼更是将爻象作了自然观层面的解读，他说：“居二阳之间，可以德怀，不可以力取。”① 按阴阳相互作用的力的图示，刚阳应居二阴之间，缘何称居二阳之间呢？当然，从上卦离卦的卦象上来考查六五居九四与上九之间是不错的。但苏轼所说的二阳是实际意义上的，也是按阴阳相互作用的自然观来定位的，本来二阴是亲阳而动，但此时的二阴违而离去，同性才能相斥，因此表现出的是一种阳性特征的现象，因此说是以德而论此爻而已。

上九，鸟焚其巢，旅人先笑，后号咷，丧牛于易，凶。

我们现在针对六五时态下的中道而谈起，孔子在《中庸》篇中曰：“天下国家可均也，爵禄可辞也，白刃可蹈也，中庸不可能也。”明确地对中道的实现提出了不可能常守的定论，其原因何在？就在于阴阳相互作用的力的运作规律；就在于物体阴阳性征的本性作用所产生的惯性现象。阴阳二体的运动是连续的，当其达到中道前是有力的作用的，但当其达到中道时，还存在有向前运行的动量指数，这样一来就使其运行必然地偏离中道而达极至，所以孔子赞之曰：“其义焚也。”义，就是宇宙自然的规律。也就是说，从规律的角度看，这种情况是不可避免的。作易圣人这里所说的“鸟焚其巢”，也就表明阴柔体的运行出中而偏执，脱离了自己的运行轨道，就像是离开了自己的家一样。六五时阴阳位置的对应运行，可以用“誉”来形容，但出离了中道，就失去了统一体存在的条件，就会由“誉”而转“号咷”。誉则可使其成为善易，“号咷”则会使统一体受到破坏，就会失去对阴柔体的控制，故曰：“凶。”古时人们常把牛看成是柔顺的象征，阴柔体时下的离中道的行径，就像这种改变本性的情形一样，必然处凶灾之地。本质发生变化之时，就标明了自己已经死亡，所以象之以“丧牛于易，凶”。

程颐云：“鸟，飞腾处高者也。上九刚不中而处最高，又离体，其高亢可知，故取鸟象。在旅之时，谦降柔和，乃可自保，而过刚自高，失其所宜安矣。”② 作易圣人以鸟之飞腾来说明其必然会处最高的可能性之大，顺势而行，必然离体，“其高亢可知”。本来阴柔体可以在高远地带循着自己的既成轨道稳定地运行，但由于其飞腾不已，所以必然会“离体”，“失其所宜安”，进行无规则的游荡，失去顺柔之性而使旅之格局受到破坏。这样做，没有任何结果，只能被丧，故曰：“丧牛于易，凶。”由此也不难看出，宋代易学家并不把爻象的刚柔看成是死板的教条，而是以阴阳相互作用的自然观思想为主线，合宇宙自然规律地描绘阴阳相荡的生动场面。

---

① 苏轼．东坡易传．第5册第7页．文渊阁四库全书·易说卷．

② 程颐．伊川易传．第4册第80页．文渊阁四库全书·易说卷．

第五十七卦　巽卦的阴阳自然观

旅上九时位上，阴柔体在不断增大其运行半径的过程中而有趋于离开中道、失去柔顺之德的倾向。但在刚阳体中刚阳之性的牵引下，其这种运行趋势，必然地会受到拉拽，以至于再重新返回向内运行。所以《序卦》云："旅而无所容，故受之以巽，巽者入也。"处旅上九之时，阴柔体出离中道，向上而行，飞腾不已。但由于有刚阳对其产生的吸引力，而显艰难状。所以用"无所容"来形象地加以描述，以此来反映阴柔体的处境和发展走势，逻辑地推演出阴柔体的运行前景为重新以刚阳之性的引力作导向，尽管前行进入更广阔的空间，而不脱出阴阳这个有机体系，所以作易者系之以"巽者入也"来形容其运行走向。这样的分析，必然得出一个结论：巽格局的动向是基于旅格局而来，同时又以旅格局为标准而动态流变，从而彰明了连续两卦时态格局的逻辑转化性及动态流变性。程颐对此作了定位："巽所以次旅也。为卦一阴在二阳之下，巽顺于阳，所以为巽也。"[①] 程颐明确地表述了六十四卦格局之间的逻辑连贯性，认为巽而次旅，这在程颐的整个解易过程中都体现了这种逻辑性。程颐以卦象来明天道，提出了"一阴在二阳之下，巽顺于阳"的结论。这并不是单就卦象而言的，而是将其与天道自然联系起来，将阴柔体向下运行的状态趋势，即顺从刚阳体中两种成分为基调，从而反映出系统组成各成分立足于阴阳相求原则和动变规律基础上的运行状态。程颐进一步分析道："重巽者，上下皆巽也。上顺道以出命，下奉命而顺从，上下皆顺，重巽之象也。"[②] 这主要是针对阴柔体的运行状态而言的。阴柔体在旅上九时位上呈现出上行的走向，这是完全在阴阳相互作用的力的决定下，自然而然地要增大其运行半径，以致酿成阴阳相背而动的后果，违背了其本性的内在特征，所以说是"出命"。所谓"命"，孔子在《中庸》中曰："天命之谓性。"命就是物质的本性。阴阳之物的本性就是阴阳相求，就是"性同行乖，情貌相违"。阴柔体本性属阴，刚阳体本性属阳，二体本来是相求、相向而动的，但在旅时态下出现了一系列在离心力作用下的外扩运动，这本来就是违命而动的，所以称之为"出命"，并以此来表达时下的自然观思想，是颇具合理性和科学性的。旅上九时态下，阴柔体的出离中道，会呈现出不

---

① 程颐．伊川易传．第4册第81页．文渊阁四库全书·易说卷．

② 程颐．伊川易传．第4册第81页．文渊阁四库全书·易说卷．

稳定的运行状态，已达“丧牛于易”的程度，其运行方向必然要扭转，而呈下行亲向刚阳，所以程颐说：“下奉命而顺从。”这个“顺从”，就是顺从刚阳体。

正是这种阴柔体虽上行不已，但又呈下行而顺从刚阳体的运转趋势，构成了巽格局的基本框架。古时称阴为小，称阳为大。作易圣人所谓的“小亨”，就是指阴柔体处巽顺之地，则能亨达。这与兑正好相反，兑与巽旁通互动，阴阳反照。兑说的是阳为，故巽指的是阴为。“利有攸往，利见大人”一语更是道明了阴柔体亲近刚阳体情状。“大人”阳刚之性，所往趋阳，实为阴柔的本性。程颐云：“兑柔在外用柔也，巽柔在内性柔也。”① 程颐通过这对旁通之卦的阴阳对比，以兑为参照，认为阴柔的出现和展示，有用与性两种情形。有的是本性刚而涵具柔，像刚阳体的阴柔成分一样；有的是本性柔而呈刚阳之态，如阴柔体背刚阳而动的情形。阴阳是变化的，“唯变所适”，不是固定于哪一个东西上的，而是随时变异以应情。既然如此，巽状态下的情形，对于阴柔体来说，起作用的是阴柔体之运动惯性。但其目的就在于正视现状，而求安稳运行，达至平衡态。所以程颐云：“申，重复也，丁宁之谓也。”② 强调了息事宁人作为巽状态下的发展路向，成为巽格局自然观思想的核心内涵。

值得指出的是，孔子在《象》中又强调了一点：“柔皆顺乎刚。”这个“皆”字导引出了刚阳体中阴柔成分的运行走向，表明了这个阴柔成分在巽卦时态下与阴柔体处于同样的处境，这在理解上丝毫没有困难之处。苏轼对此解释道：“所以为巽者，初与四也。”③ 说明初与四二阴共同作为巽格局的支柱。

由此可知，巽卦时局下，阴阳相互作用的力的结构和能量的流变情况是承继旅格局而来，既是对旅时态动力结构的一种调节和发展，又是有别于旅而展示的一种欲回复到旅的过渡过程。阴柔体在旅上九时位上，出离中道而飞腾于空旷之野，渐次呈现出“无所容”、无所能被接受的境遇。这对于阴柔体来说，是不合时宜的。应该承继旅时态下的顺柔之态，本着阴柔体的内在本性，返回到刚柔相济、相求、相吸的自然状态中，才能变“无所容”为有所容。那么，如何通过对这个系统中阴阳二体、系统整体结构因子、内在组成各成分间有机地进行调整和互动，以达到刚柔相济的结局？这还要从巽时态下阴阳相互作用的活态运作动力体系的语境结构上去分析和把握。

---

① 程颐．伊川易传．第4册第81页．文渊阁四库全书·易说卷．

② 程颐．伊川易传．第4册第81页．文渊阁四库全书·易说卷．

③ 苏轼．东坡易传．第5册第8页．文渊阁四库全书·易说卷．

巽　↙兑（䷹）
䷸

遁（䷠）↗

上面已谈到程颐对巽卦格局分析时引入对兑卦的说明内容，提揭了阴阳之间流变互通的易道理念和自然观思想。不仅在自然观层面上，旁通二卦具有阴阳互动的自然哲学思想观念，在方法论意义上，也具有通变的喻意内涵。巽与兑旁通互动，说明了巽时态下应有兑而悦的基本思想，最终走到兑状态或兑格局时，才能回落至亲近刚阳体的状态。阴阳相交合即能成万物，所以以欢快、喜悦来表达这种相求而动的情形，明白易懂。因为阴柔体在旅上九时的出离中道的倾向，最终是达到“无所容”的境地，暗示着阴柔体的动向和路径必然地走向其反面，即转向与刚阳相亲就的方向，其内在动因，就是兑悦的理念在起作用，就是宇宙自然之理流行的结果。同时，也应看到巽时态的内在本质结构和发展导向，这就要溯本而追源。从卦变意义上讲，巽为四阳二阴卦，从遁来而本于遁。也就是说，之所以要巽而进入天际，从现象上看就要呈现出反向离开刚阳体的运行趋势，即逃避刚阳体的发展走势；从本质上说，是无奈地体现出其刚强进取之性，彰显阴柔顺从之德。这就规定了巽时态下阴柔体的运行路线和发展程式。

初六，进退，利武人之贞。

旅上九时位上，阴柔体出离中道而又不可避免地受到刚阳之性的牵引，所以顺着它的前行方向而进，必然地处于不安而至“无所容”的境地，其结果只能是返道而行，所以作易圣人用“进退”来描绘其运行的发展过程。旅上九言“丧牛于易”，已经暗含着本来柔顺的阴柔体出离中道后得凶无疑的必然结果，但还不能使其停止前行的步伐。程颐云：“六以阴柔居卑，巽而不中，处最下而承刚，过于卑巽者也。阴柔之人，卑巽太过，则志意恐畏而不安，或进或退，不知所从，其所利在武人之贞。若能用武人刚贞之志，则为宜也。勉为刚贞，则无过卑恐畏之失矣。”① 程颐认为，阴柔体承继旅上九时位出中道的做法，纯粹是一种卑顺之举，完全顺从了运行的惯性推动，就像人失重一样，不由自己，体现出阴柔体无奈而不可自制的消极情况，真可谓“居卑”而“承刚”。就是说，位处被动而无奈，但同时又要以刚强之态背刚阳而行，这就是“居卑承刚”之行。胡瑗更是说得到位，他说：“此一爻以阴柔之质，居巽之体，在一卦之下，是至卑者也。既处卑而又上承于众刚，是柔弱、怯懦、迟疑、犹豫不能自决，而或进或退，无所定也。”② 胡瑗之所以定时下阴柔体为“至卑”，就是因为阴柔体当下

① 程颐．伊川易传．第4册第82～83页．文渊阁四库全书·易说卷．
② 胡瑗．周易口义．第9册第50页．文渊阁四库全书·易说卷．

的运行，不管是进是退，都没有任何自决的可能，完全受外力的推动，由其决定。胡瑗用“柔弱、怯懦、迟疑、犹豫不能自决”来形容和说明阴柔体既在惯性力的作用下前行，同时又要受众刚的牵制和回拉，无所适从，以至于行无定所，也正是通过这种描述而绘制了阴柔体当下的运行状态。其文辞的运用不含有任何字面本身的意义，作易圣人用其来表达其中所涵摄的象义，从中反映的是宇宙自然的规律和时格局的力的结构和物的运行状态，并不是告诉人们得此卦爻后先进后退，再找个武打场面。

在这里，作易圣人提出了“利武人之贞”的命题，为的是表达阴柔体若要上行舒志，是有阻力的，应有刚武的精神和力量，从而负反馈地将当下的运行状态所具有的持挺性的脆弱情状作了反映。这告诉我们，从自然的角度去审视，继续壮志舒怀、上行不已，是不可能的。若以人为而动，加以强制则可改变现状，达到“志治”。孔子所说的这个“志治”，包含有自然观的深刻思想。志即为通向自己的未来，由无至有，现在没有而将来获得。在有无之间产生了一个强大的阴阳吸引力或拉动力，这就是“志”。初为最卑，巽初六时位上的阴柔体以阴居卑，渴望刚阳亲合于它，所以产生了具有诚意的“志”。为了实现自己的志向，时下别无选择，只能通过“武人之贞”来实施。这就是“志治”。孔子所言“志治”，正是为说明时下阴柔体的运行状态而作的象辞。

九二，巽在床下，用史巫纷若，吉无咎。

阴柔体既然在巽初而无奈地前行，其结果必然是因受众刚阳的作用而不安。首先是刚阳体对其回拉而不能安于前行，同时自身的背刚而行本质上张扬其刚性，“坤至柔而动也刚”（《坤文言》），众刚的不同甚至是相反的作用，客观上使其不能得安，体现出了回避之象。作易圣人以“床”来取象，实在是太具有新意了。程颐云：“床，人之所安。巽在床下，是过于巽，过所安矣。”① 以床来象征着安全。在床下，就是不安，同时而又有回避之嫌。之所以说是“过于巽”，巽是入的意思，现在反而不入，继续前行，所以有过错。这种过错，导致了其不得安宁。但也应看到，程颐这里的“过”，还有过于顺从的意思，“二实刚中，虽巽体而居柔，为过于巽，非有邪心也。恭巽之过，虽非正礼，可以远耻辱、绝怨咎，亦吉道也”②。阴柔体自巽初以来，一直是处于无奈的状态，即过于顺从这种前行的运作，使其能量消耗，最终必然会因能量的丧失而停止其前进的运行，走向安稳回落的境地，所以“过”而可以得安，“亦吉道也”。不管哪一种情况，其所描述的动态走势，都是一样的，都是对阴柔体无奈前行的一种引申。

① 程颐．伊川易传．第4册第83页．文渊阁四库全书·易说卷．

② 程颐．伊川易传．第4册第83页．文渊阁四库全书·易说卷．

朱熹一句话点到了关键之处，他说：“二以阳处阴而居下，有不安之意。”① 阳气要上升，要健行，本性之所为，现九为阳而处二阴下卦之位，处阴而不得至诚之道，不能行健行之事，所以不安稳。既然阴柔体有背刚阳而动的一面，说明其有刚阳之性，要立即使其回到亲刚阳的道路上是不可能的事，即使是强行返回，其结果也呈不安状，还不如使其阴柔性显之时再行至诚之功，所以时下的运行，“亦吉道也”。

阴柔体这样的运行，表象上表现出的是志行向前，有努力前行之象；实际上是为更好地回落作准备和铺垫。程颐云：“史巫者，通诚意于神明者也。纷若，多也。苟至诚安于谦巽，能使通其诚意者多，则吉而无咎。”② 这里涵存着深刻的辩证理念和哲学理性。阴柔体本来的状态是欲前行不已，壮志舒怀，但这并不能说明刚阳体对其不产生作用，而是阴阳二体性求之力在不断地增长，阴阳二体的有机性征最终是起决定作用的，只有激起精神的力量，才能将其前进的道路拓宽，所以说是“纷若”。从这个意义上讲，阴柔体向前运行的态势，不可能长久下去，而是渐入回落的中道，是返身亲向刚阳的前沿。所以孔子赞之曰：“得中也。”

九三，频巽，吝。

阴柔体虽在九二时位上，凭借志诚的力量得以前行，所以称其状态为“频巽”，但由于刚阳的牵引而必然地走向反面，所以这样做只能得到短命的结果，故称“吝”。在程颐看来，“频”就是“屡”、“多”的意思。当然也有其他宋代易学家作类似“忧愁”及其他的解释，不管怎么解释，他们所要表达的主旨都是一样的，都欲反映时下自然观的本质内涵和合理思想。

程颐云：“三以阳处刚，不得其中，又在下体之上，以刚亢之质而居巽顺之时，非能巽者，勉而为之，故屡失也。”③ 程颐建立在九二时位上的自然观基础之上，通过爻象来分析，认为九二时志诚向前又承顺势，实为得中之行，可以使刚阳对阴柔体的吸引力与志诚产生的心力达到平衡而得中。但随着阴柔体的上行半径的扩大，其向心而围绕刚阳运转的态势应相对增强，纵向前行的态势消弱，巽入之势受到抑制，故曰“屡失”，呈现出“勉而为之”的情状，体现出“刚亢之质”的处极状态。孔子象之曰：“志穷也。”孔子以自然观的思想来定位，指出了阴柔体前行作用的受力结构中弱化的力为志诚之力，并且认为这种志丧的境况来源于其对刚阳吸引力的无奈和不可抗力。胡瑗进一步分析道：“频者，频蹙忧愁之貌。九三以刚阳之质，又处刚阳之位，复在一卦之上，是其全刚亢而不能

① 朱熹．周易本义．北京：九州出版社，2004. 156.

② 程颐．伊川易传．第4册第83页．文渊阁四库全书·易说卷．

③ 程颐．伊川易传．第4册第84页．文渊阁四库全书·易说卷．

巽者也。”[①] 虽有志而前行受阻，且阻力渐增，忧愁之象显。胡瑗以象喻意，象意互涵，通过九阳之处三阳位，喻示了处刚的阴柔体之所以不能前行，是因为刚阳同性相遇而相斥之力生。但事实上，阴柔体前行尽管呈现的是刚阳之性，在其前面并无刚阳性的东西。那么，这个刚阳性的物体是什么呢？就是与其相伴而行并与其组成阴阳统一体的刚阳体中的刚阳成分。这个刚阳成分的刚阳之性对阴柔体的作用一刻也没有停止过，并在巽顺之时，对阴柔体的向心运动态势逐渐强化，使其离心向前的运动得以弱化，进而使其志穷力竭，直至停止前行的脚步。所以作易圣人以“频巽，吝”来填该爻之辞，实有自然观的理念作为基础和支撑。

六四，悔亡，田获三品。

九三时位上的阴柔体，其志已穷，前行所体现出的刚阳之性已处消亡的状态。至六四时位上，其象已明示其义。六四以阴居阴，顺柔之性彰显，顺势的姿态已很清晰，是上是下，不能自定，完全取决于外来之作用的力的结构。程颐分析道：“阴柔无援，而承乘皆刚，宜有悔也。而四以阴居阴，得巽之正，在上体之下，居上而能下也。居上之下，巽于上也。以巽临下，巽于下也。”[②] 程颐对阴柔体的受力情况作了分析，阴柔体当下状态虽是前行之脚步没有停止，但前行的推动力已不复存在，其性本来呈阴柔，而动起来所显示的刚强，时下已荡然无存。这样就不难想象到，时下阴柔体的运行完全是处于顺从状态。其所反映的是阴柔体即将达到运行极点前的状态。

阴柔体这种阳消阴长的态势，对于刚阳体而言，是阴阳相通的前奏曲。阴阳交流而万物化生，当然是可庆的。同时，《系辞》对所谓的功作了定位，视坤阴成物为功。“乾道成男，坤道成女……易知则有亲，易从则有功，有亲则可久，有功则可大。”（《系辞》）作易圣人以“田获三品”作为悔亡而有功的话语表达和现身说法，以说明该爻位的辞义直指阴柔体的运行过程，并言明了当下运行时段上阴柔体的发展走向是上下皆可。张浚以象喻事，而作出合理的分析和解读：“六四以阴居四，阳中有离明德而用，以巽顺群刚，上下顺之，如是则可以立于无过之地矣。田获三品，谓事业建立于当时也。夫唯德明巽上而得于君，下得于民，是以其动有获而事业以立。”[③] 从卦象来看，六四与九三、九五互体而成离卦，通过卦象来反映自然观，又通过人事来彰显自然观，认为阴柔体上下皆顺从于群刚，可以说是“得中而应乎刚，是以元亨”（《彖·鼎》）。所以说时下的状态能成万物，可谓有功。

---

① 胡瑗．周易口义．第9册第50页．文渊阁四库全书·易说卷．

② 程颐．伊川易传．第4册第84页．文渊阁四库全书·易说卷．

③ 张浚．紫岩易传．第6册第16页．文渊阁四库全书·易说卷．

九五，贞吉悔亡，无不利，无初有终，先庚三日，后庚三日，吉。

巽格局时态下的各个运行阶段，都伴随着刚阳体对阴柔体的吸引牵制作用，并且这种作用渐成为左右阴柔体运行的主导作用。在对九三、六四时位上自然观的阐述过程中，可以清楚明了地认识到阴柔体出离中道后的自然运行情况，其中已经预示了阴柔体回落返身的趋势，只是出现了象六二时位上所说的“以阳处阴而居下”的不安情状，这样就会使阴阳二体的相亲交合受到阻碍，所以在九五时段提出了“贞吉悔亡”的诫语，明示了在阴柔体前行至再不能前进的地步时，才能更有利于阴阳的交合，所以尽管阴柔体出离中道，但给之以“无不利”的定位，是合宇宙自然之理的，从而朗显了九五时位上的自然观内涵和物体运行的自然情状。庚，就是变更，就是对阴柔体运行轨迹出现曲转情形的描述和反映。

程颐云：“五居尊位……贞，中正也。处巽出令，皆以中正为吉。命令之出，有所变更也。无初，始未善也，更之使善也。”① 六四时位上，阴柔体上下皆顺从于群刚，接近于中正之位。九五就要在六四基础上，自然地过渡到中正之位，所以说“五居尊位”。这个尊位就是阴柔体出离运行曲线的临界点，或称为抛物线的顶点。在这个点上，必然使阴阳二体的作用力或吸引力占据决定性的地位，最终将阴柔体拉回到旅六五时位上的中道范围，产生了初无善行而最终得善的结果，所以为吉。三为虚数，同时也是大数，《老子》云：“道生一，一生二，二生三，三生万物。”作易圣人所系辞中的“先庚三日，后庚三日”，实际上是对阴柔体巽格局状态下整个运行过程中出现的两次变更运动作了说明和反映。阴柔体在旅时态格局下，行至旅上九时位上后因发生了出离中道的变更运行而将其推进巽格局中，后又经过一系列的运行过程，在巽九五时位上出现了对当下运行状态的变更倾向。朱熹云：“有悔，是无初也；亡之，是有终也。庚，更也，事之变也。先庚三日，丁也。后庚三日，癸也。丁，所以丁宁于其变之前。癸。所以揆度于其变之后。有所变更而得此占者，如是则吉也。”② 阴柔体离中道，当然有悔了，朱熹定之为无初，而他又将对阴柔体时下的运行方向的逆转称为“亡之”，并认为这就是所谓的有终，足见其所表达的思想是对阴柔体运行规律的反映，不是单就卦象而推演事理或符示人事。并且朱熹认为，事变之前即未出中道前，阴阳系统结构中没有明显的张力产生而“丁宁”平稳，那么再由变更后的运行返向刚阳体，则“有所变更而得此占者，如是则吉也”。

上九，巽在床下，丧其资斧，贞凶。

九五明示了阴柔体的运行，已经到了变更的地步。当下所处的中正之位，使其前行的运作“亡之”而不能前行。朱熹给时下的运行作了定位，他说：“居巽

① 程颐．伊川易传．第4册第85页．文渊阁四库全书·易说卷．

② 朱熹．周易本义．北京：九州出版社，2004. 157.

之极，失其刚阳之德，故其象占如此。”[①] 朱熹所言，反映了阴柔体运作至上九巽极位时，已不能前行，即不仅已“失其刚阳之德”，而且没有刚健之象。程颐对此评述道：“资，所有也。斧，以断也。阳刚本有断，以过巽而失其刚断，失其所有，丧资斧也。居上而过巽，至于自失，在正道为凶也。”[②] 指出了阴柔体的前行步伐处于完全停止状态，就这个前行过程本身而言，受阻而止毕竟为凶。所以孔子作象来明理，指出：“丧其资斧，正乎？凶也。”由此可见，作易圣人用“凶”来明示的，不是通俗意义上的吉凶祸福的凶，而是说明和描绘出阴柔体时下的运动状态。

① 朱熹．周易本义．北京：九州出版社，2004. 157.
② 程颐．伊川易传．第4册第86页．文渊阁四库全书·易说卷．

第五十八卦　兑卦的阴阳自然观

巽顺之时，阴阳有机体系中的阴柔体上行离中道而行，使得阴阳二体各组成成分之间产生了一定的张力。也正是在这种张力的作用下，阴柔体才走过了背阳的一段路程。同时这也表明这种出中的行为是“无初有终”的，不可能一直如此情形运行不已。在阴柔体于巽上九“丧其资斧”之时，自然地会因处极而走向反面。这时的阴阳二体间的作用力，可以说是使阴柔体走向亲合刚阳体的向心力，并且其作用占据主导地位。但欲使阴柔体在巽时态下形成的格局基础上产生阴阳相亲合的效果，刚阳体就必须提供足够的能量，使其在原有的运行半径不变的情况下，围绕刚阳体而运转。苏轼对此作了清楚明白的解释：“小惠不足以勤民。取其乐而不流者也。”① 苏轼认为，尽管阴阳二体之间一直都存在吸引力的牵动，但时下的阴柔体运行半径已超出旅时态下的范围，若不及时给其以能量的供给，就会使阴柔体的运行发生偏转，为了“取其乐而不流”，所以应以充足的能量供给为前提。当然，阴柔体在刚阳体的吸引下，会不断地进行调节以顺从，但这还需要一个过程，最起码承继巽上九时位上的情形，对刚阳体的要求不为过分。所以作易圣人系辞曰：“亨，利贞。”

《兑·序卦》：“巽者入也，入而后说之，故受之以兑，兑者，说也。”胡瑗对此给以自然观层面的解读，他说：“人能以柔顺之道入于人则人皆说之。故次于巽然谓之兑者。”② 柔顺之道通向刚阳，阴柔体的柔顺之性越彰显，则其道越通达，刚阳体接受的倾向性越明显。这与巽时态下的情状基本相似。正是由于巽时态下，阴柔体在巽上九处极之时，其有返入亲阳的倾向，所以成就了阴阳相求的本性所欲。若阴柔体在旅时态下行至中道而不背阳而行，就体现不出阴阳之间的相求特性。因为尽管阴柔体自咸以来，“憧憧往来，朋从尔思”，一直表现出围绕刚阳体运转的规律，但在这个循环运行的每一个结点上，阴柔体不是对向心力的体悟，而是对离心力的感受更深，只有在旅上九时位上的出离中道的行动，使其刚健之性不能畅扬，真切地感悟到刚阳体对它的吸引和牵拉，程颐对此感悟道：“物相入则相说，相说则相入，兑所以次巽也。”③ 这里的“说”就是“悦”，“说”与“悦”同假。“入”和“说”的相辅相成关系，客观上决定了巽

① 苏轼．东坡易传．第5册第11页．文渊阁四库全书·易说卷．

② 胡瑗．周易口义．第10册第1页．文渊阁四库全书·易说卷．

③ 程颐．伊川易传．第4册第87页．文渊阁四库全书·易说卷．

格局在阴柔体运行过程中的不可跳越性。阴柔体只有在巽格局的基础上，才能体现出其与刚阳体悦而相亲的发展趋势来。这样的发展态势，必然是亨通而相亲就。所以作易圣人对时下状态给以“亨”的定位，是最恰当不过的了。正如程颐所云：“能说于物，物莫不说而与之，足以致亨。”① 但这种亨，是在一定的条件下才成立的，即在刚阳体给其提供必要的能量和力量，使其能在巽格局基础上平缓地过渡过来。“兑阳之为也，巽阴之为也。”② 这对于刚阳体来说无疑是一种牺牲，所以程颐又云：“非道求说，则为邪谄而有悔咎，故戒利贞也。”③ 本来阴柔体在巽时态下运行，完全是一种惯性力的推动，非刚阳体能力之能及，所以这一段运行的轨迹并非正道，但刚阳体应固守正道，处中得正，让阴柔体渐次回到中道上来为宜，所以戒之以“利贞”。

在这种自然观理念下，阴柔体必然地进行回落运动，体现出了一种诚的品质来。程颐云：“一阴居二阳之上，阴说于阳，而为阳所说也。阳刚居中，中心诚实之象。柔爻在外，接物和柔之象，故为说而能贞也。”④ 程颐对此给予了义理分析和定位，他认为阴柔体从空间位置而言，是居刚阳体中二成分之上，并彰显出前来亲阳的和悦境象，并以此为前提，“而为阳所说也”，被刚阳体二成分所共同接受，也体现出阴阳二体至诚而通达的和悦情状。而此时再谈利贞，可能意义更为可观。这个“利贞”，不仅是对阴柔体运行状态转变过程而言的，同时更是为阴阳二体诸成分因素间的和悦关系而定位的。阴柔体在刚阳体利贞不失原则的导引下，不能再继续处在巽状态的情形下不变其态了，而是渐次回落逼近中道，但阴柔体和刚阳体中刚阳性成分亲合的本性，决定了其内在存在不和谐的因素，存在不当位的倾向。所以这种通达致亨的运行，必须以利贞为基调，否则就会引起旅格局的恶性重复。程颐云：“说而能贞，是以上顺天理，下应人心，说道之至正至善者也。若夫违道以干百姓之誉者，苟说之道，违道不顺天，干誉非应人，苟取一时之说耳，非君子之正道。”⑤ 程颐所说的“顺天理”，就是顺应天性自然之理，阴阳相求这本身就是天性之自然，这是兑时态下的第一原则，但也不是“灭人欲”，相反却提出了“应人心”，这主要是针对刚阳体中阴柔成分而言的。阴柔体的亲近行为，不能对刚阳体中的阴柔成分产生挑战，否则就不能“应人心”。通常把阴性物定位或符示小人、臣民、一般人或普通人。当阴柔体下行而动、失位不当之时，一定会因其与阴柔成分太近而受到斥力的排拒，其所

---

① 程颐．伊川易传．第4册第87页．文渊阁四库全书·易说卷．
② 林忠军，梁韦弦．程氏易传导读．济南：齐鲁书社，2003. 326.
③ 程颐．伊川易传．第4册第87页．文渊阁四库全书·易说卷．
④ 程颐．伊川易传．第4册第87页．文渊阁四库全书·易说卷．
⑤ 程颐．伊川易传．第4册第87页．文渊阁四库全书·易说卷．

和悦仅能维持一时而已，不能长久，所以是“非君子之正道”。相反，阴柔体应该把同类引向同志，与同性物成朋成友，和悦之道必定大放光彩。这里所说的“朋友”，不是通俗意义上的围朋友，而是提供了一种象。郑玄在《周礼·地官·大司徒》中曰：“同学为朋，同志为友。”孔子在兑卦大象中以“君子以朋友讲习”一语营造了一种语境，描绘出了大家和谐相处、共同指向一个目标的生动画面。

当然从刚阳体的角度来分析，其内在涵存着阴柔成分，所以在其与阴柔体相吸引的过程中应充分考虑这种因素的存在。胡瑗云：“象为泽，其性为悦，所以为天下说之之法也。然泽者水之所聚而滋息万物，以为生成之功，使之皆得滋养而说泽也。然不为说而为之兑者，盖圣贤之人将欲感天下之心，必当以仁义之道、恩惠之事，固不可以言语、口舌而为说，故去其言而为兑也。”[①] 胡瑗以象而明意，认为兑卦卦象符示泽水，性显欢悦而明快，为天下万物快乐的取法模式。刚阳体与阴柔体的性显相亲的喜悦，就在于“滋息万物，以为生成之功”，当以恩惠、仁义相对待，喻示着刚阳体应对阴柔体的运行提供保证和支撑，而不是单凭言语、说教来促成。孔子曰：“巧言令色鲜矣仁。”（《论语》）巧言与仁义是成反比例或反向存在的。同时言语和说教都是一种象境，明示了阴阳二体的亲近程度。而这种接近是不合时宜的，也是与兑的本义即“欲感天下之心”的内在本质相悖的。刚阳体只有与阴柔体保持一定的距离，才能体现出其是否感悦于人，否则就不能达到滋息万物的目的，甚至会使阴阳系统结构受到破坏而成非善易之状。所以对刚阳体来说，也应持“利贞”的态度，才能得亨。

由此可知，兑卦时局下，阴阳相互作用的力的结构和能量的流变情况是承继巽格局而来，体现出阴柔体在兑时态下所秉承的自然观思想之中心支柱，也应是以柔顺之德充溢整个过程。同时，“兑，阳之为也”，说明了对刚阳体及刚阳之性也应有相应的自然观理念来加以规范，使其能贞正而亨通。那么，如何通过对这个系统中阴阳二体、系统整体结构因子、内在组成各成分间有机地进行调整和互动，以达到刚柔相济的结局？这还要从兑时态下阴阳相互作用的活态运作动力体系的语境结构上去分析和把握。

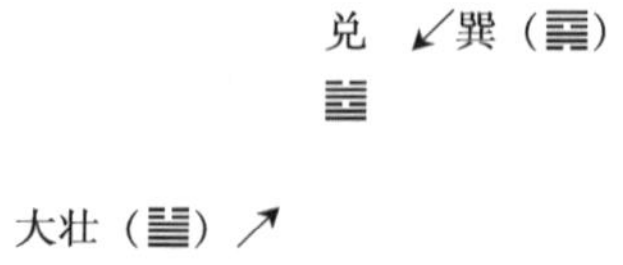

阴阳二体在巽上九时位上，因阴柔体柔顺性达到最佳，所以使其间的吸引力

① 胡瑗．周易口义．第10册第1页．文渊阁四库全书·易说卷．

正比例加强，并形成当巽格局时变流转过程中阴阳二体引力最大的时段。这就在客观上提出了止行的要求，不能让阴阳各方在强大引力作用下失衡，甚至破坏阴阳系统整体的结构，所以说要“利贞”。同时也应看到，巽与兑旁通互动，阴阳流变转换，为兑时态下自然观思想定了基调。那么，如何使阴阳二体在大壮的基础上达到“利贞”的目的，必须在兑时态时变的各个过程中，充分体现阴柔体柔顺的本质，所以作易圣人在兑卦六个爻位上即时变过程中，用“和”、“孚”、“来”、“商”、“引”等柔和的词语，来表达阴阳和悦的场境，从而彰明了其中涵存的自然观主承轴线。

初九，和兑，吉。

程颐所说的“兑阳之为也”，指出了兑时态下阴阳二体的相对运动，主要取决于刚阳体本身。这在巽上九爻位上的自然观提揭过程中已有明显透露。巽时态下，已彰显出阴柔体离开中道上行远去的态势和过程，至其上九时位上，阴柔体刚性全无，以柔承刚，六本阴爻而阳刚居之，表明了阴柔体阴性已处于浓郁的境地。在这种情况下，阴柔体与刚阳体之间的相对位置会不断地在调整，使其有贞正之德。胡瑗云：“夫感悦之道，多失于邪，若小人之人止以淫声媚色、雕墙峻宇、流连荒亡，以说于心，巧言令色、柔佞邪谄，以苟容于人，如此皆所以丧身败德，以至亡家失天下。”① 这是说，若不处正，对于阴柔体和刚阳体中的刚阳性成分二者来讲，都会得到“丧身败德”、“亡家失天下”的结果。这种人文理念的背后，彰显了自然观的思想。阴柔体在与刚阳体相对运动过程中所发生的空间位置的调整，会经历一个由无序到有序、由不定向到定向、由不稳定到稳定的发展过程，即是一个至正达中的过程。对于刚阳体这个决定系统运行框架的主体来讲，更要有一个稳走正道、不失于邪的客观要求。这就需要刚阳体中的刚阳性成分和阴柔成分，要同时对阴柔体发挥作用以达平衡之效果，不能因为阴柔体阴性之重，而使刚阳性成分发生偏移，这就需要二者和谐共处，以求系统结构的平稳运行。胡瑗云：“刚中而柔外悦以利贞者，言此卦内二爻为刚，外爻为柔，言所以感人者，当内有其刚外示以柔，然止有刚则至暴而无以感悦天下之心，故当外示之以柔，内既刚，外复柔，以此悦人则人皆悦之。”② 胡瑗对刚阳体这个子系统作了解剖后认为，刚阳体中两种成分应相辅相成，对外展示出阴柔性而对内充实有刚阳之性，这样就会使刚阳体中的阴柔成分和外来的阴柔体都能达到和悦而共处，用其所符示的人文理念来定位，那就是“以此悦人则人皆悦之”。所以兑初爻是对兑时态整个运作过程的原则性规划。这样的做法，会使系统各成分因子的行动合于宇宙自然之理，而不会使系统结构受到冲击。所以孔子对此给予很

① 胡瑗．周易口义．第10册第2～3页．文渊阁四库全书·易说卷．

② 胡瑗．周易口义．第10册第3页．文渊阁四库全书·易说卷．

高的评价："行未疑也。"程颐亦云："初虽阳爻，居说体而在最下，无所系应，是能卑下和顺以为说，而无所偏私者也。以和为悦而无所偏私，说之正也。"又云："处说则能和，无应则不偏，处说如是，所以吉也。"① 程颐也是建立在自然观层面上，对阴阳有机系统的组成结构加以分析和论证。刚阳成分处于最下，以其阴柔成分对外彰示其体，"无所系应"，则必然是"无所偏私"，进而使二阴和悦而围绕其运转不已，"说之正也"。

九二，孚兑，悔亡。

初九时位上的刚阳体子系统，从整个阴阳体系结构的平衡运转出发，立足于根本，先行调整，已使其内在的阴柔成分当位得正，从而使刚阳体表现出柔化的现象。而在阴柔体刚性消亡、柔性凝聚的前提下，阴阳二体的吸引力本应处于增大的趋势，但此时刚阳体发挥其内在阴柔成分的作用，以承继初态的中和之德，这与初态相比较而言，无疑是一种逻辑关系。不过，刚阳体对阴柔体呈现出的外柔内刚的态势，实质上是一种不当位的情状，所以胡瑗云："此爻以阳居阴，履非其正，本有悔者也，然以刚居中，是其有至信，发之于中，而施说于人，不为邪僻，不为非妄，使天下之人皆必信之，以至于欢心归一，获其吉。"② 胡瑗认为，刚阳体本性呈现阳性，而与外界相接触的是阴性成分，可以说是刚中而柔外。之所以如此，是因为刚阳体从中道着眼，通过其内在相反两种成分的相反作用效果，来使外来靠近他的阴柔体之外力状况，在总体上达至平衡。这就是胡瑗所说的"以刚居中，其有至信"的本质内涵和自然观思想。这样不仅会使阴柔成分平衡处中，而且使众阴和悦相处，皆有诚信，同时也会使刚阳成分没有"邪僻"、"非妄"的迹象和凶兆，所以结果必然是吉。可见，孔子所说的"志信也"，是立足于自然观思想的层面上，对该爻所展示的自然之理的提揭和彰示。

六三，来兑，凶。

九二既有"志信"而和处的意向，阴柔体和刚阳体中二成分就应近靠在一起，这本来无可厚非。但阴柔体由于当下其有至柔之德，不动则已，动则刚健，"坤至柔而动也刚"（《坤文言》），所以就出现了以阴处刚、阴柔体刚动不已的局面。程颐云："六三阴柔不中正之人，说不以道者也。来兑，就之以求说也。比于在下之阳，枉己非道，就以求说，所以凶也。之内为来，上下俱阳，而独之内者，以同体而阴性下也，失道下行也。"③ 程颐生动地描绘了阴阳二体及诸成分因子的受力情况和运动情状。九二言明了刚阳体诸成分的贞正支撑体系结构，明示了刚阳体诸成分没有"邪僻"、"非妄"的迹象和动意。但阴柔体由于其自体

① 程颐．伊川易传．第4册第88页．文渊阁四库全书·易说卷．
② 胡瑗．周易口义．第10册第6页．文渊阁四库全书·易说卷．
③ 程颐．伊川易传．第4册第89页．文渊阁四库全书·易说卷．

的性征非常明显，而必然施行刚健之动的行为，以“不中正”的姿态来取悦于刚阳。所谓“比于在下之阳”，就非常形象地勾画出阴阳二体的结构框架，指明了阴柔体在最上，而刚阳体这个子系统的刚阳成分在最下，在最内，随之而逻辑地产生了对刚阳体内在阴柔成分的排拒。尽管刚阳体存在不同作用的成分，但这都是刚阳体内在的组成成分，“上下俱阳”。而阴柔体，不亲近刚阳体的阴柔成分，“独之内者”，展现出一幅“失道下行”的图境，凶险无疑。

胡瑗云：“夫感悦之道，必须至公至正，无所偏系，使天下之人自然而悦之，则可也。固不可以言语、口舌、柔邪，以苟取于人，而求其悦。”① 既然刚阳体存有二成分，阴柔体对刚阳体的感悦，就应持“至公至正”的态度，而“无所偏系”，达至相处各方平衡和谐，这才能达至真正的和悦，否则不但失道，而且凶至。这就是孔子所说的“位不当也”的自然观内涵。

九四，商兑未宁，介疾有喜。

作易圣人这里用“商”和“介”来象其形容，以明大义。胡瑗云：“商为商议、裁制也。宁，安也。介，隔也。疾谓六三也。”② 阴柔体在六三时，以刚健之行，“独之内者”，必然会与刚阳体外层物质——阴柔成分，发生冲撞，并受到其反制，使其快速而刚健之行受到间隔，从而形成各成分受力均衡的态势，故曰“有喜”。程颐云：“四上承中正之五，而下比柔邪之三，虽刚阳而处非正。三阴柔，刚所悦也，故不能决而商度。四，近君之位，若刚介守正，而疾远邪恶，将得君以行道。”③ 刚阳体中的阴柔成分，从空间位置上来讲，与刚阳成分最近，并处于刚阳体对外行施调节作用的位置，同时也是和外来阴柔体相比而就近的结点之上。这样就可以“刚介守正”，既使刚阳亲近阴柔体，同时也使一切破坏系统结构平稳运行的力量来介入。胡瑗对此给予了明确的定位，他说：“九四所以有喜者，盖由能介隔六三谄佞之小人，使不得进，所以杜君民之害。”④

孔子给以象喻，指出“有庆也”，即“守正而君悦之”。既得君王的喜欢，对于当臣民的，怎能没有悦呢？但这里，孔子的象辞并不是真正地运用于人事的推理，专言其喜庆之事，而是以象喻意，通过这个“有庆也”的象，来表明二阴之间的关系。这个“有庆也”，所描绘的图景就是刚阳亲比、众阴手足相融而快乐的象境。

九五，孚于剥，有厉。

九四所说的“有喜”和“有庆”，都对众阴的运行状况作了反映，从中我们

---

① 胡瑗．周易口义．第10册第6页．文渊阁四库全书·易说卷．
② 胡瑗．周易口义．第10册第7页．文渊阁四库全书·易说卷．
③ 程颐．伊川易传．第4册第90页．文渊阁四库全书·易说卷．
④ 胡瑗．周易口义．第10册第8页．文渊阁四库全书·易说卷．

不难看到阴柔体的活跃性和激情。这种活性，恰恰是阴柔长盛的境象。作易圣人逻辑地提出“孚于剥”的动态演化发展观点，体现了其中涵存的自然观思想。所谓剥，就是群阴长盛，剥丧君子，是一种消阳的物质。程颐云：“剥者，消阳之名。阴，消阳者也。盖指上六，故孚于剥则危也。”① 九四时位上，阴柔体所符示的臣民有喜庆长盛之势，这对于刚阳所符示的君王而言，无疑是一种压力和危险。阴柔体与其靠近的程度越大，则刚阳的活性和自由度越小，越受制约。用图式表示如下：

刚阳←d→阴柔体

现设定刚阳与阴柔体之间的距离为 d，d 的数值越小，则它们之间连线方向上的引力越大，刚阳向其他方向的运转幅度就越小，反之亦然。这种情状就表明了时下刚阳的危厉处境。只有相互间产生孚诚之意，才可迎接当前的挑战。程颐云：“密比阴柔，有相悦之道，故戒在信之也。”② 阴势长盛不可抗拒，但只要处中得正，即“位正当也”，就可以得兑悦之道。胡瑗云：“夫圣贤之人，皆以仁义为先。若使之进于有位，则上可以至君于无过之地，下可以济民于富寿之域，使天下无有一物一民不得于所。”③ 众阴柔欢悦的结果，是向各自的位置上移动。阴柔成分亲向刚阳，阴柔体返向中道。阴阳系统各成分的运行目的正是各欲得其位正，这样就可以使相互间的作用力达到平衡，进而在此平衡力的作用下稳定地在各自的运行轨道上运行不已。可见，孔子所填爻之象辞“孚于剥，位正当也”，是涵摄有终极人文关怀的成分，提出了一种理想的方法论模型，彰显了自然观对其产生的本质定位的作用。

上六，引兑。

我们说，九五时位上的阴柔体，欲在刚阳体中阴柔成分的作用和制衡下向其中道的位置上运行。这个运行的方向与其在九五时位上的运行方向是不一致的，如同撞壁的球一样，是会发生反弹的，其运行前后的方向发生了偏移。所不同的是，球撞壁后自由反弹，而阴柔体在冲撞阴柔成分后的反弹行动，会因刚阳对它的引力作用而受到一定的限制。所以作易圣人系之以“引兑”之辞来模拟这种运动状态。

只要仔细地辨别巽时态下的运动状况，就不难理解兑九五时态的“有喜”和“有庆”的情形，就不难理解兑上六时位上出现的这种反弹运行态势。巽上九时位上，阴柔体出离中道已经很远了，刚消尽而阴长盛。阴阳二体间的吸引力

① 程颐．伊川易传．第4册第91页．文渊阁四库全书·易说卷．

② 程颐．伊川易传．第4册第91页．文渊阁四库全书·易说卷．

③ 胡瑗．周易口义．第10册第8页．文渊阁四库全书·易说卷．

已达最大状态。在这种强势引力的作用下，阴柔体会加速亲向刚阳体，至二阴相冲撞后，其所产生的动量必定很大，致使刚阳体对其非牵引不足以控制之。同时，刚阳内在的阴柔成分，在受到阴柔体的冲撞后，会因受力而回缩，亲向刚阳。其运行的方向与阴柔体不尽相同，出现了众阴欢快而杂乱的现象。故曰："引兑。"苏轼对此作了明晰的说明和诠解，他说："上六（之阴）超然于外，不累于物，此小人这托于无求以为兑者也。"[①] 阴阳二体本来相吸而亲，但时下阴柔体不行亲阳之理而冲向外，产生了"不累于物"的表象，彰显出不亲贤圣的意蕴来，所以定之为小人。

由此可见，兑上六时位上展示的是一片乱象，没有体现出刚阳牵引下的有序状态来，即没有展示出类似君臣的关系来，故曰："未光也。"程颐云："他卦至极则变，兑为说极则愈说。上六成说之主，居说之极，说不知已者也。"[②] 程颐所提出的兑极更说其意思就是对时下众阴动态现象的一种展示和反映，形象地描绘出了兑上六时位上"手舞足蹈"的情态。故曰"兑为说极则愈说"，而"说不已者也"。

---

① 苏轼．东坡易传．第5册第13页．文渊阁四库全书·易说卷．

② 程颐．伊川易传．第4册第92页．文渊阁四库全书·易说卷．

第五十九卦　涣卦的阴阳自然观

1973年长沙马王堆《帛书易传》的出土在当代易学界引起了巨大震动。《帛书易传》中对《易》的阐释言简而意赅，对宋代易学科学思想的流行起了很大的推动作用，使人们对《易》中的义理所涵存的自然观思想有了新的认识，启发人们应立足于自然观的基础之上去解构易学体系，也为我们重新理解宋代易学的合理思想提供了知识背景。

《帛书易传》对涣卦的阐释中说了这样一句话："奂，大美也。"奂与涣同假，此处用"大美"来形容和模拟，反映了阴阳体系中的作用结构和运行状况。孔子有言："天下有道，丘不与易也。"（《论语》）孔子无论在今本《易传》，还是帛本《易传》，都是基于象天法地、效法四时的道而成书。其中的记载，都是与宇宙自然之理相通的。所以这个"大美"，也一定涵指自然观的内容，而不是简单的人文概念。兑上六时位上，阴柔体因受撞击而反弹，背离刚阳体呈刚阳而逆向运行，四散而去，犹如烟火鸣放一般，光彩照人，所以取其象为美。以这种美为象，其意蕴内涵实指阴柔体四散而去的状态，并不是记述这种情景有多美。但从逻辑关系来考究，兑为悦，涣为美，似乎是相连贯的，在这个意义层面上去加以定位，涣与兑前后相承、逻辑相衔，有一个连续的程式作为过渡。可实质上，兑上六用"引兑"来说明阴阳二体的关系，至涣时已改变了兑时的运动状态，转至于阴阳二体张力体系的形成。

程颐云："涣，离散也。人之离散，由乎中，人心离，则散矣。治乎散，亦本于中，能收合人心，则散可聚也。故卦之义，皆主于中。利贞，合涣散之道在乎正固也。"① 宋代其他易学家也有这方面的论述，如胡瑗亦云："涣者，是人心睽离，上下远散之谓也。"② 涣之所以为散，主要在于阴柔体指向中道，众阴各得其正，各得其位，而不会散离而去。所以刚阳体引而牵之，阴柔体达中后而贞固，则不能为散。程颐等所指的心，就是中，就是中道，"中者心之象"③，以人心的收合为喻来说明其中涵摄的自然观的内在本质。胡瑗又云："亨者言上下所以涣散，故民所以睽离，盖由道有所壅塞，志有所不通，是以涣散。故君子当此

① 程颐．伊川易传．第4册第92～93页．文渊阁四库全书·易说卷．

② 胡瑗．周易口义．第10册第9～10页．文渊阁四库全书·易说卷．

③ 程颐．伊川易传．第4册第93页．文渊阁四库全书·易说卷．

之时，去民之险难，以和众情，以导众志，使皆得萃聚而至于亨通。”① 胡瑗所谓“上下所以涣散，故民所以睽离”，其意直指兑上六以来阴柔成分与阴柔体的冲撞不和的情形，表现出道不通、志不行的倾向来。既然如此，那么涣时态下所涵存的自然观主撑轴线是什么呢？这还得需要我们去从阴阳体系系统结构的运行状况中去把握。

宋代易学家特别推崇孔子的观点，孔子在《彖传》中已有简单的表述，他首先说：“涣亨，刚来而不穷，柔得位乎外而上同。”在兑上六时位上的阴柔体因与刚阳体中阴柔成分的冲撞而受强势反弹，必至四散而去的结果。至涣时，这种趋势已经朗显。尽管是阴柔体的四散之行，属于阴柔体的运作行为，但背阳而去，是“性同行乖”的规约所致，是众刚阳彰显相斥的结果，所以说是“刚来而不穷”。此时的阴柔体所表现出的就是乘刚的行为。而它的乘刚之行走向何方呢？孔子定之为“柔得位乎外”。就是说阴柔体的当位之所不在冲撞之处，而在远离该处的地方。既然其不得位，就要在受撞后回到属于自己的位置上来。依此行动，孔子就认为是“上同”，即上行远去而归位，则可同心而和悦。程颐建立在孔子分析的基础上，作了进一步引申：“涣之能亨者，以卦才如是也。刚阳之来，则不穷极于下而处得其中；柔之往，则得正位于外而上同于五之中。当涣之时而守其中，则不至于离散，故能亨也。”② 程颐认为，之所以刚阳众起，是由于其欲得中的目的，尤其是阴柔体，时下已不当位而出中，其离开刚阳体而去的指向非常明确，就是将其中道位置定位于远方，以保持阴阳系统各组成成分的受力达到平衡。

《易》作者把“王”和“庙”这两个概念联系起来，目的也只有一个，那就是以此方法来使离散体处中而当位，不可过和不及。若过于推斥，则使阴柔体反弹力大增，达到中位后会在惯性力的作用下，继续出离中道；若不及，则不会到达中道，在刚阳性之吸引力作用下，又发生兑上六时态下的情状，非善易之所为。程颐云：“在中谓求得其中，摄其心之谓也。刚来而不穷，柔得位乎位而上同，卦才之义，皆主于中也。享帝立庙，民心所归从也。”③ 说明了刚阳体这个子系统各组成成分所发挥的作用应适可而止，使阴柔体贞固于其所归则可，以中为运行和作用的标准，不可过和不及。

但是，有了一个标准和“王”、“庙”所暗示指代的刚阳体的牵引作用，是不够的。倘若在阴柔体上行远离的方向上还有一个刚阳的事物来诱惑，则阴柔体就不可能停足于当位之所，而是前行不已，以至于出离中道，甚至于使阴阳整个

① 胡瑗．周易口义．第10册第10页．文渊阁四库全书·易说卷．

② 程颐．伊川易传．第4册第93页．文渊阁四库全书·易说卷．

③ 程颐．伊川易传．第4册第93页．文渊阁四库全书·易说卷．

体系解体。而客观上，不但没有这样的东西存在，而且阴柔体被推向无际的空间。空似无，无为阴，“二女同居，其志不相得”，“性同行乖，情貌相违”。阴柔体在阴性的环境中运行，如同步入了险象环生的大川，所以作易圣人系辞曰：“利涉大川。”孔子对此作了进一步的分析，他认为阴柔体客观上只有涉险重重，才能直指刚阳体而中心得也，处中而当位，否则就不可能自行停止其步伐，所以孔子曰：“利涉大川，乘木有功也。”指出了让阴柔体涉险而行是一种吉兆，这样会使体系运行达到很好的效果。《尚书》云：“木曰曲直。”曲则艰险，直则通畅。孔子以木取象，也正是借其象而喻意，以明通宇宙自然之理。苏轼以大川为喻，道明了乱而生治的自然观思想，他说：“世之方治也，如大川安流而就下。及其乱也，溃溢四出，而不可止水，非乐而为此，盖必有逆其性者，泛溢而不已。逆之者，必衰其性，必复水将自择其所安而归焉。”① 阴柔体并不是乐于逆行，这从根本上来说不是它的本性，但运行动量的作用，促使它出现了兑上六的情形，以至于使阴阳体系格局进至涣时态的境地。不过就其性而言，逆行必衰，“将自择其所安而归焉”，如同大川一样，必然在刚阳体的平衡作用下，“安流而下”。

由此可知，涣卦时局下，阴阳二体所形成的体系组成成分因素间相互作用的力的结构和能量的流变情况是承继兑格局而来，既是对兑时态动力结构的一种调节和发展，又是有别于兑而展示的一种欲由乱而达治的过程。阴柔体和刚阳体子系统各成分在兑上六时位上，产生了涣散舒悦的局面。这对于阴柔体来说，是不合时宜的。对于刚阳体而言，也是一种无亲合力的表征。时下的自然观思想，其主导理念应该承继兑时态下的和悦相处的本然之态，以各得其正、各得其位为导向，通过达中而贞固的有序运作，来保证系统各成分的平稳运行。那么，如何通过对这个系统中阴阳二体、系统整体结构因子、内在组成各成分间有机地进行调整和互动，以达到治乱而和谐的结局？这还要从涣时态下阴阳相互作用的活态运作动力体系的语境结构上去分析和把握。

涣时态下，阴柔体离开刚阳行远涉险、履涉大川，这在客观上就需要有明德而光照，需要刚阳体内部加以调节和互动，使刚阳体阳性彰显，牵引力增强，进

① 苏轼．东坡易传．第5册第14页．文渊阁四库全书·易说卷．

而达到使阴柔体的运行指向中道而不犯过与不及的错误。涣与丰旁通近情，阴阳互通流变，在阴柔体动量长盛之时，必须要求刚阳体发挥丰大之德，以达“引兑”之效果，对阴柔体的运行加以强制牵引，这样就可以使阴柔体达至中道，当位而无过咎。同时也应看到，涣卦为三阳三阴卦，从卦变意义上讲，涣从否来而本于否。郑刚中在分析涣时态的自然观思想时说：“阴阳不通，天地不交，否闭之所由成。否之四阳来居九二，否之二阴升为六四，否闭之所以解。何则四阳下降而亨于险中，二阴上进而承于九五，此否闭之所以解，涣之所以名涣者，散也。天下之险难者，解而散之。”① 在涣时态下，阴阳二体的相互作用，呈现出阴阳不交而背反的局面，是一种典型的否象。如何由否而达泰，由不通而至通达，这就需要有一个过程来转换，涣时态六个爻位上所呈现出的不同时态，正是言明阴阳二体所构成的系统运行由混乱到有秩序的过程。

初六，用拯马壮，吉。

兑上六时位上已提出了“引兑”的理念，明确地显示出阴柔体因悖背刚阳而向外运行的发展态势，也是兑悦而生的一种结果。这种发展和欢悦，应具有统一性，不应分开而言以割裂其内在的逻辑联系，体现出“引”而申之的客观必然性。

阴柔体的这种刚阳性行为所导致的运行过程，可以分开考究，不能一概而论。涣初六所描述的正是阴柔体运行最起初的时段，以阴居阳，本阴柔而示刚阳，即从阴柔体的本性上来讲是属阴性的，但其动而显刚阳之性。同时，它背刚阳体而动，彰显的理念是“性同行乖”、“情貌相违”的刚阳性征。这种性征的表露，在其运行的起初阶段，当然是为了指向中道、当位得正而为，是为了阴阳系统整体结构平稳运行、消弱内在张力而为，所以，作易圣人定之以“吉”论。这与涣时态下民心涣散的处置态度丝毫没有矛盾，没有任何互相排斥的地方，是由其内在涵存的自然观规约所决定，并按宇宙自然规律来加以定位。若阴柔体在越位而冲撞刚阳体的阴柔成分的前提下，没有足够的动量以反弹回中道，则会使涣与兑失去逻辑联系，更不可能有大美的景象出现。所以作易圣人系辞曰：“用拯马壮，吉。”对于刚阳体中的刚阳本性成分而言，面对阴柔体以阴居刚的局面，不应采取强拉硬吸的做法，而应效法自然，安然而处之，从长计议。苏轼云：“犯难而争民者，民之所疾也。处危而不竞者，众之所恃也。先王居涣散之中，安然不争而自为长久之计。宗庙既立，享帝之位定而天下之心始有所系矣。”② 苏轼对于刚阳的作用效绩作了这样的评述，是为了反映阴阳二体诸成分的相互关系和受力情况。很明显，阴柔体在受刚阳吸引的同时也反过来对刚阳产生引力作

① 郑刚中．周易窥馀．第6册第15页．文渊阁四库全书·易说卷．

② 苏轼．东坡易传．第5册第14页．文渊阁四库全书·易说卷．

用，若时下刚阳因力而动，则不能达到阴柔体当位得正的效果，所以用人事作喻，既要有和悦的态度，又要有安然不动的能力。孔子赞之曰：“初六之吉，顺也。”就是立足于自然观的基础之上，提出了顺势发展的人文理念，并以此来提揭出涣初爻位上自然观的内在本质。程颐云：“壮马以致远，必有济矣。”① 用“壮马”作象，以喻示使其远行，所反映的不是象本身，而是阴柔体离开刚阳体而远行达中的运行过程。张浚以卦爻之象来明其道理，他说：“初以阴比二，承之获拯而应于四，可以有为于涣矣，吉。”② 从爻象上来看，初承二阳而与四相亲比，可以在涣散之时表现出有为的举动。本来涣散之时，需要拯济，但此时却以吉论，原因就在于阴柔体现在的散离是直指中道而为。

九二，涣奔其机，悔亡。

初时态下，阴柔体以强烈反弹之势向中道冲去，而与其相牵引的刚阳，则顺其势态，从而走向各得其位、各得其正的结果。所以，作易圣人对这种相对运动的状态，拟之以“涣奔其机，悔亡”的描述。

涣时态下，阴柔体背阳而行呈现出逆行状，可谓涉险过川，本应有悔咎存在，但时下的阴柔体，其涉险而达中，得其位当，不可言悔咎之过，所以曰：“悔亡。”程颐云：“在涣离之时，而处险中，其有悔可知。若能奔就所安，则得悔亡也。机者，俯凭以为安者也。俯，就下也。奔，急往也。二与初虽非正应，而当涣离之时，两皆无与，以阴阳亲比相求，则相赖者也。”③ 程颐所说的涣离处险，就是对涣时态的一个基本定位，说明从整体来看，涣有险存，但阴柔体的出离和刚阳体的守中是一个暂时的过程，中间没有第二个刚阳体及另外的阴柔体分别与之亲合，相反，存在着一个阴阳二体之间的亲合力。而阴柔体的离散之行，在时下的状态正是奔向其所安之位，即当位得中道。胡瑗云：“当涣散之时，上无其应，道不得行，志不得伸，其身不能有所济，既能奔从于初，与之共谋为虑，同心协志，而有所凭依，则是得中心之所愿也。”④ 描绘了阴柔体与刚阳体的相互对待的关系和力的作用情况。阴柔体虽向上行，但在这个方向上没有响应物存在，所以其“道不得行，志不得伸，其身不能有所济”。只有其位当之时，与初态下所遇的刚阳体运行过程中，有同心存在，有相向而行的趋势，所以为“同心协志，而有所凭依”。孔子赞之曰：“得愿也。”程颐更是定位得准确，他说：“涣散之时，以合为安。二居险中，急就于初，求安也。赖之如机

① 程颐．伊川易传．第4册第95页．文渊阁四库全书·易说卷．

② 张浚．紫岩易传．第5册第25页．文渊阁四库全书·易说卷．

③ 程颐．伊川易传．第4册第95页．文渊阁四库全书·易说卷．

④ 胡瑗．周易口义．第10册第14页．文渊阁四库全书·易说卷．

而亡其悔，乃得所愿也。”[①] 阴阳相背之时，涣散而行，只有相亲合而产生相吸引的力，才能相合得安。阴柔体尽管是涣散而处于离去的状态，但是指向中道，是“求安”的义举，所以达中而称“得愿”，合于情理，体现了自然观的支撑理念。

六三，涣其躬，无悔。

由初与二两爻所描述的运行状态可知，初是言及阴柔体出离而去所应具有的足够的动量和力量，二爻是强调在这种运行状态下所指的方向，至六三时位上，就谈及阴柔体的运行过程了，故孔子曰：“志在外也。”阴柔体在兑上六时位上与刚阳体的冲击而产生的背阳运动，到涣六三时才作出描述和反映。程颐云：“三在涣时，独有应与，无涣散之悔也。然以阴柔之质，不中正之才，上居无位之地，岂能拯时之涣而及人也？止于其身，可以无悔而已。”[②] 程颐所描述的六三时位上的阴柔体，是独自行进而没有应与之物，但其居无位之地，既不能拯涣离之态，又不能及人而相亲合，所以出离而去，没有悔过之处，同时也说明和反映了刚阳体在阴柔体离去之后的状态是“独有应与”的。这又指代什么呢？阴柔体远离时对刚阳体中的阴柔成分给予反作用力，使其内缩而亲向刚阳成分，所以说是只有一阴来呼应，故称“独有应与”。但这种作用力很快消失，使其重新复位和外扩，产生了刚阳体内的两种成分空间距离的增大，呈现出涣散的景象，所以说：“涣其躬。”胡瑗云：“六三以阴居阳，履非其正，当涣散之时，其德不能安天下之众，其才不能释天下之难，在险之中有悔者也。然而上有上九居一卦之极，有刚明之才，以己为正应。”[③] 刚阳体用其阴柔成分的制约作用，使阴柔体不得越位而行，其结果在涣时态下已造成阴柔体出离而去的结果，表现出“不能安天下之众”、“不能释天下之难”的境况，虽非当位，但有刚阳成分与阴柔成分构成正应，可谓无悔过之处，以此来说明阴柔成分当下处散的情景是一种自然的调节，并无过咎可言。

六四，涣其群，元吉。涣有丘，匪夷所思。

六三时位上明示的是刚阳体这个子系统中阴柔成分的复位运动，其象为“涣其躬”。这种复位运动的结果，必然是二阴所指代的群阴当位而正，所以称“涣其群”而“元吉”。程颐云：“方涣散之时，用刚则不能使之怀附，用柔则不足为之依归。四以巽顺之正道，辅刚中正之君，君臣同功，所以能济涣也。天下涣散，而能使之群聚，可谓大善之吉也。”[④] 我们说涣时局的离散之象，是要有一

① 程颐．伊川易传．第4册第96页．文渊阁四库全书·易说卷．

② 程颐．伊川易传．第4册第96页．文渊阁四库全书·易说卷．

③ 胡瑗．周易口义．第10册第14页．文渊阁四库全书·易说卷．

④ 程颐．伊川易传．第4册第96～97页．文渊阁四库全书·易说卷．

个过程来完成的。程颐所说的刚不怀附、柔不依归，就是对群阴运行态势的描述。群阴中无论是阴柔体，还是刚阳体中的阴柔成分，都呈现出刚健运行不怀附的状态，呈现出虽为阴柔而不依归的情形。但它们当下的状态尽管处涣离时态，却都指向中道，其必然地滑向当位而正的境地，“以巽顺之正道，辅刚中正之君”，以达“君臣同功”来改变涣散分离的状态。胡瑗云：“群，众也。天下之涣，起于众心乖离。人自为群。”① 可见，作易圣人所说的“涣其群”，是指涣时态下阴柔体和刚阳体中的阴柔成分，二阴各自都可称群，合而称众。当然，处涣之时，众阴乖离后的起初运行指向是直逼中道的，而达中处正是一个理想的位置。之所以说是理想的，一方面是由于众阴得位而与刚阳形成平衡体系，其各方的受力均已平衡，是宇宙自然界所应遵守的内在规则，当然是理想的位置；另一方面也应看到，系统各组成受力达平衡之后，还有要保持其原来运行或静止状态不变的趋势，这种平衡态是相对的，不可能一成不变，而是与现实情况不同而又对现实运行状况加以制约的，所以作易圣人以“涣有丘，匪夷所思”来象之。“丘”，就是一种喻示大聚的象。“匪夷所思”，就是“非平常之见所能思及也。方涣散而能致其大聚，其功甚大，其事甚难，其用至妙”②。程颐对此所作的定义，是对作易圣人自然观视野下的解读。群阴当位而得中，处于理想的位置，同时这种理想又具有一定的制约性，当然“其功甚大”、“其事甚妙”了。但究其运动本身而言，要想维持这种平衡的理想态是不易的，所以说“其事甚难”。可见，宋代易学自然观思想的科学性和合理性及其语用的精微之处，是相当有见地的。

九五，涣汗其大号，涣王居，无咎。

程颐云：“四，巽顺而正，居大臣之位；五，刚中而正，居君位。君臣合力，刚柔相济，以拯天下之涣者也。”③ 程颐明确地指出了四、五两爻位上所言及的不同对象，分别是众阴和刚阳。既然四爻位上描述了众阴的当位之行，那么负反馈地彰明了刚阳的当位得正而处中的情形也同时出现，并因相互对待而成立。所不同的是，刚阳在处中得正之后，还要受到众阴因要保持其原来运行不变的趋势而出离其位所产生的张力的挑战和压力，所以称“涣汗”。相应的情形是，众阴在出离中道的一瞬间，会失中不当位而受到刚阳的牵引，因而使其有复归中道的趋势。这种由六四的指向中道到九五的出离中道而受牵引的现象，是一种力由平衡态到失衡态的转变过程，众阴在刚阳的力的牵引和吸引下，彰显出返回中道的路向，所以用“大号”、“涣王居”来象之。孔子赞之

① 胡瑗．周易口义．第10册第15页．文渊阁四库全书·易说卷．

② 程颐．伊川易传．第4册第96页．文渊阁四库全书·易说卷．

③ 程颐．伊川易传．第4册第96页．文渊阁四库全书·易说卷．

曰："王居无咎，正位也。"刚阳要正位，那就首先体现在对众阴的作用上，否则就不能称为王。苏轼以人文而喻示阴阳体系各组成成分之间动态的运行过程，他说："汗取其周浃而不反也，宗庙既立而享帝之位定，而大号令出焉。涣然之中，不知其孰为臣、孰为主，至于有庙而天下始知王之所在矣。"[①] 以汗在身体中各个部位的浸透而不返的现象来取象喻意，说明了众阴的运行在纵向上是不安于其位的，是要越位而行的，当然也是要使刚阳消耗能量和体能的。刚阳之所以这样的费力和损耗，原因在于阴阳之性在涣时态下处于不明朗的状态。本来阴阳相吸而相求，但在涣的整个过程中都表现出众阴背阳的行动来，以至于众阴达中道而不止，只有用立庙、享帝的号令来制约，使其心性相通，刚柔而相济。这是九五时态下的自然观思想，即在九五时位上，众阴要离中道而出行，这是客观的，但面对这种客观的自然现象，应采取的应对方略，就是该状态下自然观的本质内容，该立庙就立庙，该享帝就享帝，通过立庙和享帝来彰明系统各组成成分的运动状态。

上九，涣其血，去逖出，无咎。

阴阳二体所组成的这个系统的运行是由宇宙的内在机理锁定的，《系辞》云："天地设位，山泽通气。"对阴阳二体的运行在一定范围内给予了制约。阴阳二体是相摩而动，不能破坏这个有机的统一体，否则就非善易之所为。万物离开天地能独立运行的情况，就不在阴阳这个体系之中，即可以背离远行而不能出离这个统一体，这就是"天地设位"所内涵的规范阴阳相对运动的前提条件。所以作易圣人认为，尽管是"涣其血（惕），去逖出"，但是因为统一体不会招致破坏而出离的众阴必然复位而行，故曰："无咎。"

程颐云："惟上应于三，三居险陷之极，上若下从于彼，则不能出于涣也。险有伤害畏惧之象，故去血惕。"[②] 程颐以象喻意，指出三符示着险陷，而只有上九与三相应，危厉之险成为必然，所以说有"伤害畏惧之象"。但程颐同时也指出因为"从于彼"，所以众阴"不能出于涣"，即众阴可远离而不能因涣处离散状态而散离统一体。

阴柔体的远离而涣散，不能通过争和抢来加以制止，而是像"丧牛于易"的情形一样，使其自然地回归和复位，所以称为"去逖出"。阴柔体不知其性征而彰明刚健之形，能走多远呢？因此，其最后的归宿，还是要回复而行，所以"无咎"而无所悔吝之处。苏轼云："涣其血，不争也。九二刚来而不穷，不可与争者也。虽不争而处争之地，犹未免也。故去而远出，然后无咎。"[③] 苏轼所

---

① 苏轼．东坡易传．第5册第16页．文渊阁四库全书·易说卷．

② 程颐．伊川易传．第4册第98页．文渊阁四库全书·易说卷．

③ 苏轼．东坡易传．第5册第16页．文渊阁四库全书·易说卷．

说的“处争之地”，就是说本来是要争的，即刚阳对众阴柔的远离是会产生牵引而令其复位的，这是自然而然的，由其相互间形成的力所产生的作用和功效决定了众阴柔运行态在惯性力的作用下，要进一步运行一个阶段才能停止，强行争夺会使众阴柔的本性不能完全体现，只有消其刚健之性露其内在本性，才能真正达到“阴阳相求”的目的，所以孔子象之曰：“远害也。”

第六十卦　节卦的阴阳自然观

涣九五、上九两个时段，已将众阴柔出离中道、背阳而行的运动轨道作了反映和描述，她们已经到了“涣其血去逖出”的境地，实际上是在运行轨道上表现出类似巽格局的情形。程颐云：“（涣）四以巽顺之正道，辅刚中正之君，君臣同功，所以能济涣也。”① 程颐对涣时态下四爻位的自然观本质定之以巽顺而处正，其实质是在暗示涣时局的下一步发展状况即九五、上九，应给予巽顺的运行和启发。巽顺而行，其结果必然是以兑格局而告终，若坚持不变常态，就会像兑至涣一样，进行反复运行、机械运作。但客观上，这种情形的假定是不合宇宙自然规律的。兑是至丰、旅到巽，再到兑，而当下的情形是由涣到巽、兑，由丰而来，阴阳盛大，而由涣而来，涣九五、上九已到了“涣汗”、“涣其血”的境地，刚阳能量和力量都已有大的损耗，其丰大的盛况已不复存在。在这种情况下，只有对众阴柔加以节度，才能使其各自游移于中道近旁。同时，涣九二“用拯马壮”的局面，已蕴涵着阴柔体在涣时态下运行的力量不会是很大这一自然观思想。阴柔体的出离而外散的幅度不可能像巽时态的情形一样，而是表现出受刚阳的制约而艰难向前的状态，因此，其运行的时态格局随之发生了变化，成为险在前、兑悦为本的节卦格局。

《序卦》：“涣者，散也，物不可以终离，故受之以节。”阴柔体的离散、背阳而行是由失位而过于接近刚阳体，因而产生了相斥的张力所致，但其运行指向是直指中道、当位得正。当其达中道后的运行状态时尽管是在惯性力的作用下要向外滑行一段路程，但其受立庙、享帝所符指的内心指向是返归中道，至节时态下，这种倾向彰显无遗，所以程颐说：“物既离散，则当节止之，节所以次涣也。”② 孔子对节卦时态下的阴阳系统组成成分关系作了一个分析和定位，在《彖》中曰：“节亨，刚柔分而刚得中。说以行险，当位以节，中正以通。天地节而四时成，节以制度，不伤财，不害民。”由涣而至节，自然过渡而已。在涣时态下的阴阳二体或阴阳系统各组成成分之间，性征不明。本来属于阴柔性征的阴柔体和刚阳体内的阴柔成分，则时下表现出“刚来不穷”的局面；本来阴柔体究其本性而言是亲近刚阳体，却反其道而行之，以成涣散、离别的局面；本来刚阳体其性刚阳，但因发挥其内在阴柔成分的拒斥作用而“柔得位乎外而上

---

① 程颐. 伊川易传. 第4册第96～97页. 文渊阁四库全书·易说卷.

② 程颐. 伊川易传. 第4册第99页. 文渊阁四库全书·易说卷.

同”。一旦众阴柔出离中道，就随之而产生了受刚阳牵引的强大作用，涵存着力图返归中道的忠心意向，渐次使阴柔体阴性彰显，使刚阳体阳性朗明，进而使众阴柔围绕刚阳的向心运转和纵向运动趋向平稳。所以，用“刚柔分而刚得中”来模拟之，再恰当不过了。既然刚柔分明，刚而得中，阴阳相交合的态势已经形成，所以能亨通。但众阴柔的这种运动，由于类似于巽而兑的状况，所以必然进行着围绕中道的上下波动式运动，形成上下有界约的节制性运行轨迹，孔子以“说以行险，当位以节，中正以通”来形容这种运动状态，并定之以“节以制度”。郑刚中云：“说则行险，则止物之情也。于说能止，既止而说，节之善者也。故曰：‘说以行险’。此所谓相济之才也。无们者不能节，节而不以中正者，不能通以九居五，既中且正，故曰当位以节，中正以通。此所谓主节之道也。”① 涣上九时位上，阴柔体已出现了“去逖出”而彰显阴柔性征的局面，出现了类似兑时态的状况，所以郑刚中用“说则行险”来喻涵“止物之情”，并进而成“相济之才”。孔子在对节格局内涵存的自然观思想彰明的同时，又用“不伤财，不害民”来加以评价，认为这样做会节省能量和减少损耗。若无节制地反复进行碰撞、推斥，再碰撞、再推斥的恶性循环运动，必然会导致乾坤毁灭的境地。郭雍云：“天下之理，中则可久；不及与过皆非可久之道。苦节过中，是以其道易穷，而不能久也。说以行险，非苦节也，中道也。当位以节，居中得正，其道乃通，此节亨之义也。天地节者，刚之节柔，柔之节刚也。”② 可久之理以中为贵，过位和不及位，都是不合适的。不及位，会因为性同而相乖离；若过位出中道，则因其运行方向和受力方向相反背而失去贞固之德。所以这两种情况，皆为“苦节”，是失中道的，不长久的。郑刚中曰：“节以制度，不伤财，不害民者，圣人法天地之节，以节天下也。万物并游于范围之内，其分量不得而逾者，天地节之也。”③ 正如孔子在《中庸》中所说：“万物并生而不相害也。”以节数度，一财一物，万民共生，“万物并游于范围之内”，平稳运行而“不得逾者”。

在这里值得注意的是，苦节和甘节的辩证关系。郑刚中云：“苦节，甘之味，生于土。坤土为九五所节，则甘变矣。”④ 作易圣人所言的“苦节不可守”的“苦”是一种取象，以苦来形容阴柔体的运行状态。心志与行为脱节时，就会产生内心的痛苦。惯性力的存在，会使物体的运行不能及时停止或转向。欲及时变化，是内心的表示，而不能及时行动，是反内心的表示。我们古人创造出这些语辞，来描述和提揭物体运行状态的客观规律，不是真有苦节和甘节的体会，而是

① 郑刚中．周易窥馀．第6册第21页．文渊阁四库全书·易说卷．
② 郭雍．郭氏传家易说．第5册第31页．文渊阁四库全书·易说卷．
③ 郑刚中．周易窥馀．第6册第21页．文渊阁四库全书·易说卷．
④ 郑刚中．周易窥馀．第6册第21页．文渊阁四库全书·易说卷．

以象喻意，来反映和道明其中涵存的自然观思想。

孔子对节时态格局的自然观本质给予了非常到位的还原，他说："君子以制数度，议德行。"阴柔体受制约是客观的，而使其柔美德行敦厚，以达大化流行之效，却是由客观情态所决定的、实践的人化自然观行为。由涣至节，阴柔体的散离行为始终受到刚阳的吸引和牵制，所以说在客观上它是受制约的，同时其阴柔之德，也逐渐彰显。孔子让人们效法天道，以达"天地节而四时成"的化育万物之功效，告诫人们处节之时，应持有当位而流射自身本性的态度，以化生万物。但阴柔之性也不是纵情发挥的，而是在方向指向刚阳的同时，还受到刚阳体中阴柔成分予以的一定程度的制约，胡瑗云："夫水之性决之于江河，其性沛然顺于下，莫之与御令。水在泽中，则不能顺往而流，故有节制之象。"① 之所以用兑泽取象，是取其制约水流而又不失其性的特征。程颐云："泽之容水有限，过则盈溢，是有节，故为节也。君子观节之象，以制立数度。议德行者，存诸中为德，发于外为行。人之德行当义则中节。"② 程颐所言极是，他形象地描绘了阴柔体及刚阳体中阴柔成分运行波动幅度的界定规约。这种界线，如同在水库中容水一样，是有限量的，不是无限的。这个限度就是节。朱熹更是简单而直接，他说："节，有限而止也。"③ 至于德行，是对动静给以内外之别，阴性德美而静，阳性刚健而动。动中有静，静中有动，相得益彰。当然静动是相对的，这里的静更有安行的意蕴，这里的动更有躁乱的意涵。只有阴柔体安行于中道，当位而处正，才能在围绕刚阳运转的过程中，在横纵向空间维度上，安稳地运行。胡瑗云："节之道在于人之一身，则言语饮食、心意思虑、出处进退，以至嗜欲，皆有所节。使父子有礼，上下有等，男女有别，尊卑有序，长幼有伦，夫妇有制，内外有分，皆有所节。"④ 胡瑗所谓的父子、上下、男女、尊卑、长幼、夫妇、内外等都是阴阳的具体表象和称谓。节时态下所强调的，就是要男而像男，女而像女，不能男不男，女不女，上不上，下不下等。这样就可知阴柔体的正当位置，应该是向刚阳而亲近，同时又考虑阴柔成分同性的相斥因素而以至于达到受力平衡的那个轨道上或结点上，即中道上。

由此可知，节卦时局下，阴阳相互作用的力的结构和能量的流变情况，实质上是承继涣格局而来。涣时态下，体现了阴柔体从散离、渐至于中道，过渡到出离中道而内心指向中道的过程。节时态格局就是建立在涣最后上九时位上"涣其血去逖出"的局势基础上，复归中道并围绕中道波动的状态。所以说阴柔体在节

---

① 胡瑗．周易口义．第10册第20～21页．文渊阁四库全书·易说卷．

② 程颐．伊川易传．第4册第100页．文渊阁四库全书·易说卷．

③ 朱熹．周易本义．北京：九州出版社，2004．164．

④ 胡瑗．周易口义．第10册第17页．文渊阁四库全书·易说卷．

时态下所秉承的自然观思想之中心支柱，也应是以中道为标准节制阴柔体的动静幅度和运行过程。那么，如何对节时态下系统结构诸成分之间的相互作用和相互关系给以提揭，以顺应宇宙自然的本质规定和内在联系，还要通过对这个系统中阴阳二体、系统整体结构因子、内在组成各成分间有机地进行调整和互动，以达到“节以制度，议德行”的境界？这还要从节时态下阴阳相互作用的活态运作动力体系的语境结构上去分析和把握。

节　↙旅（䷷）

䷻

泰（䷊）↗

节与旅旁通，阴阳感而互动，节显则旅隐，有无相生而流变演化。朱熹云：“旅非常居，若可苟者，然道无不在，故自有其正，不可须臾离也。”① 节时态下所体现的境况，是阴柔体的一个运行范围，也就是一个运动界线。如同水库中的水一样，既不失其性，而又不能像江河一样“顺往而流”，即呈现的是波动状，也即是朱熹所说的“旅非常居”之象。然而“自有其正”，它围绕着自己的正道旋转不已，表现为“不可须臾离也”的情状。旅和节的运动状况极为相似，故可以旅道作背景来模拟之。同时，从卦变本质上来考究，三阳三阴卦由泰来而本于泰，即是说，尽管节时态下的阴柔体波动而没有常居，但阴阳二体性显明朗，阴阳相求的本性明露透显，而又达到相互间受力平衡的状态，通过“说以行险”的行动，直指“当位以节，中正以通”的境界。胡瑗云：“九五有刚明之德，居至尊之位，为节之主，是所居当其位，而能酌民情而为节制也。”② 九为刚阳，明德照人，居于至尊而又能生节制之功。这里蕴具着非常深刻的自然观思想内涵。节时态下所呈现的是“刚柔分而刚得中”的象境，既然刚阳和阴柔性显分明，那么根据阴阳相求的自然观内在规约，阴柔体或阴柔成分在围绕刚阳波动性运转的过程中，就会出现过和不及的情况，为什么又言“刚得中”呢？自咸以来，阴阳系统中阴柔体与刚阳的相互对待的运动，呈现出“憧憧往来，朋从尔思”的局面。至丰时态下，已形成了亲近而相合的强势状态，随之而产生了过与不及的交互运动。直至节时态格局下，才出现了阴阳性显、受力稳定而平衡的状况。阴柔体波动式的运行，虽非常居而直指中道。刚阳则达到居尊明德，“当其位”而又“能酌民情”以节制运行的程度。作易圣人通过对节时态下出现的六个时位上阴阳二体诸成分的不同运行状态的描述，逻辑地展现了节时态下自然观思想的形成过程。

---

① 朱熹．周易本义．北京：九州出版社，2004. 154.

② 胡瑗．周易口义．第10册第20页．文渊阁四库全书·易说卷．

初九，不出户庭，无咎。

涣上九时段，阴柔体已改变了涣六四当位处中的状况，转而滑出中道，直至涣上九时出现了“涣其血去逖出”的状况。从力学角度来分析，尽管阴柔体围绕刚阳体运转时存在向心力和离心力的作用，但只有在中道位置上时，才能使其所受作用力达至平衡。若出离中道，就会打破这种平衡，反而受到刚阳体吸引力的牵引，出现其受节制的情形。那么，时下对于阴柔体来说，其复归中道的命运已成了必然的结果。阴柔体面对这种情况，应随时变易以从道为上，不可着意于在不通的道路上继续滑行，那样做是很危险的，是有悔咎的。所以作易圣人系其辞曰：“不出户庭，无咎。”

何为户庭，何为门庭呢？我们以前的标准住房是以四合院式为模本。大门是通向外界的分水岭，大门之内至窗户之间的空间地域是门庭，大门以外还有属于自家的并与之相连的一片地带，俗称明堂或门前，是户庭。程颐云：“户庭，户外之庭；门庭，门内之庭。”① 朱熹等人也同意程颐的认识。易作者以户庭取象，来说明阴柔体应审时度势，知其不可为而不为，不要在刚阳体之间产生过大的张力。这就是该时位上自然观思想的核心内容。胡瑗云：“户者，门之内牖之间也。夫人之情莫不欲安逸而恶节制之为禁。此节者，节人之邪情，约人之私欲，遏人之非，绝人之伪。然而，节情约欲，遏非绝伪，人莫不恶之。”② 胡瑗以人事来解读其中涵具的自然观内核。既然有欲，则阴柔体必然有出离中道的趋势，既然节度出现，则阴柔体必然不会有出离中道之实，以此来说明阴柔体时下的自然运行路径和发展走向，出则塞，返则通。对于这种受节制的进一步扩大，胡瑗用一个“伪”字给予定位，说明阴柔体在中道时，其受力本来是已经达至平衡，但其出离中道后，会受到客观的而又自然的作用力的节制。节制来源和取决于宇宙自然之理，与宇宙自然规律相合拍，则不会有所悔咎，否则就必然地受到宇宙自然的惩罚。孔子以象拟为“知通塞也”，道明了阴柔体出离中道的不可久的结局，同时也体现了节时态下阴阳二体性显朗明，系统各成分之间的相互作用已趋稳定，阴柔体不能再滑向外了。苏轼云：“初九，不出户庭无咎，言当塞也。”③ 阴柔体滑向外而行是会因刚阳对其吸引和牵制作用而受节制的，若达户庭之外，则会因这种作用的不断强化而阻止不前，显示其因违道受制约而所致的必然结果，是“当塞也”，但同时也说明，阴柔体还是要向外滑行的。程颐云：“初以阳在下，上复有应，非能节者也。又当节之初，故戒之谨守，至于不出户庭，则

---

① 胡瑗．周易口义．第10册第20页．文渊阁四库全书·易说卷．

② 胡瑗．周易口义．第10册第21页．文渊阁四库全书·易说卷．

③ 苏轼．东坡易传．第5册第18页．文渊阁四库全书·易说卷．

无咎也。初能固守，终或渝之。不谨于初，安能有卒?”[①] 程颐以爻位来形容，以彰明其意，认为处初节时态下，因为人会生恶，“非能节者”。之所以诫之以“不出户庭”，是为了在初态下给以固守，才能有终末之善，否则，“安能有卒?”程颐在这里提出了自然辩证法的理念，他认为初态良好，终态才有可能好，但同时也并非必然好；若初态不善，终态必然无果，从而彰明了节初九时位上自然观的内在本质。

九二，不出门庭，凶。

本来户庭在门庭之外，初以出户庭来象征和形容阴柔体的出界受制情况，只有不出户庭才能免咎无悔。但客观的情形是阴柔体还要滑行外出，好像人返归内里时有抵触情绪一样，意气用事，违道而行。这种状态对阴柔体来说是必然的，只是在其走投无路之时，上升到最高点时，必须停止其脚步，重返复归中道的行动。故作易圣人说：“不出门庭，凶。”孔子对处此时态下的自然观定位曰：“不出门庭凶，失时极也。”阴柔体已处不通行、不前进也不能外出的境地，而又有刚阳对其吸引的强化作用，若以阴处阴，不合阴阳相求之自然规律，就会因失去当下位置上所需要的运转速度而出离阴阳系统之外，明示了阴柔体时下的运行已在纵向上达至极限的境地，所以这样操持下去，就会失去系统组成的因素而凶险无疑。程颐亦云：“不能上从九五刚中之正道，成节之功，乃系于私昵之阴柔，是失时之至极，所以凶也。失时，失其所宜也。”[②] 刚阳之九五，已成正道，即在力的分解结构中，处于平衡的状态，客观上要求阴柔体不能有“私昵”之实，否则其必定会失其所宜。苏轼云：“九二以不出门庭为凶，言当通也，至是而不通，则失时而至于极。”[③] 不通之极当为能通，物极而必反，“反者道之动”。客观上也是这样，阴柔体不能继续外出而动的原因，是刚阳对之产生的向心力的吸引作用所为。这样的作用会使阴柔体由初始阶段反向运行的速度渐趋变慢，方向也必然发生扭转而至于通达。当通达之时，而不行动，就像是待在家里不露面一样，必然会因其运转速度的欠缺和不足而凶险。

节卦卦象为下兑悦而上有险，处最外而有险，其状况与兑时态又相类似。只有按照象兑时态时的运行规则去运动，才能脱离凶险之地。张载在描述阴柔体时下的处境时说：“体柔外阴，故不出门庭，凶。”[④] 承继初九时位上阴柔体的运行状况可知，阴柔体尽管受到刚阳力的节制，但还是要继续外出滑动，用拟人化的方法表达这种情况就是以人为的意愿加以强行运作，而其刚阳之势呈下滑曲势，

① 程颐．伊川易传．第4册第100页．文渊阁四库全书·易说卷．

② 程颐．伊川易传．第4册第102页．文渊阁四库全书·易说卷．

③ 苏轼．东坡易传．第5册第18页．文渊阁四库全书·易说卷．

④ 张载．横渠易说．第2册第57页．文渊阁四库全书·易说卷．

其结果必然是受阻而静止，停止其前行的脚步。九二所描述的正是这样的一种情形。所以张载用“体柔”来喻指当下所描述的对象为阴柔体，用“外阴”来形象地表述阴柔体当下的运行状态。

那么，阴柔体在九二时位上的运行状态之自然观情结又是怎样呢？张浚云：“方节之时，上有建中之君，九二以刚在臣位，中而漠然不知应，五以相与有为于节是。”① 张浚首先说是“方节之时”，言明了九二时位上，阴柔体已经刚好完全受到了节制，应当明白其所处的境遇。阴柔体之所以受节制，是因为“上有建中之君”的缘故。而自己仅仅是受人指使、接受命令的臣而已。但其时下还存有刚阳的性征，“以刚在臣位”，好像是已经到了抛物线的顶点一样，尽管有刚阳之性，但“日中则昃，月中则食”，很快就会发生逆转。同时这也说明，阴柔体之所以行程轨迹发生变化并反向运行，其实质上进行的是返回中道的运动，只是其“不知应”而已。朱熹又云：“九二当可行之时，而失刚不正，上无应与，知节而不知通，其象占如此。”② 九二所符示的这个时段里，阴柔体因受制约而前行上进的速度渐次为零，即“失刚”。同时，其已滑出中道，所以“不正”。此外，在其上行的方向上，没有另一个刚阳对其产生吸引，故“上无应与”，只好将自己的处境和运行状态定位为“知节”而不通。可见，宋代易学家眼里的刚柔是用来描述阴阳系统组成的运行状况和力的结构关系的，可用刚柔的变化来提揭阴阳的动力状况。

六三，不节若，则嗟若，无咎。

宋代易学承继魏晋之学并加以极大弘扬。魏王弼云：“若，辞也。”③ 若，就是一种象声词，有哀叹的意思。胡瑗也有同样的论述：“夫若者，语辞也。”④ 这样去分析六三爻辞，即可将之简写为“不节则嗟，无咎”。三为阳位，以阴处阳而乘刚，明示了阴柔体虽自身处静而由于其赶不上刚阳体的运转速度而又相应地产生了背阳而行的相对运动，这样做是很危险的。因为刚阳对其所施行的吸引力在涣六四时位上已达平衡的状态，决定了阴柔体在节时态下的运行必然符合刚阳的运行要求，并与其相合拍才行，否则就会受到强行节制，好像强迫一个人干其不愿意做的事一样，那时就被动了，显示出“嗟若”而哀叹之象。但这种被动受牵制的现象，究其本质，是由阴柔体自身造成的。九二时阴柔体的“不出门庭”而不知通塞的内在原因，决定了六三嗟叹局面的形成，自己所为无所悔怨。杨万里云：“六三以兑悦阴柔之极，而在人上，挟其悦豫充盈之势，极侈汰以自

① 张浚．紫岩易传．第5册第31页．文渊阁四库全书·易说卷．
② 朱熹．周易本义．北京：九州出版社，2004.164.
③ 李道平．周易集解纂疏．北京：中华书局，1994.513.
④ 胡瑗．周易口义．第10册第23页．文渊阁四库全书·易说卷．

奉，而不知节，以至于人恶。”① 物体在运行到拐点上的时候，往往是以零速度彰显于世，所说的兑悦之极，仅仅是其所处的状态而言，像兑时态的情形而已。好像是愚钝的人一样，反应慢而不知进退，人皆怨咎和厌恶，所以说“以至于人恶”。故孔子定位：“不节之嗟，又谁咎也？”不合节制的规约，违反了自然的规律，又能怨咎谁呢？张浚云：“处兑悦之极而不节奈何？悦极忧至，天之道也，可不惧哉？”② 在兑时态格局下，阴柔体与刚阳体的相对运行，构成了处兑悦境地中的自然观法则。兑上六时位上的阴柔体的处境就是这样，承巽而来，柔顺而入于内，刚柔相济，自然之理。节时态六三时位上的阴柔体同样应效法此道，自节于义，合自然规律而动，则可无过。“不然，则凶咎必至，可伤嗟也。故不节若则嗟若。已所招致，无所归咎也。”③

六四，安节，亨。

六三是以阴居阳而乘刚，三为阳位而六为阴柔之才。六三继九二“不出门庭”之凶，与刚阳转动的节奏不合拍，所以呈现出“不节”而“嗟”的状态。但从客观上讲，阴柔体在九二时已受节制而不能继续外出而达临界之状态，自然会在六三时位上出现被动的局面。不过这种被动从根本上说是暂时的，因为阴柔体自身已彰显出其本质属性来。至六四时位上，阴柔体以阴居阴，完全显露出阴柔之性，朗显其与刚阳的相求姿态，并受刚阳的牵引作相应的运动。所以作易圣人系辞曰：“六四，安节，亨。”安节，就是安于受节制以达顺从之功。

程颐对六四时位上的自然观作了明晰的表述，他说：“四顺承九五刚中正之道，是以中正为节也。以阴居阴，安于正也。当位为有节之象。如四之义，非强节之，安于节者也，故能致亨。节以安为善。强守而不安，则不能常，岂能亨也？”④ 至六四时，阴柔体顺应了刚阳体中正平衡之力的牵引和节制，至中正之位时，才能使自身的受力达到平衡状态，所以安于受节制以实现阴阳相交合的通达局面。节就是要使阴阳体系各成分处中得正，“以中正为节”。各成分都能安分，则是节时态所要实现的根本目的，所以说“节以安为善”。阴柔体若承继九二的“不出门庭”，强守其静，则与运转的刚阳体形成相对的反向运动，表现出刚阳之烈性，按“性同行乖”的自然观本质原理，相斥而形成相互间的张力，不可能安，更不可能长久地保持绝对静止的状态不变，所以程颐颇有感触地说：“强守则不安，则不能常，岂能亨也？”

胡瑗以象喻意，将六四之所指给予了更广泛的定位，他指出：“按此爻居上

① 杨万里．诚斋易传．第8册第39页．文渊阁四库全书·易说卷．

② 张浚．紫岩易传．第5册第31页．文渊阁四库全书·易说卷．

③ 程颐．伊川易传．第4册第102页．文渊阁四库全书·易说卷．

④ 程颐．伊川易传．第4册第102页．文渊阁四库全书·易说卷．

卦之下，近九五之尊，而又以阴居阴，履得其正，上承其君，下率其民。”① 胡瑗首先对阴柔体的运动状态给予了精辟描述。阴柔体时下总体上表现出的是以柔顺之德应刚阳之君。胡瑗对阴阳二体的空间位置距离给出了自然观的表述，指出了阴柔体是与刚阳体中的刚阳处于很接近的位置，故曰：“近九五之尊。”同时也应看到，阴柔体既是“以阴居阴”、当位而正，又与刚阳体中的阴柔成分形成和谐的整体，故曰：“履得其正。”其次，值得提出的是，阴阳体系中的阴柔群团，还有个很重要的成分，那就是刚阳体中的阴柔成分。阴柔成分在阴柔体近就相靠的同时，也近靠刚阳，在外来阴柔体和内在刚阳的相互作用下，同样是“以阴居阴，履得其正”，并呈现出“上承其君，下率其民”的安定局面。胡瑗更多地把注意力倾注到刚阳体内在的阴柔成分，他说：“以柔正之道，上以节君之情，制君之欲，防君之邪僻，致君于正，又能宣君之令，布君之德，以去天下人之邪伪，禁天下人之非僻，使天下之人一归于正。”② 胡瑗说得极为精确，非常显明地指出了六四时位上主要针对的对象，应是刚阳体中的阴柔成分。我们知道，在阴阳二体的系统组成中，阴柔成分一直起着制约的作用，发挥着平衡的功能，并且在不同条件下体现出“节君之情，制君之欲，防君之邪僻，致君于正，又能宣君之令，布君之德”等不同的功能来。可以说，至乾以来，在节卦格局中的六四时位上，是彰显得最为充分的。

九五，甘节吉，往有尚。

至节六四时位上，众阴柔（包括阴柔体和刚阳体中的阴柔成分）都已位正而处中，这对于刚阳体中的刚阳性显成分或本质成分来说，无疑是出现了一种众阴柔归附而又能得中的局面，甜美而和谐。程颐云：“九五刚中正，居尊位，为节之主，所谓当位以节，中正以通者也。在已则安，行天下则悦，从节之甘美者也，其吉可知。以此而行，其功大矣，故往则有可嘉尚也。”③ 时下九五的至尊之势，是由于两阴都已达中处正，都在围绕着自己作旋转运动，尽管还会动态流变演化，但时下的状态却使刚阳能处尊得正，故曰“从节之甘美者也”，同时也强调指出，只有刚阳使体系各成分“当位以节，中正以通”，才能安行天下，所以强调“以此而行，其功大矣”，暗含了还有不能守持这种状态的迹象和可能，流射出随时变易以从道的自然观辩证理念。胡瑗云：“圣人通其情，故能达节。常人远其情，故多苟节。夫能通天下之情，不远其理。守大中之节，不失其时。以此而行，则合圣人中正之道。”④ 胡瑗之所以在此提出圣人与常人之分，就是

① 胡瑗．周易口义．第10册第24页．文渊阁四库全书·易说卷．
② 胡瑗．周易口义．第10册第24页．文渊阁四库全书·易说卷．
③ 程颐．伊川易传．第4册第103页．文渊阁四库全书·易说卷．
④ 胡瑗．周易口义．第10册第25页．文渊阁四库全书·易说卷．

要阐明其中的自然观道理来，明示了这种甘美的境象是存在有变数的，要求人们效法圣人以通天下之情，以明天下之理，则“能达节”。所以，孔子从自然观的角度戒之曰：“甘节之吉，居位中也。”意思是说，九五刚阳处尊得正所带来的吉，是因其所居之位达中而已。既已达中，就应节制其不能出中，则正位而立，中正一齐并显，才能亨通畅行。这仅是一种戒示，是对该爻位上出现的局势的一种认同，并不是描述各成分的动态过程。这就为上六爻位自然观的流演奠定了基础。

上六，苦节，贞凶，悔亡。

九五刚而中正，这对于刚阳而言，刚阳性显，阴柔之势依附，呈现出相求而处中得正的境况，但对于阴柔体而言，甚至于刚阳体内在的阴柔成分而言，则虽处中正，却有刚健之性，故程颐曰：“九五刚中正。”客观上，当阴柔体或阴柔成分由外向内运行时，所呈现的是加速运动状态，至九五时尽管处中而得正，仍还是要向内越位而行的，这就是惯性力的作用和影响所致。节九五时态下，众阴柔与刚阳的距离已经是相当接近了，且各方又处于受力平衡状态，无论对于哪一方，其在运转轴线上的波动幅度都已呈现出相当的张力，迫使其返回中道，所以作易圣人系之以“苦节”之辞来象之。这样的状态在客观上无疑是不会持久的，故曰：“贞凶。”若这样的状态不改变，一直持续下去，其行动必然是不合宇宙自然规律的行为，要受到阴阳系统各成分之间所由此而产生的张力的强大反弹，告诫人们，要效法自然，按自然规律办事，“时行则行，时止则止”，不可前行时，就不要勉强，该返回中道时，就不打折扣，这样才能不固执己见，免于凶咎。孔子在对时下受力状态和运行状况的分析时，一言道出了其中的内在本因，他说：“苦节贞凶，其道穷也。”之所以到了穷极的地步，就在于众阴柔出离中道的运行，对于阴柔个体来说已经是非本性之所为了，由于承继前一个状态的运动而产生的惯性力而所致。换句话说，就是动到极至了，走不动了。其本性是要复归于中道，而自身的运行却又不得已而出离中道，最终是要受到张力的推斥而缓返中道，达到当位而正、阴阳相济的状态。

由节九五而自然向上六时态的转移和过渡，是客观而又自然的，但问题在于众阴柔向内收缩近靠的原因，是惯性力而不是阴阳之间由于性而产生的吸引力，所以不是内在的本质，而是自然之理，故曰：“悔亡。”苏轼对此作了自然观层面的话语表达，他说：“易有凶而无咎者，大过之上六、困之九二是也，则未有凶而能悔亡者，亦如人之既死而病愈者也。上六贞凶悔亡者何也？凶者，六三；悔亡者，上六也。六三施苦节于我，出于不得已，则无咎。”① 苏

① 苏轼．东坡易传．第5册第19页．文渊阁四库全书·易说卷．

轼明明白白地阐述了阴柔出离中道而近靠刚阳的真正原因：不在于阴阳之本性，而在于自然之情势。既然不是因为阴阳内在的本性而为，有何怨咎呢？同时这也说明了这种出中道而内行依恋的态势，不但没有怨咎之处，而且能通达这种波动性运作，而使阴柔刚健之性消弱，渐至消失而静处于中道，走向济既的状态。

第六十一卦　中孚卦的阴阳自然观

阴阳系统各成分在节九五、上六时段，实际上已开始处于各自都围绕一个稳定的运行中道而作波动式运行的状态了，各成分紧密靠近，彼此作用力都很显明，稍有脱出，即有张力给以调节。正如节上六爻辞所说的那样，“苦节贞凶”，程颐给其定位：“节既苦而贞固守之，则凶。固守则凶，悔则凶亡。”① 并且程颐又进一步解释道：“悔，损过从中之谓也。节之悔亡，与他卦之悔亡，辞同而义异也。”② 认为众阴柔的出离中道的行为，已与其他卦所提到的“悔亡”有实质性的区别，是受到了相互间张力而极至推斥并使其返回中道的地步。之所以称其情状是“苦节”，就是由于阴柔之势自身已无更大的能力来像其他卦时态下的运行自由度了，而是完全处于被动的状态。整体运行走势，已呈现出刚柔相济的境象来。由此可见，自节上六以来，阴柔体的失中状态是暂时的，它们必然走向自己的运行轨道上来。

《序卦》云：“节而信之，故受之以中孚。”程颐在这里明确地提出了自然观的思维理念，他说：“节者为之制节，使不得过越也。信而后能行，上能信守之，下则信从之，节而信之也。”③ 程颐所说的“制节”，实质上就是一种力的表述，就是对系统组成各成分之间相互作用的受力分析。这言明了节时态下，阴柔体的运行已处于稳固的力的牵制和约束，不能以自由的姿态来游离于更大的空间，而是顺应力的平衡体系，“使不得过越”而产生张力的作用，否则就会达“苦节”的地步，自然地提出了各组成因子应走向自己运行轨道的方法论命题。以信而至诚的理念，彰显自身的内在本性，消去外在的影响和作用，这就又提出了“诚”这个天之道的自然观思想的本质。

中孚这个卦从卦象上即可彰示出自然观的思想来。其卦象六个爻位上，下两个爻和上两个爻，皆为阳刚而充实，中间两个爻为阴为虚，描绘了阴阳平衡的状态，“内外皆实而中虚，为中孚之象”④。从中孚卦的爻象来看，“又二五皆阳，中实，亦为孚义。在二体则中实，在全体则中虚。中虚信之本，中实信之质”⑤。

---

① 程颐．伊川易传．第4册第104页．文渊阁四库全书·易说卷．
② 程颐．伊川易传．第4册第104页．文渊阁四库全书·易说卷．
③ 程颐．伊川易传．第4册第104页．文渊阁四库全书·易说卷．
④ 程颐．伊川易传．第4册第104页．文渊阁四库全书·易说卷．
⑤ 程颐．伊川易传．第4册第104页．文渊阁四库全书·易说卷．

阴阳成道，诚信为本。阴阳体系各成分相斥、相求的不同力的作用合力，必然导致产生各自理想而又稳定的运行秩序，形成内外皆实、阴阳平衡的理想状态。而节上六时态下的运行情状，则是众阴柔向内挤压式行进，并受到张力的反弹而形成“苦节”的局面。众阴柔受节制而返回中道，就成了大势所趋，要形成阴阳成道的境界，就要有中孚的诚信，所以中孚又可解释为诚信、忠诚、专一等。胡瑗云：“圣贤之人，为节之道，必当以信而行之，使久而不变，可以为万世之法。”① 阴柔体及刚阳体内在的阴柔成分，倘若各自都能稳定地处中道而行，当位得正，则可以“久而不变”，进而“可以为万世之法”。之所以在节时态下出现了“苦节”的局面，就是因为诚这个道没有流行。换句话说，就是众阴柔所受的力的效应，没有完全与其各自的行动相吻合，本来是一致的东西，没有达到一致，本来相互间的作用力是决定其运行的本质内容，但还没有达到专一的效果。所以中孚时态下，就是要推动这种运行，展现出相吻合的趋势来，也只有这样，才能“为万世之法”。

豚鱼之辞，言及什么意思呢？胡瑗解释曰：“豚是兽之至微者也，鱼是虫之至隐者也。夫圣贤之人所立正教，必需信于天下，使天下之人皆顺从之。以至至微至隐之物，皆亦被其信……豚鱼，无识之物。”② 指出圣人作易所言及豚鱼，是为了说明在节上六“苦节”局面对事物运动状态的影响作用。程颐云：“豚躁鱼冥，物之难感者也。孚信能感于豚鱼，则无不至矣，所以吉也。”③ 这里所说的豚和鱼，同样是作易圣人借以喻意的象，喻示着阴阳相求感而遂通的力量和作用。程颐将作易圣人所取之象，加以自然观的定位，指出若使豚鱼这种难感应的物得到感应，受到感应力即相互间的作用力的牵动，则可以视之为诚道得以流行。而客观上，众阴柔在受到张力产生的“苦节”局势，必然会使任何处于这种情境下的事物，反弹回中道，说明了即使是“豚鱼”之类的难化之物，也不例外，故孔子曰：“君子以议狱缓死。”孔子所说的不仅是人文方面的意义，更是对自然观内涵的彰显。狱，就是受制约于限定的范围，而死则是不受限制的结果，君子所应效法的态度就是“议狱缓死”。这就告诉我们，中孚时态下系统各成分的相互作用的结果，必然得吉无疑，遣令人们要效法这一自然准则，万不可撞了南墙而不回头，因为那样做，只有得到悔吝而咎由自取其苦果。那么，何为吉呢？胡瑗云：“中孚者，孚信也。信由中出。”④ 孚则信，信则诚，而诚志于道，道本于中，所以众阴柔在至诚信实的作用下返向中道，实则是在阴阳相求、

① 胡瑗．周易口义．第10册第26页．文渊阁四库全书·易说卷．
② 胡瑗．周易口义．第10册第27页．文渊阁四库全书·易说卷．
③ 程颐．伊川易传．第4册第104页．文渊阁四库全书·易说卷．
④ 胡瑗．周易口义．第10册第26页．文渊阁四库全书·易说卷．

同性相斥的合力作用下，无所阻拦，直指当位得正的轨道。孔子所谓的“乘木舟虚”，就是说从表象上考究，船是过江涉河的有效工具。而船有一个特点，就是中虚。在这里，我们借用现代物理学概念来明示其理，这其实就是暗指水中的浮力现象和浮力作用。浮力是向上的，否则就会使船沉没，而这个向上的力却使船能与水相济而相亲比。因为重力的作用始终是一个决定性的因素，所以水中浮力的出现，会使上下作用达到平衡，从而出现相济的局面。对于这种自然规律，孔子早已给予提揭，认为“中孚以利贞，乃应乎天也”，指出这种现象涵存着一种自然规律于其中，用“天”来说明其中所涵存的规律。大川，也是一种象，通常指极险难之地，能够涉足而跨越，就是有能力和有本事，所以用以喻示克服困难的能力之大，一般都与“利涉”相连而并写，称谓“利涉大川”。尽管这说明返回中道的能力和可能性足够大，以至于所向无敌，开物而成物，但同时，这种返回中道的行动方向要恒持不变，直指中道，否则就会重复“苦节”的煎熬，所以要“利贞”。这样一来不难发现中孚卦辞的逻辑内涵，并将其建立在自然观的基础之上，彰显出其中蕴具的科学思想和宇宙自然之理。

对于中孚时态下的自然观力学结构的解读，程颐说得比较到位，他说：“以二体言卦之用也。上巽下说，为上至诚以顺巽于下，下有孚以说从其上，如是其孚乃能化于邦国也。若人不说从，或违拂事理，岂能化天下乎?”[①] 所谓二体之用，就是卦象所内涵的道义理念的流行。程颐进行了动态的把握和解读，认为处上的要顺巽于处下的，即阴柔要顺巽于刚阳，也说明了时下的空间位置结构模型中，阴柔是在上，而刚阳在下，阴柔上行是为了从下，处下的有孚诚之意，用以使阴柔“说从其上”，即阴柔说而服从合力的推动以上行。这就给我们勾画了自然观视野下的动态作用图式。

由此可知，中孚卦时局下，孔子用“乘木舟虚”、“中孚以利贞，乃应乎天也”的自然观理念，为宋代易学家诠解中孚卦的大义奠定了基础和支撑框架。中孚格局下，阴阳二体所形成的体系组成成分因素间相互作用的力的结构和能量的流变情况是承继节卦格局而来，阴柔受节而产生了上行的倾向，就如同船的受力和行进一样，虽上下波动，但不离中道。实质上，它是对节时态动力结构的一种调节和发展。节上六时位上，阴柔体已经受到节制，而必须巽顺而上行以从道，就如同船刚下水时要下沉，但受到浮力后又要浮上一样。时下的自然观思想，其主导理念应该承继节时态下指向中道的本然之态，以各得其正、各得其位为导向，在节上六苦节时态下，通过达中而贞固的有序运作，来保证系统各成分的平稳运行。那么，如何通过对这个系统中阴阳二体、系统整体结构因子、内在组成

① 程颐．伊川易传．第4册第105页．文渊阁四库全书·易说卷．

各成分间有机地进行调整和互动，以达到“信及豚鱼”的结局？这还要从中孚时态下阴阳相互作用的活态运作动力体系的语境结构上去分析和把握。

中孚　↙小过（䷽）
䷼

遁（䷠）→讼（䷅）↗

中孚为四阳二阴卦，本来应从遁来而本于遁，但遁主逃而潜藏，远离刚阳，但中孚自节来，是因为与刚阳体的过分接近而产生张力并受这个力的排拒，且阴阳整体系统各成分都处于相近而受力已达动态平衡状态，并不是要逃，而是要调节。因此，尽管是四阳二阴卦，但其本质也不是遁逃，而是争讼，虞翻曰：“（中孚），讼四之初也。”[①] 所以说中孚应由讼而引起，君子应效法讼道来解决张力产生的问题。遁逃之象，已不合中孚的本意。不过，讼为四阳二阴卦，是由遁来，所以中孚的渊源，还应从遁来深究。遁有“遁尾厉”、“畜臣妾吉”的说法，臣妾为阴柔，刚阳与阴柔的相济而动，尾就是向后，综合起来就是向后而同时要不失掉阴柔，避免出现无阴柔来救、统一体受到破坏的现象。与此同时，还应看到中孚与小过旁通互动，阴阳流变。众阴柔的运行像飞鸟发出叫声的遗音一样，其能量的总量是有限的，而其散失的速度是很快的，已处于不能强化遗音的强度和扩大其传播的范围了。若继续向上扩张和辐射，就会越来越困难，以至于彻底消失。这就从方法论的意义上，给处于中孚状态的各要素提出了行运的本质限制，描绘出众阴柔只能在平衡力的作用下，延着张力的方向返回中道，以当位得正，实现刚柔相济的目的。

初九，虞吉，有他不燕。

阴柔体在节卦格局的上六时位上，已进入虽前行却艰难的困境。这种困难前行的状态，是至微至隐的物体也能有所感的。既有所感，就会停止其前进的足步，就会进入深层的度测，绝不会不假思索地硬性推进。这实际上主要描述了阴柔体在处平衡力作用的前提下而不安分时的张力作用图景。在这种张力的作用下，阴柔体前而不前，退而不退，表现出一副犹豫不决的样子来，这种象好似一个人在十字路口无所适从时在紧张地思虑和考究一样，首先表现出停止不前的状态，并且由于这种停顿而使由节而来的惯性力彻底消失，其结果必然是在张力作用下由静而动地走向当位之所，故曰吉。至于“有他不燕”，也是以象喻意，反映出当时猜度的情状或情貌。程颐认为“燕”是安裕的意思，这与“度”是相一致的。而胡瑗则认为，“燕”是“乐”的意思。不燕，就是不乐，不快乐。阴

① 李道平．周易集解纂疏．北京：中华书局，1994. 515.

阳相求，其本质在于相通而和畅，但不愉悦、不和谐，就达不到目的，所以进退无恒、上下无常之理就在其中涵具而恒存。

程颐进一步在自然观层面上加以解读，他说：“九当中孚之初，故戒在审其所信。虞，度也，度其可信而后从也。虽有至信，苦不得其所，则有悔咎，故虞度而后信则吉也。”① 程颐用人文体现自然观的内在本质，他说初九之初，当度其进退，阴阳相求是为本质，虽然进退皆是相求，这与孔子所作的象辞“志未变也”其意相符，但若进则不能得其当位之所，“则有悔咎”，而只有退而后才能当位有诚信，“后信则吉也”。

九二，鸣鹤在阴，其子和之。我有好爵，吾与尔靡之。

我们承继初九而动态地加以把握，不难发现阴柔体因受张力的作用，又开始反向运行而指向中道。中孚九二时段阴柔体的运行，与以往各卦时局下出现的反向运动有所不同。它是在节时态基础上，基于其受力平衡的情况而进行的变化，只是由于惯性力的驱使，才出中而引起相互间张力的产生和出现。到如今，发生的运动是围绕自己所当之位而进行了自然而然的波动，其进与退都是亲阳的行为，只是为了乐愉而和谐，才进行客观而又合理的退守。因此，作易圣人系辞曰：“鸣鹤在阴，其子和之。我有好爵，吾与尔靡之。”阴而远又幽隐，从表面上看，是说鹤在远处隐蔽的地方鸣叫，其声不能听到，但它的孩子却与众不同，与其相应和，以此来说明阴阳相求之诚，不在于是否远近，进前当然感悟得明显，容易被理解，但退后于隐幽之地，也同样能被感知和体悟。这是象本身所要表达的初浅意义。实际上，作易圣人以此取象，其喻意着眼于阴柔体和刚阳的相求感应力的存在，不能用远近来衡量，以此进一步说明阴柔体退向中道，是不会失去刚柔相济之效的，明示了阴柔体的运行方向和状态，这才是取象所要表达的深刻的道理，提揭了其中蕴存的深刻的自然观本质核心和合理内涵。“我有好爵，吾与尔靡之”一句，也有此意，与上句相似。只是进一步加以强调，从阴阳运行当下状态的结果来审视和定位，指出阴柔体退守中道的运行结果是刚柔相济、当位以正。

宋代易学家们都以此解易路径来对中孚的诚道，给予自然观的还原，如程颐云：“鹤鸣于幽隐之处，不闻也，而其子相应和，中心之愿相通也。好爵我有，而彼亦系慕，说好爵之意同也。有孚于中，物无不应，诚同故也。至诚无远近幽深之间。”② 程颐对九二时位上的自然观本质内涵的解读，彰显了阴阳相求的动力本质和达中处正的参考标尺。远近、内外是有标准的。在各自运行的范围内，存有受力平衡的理想轨道，轨道之下或之内都处于相同的受排斥情状的，轨道之

① 程颐. 伊川易传. 第4册第106页. 文渊阁四库全书·易说卷.

② 程颐. 伊川易传. 第4册第106～107页. 文渊阁四库全书·易说卷.

上或之外都处于相同的受牵引情状的。在同一受力情况下，无所谓远近之别，只有达中才是刚柔相济的目标所在。这里，我们切不可断章取义，认为既然我们所强调和研究的是力的作用，力就与相互作用物的距离存在关联，那么就不可以说与相互间的距离没有关系，甚至认为“至诚无远近幽深之间”是超自然的理念。如果这样，这就是错误的认识。我们说圣人作易取象，是为了彰明当下的运行状态，而不是无限演象，“存言者，非得象者也；存象者，非得意者也。象生于意而存象也，所存者非其象也”（《周易略例·明象》）。王弼早已对象意互相涵摄的理念作了概括，认为取象是为了明意，得意就可以忘象，因为若“存象也，所存者非其象也”。易中六十四卦的卦爻辞，都是为表达象的，进而又深入阐明意的。象实际上就是一种意境或语境，不是绝对真理；意是为表达事物的运行状态的，不是无限衍义。

胡瑗对此加以补充，认为：“夫信出于中，虽天地亦可以充塞，苟无信实，虽无识之物亦不已从。”① 胡瑗以自然观为背景，认为中道就是信，就是诚。只要是指向中道，就可以当位而得正，诚信之实质就在于把握中道。处中得正，就可以达刚柔相济的境界；背离中道，就会产生过咎。可见，向中道的运行和调节，无有远近之别，这就是“过犹不及”的自然观本质内容。过和不及既然相似而等同，处中得正就是唯一的正确，远近又有何妨。如同解答问题一样，正确的答案是确定的，不正确的结果是形形色色的，但只要是错的，其性质就一个样；只要是向善的，必然走向归一，以此来说明阴柔体向中道的运行是对其初九时态的一种逻辑展开，也是对节时态的发展和延续。

六三，得敌，或鼓，或罢，或泣，或歌。

阴柔体在中孚初九时的止而不前以及九二时冲向中道的方向转换，必然导致其在六三时位上背阳而行的运行态势。胡瑗云：“六三以阴居阳，履非其正，小人者也。切近于四，四以阴居阴，君子者也。”② 胡瑗对时下阴柔体运行状态的描绘，勾画了一幅完整的运动图案。六为阴柔，背阳而行，方显刚阳之性（同性相斥，性同行乖），所以用“六三以阴居阳”来象之。同时胡瑗也对其处境作了分析，认为阴柔体由于处于不当之位，“履非其正”，所以才有这样的运行情状。但阴柔体的运行趋势是“切近于四”，指向四这个“以阴居阴”的位置，所以其运行是为了由小人演变为君子、由不当位而变至当位，进而达到当位处中而得正的地步，所以其呈现出当下的运行状态是合自然规律的，这就是六三时位上自然观的本质内容。

我们在明白阴柔体的运行轨迹之后，就可以对作易圣人所系之爻辞加以定位

① 胡瑗．周易口义．第 10 册第 31 页．文渊阁四库全书·易说卷．

② 胡瑗：周易口义．第 10 册第 31 ~ 32 页．文渊阁四库全书·易说卷．

和科学地诠解了。“得敌”，按程颐的解释为“对敌也，谓所交孚者，正应上九是也”①。程颐认为作易圣人所用之辞“得敌”是对阴柔体背阳而行的一种定位，并不是真正成了敌人，而是“交孚者”。它是应上九而动的，即是应刚阳之性求，为了达到更好、更理想的境地而为的。“三四皆以虚中为成孚之主，然所处则异。四得位居正，故亡匹以从上，三不中失正，故得敌以累志。以柔说之质，既有所系，唯所信是从，或鼓张，或罢废，或悲泣，或歌乐，动息忧乐，皆系乎所信也。”② 并认为三与四所言及的内容，皆是“成孚之主”，都是为达到孚诚之境界而必须经过的环节。尽管其“所处各异”，但其过程具有逻辑的联系，是“以累志”而“以柔说之质”与刚阳体相呼应。所谓的“累志”，就是阴阳反背的一种描写和反映，本来阴阳相求，但六三时位上阴柔体以反向背阳的行动求得与刚阳体更好的相济，所以将其本质定位为“柔说之质”，“皆系乎所信”，即为了彰明阴柔体的本性而进行了必要的运行过程，而“或鼓张，或罢废，或悲泣，或歌乐”。胡瑗更进一步对阴柔体时下的运行情状给以了描绘和摹写，他说：“得敌，既敌必战，则或鼓而进，故曰或鼓。然小人虽欲害君子，君子执正道而无所变易，非小人之所能胜，则反自罢敝，故曰或罢。且小人既不克胜，而得罪于君子，则惧其侵夺，故曰或泣。然君子守己薄责，不为区区之行，不与屑屑小人校计，则小人获存而得出于忧惧之地，故曰或歌。”③ 胡瑗通过对阴阳二体之间在当下位置上表现出的动态情状进行形象展示，反映了阴柔体的运行情貌。

六四，月几望，马匹亡，无咎。

首先，我们来看宋代易学家对中孚六四爻辞是如何理解的。程颐云：“四为成孚之主，居近君之位，处得其正而上信之至，当孚之任者也。如月之几望，盛之至也。已望则敌矣，臣而敌君，祸败必至。故以几望为至盛。马匹亡：四与初为正应，匹也。古者驾车用四马，不能备纯色，则两服两骖各一色，又小大必相称，故两马为匹，为对也。”④ 程颐认为四既应初又承五，是不专一的表现。“孚道在一，四既从五，若复下系于初，则不一而害于孚。”⑤ 表明了阴柔体在经过六三的不当位的运行，在六四时位上已达当位的目的，但其当位后却还要背阳而行，彰明与初态“有他不燕”相似的不服从的架势，“复下系于初”，而又呈现阴居阴位的至盛状态，何能敌阳呢？所以说，当阴柔体因不能敌阳而不能继续行进时，即“马匹亡”时，才能无所咎悔。阴阳二体相互对待运行至中孚格局时，

---

① 程颐．伊川易传．第 4 册第 107 页．文渊阁四库全书·易说卷．
② 程颐．伊川易传．第 4 册第 107 页．文渊阁四库全书·易说卷．
③ 胡瑗．周易口义．第 10 册第 32 页．文渊阁四库全书·易说卷．
④ 程颐．伊川易传．第 4 册第 108 页．文渊阁四库全书·易说卷．
⑤ 程颐．伊川易传．第 4 册第 108 页．文渊阁四库全书·易说卷．

阴柔体的运行能量已明显消失，自涣、节至中孚，阴柔体的活动自由空间或弹性已所剩无几，所以作易圣人用“马匹亡”来喻示或警戒其不能再前行了，否则会出现“臣而敌君，祸败必至”的后果。孔子就有针对性地提出了自然观的方法论观点，他说：“绝类上也。”对阴柔体时下的运行态势，给以了明确的定位，指出时下阴柔体与初态时的情况一样，尽管受节制，但还是飘浮不定，不安于现状，还要前行。

胡瑗云：“月者，阴之体。望者，光魄盈满，与日相望之时也。匹，为匹耦，群类也。夫君子守其道德以务远者，大者不与小人计分毫之利害。”① 胡瑗明确指出了六四所涉略的对象为阴柔群体，并描述了阴阳相济的情景。这就涉及刚阳体内在阴柔成分的问题。在阴柔体达中位之时，正是阴阳相济的理想位置，对于刚阳体内阴柔成分来说，应持有不考究的态度，不能因为刚阳体本身为子系统即已有阴阳成分之别的原因，而将阴柔体与其相亲合构成大系统的现实情状置之度外，故曰：“君子守其道德以务远者，大者不与小人计分毫之利害。”胡瑗从系统整体的角度来分析和定位，更具有比照性，更能彰显出系统各成分之间相互作用的力的结构图式。

张浚云：“几望，盖位高而不亢，象臣德之谦也。人臣有至谦之德，则肃钦且正而能尽诚以事其上。马匹亡，匹，两马也。绝者，私类也。私则二，二则不诚。于君若因天下之公，举而用之，而其人果贤也。”② 张浚则认为，阴柔体当位而不亢进，以阴居阴，处中得正，无有乱杂之念，就像不前行时不用配马一样，稳定地守于正道，则不会有所怨咎。对于刚阳体内在的阴柔成分而言，其毕竟是刚阳体的有机组成部分，与其相匹配的刚阳成分一道对外彰显阳刚之用，切不可内存私心，惧怕刚阳有所染指，而丧失天下之公的正理本质。就如同我们平常的生活一样，家里的妻子不能因怕丈夫行为出现问题而拒其与别的女人往来，而自己也不亲近于别的女人。由此说明，阴柔成分对阴柔体当位得正时态下，不产生排斥的力，不会使阴柔体因为自身的原因而出离中道，继续向前而行。

总之，尽管宋代不同的易学家所诠解的内容和阐释角度不尽相同，但其所要描述和反映的却出奇地一致，都是在描绘阴阳系统组成成分的运行状态。

九五，有孚挛如，无咎。

六四已明示了阴阳系统各组成之间的作用情况，指出刚阳对阴柔体的相亲合之势不可改变，阴柔成分与刚阳因子一道对外彰显亲合之性，对阴柔体不产生力的排拒作用。但阴柔体本身前进的步伐，在其受力平衡的前提下，是不会即速停

---

① 胡瑗．周易口义．第10册第33页．文渊阁四库全书·易说卷．

② 张浚．紫岩易传．第5册第36页．文渊阁四库全书·易说卷．

止的，这与我们通常所说的在平衡受力状态下事物要保持其原来的运动状态不变是一样的情形，只是话语表达方式不同而已，只是阴柔体自涣以来至中孚时段其能量消耗严重，运行速度缓慢罢了。

通过对程颐、朱熹、张浚等易学家的话语分析，就可了解这一道理。程颐云："人君之道，当以至诚感通天下，使天下之心信之，固结如拘挛然，则为无咎也。人君之孚，不能使天下固结如是，则亿兆之心，安能保其不离乎?"① 程颐以人君来符示刚阳，以阴柔成分来符示因其至诚感通之臣民，但对于阴柔体而言，"不能使天下固结如是"，也就是说不能使其稳定地围绕自己动转，同时也说明了阴柔体在达中处正之后，不是马上停止其前行的脚步，而是还要继续滑动。朱熹则强调时下刚阳体各成分的平衡境况，认为："九五刚健中正，中孚之实而居尊位，为孚之主者也。下应九二，与之同德。"② 朱熹用"下应九二与之同德"阐明了刚阳体内阴柔和刚阳两种成分同德而对外，且各自的受力已达平衡状态，已是"刚健中正，中孚之实而居尊位"，既居中处尊。阴柔体也应围绕刚阳体作稳定的运行，但阴柔体的运行情况究竟是怎样的呢? 朱熹并没有给以回答。张浚云："天下内外罔不一心，曰：有孚挛如，如是而后惠利，洽于天下。"③ 张浚明示了阴柔群团的不一致性，言及刚阳体内在的阴柔成分与阴柔体的情形是不一样的。但时下刚阳体子系统平衡而稳定，当务之用是求刚阳体的一心而诚，使其与阴柔体达"有孚挛如"的境界。只有这样，才能"洽于天下"。

孔子用"有孚挛如，位正当也"描绘了时下阴阳各方所处之位，正好构成了刚柔相济的空间受力理想结构，也暗示了阴柔体在惯性力作用下的继续滑移是会犯咎的。这就自然地将阴柔体的运行态势推向了中孚上九时位上的"贞凶"时段。

上九，翰音登于天，贞凶。

由九五时阴阳整体系统各成分间的受力结构分析，不难看出阴柔体继续滑行外移的凶咎结局。作易圣人给以"贞凶"的定位，是建立在自然观基础上的逻辑结论。程颐云："翰音者，音飞而实不从。翰音登天，正亦灭矣。阳性上进，风体飞飏。"④ 阴柔体滑行外移尽管力不从心，但这种背阳而动的行为也是自然而然的，是"阳性上进"的具体表现。程颐明确将阴柔体上进的背阳行为，定位为"正亦灭矣"的程度。音虽是从体而发，但一发而不可收，最终要消散而失去其踪影，以此来说明阴柔体的这种上行的行为是没有持恒性的，是

① 程颐．伊川易传．第4册第108页．文渊阁四库全书·易说卷．

② 朱熹．周易本义．北京：九州出版社，2004．168．

③ 张浚．紫岩易传．第5册第37页．文渊阁四库全书·易说卷．

④ 程颐．伊川易传．第4册第109页．文渊阁四库全书·易说卷．

不长久的，最终是一闪即逝的，故曰："贞凶。"张浚用一句话就将阴柔体的运行状况形象地展示出来，他说："巽极，信衰，志在说人而虚文，终不足以欺天下。"[①] 阴柔体巽入而处极至的地步，还要滑移外出，体现其"信衰"之情。它的滑移行动，指向类似于兑状态格局的情形，所以说是"志在说人"，但因受力平衡的实际情况，不可能出现兑时态下的运行局面，所以"终不足以欺天下"。

① 张浚．紫岩易传．第5册第38页．文渊阁四库全书·易说卷．

第六十二卦　小过卦的阴阳自然观

自节以来，阴阳系统各组成因素相互间的作用力已达平衡状态，所以众阴柔之间的变化运行，在总体上都处于围绕各自的中道位置不断地调节状态。刚阳体内的阴柔成分也与其刚阳成分合道而对外彰显阳性，阴柔体完全可以围绕刚阳体作稳定的循环旋转运动。而阴柔体虽于中孚九五时已达中道而“位正当也”，但于中孚上九时位上发生了“翰音登于天”的过中现象。在对此现象的分析过程中，中孚格局的分析已对其作了合宇宙自然之理的客观定位。阴柔体在受力平衡的情况下，要保持其原有的运动状态不变，其出中而行是必然的事。但因其纵向运行能量是自涣而来、因冲撞而获得的不可再生之源，所以经过了节、中孚的格局变更，能量的消耗已所剩无几。这样一来就可以预见其行程，具有极其有限性的特征，即阴柔体的出中之行，不可能出现像巽、兑时态下的那种大幅度的行程跨越，而只能是很微小的。正是建立在这样的自然观基础之上，作易圣人给出了阴阳各组成运动轨迹的描述和勾画。

阴阳二体各自在受力平衡的情况之下，刚阳处中正而得尊，阴柔成分也已与其亲合而成为一体，并对外以刚性而发挥作用，阴柔体由中孚而渐达中道后，自然地向外滑移，也只有这样方能显出阴阳相求之诚信。《序卦》云：“有其信者必行之，故受之以小过。”当下之信，具体表现在阴柔体的受力平衡上，也表现在其外移幅度微弱的状态上，更表现在阴柔体发生微小外移而不情愿的情貌上，即稍微有点过中，“飞鸟遗之音，谓过之不远也”①，故曰小过。程颐云：“人之所信则必行之，行则过也。为卦山上有雷，雷震于高，其声过常，故为小过。”②信，就是诚信，就是阴柔体趋向中道而力求达中处正的意愿。正因为虽受力平衡而有诚信，但却要在平衡状态下直指中道，所以“必行之”，而随之生过，“不宜上宜下，谓宜顺也”。就是说顺着阴柔体的运动态势而行。顺势而行，使其动能得以消散，“顺则大吉，过以就之，盖顺理也。……事固有待过而后能亨者，过之所以能亨也。……过而利于贞，谓与时行也。时当过而过，乃非过也”③。这里面涵存着平衡物体要保持其原有运动状态不变的自然法则，同时也暗示了其只能小过于中，否则就会因其出中而产生张力使其强劲反弹回中道的自然原理。

---

① 程颐．伊川易传．第4册第110页．文渊阁四库全书·易说卷．

② 程颐．伊川易传．第4册第109页．文渊阁四库全书·易说卷．

③ 程颐．伊川易传．第4册第110页．文渊阁四库全书·易说卷．

胡瑗对此回中道而受反弹的自然现象给以象喻，他说：“夫鸟之飞翔，虽不见其迹，然又不可大过而愈上，若愈上而不已，则愈穷而不得其所。”① 把小过的状态与鸟之飞翔相比照，把大地作为鸟之栖宿之地或安稳之地，并以此来符示阴柔体的当位之所，即其平稳运行的中道。程颐把中道称为“常”，过常则不可久，所以又说：“阴居尊位，阳失位而不中，小者过其常也。”② 阴柔体在中孚时段已处尊而得正，但也有刚性而必然失位不中，阴柔又称小，所以说“小者过其常也”。程颐对这种过常行为，给予了客观而又合理的评价，他说：“事有时而当，然有待过而后能亨者，故小过自有亨义。利贞者，过之道利于贞也，不失时宜之谓正。”③ 阴柔体处中正而得尊后，有时是会有刚躁之性的，只有消除其刚躁，才能最后达至亨通的境地，即只有其动能耗尽，方显其静柔之美，所以说“过之道，利于贞也”。

对于过中的指涉对象的定位，程颐云：“阳大阴小。柔得中，二五居中也。阴柔得位，能致小事吉耳，不能济大事也。刚失位而不中，是以不可大事，大事非刚阳之才不能济。”④ 程颐明确地将研究对象，集中在阴柔体的运行环节上。阳为大，阴为小，小过时态下的指涉对象就是阴柔体。其中所谈的刚失位等，都指向阴柔体的背阳行为，并不是指刚阳体。程颐所说“大事非刚阳之才不能济”的意思，就是明确地将刚阳体的稳定运行不列入研究和诠解的范围。孔子作象之义，也在于针对阴柔体而言，“君子以行过乎恭，丧过乎哀，用过乎俭”。“恭”是对自己的一种认真而小心谨慎的高标准要求，若太讲究这种规约限制，就可能缠足不前，所以说稍有过之而行就合小过的本义，以此来喻示小过之所以为小过的表象特征。“丧”和“用”也同“行”一样，是为了表征小过的本义而已。

当然，对小过时态下阴阳各自的运行状态的认识也不尽相同，尽管都是从阴阳相互作用的层面去加以审视，但不同的易学家却有不同的看法。程颐、朱熹、胡瑗、张浚、郑刚中等，基本具有一致的认识，而苏轼却另辟蹊径，提出了不同的观点，他说：“阴自外入，居用事之地，而囚阳于内，谓之小过。小过者，君弱而臣强之世也。小者过而亨，大者失位而否也。”⑤ 从表面上看，苏轼与程、朱等观点不一，一方说阴柔体滑出中道以消阳而处阴，为最终达到刚柔相济的结果，而另一方则说是阴柔自外而来，囚阳于内，阴柔能亨而刚阳否藏。但二者实质上是一样的，只是观察和介入的角度不同而已。就苏轼而言，他所说的阴自外

① 胡瑗．周易口义．第10册第36页．文渊阁四库全书·易说卷．
② 程颐．伊川易传．第4册第110页．文渊阁四库全书·易说卷．
③ 程颐．伊川易传．第4册第110页．文渊阁四库全书·易说卷．
④ 程颐．伊川易传．第4册第110页．文渊阁四库全书·易说卷．
⑤ 苏轼．东坡易传．第5册第23页．文渊阁四库全书·易说卷．

入的情形，从本质上讲也是在谈一种象。因为阴柔体不安于其位呈现背阳而动的姿态，是表现为阳性的。既然是呈现阳性，按“性同行乖”的原则去审视，则外面更大的空间里有阴柔涵存，导致了阴阳相求的局面的出现。实际情况也正是这样，所以从象出发而表现出的情形是：占据优势的阴柔能亨，而相对具有劣势的刚阳就受其囚围而成否不通之状。从本性来考究，当外围阴柔势力很大时，因为阴柔体本身的阴柔之性决定了必然会受同性的排斥而返回中道，这与程朱等的话语意思不谋而合。其实，这都不是问题的关键，只要是建立在自然观的角度去加以分析，那么他们的说法都一样描绘了阴阳二体的同一运动情状。

由此可知，在小过卦时局下，阴阳系统整体结构基本上已处于平稳运行的状态，只是阴柔体在其运行中道附近发生了微小的滑移，脱出中道以达消耗其动能的目的，其结果是为达到亨通而必须顺势而行。可见，小过时局下，阴阳二体相互作用的力的结构和能量的流变情况，实质上是承继中孚格局而来。中孚上九时位上，阴柔体出离中道而有“翰音登于天”之象，到了小过时局，其情形就变成“飞鸟遗之音”的稍微有过的状态。这种微过中道的现象，究其本质而言，是自然而然的现象，其中涵具了平衡力作用下的自然规律和自然法则，并且也注定会出现阴柔体复位而亨通、以达刚柔相济的结果。所以说阴柔体在小过时态下所秉承的自然观思想之本质内涵，也应是以中道为标准牵引并决定阴柔体的动静情状和运行过程。如何对小过时态下系统结构诸成分之间的相互作用和相互关系给以提揭？这还要通过对这个系统中阴阳二体、系统整体结构因子、内在组成各成分间有机地进行调整和互动，从小过时态下阴阳相互作用的活态运作动力体系的语境结构上去分析和把握。

小过　↙中孚（䷼）
䷽

临（䷒）→晋（䷢）↗
观（䷓）↗

从卦变意义上讲，小过是二阳四阴卦，朱熹认为应从临观来，但按汉代易学家虞翻的解释：“临阳未至三，而观四已消也。”① 若从临或观经过两爻互之而变，是不能一步过渡到小过卦的，根据作易圣人所说的“飞鸟遗之音”的飞鸟之象，可以将其本质锁定在晋卦的限定空间内。胡瑗所说的“若愈上而不已，则愈穷而不得其所”，就是将大地作为飞鸟栖宿的场所，阴柔体经过小过之后是要返回地面的，所以取晋卦卦象作为其衍生之源，是有一定道理的。程颐云：“物

① 李道平．周易集解纂疏．北京：中华书局，1994. 521.

无壮而终止之理……晋，进而光明盛大之意也。”[①] 阴柔体的滑移外出，也是其壮行所为，只是时下的壮的程度远不如大壮时局下的强度而已，但这种前行而出中的行为，是为了达到亨通而刚柔相济的目的，所以与晋的本义“进而光明盛大”之意相同，因此，将小过的本源定位在晋，应当是合于情理的。我们在谈及中孚时，已因小过与其旁通而有所触及。那么，时下是小过与中孚的互动流变及明暗相间的状态，体现了小过涵摄中孚、中孚与小过互通的自然观思想。正因为有中孚这样的诚信和专一，才出现了小过这样的状态，否则若没有诚信在中，就会往而不复，阴阳不能相济。这种理念在小过六个不同的爻位时段，都有所体现。

初六，飞鸟以凶。

中孚上九时位上，阴柔体滑出中道而外移，会由此产生相当的张力，迫使其复归中道。程颐云：“初六，阴柔在下，小人之象。又上应于四，四复动体。小人躁易而上有应助，于所当过，必至过甚，况不当过而过乎？其过如飞鸟之迅疾，所以凶也。躁疾如是，所以过之速且远，救止莫及也。”[②] 程颐认为阴在小过初始状态的运行是离开刚阳而动，所以称其为小人。通过对其给以小人的定位，也说明了阴柔体的运行方向和发展趋势是外移而远行。从卦象和爻象上看，初上应于四，四为震动之象，所以阴柔体躁动而出离，滑移向外。“于所当过”，就是说对于其所安止之地来说，已超过了应当安止的位置。在这种情况下，若以飞鸟之势出离，“过之速且远”，到那时使其停止脚步，就太难了。所以，作易圣人以飞鸟取象，以为戒示，告诫人们处小过之初，滑移向外是自然之理，但切不可像飞鸟一样迅疾而远离，否则就一发而不可收拾。孔子为使人们对此状态有一个清楚的了解，作象以明理，提出：“飞鸟以凶，不可如何也。”传为解经之书，孔子的《易传》为我们正确地理解易之经文打开了方便之门。“不可如何也”，就是说不可以像飞鸟一样地招致凶险。苏轼云：“初上者，本末之地也。《春秋传》曰：‘凡师能左右之，曰以飞鸟，见以于翼，欲左而左，欲右而右。’莫如之何也。”[③] 苏轼认为，大小过的初上两爻都很重要，其为本末，覆盖整体，是决定阴阳统一体能否存在的关键。小过时态下，若初态时段，阴柔体不合自然规律而持迅疾飞速地离开中道，就会产生躁动远去而不复反的境况，以此来阐明小过时态下，应以中孚格局作对照，旁通互动，不可妄生躁念。

六二，过其祖，遇其妣，不及其君，遇其臣，无咎。

要弄清六二时位上阴阳各成分的相互对待和运动状况如何，我们只有对六二

---

① 程颐．伊川易传．第3册第30页．文渊阁四库全书·易说卷．

② 程颐．伊川易传．第4册第113页．文渊阁四库全书·易说卷．

③ 苏轼．东坡易传．第5册第24页．文渊阁四库全书·易说卷．

爻辞所反映的字面意思给以理解，方能提揭其内在所涵蕴的自然观思想。胡瑗云："祖，始也；妣，在内也。君，六五也；臣，六二也。夫小过之君子，不可大有所为。但小过而合其宜，欲矫正天下，使一归于中耳。"① 胡瑗对祖和妣的诠解，明示了六二时位上的自然观思想的本质内涵。对于阴柔体来讲，其原始运行状态的形成，取决于刚阳体对其所产生的作用。而刚阳体这个子系统又包含阴柔成分和刚阳成分，其本身就是一个有机统一体。在这个统一体中，与阴柔体相亲比的就是刚阳成分，所以应将阴柔体之所以运行至今的动力源锁定在刚阳成分上，以此为其始祖。有祖便有妣，妣与祖形成了一个统一的整体。胡瑗进一步解释为"在内也"，即指与刚阳成分相匹配的阴柔成分。胡瑗简单的几个字，就将这种力的作用结构反映出来。同时，用祖与妣取象，还有指涉一个不可离而又可亲的故土的意蕴，以此为基础，进一步提出了处小过时的明道知理之人，"不可大有所为"，只能"合其宜"而"矫正天下"，进而使其归于中道。胡瑗把六二时位上的自然观核心内容表达得明明白白、清清楚楚，并认为，当下的状态应当是离开尊君以调节自己，使自身之所为不失臣道的规范，这样就可免于怨咎。程颐也有同样的认识，他说："上进而不陵及于君，适当臣道，则无咎也。"②

九三，弗过防之，从或戕之，凶。

六二呈现出"不可大有所为"的自然状态，说明阴柔体就不可能行得过远。但尽管如此，阴柔体出离外移的情形，已成定势。程颐给以明示："小过，阴过阳失位之时，然在下无所能为，而为阴所忌恶，故有当过者，在过防于小人。若弗过防之，则或从而戕害之矣，如是则凶也。"③ 阴柔体呈现过刚的态势，背刚阳体而出离，失位不中，"然在下无所能为"，刚阳体处下虽对阴柔体具有牵引之力，但也不可使这种情形得以避免，表现出"为阴所忌恶"的象来。九三以刚居刚，显示出刚阳体的阳刚之性对阴柔体表现出的牵制之态，故曰："弗过防之。"刚阳体对阴柔体的吸引力和制约力，就是一种防止其出逃的本质力量，呈现出不能听认其过中之行和防其远离之象。"从或戕之，凶"也是一种象，本来刚阳体对阴柔体就显示出一种制约力，负反馈地说明若没有这种力的作用，则会凶咎即至。

胡瑗对此情形评述得比较到位，他说："小过之时，盖君子行大事，以矫正天下，不使小人得过也。"④ 君子要行大事，成就大业，就不能听任小人任意躁动而行。胡瑗用"矫正"二字，说明了刚阳体对阴柔体的制约和牵引作用，既

---

① 胡瑗．周易口义．第10册第39页．文渊阁四库全书·易说卷．

② 程颐．伊川易传．第4册第114页．文渊阁四库全书·易说卷．

③ 程颐．伊川易传．第4册第114页．文渊阁四库全书·易说卷．

④ 胡瑗．周易口义．第10册第40页．文渊阁四库全书·易说卷．

要防又要制，所以从中提揭了阴阳二体之间的力的作用状况，彰明了其中涵摄的自然观本质内容。

九四，无咎。弗过遇之，往厉必戒，勿用永贞。

客观上讲，阴柔体的出离中道，其最后目的还是落脚于消其自身的阳刚之用而显示其本身柔美的基质上。小过时局的阴阳各方的受力情况已处于平衡状态，只是由诚信之所牵，才表现出必行的动态情状。刚阳体既有强力牵制，阴柔体必不能任意而去，这就是其中涵存的自然观内在的本质所在，所以曰："无咎。"处于小过九四时态下，我们要效法其中的自然观思想，不能有刚过之象，而应与刚阳相遇而和合、进入中道为盼。若不依自然规律办事，往去而行远，则有"厉"而"必戒"。孔子叹曰："往厉必戒，终不可长也。"阴柔体于九四以阴处阳，其阳气必尽，怎么能长久下去呢！并且作易圣人对阴柔体的这种滑行动能的不可再生性给以了明确的反映，拟之以"勿用永贞"来形容。意思是说，阴柔体的这种背阳而行的能量，是没有多大作用的，因为它不是本质的东西，时下真正起作用的是因出离中道而失衡所产生的张力，这种张力使阴柔体必然最终反归中道，到那时就可以与刚阳体相济而长处久存。

程颐云："四当小过之时，以刚处柔，刚不过也，是以无咎。既弗过，则合其宜矣，故云遇之，谓得其道也。若往则有危，必当戒惧也。往，去柔而以刚进也。勿用永贞，阳性坚刚，故戒以随宜，不可固守也。"① 程颐实际上对阴柔体的滑移外出给出了"往则有危，必当戒惧"的定论，描绘出阴柔体艰难行进的运动轨迹。胡瑗、朱熹等也持同样的观点。

六五，密云不雨，自我西郊，公弋取彼在穴。

孔子对"密云不雨"作了象解，认为是"已上也"。孔子所说的"已上"，是说阴柔体由出离中道、背阳而行，到小过六五时，已到了相当的程度，实质上是对阴柔体自出离中道后的运行过程，提出了逻辑上的环节联系。既然在初六时就不能有飞鸟之势，说明其前行的能量不是足够大，所以其行进过程必然有"已上"而该止的结局。我们结合"自我西郊"来综合理解，就可明了其中所要描述的运动状态。胡瑗云："夫雨者，阳气上升而阴能固止之，则相蒸薄而为雨。今阳艮止于下，不升而交于阴，则阴气虽强盛于上，而无阳以通，是以不能为雨，而云从密结于西郊也。西郊为阴之正位也。"② 胡瑗基本上将阴阳相对运行情况作了比较到位的描述。阴柔体上升明显，再不应该也不可能前行了，那么它的刚阳之用也就应该了结了，此时其所处的位置，是最能体现其特征和本性的处所，是其正位之所在，所以用"西郊"加以象之，否则就出离正位而有亢极之

---

① 程颐．伊川易传．第4册第114～115页．文渊阁四库全书·易说卷．

② 胡瑗．周易口义．第10册第41～42页．文渊阁四库全书·易说卷．

嫌。但此时，阳气即刚阳体承继中孚时态而已达运行平衡的状态，不可能上而交阴，即不可能“相蒸薄而为雨”。作易圣人以此来反映和彰显阴阳二体的相对运动状态，同时也用“公弋取彼在穴”来描述阴阳二体的相互之间力的作用过程。程颐云：“弋，射取之也。射止是射，弋有取义。穴，山中之空，中虚乃空也，在穴在六二也。五当位，故云公，谓公上也。同类相取，虽得之，两阴岂能济大事乎?”① 阴柔体处于正位虽强显阴性而未能处静，但由于其出离中道而产生的张力的作用，会自然地被强行拉回中道，好像是飞鸟被容易射杀而必然返回地面一样，并且“穴，山中之空，中虚乃空也”，明示了阴柔体所当之位，还未充实其体，“中虚乃空”，返回充实则成了必然，也不违反其受力平衡的内在规约。由此可见，无论是作易圣人，还是易学大家，都是以言辞来绘制象境的，又通过象的描述来折射其中所蕴具的自然观本质。

上六，弗遇过之，飞鸟离之，凶，是谓灾眚。

孔子在六五时说“已上也”，而在上六时说“已亢也”。阴柔体在六五时，因为自然运行至六五时，已处正位而应反于中道，来充实这个理想的位置。但既已上升就会有一个转折的过渡过程，这就是临界点时的情形。阴柔体一旦到达这个极点，就不会再升了，为了效法这种自然法则，作易圣人拟之以“弗遇过之，飞鸟离之”而有“凶”及“灾眚”的祸咎。

程颐云：“六阴而动体，处过之极，不与理遇，动皆过之，其违理过常，如飞鸟之迅速，所以凶也。离，过之远也。灾者，天殃。眚者，人为。既过之极，岂唯人眚？天灾亦至，其凶可知，天理人事皆然也。”② 六五是“已上”，但没有停止，所以上六是“六阴而动体”。由此可知，阴柔体已达“处过之极”，“过之远也”，会使其因失中而产生的张力达到最大化，其前行的主观意愿受到极大的制约，彰显出与天道相违而受到惩罚的象来，所以说“是谓灾眚”。

胡瑗云：“上六一爻，过而不已，不知所止，是亢极之甚而无所遇也。若鸟之高翔，不知所止上而愈无所适，以至于穷极而离于凶祸不能反于下，以图其所安。”③ 阴柔体在小过之时，应以适当之过而处置，时下却是反其常态，不知所止而上行不已，到了穷极而无所适的地步。这就与阴柔体中孚时态的诚信本意大相悖背，不知其所安之地。胡瑗用这样的解说，是基于上六处震动体而言的，是对阴柔体上行程度的诫示，是基于自然规律或自然法则之上的自然观思想，是为了折射阴柔体必然返下的实际运行情状。

---

① 程颐．伊川易传．第4册第115页．文渊阁四库全书·易说卷．

② 程颐．伊川易传．第4册第116页．文渊阁四库全书·易说卷．

③ 胡瑗．周易口义．第10册第42页．文渊阁四库全书·易说卷．

第六十三卦　既济卦的阴阳自然观

阴阳系统整体中各组成成分，在经过乾坤屯等六十二卦的动态流变之后，自涣时态格局始至小过上六时位止，已在空间结构和受力情况上达到稳定而平衡，在各自的运行位置上自然地进行调整，以达处中得正的理想状态，并形成且转换为既济格局。刚阳体中的刚阳性显成分，对围绕其运转的众阴柔进行能量的供给和关系的联结中处于当位而得正处尊的境界，“既济之时，大者既已亨矣”①；刚阳体内在的阴柔成分，在对刚阳亲合的同时，对阴柔体有节制作用，使得阴阳系统在整体结构上趋于合理；阴柔体的受力已达平衡状态，并且围绕其当位得中的轨道不断进行着波动和调节，至小过上六时位，呈现出“已亢”极而必复返的运行态势，至既济时，“小者尚有亨也”②，虽未亨通，但趋向得中相济之势。阴柔体既有尚亨之势，必然会得吉无疑，所以系辞为“初吉”。既吉，则阴阳必定相济，正如孔子所说的“刚柔正而位当”，理所恒持，所以系辞为“利贞”。程颐云：“时既济矣，固宜贞固以守之，卦才刚柔正当其位，当位者其常也，乃正固之义，利于如是之贞也。”③ 既然当位能常，理应正固守常，所以说利于贞正恒持于中道。而在阴柔体出中返归的过程中，阴柔体因受张力的作用，其纵向运行速度呈现出加速的态势，尽管其自小过状态而来，在小过时的出中幅度不大，纵向运行力量弱化至极，但毕竟还是有力的作用而使其运行速度上扬，至中道后必然生变而挤压刚阳体，进而使系统整体结构面临挑战，所以系辞为“终乱”。这些基本的情况，构成了阴阳二体在既济时态上自然观的支柱框架和前提基础。

《序卦》云：“有过物者必济，故受之以既济。”所谓的过物，就是过常之物。这个常，就是中孚和小过格局下阴柔体所当之位和得中处正之位。因为只有处中得正，才能消除相互间的张力，才能平稳地运行，也才是恒常之道，否则就会有过错。之所以称其为过，就是因为知常而有诚信。孔子在《论语》中云：“过则勿惮改。”过是相对于常而言的。在小过上六时段，若将阴柔体“象其形容、拟其物议”（《系辞》），给以符示为人，则该人必然会感受到刚阳体对其强大的牵引和节制，不能再继续前行，而应迷途知返，回落中道。这种

---

① 程颐．伊川易传．第4册第117页．文渊阁四库全书·易说卷．

② 程颐．伊川易传．第4册第117页．文渊阁四库全书·易说卷．

③ 程颐．伊川易传．第4册第117页．文渊阁四库全书·易说卷．

趋势，不以任何人的意志为转移。阴柔体在小过时段的过中越常幅度不大，所以其返归中道、当位处中后再向外滑移的力量就弱化至最小。因此，《序卦》中才有过物必济的结论。当然，按六十四卦的排序看，在既济之后还有未济时态格局的出现，这就说明我们的祖先在作易时，对自然界的变化现象及内在法则的把握还是相当深刻的，也说明在平衡力的作用下，物体要保持原有的运动状态不变的规律是恒存的，否则就不会有未济卦时局的出现。这一学说是作易圣人在所系之卦辞中所说的“初吉终乱”的自然观思想之所在。所以，我们只能将阴柔体时下的纵向运动定位为向外滑移力量弱化至极，不能说其消失殆尽。

胡瑗云：“圣贤君子能过行其事，以矫天下之失，使天下生灵皆济于治，无所不通。此既济所以次小过也。”[①] 明示了小过时局下阴柔体过中而出离中道，是为了“以矫天下之失”。若不过行其事，则不合规律，则不能自然行事，也无所谓矫正天下，对于阴柔体的运行来说，也不可能使其安于中道。只有先使其出中而滑移一个过程，才能消散其纵向运行的动能，最终返回中道，稳定地恒存于中道，达到阴阳相济、以济达治的理想境界。所以从这个意义上讲，小过与既济又是时序相衔的，具有一定的逻辑联系。

由此可知，由小过至既济，刚阳体中阴阳各成分已处于亨通的状态，而阴阳系统整体结构也基本上已处于平稳运行的状态。阴柔体在小过上六时位上所呈现出的不可继续前行而停步欲返的自然情形，决定了由小过向既济格局的形成和转换。在既济格局的形成中，阴柔体因由小过状态的微小失衡而产生的张力会使其返向中道，当位以正，所以初态运行合于亨通之理。但这种达中守常的目的，由于存在有张力的作用，还会冲出中道而挤压刚阳体，进而破坏平衡秩序，形成乱而无治的现象。这说明阴柔体向中道运行的结果，是不可能安稳而恒治的，只能在动态下实现一种平衡和稳定，是存在很大的变数的，这也是易的“唯变所适”的本质源头。当然，究其本质而言，这也是宇宙自然界存在的一种普遍现象，涵具了平衡力作用下的自然规律和自然法则，所以说阴柔体在既济时态下所秉承的自然观思想的核心内容，也应是以中道为标准牵引并决定阴柔体的动静情状和运行过程。那么，如何对既济时态下阴柔体运行过程中出现的情况给以自然观视野下的运作和认知？这还要通过对这个系统中阴阳二体、系统整体结构因子、内在组成各成分间进行有机调整和互动，从既济时态下阴阳相互作用的活态运作动力体系的语境结构上去分析和把握。

---

① 胡瑗．周易口义．第10册第43页．文渊阁四库全书·易说卷．

既济　↙未济（䷿）
䷾

泰（䷊）↗

我们说既济的受力图示结构如何呢？程颐云："阴阳各得正位，所以为既济也。"① 阴阳各得正位，就是阴阳各方都在受力上达至平衡。同时也应看到，既济格局是一个动态的相对运行过程，其中心内容就是指向中道，其主要指涉对象就是阴柔体，因为刚阳体经过涣、节时局的变更，在中孚时已处于平衡态。也应看到，阴阳相互作用而构成了时态格局的变化和流演。时下主要是由于阴柔体的运行而产生了格局的不断转换。在既济格局中，阴阳本质上基于卦变的角度看，因为既济为三阳三阴卦，所以应从泰来而本于泰。阴柔体在小过上六时位上已呈现出向中道运行的趋势和发展路向。从其受力上讲，已达平衡状态，只是由于其位置的变动而产生了一些张力，并在这种张力的作用下必然地走向中道，以达当位得正处中的境界。小过就是阴阳不相济的情形，也正因有平衡力的作用却又不相济，才出现了在平衡力作用下的必然相济的过程和结果，所以既济与未济是相通互融、相得益彰的。胡瑗云："夫既济由未济而来。"② 由未济到既济，再由既济到未济，其本身就是一对辩证的概念和范畴，是一种哲学理性的提升和展现。所以孔子戒之曰："君子以思患而预防之。"明示了处既济状态下，安而久乱是宇宙自然之理。胡瑗云："夫民生于忧勤而死于安乐。天下久治则人苟其安，万物易隋，祸患不警。故持盈守成之道，当以至兢至慎，然后可以久济。苟止于逸乐，不自省惧，以为终安，乱斯至矣。"③ 胡瑗在此提出了处安治状态下的持恒理念和自然法则，告诫人们要居安而思危，孔子亦曰："惧以终始，其要无咎，此易之道也。"（《系辞》）在既济时态下，彰显了易学的自然观本质和哲学理性。

初九，曳其轮，濡其尾，无咎。

小过各个时位上阴柔体偏移中道的滑行，都表现出与刚阳体不能相济而通的运行境况，尤其是在小过上六时位，呈现出不能以"飞鸟离之"而致凶的戒示。阴柔体时下完全置于平衡力的作用，但由于其运行状态的原因，客观上必然会在其运动惯性力的作用下出中偏移而产生张力，并被这种自然而然产生的张力牵引，使其不能或无法再继续前行。正因为如此情形的出现，阴柔体"弗过"而"遇之"，若象"飞鸟"而"离之"，必致凶险而无疑。那么，刚阳体对阴柔体产生的吸引力作用会表现出怎样的情形呢？作易圣人在既济初爻阶段象之曰："曳

---

① 程颐．伊川易传．第4册第117页．文渊阁四库全书·易说卷．
② 胡瑗．周易口义．第10册第46页．文渊阁四库全书·易说卷．
③ 胡瑗．周易口义．第10册第45页．文渊阁四库全书·易说卷．

其轮，濡其尾，无咎。”这并不是说真的有人摇曳车的轮子，竭力地摆动尾部，尽力使车前行，而是以此取象，以象其形容，拟其物宜，通过象征的手法，通晓其中涵摄的自然观内在本质，从而对阴阳二体的相对运动状态加以反映和彰示。

胡瑗云：“初九居一卦之始，是天下之未济、险难之未平也。圣贤处此之时、当此之责，则焦劳思虑，经营心志，欲济天下之患难，使至于安平。是以不顾险难之在前，冲冒而往，欲行之速，故至于摇曳其轮，濡润其尾，其心无他。”① 既济时局之初始状态，阳居阳位，有应而情通，虽在初时而却相求而动，客观上对既济的由来根源即小过上六时阴阳二体相互之间的牵引和制约关系作了形象的描绘。阴柔体上行无望，而又以阴居极，阴阳未济，已到了与刚阳体相求而相向而动的地步了。对于刚阳体而言，虽在既济初时，却因阴柔体在小过时的出中滑移而朗显其性，故曰：“初九居一卦之始，是天下之未济、险难之未平也。”胡瑗又以圣人的取象折射到人事的类象上，通过人事的动态境象，彰明了刚阳体时下对阴柔体的强力牵引状态。可见，所谓的“曳其轮，濡其尾，无咎”，并不是就象而论象，相反，它是以象喻意，体现了王弼在《周易略例·明象》中所说的“象存于意，故可寻象以观意”自然观思想。孔子更是评价得到位和合理，“曳其轮，义无咎也”。这个义，就是内涵的自然观思想，就是宇宙自然之理和自然法则。也就是说，孔子已经把“曳其轮”这个象，定位于描述和反映宇宙自然原理的高度，为宋代易学家们解易理路的形成提供了崭新的思维方式和理路模式。

而程颐却从另一个角度给以诠解，他说：“初以阳居下，上应于四，又火体，其进之志锐也。然时既济矣，进不已则及于悔咎，故曳其轮，濡其尾，乃得无咎。轮所以行，倒曳之使不进也。兽之涉水，必揭其尾，濡其尾则不能济。方既济之处，能止其进，乃得无咎，不知已则至于咎也。”② 从表面上来看，程颐和胡瑗的看法是截然不同的。胡瑗是主进而劳心思虑，且“欲济天下之患难，使至于安平”；而程颐却主静，认为曳之为曳，是“倒曳之使不进也”，尾的平衡功能也同样不能使其发挥作用而济水。实际上，这两种观点是奇特的相似和不谋而合的。胡瑗是从阴阳体系的刚阳体运行角度来明示的，是以刚阳体为对象加以阐明的，而程颐却是从体系中阴柔体的角度给以彰显的。程颐承继小过上六时位上阴柔体不能以“飞鸟离之”而致凶的客观实际和自然状态，进一步将其引申到既济时局下作为既济之始，使阴柔体停止前行而返回中道，即是胡瑗所说的“使至于安平”的境界状态。究其实质来说，刚阳体对于阴柔体而言，是拉曳使其方向倒反，而阴柔体对于刚阳体的牵引作用力而言，是巽顺其力的作用以改变阴阳

① 胡瑗．周易口义．第10册第46页．文渊阁四库全书·易说卷．

② 程颐．伊川易传．第4册第118页．文渊阁四库全书·易说卷．

不济的状态，道理都是一样的，没有相冲突的地方。

六二，妇丧其茀，勿逐，七日得。

既然初九时位上，刚阳体对阴柔体牵引之力朗显，同时阴柔体也于小过上六时位上即行停止其前行的步伐，那么阴阳相求而动、相向而行的运动过程就此而开始，自然而然地使阴柔体返向中道，重归稳定地围绕刚阳运转的轨道。故作易圣人系辞描述曰："妇丧其茀，勿逐，七日得。"

为了深究其中涵蕴的自然观思想的内在本质，我们先对既济六二爻辞给以由表及里的解剖和分析。茀，就是已嫁妇女出门行礼等所要遵循的一些规范礼仪和风俗习惯。对于妇女来讲，出门时在穿着打扮上不可太露骨，需要用首饰进行掩饰，这与我们现代妇女的行为有极大的差别，所以不容易被人理解。这只是时代不同和与时偕行的内在规律作用的结果，并不能表征对与不对的道理。作易圣人以时代流行的习惯为背景，为了使人们更好地理解其中的义理内涵而仅仅作出的取象而已，并无他意，更没有歧视妇女和对妇女行动加以规范性的节制和要求。程颐云："茀，妇人出门以自蔽者也。丧其茀，则不可行矣。二不为五之求用，则不得行，如妇人之丧茀也。"① 明确地将其解读为"不可行"，也指出了不可行的内在原因是由阴阳相互之间力的决定作用所致，进一步说明阴柔体是因为自己不与刚阳相济而不能前行时，才表现出必须返回中道与刚阳相济的态势来。正因为这种态势是自然而然的，所以才系以"勿逐"之辞来表明当下的运行情状，"自守不失，则七日当复得也"②。这种通过"不可行"而至"勿逐"即可使其返归的过程，实际上是对阴柔体循环运动的又一次重复性展示。在复时态下，有"反复其道，七日来复，复见天地之心乎"的自然观内容，作易圣人以七日来作为循环运动的重复转换周期，其实质是以这种重复转换的周期性过程来提揭阴柔体时下的行动路径和运动规律。同时，程颐进一步对阴柔体的处境及运行情况进行描绘，"中正之道，虽不为时所用，然无终不行之理，故丧茀七日当复得，谓自守其中，异时必行也。不失其中，则正矣"③。程颐在这里非常明白地将阴柔体的运行情状作了展示，阴柔体虽有"中正之道"，但时下却并无所用，并未处于中道，然而，时下阴柔体有向中道行进的趋势，欲求中而不失中，果如此"则正矣"。胡瑗亦云："按初爻则天下之未甚济，至二则险阻已平，治道已成，万事莫不尽济。"④ 从既济的演化发展过程，对六二时位阴阳相互作用，给以自然观层面的分析和诠解。

---

① 程颐．伊川易传．第4册第119页．文渊阁四库全书·易说卷．

② 程颐．伊川易传．第4册第119页．文渊阁四库全书·易说卷．

③ 程颐．伊川易传．第4册第120页．文渊阁四库全书·易说卷．

④ 胡瑗．周易口义．第10册第47页．文渊阁四库全书·易说卷．

九三，高宗伐鬼方，三年克之，小人勿用。

从自然观的角度去加以分析和解读，不难发现阴柔体开始作回归返中的运行是加速而行的。刚阳体通过性求而动对其产生了牵引力的作用，同时阴柔体在既济六二时位上已将其运行锁定在复返中道的方向上来，这样就会使阴柔体的受力情况出现向一方即返归中道的方向上发生严重偏执的现象，使其纵向运行速度愈益增大。这样的运行发展，其结果必然要由执中而达处中，再由处中而出中，形成对刚阳体的挤压之势，重新形成新的张力局面。作易圣人对这种必然的局面加以辩证地否定，建立在自然观基础之上，应将阴柔体返归中道的过程分段定位，其向中而行的执中运动用君子给以定位，而再次出中的行为则用小人来定位。面对这种情况，作易圣人提出了三个方法论的命题，即九三爻辞中的三句话："高宗伐鬼方"；"三年克之"；"小人勿用"。

高宗是商代的一名贤王，在危乱、衰运、废绝的危难之际，能使商渡过难关，其才能之贤足以威服天下。尽管如此，还有鬼方即"幽远不省之人"[①] 存在。对于高宗这样的贤人来讲，尚有不可征服之地，何况他人呢？一方面，这说明了阴柔体这种不可更改的运行状态；另一方面，也负反馈地提出了对刚阳体行动规则的要求。刚阳体所要符示的是君王和有道德之人，明道则通理，而道是阴阳之所相济，"一阴一阳之谓道"（《系辞》），暗含着刚阳体内在阴阳两种成分要相济而当，共同发挥相反、相辅而又相成的作用，以应对阴柔体的这种发展走势。由此可见，作易圣人用"高宗伐鬼方"之辞所要表达和告诉人们的，不仅是刚阳体内在成分间力的作用的发挥，而且是一种方法论的展示和推行。

既然像高宗之人，对待征服鬼方之事，都要"三年克之"才行，那就相当于提出了阴阳相济的速度不要太快。但如何去实现不快的理想目标呢，这就需要刚阳体整体对外而彰显的阳刚之性不可太强烈。也就是说，阴柔成分对阴柔体的排拒力，要相应地发挥关键性作用。胡瑗云："九三处下卦之上，当离明之极，离为日，日之过中，明则衰矣。"[②] 卦爻之位象，以特殊的语言符示系统和符号定位系统，来对卦时态下阴阳相互作用及各自运行状态所涵存的自然观内容加以彰显。九三以阳居阳，又在离体，是太阳放大光明的极限时刻。但这同时也说明如日中天之后，必致衰败之地。所以要想办法使刚阳体的性显程度得以缓和，不至于过极，不能刚明一片，而应暗含微露。这样阴阳二体之间的作用力就不至于太强烈，相应地使阴柔体受到产生其加速度的因素得以遏制，情况就会随之大变，以达到"唯变所适"、以从道的"生生之谓易"的理想境界。

尽管如此，阴柔体哪怕是有一点微小之力的作用而使其前行，都是会产生加

---

① 胡瑗．周易口义．第10册第48页．文渊阁四库全书·易说卷．

② 胡瑗．周易口义．第10册第48页．文渊阁四库全书·易说卷．

速度的，即其纵向运行的速度渐趋增大的态势是不容改变的。这就说明，阴柔体在返回中道后，是不安于平静的，会继续位移而滑行，以至对刚阳体产生挤压作用，只是其作用力的大小随情况的变化而作相应的调整而已。这就提出了一个问题：对这种情况的出现应持什么样的态度呢？作易圣人已明确地提出了自然观的处置理念，表述为四个字，即“小人勿用”。阴阳相济是成道的必然走势和必经之过程，但阴阳不相济就会使体系有机结构受到破坏，就会使阴阳反目成雠。因此，只有对其产生排拒的张力，迫使其在中道附近进行波动性运动，最终节制其在中道上当位而处中、平稳地运行。

六四，繻有衣袽，终日戒。

经过九三时段治乱持危的运作之后，阴柔体向中道行进的足步就自然地放慢，其惯性力就会由之而消弱，一旦遇有张力的出现就可作出即速反应，使其恒持固守于中道而不悖。但万事万物都处在不断地变化之中，就像美丽的衣服一样，使用的时间一长，就自然而然地变旧而破损。“繻”，就是盛美华丽的衣服。“袽”，则是指衣服破损变旧。“有”与“又”同义而相通用，阐明了一个发展过程，其实质上是对衣服由新而美、向旧而破的必然发展过程的描述和反映。同时也说明，要使盛美的衣服延缓其变旧破损的进程，就必须持“终日戒”用、小心矜持的态度，否则就会由相济而转成未济，甚至相悖。

胡瑗云：“夫九三当衰乱之后，复能以刚明之道起中兴之治，此六四当已治之时，当其教化之流行，仁义之洽浃，无所不济之时也。若人君不得持盈守成而逸豫怠惰则倾覆之患复至矣。”① 处六四时态下的刚阳体已通过教化而有仁义之德，使其子系统内在的阴阳达相济之势，且对外不以持盈守成而逸豫怠惰。而时下的阴柔体在刚阳体的牵引力发生调整的情况下，也处于“无所不济之时”。孔子用“有所疑也”来对阴阳各方的运行状态给以象意互动，使阴阳之间牵引力的调节情境得以彰明。从表面上看，这是拿人说事，将阴柔体的向中运动比拟为人有所疑虑时的行动姿势一样，既前行又不快速，进而说明相互之间的志诚之力微弱而隐晦，这样就可以使速度放慢而减弱因运动产生的惯性力的负面影响。

宋代不同的易学家对既济六四爻辞的解读虽各有别，但其意相近。例如，程颐就这样认为：“四在济卦而水体，故取舟为义。四近君之位，当其任者也。当既济之时，以防患虑变为急。繻当作濡，谓渗漏也。舟有罅漏，则塞以衣袽。有衣袽以备濡漏，又终日戒惧不怠，虑患当如是也。不言吉，方免于患也。既济之时，免患则足矣，岂复有加也。”② 程颐将既济之时的自然观，锁定在防患虑变这个层面上，与孔子所说的“君子以思患而豫防之”内涵相一致，也与胡瑗所

① 胡瑗．周易口义．第10册第49页．文渊阁四库全书·易说卷．

② 程颐．伊川易传．第4册第121页．文渊阁四库全书·易说卷．

说的“若人君不得持盈守成而逸豫怠惰，则倾覆之患复至矣”相类似。只是对“繻”和“袽”的取象和本义作了不同形式的诠解，但其最后所要阐明的中心内容和核心思想是完全一致的，所以我们在理解不同易学家的自然观的过程中要以自然观内涵为主导轴线，就会综采各家之言，明晰自然之理，进而对作易圣人的卦爻辞所要反映和表达的思想在自然观的基础之上给予彰显。

九五，东邻杀牛，不如西邻之禴祭，实受其福。

处既济之时的自然观核心理念是防患虑变、“思患而豫防之”。在这种理念的指导下，刚阳体从既济九三至六四时，对其内在各成分的作用已作了相应的调整，目的是彰显其防患功能，在客观上是因为刚阳体中的刚阳因子有求阴之意，即因为众阴柔出中外移而产生的张力对众阴柔发生了牵引作用，从而表现为刚阳对众阴的吸引倾向。而刚阳的这种吸引作用，首先表现在对刚阳体中阴柔成分的作用上，使阴柔成分近靠向中，并相应地使其活性增强，围绕其转动的活力得以强化，像屏蔽物一样使阴柔体受到的牵引力随之而得以弱化，以增强防患虑变之功效。

作易圣人用“东邻杀牛，不如西邻之禴祭”作爻辞，目的在于反映阴阳相互作用、动态流变的自然观思想本质。胡瑗对此解释说：“东邻、西邻，取文王与纣之事也。纣居东都，故言东邻；文王居岐山，故言西邻。纣，君也；文王，臣也。何以东西言之？盖纣继世有天下，而暴虐无道，邦国凌迟。所存者，位号也。文王身虽为臣而功德被泽于天下。”① 由六四观之，阴柔体已诚意充盈而怕不入于中道，还“有所疑也”。而刚阳体自身作为子系统，其内在阴阳成分近于相济而动的地步，自我满足，诚意充实于内，而对外刚阳性显薄弱，所以“东邻杀牛”以盛祭而显诚意于内。这种内在平衡而不顾及外在平衡的做法，甚至达到连阴柔体缓慢前行的姿态都没有的程度，同时这也是对六四时位上阴柔体前行而又“有所疑也”的逻辑关联性表征。程颐云：“盛不如薄者，时不同也。”② 以祭祀显诚意来作喻，用纣的盛大祭祀活动与文王的薄祭作对照，来说明君不如臣之诚的流行幅度大，进一步想以此为引申基础，来阐明刚阳体处济极的状态，“五处济极，无所进也”③。孔子所说的“实受其福”，是说“以诚实受福也”④，强调了既济时态下阴阳之间的相求动态演变基质，应立足于阴阳相求的诚的基础之上，不能处极而丧失掉这个根本。只有在这个基质上，才能进行方法论的转换和应用，万不可舍本而逐末，没有主次之分。

---

① 胡瑗．周易口义．第10册第49～50页．文渊阁四库全书·易说卷．
② 程颐．伊川易传．第4册第121页．文渊阁四库全书·易说卷．
③ 程颐．伊川易传．第4册第121页．文渊阁四库全书·易说卷．
④ 胡瑗．周易口义．第10册第50页．文渊阁四库全书·易说卷．

上六，濡其首，厉。

实际上，自涣至节，阴阳整体系统各组成之间的力已达至平衡状态，众阴柔的在中孚及小过状态下的出中行为只是滑移而已，不会产生大的位间距离。当既济之时，众阴柔返归中道，以达刚柔相济之功效，必然地近靠刚阳而行。这样一来，在平衡受力不变的前提下，即阴柔成分围绕刚阳作旋转运动的向心力不变的情况下，阴柔成分的运转半径因近靠而减小，那么运转速度必然增大，从而使阴柔体不但不能与刚阳亲合，而且会受到阴柔成分的排拒，故曰："濡其首。"首，就是处于前且上方的位置，濡，就是遇涉水之险。综合起来看，"濡其首"是一种对遇险之象的话语表达方式，即阴柔体受到刚阳体前沿成分的排拒力的作用。这种现象不仅会使刚阳体子系统达到相济而处极的地步，而且会使阴柔体停止前行甚至反向运行，不能相济而不相求，所以曰："厉。"

程颐云："既济之极，固不安而危也，又阴柔处之，而在险体之上。坎为水，济亦取水义，故言其穷至于濡首，危可知也。"① 阴柔体既已受到刚阳体中阴柔成分的排拒，"阴柔处之，而在险体之止"，所以其运行已到了"既济之极"，到了相济之末端状态，暗示其继续如此运行下去，即可招致反弹之灾，因此，从本性上讲是处于危厉之境地，故程颐用"固不安而危"来形容。胡瑗云："物盛则衰，治极则乱，理之常也。上六处既济之终，位在一卦之外，以柔乘刚，居物之上，其道穷极至于衰乱也。"② 胡瑗之语，哲理深邃。时下言物之盛，实际上是对刚阳体中刚阳的活性和刚健之性的盛旺之势给以提揭。刚阳越旺，阴柔成分越因相求之力，而相亲程度越大，位间距越小，运转速度越大，阻隔阴柔体前来亲比刚阳的力度越大。阴柔体只能在靠近刚阳的过程中，受到来自阴柔成分的排拒作用越强，而至不能与刚阳相交合，"处既济之终"，"以柔乘刚"，必致衰乱而由既极走向未济。孔子对于此现象表现出自然观的思想定位："何可久也。"就如同涣时态下阴柔体冲撞刚阳体的情形一样，会迅速离散而致于未济。

---

① 程颐．伊川易传．第4册第122页．文渊阁四库全书·易说卷．

② 胡瑗．周易口义．第10册第50～51页．文渊阁四库全书·易说卷．

第六十四卦　未济卦的阴阳自然观

阴阳相互作用至未济格局时，已经历行了63个时态的变化。对于众阴柔来说，已经是逼近了各自的运行中道，可以当位而处中得正了。通过对前面六十三卦时局的分析，我们会很自然地明白这一道理。阴阳二体及系统诸成分的相互对待的运动关系和受力作用，在涣时已处于一个质的变化态，到节及中孚时，众阴柔的受力平衡状态已经形成，并在小过时态开始了围绕着各自的中道位置不断地进行调节和波动的运行过程，直至既济九五济极的地步。

在既济上六时位上，阴柔体运行至中道后，受到了刚阳体内在阴柔成分对刚阳的掩蔽作用，而改变了其前行亲合刚阳的运行路线，由既济六四的"有所疑也"，经过九五的"实受其福"而至"理无极而终不反也"的前行实践，直至上六时位的"濡其道"遇"厉"而返至中道，不与刚阳相济，至于未济格局，从而彰显了阴阳相互作用的自然观本质。

所谓未济，并不是众阴柔与刚阳不相作用，也不是众阴柔不围绕刚阳运转，而是在纵向垂直方向上处于位间距恒定不变的状态，表现出阴阳不相亲热的情状。胡瑗以人文理念对未济加以定义，他说："未济者，是天下法度败坏，教化不兴，故曰未济。"① 对于君与臣民的关系而言，他们之间相互维系的纽带就是法度和教化。当法度无用武之地、教化无所作用时，刚阳与阴柔的关系就处于未济状态，从中折射出未济格局中所涵摄的自然观思想，应当是各自为阵，具有相对的独立性，才是未济的情形和本质。这与咸卦时局"憧憧往来，朋从尔思"的情况有所不同，而是各自都有相对稳定的运行轨道，能量的流通相对持恒而守常。正如《序卦》所云："物不可穷也，故受之以未济终焉。"物极而穷则变，既然既济上六已达极至，那就只有不相济而恒持其位最为自然。好像不发生关系的男女各自有其自己的生活方式一样，虽不同但能和谐相处。阴阳二体各自都已达平衡稳定的运行状态，相处和谐而有秩序，"受之以未济终焉"。这就是未济之所以能使物不穷而又处终不变的自然观本质。其他任何卦，都没有能善终的说法，独有未济而言终，是因为只有未济时局下，才有阴阳当位处中、运行稳定的自然状态出现。所以作易圣人用"小狐"取象，提出"濡其尾，无攸利"的命题，用以明示阴柔体不能涉险前行而只能当位以处的情景。程颐云："未济之时，

---

① 胡瑗．周易口义．第10册第51页．文渊阁四库全书·易说卷．

有亨之理，而卦才复有致亨之道，唯在慎处。狐能度水，濡尾则不能济，其老者多疑畏，故履冰而听，惧其陷也，小者则未能畏慎，故勇于济。汔当为仡，壮通之状。小狐果于济，则濡其尾而不能济也。"① 虽处未济，但"有亨之理"，只是"惟在慎处"，即众阴柔通过受力的作用而运行至当位之地，就是将位给以填实，则能亨通而行，无所干扰。但这需要一个过程，就是阴柔体感受到阴柔成分对刚阳的遮蔽作用之后，自然不能相济而待在自己的位置上，从而当位而得正又处中。胡瑗对此作了精辟的分析："今（未济）六五能以柔顺之质，履大中之位，委任九二刚明之臣，与之同心竭力，共济天下之事，所以获其亨通也。"② 描绘了阴阳系统结构的相对运行状态，指出六五之君的本质作用因素为刚阳体中的阴柔成分，正因为它的作用而使阴阳整体系统中各成分当位以正，所以说其"履大中之位"。这样就使阴柔体与其共同在各自的位置上围绕刚阳而转动，"与之同心竭力"，以达"共济天下之事"的目的，之所以说其能亨通，就是在其济身于天下而又能同心竭力、刚明处中。孔子对此早已作出了自然观思想层面的分析和结论。孔子曰："未济亨，柔得中也。""小狐汔济，未出中也。""虽不当位，刚柔应也。"孔子所提出的"柔得中也"、"未出中也"、"刚柔应也"等，都是在说明未济时态下，阴阳二体各成分皆行运于各自的中道位置，运行不已，同时而又相处和谐而不悖逆。可见，作易圣人所说的"无攸利"，并不是对未济时态本身的评说，而是对出中、涉险的戒示。

但同时也要看到阴阳生万物的自然现象和客观本质。阴阳各自位当而和谐相处，必然地会生成万物。"精气为物，游魂为变"（《系辞》），稳定运行就是精气之本质内涵，就像《乾文言》所说的"大哉乾元，刚健中正，纯粹精也"。这个"精"的理念，与"至纯"有着不可分割的因果关系。阴阳各自运行不变其道的运作本身就是精而纯正，就会"精气为物"，也就会阴阳成物。"夫易何为也？夫易开物成务，冒天下之道如斯而已者也。"（《系辞》）程颐云："未济则未穷也，未穷则有生生之义。为卦离上坎下，火在水上，不相为用，故为未济。"③ 程颐对未济的内在本质给以自然观层面的剖析和解读。他认为未济并不是穷极不相作用，相反是"未穷也"。这个"未穷"本身，能铸成易的灵魂，"生生之谓易"（《系辞》），即"未穷则有生生之义"。但这个生是一个形象的展示和陈述，即未济的卦象所明示的那样："为卦离上坎下，火在水上，不相为用，故为未济。"突出了未济时态之阴阳，如同水火一样，由于其位置的关系，"不相为用"而已，但其本身已生成万物。万物已成，天下已定，何能有为？所以苏轼云：

---

① 程颐．伊川易传．第4册第123页．文渊阁四库全书·易说卷．
② 胡瑗．周易口义．第10册第52~53页．文渊阁四库全书·易说卷．
③ 程颐．伊川易传．第4册第122页．文渊阁四库全书·易说卷．

“未济阳皆乘阴，上下之分定，未可以有为也。”① 这就与否卦的情形相类似，否者天上地下，位置已明，就成否象而不能行通了，也像我们的人事任免一样，文件一发则成定局而不可更改，这就是对“不相为用”的形象表达。

可是如何由既济时局的相济，经过既济九五的济之极，再到既济上六的卦局之极，而至于未济的“不相为用”状态的呢？这其中包含了一个非常复杂的运动过程。首先肯定的是，自节以来，众阴柔的运行是在平衡力的作用下，由其本身的运动状态产生了张力的驱使，进而形成节以后的格局，这是未济时态下的前提条件和基础定位。在既济时局下，阴阳系统整体结构基本上已处于平稳运行的状态，为了达到防患而思虑的效果，刚阳体这个子系统本身进行了相济而求的局面，以至阴柔体受到阴柔成分的阻隔而与刚阳不相交合，才成为未济之状。那么，如何对未济时态下系统结构诸成分之间的相互作用和相互关系给以提揭？这还要通过对这个系统中阴阳二体、系统整体结构因子、内在组成各成分间有机地进行调整和互动，从既济时态下阴阳相互作用的活态运作动力体系的语境结构上去分析和把握。

未济　↙既济（䷾）

䷿

否（䷋）↗

未济与既济旁通互动，并承继既济时的格局而来，由既济的处极状态自然地过渡到未济时局。苏轼云：“君子见其大者、远者，小人见其小者、近者。初六、六三，小人也，见水之涸以为可济也，是谓小狐汔济也。而九二君子也，以为不可曳轮而不进，则小狐安能独济哉！”② 从表象上看，苏轼以未济卦下体之坎水为涸，将其解释为浅水，所以能济，这是小狐的所为而已。胡瑗以商纣为小人、以文王为君子作喻，和苏轼异曲同工，一方面提揭了刚阳时下对阴柔成分的亲近而疏远了阴柔体的近靠，同时也说明文王所符示的阴柔体，“以为不可曳轮而不进”，处于中道。君子处于中道，“见其大者，远者”；小人处于自我安慰的相济之态，“见其小者、近者”，则“上下之分定，未可以有为也”。所以未济本于否。我们如何本于否态而处置未济情状，这就应从未济的六个时位上具体地给以把握和分析。

初六，濡其尾，吝。

胡瑗云：“（未济）此卦自既济上六而来，明天下之事。既济之后，治平已

① 苏轼．东坡易传．第5册第31页．文渊阁四库全书·易说卷．
② 苏轼．东坡易传．第5册第31～32页．文渊阁四库全书·易说卷．

久，人心怠忽，持安而不思危。……反既济而为未济也。”[1] 由既济上六阴柔体的运行状态可知，已成为“濡其首”而有“厉”即有危险的情况产生了。原因很简单，阴柔体“持安不思危”的情况会随着时间的推移而自然地使其自身的阴性（即静柔性）增强，这样就会使阴阳之间力的作用自然地发生变化。胡瑗对此评论道：“盖言既济之后，在上者不能持盈守成以至穷极而无所通济，故以此次于既济也。”[2] 胡瑗所说“在上者”，言及阴阳二体系统结构中的阴柔体，而并不是通常以人事解易中的君王及符示君王的刚阳。阴柔体的近亲刚阳是其本性的彰示，所谓的盈，就是其阴性显示的程度太大了，已经达到临界状态。出此状态或近此状态，就是达穷极之地的情形，也就是要由极而生变化的情形，就会由阴而变阳。这个阴阳之变的实质，不是阴柔体瞬间由女变男了，而是指其所显现出的象或运动状态是显阳性的，即不是亲阳的，会因阴柔体的亲近而受到刚阳体中阴柔成分的排拒。据阴阳相互作用的自然原理可知，同性相斥，不亲阳就是阳。而造成这种情境，有自身的内在因素，也有刚阳体这个子系统本身运行结构的客观状况引发而致。一方面，阴阳相互作用至既济时，由于阴柔体围绕刚阳体运行已基本平稳，以至于其出中之力量已经微弱，不能像丰时态那样有相当的张力可以拉动它冲撞刚阳体，相反，它已经显示出对刚阳接近很敏感的地步，所以当其“濡其道”时，就有“厉”的感觉，何况是进一步纵深推进呢！所以其只好选择返向中道而后撤，作一个一百八十度的大转弯，由首变成尾，掉头返道，故言其为“濡其尾”；另一方面，刚阳体自身由于阴柔成分的靠近而使阴柔成分的运行半径缩小，在向心力不变的前提下，阴柔成分的运动速度加大，对刚阳的遮蔽效应增强，且彰显出对阴柔体近逼刚阳行为的抵制和排拒，而使阴柔体掉头回撤，反向而行，也会使阴柔体的运行出现首尾换位及运行转向的情形，所以言其为“濡其尾”。

程颐对阴柔体在未济初态下的情状作了这样的描述：“六以阴柔在下，处险而应四。处险则不安其居，有应则志行于上。然已既阴柔，而四非中正之才，不能援之以济也。”[3] 程颐所说的“六以阴柔在下”的阴柔是指刚阳体中的阴柔，“处险而应四”的主体则是阴柔体。就是说，阴柔体下行不可，是因为有刚阳体中的阴柔成分在下已起到了排斥自己的作用，故曰“处险”。既处于险厉之地，当然“不安其（所）居”，不能对现在的位置有长居的打算，只能返上而与四应，四为九四，是说阴体显阳性，表明了阴柔体时下已显示刚阳之性（背阳而行就是同性相斥的象），也就是说它处于离开刚阳而向与其背反的方向运行。通过

① 胡瑗．周易口义．第10册第51页．文渊阁四库全书·易说卷．
② 胡瑗．周易口义．第10册第51页．文渊阁四库全书·易说卷．
③ 程颐．伊川易传．第4册第124页．文渊阁四库全书·易说卷．

爻象的相应而不相得的卦才之义，反映出了其处初时位上的动态境况，所以说“四非中正之才，不能援之以济也”，一旦反向就不能马上停止其脚步，因为自己的应与之地非中正之位。胡瑗云：“小狐汔济，濡其尾，言力不能济，反自取其害，诚可鄙吝也。”① 既济时态下阴阳相交而相求之动是通达之象，而时下承继既济上六而来，相济已处极而要生变之时，主要是阴柔体“力不能济”所为，致使阴阳相求之诚道不能推行，所以说“吝”。这个“吝”，就是表明阴阳相互作用关系和运行状态的，本质上并无人文的意韵，只是因为三才一体的自然原理而重新赋予其新的人文内涵而已，用以表达薄才不能在未济时达求安之效果。朱熹也有同样的看法，他说：“以阴居下，当未济之时初，未能自进。”② 苏轼站在另一个角度来展示阴阳之间的运行状态和相互作用情景，他对未济初六时位的自然观概括说：“水火相射，极乃致用，故济必待其极。汔济非其极也。”③ 水流而生气，蒸而上行，火曰炎上，达致用的目的。若没有极至的状态出现，火的本质就不能展示，而未济初六的处极情形，正为阴柔体返回中道、成物生息，迈出了第一步，故言之为“济必待其极”《象·未济》。而“汔济”向下亲阳，是一种非达极至的象，而不是当位得正而生演万物的象，所以尽管由濡首而变成濡尾，但毕竟是有濡浸入下的嫌疑，所以认为其失时节而吝道方生，不能这样去行事。故孔子象之曰：“亦不知其极也。”既表明了阴柔体运行的必然方向，同时又对时下的状态附加上人文的意蕴，以通过人事之理彰明自然观的内在精神。

九二，曳其轮，贞吉。

既然阴柔体的运行方向返上而使其自身置于回撤其中道的退缩阶段，那么从方向上来讲，这就是一种“极乃致用”的济世表现。因为阴柔体达中后不但自己的运行稳定在自身的运行轨道上，而且能使阴阳系统整体各部分的受力和运行均达平衡状态，所以作易圣人用“贞吉”来形容和肯定。这里的“贞”是成为“吉”的前提条件，若没有贞固而持恒的决心和表现，就不会退至中道，也就不会使阴阳二体各得其位、各居其所，就不会达到相济以生息万物的目的。同时，这个“贞”字也说明了阴柔体的退返行动和运行是需要一个过程的，不是经过未济九二一个阶段就能完成，所以要贞持。当然这样做也说明了未济六个爻位，展示了阴阳相互作用的六个不同的作用形式和运动状态，卦爻之象和宇宙自然界万事万物的运行规律是相吻合的。通过这六个时区的不同表现，来反映整个未济时局的流转变化过程。

至于“曳其轮”的本义是什么，胡瑗明确地对此解释道：“曳其轮，尽力而

① 胡瑗．周易口义．第10册第54页．文渊阁四库全书·易说卷．

② 朱熹．周易本义．北京：九州出版社，2004. 175.

③ 苏轼．东坡易传．第5册第32页．文渊阁四库全书·易说卷．

退固，无咎也。”[①] 从字面意思来讲这个“曳其轮”就是拉着车轮以滚动而行，这个行是有方向性的，即有向前还是向后两种情形，为什么宋代易学家们都认为这是指退缩而后撤，不是向前行进呢？在既济时局中初九爻位上的运行状态，作易圣人也有“曳其轮”一辞，然则程颐、胡瑗、郑刚中等多数易学家都将其解释为前进，如程颐云：“初以阳居下，上应于四，又火体，其进之志锐也。”[②] 胡瑗更是讲得明白，他说：“既济由未济而来，初九居一卦之始，是天下之未济而险难之未平也。圣贤处此之时，当此之责，则焦劳思虑，经营心志，欲济天下之患难，使至于安平，是以不顾险难之在前，冲冒而往欲行之速，故至于摇曳其轮，濡润其尾，其心无他。”[③] 他们都认为这个“曳其轮”是在鼓志而前行。这样一来，同样是“曳其轮”，而在既济和未济两个不同的时局中就有了完全相反的意思和解释内容。可见，宋代易学家解易的目的，不是将卦爻之象加以无尽演绎和胡乱比附，而是根据圣人作易仰观俯察而得到的宇宙自然之道，站在自然观的思想方法上去加以整理和诠解，目的是描绘阴阳相互作用在不同时局中产生的不同的运动状况。当然朱熹有自己独到的看法，他认为：“（既济初九）轮在下，尾在后，初之象也。曳轮则车不行，濡尾则狐不济。既济之初，谨戒如是，无咎之道。”[④] 朱熹将既济与未济初爻爻辞中的“曳其轮”等同看待，认为其都表示不前进的意思，粗看好像朱熹与其他易学家的认识不一致，但仔细分析却极其相近。此时朱熹以“车不前”来表示其谨诫之意，实际上是不轻易进，更不是退，从其对既济六二时段的描述中就可以看出，他还是指前进的，他说：“二以文明中正之德，上应九五刚阳中正之君，宜得行其志。”[⑤] 这里的“宜得行其志”，就是强调了还是要前进以得志的意思。而未济九二时的“曳其轮”是为了调整自己，以正其身。沈该云：“曳其轮，不避险也；贞吉，位不当也。体刚之德，居险之中，上应于五，为尊所任，果于济难，不避艰险，是以曳其轮也。”[⑥] 沈该明确地认为，因为阴柔体的位置不合适宜，所以要“曳其轮”以使其当位而正，为此目的可以“不避险”而“果于济难”，所以才云“贞吉”。同样是处于二爻，沈该却说其“不当位”，对于阴阳二体的表现和本质，加以体与性的区分，有体刚与性刚之别。可见，宋代易学已不将卦爻之象看成是解易的唯一途径，而是围绕阴阳二体的运动状态，更多地强调物象和事象。

当下境况下的阴柔体同样要“曳其轮”而退返中道，为的是“欲泰天下之

---

① 胡瑗．周易口义．第10册第55页．文渊阁四库全书·易说卷．
② 程颐．伊川易传．第4册第118页．文渊阁四库全书·易说卷．
③ 胡瑗．周易口义．第10册第46页．文渊阁四库全书·易说卷．
④ 朱熹．周易本义．北京：九州出版社，2004. 172.
⑤ 朱熹．周易本义．北京：九州出版社，2004. 173.
⑥ 沈该．易小传．第6册第53页．文渊阁四库全书·易说卷．

否，解天下之蹇”，当仁不让而显刚阳之性，行背离刚阳体的运动，因为“非刚明才德之君子，未知其可也”①。对于阴柔体时下的所作所为，定之以君子之事功，并对其前途作了展望性的评述：“今九二以刚明之才德，居大中之位，虽未出于坎险，然所应在五，五又以柔顺之道，信任于已，与己同心戮力，往拯天下危，经纶当世之治。”② 尽管有险难存在，但五位正是自己的中道之所在，出了坎险就会太平。程颐云：“在他卦，九居二为居柔得中，无过刚之义也。于未济，圣人深取卦象以为戒，明事上恭顺之道。……于九二则戒其恭顺，尽臣道之正，尽上下之道也。”③ 同样是九居二中正之位，而随着卦时局的不同，有不同的解释和内涵，不能单考虑卦爻之象而定其分寸，明确地以自然之理义为诠解之准绳和标尺，将卦爻之内在义理本质牢牢地锁定在阴阳相互作用的运行状态上来。在这里，阴柔体虽阴柔而动也刚，向背离刚阳体的方向退向其应居的位置去，“尽臣道之正”，从而使阴阳二体各得其位，方显“恭顺”阴柔之德。所以孔子拟未济九二的象辞曰：“九二贞吉，中以行正也。”也说明了阴柔体以刚居柔，必欲行动而有所指向，这个指向是为了正其位、安其身、定其志、尽其道。

六三，未济，征凶，利涉大川。

阴柔体初位而由既济上六的“濡其首”转至“濡其尾”，只是发生了方向上的转换，九二时开始反向运行。但阴柔体在未济时局下的运行能力，很明显要弱得多。这是因为阴阳相互作用至涣、节时态，已使阴阳系统各成分的受力趋向于平衡态，这样就会使它们各自的偏离轨道的能力极大地弱化，更何况其经过一系列的过程消耗而行运至未济时局呢！所以作易圣人言其为“未济”而“征凶”，正恰合时下的实际情况。胡瑗云：“六三以阴居阳，又在坎险之极，是不正懦弱之人也。以不正懦弱之人，身在坎险而欲拯天下之患难，济天下之未济，如之何其可乎！”④ 胡瑗首先描述了该爻位所言及的对象及其运行趋势，“六三以阴居阳”，认为阴柔体已背刚阳体而运动，但由于刚阳之阳性与其阴性之间存在着吸引关系和力的作用，并且这种作用随着二者距离的缩小而增大，呈反比关系。尽管其所受平衡力的作用占主导地位，但其因偏离中道而产生的张力也要起一定的作用，所以阴柔体虽有反弹而退向中道的意欲，但却力不从心，实为“不正懦弱之人”，正如程颐所说：“未济征凶，谓居险无出险之用……阴柔不中正，无济险之才也”⑤，且又在“坎险之极”，即受牵引而阻其回缩的力在未济时态的整个

① 胡瑗．周易口义．第10册第54页．文渊阁四库全书·易说卷．
② 胡瑗．周易口义．第10册第54~55页．文渊阁四库全书·易说卷．
③ 程颐．伊川易传．第4册第125页．文渊阁四库全书·易说卷．
④ 胡瑗．周易口义．第10册第55页．文渊阁四库全书·易说卷．
⑤ 程颐．伊川易传．第4册第126页．文渊阁四库全书·易说卷．

过程中处于最大化状态，也就是说单凭自身的力量是不够的，需要阴阳系统整体结构上的相应运动来推动。胡瑗接下来就对此进行了自然观层面的分析，他说："六三下近九二刚明中正之人，上比九四兴衰拨乱之臣，处二四之间而能依附之，则可以获安而不致溺身于险难，故曰利涉大川。"① 为了便于理解，先看沈该在《易小传》中的解释："二有阳刚中正之德，可以济难，而已以同体与之相比。"② 二为阴柔，其德阳刚，足可见其所指就是刚阳体中的阴柔成分。这个阴柔成分可以济难而又与已性质相同，这个已就是阴柔体。然后再看胡瑗的解释就较好理解了。胡瑗这里所说的"九二刚明中正之人"，就是刚阳体中的阴柔成分，其实在阴柔体"濡其尾"时，阴柔成分也在复近中道，这其中就包含力的动态平衡的内在作用。因为阴柔体的上行返退，是由阴柔成分的抗拒和排斥引起的，这个排拒作用不只是同性相斥的原因，更主要是阴柔成分因素的运动也在欲得中而上行着，推动着阴柔体反向运行，使其阴居阴位、当位得正，即"上比九四兴衰拨乱之臣"。所以这种复合作用可以使其占据克服困难的有利方面，故曰："利涉大川。"苏轼说得好，他说："未济，非不济也，有所待之辞也。"③ 孔子对此情形出现的原因作了说明，认为"未济征凶"的根本原因是"位不当也"，明示了阴柔体应复位得正才可，不能打乱平衡态和平衡的受力状态而使相互间的张力得以膨胀，也戒示着阴柔体复归中道后就不可再波动和滑行了。

九四，贞吉，悔亡。震用伐鬼方，三年有赏于大国。

九四爻辞所描述和反映的运动状态与六三时位的自然观思想，有着明显的逻辑关系。六三指阴柔体虽懦弱而待行，但由于符示刚阳体中阴柔成分的九二，具有刚阳中正之德而使其利于"涉大川"。到九四时位上时，孔子曰："贞吉悔亡，志行也。"自然地出现了转机，可以如愿而返退指向其正位。但问题在于怎样动，是大动还是小动或是微动。作易圣人在此对两种情形作了比较，一是"震用伐鬼方"，即大动来行征服之功，而"鬼方之伐，贞之至也"④，动来达志，在未济时态下是艰难的，要像对"鬼方之伐"一样，贞固恒持方可，不可急功近利；一是"三年"之动，三为虚数，指多的意思，就是说慢慢地动或微动。很明显，第一不可能大动，其次也不能大动。因为承继六三而来的阴柔体本身是懦弱不正之人，焉能大动。同时，若大动其所为，在平衡力的作用下，会再度失去运行的稳定状态，重返涣节以来几个时局的波动性和不安的境况，不能达到各自稳定运行的目的，所以说大动是为了有所突破，"古之人用力之甚者，伐鬼方也，故以

① 胡瑗．周易口义．第10册第55页．文渊阁四库全书·易说卷．
② 沈该．易小传．第6册第54页．文渊阁四库全书·易说卷．
③ 苏轼．东坡易传．第5册第32页．文渊阁四库全书·易说卷．
④ 程颐．伊川易传．第4册第127页．文渊阁四库全书·易说卷．

为义"①。当然这里的"震"也有动力的来源和作用情结的内涵蕴存其中。沈该云:"震用伐鬼方,济其未也。"② 震之阳刚之气在于下,所以阴柔体在六三时所待之力就源于它下方的九二。时下阴柔体应缓慢地行动,使其初速度变小,在与运行方向相反的张力作用下做减速运行,以至达到中道后纵向运行结束,而稳定地围绕刚阳体作横向循环运动,故曰:"三年有赏于大国。"

程颐诠解了阴柔体合理的正常运作行为,他说:"力勤而远伐,至于三年,然后成功而行大国之赏,必如是乃能济也。济天下之道,当贞固如是。"③ 阴柔体缓慢地运行,不在乎路程的遥远和时间的漫长,这样做是为了成功地复归中道,与刚阳体各得其位,行能济而成物的功效,自然是一种令人赞赏的做法。苏轼站在另一个角度对九四时位上的自然观给以阐扬,他说:"九四有震主之威,苟不用于鬼方,则无所行其志矣。震主者,悔也,贞于主而用于敌,所以悔亡也。"④ 苏轼立足于九二所符示的刚阳体中的阴柔成分,认为阴柔成分产生了对阴柔体的推斥力而使阴柔体上行返退,若其不产生对阴柔体的推力的作用,即"苟不用于鬼方",则其与刚阳相亲合的态势就会因外来阴柔物的掺杂而丧失,即"无所行其志矣"。时下的阴柔体至既济而形成了对阴柔成分的挤压,本来就有悔了,当此之时,"贞于主而用于敌",所以就可以达悔亡之效,也可以理解为刚阳君子为了免受阴柔体的消阳行为,而使阴柔成分行"贞于主"之事,推斥其所敌之阴柔体退缩返上而至于其位。

六五,贞吉,无悔,君子之光,有孚,吉。

六即为阴柔,众阴柔(阴柔成分和阴柔体)承继九四时态,经过一系列的过程而到达中道,运行平稳且受力平衡,这对于刚阳体中的刚阳而言,无疑是充实而得正不消的情状,正如苏轼所说:"光出于形之表,而不以力用,君子之广大者也。下有九二其应也,旁有九四、上九其邻也,险难未平,三者皆刚,莫能相用,将求用于我之不暇,非谋我者也。"⑤ 孔子又象之曰:"君子之光,其晖吉也。"何为光和大呢?光就是光美,"充实之谓美,充实而有光辉,谓之大"(《中庸》)。有光且美,既有人气而又处和谐,物相杂而不相害,当然就美而光彩。时下众阴柔都在各自的轨道上平稳地运行,纵向上不产生上下的波动,无张力的产生,各自为阵,"莫能相用",而"非谋我者",即既无有亲合之意,又不显阴阳相求之性,体现出了一幅秩序井然的美好图案。所以作易圣人连用两个

---

① 程颐. 伊川易传. 第4册第126~127页. 文渊阁四库全书·易说卷.
② 沈该. 易小传. 第6册第54页. 文渊阁四库全书·易说卷.
③ 程颐. 伊川易传. 第4册第127页. 文渊阁四库全书·易说卷.
④ 苏轼. 东坡易传. 第5册第33页. 文渊阁四库全书·易说卷.
⑤ 苏轼. 东坡易传. 第5册第33页. 文渊阁四库全书·易说卷.

“吉”来形容，并且虽“莫能相用”，但阴阳相随而“有孚”，用程颐的话说，就是“君子积充而光盛，至于有晖，善之至也，故重云吉”①。

胡瑗对六五时位上阴阳体系各成分组成因子的运行及其相互关系作了定位，他认为刚阳体中刚阳，“以柔顺之质，委任九二光明之臣，与之共治天下”。九二符示着刚阳体中阴柔成分和刚阳成分一起成为刚阳体对外共同发挥作用。胡瑗又说：“以柔顺文明之道，所行得中，且下应九二光明之臣，与之同心戮力，兴利除害，致天下于既济，是君子光显之德也。”② 刚阳体中二成分，发挥着相反相成的作用，共同作用于阴柔体，以“同心戮力，兴利除害”，同时也使阴柔体复返中道而不至于消其阳刚之气，而达既济相交成物的状态和目的。

上九，有孚于饮酒，无咎。濡其首，有孚失是。

六五时段的众阴柔已步入各自的运行轨道，不偏不倚，“至于上九则纲纪已振，教化已洽，法令已备，故已可以无为而治，不劳聪明委信于臣，而饮食宴乐以相和悦”③。如果说六五是步入中道，上九则是在中道上正常运行，看似相同，却是两个过程。二者各自在自己的运行轨道上，围绕刚阳运转不已，使易的流行达到开物成务的功效，自然阴阳和悦，可喜可贺呀！所以作易圣人对阴阳二体组成的系统运行结构至此而赞之曰：“有孚于饮酒，无咎。”又谁咎呢！自然之理。程颐对于刚阳时下的处极状况也有积极的评价，他说：“九以刚在上，刚之极也；居明之上，明之极也。刚极而能明，则不为躁而为决。明能烛理，刚能断义。”④本来刚阳处极，有物极必反的嫌疑，但时下在未济状态的刚处极则能明而又能烛。所以孔子在为未济作象时拟之曰：“君子以慎辨物居方。”就是说，“水火不交，不相济为用”⑤。就像水与火一样不相交流，各行其事，不以刚阳阴柔之性进行往来，圣人将这种情形定之为未济。也就是说，“居未济之极，非得济之位，无可济之理，则当乐天顺命而已”⑥，描绘出了阴阳系统各成分的稳定及在各自轨道上运行的秩序型运动模型，即“自济之理”。但若不甘于自处，要彰显自己的阴阳之性，就是“濡其首”的行为，尽管是就当下而言有孚诚在中，但不合时宜，“如是则于有孚为失也”⑦。如果将其情状和节卦相比较，其受节制的程度已处于最大，对此孔子已作了定论：“饮酒而濡首，亦不知节也。”张浚云：“不

---

① 程颐. 伊川易传. 第4册第127页. 文渊阁四库全书·易说卷.
② 胡瑗. 周易口义. 第10册第57页. 文渊阁四库全书·易说卷.
③ 胡瑗. 周易口义. 第10册第57页. 文渊阁四库全书·易说卷.
④ 程颐. 伊川易传. 第4册第128页. 文渊阁四库全书·易说卷.
⑤ 程颐. 伊川易传. 第4册第128页. 文渊阁四库全书·易说卷.
⑥ 程颐. 伊川易传. 第4册第128页. 文渊阁四库全书·易说卷.
⑦ 程颐. 伊川易传. 第4册第128页. 文渊阁四库全书·易说卷.

知节者，盖未知失礼之中也。惟君子能谨礼，进退皆可法。”[①] 礼即制度，用来节制其行为以达和谐之目的。这里张浚以礼来说明阴阳各自运行轨道的不可变更性，君子之人应以礼节制其行为，以“能谨礼”，使其进退之行都有所循。胡瑗云：“至于濡溺其首，盖失其所信之道，取不节之嗟，故曰有孚失是，此圣人深戒之辞也。”[②] 阴柔体在未济之极，不能濡溺其首而有半点偏离中道的迹象，否则就会受到平衡系统结构产生的节制。可见，自节卦时局以来，平衡系统结构实际上对阴柔体纵向运行的状态一直处于制约和节度，并使其逐渐减弱，直至未济上九不能在纵向上波动而成未济终焉。这也正是成务开物的标志性运行结构，阴阳既统一而又各自稳定运行，在形而上言之为道，在形而下言之就是成物成器。所以，《序卦》所说的“物不可以穷焉，故受之以未济终焉”是很有道理和哲学理性的。

① 张浚．柴岩易传．第5册第52页．文渊阁四库全书·易说卷．

② 胡瑗．周易口义．第10册第58页．文渊阁四库全书·易说卷．

结　语

一说到《周易》，人们自然地就会将其与占卜预测联系起来，甚至认为《周易》就是算卦，最起码会将其与诸如八字、测字、看相、奇门遁、太乙、六壬等术数相并列，把易学研究和术数或占卜完全等同起来，这是极端不正确的说法和认识。易学至孔子开创其先河，将《周易》文本作了改造，使经传合一，丰富了易之内容和意韵，所以，今人所言及的《周易》已不单是《周易》古经的内容，而是庞大的易学体系。从史学角度去审视，自伏羲氏创八卦以来，易的形式和内容在不断地充实和完善之中，历经《连山》、《归藏》、《周易》三易的变更。尽管《连山》与《归藏》曾一度认为佚失，但随着近现代考古出土文献研究的不断深入，除《连山》外的《归藏》也已重新面世。《周易》只是易在流演传承过程中的一种形式而已。对殷周之际以《周易》形式所成之书，按朱熹的观点："易本为卜筮之书。"对于这个"本"的理解，多数学者认为是对《周易》古经的应用价值的定位，并非指易的本质渊源和内在精神，这在孔子所作的易传中已有记述。"古者包羲氏之王天下也，仰则观象于天，俯则观法于地，观鸟兽乌文与地之宜，近取诸身，远取诸物，于是始作八卦，以通神明之德，以类万物之情。"说明了易的产生是有自然观思想涵存的，是法天地效四时的模拟和写真，只是在其功能的考究上出现了"以卜筮者尚其占"的应用领域。也就是说卜筮而占，是远古时代的历史产物，而不是易的本质内容，孔子《易传》的成书，使其精神为之彰显和朗明，认为易之为书是涵摄天道、地道、人道等三才之道的哲学典籍，正如《说卦》中所说的那样："古者圣人之作易也，立天之道曰阴与阳，立地之道曰柔与刚，立人之道曰仁与义。"也如《系辞》中所说的那样："六爻之动也，三才之道也。"阐述和定位了易的精神和主旨是言及天道和宇宙自然规律，指明了易学研究的方向，认为易学作为一门学科，应是本着科学的态度和求真务实的精神，去对易与宇宙自然规律和客观现象的本质联系作一探讨，并非谈问卦之术和推测之事，要反对封建迷信和荒谬之说。

但长期以来，在学界中出现了将《周易》经文的出现与筮占之书画等号的现象，认为《周易》经文古奥晦涩，多有"吉"、"凶"之辞，所以认为它是一部占筮之书。原因很简单，就在于其辞不完整、话不通、无逻辑、无定准等，用"无法理解"或"不可思议"这句话可以象其难解之形容最为恰当。然而，科学的态度是不能以主观来武断的，若以我们无法理解来作草率的定论是不科学的。

只有我们完全还原了《周易》经文的历史原貌和经文的本义，才能将其作一科学的论断，否则就不能使经传合体、易韵畅行。两汉易学偏离天道的做法和烦琐演象的思维方式，早在魏晋时就被王弼等人给以辩证地否定，代之而兴起了宋代易学的义理学研究，并顺此研究方向将易学义理的提揭推向高潮。宋代易学尽管在学派上有象数和义理两大学派的区别，但在实质上是统一的，以致不同学派的易学家的解易言辞都互相引证，他们把研究的视野都集中地体现在易学自然观的层面上，企图在建构宇宙运行模式上有所突破，并且取得了很卓越的成就，只是在对宇宙自然规律的阐述上和思维方法上与我们当今的理路模型不同而已，以至我们难于接受和理解，但这丝毫不是我们不能对其本义和精神加以把握的理由；相反，我们应利用当代科学取得新成就，站在时代的高起点上，既尊重传统的历史本源，而不离经叛道，又能彰显其时代特色，而"与时偕行"，才能真正地领会易道之神韵，也才能在此基础上对易学本质加以评判。为此，笔者以宋代易学为研究对象，着重从易的阴阳关系上去深入掘析其本质层面的自然观内容，并不，以50余万字来阐述和解读宋代易学关于易之经传文本的理解，从中发现了作易圣人言辞的逻辑程式和科学思想，以期为易之经传科学内涵的进一步展示和研究起到一点抛砖引玉的作用。

这里我们说易中涵摄科学思想和哲学理性，并不是说易从产生一开始就是科学的成果和科学的结论，就如同于在我们出生前早已存在的大山石一样，它已存在几千成年，其内部包含化学成分和化学合成规律，而长期以来不为人所发现，无疑不会被视为科学。科学的任务是将这些科学成分和科学规律提揭发现出来，并形成对其客观真实的认识。八卦也一样，它早于我们而存在，其中的合理结构和合理内涵及规律性，随着一代又一代易学家们的努力而被认识和掘析出来。因此，若我们说中国古代五六千年前的易卦中早就提揭出近现代科学的思想，无疑是错误的和不切实际的。当然尽管易学发展到今天，其理论内容已博大而精微，但也不能将易与科学同等看待，更不能轻易地将易说成是科学。因为现在对于科学的确切概念还没有一个固定的定义，基本上还是沿袭西方实证主义学者对科学的表达，这样就不能将易与科学画等号，但这并没有否定易之为学的科学内涵、科学方法、科学态度和科学思想，而是就易本身内在的规律性和合理性不停地研究和诠解着，使易学体系渐趋庞大，不断随着时代的发展而融旧铸新、含章可贞。由于篇幅有限，这里仅就其科学性而言作案例分析，对宋代易学提揭的八卦的演成所依据的河洛图式的科学特征作一点简要说明，以见微知著，彰显其中的合理思想和科学内涵。

宋代大兴图式之学，推出了陈抟发现的八卦由来的《河图》和《洛书》，周敦颐又提出了太极图说，刘牧合牵象数所构筑了天象图式，李觏作《删定易图序论》，朱熹提出易由太极生八卦的八卦演成图式等。其中的道理主要是依据《系辞》中仰观俯察、据天地万物生变化而铸成，当然还有许多传说和神话夹杂其中，使人们一时难辨真伪。早在战国时期，我们的祖先就能以天干地支记时和确定方位。至两汉时，古天文历法知识就相当完善，中国先民对天象、天地运行的观察及对其规律的把握，已在当时世界上处于领先地位。河洛之所以在宋代开始流行，就在于研究者对其中涵存的动态平衡思想的精确认识基础上的公允。而河洛图式为我们展示了一个科学的数理模式和动态流转时中模式。

这种科学的数理模式，源于河洛，而基于九宫。九宫八卦时空方位的周循转换方式内涵着数学的思维模式，数的进位制是多样性的，有二进位制、八进位制、九进位制、十进位制、十二进位制、六十进位制等。洛书九宫和先天图的周循周期属于九进位制序列。在序列内，数的运算规律是“递加等同”于九个数即1、2、3、4、5、6、7、8、9。其中遵循着这样一个几何级数规则：若一个数为 $m_1 \times 10^n + m_2 \times 10^{(n-1)} + m_3 \times 10^{(n-2)} \cdots + [m - (m-1)]^1$ 它的位数的几何级数业已由其所表示的序数 m 来代表，将其连续相加可得到1、2、3、4、5、6、7、8、9中的一个，使得所有的自然数都分属这九个数的范围。这样从1~9这9个数对数的一般规律就体现出来了，这是一种非常规整的数学表达，从而使八卦卦象的内涵得以有科学的基质和哲学的概括，从而使象与数得以在本质上一致和互相涵摄，也使“象数”一体使用，相得益彰，见象通数，知数达象。由此可进一步推断，以易象具有高度概括性和数理作基础的科学性为前提，自然界之无限无穷之实象同样可以分属于九宫八卦，正如《系辞》所云：“其称名也小，其取类也大，其旨远。”按照易作者的理解：“宇宙是一个全息的系统，任何子系统都涵蕴着大系统的信息源，子系统与大系统原则上同构，只要认知主体善于纯化自身，就能从有限的现象之中发现宇宙之大道。”① 从宇宙整体的全息性上可以折射出其中涵蕴的科学思想。

洛书九数的数的算学规律是易之所以成为哲学的重要基石，数涵蕴着依存性和统摄性这一二重性，即洛书九数具有高度的概括本质和对一般规律的把握和反映，并把数按黑白两种情形分开而有序展示，这就是据数之奇偶而所反映的阴阳之象，象之内质成分中涵摄着普遍的数理基础。现在我们试着将一切数以整数的形式（小数以两数之间论就近进一而成整数，如7.5按8算）依据洛书图式规定的次序往进代入发现一个规律：每一个数按位数数字相加的和至个位数后的数字就是其所落洛书宫数。下面就以前81个连续的数字为例，进行分析和论证。洛书九数与数字关系图表如下所示。

---

① 龚隽．感而遂通，立象尽意．周易研究，1993，(2)：64.

	A	B	C	D	E	F	G	H	J
a	1	2	3	4	5	6	7	8	9
b	10	11	12	13	14	15	16	17	18
c	19	20	21	22	23	24	25	26	27
d	28	29	30	31	32	33	34	35	36
e	37	38	39	40	41	42	43	44	45
f	46	47	48	49	50	51	52	53	54
g	55	56	57	58	59	60	61	62	63
h	64	65	66	67	68	69	70	71	72
j	73	74	75	76	77	78	79	80	81
M	1	2	3	4	5	6	7	8	9

对洛书九宫图中九个数“周循”的神秘性，我们通过上图就会对其循环的科学性给以还原定位。我们看 A 列数字在 a、b、c、d、e、f、g、h、j 行中数字的规律是“1”数统摄，现在我们作一个数理分析：首先将 a、b、c、d、e、f、g、h、j 的数字分别相加，10 包含 1 和 0，它们相加得 1；19 包含 1 和 9，它们相加得 10，进一步相加得 1；28 包含 2 和 8，它们相加得 10，进一步相加得 1；37 包含 3 和 7，它们相加得 10，进一步相加得 1；46 包含 4 和 6，它们相加得 10，进一步相加得 1；55 包含 5 和 5，它们相加得 10，进一步相加得 1；等等。这样演算下去，会发现每一列数字的递加规律一致且所求之和等于 M 行所对应的数字。这种代数现象可以概括如下：任何一个正整数的数字连续递加之和等于一个小于或等于 9 的正整数。现将其代数列式和证明方法陈述如下。

设：该数为 x，相递加 n 次得 m，其中 x 为正整数，且 $x \leqslant 9$，n 为正整数，且 $n \leqslant 9$，$m \leqslant 9$，则有 $nx = m$（$\leqslant 9$）。显然满足条件的列式为

$$1 = 1$$
$$1 + 1 = 2$$
$$1 + 1 + 1 = 3$$
$$1 + 1 + 1 + 1 = 4$$
$$1 + 1 + 1 + 1 + 1 = 5$$
$$1 + 1 + 1 + 1 + 1 + 1 = 6$$
$$1 + 1 + 1 + 1 + 1 + 1 + 1 = 7$$
$$1 + 1 + 1 + 1 + 1 + 1 + 1 + 1 = 8$$
$$1 + 1 + 1 + 1 + 1 + 1 + 1 + 1 + 1 = 9$$

证明：由 $nx = m$（$\leqslant 9$）知

若 m 为质数，即 m 只有 1 和 m 两个因子，则 $m = 1 + 1 + 1 + \cdots + 1$（共 m 个

1 相加)。

若 m 为合数，即 m 除 1 和 m 两个因子外，还有其他因子，那么，$m=4$，6，8，相应 n、x 为 m 的非平凡因子，从而有

$$2+2=4，(m=4)$$

$$2+2+2=6，3+3=6\ (m=6)$$

$$2+2+2+2=8，4+4=8\ (m=8)$$

列式中就是金字塔式的由 1 往下直至 9 的叠加，然后对于大于 9 的下一个数字循至金字塔的顶端，后序的数再如此下移，循环而成万千之数，而每一个数又都不会离开这个金字塔式的循环轨迹，体现在基础数字上就是 2 和 1 的交叠而成奇偶之基。

现将 A、B、C、D、E、F、G、H、J 分别还原为伏羲氏之先天数和八卦象，不难发现八卦象的数理科学基础。如表所示。

1	2	3	4	6	7	8	9
坎	坤	震	巽	乾	兑	艮	离
A	B	C	D	F	G	H	J

该表所现数理规律不但进一步使数与象的内在关联性得到强化，而且把数学推演看成是八卦流化的理论基础，而使易卦具有科学性。洛图数字图式如下。

四 巽	九 离	二 坤
三 震	五 中 土	七 兑
八 艮	一 坎	六 乾

易道理念所强调的就是万物从无起，而又由“一”至“多”、“杂”；反之，对万千事物的共性特征的描述又负反馈地回归到八卦的“象数”之中。从数而言，两位数以上的算法规则同样适应，只是每递加 100，其洛书模式格局中的数位向前递进 1 罢了，举例来说，较清楚一些，如若不是从 1 开始，而是从 101 开始往后将数顺排，可以发现洛书九宫中的数字序列发生了微小的变化，但很有规

律，只是将其序数加一而已。也就是说，随着数字循环周期的递加，其所对应的洛书九宫八卦序数也向前递进一位，形成了非常秩序化的反演模式，也符合事物发展遵从循环式螺旋演进曲线的科学结论。

进一步研究发现，这个洛书图式结构模型实际上是一个数学平衡模式，我们把任何连续的九个数代入其中，然后给以横纵向相加，其各个方向上相加的和是相等的。现将正整数、零、负整数分成三组摄入其中进行验证，先任意从正整数中选连续的 9 个数，现假定选 12、13、14、15、16、17、18、19、20，将其按次序代入洛书图中，其图式如下。

四 巽 15	九 离 20	二 坤 13
三 震 14	五 中土 16	七 兑 18
八 艮 19	一 坎 12	六 乾 17

先看上方：15 + 20 + 13 = 48；再看下方：19 + 12 + 17 = 48；左方：15 + 14 + 19 = 48；右方：13 + 18 + 17 = 48；斜方（由巽至乾）：15 + 16 + 17 = 48；斜方（由坤至艮）：13 + 16 + 19 = 48，从各方数字相加都是相等的，对于该例下的这几个连续数字而言是这样的结果，下面我们再来看负整数的情况如何，现任意选定其数：−7、−8、−9、−10、−11、−12、−13、−14、−15，将其代入图式。

四 巽 −10	九 离 −15	二 坤 −8
三 震 −9	五 中土 −11	七 兑 −13
八 艮 −14	一 坎 −7	六 乾 −12

先看上方：(−10) + (−15) + (−8) = −33；再看下方：(−14) + (−7) + (−12) = −33；左方：(−10) + (−9) + (−14) = −33；右方：(−8) + (−13)

+(-12)=-33；斜方（由巽至乾）：(-10)+(-11)+(-12)=-33；斜方（由坤至艮）：(-8)+(-11)+(-14)=-33。各方数字相加之和也都是相等的。

第三组数字，我们选正负及零混杂而成，进行验证，任取-2、-1、0、1、2、3、4、5、6，代入洛书图式如下。

四 巽 1	九 离 6	二 坤 -1
三 震 0	五 中土 2	七 兑 4
八 艮 5	一 坎 -2	六 乾 3

先看上方：1+6+(-1)=6；再看下方：5+(-2)+3=6；左方：1+0+5=6；右方：(-1)+4+3=6；斜方（由巽至乾）：1+2+3=6；斜方（由坤至艮）：(-1)+2+7=6。各方数字相加之和也都是相等的。

由此可见，洛书图式可以反映宇宙的平衡结构和运转方式，而八卦又恰恰以序数的形式给出了排序和定位，当然也可以反映宇宙的运行平衡模式。

这就是说，易中涵蕴科学性的基质和合理性、合自然性的成分。建立在这种科学理性基础之上的人文理念，自然就会大放光彩、昭示后人，使人们纷纷效法和拓展其功用，形成了中国传统文化的支柱和轴心。人文理念只有置身于自然观基石之上，才能含弘光大，源远流长，否则其生命力就不会持久而恒长。从表面上看，宋代易学以义理为中心，是一种人文的精神在贯化始终，但其不竭的活力源泉恰恰是其内在深藏的自然观思想。宋易解经模式具有一个重要的特点，就是以阴阳的相互作用为中心，以阴阳相对运动的运行状态为象的语境构建重心，通过人事及人们能够理解的方便语言去加以阐发和表达，使天地人三才有机统一于一个系统整体之中。我们可以透过人文的人事表象而按系统有机性的联系方式去把握深层次隐藏于其中的自然观本质核心内容，从而挖掘出中国文化源远流长的内在动因。然而，在近代和现代社会出现了对易学认识杂乱的局面，对它有种种不同的看法，特别是“西学”进入中国后，对它的看法更是褒贬不一，众说纷纭。有的学者片面强调易学的儒学道德化思想，忽视其中的合理性因素和自然观科学思想，认为易学经过儒学的想象，其道德化作用被夸大，而单纯地以追求王道政治从而世俗化，并由此得出结论：其结果必然是重踏封建专制的陷阱，成为维护专制统治的工具。特别是五四运动和新文化运动时期，以孔子为代表的易学儒学集大成者被视为封建的代言人，而使易学的发展一直以来处于低迷状态。今天世界各地都特别关注和倾心于中国传统文化的研究，这为以易学为主轴的儒学文化的复兴提供了机遇和土壤。在人类进入全球化时代的今天，人们对近一段时期以来所说的易学存在的问题不断地反省和思考，对其作为中国传统文化的源头活水的历史地位的认识由晦而明，不断对其进行诠释和分析，不断发掘易学真精神中所具有的普遍性意义和特有的理论价值，使其“日日新，又日新”，自觉地适时发展和更新自身。

但易学要想复兴并成为当代文化和科学理性的重要组成成分，还应本着易道的内在精神，以“易道广大，其道不废，惧以终始，其要无咎”的易道本质，以忧患之心，怀蕴“问题意识”。若不面对当前国际国内出现的问题而作出积极的反应，就不会真正展示易道“六爻发挥，旁通情也。时乘六龙，以御天也。云行雨施，天下平也”的强大活力。当前，我国乃至全世界究竟遇到些什么问题？其实说白了，这些问题就是不按照天人和谐观、三才一体化思想运作而导致的必然后果。近一二百年来，全世界以天人相分思想为指导自己行动的根本理路模式，对自然界进行无节制、无限度的残酷揉殄和践踏，致使生态环境受到严重的破坏而损害了主体的存在基础。同时，由于人们片面强调物质利益的实现而不顾人文环境的营造，使得人与人之间、国家与国家之间的矛盾和冲突不断加剧，甚至愈演愈烈。这种情形又必然地反映为人们对金钱的崇尚和执著，对感官享受的过分攀升，致使身心失调，人格分裂，造成自我身心的扭曲和病变，所以人与自然、人与人、人的自我身心之间的种种矛盾问题，就自然地成了人类要面对的最大的课题。而《周易》是中国哲学的源头活水，《郭店楚简》云：“易，所以会天道人道也。”明示了《周易》是一部会通天道、人道所以然的道理之书。这个道理，就是天人合一的宇宙自然之理，不是我们通常所讲的人事伦理。《系辞》中讲“神而明之存乎其人”。人初产生时，天然地得之于天，但是一旦有人，天的道理就要由人来彰显和表述。发起并根植于易的孔子儒学之仁道本质，就是“仁者，人也”的天人之学。所以我们解读易学的义理内涵时，就要以天人一统、有机融会的思想，首先从天道上着眼和研究，只有这样才能从根本上解决人们的意识问题和思想的会通问题，而万不可割断人文和自然观的本质联系，一味地构筑僵化的东西和行不通的思想与方法，更不能进行无原则的道统排异，而应以学统为主线，不断地融合中西文化思维理路中优秀的成果，在学术自由的宽广平台上，展示人类知识财富的整合价值和无限前景。

参 考 文 献

陈来. 1991. 宋明理学. 沈阳：辽宁教育出版社.
陈来. 2002. 古代宗教与伦理——儒家思想的根源. 北京：生活·读书·新知三联书店.
程石泉. 2000. 易学新诠. 上海：上海古籍出版社.
（德）康德. 1960. 实践理性批判. 关文运译. 北京：商务印书馆.
（德）文德尔班. 1997. 哲学史教程（上、下）. 罗达仁译. 北京：商务印书馆.
丁超五. 1976. 科学的易. 台北：成文出版社.
丁超五. 1983. 丁超王易学. 济南：山东省图书馆.
丁原明. 2004. 横渠易说导读. 手抄本. 济南：齐鲁书社.
冯友兰. 1996. 中国哲学简史. 北京：北京大学出版社.
冯友兰. 1999. 中国现代哲学史. 广州：广东人民出版社.
冯友兰. 1999. 中国哲学史新编（全三册）. 北京：人民出版社.
冯友兰. 2000. 中国哲学史（全两册）. 上海：华东师范大学出版社.
高亨. 1980. 老子校释. 北京：中华书局.
高亨. 1984. 周易古经今注. 北京：中华书店.
高亨. 1998. 周易大传今注. 济南：齐鲁书社.
郭贵春. 2004. 科学实在论的方法论辩护. 北京：科学出版社.
韩钟文. 1998. 中国儒学史（宋元卷）. 广州：广东教育出版社.
金景芳，吕绍纲. 1989. 周易全解. 长春：吉林大学出版社.
金吾伦. 2000. 生存哲学. 保定：河北大学出版社.
李学勤. 1992. 周易经传溯源. 长春：长春出版社.
李约瑟. 1990. 中国科学技术史. 北京：科学出版社.
李泽厚. 2003. 中国古代思想史论. 天津：天津社会科学出版社.
林忠军. 1994. 象数易学发展史. 第一卷. 济南：齐鲁书社.
林忠军. 1998. 象数易学发展史. 第二卷. 济南：齐鲁书社.
林忠军. 2002. 易纬导读. 济南：齐鲁书社.
林忠军. 2005. 周易郑氏学阐微. 上海：上海古籍出版社.
林忠军，梁韦弦. 2003. 程氏易学导读. 济南：齐鲁书社.
刘大钧. 1986. 周易概论. 济南：齐鲁书社.
刘大钧. 1994. 大易集要. 济南：齐鲁书社.
刘大钧. 1996. 象数易学研究. 第一辑. 济南：齐鲁书社.
刘大钧. 1997. 象数易学研究. 第二辑. 济南：齐鲁书社.
刘大钧. 1998. 大易集述. 成都：巴蜀书社.

刘大钧. 2003. 大易集说. 成都：巴蜀书社.
刘大钧. 2003. 象数易学研究. 第三辑. 济南：齐鲁书社.
刘大钧. 2005. 今、帛、竹《周易》综考. 上海：上海古籍出版社.
刘大钧，林忠军. 1990. 周易古经白话解. 济南：山东友谊书社.
刘大钧，林忠军. 1993. 周易传文白话解. 济南：齐鲁书社.
吕绍纲. 2005. 周易的哲学精神. 上海：上海古籍出版社.
蒙培元. 1993. 中国哲学主体思维. 北京：人民出版社.
蒙培元. 2002. 情感与理性. 北京：中国社会科学出版社.
(明) 王夫之. 1988. 周易外传. 北京：中华书局.
(明) 王夫之. 1989. 读四书大全说. 北京：中华书局.
牟宗三. 1997. 中国哲学的特质. 上海：上海古籍出版社.
牟宗三. 1997. 中国哲学十九讲. 上海：上海古籍出版社.
牟宗三. 1999. 心体与性体（全三册）. 上海：上海古籍出版社.
牟宗三. 2004. 宋明儒学的问题与发展. 上海：华东师范大学出版社.
牟宗三. 2004. 周易哲学演讲录. 上海：华东师范大学出版社.
牟宗三. 2005. 生命的学问. 桂林：广西师范大学出版社.
潘吉星. 1986. 李约瑟文集. 沈阳：辽宁科学技术出版社.
庞朴. 2005. 文化一隅. 郑州：中州古籍出版社.
钱穆. 1994. 中国文化史导论. 北京：商务印书馆.
钱穆. 1996. 国史大纲. 北京：商务印书馆.
钱穆. 1997. 国学概论. 北京：商务印书馆.
钱穆. 1997. 中国近三百年学术史（全两册）. 北京：商务印书馆.
钱穆. 2001. 现代中国学术论衡. 北京：生活·读书·新知三联书店.
钱穆. 2002. 中国思想通俗讲话. 北京：生活·读书·新知三联书店.
钱穆. 2002. 庄老通辨. 北京：生活·读书·新知三联书店.
(清) 黄宗羲. 1986. 宋元学案（全两册）. 北京：中华书局.
(清) 黄宗羲. 2005. 黄宗羲全集（全十二册）. 增订版. 杭州：浙江古籍出版社.
(清) 焦循. 1987. 孟子正义（全两册）. 北京：中华书局.
(清) 李道平. 1994. 周易集解纂疏. 北京：中华书局.
(清) 李光地纂，刘大钧整理. 1998. 周易折中. 成都：巴蜀书社.
(清) 刘宝楠. 1990. 论语正义（全两册）. 北京：中华书局.
(清) 皮锡瑞. 1954. 经学通论. 北京：中华书局.
(清) 皮锡瑞，周予同注释. 2004. 经学历史. 北京：中华书局.
(清) 王夫子. 2000. 船山思问录. 上海：上海古籍出版社.
(清) 王先谦. 1988. 荀子集解（全两册）. 北京：中华书局.
(清) 颜元. 2000. 习斋四存录. 上海：上海古籍出版社.
(清) 朱骏声. 1958. 六十四卦经解. 北京：中华书局.
丘亮辉，徐道一. 1992. 周易与自然科学研究. 郑州：中州古籍出版社.

（宋）陈淳．1983．北溪字义．北京：中华书局．
（宋）程大昌．2004．易原．文渊阁四库全书本．
（宋）程颐，程颢．2000．二程遗书．上海：上海古籍出版社．
（宋）程颐，程颢．2004．二程集（全两册）．北京：中华书局．
（宋）程颐．2004．伊川易传．文渊阁四库全书本．
（宋）耿南仲．2004．周易新讲义．文渊阁四库全书本．
（宋）郭雍．2004．郭氏传家易说．文渊阁四库全书本．
（宋）胡瑗．2004．周易口义．文渊阁四库全书本．
（宋）刘牧．2004．易数钩隐图．文渊阁四库全书本．
（宋）邵伯温．1983．邵氏闻见录．北京：中华书局．
（宋）邵伯温．2004．易学辨惑．文渊阁四库全书本．
（宋）司马光．2004．温公易说．文渊阁四库全书本．
（宋）苏轼．2004．东坡易传．文渊阁四库全书本．
（宋）项安世．2004．周易玩辞．文渊阁四库全书本．
（宋）杨简．2004．杨氏易传．文渊阁四库全书本．
（宋）杨万里．2004．诚斋易传．文渊阁四库全书本．
（宋）张浚．2004．紫岩易传．文渊阁四库全书本．
（宋）张载．2004．横渠易说．文渊阁四库全书本．
（宋）郑刚中．2004．周易窥馀．文渊阁四库全书本．
（宋）周敦颐．2000．周子通书．上海：上海古籍出版社．
（宋）朱熹．1983．四书集注．北京：中华书局．
（宋）朱熹．1994．朱子语类（全八册）．北京：中华书局．
（宋）朱熹．2004．别本周易本义．文渊阁四库全书本．
（宋）朱熹．2004．原本周易本义．文渊阁四库全书本．
（宋）朱震．2004．汉上易传．文渊阁四库全书本．
（宋）朱熹，吕祖谦撰．2002．朱子近思录．上海：上海古籍出版社．
（台）高怀民．2001．两汉易学史．台北：文史哲出版社．
（台）黄庆萱．2000．周易纵横谈．台北：东大图书股份有限公司．
（台）李周龙．1999．易学窥馀．台北：文史哲出版社．
（台）徐芹庭．2001．细说易经六十四卦（上、下）．北京：中华书店．
汤一介．1999．非实非虚集．北京：华文出版社．
王钧林．1998．中国儒学史（先秦卷）．广州：广东教育出版社．
王新春．1998．自然视域下的人生观照．济南：泰山出版社．
王新春．2001．神妙的周易智慧象数．北京：中国书店．
（魏）王弼注，楼宇烈校释．1980．王弼集校释（全两册）．北京：中华书局．
（魏）王弼注，（唐）孔颖达疏．1999．周易正义．北京：北京大学出版社．
萧汉明．1987．船山易学研究．北京：华夏出版社．
萧汉明．2003．周易本义导读．济南：齐鲁书社．

熊十力 . 1994. 体用论 . 北京：中华书局 .
徐复观 . 2001. 中国人性论史（先秦篇）. 上海：上海三联书店 .
徐志锐 . 1986. 周易大传新注 . 济南：齐鲁书社 .
薛学潜 . 1993. 超相对论 . 广州：真善美出版社 .
颜炳罡 . 1998. 当代新儒学引论 . 北京：北京图书馆出版社 .
颜炳罡 . 2005. 生命的底色 . 济南：山东友谊出版社 .
杨国荣 . 1994. 善的历程 . 上海：上海人民出版社 .
杨国荣 . 1998. 理性与价值 . 上海：上海三联书店 .
(英) 克林 . 1984. 元数学导论 . 莫绍揆译 . 北京：科学出版社 .
(英) 罗素 . 1982. 数理哲学导论 . 宴成书译 . 北京：商务印书馆 .
余敦康 . 1997. 内圣外王的贯通——北宋易学的现代阐释 . 上海：学林出版社 .
余敦康 . 2005. 易学今昔 . 桂林：广西出版社 .
余敦康 . 2006. 汉宋易学解读 . 北京：华夏出版社 .
张岱年 . 1982. 中国哲学大纲 . 北京：中国社会科学出版社 .
张岱年 . 2003. 中国哲学史方法论发凡 . 北京：中华书局 .
张世英 . 1995. 天人之际——中国哲学的困惑与选择 . 北京：人民出版社 .
朱伯崑 . 1995. 易学哲学史 . 北京：华夏出版社 .

后　记

我于2007年从山东大学易学与中国古代哲学研究中心博士毕业后，一直想完成一件很有意义的工作，那就是对宋代易学自然观中阴阳观念的合理性进行一些涉略和学习，若有可能，最好就自然观视域下的易学科学思想，进行一系列深入的探讨和研究。因为自魏王弼对两汉象数学进行“扫象穷理”的批判之后而建立起来的宋代易学，长期以来一直停留在人文领域，并纵深推进，形成集儒、释、道于一体的宋明理学，但其在后来的发展过程中，无限演绎心性之能为和处世之道，而渐次走入天人分野的不可自拔的境地，对自然界内在规律的把握和应用由此窒息而消沉。尽管明清之际大兴光复汉学的风气，但近代出土的易学文献又对此提出了很大的疑问。1973年湖南长沙马王堆汉墓《帛书易传》的出土，使诸多易学者对以两汉象数模式解经的理路给以清算，不可能再引导人们走向两汉时期解经的老路上去，致使人们所进行的易学传教一段时期以来彷徨徘徊、举棋不定。然而，近代以来还没有一个易学者站在时代科学文化的高起点上，围绕易之阴阳本质对六十四卦经文给以系统的诠解。这项任务迫在眉睫，经过近一个世纪的淡漠之后，真正懂易的学者越来越少，若不及时补救，不但易学成为绝学，而且对易学中自然观及科学思想的提揭，也会真正成了问题。难道易学的发展和拓延，就这样在我们的手里毁灭了吗！带着这样一种强烈的责任感和使命感，我日夜思索能身体力行做一些微不足道的工作，以不辜负刘大钧、林忠军等众多尊师的教诲。

同时，我也注意到，人们对易的理解大多数虽时有兴趣，但无从下手，甚至看了易学书籍一两页以后，就看不下去了。这其中有易学自身本质特征和相关思维模式的特殊性原因，但更多是学易者对易的本质内容的理解不到位，产生不了持恒的学习和研究兴趣。这种不到位的理解，很多是由其中的一些抽象的概念和晦涩难懂的古汉字及生僻而又古奥的话语造成的。再加上年代久远，语境构建难度很大，所以致使到目前为止真正懂得《周易》的人寥寥无几。尽管学者们不惜笔墨常常著文见诸报纸杂志发表观点，但其系统性和完整性相当欠缺，以至于人们看了头而不知尾，更不能深入其内在的层面以知其本。另外，由于汉易学的影响还很深远，解易弄象，象意互动，在很大程度上还不能突破汉时象数学的思维模式，当代科学文化思想及其思维方式和话语的方便表达对易之经文的诠解还很不流行，中西文化的融会程度，还有待进一步拓展和强化。这些因素致使人们在对易的理解和学习过程中，遇到了不少困难和困惑。面对这种情况和迥境，很有必要对宋代易学的解经模式加以掘析。宋代易学家们集象数与义理于一体，纷纷解经注疏，阐释易之微言大义，义理基于象数，象数立足自然，并不是拘泥于卦爻之象，而是在以自然观为基轴的前提下，倡扬“见乃谓之象”（《系辞》）的易道理念，通俗易懂，使学术大众化和普通化，使人易于接受。但宋代易学自然观的话语表达与处在当代科学文化背景下的今人相比，有诸多不同和不通之处，同样不易于人们方便地领会其要旨。为此，立足于宋代易学自然观的层面进行易学自然观的构建，无疑是一件十分有意义的事情。

恰也逢时，同年，我把相关的想法向全国著名的科学哲学家、教育部人文社会科学重点研究基地首席专家、山西大学校长郭贵春教授讲述了之后，他非常赞同我的这种持之以恒、创新研究的精神，并为我提供了物质上和研究方法上的指导，同意我进入山西大学哲学博士后流动站进行系统而深入的科学研究工作，开启了我跟随郭贵春教授进行易学科学思想研究的崭新一页。在郭教授的指导下，我把博士后期间的研究课题锁定在宋代易学的自然观领域，着重从易学阴阳本质层面上纵深拓展。“立天之道曰阴与阳”，天道自然无为的理念无疑使易学自然观的重心锁定在阴阳观之上，所以对阴阳观的提揭，实属对易学自然观研究的最佳径向。两年来，郭贵春教授对我的研究进展情况非常关心，常常与我进行易学及中国古代哲学方面的讨论，并提出指导性意见，告诫我不管在什么时候都应把握好自己的研究方向，持之以恒，不能轻易变更，等等。

两年来，我秉承郭贵春教授的教导，刻苦学习，把一切可用于学习的时间都用到了对宋代易学自然观的研究上，没有时间就挤时间，克制自己，形成了一套行之有效的自我约束机制。可以说，自从进入流动站以后，没有一天不在思考自己的研究进程和研究内容。正如孔子在《论语》中与其弟子子夏的对话所说的那样：“日知其所亡，月无忘其所能，可谓好学也已矣。”我当以此训诫自己，并时时以此为鞭策，警告自己要严于律己，“食无求饱，居无求安，敏于事而慎于言”。经过两年的学习和研究，我查阅了相关文献资料，通读了50多部宋易图书，仅做读书笔记一项，字数累计11万字，从中也感觉到宋代易学杂糅了诸多之学，再加上其理路和学派交错纷杂，提取其中涵存的核心内在的主导轴线实非易事。尽管如此，我还是克服了种种困难，终于完成了50多万字的博士后出站报告，并经认真修改而提交了这一书稿。

回想自己走过的路程，可谓艰辛，若没有诸多同志和朋友的支持和帮助，很难想象如今会是怎样的境况。为此，除了对我的导师郭贵春教授的感谢以外，我还要感谢张汉静老师、张培富老师、高策老师、殷杰老师和安军老师。他们想方设法给我提供方便的条件，帮助我排除一切干扰因素，安于自己的研究工作。殷杰老师、安军老师还特意让我以讲座的形式，敦促自己对知识结构加以强化和完善，并推荐我走出去，为全校本科生讲选修课。这对我来说无疑是一种锻炼和提高，使我在与学生的互动中启发了思路，优化了自己的思维结构，对我的博士后出站报告的撰写及该书稿的完成，起到了相当重要的作用。此外，还要感谢魏屹东老师、郭剑波老师、程瑞老师、李树学老师、郑红武老师等对我提供的帮助、方便及关照。

山东大学刘大钧老师、林忠军老师、张文治老师、毕群晟老师及山西省晋城市人大常委孙广建先生，在我博士后工作期间及该书稿的整理过程中，在查阅资料及思路的调整方面，为我提供了许多帮助和一贯的支持，在此一并表示感谢。

辛　翀

2011 年 5 月 1 日